周蓓 主編

『民國專題史』叢書

莫瓦特 著 王造時 譯

河南人民出版社

現代歐洲外交史（上）

（1815——1914年）

敘述1815年至1925年歐洲百年外交史，從歐洲外交體系演變的視角，在理論上探討如何建立穩定的國際秩序，對推動日後國際關係理論的形成有着重要的貢獻

圖書在版編目（CIP）數據

現代歐洲外交史 ：全2册 / 莫瓦特著；王造時譯．—鄭州 ：河南人民出版社，2016．4（2017．1 重印）
（民國專題史叢書 / 周蓓主編）
ISBN 978 -7 -215 -10052 -7

Ⅰ．①現… Ⅱ．①莫… ②王… Ⅲ．①外交史—歐洲—1815 ~1925 Ⅳ．①D850．9

中國版本圖書館 CIP 數據核字（2016）第 079720 號

河南人民出版社出版發行
（地址：鄭州市經五路 66 號　郵政編碼：450002　電話：65788063）
新華書店經銷　　河南新華印刷集團有限公司印刷
開本 710 毫米×1000 毫米　1/16　印張 68．25
字數 960 千字
2016 年 4 月第 1 版　　2017 年 1 月第 3 次印刷

定價 ：444．00 圓（上、下册）

出版前言

中國現代學術體系是在晚清西學東漸的大潮中逐步形成的。至民國初建，中央政治權威進一步分散和削弱，加之新文化運動帶給國人思想上的空前解放，新學的啓蒙，新知識分子的産生，民國學術如草長鶯飛，進入一個自由而蓬勃的時代。中國傳統學科乃中國學術之根基與菁華所在，民國學人采用『取今復古，别立新宗』之方法，引入西方的學術觀念，積極改造，使史學、文學等學科向現代學術方向轉型。此外，大力推介西方社會科學的新學科和自然科學，在學習、借鑒乃至移植西方現代學術話語和研究範式的過程中，逐漸建立中國現代學科，使中國的學科門類迅速擴展。一時間，新舊更迭，中西交流，百花齊放，萬壑争流，開創了中國現代學術的源頭。

伴隨知識轉型和研究範式轉換而來的，還有學術著作撰寫方式的創新。中國古代的著作向來以單篇流傳，經後人整理匯編後，方以成册成集的面目出現并持續傳播。直到十九世紀末，東西方的歷史編撰體裁不外乎多卷本的編年體、紀傳體和紀事本末體等，章節體的出現標志着近代西方學術規範的産生和新史學的興起。章節體具有依時間順序，按章節編排；因事立題，分篇綜論；既分門别類，又綜合通貫的特點。以章、節搭建起論述之框架，結構分明，邏輯清晰，較傳統的撰寫體裁容量大、系統性强。它的傳入，使中國現代學術體系從内容到形式被納入了全球化的軌道。民國時期專題史的研究、譯介、編纂、出版恰恰是在這樣的背景下欣欣而發，是學術的實驗場，也是歷史的記録儀。編選『民國專題史』叢書的初衷正是爲了從一個側面展示中國學術從傳統向現代過渡的歷史進程。

專題史是對一個學科歷史的總結，是學科入門的必備和學科研究的基礎，也是對一個時代艱深新鋭問題的解答，是學術研究的高點。民國專題史著作中，既包含通論某一學科全部或一時代（區域、國别）的變化過程的，又囊括對一時代或一問題作特殊研究的，還有少部分是對某一專題的史料進行收集的。原創與翻譯并重，翻譯的底本大多選擇該學科的代表著作或歐美大學普及教本，兼顧權威性和流行性，其中日本學者的論著占據了相當比重。日本與中國同屬東亞儒家文化圈，他們在接納西方學術思想和研究模式時，已作了某種消化與調適，從思維轉换的角度看，更便于中國借鑒和利用，他們的著作因而被時人廣泛引進。

與當代學術研究日趨專業化、專門化、專家化的『窄化』道路迥乎不同的是，中國傳統學術崇尚『學問主通不主專，貴通人不尚專家』的通識型治學門徑，處于過渡轉型期的民國學術在不同程度上保留了這種特徵。民國學術大師諸學科貫通一脉、上千年縱横捭闔之功力自不待冗言，外交家著倫理政治史、文學家著哲學史、化學家著戰争史等亦不乏其人，民國專題史研究呈現出開放、融通、跨界撰述的特點。與此同時必須看到，自晚清以來，中國的命運就在外侮屢犯、内亂頻仍的窘境中跌宕彷徨，民族存亡仿若命懸一綫。這股以創建學科、總結經驗、解决問題爲指歸的專題史出版風潮背後，包裹着民國學人企望以西學爲工具拯民族于衰微的探索精神，及以學術救亡的愛國之心。梁任公曾言：『史學者，學問之最博大而最切要者也，國民之明鏡也，愛國心之源泉也。』這種位卑未敢忘憂國的歷史使命感和國民意識是今人無法漠視和遺忘的。

『民國專題史』叢書收録的範圍包括現代各個學科，不僅限于人文社會科學，學科分類以《民國總書目》的分科爲標準，計有哲學、宗教、社會、政治、法律、軍事、經濟、文化、藝術、教育、語言文字、中國文學、外國文學、中國歷史、西方史、自然科學、醫學、工業、交通共19個學科門類。本叢書分輯整理出版，内不分科，單本發行，方便讀者按需索驥。既可作爲大專院校圖書館、學術研究機構館藏之必備資源，也可滿足個人研讀或興趣之收藏。

與目前市場已有的一些專題史叢書相比，『民國專題史』叢書具有規模大、學科全、選本精、原版影印的特點。本叢書選目首重作者的首創、權威和著作影響力，尤其注重選本的稀見性。所謂稀見，即建國後没有再版，且多數圖書館没有收藏，或即便有收藏，也是歸于非公開的珍本之列予以保存，普通讀者難以借閲。部分圖書雖有電子版，但作爲學術研究的經典原著讀本，紙質版本更利于記憶和研究之用。本叢書精揀版本最早、品相最佳的原版圖書作爲底本，因而還具有很高的版本收藏價值。

『民國專題史』的著作是民國學者對于那個時代諸問題之探究，往往有獨到之處，無論其資料、觀點短長得失如何，要之在中國現代學術史的構建與發展進程中，自有其開宗立論之地位。

譯者序

九年前（一九二五——二六年），譯者在美國威斯康新大學讀歐洲近代史的時候，遇着一位奇怪的教授。他穿着一套陳舊的黑色西裝，從來好像沒有看見他換過，年紀雖然看去只有四十來歲，態度却很蒼老。他每次上課，慢慢的走進來，除一隻鬧鐘外，什麼都不帶，時候一到，站起來，多半背着手，便滔滔不絕的講起來；日期人名地點順口說來，毫不費力，並且一點也不錯；雖然一口英國腔調，但是高低抑揚，清清楚楚，沒有廢詞，筆記下來，可以成書。若不是鬧鐘驚醒他，不但他講的不知時候到了，就是我們聽的也不覺一點鐘已經過去。這位教授給我一個很深的印像。原來他就是本書的著者莫瓦特先生。

莫瓦特生於一八八三年九月二十六日蘇格蘭的伊定盤，在伊定盤大學和牛津大學受過教育，得過各種榮譽獎，獲有碩士學位；到一九〇七年便任了牛津大學聖體學院的導師。歐洲大戰期內（一九一六——一八），他在海軍情報部服過務一九一八年又在國防內閣秘書處做過事，一九一九年便隨了英屬南非聯邦大政治家斯馬資將軍（General Smuts）前往巴黎贊襄和平會議。一九二五年至二六年美國威斯康新大學聘他講學；一九二八年後，他便在布里斯托大學（University of Bristol）任教授。

他的著作很多，都是關於歷史方面，尤以外交史方面的東西最出名。

據我所知，他的歐洲外交史至少是關於這方面最好作品之一種，與法人布爾喬的袖珍外交史及德比都的外交史同稱傑構；英文書籍中，恐尚無出其右者。他把全部歐洲外交史分做幾個時期來寫，每個時期寫一本，合起來便是一部偉大的，完備的，一氣貫串的鉅著。本書便是一八一五年至一九一四年的歐洲外交史，最先完成的一本（一九二三年出版）。一九二七年，他又寫成了一九一四年至一九二五年的歐洲外交史；一九二八年又有一四五〇年至一七八九年的歐洲外交史出世；次年，一七一五年至一八一五年的歐洲外交史也告完成。以後大概他還要繼續的寫下去。

普通寫書有兩種方法：一是教科書的寫法，把各種各樣的事實編排而成，死板板的生硬硬的無活氣，無趣味；美國的教科書特別犯此毛病。嚴格說來，這只能叫做編書，不能叫做著書。還有一種可以名爲論文式的寫法，就是注重見解，注重文氣，注重線索，讀下去好像一篇整文章。這樣的寫法，固然容易使讀者發生興趣，但是往往沒有充分的事實做根據，容易失之於空泛與偏頗。這本書却有兩種寫法之長，而無其短；一面有系統有條理的陳述事實，而不作生硬的堆積；他面用生動的筆，一氣寫下去，興趣非常濃厚，而又不是虛構。因此以之爲大學教科書固可，以之當普通參攷書讀也無不可。

但是有一點我要請讀者注意。雖然他在原序裏面聲明了這書是在牛津一個清靜的學院裏寫的，『沒有怨恨，沒有偏見；』然而他是英國人，自然不免流露一點偏祖英國的態度。他自己或許也覺得，不過他的解釋是（見原序）：『如果他還相信他本國的光榮與尊嚴，那是因爲研究與觀察堅定了他這種見解。』

譯書本來是一件難事；譯好書因爲文章變化多，更不容易。本書譯者根本上先求其信，然後求其達，然而不信不達的地方，恐怕還有。將來如果發現，當於第二版中修正。

王造時

一九三四年，四月，二十六日，於上海。

序文

狄斯列里(Disraeli)說得好，英國的外交只是英國內政的對外部分，每個公民都有認識及研究的責任。就是表面上與外交政策無關的事情，我們也必須從我們的外交關係與內部情勢來觀察。英國公民不但必須知道英國與他國的關係；並且要知道歐洲以及世界各國彼此間的交涉；因爲各國的事情，息息相關，沒有那一國或那一國的一部分能一刻獨立生存。

寫這本書最低限度的目的，乃是想對於政治教育有所貢獻。我想用通俗的形式，來繼續斯達拉斯堡科煦教授(Strasbourg Professor Koch)的名著和約短史(Histoire abrégé des traités de paix)，因爲那本書只包括十七及十八世紀。在英國，十九世紀我們有海斯列特(Hertslet)的偉大收集，其中有條約，有地圖，無批評，無敍述，事實雖搜集得多，但大體只能供學者之用。在法國，布爾喬(M. Bourgeois)的袖珍外交史(Manuel historique de politique étrangère)，及德比都（M. Debidour）的外交史都是長久研究與淵博觀察的結果，貢獻給法國人士的。我的目的也想對於英國公民作同樣的貢獻，把歐洲重要的國家（包括英國在內）一百年來的外交關係，貢獻於他們之前使他們能夠認識在他們眼前天天流過的歷史潮流，並且能夠形成健全的判斷。（註一）

一個歷史家，在牛津一個學院的清靜地方來著述，可以自信，沒有好惡，沒有偏見。如果他相信他本國是有榮譽與尊嚴的，那是根據他研究與觀察的結果。外交的目的在和平與友好；外交家普通都是有榮譽的人；就全體看來無論大陸的或英國的外交都是如此。英國外交的實際經驗，在這個意義嚴重的時代，證明了我們研究的結果，即是：英國的公務人員，政治家，外交家，及行政家，其應付國際事件的行爲標準，與他們應付私人事情一樣。但如果一般人民不知道他們是忠誠的，並且不竭誠擁護他們，他們是不能夠向前去幹，並保持有榮譽的標準。我相信，從這本書裏面，大家可以得到這種觀念。

（註一）譯者註，著者爲英人，此乃對英國人民而言也。

莫瓦特(R. B. Mowat)

牛津聖體學院(Corpus Christi College, Oxford)

一九二三年，九月

目錄

近代歐洲外交史

第一部　從維也納會議到巴黎會議

第一章　外交

『歐洲有一種空氣。在這種空氣裏，相同的觀念，到處都可以找到。這些觀念，都是產生於法國，所以在法國，他們的表現，自然是最完美的。』（註一）這種歐洲空氣乃是文明的最大成就；雖然經過許多的戰爭與猛烈的國際衝突，但這種空氣自十一世紀以來，便已存在。從共同遵守宗教的信仰當中，從學問智識的交換當中，以及從行爲與禮貌的固定標準當中，我們都可以看出這種空氣

（註一） Sorel: L' Europe et la Révolution Française (1912), I, 147

出來。因爲有這種歐洲空氣，歐洲列強才覺得他們自己好像是一個社會，平時彼此來往，猶之國內個人一樣，須注意禮貌與道德。國家彼此社交的種種禮貌，便是我們所謂的外交術。

法人是最擅長外交術的；法國對於歐洲有許多貢獻，但是以外交術爲最有影響。但是，他們在國際法上却沒有放出同樣的光彩。國際法與外交術，一方面有差別，一方面却有關係；猶之平常的國家法律與私人禮貌，一方面有差別，一方面有關係一樣。若是我們一定要讓荷蘭人站在國際法研究的最高地位，我們一定要給法國人在外交術裏面以同樣的權威。若是外交術有一種特別語言，那便是法文；這不完全因爲牠是最流行的語言；乃是因爲在現代各種語言當中，法文最能把觀念以言辭正確的表示出來，在國際關係的場合裏面，利害關係太大，意義不能有絲毫含糊；於是，法文在歐洲各國社交的演化裏面，遂成了外交的語言，因爲牠能把言辭的誤會所能引起的衝突，離異，甚至於戰爭，減少到最低限度。

輕視外交術，或認爲與其他職業一樣，不需要什麼訓練與不斷的經驗，那是愚蠢。在中古時代，固然沒有以外交爲職業的外交家，但是關於國際間的事情，常是一班老手在那裏辦理——他們大概都是教士，有一種共同的教育，禮貌，及道德的標準。到十七世紀初葉，外交差不多成了一種固定的職業了，法國英國差不多同時發生這種情形，所以在近代外交裏面除了法國，英國最爲有名。在詹姆士一世的時候，英國現在的外交部正在從南北兩部脫胎出來，（南部主管法蘭西，西班牙，意大利，土耳其，愛爾蘭，殖民地及內務等事宜；北部主管德意志，荷蘭，丹麥，瑞典，俄國，波蘭，及比利時等交涉事宜。北部於一七八二年改組爲外交部，南部爲內務部。——譯者註）正式的外交人員，同時也已從亨利吳頓爵士（Sir Henry Wotton）（註一）湯馬斯祿爵士（Sir Thomas Roe）（註二）及其他公使開其端。經這些公使的手，訂了許多通商的與政治的條約，英國在歐洲國家的集團裏面，才有她的位置。

每個私人生性都是敏感的，一句錯誤的話或一種不慎重的行爲，可以引起一輩子的誤會。政府與國家也是敏感的；國家尤其是如此，並且常常出於我們意料所不及，無論那個去辦國際間的

（註一） 1568－1639

（註二） 1581－1644

事，若是走錯了路，必會失敗。無論做什麼事情，有對的方法，也有錯的方法，除了公道，堅定，及機敏等條件，隨便什麼職業都需要外外交家還要有豐富的智識——歷史，別國的憲法，國際法，語言，以及許多專門的技術，如外交文件的形式，與朝廷官場的風俗規則等等。

關於外交學第一本正式的書，要算威克福（Abraham Wicquefort）（註一）布朗斯維克公爵的國務大臣(Chancellor of State of the Duke of Brunswick)的大使與其職務（L'ambassadeur et ses fonctions）。這本書一六八一年在海牙出版，很文雅，乃是成熟經驗的產品。威克福認定歷史的學識，對於外交家有很大的價值；好的大使都是好的歷史家，如馬其威里（Macchiavelli）與菲列普（Philippe de Commines）是也。大使應該學校出身，但是書呆子不成；他對於普通各種語言，如拉丁文與法文一定要很熟悉。他天天要穿得很好，切不可不修邊幅。亞富公爵（Comte d' Avaux）（註二）拘謹到這種地步『非穿着最嚴重的禮服，不與僕人見面；不着外

（註一）1598－1682

（註二）1595－1650

套，他從來不離開寢室；不去睡覺，他從來不脫去外套。」然而大使不必勉強裝闊，因為大家都知道這不能表示他本國的實力；沒有人因為西班牙駐羅馬的大使，帶了六乘肩輿，六駕馬車（每個馬車用六匹馬拖着）兩百個男僕六十輛行李車隨着教皇到鄉下去旅行，便會把西班牙看重一點。

外表的禮貌，不過是一個人內心的表示。大使一定要有道德的實質。列席維斯費里亞會議（Congress of Westphalia）的法國大使辟維恩（Servien）（註一）有大的天才，但是因為他的性情暴躁，他幾乎把每場交涉都弄壞了。在他方面，會長蔣林（Jeanin）（註二）（一個較早的大使）不但有溫和的性質，並是他本身可以說就是代表中庸之道：要反對他的推論，那是不容易的；要抵抗他那種和藹的性情，不但是困難，並且完全不可能。這就是威克福理想中最好的大使；他不但有益於他的國家，並且有益於人類。英國在過去百年內都有像這樣的人。克拉林頓（Lord Clarendon）（註三）便是這麼一個人。凡看見一九一九年英國外交部長治理事務者，便可知道一個具有學識，智力，正直，及魔力的外交官的價值。

（註一） 1595－1669

（註二）1540－1622

（註三）1800－1870

第二章　維也納會議

法國革命所引起的與拿破崙第一所繼續的戰爭時代，到一八一四年，實際上可告一結束。經過一八一三年賴布西克（Leipsic）之戰，及一八一四年春法國被侵佔之後，包本（Bourbon）王朝恢復了，同盟各國與法國於五月三十日在巴黎媾和了。（註一）法國受了很寬大的處分；她得到比戰爭發生時候還好的國境（一七九二年的國境），還大的土地，並且沒有賠款。

但是法國革命戰爭與拿破崙戰爭，不純粹是同盟各國（英，俄，普，奧，瑞典，西班牙，葡萄牙）與法國的衝突；實在全歐爲之騷動了，舊的境界爲之毀滅了；沒有那一個國家，那一個民族，甚至於那一個家庭不受他們的影響。因此戰爭結束之後，便召集了一個會議來共同解決歐洲的事情。維也

（註一）這叫做『第一次巴黎和約』，所以別於『百日政變 Hundred days』後，一八一五年十一月二十日所結的『第二次巴黎和約』，（參看第三章）。

納是歐洲一個大城，一個戰勝國的國都，並且是一個代表傳統，法律，秩序，及現成制度的政府所在地，自然是要被選爲會議的地點。

維也納會議有兩個特點第一，牠不是『和會，』因爲和議已經在巴黎成立了，所有法國與同盟各國間的問題也已經確實解決了。戰爭的狀態，無論在事實上或法律上，都已經停止了，所以法國在維也納會議開會的時候，能夠要求與其他列強併立爲歐洲國家統系裏面的一員。

第二個特點，就是維也納會議並不是來創造一個新世界；若是有人說二十年的戰爭，把歐洲系統已搗得粉粹，不能收拾，到會的列強一定不肯承認；他們相信舊的歐洲系統，是一個穩定的東西，無論在法律方面或自由方面看來，大體能滿足人類的需要；因此，他們不打算改造一個新的局面，而在恢復舊的系統。所以維也納會議及其以後的時代，時常有人名之曰恢復時代，但這不純粹是機械的恢復，那是不可能的事；歐洲的政治家不是呆子；所以雖然是恢復，同時却有許多改進的地方。改進的地方或許可以更多，不過一八一四年到一八一五年的政治家，顯然很不努力向這方面去做。維也納的解決，後來四十年間雖有更改的地方，但在實質上，一直保持到一八六〇年沒有什麼變動，歐洲差不多在半世紀的時間內，享到比較安寧的機會。

第一次巴黎和約第三十二條說：『凡加入戰爭的國家，不論在那方面，均當於兩個月內派遣全權代表赴維也納開大會，議決一切完成本條約規定的協定。』同盟國家雖然已經與法國媾和，並且答應她可以出席會議，但是不承認她是一個平常的會員。因此另以一祕密條文（法國不能不承認）規定，維也納會議所解決的事項，須依『同盟各國彼此所決定的原則』而行。這就是說，構成維也納會議的有力分子，最多不過是與法國締約的那七個國家（英俄奧普瑞典西班牙葡萄牙。）然而，就是這個數目也嫌太大，後來各大強國間又有一個協定，把會議實在有力的分子，限定爲『四個國家，』（註一）即英俄奧普是也。但是到了開會的時候，法國代表塔列蘭 (M. de Talleyrand)，用其巧妙的外交手腕，居然事實上能夠參加四強會議，使四強會議變成了五強會議——英俄奧普法。

五強會議便是維也納會議。除了最初八國外，其他各國全權代表來到維也納的有百人左右。

（註一） Webster, The Congress of Vienna,(1919) p. 48 n. 4, 轉錄 F. O Archives, Continent, S.

他們當中，除了有些參加特定的專門委員會外，實在無事可做。大會從來沒有開過。五強彼此自己會商，無論什麼事情，都是根據他們的解決。自始至終，就沒有開過一次正式會議，雖然到末了八國（除英俄奧普法五國外，還有瑞典西班牙葡萄牙）都簽訂了條約。

* * * * *

第一次巴黎和約第三十二條，雖然規定了會議須在兩個月內舉行，但是四強到一八一四年九月十三日才在維也納聚齊。第一當推梅特涅（M. de Metternich），他是最有經驗的，並且有些方面他是歐洲最精明的政治家與外交家。那時候，他還不過四十一歲，比較是一個青年。其次可推俄皇亞歷山大第一（Tsar Alexander I），他親來代表他自己的帝國，是一個富於理想與衝動的人；拿破崙叫他做『善變的比倘興人（Shifting Byzantine）』。又其次是普皇威廉第三（Frederick William III），此人居心頗好，但很庸弱。最後完成這四巨頭的，便是英國外交部長加斯列里（Castlereagh）（註一）這個老練勤勞的政治家，或許缺乏想像力；但是以他健全的見解與誠實，可以擔任英國的代表而無愧。由四巨頭變成五巨頭，我們不能不說到塔列蘭（Charles Maurice de Talleyrand-Périgord）他是詭計最多的人。那時正是他一生最得意的時候。其他主要代表，年齡還在四十左右：亞歷山大第一只有三十七，梅特涅四十一，威廉四十四（哈丁堡 Hardenberg 爲普魯士事實上的代表，六十四）加斯列里四十五。而塔列蘭則年已六十一。說到他的生平，其初是做牧師，與法國舊時的僧侶貴族一樣，升得又快又早，直到主教的地位，一七八九年舉行關係重要的全級會議（States-General）他便是以主教的資格列席。革命時代，他拋棄了僧侶的職業，投身外交界。

一七九一年奉命到倫敦，從此他一生羨慕英國。在美國過了兩年半（一七九三——五）的亡命生活，也學了些東西。執政時代（Directory）他是外交部長；執政倒台以後，他忠實的替拿破崙做事，一直到一八一四年，在那緊要關頭的一年（一八一四），拿破崙告別他那善於阿諛的朋友說：『你會賣掉你自己的父親。』塔列蘭很容易的轉過頭來趨向復辟。他說拿破崙的法國已經

（註一） 加斯列里的通信，見 Webster, British Diplomacy, 1813–1815 (London, 1921 p. 189 ff.,) 該書收集了許多外交部所保存的文件，並附有一篇短有用的序文。

過去，包本的法國對於前此戰爭不負責任。他提出這種說法，居然救了法國，沒有受同盟國家的報復。維也納會議給他以最困難的職務，却同時給他以最大成功的機會。沒有問題，他是一個忠實的愛國者，他繼續爲國家服務，在包本王朝處之泰然，後來在阿陵斯王朝（Orleans Monarchy）也處之泰然。他的舉止，最可以代表法國的外交家——自然的姿態，很富於譏刺的詼諧。他死於一八三八年，享壽凡八十有四。（註一）

四強的代表在維也納聚集（一八一四年九月十三日）之後，彼此即開始非正式的解決歐

（註一）列強的代表不限於上列各人。每國有一代表團由三四個代表組成。威靈吞公爵(Duke of Wellington.)與加斯列里同爲英國代表，到拿破崙從埃爾巴島(Elba)回來，才被召去做總司令。我們也不可忘記庚子(Frederick von Gentz 1764－1832)。他是反對拿破崙宣傳最烈的著作家（並且恐怕是著作最多的）。他原來在普魯士服務，一八〇二年轉到奧國方面，自一八一二年後，成爲梅特涅的工具，政治上他們兩人分不開。庚子是維也納會議的秘書，以及以後各種會議的秘書（一直到一八二二年）。第二個秘書是馬騰氏(Martens)，他是條約彙編(Recueil de Traités)的有名編輯，每年仍在出版，極有價值。

洲的困難問題後來的條約，所謂起草，不過是把他們四個同盟國家事前所得到的決議，加以記錄而已。較大的八國委員會（英俄奧普瑞典西班牙葡萄牙及法國）有時候也開會，但沒有什麼事情可做。塔列蘭九月二十三日來到，看見四國討論，不讓法國參加，很不滿意。他靜待時機，他始終對英國有幾分友誼；現在加斯列里代表的英國也表示她是法國的好朋友。十二月二十四日舉行第一次正式會議（當然前此有許多非正式的會議，）加斯列里與梅特涅居然提議，並且堅持須讓法國參加，俄普方面遜聽之下，不勝驚駭。原來內幕是因為波蘭與薩克遜納（Saxony）兩個問題，四大強國已起了糾紛；英奧為求和平解決起見，不得不拉攏法國，以期制勝俄奧的聯合。英奧一經提議讓法國加入，他人不好意思拒絕，因為無論如何，法國現在不是敵國（數月前第一次巴黎和約已經成立，）並且塔列蘭正在恐嚇列強，若不把法國當做一個大國看待，他便要鼓動小國出來，在會議中爭地位。因此俄奧便讓步了，四國委員會便變成了五國委員會，議決會議中一切問題。

一八一四年末了幾個月過去了，但是對於歐洲問題的久遠解決，沒有什麼具體的結果。（註一）

（註一）　在會外倒有一事成功，即一八一四年十二月二十四日英美在間堤（Ghent）簽字的和平條約是也。

林湟王（註一）(Prince de Ligne) 寫信給他的朋友拉嘉德 (La Garde) 說，會議沒有進行，只在那裏跳舞。

你來得剛好，若是你喜歡宴會跳舞，有的是；會議沒有進行，只在那裏跳舞。這裏有一大羣的君主，個個都在叫：和平！正義！均勢！賠款！至於我，我是一個袖手旁觀者。我所要求的賠償，只是一頂新帽子；因爲我在每條街的轉角處，遇見那些國王，必須脫帽的關係，把我那頂帽子弄壞了。（註二）

這個有名的老戰士兼朝臣看見這羣君王及其代表們，聚集在維也納，希望在四強會議上說話，或至少不至於完全犧牲他們的利益，當然覺得有趣。在許多娛樂中，奧皇特於十月中在堡格 (Burg) 舉行了一次俱樂會：

注意那個優雅威武與博赫列 (Eugène de Beauharnais) 走的人；那就是亞歷山大皇

（註一） 1735－1814。林湟是奧國的元帥。

（註二） The Prince de Ligne: His Memoirs, etc. K. P. Wormely 選編 (1899) II, 263.

帝。那個高而且尊嚴的人手挽着那個活潑的那不勒斯人（Neapolitan），那就是普魯士皇帝……那個穿着緊緊的威尼斯衣服而露出溫和態度的，就是我們的皇帝，（註一）也就是最開明專制的代表。巴威利亞（Bavaria）皇帝麥克西米倫（Maximilian），那種坦白的態度，你一看便知他居心很好。……你看見沒有那面色灰白，身體很小，鼻如鷹嘴，坐在巴威利亞皇帝旁邊的那人？他就是丹麥的皇帝。他那詼諧的性情，應對的才能，可以使君王們鼓舞歡欣——他在君王們裏最引人注意。若看他那樸素的禮貌，及他那小國的充滿快樂，你一定不會當做他是歐洲最大的專制君主。但他實在是如此。在哥彭海根（Copenhagen），他乘車出來的時候，掌馬官提着短槍在前引導，他樂意，他沿途可以任意下令槍斃人。那靠柱的巨人，並不因爲他那寬大的化裝跳舞衣服，而減小他的身體，那就是武定伯（Würtemberg）的皇帝。在他旁邊的，就是他的皇太子。他的皇太子之所以到會，並不是來解決公事，卻快要變爲他自己的私事，乃是爲愛着阿登堡（Oldenburg）女公爵而來。所有這羣營營擾擾於我們左右的人物，

（註一）Francis I, Emperor of Austria, 在位時爲 1792—1835.

不是各國當權的君主，大公爵，便是各國的大貴人。除了少數的英國人外（他們的衣服華麗，一看便知，）沒有那個的名字上，沒有爵位頭銜。（註一）

該會議不僅有許多的社交生活，並且有不少的偵探及情報工作。這方面，奧人最佔便宜，因為他們是在自己的國都，並且能到處利用維也納的警察。每日詳細檢查各代表的字紙簍，一切收拾所得，都照例要詳細報告於法郎西斯皇帝(Emperor Francis)。

到最後該會議（其實是五強）來解決牠的任務的時候，工作完成得很快，並且就全體看，很好。要解決的問題雖然很多，但是特別重要的有九個：即薩克遜波蘭問題(Saxo-Polish Question)，萊因邊界問題(Rhine frontier)，比利時荷蘭問題(Belgo-Dutch Question)，丹麥瑞典問題(Dano-Swedish Question)，瑞士問題，意大利問題，日爾曼聯合問題，國際河流問題，及奴隸貿易問題是也。

薩克遜波蘭問題最困難。一八一三年二月二十八日的加利什條約(Treaty of Kalisch)

（註一）Ligne de la Garde, vide Wormely, Loc. cit.

（戰時同盟各國彼此簽訂瓜分條約之一）規定普魯士的疆域，可以在北德意志方面擴充，俄國對於波蘭也可以自由處置。根據這個條約，俄國便要求合併整個波蘭，普魯士也非整個薩克遜納不能滿足（因爲薩克遜納的君主忠順於拿破崙之故，是以認爲須受處分。）但是，梅特涅那裏願意俄國吞併加里西亞（Galicia），佔領克拉科（Cracow）與維斯秋拉（Vistula）之線；加斯列里對於俄皇增加這麽大的領土也起反對，對於波蘭人復國的要求表示同情。因此會議中的四強，遂分成兩個壁壘：一是俄普，一是奧英。不幸的薩克遜納王，既不能參加決定其本國運命的各種討論，只能留於蒲列斯堡（Pressburg），（註一）焦急的一天一天坐待消息。爲着薩克遜納這個屍體，同盟各國彼此間似乎眞要發生可怕的內訌戰爭。專制的俄皇不慣受人家的阻撓：『我有二十萬兵在瓦沙（Duchy of Warsaw）；讓他們來試試趕我出去。我已經把薩克遜納給了普魯士。』一八一四年十月二十二日，俄皇這樣對塔列蘭說過。銳利的塔列蘭自然不難看出在這個分壘當中，法國可以左右一切。因爲這個緣故，所以他有把握似的要求加入四強委員會；並且也是因爲這個

（註一） 現在改名 Bratislava

緣故，加斯列里與梅特涅不惜贊助他的要求。十二月二十四日加入之後，塔列蘭便站在英奧的一方面。

這樣肯定的站在英奧方面，塔列蘭拒絕了給他的最大機會。俄普差不多什麽都願意給他，只要他幫助俄普。一八一四年十二月二十九日，哈丁堡 (Hardenberg) 聯合俄皇提議，如果普魯士合併全個薩克遜納，薩克遜王可以在萊茵左岸建立一個新王國，作爲報酬。(註一) 這個新國家包括盧森堡公爵國 (Duchy of Luxemburg) 的領土，崔府大主教管轄地 (Archbishopric of Trèves) 之一部，邦城 (City of Bonn)，及普陸寺院區 (Abbeys of Brüm)，斯大夫羅 (Stavelot) 與馬麥哲 (Mamédy)，人口計有七十萬。

加斯列里與梅特涅他們倆是絕對反對這個提議的——梅特涅，因爲他不願意普魯士吞併薩克遜納變得太大了；加斯列里，因爲他不願意在萊茵左岸，與比利時太近的地方建立一個親法的新國家。但是塔列蘭爲什麽也反對這個提議，倒難了解。薩克遜納王是法國的忠實朋友；這個新

(註一) D' Angeberg: Le Congres de Vienne et les Traités de 1815, pp. 1863, 1869.

國的人民不但是天主教徒，並且有許多方面是屬於法國民族；這個新國的朝廷，忘不了薩克遜納的喪失，必有一個長久的時間是反普魯士的。這個新國，事實上必變爲法蘭西與德意志中間的一個很好的緩衝地，或者可以免除後來可怕的衝突。若是塔列蘭贊助了一八一四年十二月二十九日普魯士那個提議，英奧一定不惜訴之於戰爭來阻止。他不願意冒這個險，寧願接受英奧同盟的提議，雖然同樣的可以牽入一個對普俄的戰爭。

一八一五年一月三日，加斯列里親自抄寫（以保祕密）並且簽了一個防守同盟的條約，梅特涅與塔列蘭也在上面簽了字。每國答應預備出兵十五萬。於是英奧以前的敵人，而今是他們的同盟者了！（註一）塔列蘭破壞了歐洲對法的聯合，使她脫離了孤立的地位。一八一五年一月四日他

（註一）該項條約的秘密，直等到拿破崙在巴黎檔案卷裏面找出路易十八的那一份，才發表出來，那正是『百日政變』的時候。塔列蘭在他的回憶錄（Mémoires）裏面，除了對於這一八一五年一月三日的條約，很自負以外，並沒有討論這件事情。塔列蘭與路易十八未發表的通信 Correspondance inédite du prince de Talleyrand et du roi Louis XVIII（Pallain 編輯）敘述此事比較詳細。

寫信給路易十八說道：『現在，陛下，聯合已經解散了，並且永遠解散了。』（註一）其實『法國只得到了爲奧國安全與英國政策的勝利而戰的榮譽。』（註二）

一月三日的條約，雖然暫時保守了祕密，但是亞歷山大與哈丁堡已經看出來英與法的團結一致。他們不願再有一次歐戰；他們決定妥協因此一月（一八一五年）其餘的時候，交涉進行比較順利；最後各方多少都還滿意。（註三）薩克遜納沒有給普魯士，仍爲一獨立王國，但是失掉了五分之二的土地（北部）及八十萬的人口與普；（註四）賴布西克還是給了薩克遜納，普魯士的土地貪心，並沒有因之減輕；她於是取償於維斯費里亞及萊茵。

（註一）Talleyrand, Mémoires, II, 556.

（註二）Houssaye, 1815: La Première Restauration, Livre I, chap. III § II.

（註三）一月五日加斯列里寫給利物浦爵士(Lord Liverpool)說道，『我有把握希望戰爭的恐怖已經過去了。』（見 Webster, British Diplomacy 1813–1815, 282 頁）。

（註四）維定伯（Wittenburg）杜谷（Torgau）及柴子（Zeitz）都是薩克遜納割讓的重要地方。

俄國所得最多，因爲波蘭王家沒有什麽人出來要求法統。除了樸森（Posen）與『西普魯士（West Prusia）』（包括但澤 Danzig 與顙恩 Thorn）由普魯士保有，加里西亞（包括達諾樸爾 Tarnopol）由奧國保有，及克拉科外，其餘現在我們所知道的波蘭，都歸了亞歷山大。

第二個問題——應如何處置萊茵地方——比較容易解決。與法國已經媾和了，當然沒有再分配亞爾薩斯（Alsace）與羅連（Lorraine）的問題。不過那裏還有以前那些屬於教會的君主王子或親王的領土——梅顏斯（Mayence），崔府（Trèves）與柯朗（Cologne），以及其他君主的主教管轄地——這些，拿破崙曾使其脫離教會的關係，合併於他的帝國或保護國內。並且那裏還有許多以前不屬於教會的君主王子或親王之領土與自由城市，也曾做了拿破崙整齊化一政策的犧牲品。這些（梅顏斯除外）（註一）現在都給了普魯士，變爲下萊茵（Nieder-Rhein）省；以外，普魯士還得了維斯費里亞，主要的包以前那滿斯脫爾（Munster）君王主教管轄地。

第三個問題就是比利時荷蘭問題，不久就討論到，因爲在第一次巴黎和平條約已經是訂明了的題目。在法國革命戰爭以前，比利時大家知道是奧國的列色蘭(Austrian Netherlands)。奧國現在不願意再要這麼一個遼遠而且地勢險阻的地方。然而比利時總不能置之不管；比利時並沒有要求獨立；無論如何，總不能給法國拿去（因為在一八一四年，歐洲都怕了法國恢復她的軍事優勢。）皮特(Pitt)有一次曾以為把比利時歸併給普魯士是防備法國最好的方法。但是維也納會議採取了一個比較好的解決方法，就是把比利時與荷蘭合併；同時承認阿連基(Orange)家（古代的貴族兼帶有一半的王權）握有這個新國家的主權。這個新國家就是荷蘭與比利時王國。聯合產生力量：希望荷蘭人與比利時人聯合的力量，能保障歐洲這個介於萊茵河口與些爾德河口(Scheidt)之危險點，仍可在安穩的手裏面。

（註一）維也納會議沒有把梅顏斯劃歸那一國。從前拿破崙曾把牠（梅顏斯）合併於他的孟湯列爾(Mont Tonnerre)省。一八一四年六月三日，奧國與巴威利亞在巴黎結了一個條約，把梅顏斯給了巴威利亞。但是維也納會議以後，有一個條約規定，巴威利亞又把梅顏斯割讓給海斯達姆斯達(Hesse-Darmstadt)。但是，同時把梅顏斯的砲台，作為日爾曼邦聯的砲台。

第四個問題關於丹麥與瑞典。丹麥的皇帝也就是挪威的皇帝，這種結合，兩方都滿意，尤其是從地理的觀點看來比較適合。但是在戰爭時，同盟各國對丹麥很有一點不客氣，到末了幾年，丹麥也就完全投向拿破崙方面。因此，一八一四年拿破崙一倒，她也要犧牲；她須把挪威割讓與瑞典，而所得回的酬報只有一點錢及以前屬於瑞典的潘麥倫尼亞（Swedish Pomerania）（斯脫拉生德（Stralsund），盧根（Rugen）及其他）（註一）挪威與瑞典雖然幷立在同一個半島上面，但是地勢上中間却隔着一個廣大險阻的山脈，而今居然在政治上聯合起來了。丹麥的酬報——瑞典的潘麥倫尼亞——隔離得很遠，因此她與普魯士在埃爾巴河（Elba）上的魯恩堡（Lauenburg）交換。丹麥所失的殖民地與島嶼，英國除留了海里哥蘭（Heligoland）完全歸該國政府統治外，都退還了給她。

斯干的那維（Scandinavian）問題的解決，最佔便宜的，依遠久的眼光看來，要算普魯士。因為她把魯恩堡交換了丹麥的瑞典潘麥倫尼亞，五年後，她又用武力把魯恩堡拿了回來。並且丹麥

（註一）一八一四年一月十四日丹麥與瑞典定的吉爾條約（Treaty of Kiel）。

所失掉給英國的海里哥蘭，到了一八九〇年，普魯士又用和平的條約取到手。所以贓物差不多都歸了普魯士，普魯士至今還保有他們。

第五個問題關於瑞士，其得到的解決後來證明是維也納會議最耐久的成就。五強組織了一個有力的『瑞士委員會』去研究這個問題；該委員會的委員計有斯托拉福肯寧（Stratford Canning）（已經是一個有名的外交家，雖然年齡只有二十八），卡樸伊斯脫利亞伯爵(Count Capo d'Istria）（俄皇的外交家，柯夫島人）赫蒲（Frederic César La Harpe）（日內瓦的學者與出版家，曾經做過亞歷山大的老師。）要調和瑞士各邦那許多利益（並且時常相衝突的利益，）草就一個公平的聯邦法律，那是極難的一件事情，然而終久是成功了。該委員會以拿破崙一八〇三年所頒布給瑞士的調解法（Act of Mediation）爲根據；這個調解法雖然已經廢止，但是不失爲很有政治家眼光的憲法。結果是，維也納會議除了承認那十九個古邦的領土完整，並且還加上了三個新邦——瓦芮（Valais），洛奢特爾（Neuchatel），及日內瓦（Geneva）。日內瓦一直到法國革命戰爭被壓迫之時以前，向來是一個獨立的城市國家。洛奢特爾是普魯士皇帝的領土（一直到一八五七年還是如此，）但是包括在瑞士邦聯之中；共和聯合團體之內，有一君主國家，可謂奇事。瑞士新國境的永久中立，由列席維也納會議的八大強國擔保。為保護瑞士南方靠近日內瓦湖的邊界，中立的範圍還包括了薩丁尼亞（Sardinian）的福西涅（Faucigny）與賈布來（Chablais）兩個地方。如有戰事發生，薩丁尼亞的軍隊須從這些地方撤退，而以瑞士軍隊換防。（註一）

第六個問題是意大利問題。拿破崙得勢的時候，教堂治下各國（Papal States）、吉諾亞（Genoa）、皮地滿（Piedmont），威尼斯（Venice）及其他地方，都被法帝國合併，意大利的政治地理，由是簡單得多。但是現在是恢復原狀的時候；列強當時實在看不出別的辦法。因此昔日的朝廷

（註一）福西涅與賈布來以及薩屋夷（Savoy）其餘的地方，在一八六〇年，由薩丁尼亞割了給法國；戰爭時，法國因為承受以前薩丁尼亞的義務，須撤退駐軍，交與瑞士軍隊駐防。一九一四年至一九一八年歐戰便實行了這個辦法。不過一九一九年六月二十八日的凡爾賽條約（Treaty of Versailles）的四三五款把上薩屋夷（Upper Savoy）這個中立辦法取消了。

恢復了。丕亞斯第七（Pius VII）很受了拿破崙的壓迫，一八一二年，他雖簽過方登布祿條約（Treaty of Fontainebleau），屈服於拿破崙但是西班牙與奧國（兩個天主教最強的國家）的反抗法國，他却有很大的影響。

因此，丕亞斯復位了，屬於教堂的各邦也恢復了。奧國在米蘭（Milanese）的統治，也同樣的復原了（米蘭自一七一三年優楚拉條約（Treaty of Utrecht）以後，即歸奧統治。）威尼斯共和國雖然一直到一七九七年是自由獨立的，却沒有恢復。在那年（一七九七年，）拿破崙訂了康樸福繆條約（Treaty of Canpo Formio），把威尼斯給了奧國，但是經過一八〇五年奧斯特里子（Austerlitz）之戰及蒲列斯堡條約（Treaty of Pressburg），他又拿回來了，歸入法帝國之內。在維也納會議，梅特涅根據康樸福繆條約，要求威尼斯及其一七九七年在海陸所有的屬地。於是除米蘭外，奧國得了威尼斯（以至於明西阿 Mincio 之東）及達爾馬西亞（Dalmatia）（連博齊底卡達羅 Bocche di Cattaro）；不惟如此，那時正於各小國不利，她並且得了以前拉古沙共和國（Republic of Ragusa）的領土（該國的獨立保持到一八〇五年，到那年，被併入於拿破崙帝國。）連同達爾馬西亞，奧國並得了一七九七年威尼斯所有的島嶼，除了柯夫（Corfu），曾特（Zante），山他莫拉（Santa Maura），西弗朗尼亞（Cephalonia），西銳谷（Cerigo），綺色佳（Ithaca），及拍左（Paxo）以外。後面這些島嶼，根據維也納會議條約（Vienna Congress Act）而定的一個條約（一八一五年十一月五日），合併組成了『一個統一的自由獨立國』，受英國的『密切的單獨的保護。』

在意大利的解決辦法中，薩丁尼亞（Sardinia）皇帝，除了恢復原來的領土外，還得了一塊比較小的地方——雖然小，但很有價值——那就是吉諾亞共和國，以及其美麗的利威拉（Riviera），從山利木（San Remo）到沙層諾（Sarzano）。其他逃亡在外的朝廷也復位了——埃斯特（Este）之於摩登拉（Modena），羅連·赫布斯堡（Lorraine-Habsburg）之於塔斯加尼（Tuscany）。不過有一個例外，就是包本·拍馬（Bourbon-Parma）家。這家當時的代表是馬利亞路易沙（Infanta Maria Louisa）及其子董卡羅斯（Don Carlos），却沒有得回路卡（Lucca）（也是古共和國，在法國革命戰爭時消滅了；）拿破崙的夫人馬利亞路易沙皇后，因爲她是奧皇之女，所以把拍馬公爵國(Duchy of Parma)給她統治終身。她活到一八四七年；那年，根據維也納會議條約第九九條及一〇二條的規定，（註一）拍馬歸還了給包本家，路卡歸還了給塔斯加尼(Grand Duchy of Tuscany)。

那不勒斯(Naples)在解決意大利的問題中，倒有困難。這個國家是拿破崙帝國的保護國之一，君主便是摩拉(Murat)。摩拉善於處理政務，南意大利在他底下比較在合法的包本統治之下要好得多。然而，維也納會議既以合法的原則用之於意大利其餘各地，自不能不用之於那不勒斯，何況英國政府在戰時自始至終曾以海軍之力維持弗地蘭第一(Ferdinand I)於西西里(Sicily)，也覺得有幫助這個合法皇帝的義務。但是，梅特涅因為離間摩拉與拿破崙起見，在一八一四年一月十一日經賴伯伯爵(Count Neipperg)的斡旋，在那不勒斯的地方結了一個條約，

（註一）維也納會議條約第九十九條沒有規定把拍馬歸還給誰。到一八一七年六月十日英奧法西班牙普魯士俄羅斯才結一個條約，有此規定。該條約後變為一八一九年七月二十日佛蘭克福條約(General Treaty of Frankfort)之附約。

（註一）奧國擔保那不勒斯的王冠，給摩拉。

這個那不勒斯問題的癥結，倒是摩拉自己處理不善，得到解決。他與同盟各國講了和，但是不能遵守。一八一五年三月六日之夜，列席維也納會議各國，得到了拿破崙從埃爾巴（Elba）回來（三月一日）的驚耗。加斯列里，這時候，確已回倫敦去了，留下克倫卡德（Clancarty）在維也納代理他的職務。等到消息一到，說摩拉已經破壞與奧國結的條約，號召意大利一致起來，加斯列里知道那不勒斯的問題已經不解決自解決了。四月五日，同盟各國政府向摩拉宣戰；五月二日，在托倫定諾（Tolentino）與奧軍一戰；他不但失敗，並且失掉了他的皇位。（註二）這位勇敢的戰士（摩拉）逃往法國，想效用於拿破崙，卻被侮慢地拒絕了；他再跑回意大利想捲土重來，不幸被擄，經過他自己所立之法審判，槍斃了。包本家的弗地蘭第一於是仍來那不勒斯統治。

（註一） Martens, Traités (Supplément 1824)t IX; State Papers, vol. II, p. 228; Sorel L, Europe et la Revolution: VIII 237. 該約是在那不勒斯訂的；代表那不勒斯的是高羅公爵 (Duc de Gallo)。

（註二） Sorel, op.cit. VIII 436,

最後的一個關於土地的問題是德意志。在維也納，法統雖然是當時的標準；但是並沒有意思去恢復一八〇三年帝國會議（在拉地斯邦 Ratisbon）所取消，及一八〇六年神聖羅馬帝國以後那些君王（屬於教會的或非教會的）及各自由城市。維也納會議甚至於擴大『仲裁』原則的範圍，把薩姆薩姆君王，及薩姆克爾堡君王 (Princes of Salm-Salm and Salm-Kyrburg) 的土地，歸併於普魯士。因此，拿破崙把向來封建制度分化得亂七八糟的德意志政治地圖變成比較簡單統一的工作，仍然保持了。然而德意志仍沒有統一，因為神聖羅馬帝國已經解散了；現在必須建立一個新的制度。這是德意志委員會的工作，其努力的結果，就是『邦聯憲法（Federative Constitution）』，也就是維也納最後條約（Final Act of Vienna）的第九附件（不過該憲法最重要的十一條，包括在條約裏面，算為其中之一部，即五三條至六三條是也。）日爾曼邦聯 (Germanic Confederation) 計包括三十四個君主，（註一）四個自由城市，有一個邦聯會議，以奧國為主席。這個憲法維持德意志，經過不少的變更，一直到一八六六年才取消。

維也納會議還有兩種別的很重要的工作：一是立個公約，開放國際河流。這種河流，或是多個國家的分界，或是越過多個國家的邊界（第一〇八條至一一七條。）從可通航之點起，至河口止，各國人民都可完全自由航行，但須受警察法規的管理及繳納必需的卡稅（不得超過現有者之上）。如此，歐洲各國永遠禁絕了封河的政策。這種政策，譬如說把些爾德河自一六四八年滿斯脫爾條約（Treaty of Munster）（維斯費里亞）起，封住了牠的海口。

奴隸貿易比較難於限制。英國在一八〇七年已經自動廢除這項貿易，英國政府盼望能夠使維也納會議跟着她走。在第一次巴黎和約裏面已經包括了一個英法協定，說到維也納會議他們（英法）須極力設法使各國宣布廢除這種貿易。（註二）但是，事實上，在維也納最多能夠做到的，只有八國的一個宣言，說奴隸貿易的普遍廢除，是『值得他們特別注意的一端事情』；他們並且

（註一） 實在是三十五個；海斯漢堡（Landgrave Hesse-Homburg）雖然根據維也納最後條約第四十八條恢復了他的土地（以前萊茵邦聯 Confederation of the Rhine 所奪去者，）但是一直到一八一六年才在邦聯會議裏面有投票權（六月三十日的條約。Hertslet No. 58）。

（註二） 英法一八一四年五月三十日所定的條約 Hertslet I, No. 1, p. 20。

保留說，『這個普通的宣言，不能妨礙任何一國所認爲最適宜的切實禁止奴隸貿易的時間。』

（註一）這個文件，構成維也納最後條約第十五附件。

槪括該會議所成就一切工作的條約，起草非常急迫，在一八一五年六月九日便簽了字，因爲那時候，拿破崙正在進軍比利時，大戰就在目前（簽字後第九日便大戰解決了歐洲的命運剛一百年，）各代表都興奮，急於離會。這個條約，只就原文來看，有許多缺點，有不少暗昧的地方。不過我們要知道，在那時，沒有像今日的政治家底下有大規模的祕書處及有訓練的專家，可以得到豐富的統計。我們須知道，『維也納的解決辦法，』與其在條約裏找，不如在各種文件裏找：牠是逐漸由後來各種條約完成，最後的一個條約，就是一八一九年七月二十日佛蘭克福條約（Treaty of Frankfort）。

用不着過分揚譽維也納的解決；後來一百年中，一片一片的被割毀了。雖然在一八三一年（比利時脫離荷蘭）及一八五〇年至一八六〇年（意大利統一實質上可告成功），割毀得很利害，

（註一）一八一五年二月八日的宣言 (Hertslet I, No. 7)。

但是牠的基本目的，如第一次巴黎和約祕密條款所載——『一個眞實的永久的歐洲均勢主義』——可算是達到了，經五十年之久，至一八七一年德國割去亞薩斯羅連（Alsace-Lorraine），才打破這種均勢。

維也納的解決，人家說不外是『恢復』及『正統』的工作，其實不止如此。法國所推翻的君主政體，雖然恢復了，但是以前的封建制度並沒有同他們一塊恢復，革命戰爭所產生的新歐洲，仍然存在；因此，我們歸結維也納會議的大概情形，我們要如梭列爾（Sorel）在他對於這個革命時期的偉大研究臨末一樣，來頌仰法國兵——革命時代及拿破崙時代的普通法國兵——『可憐的光榮的魔王，看輕他的整個生命，毀碎他的身體，把他的斷殘的四肢零零碎碎散佈在路上……暴露他自己，疲敝他自己，犧牲他的熱血與精力，去追求祖傳的幻想，去追求有靈肉的人類偶像，去追求迷人的自由，去追求醫治傷處楚痛的和平，去追求止住熱病者的口渴的和平，去追求安慰病人的和平，去追求使病人有兒童花草環繞的和平，去追求物泰年豐人口繁昌的和平，去追求供奉為和平奮鬥勝利的無名英雄，』（註一）我們記念法國小兵，同時我們不要忘記他的敵人（在同盟國方面的兵）他們苦戰於意大利半島之上，犧牲於奧斯特里子或弗里德蘭（Friedland）之野，『解放戰爭』（War of Liberation）與『百日政變』（Hundred Days）的光榮勝利之中。因爲有這些無名英雄的工作，才有外交可言；因爲有這些無名英雄，外交家才有後盾。何況，理想，只要是眞實，只要努力去實現，總是有影響的；從革命戰爭法國與同盟各國軍隊所代表的衝突理想當中，一八一四年至一八一五年的政治家，成立了一種榮譽的和平，證明兩方面都沒有白犧牲。

英國在維也納會議沒有特別的利害關係，讀者在條約中不能找出任何關於割地與英國的明文。英國這樣克己，原因是英國所要求的東西，在第一次巴黎和約裏面，已經與法國弄好了。德比都在他敍述維也納會議那一章的附註裏苛刻的說得好：革命戰爭對於英國的價値，是佔領了歐洲的海里哥蘭，馬爾達（Malta），及埃阿寧羣島（Ionian Isles）；非洲的好望角（Cape of Good Hope）；印度洋的法蘭西島（Isle de France），與西息爾列（Seychelles）；近印度的錫蘭島

（註1） Sorel, op. cit. VIII, ad. fin.

(Isle of Ceylon)，及印度大陸上的幾個地方；海洋洲的達斯蠻尼亞(Tasmania)；西印度(West Indies)的聖魯西亞(St. Lucia)，杜巴谷(Tobago)及其他地方。這是海國的命運，她只能打沉敵人的軍艦，佔領敵人的島嶼；到了最後的解決，她的外交可以不勞而獲。(註一)

(註一) 英國在維也納會議的態度，見 The Cambridge History of British Foreign Policy, vol. I. chap. IV.

第三章　歐洲協調

第一節　第二次巴黎媾和

維也納會議以後的七八年，歐美的事情，很接近。法國革命放了一把火，無論在舊世界或新世界，都不能消滅。歐洲的政治家，神經過敏似的看住，不讓歐洲局面發生什麼破裂不幸的事情。他們無異是歐洲的監護人。

在這個時代，所謂神聖同盟是大家所注意的，歷史家對於牠過於重視。反之，四國同盟為歐洲協調的起源，不但當時注意的人少，並且到了近年，歷史差不多把牠完全忘記了。

四國同盟起於第二次巴黎和約。大家還記得，一八一三年拿破崙在『解放戰爭』的失敗，次年法國被同盟各國所侵入，於是而有該年五月三日第一次巴黎和約的訂定。包本王朝恢復了，法國一七九二年的邊境也由同盟各國手裏拿回來了，並且有重要的增加，（註一）同時沒有賠款。然後舉行維也納會議，解決法國以外的歐洲問題。但是會議的工作沒有終了，忽然得到拿破崙從埃爾巴回來重登皇位的驚耗。其後有滑鐵盧（Waterloo）之戰；最後包本政府再復位，與同盟各國於一八一五年十一月二十日訂立第二次巴黎和約。

法國因爲在『百日政變』（註二）中跟着拿破崙走，於是失掉第一次巴黎和約所得利益之一大部分。第二次巴黎和約給她一七九〇年的邊境（不是如第一次和約給她一七九二年的邊境。）因此她喪失了菲列普維爾（Philippeville）（在莫撥 Maubeuge 與丁蘭 Dinant 之間），

（註一）最重要的增加，都在東部邊境，卽薩布拉克（Saarbruck），蘭都（Landau），安列塞（Annecy）及張伯利（Chambéry）是也。

（註二）我們要注意拿破崙從埃爾巴回來，法國人民給他的擁護，是慢慢來的。法國需要和平，拿破崙逐漸恢復權威後，便以和平保有第一次巴黎和約所規定的邊界爲已足——至少暫時是如此。因此，他從埃爾巴回來之後，留住法國兩個月，才開始滑鐵盧之戰；而同盟各國卻堅持到底，不與他講和。

薩路易士（Saarlouis）薩布拉克（Saarbruck），蘭都(Landau)砲台，及在日內瓦湖南之安利塞(Annecy）張伯利（Chambêry）。不過她仍原保有亞維娘(Àvignon）與維納新（Venaissin）。其次，她須付賠款七萬萬法郎，一部分是用去加修列強接近法國邊境的砲台，一部分是分與受法國損害的各國政府。（註一）總數七萬萬法郎，以發行公債的方法，分為十五次於五年內償還，沒有利息。在賠款未清償以前，同盟各國派兵十五萬人佔據法國東北方面的要塞，由法國供給。最後，法國還要交還拿破崙戰爭時候，從戰敗國裏面所得來的藝術品；這些珍品在第一次巴黎和約，同盟各國並沒有要求現在必須交出來，法國覺得這是『最利害的一擊。』

這就是第二次巴黎和約，計包括好幾種的文件，其討論，起草，簽字，費時約八個星期。（註二）法國人常認為這是帶有報復性質，但是要不然，或許更壞。大家曉得布魯吉爾（Blucher）要炸毀伊那橋(Pont d' Iena)。兩個地雷已經放在橋下並且爆發了，不過不利害。塔列蘭向普魯士公使哥

（註一） Protocol No. 9 of the Second Deace of Daris: State papers, vol. III, p. 242

（註二） 同盟各國於一八一五年九月二十日向路易十八(Louis XVIII)提出要求大綱，二十日簽訂主要條約。

爾慈(Von Goltz)抗議無效。上訴於威靈吞(Wellington)，比較有結果。(註一)同盟各國有一點是一致的，就是不同拿破崙講和。七月十五日，他在洛吉福(Rochefort)投降。八月二日，(註二)英，奧，俄，普結了一個條約，把監禁拿破崙的事，交給英國去辦，不過每國以及法國都可派一委員駐在監禁所在。於是拿氏流往聖海倫拉(St. Helena)，那裏有三國的委員，(因爲普魯士不願花錢派代表)及法國政府的委員，監視他其餘的一生。(註三)他死於一八二一年五月五日，享年五十一歲又九個月。

(註一) 參看 Hall, The Bourbon Restoration (1909) ch. V.

(註二) 該約見 State Papers, vol. III, p. 200.沒有問題，拿破崙是無條件的屈服。德比都也承認(Hist. Dip. I, 72)；可看 Rose, Napoleonic Studies No. XII. 拿破崙監禁的費用，每年約一萬二千金鎊，好像都是由英國擔負的。

(註三) 『監視』一字，或許用得不正確，因爲聖海倫拉的總督羅威爵士(Sir Hudson Lowe)不許各委員見拿破崙』見 Rosebery, Napoleon: The Last Phase, Chap. XI.

我們一定要承認第二次巴黎和約的解決辦法是滿意的。普魯士的代表哈丁堡與亨波爾(Humbolt)曾要求亞爾薩斯被拒絕；以後的歷史證明了法國保有亞爾薩斯是歐洲政治均勢所必需。拿破崙以爲英國要攫取法國一兩個島。他說，『要他們讓巴達維亞（Batavia）給荷蘭人，包本島（L' Ile de Bourbon）給法人，那是笑話。』（註一）

同盟各國堅持須先解散法國軍隊，然後講第二次巴黎和約；路易十八政府同意，經過很大的困難（有些軍隊，槍桿在手，不願遣散，發生叛變，）在六個星期中遣散了。在一八一四年，路易十八並且答應不恢復徵兵制度，但是到了一八一七年，哥維安聖施軍法（Army Law of Marshal Gouvion St. Cyr）又把徵兵制恢復了，其形式一直維持至一八七一年。

梅特涅十一月二十六日離開巴黎，離主要條約的簽字還不到一個星期。他帶他的家眷到意

（註一） 參看 Rosēs Napoleon, ch. XII ad. fin. 加斯列里與法格爾（Fagel）在一八一四年八月十三日簽了一個條約，英國歸還荷蘭她在一八〇三年一月一日所有的殖民地，除了好望角（Cape of Good Hope），德麥拉拉（Demerara），埃西奎博（Essequibo），及伯爾比西（Berbice）以外。(Hertslet, No.5).

大利去休息一天他對於他在巴黎的逗留與工作好像滿意他住在德克利（M. Decrès）家的樓上，（在福堡聖安祿 Faubourg St. Honoré），俯瞰香圃伊里施（Chamys-Elysées）。

我站在洋台看見了這個偉大的城市，許多的樓台與屋尖在太陽西落中輝煌着，於是我對自己說：『縱是拿破崙布魯吉爾及渺小的我所有的遺跡消滅以後，這個城市和這個太陽仍舊會繼續的彼此會面。』這都是自然界不變的金科玉律——這些物體的重量永遠是一樣的，然而我們這班可憐蟲，以爲我們自己很重要，其實不過生下來在泥沙裏鬼混一下，演一齣小戲而已。不過至少要人家曉得我們曾經做了一點好事——在這一方面，如果拿破崙與我對調，我還不願意呢。（註一）

這就是一個大外交家的感想！

（註一） Metternich, Memoires, (Eng. Trans. 1880) II, 612

第二節　神聖同盟與四國同盟

長久戰爭結束了，歐洲的問題有各種條約解決了，政治家們自然要想怎樣使這種解決能夠久遠。俄皇的計畫已經完成了：就是要其他的君主們答應，彼此大家以基督仁愛的精神相待。

亞歷山大的計畫有人推測牠的起源在一八〇四年。沒有問題，他是誠懇的。（註一）他是一個利己主義者，感傷主義者，具有同情心，最容易受衝動；神聖同盟卽是他的不很淸楚的腦筋與心靈的產物。關於這個計畫，他得了克魯登納男爵夫人（Baroness de Krudener）的狂言的贊助。她是一個俄國外交家的寡婦，同時是一個小說作家，到了年齡更成熟的時候，她是一個虔誠主義者。神聖同盟的原文包括在一八一五年九月二十六日的宣言裏面，在送與同盟各國之前，在巴黎曾經她修改過。

這個宣言包括一段序言及三個條文。序言說俄奧普三國皇帝，鑒於過去三年的事變，深覺他們有根據基督教最高眞理來處理相互的關係之必要；他們鄭重的聲明，現在這個條約除了向全

（註一）布爾喬袖珍外交史，第二卷第二十章寫得最巧，使讀者相信，亞歷山大只要得到法國的贊助，以恢復其在維也納會議中關於薩克遜波蘭問題所失掉的體面。

世界表示這種決心以外，沒有別的目的。在第一條裏面，三國君主承諾彼此應當以同胞相待。遇事常相援助；第二條最熱誠的勸告他們的人民，實行救主所啓示人類的原理與責任的實踐；第三條普遍徵請各國加入這個宣言。英國攝政王的答覆，對於該項徵請表示懇切的同情，但是根據英憲不許可的理由，拒絕加入。這倒是十分眞的；因爲神聖同盟是各國名義上的元首的宣言，不是各國政府的宣言。如果那個徵請是發給英國政府，內閣總理利物浦爵士倒難拒絕。總之，英國沒有簽字在神聖同盟之上。她加入了一個比較更切實的東西。

所謂切實的東西，就是一個同盟條約，彼此相互保證一八一五年的解決辦法。這個著名的條約，其緣起在前一年所磋商的一個文件。一八一四年的春天，拿破崙正在那裏建造驚人的防衛，以抵抗同盟各國的侵入；二月裏面，奧普兩國的軍隊，好像要個別的被擊破，驅退過萊茵河。因爲軍事的失敗，同盟各國在政治上漸露裂痕；梅特涅並且實實在在向拿破崙提議單獨講和。（註一）英國代表亞伯定（Lord Aberdeen）二月二十八日（一八一四年）在夏地朗（Châtillon）〔在那

（註一）Sorel. op. cit. VIII, 289。負梅特涅所委下來這種秘密使命的是埃斯特赫哲男爵（Baron Esterhazy）。

裏與拿破崙的外交部長可蘭科(Caulaincourt)進行交涉〕寫信給加斯列里說道〔加氏在同盟軍總司令部所在地碩滿（Chaumont)〕：

我不能常常告訴你這班統治歐洲的懦弱無能的人們，他們實在的想法是怎樣。蘭格列斯(Langres)的協定，（註一）包含有猜疑與怨恨。小小的勝利，可以再團結他們起來；但是，如果他們遇到嚴重的失敗，瓦解勢所必然。你在那裏很有用，我絕對相信，於他們的失敗有幫助，你若不在那裏，他們不能存在。（註二）

加斯列里知道這個危險。各國之中，沒有一個公共的盟約，彼此間只有許多特殊的協定，如俄與普之加利什條約（一八一三年二月二十八日），奧與巴威利亞之銳德條約（Treaty of Ried）（一八一三年十月八日），以及其他英國與其他協同戰爭的國家之補助條約。加斯列里不斷的努力，希望在這些個別條約上面來一個共同的條約；到一八一四年三月一日，他竟成功了，

（註一）四國協定，一八一四年一月二十九日在蘭格列斯簽字。

（註二）Castlereagh Correspondence (1853) Third Series. I, 298.

於是而有碩滿條約（Treaties of Ghaumont）的簽訂。其中包括三個同樣的條約：第一是英與奧，第二是英與普第三是英與俄。每個條約簽押各造同意（1）盡其所有的力量，進行對拿破崙的戰爭；（2）不單獨與共同的敵人媾和；（3）和約簽訂之後，如法國再起而攻擊任何的一造，其他各造，各出六萬軍隊來援助被攻擊之一造。在碩滿條約裏面，還有各造保留了『在與法國媾和以後一致行動，保障歐洲及他們自己相互間的和平繼續維持』之權利——這個意思就是說，如法國開釁各出兵六萬的協定，並不妨礙後來和平會議成立一種較廣大的保障制度。

等到戰爭終止，第二次巴黎和約在一八一五年十一月二十日成立之後，碩滿條約的原則，也由英俄奧普四國同盟嚴重地重新主張（四國同盟也是十一月二十日簽訂的）。在四國同盟裏面，簽訂各造承諾『（1）擁護同日對法國簽訂的條約（即第二次巴黎和約）；（2）如將來有一造被法國攻擊出兵六萬相助；（3）於一定的期間舉行會議（無論元首們親自出席或他們的使臣出席）協議他們的共同利益，及討論使各國能得到安定繁榮，歐洲能維持和平的最有利的辦法』。

注意這個盟約比較神聖同盟是如何具體切實。神聖同盟是基督教的情操之表示，加上君主們一個空泛的諾言說『他們無論什麼時候，無論在什麼地方，彼此互助。』其實簽押的各造並沒有承認什麼義務，因爲裏面沒有規定第二條所說互助的具體條件。神聖同盟最多不過是一種諒解，並不是一個契約。一造可以要求具體保證的履行。

一八一五年十一月二十日的四國同盟與神聖同盟大不相同。牠是一個切實的契約，有具體的條件，根據這種條件，如果某種事情發生，簽字之一造可以要求他造出兵六萬相助。第二注意其中所擔保的，不是維也納會議各種各色的條款，乃是一個特殊的，有範圍的條約，卽一八一五年十一月二十日在巴黎與法國簽訂的和約是也。各國當然認爲維也納條約的執行，有擔保的需要，但是這樣一來，事情就沒有了結的時候；因此這個計畫，只有拋棄。不過與法國的條約是歐洲系統的根本規則，無論什麼代價，都得維持；於是在這個有限制並且可能的範圍以內，四國同盟給了一八一五年的解決辦法以保證。（註一）第三，在四國同盟之下，簽字的各造允諾定期舉行會議，所謂『歐洲協調』的制度（the Concert of Europe）乃得成立。

（註一）四國同盟還包含一條保證一八一四年四月十一日的條約，不許拿破崙及其家庭有登皇位之權。

加斯列里結束一七九二年至一八一五年大戰的工作，可以說有兩點：（1）使戰勝者所加給戰敗者的條約能夠執行；（2）成立了一種協調制度，使得後來發生許多危機，不經過戰爭，得到解決。在這兩方面，加斯列里的方法，比較一九一四年至一九一五年大戰後協約各國所用的方法，不差什麽。一九一九年六月二十八日法英美的防守同盟條約，沒有發生効力；國際聯盟盟約雖規定了挽救戰爭危機的辦法，但是一九二〇年夏發生了一個新戰爭，各國並沒有起來引用。若是我們再拿一八一五年的解決，來與一九一九年的解決，在給戰敗者的影響方面來比較，更勝一籌；因爲一八一五年法國忠實的履行了和約，並且在三年之内，恢復了元氣，成爲歐洲國家系統中的一個要角。

第四章　亞拉什不爾

法國雖然有同盟軍的佔領，賠款的負擔，但在一八一五年後，復興得很快；無怪克倫卡德(Lord Clancarty)（英國駐海牙公使）向加斯列里報告說，奧國政府正在建議，召集同盟各國開會，討論法國的情形，特別是佔領的軍隊要不要展期撤退（一八一八年六月五日）大約三個星期之後，加斯列里又接到駐美公使巴哥特(Bagot)的報告，說與美國國務卿亞丹氏(Adams)談話，亞丹氏希望知道英國政府對於西班牙與其南美殖民地之爭端，將取何態度。關於這個問題，美國當然有深切的興趣，亞丹氏希望與英國攜手進行（六月二十九日）加斯列里表示同情，但不熱心。庫克(Edward Cooke)（外交次長）寫信給加斯列里所表示的意思，很可切實的代表加斯列里的見解。庫克說他希望『法國加入這個聯盟』（這是原文，）並且希望與南美各國『商業權利的平等』如果最後那個條件能夠達到，他寫道，『可有相當結果』——這就是說西班牙

與其殖民地總可以得到諒解（一八一八年八月八日）。（註一）

梅特涅對於該會，明顯的存有很大的希望。他承認俄皇亞歷山大維持和平的根本原則，但他很不喜歡他慣用『道德的及政治的傳教方法……由此密使與信徒四出。』（註二）俄國大使樸佐底博哥（Pozzodi Borgo）對於法國內閣的消息，似乎都可以打聽得出。在別國，如奧屬意大利及西班牙，也有俄國密探，在混水裏面摸魚。所有這些行為，使大陸方面重要的外交家有點着急，也是加斯列里對於他的兄弟司徒瓦特（Lord Stewart）及克倫卡德所引為戒者：『我希望你與他能學我一點冷淡的態度。』（註三）

在五國會議（四國同盟的國家外，加上法國）沒有在亞拉什丕爾(Aix-la-Chapelle)（事前協定的地方）聚會以前，四國已經擺佈好，除了直接與法國有關的問題外，別的都不討論；這個

（註一）參看 Castlereagh Correspondence, Third Series, III, pp. 442, 445, 472.

（註二）Metternich: Memoires, III. 163

（註三）Castlereagh Correspondence, III, 330.

會議完全是清算第二次巴黎和約的事務。到了一八一八年九月二十日，全體會員都聚集在亞拉什丕爾：英國代表爲加斯列里（外交部長），威靈吞（駐法同盟軍總司令）及喬治肯寧（George Canning）（印度部部長）；俄國代表爲俄皇亞歷山大，卡樸伊斯脫利亞，及納色羅德（Nessel-rode）（一個青年外交家，但很有經驗，自第爾齊特（Tilsit）談話後，即參預最高政策，維也納會議條約也有他的簽字）；奧國代表有法郎西斯第一皇帝及梅特涅（以庚子爲會議的祕書長）；普魯士代表爲威廉皇帝（King Frederick William），哈丁堡，及伯斯托夫（Bernstorff）；法國代表爲利雪魯公爵（Duc de Richelieu），銳納渥（Rayneval）法國外交部掌印主任（directeur des chancelleries），及孟尼爾（Mounier）（主管法國賠款問題者）。

亞拉什丕爾會議的重要工作，實實在在是駐法同盟軍的撤退問題。根據第二次巴黎和約（一八一五年十一月二日），法國須賠款七萬萬法郎，分作十五次平均償清，每次有四千六百六十六萬六千六百六十六個法郎而強。第一次賠款一八一六年三月三十一日到期，由是五年之內，每四個月繳一次。到亞拉什丕爾會議開會的時候，法國政府已經按期償付。利雪魯公爵現在提議，其餘的賠款，以二萬萬六千五百萬法郎一次總數償淸。這個總數之中，一萬萬法郎，由法國政府發行公債，從一八一八年九月二十二日起算息；其餘一萬萬六千五百萬法郎由英國何普及貝靈（Messrs Hope and Messrs Baring）兩銀行分作九次（後改爲十二次）償付。駐法同盟軍須於十一月三十日撤退離開法國土地；在十一月三十日以前，駐軍所需之軍餉，設備，及衣服，仍由法國政府繼續供給。

結果，賠款的新辦法如下：在會議之前，法國已經償付八次賠款，總數爲三萬萬六千八百萬法郎；她還須付三萬萬三千二百萬法郎才能償淸七萬萬法郎的全數；在一八二〇年十一月三十日前償淸全數，可不付息。現在法國願馬上發一萬萬有利息的公債票，並於一年內付現款一萬萬六千五百萬法郎，總計二萬六千五百萬法郎（根據巴黎和約還欠三萬萬三千二百萬法郎。）以外，她得到同盟各國讓步，駐法同盟軍卽行撤離法境。這個讓步，同盟各國鑒於駐軍易受革命主義的傳染，也很願意。

這種財政的與軍事的解決辦法，包括在一個條約裏面於一八一八年十月九日在亞拉什丕爾簽字，一方面是英奧俄普，一方面是法國。接着四國給法國一個共同通牒（十一月四日），說『他們認爲這個嚴重的條約，完成了普遍的和平；』最後還請法國皇帝今後與同盟各國爲謀人類及法國的利益，『羣策羣力。』這種邀請，馬上發生效力；因爲同盟各國在通牒裏面特別提出了利雪魯公爵，請他加入會議討論。法國對於該項通牒的條件，也立卽允諾。

因此，在十一月彼此分手以前，四國在會議裏面有很切實的成就：他們切實結束了一七九二年至一八一五年的大戰；結淸了對法國的一切要求；並且允許法國加入了歐洲共同行動的團體，具有平等完備的資格。從此以後，歐洲協調團體的會員，不是四國，而是五國。誠然英奧俄普心裏還不相信法國，在十一月一日祕密的續訂了四國同盟。（註一）但是續訂的四國同盟沒有什麽影響；因爲法國正式公開加入了歐洲協調團體以後，立卽與其他各國平等的伸張她的勢力；其餘四國因爲意大利問題，南美洲問題，及希臘問題也一年一年的隔膜起來。

（註一）四國同盟乃是根據一八一四年三月一日的碩滿條約，及一八一五年十一月二十日的巴黎和約而成立的。至

於一八一八年十一月一日的續訂，參看 Debidour, Histoire Diplomatiquo, I, 121

第五章　舊世界與新世界

由一八一八年至一八二三年，在這期間，梅特涅力謀把神聖同盟變做歐洲的正式指導機關，以保持歐洲各國不越出固定的政治制度。但這却是沒有條約做根據的，因為一八一五年十一月二十日的四國同盟，只保證了第二次巴黎和約，並沒有說到歐洲各國內部的組織問題；並且英國政府屢次宣言，不願參加干涉任何獨立國家內部的事情。因此，梅特涅只有用感情去動人。一八一七年八月二十日，他寫給納色羅德的信說：『這偉大高尚的同盟（按即指神聖同盟），比一切條約都更有價值。聖皮萊僧長(Abbé de St. Pièrre)所欲成就以垂諸永久的福利，在相當的時期內，這同盟可以保證。』（註一）按聖皮萊僧長為笛卡（Descartes）的信徒，一七一三年他發表維持永久和平的計畫，引起了當時的注意；但他的計畫與其說是像神聖同盟，毋寧說是像國際聯盟

（註一） Metternich, Memoirs III, 69—70

的盟約。

梅特涅的政策，老實不客氣是高壓的。『我什麼都不怕，』他在一八二一年曾經說過；『我怕的是我不能够辨別什麼是善的，什麼是是的……三十年來懦弱的人們，把一種罪惡當作是最善的，這種罪惡如今纔第一次受到公開的攻擊。……歷史上或者再找不出這麼一羣可憐的微小人物，只知道糊糊塗塗的瞎忙一切，我的天，到算賬的一日，人家要如何辱罵我們——那一天一定會來到的。到那時比方說是二四四年，假使有人在雜貨舖裏，無數字紙中找到我的名字，一定會發現在那古遠的時代，雖然一般人的自信力至於認定自己是達到了文明的最高點，然而居然還有一個人的頭腦比較他們淸楚些。

梅特涅這種自滿的話，並沒有根據，因爲他並不能鎭壓西班牙，法蘭西，或南美洲的憲政黨人，保持和平；就是在日爾曼各國，他也沒有什麼成功，甚至於在意大利與奧國，他到了末年，也不免親眼看見他的系統土崩瓦解。一八四八年革命發生，他亡命英國，那時他或者最後要覺悟，如果他當初對於時代的精神能夠稍爲讓步，他一生用武力去防止的革命運動，或者不會如火山一般的爆發。

俄皇站在他的一方面。（註一）俄皇有一個時候，是傾向自由主義的，並且他於一八一八年二月，根據維也納條約第一條還給了波蘭一個憲法。（註二）不過到了亞拉什不爾會議的時候，態度漸漸變了，他極力勸各國壓制反叛西班牙的美洲殖民地；同時司都闡（Alexander Stourdza）寫了一本小册子，討論德意志的情形，說德意志快要發生革命，不免感動了他，（按司都闡爲羅馬利亞人，一八一五年他在維也納會議對於希臘問題的意見爲俄皇所賞識。）差不多同時還有別的事情影響俄皇的態度。剛在亞拉什不爾開會之前，德意志學生在瓦爾德堡（Wartburg）開會慶祝宗教革命三百週年紀念，及賴布西克戰爭第四週年紀念，該會帶有幾分煽動性質，結果當衆燒了一些專制主義的教科書（一八一七年十月。）其次就是一八一九年三月二十三日，著名戲劇家科則標（August Kotzebue）在孟海姆（Mannheim）被卡爾山德（Karl Sand）暗殺。按科

（註一）Metternich, Memoirs, I, 483, 485.

（註二）奧國與普魯士對於他們的波蘭臣民，曾經承諾同樣的義務，但沒有實行。

則標爲亞歷山大的特派偵察員；他的職務在向俄皇報告德意志的政治及輿論情形。因爲上列各種緣故，富於感情衝動的俄皇，開始對於他的自由主義，起了嚴重的懷疑；梅特涅自己不算數，又利用庚子生花之筆，乘機從旁鼓動，促其改變態度。

於是亞歷山大毫無疑慮的轉入了專制主義的路上，但是普魯士對於梅特涅還有爲難之處。奧國是德意志裏面優越的國家，普魯士雖然是被動的，但始終與奧國對峙，不可輕視。梅特涅於是採取一個勇敢的辦法：他約了菲德利克威廉（Frederick William）於一八一九年七月三十日在特普里子（Teplitz）相會，以奧國完全退出德意志邦聯爲要挾；普皇於是迫得就範：三十年後在阿爾慕子（Olmütz）的屈服，在此已見其端了。（註一）

梅特涅如是預備好了，才能在多數德意志的國家實行他的政策。一八一九年七月三十日，在波都米亞（Bohemia）之卡爾斯巴德（Carlsbad）舉行了一個德意志會議，包括奧國，普魯士，巴威利亞，巴登(Baden)，納梭（Nassau），武定伯，麥克倫堡（Mecklenburg）赫斯（Hesse）

（註一）參看後面關於此事敍述。

(Electoral)及薩克西魏馬（Saxe-Weimar）各處的代表。這個會議通過了許多有名的命令；表示反對的，只有武定伯的公使溫哲格羅德（Winzegerode）（因爲該國君主曾經頒布了憲法。）有一個命令規定每個大學，應有監督一人（監督政治課程，）由該大學所在國的君主指派之。所有未經立案的學生團體，都須解散。報紙也須檢查。最利害的是在梅顏斯（Mayence）設了一個委員會，偵察革命運動的起源，追溯以前的事情，凡委員會指定之人（甚至只要有些嫌疑，）各個會員國家，都須加以逮捕。卡爾斯巴德法令後來由佛蘭克福會議（Diet of Frankfort）改爲邦聯的法律。這個荒謬的委員會，雖然根據德人澈底幹的精神，在一八二二年年底作成了三十四卷的報告，但是對於個人似乎並沒有特別的嚴厲，而且也沒有發現什麼危險的陰謀。

把德意志團結在他的後面，擁護他的高壓政策，梅特湼對於下次的歐洲會議，可以說是準備好了。下次的會議於一八二〇年在特洛白（Troppau）（奧國的賽利西亞 Austrian Silesia）舉行。一八二〇年是革命最多之一年，自驕自滿的梅特湼，忽變爲悲觀，似乎不是沒有根據。西班牙在加底滋（Cadiz）的里昂島（Isle of Leon）候船運往南美的軍隊，候了一年，竟於一八二〇年一月一日叛變，要求一八一二年的憲法。七月二日，同樣的叛亂起於那不勒斯之洛拉（Nola）與亞威林洛（Avellino）。這是給梅特湼最利害的打擊。據庚子說：『自我與梅特湼認識以來，我從沒有看見他像昨天這樣受驚動。』一八二〇年十月二十三日召集的特洛白會議，便是爲對付威嚇全個意大利的革命運動。（註一）

布爾喬（袖珍外交史的著者）認爲這時候召集一個歐洲會議，主張最烈的是俄皇亞歷山大，其處心積慮在騷動歐洲各國，激起大戰，促成俄法兩國聯盟，使奧國分崩離析：『特洛白會議的列強，根據俄皇亞歷山大的要求，所陰謀者特別爲壓制革命者少，而破壞和平者反多。』（註二）以奇怪富於感情衝動的亞歷山大（拿破崙稱之爲善變的比倘與人第爾齊特的陰謀者）的腦筋，沒有那個能夠說，這種計畫是不可能的。但是這說究難相信；比較可靠的說法，是運動列強在神聖同盟之下，公開宣布一種警察制度來控制歐洲。（註三）無論如何，梅特湼的靈活手腕，終能控制該會，打破各種困難。出席的有亞歷山大偕同卡樸底斯脫利亞，納色羅德；法郎西斯第一偕同梅特湼，庚子，列伯爾曾（Lebeltzern），麥爾西（Mercy）；菲德利克威廉偕同哈丁堡，伯斯托夫。英國政府沒有特別派代表，而以駐奧公使司徒瓦特（加斯列里的兄弟）與會；法國也是如此（亞歷山大很不高興）只派駐俄大使弗郎列公爵（Comte de la Ferronays）和駐奧大使卡拉門侯爵（Marquis de Caraman）出席。前者與俄皇有友誼，後者在路易十六時候便是重要的外交家，對於梅特涅非常佩服。會議的結果，包括五強的『歐洲協調』宣告破裂了；英法的代表，對於干涉獨立國家的表決，都不參加。梅特涅有了普魯士的贊助，很容易的制勝了亞歷山大；三國（神聖同盟的原始簽訂者）贊成由與國去干涉那不勒斯的主張。一八二〇年十一月十三日閉會的時候，他們決議反對任何國家改變牠的憲法，以致危害鄰國的秩序。這種決議，到十二月八日，由俄國發出通告。任何國家，如因叛亂的結果，改變牠內部的組織，便不能算做歐洲同盟之一部；如果這種憲法上的改變，證明於鄰國有危險，列強得設法糾正之，第一用友誼的交涉，如果失敗，則用武力解

（註一）亞拉什不爾會議（一八一八年）議決，另舉行一次會議，討論歐洲問題。

（註二）Bourgeois, Manuel II, 636

（註三）德比多便是這樣看法，Hist. Dip. I 148.

決。神聖同盟的各君主們，雖說誠心防免無政府狀態發生的危險（這種危險是常有的，）但是他們的制度必至阻礙一切政治的進步，甚至終久激成變亂，也爲不可否認的事實。加斯列里答覆俄皇的通告，極力否認干涉的原則。

特洛白會議之後，接着於一八二一年五月二十一日在色湖（Save）谷中之芮巴赫地方召集了一個短命的重要會議。奧皇偕同他的宰相（梅特涅）出席；俄皇也到。（註一）中心的問題，是那不勒斯王弗地蘭第一向人民宣誓忠於新憲法之後，表面上到會來調解其人民與列強中間的意見，實則是要求幫助他去毀棄新憲法。結果是該會（卽是神聖同盟的國家——奧普俄）把那不勒斯的憲法取消了，叫奧國用武力去執行。於是而有弗利滿將軍（General Frémont）之短期戰爭。弗地蘭第一跟着奧國軍隊回去，恢復了他的專制權力，他的偵探，以及他定的死罪事實總是

（註一）俄皇爲梅特涅所說服，實際上完全變成了專制主義者。卡樸伊斯脫利亞還是他的顧問，勸告無效：『卡樸伊斯脫利亞在神聖之水中，好像魔鬼一樣的轉動着；但是他還是在神聖之水中，沒有辦法。』Metternich, Memoirs. III. '80

好像證明梅特涅是對的。在該會沒有閉會以前，薩丁尼亞(Sardinia)王忽來請求援助，因爲該地人民，也有革命運動。可是奧國軍隊早就在朗巴德(Lombardy)聚集好了，預防這種事變。討伐的軍隊，越過地西洛(Ticino)，四月八日在洛窪拉(Novara)一戰，便把革命黨人擊散，佔領了杜林(Turin)。於是皮地滿(Piedmont)恢復了舊制。特洛白會議簽訂了一種通告歐洲各國政府的文件，於五月散會。通告裏說，歐洲同盟的目的在維持條約，及各國的和平安樂，至於各國立法上與行政上有益的必需的變更，只能出於『上帝所付託的負責當權者之自由意志（經過考慮並且開明的衝動）』英法對於所有這些行爲，都沒有參加。銳納渥寫道，『奧國因援助君主們而得到大的報酬。』英國代表司登瓦特寫道：『特洛白幾個條約，形成了三國間的聯盟，使他們完全採取了與我們不同的新態度，我想他們現在已經將他們的條約祕密的簽定了。』（註一）

（註一） Quoted by A. Phillips, The Confederacy of Europe, p. 232. 梅特涅最近的目的，在壓迫意大利各小國的權利，如他在德意志已經實行者一樣。『我們一八一九年七月開始的工作（在特普里子與卡爾斯巴德）一八二一年便可告成。』Metternich, Memoirs III, 527.

然而神聖同盟並不順利。縱或能壓制自然勢力（甚至於如火藥庫的意大利也然）於一時，但是世界其他許多地方仍在爆裂。芮巴赫會議正在開會的時候，消息傳來。說伊普西蘭地將軍（General Alexander Ypsilanti）（以前在俄國軍隊服務，）已經越過蒲魯斯（Pruth），進到摩爾達維亞（Moldavia），起義反對土耳其要求希臘獨立了。西班牙雖不能說完全在革命之中，但是革命黨人很佔勝利，弗地蘭第七（Ferdinand VII）不得不讓步實行了憲政，在馬德利得（Madrid）做了立憲的君主。他的助手是精幹的山米開爾（Evaristo San Miguel）（註一）最初的一個『政治將軍』（political generals）在十九世紀的西班牙歷史裏面這種『政治將軍』很佔重要。

新世界方面，南美洲反抗西班牙的革命到處爆發。一八一六年七月九日，阿根廷(Argentine)

（註一）　山米開爾生於一七八五年西班牙北部沿岸之基江（Gijon）地方。他與拿破崙戰過；他與安古列姆公爵(Duc d' Angoulême）的軍隊在一八二三年戰過（他受傷了；）他也與加爾里派（Carlists）戰過；一八六二年死時是西班牙的大將。

各省，根據杜古門公約（Convention of Tucuman）建立了一個邦聯。一八一七年後，佛蘭西亞博士（Dr. Joseph Francia）做了巴拉圭（Paraguay）的獨裁者，凡二十三年。在委內瑞拉（Venezuela），波利窪爾（Simon Bolivar）（並稱「解放者 Librator」）於一八一三年建立了一個獨裁政體；一八一九年八月十七日在波雅卡（Boyaca）一戰，他又把哥崙比亞（Columbia）解放了。山馬爾丁（Juan José San Martin 原來是西班牙的軍官，生於拉普拉達 La Plata）助成了阿根廷解放之後，他現在（一八二一年）又在從事解放祕魯（Peru）。在墨西哥（Mexico），伊突爾擺德將軍（General Yturbide）其初逼迫阿董洛古總督（Viceroy Juan O' Donogu）給予自治（一八二一年八月之科多窪條約（Treaty of Cordova），後來於一八二二年五月又自行稱帝。（註一）巴西（Brazil）也有同樣的變化，不過這種變化比較循着軌道；約翰第六（John VI）是巴拉根間室（House of Braganza）的首領，自拿破崙征服葡萄牙之後，即逃來栗阿

（註一）伊突爾擺德是墨西哥第一個皇帝，他跟第二個皇帝一樣（麥克西米倫大公爵 Archduke Maximilian 四十年後，）經過許多事變之後，被人暗殺。

(Rio)；一八二一年他回到里斯邦(Lisbon)去，留他的兒子辟德羅(Pedro)在巴西攝政。到一八二二年五月，辟德羅宣告獨立自立為帝。

神聖同盟(其實只是俄皇，因為奧普都不大注意新世界方面)很注意西班牙及其殖民地的事情。所奇怪的是亞歷山大令其駐法大使樸佐底博哥在巴黎贊助憲政主義；卻同時令其駐西公使包加利(Bougary)在馬德利得贊助反動派。他很想派一隊俄軍到西班牙去恢復弗地蘭第七的專制地位，但是威利爾(Villele)不願意讓俄皇的軍隊經過法國。

利雪魯公爵去職之後，威利爾公爵於一八二一年十二月二十二日繼任為法國首相。威利爾與利雪魯一樣，都是忠於包本君主，但是比較度量來得小些。在他之下，法國更趨集權：『復辟時期是官吏的黃金時代，他們代替王黨把法國的政權拿過去，並且持了很久。』(註一)衆議院的選舉，操縱得周到，王黨(威利爾為政略計對他們有相當的限制)的勢力天天在增加。但是法國正在開始破裂；起初索木爾(Saumur)的陸軍學校的學生，舉行了一個會議，擁護拿破崙第二；(按

(註一) Bourgeois, Modern France, I, 41

拿氏為萊煦斯特公爵 Duke of Reichstadt，住在奧國。）差不多同時在伯爾福（Belfort），洛布萊沙煦（Neu Breisach），斯托拉斯堡（Strassbourg），及拉羅齊爾（La Rochelle）等處的軍官也有小小的叛變。法國王黨很怕西班牙革命風潮的傳染；於是以保護法國南部防止黃熱病侵入法國南部為理由（其實大概是防止政治病的傳染，）政府派了一隊『衛生』軍，駐於披倫尼斯（Pyrenees）附近各省。不久，武力干涉西班牙之說起。在這種情形之下——新舊世界的革命及武力干涉問題——，乃有一八二二年十月衛洛拉（Verona）會議的召集，自亞拉什丕爾會議以來，這是第三次（註一）的盛大會議。

出席這次關係重要的會議的，有奧皇，俄皇，普王，薩丁尼亞王，那不勒斯王，以及塔斯加尼大公爵拍馬女公爵（Duchess of Parma），及摩登拉公爵。以外有許多重要的外交家，其中最要的當然是梅特涅。法國外交團的領袖是外長滿特摩倫西公爵（Duc de Montmorency）；他曾經參加

（註一） 亞拉什不爾一八一八年九月舉行；特洛白一八二〇年十月舉行。一八二一年一月在芮巴赫（Laibach）的會議可說是完成特洛白的會議。

過美國獨立戰爭，並且他是一七八九年全級會議的議員。與他同來的，還有賈托白里安子爵（Vicomte de Chateaubriand），他是法國駐倫敦的大使。英國代表首要的是威靈吞公爵，及倫敦德利侯爵（Marquis of Londonderry）（卽司登瓦特爵士，加斯列里之弟。）加斯列里最近才封爲侯爵，被派爲英國外交團首領；但是差不多要動身赴衛洛拉的時候，他竟自殺了（一八二二年八月十二日。）繼任爲外交部長者爲喬治肯寧（George Canning），他留在國內，他不贊成梅特涅的外交政策。

衛洛拉會議討論歐洲兩大問題——卽西班牙與意大利問題是也。滿特摩倫西製造空氣，說法國不能坐視西班牙的紛亂，並且聲稱法國要實行武力干涉。賈托白里安也提出許多黷武的計畫；以他有詩意的想像，他認爲不僅可以鎮靜西班牙，並且可以威嚇反叛西班牙的殖民地，使他們組成邦聯，受包本君主的統治。奧俄普贊成法國的提議，於十一月十九日送了一個哀敦米敦書與西班牙國會，後來各國又撤回駐馬德利得的大使。只有英國不參加，站在旁邊，並且由威靈吞宣稱不願干涉。

因爲西班牙的問題辯論劇烈，意大利的事情沒有什麼進展梅特湼提議在披亞生閘（Piacenza）設一委員會，專司偵查革命的陰謀計畫，如著名的梅顏斯委員會一樣，（Commission of Mayenee）。因爲教皇代表司賓拉主教（Cardinal Spina）的反對，梅氏的提議失敗了。司賓拉請衞洛拉會議注意，『多少人怨恨奧國，多少人因爲奧國壓迫意大利而呻吟於奴隸情形之中。』意大利問題所能敍述者如此而已。至於希臘問題，雖然提出過，但是差不多沒有討論。實在是神聖同盟不敢去討論牠，因爲在梅特湼看來，希臘人是反叛合法權威的叛徒；在亞歷山大看來，他們是宗教的同志，爲生存而奮鬬。因此希臘赴會的代表，到了安可拉（Ancona）（註一）便沒有再進。衞洛拉會議便於一八二二年十二月十四日散會。

現在我們到了關係重要的一八二三年，大西洋兩岸的風雲變得很快，歐洲列強的同盟，也不能不宣告破裂。法國首相威利爾本是小心謹慎的人，但是被賈托白里安所脅制。賈氏於一八二二

（註一）　其領袖爲參達格薩斯（AndreM Wetaxas，）他到一八六〇年死的時候是希臘一個最有名的政治家（視俄。）

年初繼滿特摩倫西爲外交部長。一月二十八日，路易十八便向西班牙國會宣戰。賈托白里安不勝雀躍。他寫信給法國駐倫敦的大使道：『我們現在解放了，恢復了我們在歐洲的軍事地位。』（註一）三月法軍進攻西班牙，以路易十八之姪安哥列姆公爵爲總司令。五月二十四日，法軍佔領了馬德利得；八月三十一日安哥列姆公爵迫西班牙國會（已擕同西班牙王退至加地滋 Cadiz）簽了托羅加德羅條約（Treaty of Tracadero）（一八二三年八月三十一日）。西班牙國會無條件交出了西王；西王便由法國槍砲的保護，回至京都，恢復了他的專制權力。

法國軍官們領着軍隊，打了勝仗，回到巴黎，包本王朝一時很受人民歡迎。但是法國與西班牙對於這次戰爭及托羅加德羅條約所付的代價很大。如果弗地蘭第七忠於一八一二年的憲法，西班牙或者可以免除這四十年的加爾戰爭（Carlist Wars），（註二）用不着各種宣言，不致構成一

（註一） Quoted in Bourgeois, Modern France, I, 59.

（註二） 譯者按加爾戰爭係一方擁護西班牙之董加爾羅斯（Don Carlos 1788—1855）及其後代，另一方擁護以前的法國皇帝（1824—1830）查理士第十（Charles X）。

八三〇年至一八七〇年的痛史；法國也不至於過問賀狠佐倫（Hohenzollern）候補西班牙皇位的問題，直接引起普法之戰。

法國擅自侵入西班牙，並且引以爲榮。但是梅特湼的態度却很冷淡：他寫信給庚子道，『這次戰事及法軍在西班牙的勝利，沒有使我覺得什麼不安。他們不會引起大戰。』（註一）事實上，法國之侵入西班牙，倒於梅特湼有利，因爲這樣一來，法國對於希臘革命黨人無力表示同情及援助。但是法國還有人，他的眼光不僅在於西班牙。賈托白里安正想推廣這個辦法到南美洲去；俄皇自己早就想以武力保障南美的和平，或者可以給他幫助。不過同時還有一個人決意保全新世界之自由與獨立，使之開放與歐洲通商，而不使之受歐洲武力的干涉。這個人就是喬治肯寧。他在拿破崙戰爭時代的中葉，曾經大肆活動，但是一八〇九年與加斯列里決鬬之後，便離開了外交部，以至於其敵人加斯列里一八二二年之死。現在到了他一生赫赫事業之末期，這是肯寧表現他最大才智的機會。

（註一） Quoted in Bourgeois, Manuel, II, 694

肯寧早料到法國對南美的野心，於是便與那個新興有力的北美共和國握手聯絡。一八一二年至一八一四年之戰，美國還沒有忘記，並且有許多因該戰爭所引起的難問題也沒有解決。不過英美兩國間的關係正在那裏進步。英國駐華盛頓的公使司托拉福肯寧是十九世紀（並且可說任何時）的一個最好的外交家，有他與美國國務卿亞丹氏（Adams）兩人，各種困難，當可逐漸解決。此外，美國駐倫敦公使拉煦(Rush)也是最熱心於促進這兩個盎格羅薩克遜國家的關係的。

一八二三年八月三日那一天，法國的軍隊還在西班牙，肯寧便照會美國國務卿，提議英美合作，以阻止法國在新世界的野心。美國的答覆，便是一八二三年十二月二日孟祿總統（President Monroe）送給國會的宣言。這個宣言便是著名的『孟祿主義(Monroe Doctrine)』，其原文如下：

> 上次開會　時候已經說過，西班牙葡萄牙都非常謹慎在努力改善其人民的狀況。結果到現在，差不多可以不必說，是出乎意料之外。關於那方面的事情，因爲我們是從那方面來的，

並且有密切的來往，我們自然是時常關心的。美國國民最重情感，對於大西洋彼岸同胞的自由與快樂，願意贊助。歐洲各國的戰爭，如果因爲關於他們自己的事情，我們從來沒有參加，也非我們的政策所許。只有我們的權利被侵奪或嚴重的被危害，我們才起來反抗，或預備自衞。至於這半球的各種運動，與我們必然有密切的關係，這是開明而沒有偏見的人，都必然可以觀察出來的。同盟各國的政治制度，根本上與美國不同。這種差別，乃由於各國政府的組織。我們的政府，乃是無量的血與錢所造成的，最開明的國民的智慧所成就的，在牠底下我們享受了絕無僅有的幸福，我們全國願爲着牠而犧牲。因此，我們爲開誠布公起見，爲美國與列強的和好關係起見，不能不宣告，如列強想要推廣他們的制度到這半球任何一部分來，我們認爲是危害我們的和平與安全。我們沒有干涉，並且今後也不干涉歐洲任何國家的現存殖民地或附屬國。但是已經宣佈獨立，維持至今，經我們根據公平的原則，慎重考慮後所承認的政府，如果歐洲任何國家要壓迫他們，操縱他們的命運，我們認爲這是對美國惡意的表示。這些新政府與西班牙間的戰爭，我們在承認這些新政府的時候，我們便已宣告中立，並且已經遵守；

如果沒有變化，使我們政府當局爲我們的安全起見，認爲有變更政策的必要，我們還是繼續遵守中立。……南北美洲，環境顯然（與歐洲）不同。如果同盟各國要推廣他們的政治制度到南北美洲來，必然會危害我們的和平與快樂。（註一）

總而言之，這個宣言所表示者：（一）美國對於歐洲政治，沒有關係，不願干涉；（二）要求歐洲各國對新大陸政治採取同樣的態度——如果任何國家要干涉或在美洲推廣牠的政治權力，美國不惜與之開戰；（三）美國對於歐洲列強的現有殖民地或附屬國，美國不干涉。後面這段宣言，對於華盛頓政府之承認西班牙殖民地，並不衝突，因爲這些殖民地向母國脫離及建立共和國之後，孟祿總統才於一八二二年四月承認他們是獨立國家。

孟祿主義是近代世界史之一關鍵。普通一般人所不知道的，是該宣言之發表，得了英國政府的同意，並且或許最初出於英國的建議。如果法國不接受美國這種意見，派遣海軍運兵去援助西

（註一） State Papers, 1824 (vol. XI) p. 4

班牙在美洲的軍隊，英國的軍艦一定會幫助美國去驅逐法軍。老實說，英國既然是一個廣大的帝國，有賴於海上的交通，其不願外人統治美洲，與美國有同等的利害關係。因爲這些原因，有一個美國著作家說，孟祿主義向來是靠英國海軍的擁護。（註一）

肯寧得到他所要得的東西。憲政運動在西班牙雖然失敗了，但在南美洲却是成功。十月十七日（孟祿主義未發表前約六個星期左右，）英國政府已經派了領事駐在南美各重要城市。逐漸減少的西班牙軍，連在南美一點小地方都不能站脚；到了一八二四年十二月八日在祕魯亞雅古曲（Ayacucho）最後一戰也失敗了。一八二五年二月二日，英國與阿根廷邦聯（Argentine Confederation）結了一個和好通商航運的條約，完全承認阿根廷的獨立。（註二）同時，肯寧在那裏承認巴西的獨立。加羅達皇后（Queen Carlota 爲約翰第六之妻，意志堅強，且喜用詭計）不

（註一） Owen Wister: A Straight Deal, or the Ancient Grudge, (London 1920) p. 115

（註二） Treaty of Rio de la Plata February 2, 1825 (Foreign office, 93, No.3－1) Hertslet, Commercial Treaties, III, 44.

願看見巴西在她的長子辟德羅皇帝(Emperor Pedro)(註一)之下脫離葡萄牙。於是與她的次子董米開爾(Don Miguel)(他後來的影響，對於葡萄牙差不多有生死存亡的關係，)想把那老朽昏庸的約翰第六去位，自己下手來幹。法國駐里士邦的公使海德男爵(Baron Hyde de Neuville)，乘機冒險樹立法國的勢力，把葡萄牙的老朋友英國擠開。他極力設法將該項爭端交法國政府解決，甚至於向約翰第六提議，派法國軍隊進駐葡萄牙(還有些法兵駐在葡萄牙。)肯寧聽見這個消息，馬上採取行動。他對於葡萄牙的事情很熟悉，他自己做過駐里士邦的英國公使(一八一四年至一八一六年。)現在他對於葡萄牙以撤消援助為要挾，並向威利爾提出不干涉的原則。威利爾正在設法和緩他的外交部長賈托白里安的銳進；並於一八二四年十二月召回海德。結果，法軍沒有開去里士邦，也沒有開去巴西(賈托白里安原來想派去。)

神聖同盟的干涉政策，正好像在歐洲成為一個鐵的事實的時候，卻因為西班牙與美洲及巴西等問題而破壞了。因此肯寧驕傲地(可以原諒)在衆議院敢說：

(註一) 參看上面

如果法國佔領西班牙，我們若要避免這種佔領的影響，是不是我們要封鎖卡底子(Cadiz)？不，我不這樣看我要取償於另一半球上面。想到我們祖先所知道的西班牙，我抱定宗旨，如果法國要拿去，那個西班牙決不是『保有印地斯(Indies)』的。我扶植新世界起來，保持舊世界的平衡。（註一）

（註1） Canning Speeches (ed. Therry) vol. VI, p. 111 Address on the King's Message, December 12, 1826.

第六章　希臘的獨立

多瑙河（Danube）與衣其安海灣（Aegean）中間的地方，普通都知道是巴爾幹（Balkans），在十九世紀的初期，便是外交問題中的一個重要元素。塞爾賓人（Serbians）在阿布倫洛維其（Milosh Obrenovitch）領導之下，於一八一五年得到了自主；希臘抱有同樣的願望，並且在維也納會議裏面，俄皇亞歷山大及卡樸伊斯脫利亞也曾經替她提出；但是因爲列強的意見不同，奧國想保全土耳其土地的完整，而亞歷山大表示反對，於是這個問題倒被擱置了。

過了六年，風潮發生了。一八二一年三月六日，有一個在俄國軍隊服務的希臘人，伊普西蘭地越過了蒲魯斯，謀在摩爾達維亞與瓦拉齊亞（Wallachia）從事革命，反抗土耳其。其他起初雖有相當成功，但是最後還是被迫逃亡，越過托蘭西爾維尼（Transylvanian）邊界。無論如何，梅特涅是不會同情於希臘獨立運動的，所以嚴守中立，把伊普西蘭地幽囚於孟卡子（Munkacz），一直至一八二七年才放出來;伊普西蘭地到一八二八年死於維也納。

侵入羅馬利亞(Roumania)的襲擊,激起了希臘人的勇氣;於是拍羅潘尼斯(Peloponnese)及各島嶼,發生了叛變。那時土耳其政府正在與波斯戰爭,又遇着江甯拉亞里總督(Ali Pasha of Joánnina)的反叛,(註一)有許多困難。俄皇亞歷山大,同情於希臘,理由甚多,但是他自己所造的神聖同盟,却把他拘束了。因此,特洛白及衞洛拉會議,對於希臘問題,沒有加以處置。自動投効於希臘獨立運動的人很多——山達羅沙(Santa Rosa)與哥列洛(Collegno)(皮德滿一八二一年革命的主動者,)發布維爾大佐(Colonel Fabvier)(反對法國復辟的亡命者,)擺郎(Byron),科齊倫爵士(Lord Cochrane)雷查德屈齊(Sir Kichard Church)(以上是英國人)以及許多其他的人;但是歐洲各國政府却不願參加。

自一八二一年至一八二五年,希臘人自己單獨進行,有相當的成功。一八二二年,他們制定了

(註一) 波斯戰爭至一八二三年七月二十八日,才訂埃爾會魯姆條約(Treaty of Erzerum)(Martens, Nouveau Recueil, t. VI, partie I, p. 282.),告結束。亞里一八二二年二月五日被殺。

一個憲法，有總統（馬夫羅科德托斯（Alexander Mavrokordátos）及立法院的設立。在日內瓦，巴黎，倫敦都有希臘委員會的組織推動輿論，（大半因爲學者的鼓吹，一般輿論對於希臘，已發生同情，）不遺餘力。巴黎受過高等教育的人民，尤其是勢力正在增加（雖被壓迫）的自由黨，對於希臘，異常同情；洛埃爾侯爵（Marquis de Noailles）並且事實上曾極力主張派十字軍去討伐回回教人。英國的政治家，無論是屬於保守派（Tory）或自由派（Whig），都是在衣頓（Eton），哈羅（Harrow）或韋斯門斯特爾（Westminster）及牛津劍橋兩大學受過古典式的教育。外交政策與政府裏面別的事情一樣，都很容易受輿論的影響；大家逐漸明瞭，就是俄國政府（百年來不是與土耳其在那裏戰爭，就是快要戰爭）不採取行動，一般的輿論也會強迫英法採取行動。到土耳其皇帝馬麥德第二（Sultan Mahmoud II）召集埃及總督麥海麥德亞里（Mehemet Ali）的軍隊來幫忙的時候，西歐的輿論更加激昂了。一八二五年二月，麥海麥德的兒子伊布列希姆（Ibrahim）帶了埃及軍隊，在摩利亞（Morea）上了岸，戰事更加劇烈，希臘的運動幾於絕望。喬治肯寧雖然希望在外交上切實幫助希臘，還是保持英國的中立。一八二五年十二月一日，意志薄弱的俄皇亞歷山大第一逝世。情勢於是比較清楚些。他的繼任者爲他的兄弟尼古拉第一（Nicholas I）。

尼古拉年少有勇氣，兼之俄國的傳統外交政策也使他不能不援助希臘。並且，根據一八一二年五月二十八日布加利斯特條約（Treaty of Bucharest）第五條，所有在摩爾達維亞的土耳其軍隊都應撤退，但是土耳其政府沒有履行，所以俄土之間，早就有了衝突。

現在喬治肯寧是堅決擁護皮特主張的人，對土耳其要維持她的完整。同時他對希臘人爲爭自由奮鬥，極表同情。因此他有兩件事要做，因爲二者差不多不能得兼之故，每件都難有成就。他一方面要俄國與英國合作，促成希臘的自由；同時他又不要俄國對土宣戰。

他選派去與俄國交涉，以實現這個很難的政策的代表，是威靈吞公爵。威靈吞公爵是一個有力的保守派，對於叛徒沒有什麽特別感情，即使這些叛徒是塞爾木披列（Thermopylae）與塞列米斯（Salamis）英雄的子孫也是一樣。但是他生平有一個目標，就是盡他的責任，因此肯寧請他接受彼得堡的使命（Petersburg Mission），他就答應去，並盡他所有的能力。

肯寧不能選一個比他再好的人。威靈吞公爵是一個偉大的貴族，嚴於紀律，並且是當時最有名的大將，對於俄國專制嚴峻的軍官們，自然可以號召。一八二六年二月二十六日，他到了彼得堡。那時，俄國與土耳其的關係正是極度緊張，俄皇駐君士坦丁（Constantinople）的大使已經撤回。哀敦米敦書，馬上就要發給土耳其政府並且實實在在俄國宰相納色羅德伯爵想法要避開這個不速之客，竟說哀敦米敦書已經發出去了。（註一）但是威靈吞公爵拿定主意在見到俄皇的時候，他指出戰爭的各種不利——譬如說，土耳其政府可以煽動俄皇的回教臣民。尼古拉好像是同意了。第二次見面的時候，他告訴威靈吞，他預備與英國合作阻止俄土戰爭。於是在俄京便擬定了草約，並且由納色羅德伯爵，里文親王（Prince Lieven）（駐倫敦的大使），及威靈吞簽了字（一八二六年四月四日）這個草約裏規定，向土耳其政府提出調停，（因為希臘方面已經請求調停；）如果土耳其政府接受，英俄兩國當依『希臘自主，但須向土皇（第一條）納貢』的原則上商定辦法。就是土耳其政府不接受，將來兩國對於希臘問題的解決，仍以自主與納貢為基礎（第三

（註一）　哀敦米敦書是一八二六年三月十七日發的，但是給了六個星期與土耳其去考慮。

條。）該項草約須送達巴黎，維也納，及柏林各國政府，請會同俄國來擔保調解希臘與土耳其的條約（第六條。）（註一）

到彼得堡議定書（The Protocol of Petersburg）簽了字，威靈吞與尼古拉分別的時候，他們倆竟成了好朋友。這個議定書當卽分送列強，却只有法國贊成；一八二七年七月六日，於是在倫敦由英法俄三國簽訂了正式的條約。這個條約還規定了：如果土耳其政府拒絕調停，各國卽派領事駐希臘，並且極力阻止兩方面的衝突，『但是不參加敵對的行爲』，根據這些辦法，須訓令簽字各國駐在東方的海軍司令（附加的第二條。）

倫敦條約是肯寧最後的重要工作。利物浦爵士因病辭職，他在一八二七年四月做了內閣總理，但是到八月八日便死了。哥德利煦爵士（Lord Goderich）於是繼任爲內閣總理，杜德來爵士（Lord Dudley）爲外交部長。

（註一）　沒有請英國擔保，因爲『英國不能擔保這種條約』。我不了解威靈吞爲什麼加入這麼一句在草約裏面，除非因爲他的訓令沒提到『擔保』，所以他不願意擔保。

情勢變化得很快；如果希臘要存在，非有援助不可。一八二六年四月二十二日米索郎熙（Missolonghi）駐軍想拚命衝過土軍陣線，不幸失敗，遂被伊布列希姆佔領了。一八二七年六月五日，發布維爾大佐所防守的雅典亞克羅樸里斯（Akropolis of Athens）也不得已投降了。斯托拉福肯寧現在是駐君士坦丁的英國大使，極力勸說土耳其政府接受三國的調解。他在海德拉（Hydra）曾經與馬夫羅科德托斯討論過這個問題。土耳其方面因為軍事勝利的關係，比較難講話。在圍攻亞克羅樸里斯的時候，斯托拉福肯寧雖然邀得土皇馬麥德第二下了一個命令，禁止轟擊古代的紀念物，但是土政府沒有接受他的調解。亞克羅樸里斯投降之後，實際上全個大陸方面的希臘屈服了。這正是三國簽訂七月六日的條約以後一個月。

英法俄三國的聯合艦隊，在哥德林頓總司令（Admiral Sir Edward Codrington）指揮之下，把土耳其艦隊泊在之挪窪利洛海灣（Navarino Bay）封鎖了。聯軍封鎖的結果，使希臘獨立的運動，雖然在大陸方面失敗了，而在各島上仍然存在。大陸方面的希臘自然要受犧牲；尤以挪窪利洛海灣附近各村莊（在聯合艦隊目前）為甚。十月二十日，哥德林頓下令軍艦進駐海灣。他的目的，要與土耳其司令談判，勸牠停止蹂躪的行爲；但是兩方都認爲結果不免一戰。果然，土耳其方面開了第一砲，正式戰爭跟着開始，結果有二十九個土耳其軍艦被擊沉。『從列彭托（Lepanto）以來，土耳其帝國從沒有經過這麽一次海軍的慘敗。』（註一）

經過挪窪利洛之戰，英國還是保守她的『中立。』英皇一八二八年一月二十九日的演說，（派代表宣讀者）有下面一段妙文，無疑的是出於威靈吞之手筆：

雖然聯合艦隊作戰英勇，但是海軍與古來的友國竟發生這種衝突，皇上深爲嘆惜；他仍深信，這個不幸的事情發生以後，不會再有敵對的行爲，並且不會妨礙土耳其政府與希臘彼此間現有差別的和解。（註二）

哥德利煦內閣隨着挪窪利洛的消息倒了，威靈吞繼任內閣總理。他只利用那一次戰爭的勝利，勸麥海麥德亞里在亞歷山德利亞（Alexandria）訂了一個從摩利亞撤退埃及軍隊的條約

（註一） Miller, The Ottoman Empire, (1913) p. 98

（註二） Hansard; XVIII, p. 3

——該約到一八二九年八月六日，才告成功。但是在該約沒有實行以前，法國政府已經派了麥生將軍（General Maison）帶了一萬四千軍隊前往摩利亞，差不多完全沒有衝突，土耳其軍與埃及軍便撤退了。

還是俄國去結束希臘獨立戰爭。爲了布加利斯特條約的執行，俄國與土耳其政府早就有了衝突；在一八二六年的時候，差不多便要打將起來。喬治肯寧與威靈吞公爵不願俄國單獨與土耳其開戰，所以有彼得堡議定書（參看上面）的締結；隨後，俄國又與土耳其結了亞克爾門條約（Treaty of Akerman）（一八二六年十月七日）。後面那個條約，除了確認布加利斯特條約外，還詳細規定了多瑙河君侯封地及塞爾比亞（Serbia）的特權。

因此，如果馬麥德第二自挪窪利洛戰爭（該戰我們必須承認是令人難堪的戰爭）以後，即制住自己的行爲，他可以避免與俄國戰爭，並且他可以得到英法俄三強所定的倫敦條件——希臘自主，但須納貢。但是他計不出此，他想利用俄國與波斯的戰爭（一八二六年發生的）拒絕接受倫敦條件。馬麥德之所以出此，當然不但因爲對英法俄三國軍事行動的憤怒（這也出於自然，可是不像政治家，）並且因爲他知道梅特涅暗中在反對他們（雖然是在暗中反對，但是很明顯。）不過俄波戰爭的結果，波斯失敗了，訂了托爾克門寨條約（Treaty of Tourkmanchai）（一八二八年二月二十二日，）波斯割了伊利文（Erivan）及拉希齊文（Nakhitchevan）兩省之地。馬麥德更加氣憤他否認了亞克爾門條約。俄國呢？尼古拉現在準備好了行動，於是在一八二八年四月二十六日，向土耳其宣戰。

一八二八年的戰事，俄國並不很順利。一八二九年，比較好一點，八月二十日，地比煦將軍（General Diebitsch）竟進到了亞德利洛樸爾（Adrianopole）。於是到君士坦丁之路打開了；地比煦前進佔據了安祿斯米底亞（Enos-Midia）（註一）之線（差不多一世紀後，此線在外交上很重要。）土耳其絕望了：就是斯托拉福肯寧也不疑心地比煦實在已經到了精疲力盡的地步，並且會遇到強烈的抵抗而退。普魯士駐君士坦丁代表繆佛林將軍（General von Müffling）（有名的軍人，後來成爲有名的政治家及歷史家，）乘機出來主張和平，一八二九年九月四日於

（註一）See Moltke; Der russisch-türkische Feldzug.

是有亞德利洛樸爾條約的簽訂。這是土耳其十九世紀喪權失地最重要條約之一。（註一、多瑙河君侯封地——瓦拉齊亞與摩爾達維亞——實際上向土耳其獨立了。他們的君王，由他們自己選舉任期終身。但每逢君王逝世，便須進貢；該約第十條同樣的解放了希臘；土耳其政府宣告接受一八二七年七月六日的倫敦條約——希臘自主，但須納貢——並且須承認一八二九年三月二十二日三強規定希臘邊界的草約。土耳其除了失掉希臘外，還割了多瑙河口的三角洲與俄國（第三條。）

希臘人現在很安全。埃及的軍隊已經離開了摩利亞；土耳其的軍力在對俄戰爭中已受損失；土耳其的威權，也被亞德利洛樸爾條約中破壞了。因此，在條約上，希臘雖只得到了『倫敦條件』——自主加上納貢——但是她現在拒絕接受。在倫敦斷斷續續舉行數個月的會議，又開會了。出席的有英國外長亞伯定爵士，俄國大使里文，法國大使滿特摩倫西拉窪爾（M. Montmorency-

（註一） 割了多瑙河的三角洲，黑海傍的撲梯（Poti），高加索的亞赫爾西克（Akhaltsykh）（有要道由此經過）與俄國。

Laval）。英國現在的意見，倒贊成超過倫敦條件；因爲她相信土耳其現在沒有抵抗的能力，如果希臘僅變成一個藩屬國，恐怕俄國要來干涉，如她干涉瓦拉齊亞與摩爾達維亞兩個藩屬國一樣。『經過長久困難的交涉，』到一八三〇年二月三日，這三位政治家簽了一個草約，允許希臘獨立。她的土地包括歐波亞（Euboea），惡魔羣島（Devil's Islands）斯凱羅斯（Skyros）及洒克列底斯（Cyclades）。大陸方面，希臘包括摩利亞，及哥林斯海灣（Gulf of Corinth）以北自斯潑爾乞阿斯（Spercheios）口至亞斯普羅樸登馬斯（Aspropotamas）口之地。她的主權，由君主行使，但該君主不得屬於英法俄三國的王室。三國之中，任何一國，如不得其他兩國的同意，不能派兵進入希臘（第八條）。（註一）

一八三〇年二月十一日這個新創的寶座，獻了給薩克哥堡（Saxe-coburg）的里阿蒲爾王

（註一）一九一五年英法俄三國佔領薩朗尼卡（Salonica）便是根據這點。草約的要點，在 Hertslet, Vol. II, No. 149 的撮要中，大體被删去。全文在 State Papers XVII p. 191，及 Cakes and Mowat, Great Treaties p. 120.

(Prince Leopold)。他接受之後，過了幾個星期又放棄了。他之所以改變態度，據說是受了卡樸伊斯脫利亞的影響（卡氏自一八二七年後，就是希臘的總統，）一八三一年十月九日卡樸伊斯脫利亞在洛普里亞 (Nauplia) 之聖斯皮利頓教堂 (Church of St. Spiridon) 外，被康斯登丁 (Constantine) 及馬夫羅米且里斯 (George Mavromichális) 暗殺了，內戰因此爆發。到一八三二年二月三國才將王冠獻給巴威利亞王菲海倫 (Phi-Hellene) 之第二子阿陀王 (Prince Otto)。一八三二年五月七日，三國與巴威利亞在倫敦訂了一個條約，規定巴威利亞王位的繼承，並將一八三〇年二月二日草約所規定給希臘的島嶼交與希臘，以外還擴大了希臘陸地的邊疆，東自屋羅灣 (Gulf of Volo) 起，西至亞爾達灣 (Gulf of Arta) 止。這麼一擴大，亞卡爾蘭尼亞 (Arkarnania) 除了潘達砲台 (Fort Punta)（土耳其保有到一九一二年）外，都歸入了這新國家。（註一）

（註一）一八三二年，在君士坦丁，土耳其簽了一個公約，承認了這些辦法。See Hertslet. No. 161.

第七章　東方與西方

一八三〇年以前，歐洲還沒有具體的所謂東方問題，雖然在皮特與拿破崙時代，及希臘獨立戰爭時代曾經局部的提出過。廣義的來說東方問題就是怎樣處置土耳其的問題。基佐特（Guizot）一八三九年七月二日在法國衆議院的演說，對這個問題答覆道：『爲維持歐洲的平衡起見，正當的政策是維持土耳其帝國；如果因爲環境的關係，時勢所趨，有些地方脫離這個老大帝國，那麼正當的政策還是贊助該地方變爲獨立的新國家，在國際關係裏面佔一地位，以維持歐洲新的平衡，代替不復存在的舊份子。』（註一）這是東方問題最好的解釋；根據這個解釋來觀察，英法政治家在過去百年間的政策不但很明瞭，並且很健全。

從法國的立場來說，東方問題有普通與特別兩方面。普通方面，已如基佐特上面所說，有人稱

（註一） Guizot; Mémoires pour servir à l' histoire de mon temps (1861,) IV, pp. 330-1

之爲君士坦丁問題。特別方面，是關於土耳其帝國埃及一部分（因爲地中海及非洲北岸，法國認爲有密切利害關係。）這叫做亞歷山德利亞問題（Question of Alexandria）。自一八三〇年至一八四〇年，整個的東方問題（君士坦丁與亞歷山德利亞，）變得淸淸楚楚，對於五強的相互關係，發生重大的影響。一八三九年至一八四〇年的重大危機，英法戰爭，間不容髮，也是由於東方問題而來的。

當時土耳其的君主是馬麥德第二（一八〇八年至一八三九年；）他想改良，並且是一個意志堅強的人。不過他的臣民中，還有一個比他更強的人，那就是麥海麥德亞里。麥海麥德亞里以前是一個阿爾巴（Albanian）煙商，在土耳其軍隊裏面做過大佐，後來升爲埃及總督。在希臘獨立戰爭的時候，土皇還要向他求援；麥海麥德的軍隊差不多完全征服了希臘的革命黨人，若不是列強出來干涉，那是不成問題的。希臘戰爭結束以後，土皇雖然把克利特（Crete）給了他去統治，他認爲土皇對他的勳勞，沒有相當的酬報，至少他想獨立。

麥海麥德亞里埃及的情形與土耳其帝國的情形比較，可以引爲自滿。一個法國軍官把他的軍隊組織起來了；一個法國建築家把他的海軍改造了；一個法國醫師把他的醫生教練了；他在國內是唯一的地主，唯一的製造家，唯一的包工者；埃及人的生命不算什麼一回事，好像花羅斯時代一樣。（註一）

麥海麥德很容易找出一件事情，與土耳其政府打起來。一八三二年他的兒子伊布列希姆侵入了敍利亞（Syria），直向小亞細亞前進。十二月二十一日，土耳其軍隊大敗，首領在科尼（Konieh）被俘。於是到君士坦丁之路現在打開來了。

馬麥德第二對於麥海麥德亞里非常痛恨。他有一次說，如果有人取得麥海麥德亞里的首級前來，他可以將君士坦丁及帝國相讓。他求助於英國無效，他決定採取一個重要步驟——差不多等於失掉君士坦丁及帝國——不願與麥海麥德講條件。他請俄國軍力相助，尼古拉第一欣然答應。一八三三年二月，俄國艦隊進了波斯佛拉斯（Bosphorus）；俄國軍隊在亞細亞岸紮了營；沒有多久，又有五千俄兵在擺幼克德爾（Buyukdere）（歐洲方面，靠近君士坦丁）登了陸。

（註一） Miller: The Ottoman Empire, p. 145.

因此，在明爭暗鬥的土京，發生了一場外交戰，俄國公使館安安穩穩佔了優勝。有一個時候，的確，列強都覺很好。俄軍的示威，以及歐洲各國政府代表的表示，都是使麥海麥德不要要求過甚；到了一八三三年的春天，他與土皇媾和，除了恢復埃及的世襲總督外，並得到了敘利亞與亞丹拉(Adana)的統治權。(註一)

俄國軍隊與兵艦還不離去；他們的領袖阿爾羅夫(Prince Orloff)聲勢赫赫，舉動差不多好像大總督的派頭一樣，不免使西方各國的大使稍感不安。最後，到了七月初，俄國海陸軍才撤去，但是差不多馬上就有人疑心，他們不是空手而去的。

這些猜疑果然證實了。在一八三三年七月八日，剛動身離開以前，阿爾羅夫與土耳其外交大

(註一)　這個解決辦法，有時候也叫做古達葉公約(Convention of Kutayeh)。不過我找不出何種詳細的公約。土皇用敕令的形式，將敘利亞(包括達馬斯加斯 Damascus 及亞列撲 Aleppo 在內)歸麥海麥德亞里統治，亞丹拉歸伊布列希姆收稅(一八三三年三四月的讓步)。參看 Martens, Nouveau Recueil, tome XVI, Part. I, pp. 17-18.

臣(Reis Effendi)及陸軍大臣(Seraskier Pasha)，在安基亞爾斯克列西(Unkiar Skelessi)宮（在波斯佛拉斯之亞洲方面）結了一個同盟條約。

該項條約有公開的全文也有祕密的條款，經過七個月後，(註一)英國外交部才得到正式通告。從西方各國看起來，公開的條約已夠受了；牠包含了一個俄土相互的防守同盟，期限定爲八年。但是祕密條款更壞，原文如下：

> 俄皇爲土耳其政府省錢省事起見，就是土政府有供給物質上的幫助的義務，也不要土政府的物質幫助；土耳其政府根據公開條約的相需原則，應擔任的幫助可以免除，但須封閉韃靼列爾斯海峽(Strait of the Dardanelles)，讓俄國軍艦出入，同時無論如何不讓其他外國軍艦進去。(註二)

這個祕密條款的影響，把韃靼列爾斯海峽變成了一個俄國砲台。(註三)如果俄國與任何一國開戰，請土耳其封鎖海峽，土耳其不能不照辦。如是沒有那國能由海峽進攻俄國；但是俄國的軍艦可以由海峽出來，到地中海，隨便攻擊什麼地方。

雖然俄國政府一直到一八三四年的春天沒有把該項條約的內容通知各國政府，但是西歐早就聽見了。一八三三年七月二十五日，晨報(Moring Herald)的君士坦丁通信員消息靈通，已將該公開條約的大概寄往倫敦，晨報便於八月二十一日發表了。到十月十六日，該報又發表了祕密條款的大概。當然引起了國會裏面以及倫敦巴黎一般的嚴重注意。事實上，士耳其外交大臣（新任的，不是簽訂那個緊要條約的）出於愛國熱誠，已於一八三三年九月，把該項條約及祕密條款，給了英國大使潘生比爵士（Lord Ponsonby）一份。（註四）拍麥爾斯頓（Palmerston）

（註一）Palmerston to Ponsonby, February 15. 1834. F. O., Turkey, No. 234.

（註二）Text in Hertslet, II. No. 168.

（註三）葉姆士大佐(Col. Yeames)致拍麥爾斯頓：阿德沙(Odessa)的報告，說韋特公爵(Count de Witte)說過，我們今日應該認韃靼列斯爾海峽好像是我們的邊界。（F. O. Turkey Jannary 14, 1834）

（註四）潘生比致拍麥爾斯頓，September 15, 1833, F. O., Turkey No. 224，其實英使館譯員披生尼(Pisani)於七月十日便聽見了這個條約的風聲 (Pisanis Report in F. O., Turkey, July 10, 1833)。

並沒有爲之震動，但他給了潘生比訓令，要他向土耳其政府提出，如果他們依照安基亞爾斯克列西的條件，願意英國海軍代替俄國海軍，英國的地中海艦隊，必要時，可以相助。（註一）法國政府同樣的抱有決心。一八三三年十月，外交部長波羅格里公爵（Duc de Broglie）寫給法國駐俄大使道：聖彼得堡政府「當着歐洲，決定了要公開宣布變成國際法上的一個原則她在土耳其帝國有獨佔的特殊重要地位。」（註二）

英法決不能忍受，但是，不幸俄皇已經得到奧普兩國的允許。在中歐之小城中（其半野蠻的名字才第一次驚動了竇新聞者的耳鼓。）（註三）時常有君主們的散步；而這次奧普的允許，便是從散步中得來的。這次的特定地方，我們所關心的，是波希米亞的孟陳格列子（München-grätz）。

（註一）拍麥爾斯頓致潘生比，March 10, 1834, F. O., Turkey.

（註二）Text in Guizot, Mémoires IV, 384 (Pièces historiques)

（註三）Haussonville: Histoire de la Politique exterieure du Gouvernement Francais, 1830-1848, (1850), I. P. 41

在那裏，俄皇帶了納色羅德公爵，法郎西斯第二帶了梅特湼，及普魯士的皇太子，自九月十日聚會起，至二十日止。該項會議重新確定，無論那個君主有權可以向任何其他君主援助並且說：『今後沒有被請求援助的國家，不許干涉，以致妨害別國這種援助，』同時尼古拉向梅特湼（他是不喜歡安基亞爾斯克列西條約的）擔保說，如果他要引用該項條約先須接受奧國的調解。就是有這個限制，安基亞爾斯克列西仍然是歐洲的一個危險：『事實上，情勢與用意，還是一樣。』（註一）法國與英國反對俄國的要求是很相同的；但是對於東方問題其他各點便意見分歧了。因爲英法意見有這種分歧，才使一八三九年至四十年的解決發生困難。

不過這種分歧，好些年沒有表現。到了一八三九年，風雲才慢慢的起來。大家曉得馬麥德第二快要進攻麥㑀麥德亞里，因爲他永遠不能寬恕麥海麥德科尼之戰。拍麥爾斯頓是當時英國的外交部長，很想限制麥海麥德亞里的權力，同時要反對俄國根據安基亞爾斯克列西條約的要求。他看見土皇與埃及總督的爭端重起的時候，他便覺得，如果他不能取消安基亞爾斯克列西條約，俄

（註一） Guizot, op cit., IV., 53.

國便終竟要實行起來。（註一）爲着痛恨麥海麥德的緣故（他的權力已侵入阿拉伯，）馬麥德似乎向英國政府提過，要英國政府佔領亞登(Aden)——英國政府當然很快的就佔領了。（註二）

法國政府，那時正是梭爾德將軍(Marshal Soult)做總理認爲潘生比爵士正在君士坦丁逼士皇宣戰。包崑列(M. de Bourqueney)因爲西巴斯丁尼將軍(General Sebastiani)告假，代理駐倫敦大使職務，曾到外交部見拍麥爾斯頓，表示對英國這種態度的不滿。拍麥爾斯頓爵上對包崑列保證，他所給潘生比的訓令，是要他盡力贊助和平。包崑列說，這或者是潘生比爵十應該執行而沒有執行訓令的緣故。拍麥爾斯頓當即按鈴，將潘生比過去四個月的通信，及康伯爾大佐(Colonel Campbell)（駐開羅Cairo的領事）過去兩年的通信都拿來。這些文件都可以證明

（註一）如法國人所說，拍麥爾斯頓鼓動馬麥德打麥海麥德亞里，那是假的。參看F O. Turkey, August 23. 1834. Palmerston to Ponsonby：潘生比警告土耳其政府說，如果他挑戰，英法不能給他幫助。

（註二）一八三九年初，監察委員會(Board of Control)下令印度總督根據與亞登皇帝訂的條約，佔領亞登。（F O., Turkey, No. 384)

英國對和平的影響。（註一）從這件事，也可知道拍麥爾斯頓工作的方法。他對於外交部一切的事情，似乎完全熟悉；並且對於一切外來的通信，都不遲延。

如果土臯與麥海麥德亞里開戰，梭爾德與拍麥爾斯頓有一點同意——就是，在戰爭中，如果俄國根據安基亞爾斯克列西的條款，派軍艦來君士坦丁，英法決與之開戰。（註二）一八三九年六月十七日，納色羅德寫信給樸佐底博哥（他原來是駐法大使，現在調任駐英大使）說，他願意避免任何危機，使不致引起安基亞爾斯克列西條約問題。克倫利卡爾德爵士(Lord Clanricarde)從聖彼得堡也發來同樣的消息。但是危機來得够快：一八三九年六月二十一日，土耳其的軍隊在納色布(Neseb)村莊附近，優弗列地河(Euphrates)之西，被常勝的伊布列希姆所大敗，有九千

（註一） Bourqueney to Soult, July 9, 1839, in Guizot, IV, 335-5. 基佐特相信拍麥爾斯頓不願戰爭，他與拍麥爾斯頓及其他英國政治要人同時，並且與他們認識，他認為英國政府不完全是馬其威里 (Machiavellian) 的手段。比較 Bourgeois (Modern France, Chap. VII)

（註二） Guizot IV, 338

人被俘。這個慘敗的消息沒有到君士坦丁，馬麥德第二已於七月一日死了。同時士耳其的海軍總司令在亞歷山德利亞將海軍交了給麥海麥德亞里。『三星期之中，士耳其失掉了她的皇帝，她的陸軍，她的海軍。』（註一）

這時候，近東的形勢顯然危急，歐洲的平衡有被推翻的嚴重危險。五大強國都同意，認爲他們必須共同來解決這個困難問題，不能讓新登皇位沒有經驗的士皇亞布杜爾美地(Abdul Mijid)與麥海麥德亞里彼此自己解決。俄國沒有根據安基亞爾斯克列西條約要求什麼權利。據此起草了一個共同的備忘錄。

簽字於下者今天早上得到了各本國政府的訓令，爲此特敬告士耳其政府，五大強國對於東方問題已取得一致；凡是沒有得他們同意的具體決定，士政府須中止進行，候列強對於這事磋商的結果。（註二）

（註一） Ibid, 342

（註二） Guizot, IV, 348.

一八三九年七月二十七日，五強的大使，由盧新海軍大將（Admiral de Roussin）領袖，把這個備忘錄呈交了土耳其政府。如是，爲全個歐洲謀利益的共同行動算是達到了；法國在這次共同行動裏面似乎站在『歐洲協調』（European Concert）的前面。

不過到這裏，法國與英國的分歧點便發現了。事實上，七月二十七日的著名備忘錄所謂的『一致』並沒有保證。在該項備忘錄沒有送交以前，拍麥爾斯頓爵士與包崑列在倫敦外交部有過一次談話（六月十七日）；英外長提出分兩面進行交涉，一面給麥海麥德亞里在埃及的世襲權；一面他須同時退出敍利亞。這是剛剛法國政府所不贊成的。他們想要麥海麥德亞里保有敍利亞。俄國現在站在英國方面，不願看見麥海麥德亞里的權力（在法國保護之下）擴展到達拉斯（Taurus）——或者想破壞一八三〇年以來的英法同盟。及西巴斯丁尼將軍一八三九年秋回到倫敦大使館，於是與俄國代表布蘭洛子爵（Baron Brunnow）的外交鬬爭開始。布蘭洛是納色羅德特別派來對付這個危機的。西巴斯丁尼堅決，鎮靜，敏銳，眼光深遠，但是遲緩，寡言，不大寫作。布蘭洛受了俄國外交部的傳說與計畫的薰陶，很有訓練，敏捷，含蓄而不固執——從來不逼人及不忍耐——善談——寫報告有經驗並且很快——善於審察別人的目的，同時善於在讓步，含蓄，批評的籠罩中包含着他自己的目的。這就是十九世紀兩個最精明的外交家的圖畫。（註一）

西巴斯丁尼看得很清楚，風在向那方面吹；他警告梭爾德總理，如果法國堅持援助麥海麥德亞里對敘利亞的要求，法國會遭入冷眼。但是梭爾德預備冒險，故意的說，如果四強他們要聯合，法國讓他們走他們自己的路——這種聯合，反乎自然，不會長久。（註二）

梭爾德是在那裏投機，以為英俄（與奧普當時老是與俄國一塊，結果當包括奧普）不會同意。但是他們居然同意了！倫敦與彼得堡的外交部，拍麥爾斯頓與納色羅德都一致行動。但是拍麥爾斯頓不願意冷淡法國，（註三）於是機密的告訴西巴斯丁尼，俄國與英國已經諒解了，西巴斯丁尼將這消息轉告了巴黎。這對於梭爾德，一定好像一聲霹靂。他現在不放棄麥海麥德亞里的保護與

（註一） Guizot, IV, 359

（註二） Ibid., IV 366

（註三） 基佐特，沒有理由要替英國說話，對於這點很清楚：Mémoires, IV. ch. 26 Passim

對敍利亞的要求便須看住法國被擯在『歐洲協調』之外。但是他還要再進一步，以求達到目的；——把英國拉過來，同意法國的立場，他召回西巴斯丁尼，而以基佐特代之。

基佐特是法國最好的一個政事家——他是一個學者，政治家，兼事務家。他在梭爾邦（Sorbonne）『歐洲文化史』的演講印出之後，已經成為一種經典。他對於英國史的精深研究（尤其是對於大叛變(Great Rebellion)及革命(the Revolution)兩時代）使他對於英國國民性及政治有眞切的了解。雖然到現在，他的活動範圍不出教育部，但是他已經是一個有經驗的政治家。他雖然是法國最認識英國的人，但他從來沒有到過英國。『我從來沒有到過英國，我從來沒有做過外交家。』這是他在一八四〇年二月二十七日在多威爾（Dover）上岸，到倫敦大使館去的情形。那時候法國駐倫敦的大使館在孟雀斯特爾方場（Manchester square）的嚇特福德室(Hertford House)。

基佐特的工作非常困難。他要維持英法的一致，保存法國在五強協調的會員地位，並且還要以替麥海麥德亞里取得敍利亞為不可少的條件。（註一）

這位新大使不久便與英國政府及社會上的領袖人物接觸了。他發見了拍麥爾斯頓爵士完全是坦白的，和藹的。基佐特小心的指出麥海麥德亞里應受列強的考慮，因爲與土耳其衝突，他不是侵略者。在外交部有最有趣味的一幕：基佐特說，埃塔布(Ain-Tab)最初發生衝突的地位，是在埃及境內。『我不相信，』拍麥爾斯頓說，並且去找地圖來看。基佐特帶了他自己的地圖來——哥達（還是以地圖著名的）最近出版的地圖，該地圖表明得清清楚楚，埃塔布是在色德却爾河(Sed-Jour)的埃及方面。往往國家的運命因爲地圖的含糊或遺漏陷於危境，不過，這次事情，各種地圖都一樣，證明確實。拍麥爾斯頓放棄這個理由，但是堅持要限制麥海麥德亞里的權力。第爾斯(Thiers)（三月一日繼梭爾德做了總理）對於這點不願讓步。

基佐特已經感覺到法國快要陷於孤立。很難探得駐倫敦各外交團的態度。

普魯士大使布羅子爵(Baron von Bülow)是和藹的，時常會見基佐特，除了談政治外，還談談哲學，文學；但是他對於他的身體，太着急，靠不住：風呀，霧呀，熱呀，冷呀，伴侶呀，孤獨呀——都使

（註一） Guizot V, 27.

他不安，使他生病。從奧國大使紐門子爵（Baron Neumann），也不能探聽什麼東西：他完全受了梅特涅一派的訓練，並且是梅特涅的機要僕人；他聰明，周到，並且非常謹慎，無論如何不肯使本國政府讓步。至於俄國大使布蘭洛有六個星期，完全不與基佐特會面。

一八四〇年三月十二日，基佐特寫信給第爾斯，告訴他與拍麥爾斯頓談話的結果，並且說如果法國要堅持援助麥海麥德亞里，法國或許要退出歐洲協調。第爾斯與梭爾德一樣，預備如此：『這種情勢不是你造的，也不是我造的；我們不能應從。（註一）跟梭爾德一樣，第爾斯在投機——投兩種機：（1）『如果人家聯合起來，從麥海麥德亞里手裏搶走敍利亞，他會拚命抵抗』（2）『所有壓迫他的辦法歸於無效。』（註二）但是後來的發展很快的證明了第爾斯算錯得很利害。

四月，土耳其駐巴黎大使洛利（Nouri Effendi）來到倫敦，送交外交部及其餘五強的大使一個備忘錄，提到埃及總督的世襲（敍利亞除外），是土耳其政府願意與麥海麥德亞里媾和的

（註一） Thiers to Soult March 21, 1840 (Guizot, IV, 63)

（註二） Guizot V, 65.

唯一條件。兩天以後，基佐特在荷蘭室(Holland House)請客，就有人私下告訴他，英俄奧普的代表同意對於這個備忘錄分別予以答覆。次日（四月十三日）他接到拍麥爾斯頓爵士一封信：

我的親愛的大使，

茲送上我給洛利先生的備忘錄的答覆一份。你願不願作多少同樣意義的答覆？

英國的答覆，並沒有提到限制麥海麥德亞里於埃及。但是第爾斯訓令基佐特完全不要答覆士耳其的備忘錄。

「無限期的這樣辯來辯去沒有用，」法國總理這樣寫給她的大使。因此，拍麥爾斯頓的好意邀請，沒有接受。奧普兩國大使及威靈呑公爵也都寫了信，贊助這個邀請。

自此以後兩個月裏面，基佐特對於東方問題沒有以前那樣注意。他忙於調解英國與那不勒斯王國間發生的一個商務爭端，結果兩國和平圓滿解決。不久，第爾斯寫信給基佐特（五月四日），要他去求英國政府允許，把拿破崙的屍灰從聖海倫拉島運回法國。基佐特看見拿破崙遺風的勢力及路易菲列蒲(Louis Philippe)地位的不穩，對於這個決議不免有點吃驚，他馬上去見拍麥爾斯頓爵士說明來意之後，拍麥爾斯頓也不免有點吃驚；他輕輕的微笑一下，馬上卽遏制起來。但是他客氣的接受了該項請求，並且答應提出閣議。兩日後閣議便通過了，並且通知法國大使館了。

這時候，對於東方問題，法國大使館與外交部沒有交涉；基佐特於是有時候多與英國社會人士往來，特別與下列各人有密切關係：荷蘭爵士與夫人（Lord and Lady Holland），他們的家，荷蘭室，是自由黨（Whig Party）的社交中心；克拉倫頓爵士（Lord Clarendon），剛從馬得利德使館回來；蘭斯頓爵士（Lord Lansdowne），沒有遇見比他更賢明而寬大，爲基佐特平生所未見的貴族；亞伯定爵士，基佐特特別佩服他的高尙，他的責任心，他的爲公服務的精神；荷列姆（Hallam），麥可萊（Macaulay），西地列司密斯（Sidney Smith）及其他『接近政治生活』的作家。並且他有餘暇參觀衣頓（在那裏遇見了賀崔列 Hawtrey），拉格比（Rugby）（在那裏遇見了亞爾諾德（Arnold）受了很深的印像，）及諾爾烏德（Norwood）的大貧兒院。他是誠虔相信新教的，所以對於英國的宗教情形也很注意。

五月末了，士耳其派了一個新大使哲其布（Chekib Effendi）來到倫敦。第爾斯告訴基佐特不要與他接談。『他會向你再演塞勒格里阿（Seraglio）（按即土耳其皇宮）的傻事，雖然他心裏可以不願意。因爲問題不是倫敦與土耳其代表所能解決。』

第爾斯錯了。七月十七日，拍麥爾斯頓請基佐特到外交部讀給他聽一個詳細的備忘錄，說四强——英奧俄普——因爲法國不願加入，他們自己已經結了一個條約，具體解決土皇與麥海麥德亞里間的爭端。七月十五日關係重大的四强條約，成了事實，而法國並不在內！

這一個一八四〇年七月十五日的條約（包括另一種條約，附在裏面）由英俄奧普一面及土耳其一面在倫敦簽字了。其中規定，土皇與麥海麥德亞里的戰事，應該終止，給予麥海麥德埃及總督地位之世襲，及終身統治亞克爾（Acre）與南敍利亞（Southern Syria）的權利。如十天之內，麥海麥德不表示接受，則只給以埃及；如再過十天不接受，則連埃及也不給。四强擔任以封鎖的方法去壓迫麥海麥德。如果埃及軍隊進到君士坦丁，根據土皇的邀請，四强擔任出來合作防禦（注意，這部分協定事實上等於俄國放棄根據安基亞爾斯克列西條約單獨防禦君士坦丁之權。）第四條並維持了『土耳其帝國舊制』：即在土耳其政府和平無事的時候，禁止外國軍艦駛入韃靼

列爾斯海峽是也。(註一)

這個條約的消息，對於法國的尊榮，是個大打擊。這個條約客氣的送給了法國，但是法國政府認為在該約沒有完成之前，應該邀請法國簽字，雖然大家都知道法國不會簽字(第爾斯也承認)。(註二) 為什麼拍麥爾斯頓做得這樣快，這樣祕密？這是因為第爾斯叫駐在君士坦丁的大使潘托窪(M. Pontois)在那裏單獨進行交涉，要士皇與麥海麥德根據法國所提示的條件媾和。因為這個道理，所以第爾斯告訴基佐特對於敍利亞問題不要向拍麥爾斯頓讓步；他時時刻刻在那裏等潘托窪在君士坦丁媾和，並且麥海麥德得到了敍利亞的消息。等到該約簽訂以後，他然後以既成之事實來對付拍麥爾斯頓。但是潘生比聽見了在君士坦丁接洽的消息(在那裏，任何祕密，可以

(註一) 一八四〇年七月十五日的條約的引文裏面有一個聲明，說四強的動機是希望維持土耳其帝國的獨立及領土的完整，以保證歐洲的和平。這個聲明雖沒有擔保土耳其帝國領土的完整，但表示了列強的意思，在某種意義說來，構成了他們的義務。

(註二) Circular Note to the French Diplomatic Agents, August 6, 1840. Text in Haussonville, I, 167.

錢買）即向倫敦報告。(註一) 法國總理原來想先着一鞭；但是，拍麥爾斯頓看破了這個戲法，(註二) 倒捷足先得。因為這個緣故，所以第爾斯大發雷霆；因為這個緣故，軍隊動員了，戰雲瀰漫於海峽及萊茵之上。

法國與歐洲其餘各國，有幾個月中間，好像真要打將起來。法國衆議院，在過去兩年中，態度有幾分浮躁，受拿破崙遺風的影響，逐漸加深，貪取光榮之慾念，又復燃起來了。莫來 (Molé) 與梭爾德想以對亞基爾 (Algiers) 的用兵，去滿足這種貪念，也歸無效。但是『全國對於殖民地，並不介意：……路易菲列蒲用致疾醫疾的方法，來退這種尚武記念的熱病（資產階級把這種尚武的回憶，傳染了全國國民）也是枉然。』(註三) 不知情勢的民衆極願宣戰，而又沒有一個負責任的政

(註一)『土皇與該總督的直接解決，似乎不遠，』(Guizot, V, 229)

(註二) 在一八四〇年五六月的時候，法國代表哥斯特 (M. Costé) 寫信給亞齊麥地塔齊王 (Prince Achmet Tethi) 催他勸土耳其政府與麥海麥德亞里另外解決。潘生比得到該項信件的抄本，(亞齊麥地知道此事，) 現收集在 F. O., Turkey, No. 394

(註三) Bourgeois, Modern France, I, 202—3

治家（路易菲列蒲自己除外）設法阻止。第爾斯腦筋裏面唯一的顧慮，好像是特別攻擊英國抑特別攻擊普魯士的問題。他又另外徵了兩種新兵。普魯士對於這種威嚇非常憤激，於是而有防備萊茵歌(Wacht am Rhein)的撰作。（註一）

這時候，敍利亞的情勢又變化得很快。麥海麥德亞里拒絕了七月十五日的條約所傳達的條件。英國駐君士坦丁的大使，已經在列本朗(Lebanon)住了些時候，鼓動反叛麥海麥德亞里的運動。（註二）九月十一日，拿披爾海軍司令(Admiral Sir Charles Napier)轟擊伯魯地(Beyrout)，並佔領了該地。不久，他在陸上，統率土耳其兵，在拉爾埃爾克爾布(Nahr-el-Kelb)與埃及軍隊交戰，又全獲勝利。九月十四日，土皇宣告廢除埃及總督。法國至此，要打須現在就打，否則永遠不打。

（註一） Max Schneckenburger 做的。

（註二）『和果伊布列希姆向前進，容易使全體敍利亞人起來反抗他的政府。我可以替列本朗的居民回答。………』Ponsonby to Palmerston, April 23, 1840. Text in Haussonville, I, 295, 又參看 Ponsonby to Palmerston, June 23, 1840 in F. O., Turkey No. 394.

第爾斯或者從沒有嚴重的想過要戰。路易菲列蒲如果有辦法，他一定不要戰。駐維也納公使聖阿列爾公爵(Comte de St. Aulaire)是世界上一個有勇氣，受過高深教育的人，倒是設法和緩：第爾斯曾經對他承認過：『使法國單獨與全歐洲作戰，是一種可怕的責任。』（註一）四強對於東方問題是站在一塊；他們的合作，好像一八一四年反法傾滿條約的復活。但是麥海麥德亞里閙缺的消息，好像使法國發了狂；募兵事務所擠滿了人，時時刻刻渴望戰爭的來到。德意志也有同樣的情形；如一八一三年一樣，似乎又表現了一個統一覺悟的民族，起而反抗法國的危險。不過拍麥爾斯頓認爲戰爭不致發生，因爲他認爲法國的大工業家及業主們是傾向和平的。（註二）

不過，如果要做到這層，須小心不要惹起法人的反感，他們主張把敍利亞給麥海麥德亞里；現在他連在埃及的地位，也告廢除了。的確，這是括了法國的臉皮；但是拍麥爾斯頓與基佐特談話，設

（註一） Bourgeois, Modern France, I, 218.

（註二）『我想和平可以保持，因爲路易菲列蒲很反對戰爭。』——Malmesbury, Memoirs of an ex-Minister (1884), I, 122, dated September II, 1841

法和緩，這種影響，（註一）說土皇之革除麥海麥德亞里，不過是一種恐嚇手段，給他看看，如果他要頑固到底，他將受這樣的一種處分。因此威列斯克（Walewski）在亞歷山德利亞得到了命令，促麥海麥德亞里覺悟——指出埃及總督，無論如何，不能抵抗四國的軍力。（註二）

於是一八四〇年十月八日，法國向英國提出和議。實在提議的情形如此；如果英國及其餘的

（註一）不過他是預備了打的。他寫給包爾威爾（Bulwer）在巴黎的信（一八四〇年，九月二十二日）『用最善最不得罪人的態度，婉詞（我知道你是善於措詞的）告訴第爾斯，如果法國要打，我們也不拒絕』（Ashley: Life and Correspondence of Palmerston, I, 379）包爾威爾是駐巴黎代辦。後來（一八四〇年十月八日）拍麥爾斯頓給駐巴黎大使格林威爾（Granville）的信，態度比較更和平：『至於宣言如果法國提出一個友善的照會，使現在的情勢，趨於和睦的討論，我們也將用同樣的精神來接受來處置』。（Ibid I, 385）

（註二）事實上，麥海麥德亞里就是能否對抗土皇，也是疑問，不說別的國家參加。麥海麥德有十九萬六千武裝軍隊，僅靠三百萬人口供給——已經搜括得民不聊生（Ponsonby to Palmerston, June 5, 1840, in F. O., Turkey, No. 394.）

四強，能夠替麥海麥德亞里取得世襲的地位，法國願意撤回敍利亞歸其所有的要求。十月八日的備忘錄沒有說得這麼明白：好像是用哀敦米敦的口氣，說法國堅持埃及須歸麥海麥德亞里所有，此點決不讓步。如果列強願意根據七月十五日的條約（埃及歸麥海麥德亞里）來解決，法國願意加入。（註一）

列強所希望者大概不過如此——宣告麥海麥德亞里的開缺，大概不過是促其覺悟。這似乎是拿披爾海軍司令的見解，因爲他在伯魯地打了勝仗及攻取亞克爾（十一月三日）之後，（註二）他帶了艦隊到亞歷山得利亞，強迫麥海麥德亞里的代表波格海斯（Boghas Bay），訂了『英國的經紀人所常訂的一個鹵莽的條約。』（註三）這個條約規定麥海麥德亞里須撤退敍利亞，但可以保存在埃及的世襲地位。這實際上等於法國十月八日備忘錄中所提出的條件。列強同意擁護

（註一） 備忘錄原文見 Guizot V, 505 (Pièces historiques)

（註二） 法人相信亞克爾是不能攻破的，牠的被攻破產生了一個大的震動。

（註三） Haussonville, I, 196。拿披爾條約原文見 Martens, Nouveau Recueil Général, t. XV, p. 489.

拿披爾條約；一八四一年頭幾個月的交涉，法國由包崑列（註一）子爵代表參加，結果很圓滿。二月二十二日（一八四一年）土皇因列強的勸誘，下了一個勅令，承認麥海麥德亞里是埃及的世襲總督，但是敍利亞與克利特除外。解決這個歐洲問題最後的條約是在倫敦舉行的會議所締結，於一八四一年七月十三日發表的。這個條約，由英法奧普俄土五國簽字，再度規定『土耳其帝國舊制』平時禁止外國軍艦通過韃靼列爾斯及波斯佛拉斯海峽。由是俄國根據安基亞爾斯克列西條約的特殊地位是取消了，一八四〇年七月十五日的四強條約是替代了（但不是廢除，）法國仍為『歐洲協調』之一員。（註二）

（註一）第爾斯內閣，一八四〇年十月二十日下台。第爾斯想在國會開幕演說中，採取堅決驕傲的態度。路易菲列蒲希望取退讓和平的態度。第爾斯既要堅持他的見解，路易菲列蒲便免了他的職，叫梭爾德組閣。基佐特放棄倫敦大使的職務回去擔任外交部長。

（註二）The Cambridge History of British Foreign Policy vol. II, chap. IV, §1

第八章　比利時與西班牙

第一節、比利時

從一八三〇年至一八四〇年，歐洲各國除了東方的麻煩以外，還有比利時與西班牙的事情也夠麻煩。不過比利時與西班牙的事情，從來沒有發生大戰的恐嚇。每個國家的解決逐漸辦到，並且都還圓滿耐久。

維也納會議所規定的比利時與荷蘭的聯合，到了一八三〇年八月二十五日，雖然法律上沒有解散，但事實上已經壽終正寢。在這一天，自主運動，受了法國七月革命榜樣的影響，暴發出來了。因為遇到荷蘭人強烈的反對，比利時人於是由要求自主至要求獨立，於一八三〇年十月四日成立了一個臨時政府。這種行動，是違反了一八一五年的條約，需要國際的批准。並且這好像給法國一個機會，破壞一八一五年列強在她東北邊境所樹立的屏障，對於歐洲特別危險。比利時的問題確實困難。路易菲列蒲新朝處置這個問題，得到最大的成功，在歐洲樹立了他的威風。

法國新政府，當着這些大難題，初試身手，不遲疑的提出了一個決定民族運命的原則。莫萊這時候是外交部長，確定了法國新外交的路線，當衆公開及在私人通信裏面，宣布了不干涉的原則。（註一）

這個著名的原則，莫來（拿破崙所訓練出來的）根據肯寧那樣廣泛的解釋，警告了威爾哲爾子爵（註二）(Baron Werther)，如果普魯士派兵到比利時去幫助荷蘭，法國也要出兵。這個恐嚇，顯然發生了影響。差不多同時，法國駐倫敦大使塔列蘭（他的外交曾經得到了歐洲各國對於路易菲列蒲的承認）與英國外交部長亞伯定爵士於一八三〇年十月十五日訂了一個草約。依

（註一） Haussonville, I, 18.

（註二） 普魯士駐巴黎大使。他的兒字是一個更有名的外交家，普魯士一八六九年至一八七〇年駐巴黎的大使。

照該項草約，對於比利時問題最有直接關係的英法兩國，同意該問題須由五強解決。

五強會議在倫敦舉行了，以亞伯定爵士爲主席。奧普俄三國反對比利時脫離荷蘭。法國一來同情於被壓迫的比利時民族，二來因爲荷蘭的擴大原來就是爲防備法國的，所以她當然贊成。英國政府，從牠本身的利害看起來，贊成把荷蘭做屏障，去防備法國；但是牠對於比利時人的民族與憲政的志願，也表同情。結果是法國派了布列生（M. de Bresson）（後來是駐柏林有名的大使）英國派了卡爾地萊地（Cartwright）到比利時去，事實上等於承認臨時政府爲獨立政府（一八三〇年十一月）。同月，英國保守派政府下台，自由派葛萊伯爵（Earl Grey）組閣，以拍麥爾斯頓爲外交部長。於是比利時問題操在拍麥爾斯頓手中，但是我們同時要知道，解決的路線，已由亞伯定爵士規定了。

不過，就是英法協約，遇到奧普俄三國的反對，俄屬波蘭就於一八三〇年十一月發生變亂，比利時能否這樣快得到獨立，還是疑問。因爲俄屬波蘭的變亂，東歐於是發生戰爭，波蘭人英勇的死鬭，直至一八三一年五月阿斯托落倫卡（Ostrolenka）大戰，乃歸失敗。波蘭的反叛，使奧普俄三國沒有功夫注意比利時問題，英法於是才能自由處決。

亞伯定爵士召集的倫敦會議，仍在拍麥爾斯頓之下，繼續開會，並於一八三〇年十二月二十日承認了比利時的獨立；次年新年開始，該會議擴大了牠的工作議定這個新國家應與瑞士一樣，爲中立國家（一月二十日。）全個問題的解決，日益落在英法兩國手中，因爲除了波蘭叛變之外，還有教皇所轄各國及意大利各公爵國革命的爆發（沒有成功）；奧國普通現認爲是一八一五年條約關於意大利解決的保障者，於是她的注意完全在彼而不在此。

反對這樣解決比利時問題最烈的，自然是荷蘭威廉第一皇帝（King William I）。他當然不願失掉維也納會議給他的半個國土。普魯士皇帝，是他的親戚，擁護他。在他一方面，法國極力贊助比利時的要求；但是歐洲鑒於以前打了幾年，才把法人趕出安地威爾普（Antwerp），不免要疑心法國的用意。幸而出來了一個強有力的人，這於爲比利時，爲法國，爲歐洲，都好來代替路易菲列蒲初年沒有決斷的內閣。那人便是皮雷爾（Casmir Périer），衆議院的議長。

皮雷爾，雖然在法國革命戰爭時代當過兵，但是實實在在是一個生意人，並且他經營銀行業，發了財。一八三一年三月十三日，叫他組閣的時候，他已經是六十四歲了。身體高大，威風凜凜，態度熱烈，他的人格不但感動了他的同事，甚至於感動了路易菲列蒲。他的政策是對內維持秩序，對外維持和平；我們可以公平的說，他在十三個月中，他達到這種目的。（註一）

根據英國的提議，薩克西哥堡里阿蒲爾王（他接受了而又拒絕希臘皇位，）於一八三一年六月四日，被比利時國會選為皇帝；一八三一年六月二十六日，英法奧俄普五國代表在倫敦簽了所謂『十八條款的條約』(the Treaty of Eighteen Articles)，為解決的基礎。這個條約規定了比利時的中立（第九條，）通商的自由（河與運河，）並且有些地方還規定了她的邊界。七月九日，比利時國會接受了這個條約（包括中立。）『中立對於我國實在有利，但是我們的國會不願意要牠，甚至於反對；中立是強制他們接受的。』（註二）

（註一） 英勇是他主要的性質。在國務員特別容易受輿論動搖的國家，他是不動搖的。『只要是屈服於羣衆的意氣的觀念，便可以使他臉紅起來。』看 Thureau-Dangin, Histoire de la Monarchie de Juillet, t. I, p. 406.

（註二） King Leopold to Queen Victoria, February 15, 1856 (The Letters of Queen Victoria, ed. 1908), III, 172.

不過，荷蘭威廉皇帝還是反對分裂他的領土。一八三一年八月一日，他斥責休戰（休戰是他勸誘比利時人定的，）並擊退里阿蒲爾的軍隊，差不多進到布魯塞爾（Brussels）。皮雷爾馬上採取行動。五萬法軍由基拉德將軍（Marshal Gérard）指揮越過邊界，佔領布魯塞爾。荷蘭人只有退去。

法國的軍事外交，如電一般這樣無情的來一下，（不免有幾分驚動倫敦會議，但是等到法國軍隊，解了布魯塞爾之危，馬上撤走（八月二十日）之後，這種震動，也就平息了。於是前途沒有障礙了，倫敦會議趕緊辦理結束，十月二十四日議定了二十四條的草約，於次月（十一月）十五日併入英法奧普俄與比利時締結之條約中。

這個條約規定了比利時的國土。荷蘭所保存的是歷史上統一納色蘭（United Netherlands）的七省，與馬斯崔煦地（Maastricht）砲台。林堡（Limburg）及盧森堡由兩國分有之；盧森堡東部，為盧森堡城本身所在，歸荷蘭所有；牠並不併入荷蘭，仍自成為大公爵國，以荷蘭皇帝為大公爵。些爾德河口之左右岸，也仍歸荷蘭所有。

一八三一年十一月十五日的條約，荷蘭政府沒有接受，安地威爾普仍在牠軍事佔有之下。雖然皮雷爾現在已經去世他的政府統系還是由其繼任總理棱爾德將軍繼續進行；基拉德將軍又率軍過了界（不過這次得了英國的同意，及英法艦隊的協助。）安地威爾普的衞城被圍了，荷蘭駐軍苦戰一番之後，於一八三二年十二月二十日迫不得已屈服。於是比利時的獨立，及倫敦條約（一八三一年十一月十五日）所規定的邊界事實上成立了。（註一）

雖然事實上成立了，但比利時在國際上還有困難；因爲荷蘭不顧英法封鎖她的海岸，還是不願妥協。過了五年，荷蘭與比利時的關係，才入常態。在這時間，兩國之中，有一種奇怪的情形，不完全是法律上的情形，也不完全是事實上的情形。因爲荷蘭政府，沒有特別承認比利時的權利，可是由拍麥爾斯頓與塔列蘭（仍是駐倫敦大使）的勸誘，（註二）竟於一八三三年五月二十一日簽了

（註一） 他於一八三二年五月十六日逝世。

（註二） 英國政府運動國際承認比利時新帝國，有一方法，是請土耳其政府招待一個比利時代表。看 Palmerston to Lord Ponsonby, F. O., Turkey July 11, 1884.

一個條約，同意不再與比利時起衝突，並完全開放些爾德河航行。這種困難，如此解決，雖不十分滿意，要也須歸功於有關各造忍耐的精神——特別是荷蘭人其駐倫敦公使，得德爾(Sieur Solomon Dedel)，為人和藹謙讓；及比利時人，其駐倫敦公使韋伊爾(Sylvian Van de Weyer)，凡與之接觸過者，對他都有好感。最後的解決，到一八三九年四月十九日，荷蘭政府與五國訂了倫敦條約，才告成功。這個條約代替了一八三一年十一月十五日的倫敦條約，（該條約的規定併合在內，）規定了比利時的地位，一直到一九一九年六月二十八日，凡爾賽條約第三十一條成立為止。（註一）

關於比利時問題，在一八三九年四月十九日，總共締結了三個條約。第一個是五強（英奧普法俄）與荷蘭締結的條約。荷蘭承認與比利時聯合的解散（事實上解散已八年了）（第三條。）

（註一）「德國承認一八三九年四月十九日規定比利時歐戰前地位的條約，不復適應情勢，同意廢除該項條約，並立即承認及遵守協約各國或其中任何國家會同比利時荷蘭兩國政府所締約代替一八三九年的條約之條約。」

附件有二十四條，其中規定邊界，公債的分擔，（註一）些德爾河與繆斯河（Meuse）的航行，比利時的中立，及其他事宜。附件第七條云：『比利時根據第一第二第四條的規定，是一個獨立並且永久中立的國家。牠對於所有其他各國，必須遵守中立。』同時，主約的第二條宣稱附件各條，皆由五強君主擔保。

第二個條約是荷蘭與比利時根據第一個條約締結的，樹立彼此間的和平友好關係。第三個條約是五強締結的，對於附件各款擔保因此比利時的中立（附件第七條，）得了五強兩重的保證。

第二節　伊伯利半島（Iberian Peninsula）

一八三〇年至四〇年的歐洲，的確是個紛亂時代；除了東方問題與比利時問題外，有意大利西班牙葡萄牙各處的革命；至於法國與阿根庭，因為獨裁者羅沙斯（Rosas）（一八三三年至一

（註一）比利時擔任五百萬每年付息的荷蘭金幣 florins，（第十三條。）

八五二年專權）的高壓手段，所引起的爭端，還丟開不說。

伊伯利問題，實在起於朝位之爭，不過加上了些憲政的意味。葡萄牙的問題比較容易解決。當初拿破崙第一於一八〇七年派姜洛地將軍（General Junot）帶兵到葡萄牙去的時候，皇家爲安全計，渡過大西洋，搬至粟阿德庚列羅(Rio de Janeiro)，直到一八二一年才回來。就是那時候，葡萄牙皇位的繼承者董辟德羅（Dom Pedro），還留在巴西；一八二六年他的父親約翰第六在里斯邦去世，董辟德羅寧願繼續在巴西做皇帝。他的女兒瑪利亞（Maria）做了葡萄牙的皇后，但是她的叔父米開爾（Miguel）起而與之爭，於是內戰勃發。

西班牙的問題發生的情形，有幾分相像。一八三三年九月二十三日，西班牙弗地蘭皇帝逝世。根據新近的法律，由他三歲的女兒伊沙白爾(Isabel)繼任，以伊沙白爾的母親克雷士丁拉(Christina）攝政。弗地蘭的兄弟，董加爾羅斯根據女子不能繼承皇位之法典，要求皇位，反對伊沙白爾；與米開爾在葡萄牙一樣，他在西班牙發動了一場大流血的內戰。

只有兩國（除了西班牙與葡萄牙他們自己外）對於伊伯利半島的事情，密切注意。這兩國就是英與法——法是一個鄰邦，英素來是一個朋友，在半島戰爭（Peninsular War）時代更要好。英法對於西班牙問題都站在女的方面；在葡萄牙，英國實際上可以自由活動，她是幫助瑪利亞的。伊沙白爾與瑪利亞的政府，全體看來，比較專制的（天主教的），加爾里派與米開爾派是憲政的及進步的。

不過，半島地方太大，不完全是外交方法可以解決：必須內戰打出辦法來。但是外交可以促進淘汰的程序；因此，拍麥爾斯頓向伊沙白爾皇后及瑪利亞皇后政府提出聯盟。該項提議接受了，三國聯盟條約於一八三四年一月締結了。塔列蘭（他事前絕對不知道）等到締結之後，才聽見消息。這個老外交家很懊喪，因爲法國正在計畫單獨干涉（也就是爲防備此着，所以拍麥爾斯頓才結三國聯盟）。不得已盡力挽救，塔列蘭要求法國須加入這個結合。這是做到了，於是三國變成了四國同盟（一八三四年四月二十二日）。

四國同盟的重要，後來的歷史家，好像有點張大其詞。這與其說是英法一致的表示，毋寧說是英法分歧的表示；兩國在半島上競爭得很危險，這是有益的聯絡，但很不自然。實際的效力，確不很大。在葡萄牙，瑪利亞方面的勝利，實在由於一八三三年查爾斯拿披爾海軍副司令（服務葡萄牙海軍）在聖溫新地角(Cape St. Vincent)海面之戰，及維拉佛羅爾（Villa Flor）（特爾西拉公爵 Duke of Terceira）在下塔加斯谷(Tagus Valley)之戰。四國同盟昭示了董米開爾的前途是絕望的，於是在一八三四年五月二十四日，締結了伊屋拉條約（Convention of Evora）。董米開爾終身離開伊伯利半島。這個條約雖然規定了給他養老金，他寧願過窮的生活，從沒有接受。

西班牙的內戰打得久一點。四國同盟條約只規定西班牙與葡萄牙兩國政府的軍隊須互相合作（第一條）；英國只能以海軍協助（只能為封鎖之用）；路易菲列蒲只能擔任『他與其他三協約國所共同允許的解決。』路易菲列蒲對於這個不很慷慨的契約，還不很忠實。一八三六年三月十八日，英國請他干涉西班牙的事情，他正在想把他的一個兒子與奧國一個公主訂婚（沒有成功。）梅特湼是同情於加爾里派（Carlists）的，所以路易菲列蒲拒絕了英國的邀請；第爾斯總理添募了國外軍隊，以便有事於西班牙，路易菲列蒲便把他免職了，將該軍隊開往亞基利亞（Algeria）作戰（一八三六年九月。）一八三五年西班牙政府得到英國政府的允許，招募了一隊英兵，以伊文思大佐（Colonel de Lacy Evans）爲司令，運到西班牙。這隊英兵打得很好，但是一八三八年回到英國，戰事還沒有結束。到了一八四〇年，埃斯拍特羅將軍（General Espartero）漸次完成了伊沙白爾方面的勝利。（註一）英國的外交（以一八三三年至一八三九年駐馬德利得公使克拉倫頓爵士爲代表，）主要努力的方面，在減輕內戰的恐怖，及特別注意於停止俘虜的屠殺。（註二）

（註一）董加爾羅斯有一個將軍，名馬羅托（Maroto）者，擅自專權，與埃斯拍特羅（代表克雷斯丁拉政府）於一八三九年八月三十一日，締結威爾加拉條約(Convention of Vergara)這個條約規定，馬羅托部隊，須繳械，可以加入克雷斯丁拉方面的軍隊服務。英國外交，在後面拉線，促這個條約成功；因此倫敦德利侯爵及亞伯定爵士，後來都在貴族院反對克拉倫頓爵士，責備他不應該賄使馬羅托倒戈。不過克拉倫頓替他自己及馬羅托辯護得很好。看 Hansard (1840), vol. L II, pp. 544-579.

（註二）除了利用駐馬德利得公使外，英國又特別派了代表伊利歐爵士(Lord Eliot)。他於一八三五年四月二十七日促成交戰的兩方面，訂了羅格羅洛條約(Convention of Logrono)規定關於俘虜的公平待遇及交換。看 Hertslet, II, No. 176.

第三節　西班牙的婚姻

一八三〇年以來，英法兩國表面上的和好（中間有間斷，）原來就不很穩當，到了一八四六年因爲西班牙的婚姻問題便告決裂。其實在此以前關於法國派兵討伐摩洛哥（Morocco）（一八四四年，）及同年法國拘捕普利查爾德（Pritchard）（英國的傳教士兼駐達熙地（Tahiti）的領事，法人認爲他有鼓動七八反抗法國統治的行爲）兩件事情便有了軋轢。關於摩洛哥戰爭，法國轟擊鄧吉爾（Tangier），好像恐嚇英國在吉布拉爾達（Gibraltar）的勢力，英國政府特別感到；但是路易菲列蒲戰勝之後，所結之鄧吉爾條約（The Treaty of Tangier）（一八四四年九月十日，）對於摩洛哥皇帝的條件，很寬厚。至於普利查爾德問題，處置得也很小心；英國抗議之後，法國政府允許賠款。法國輿論認爲這是卑下的屈服，反對非常劇烈，路易菲列蒲皇帝只好自己掏腰包來支出這項賠款。（註一）但是法國人民依然不歡喜路易菲列蒲對英國政府那樣客氣。他在

（註一） Guizot, VII, 107.

法國的地位，於是薄弱了。反之，關於西班牙的婚姻問題，他對於英國政府倒不客氣，把英法和好的關係破壞了，間接減少了他在國內的抵抗力量。

如果要了解西班牙的婚姻問題，我們須知道，自一七〇〇年以來，在馬德利得統治的便是包本王朝。根據歐洲公法（一七一三年三月十五日優楚條約（Treaty of Utrecht）第六條）西班牙與法國的皇位雖不能聯合，但是法國人對於前面那個事實（包本王朝統治西班牙）自然引以爲榮。自一七〇〇年包本菲列普第五（Philip V）登西班牙皇位以來，男性相傳，一直到一八三三年；到那年，伊沙白爾才做了皇后。她在加爾繼位戰爭（Carlist War of Succession）中得到了勝利，現在（一八四五年）已經快到女大當嫁的年紀。（註一）爲皇后個人着想，爲歐洲公衆着想，問題是她應與誰結婚？外交家所注意的，當然是公衆方面。法人希望伊沙白爾嫁給包本家裏的子弟（包本家有幾支子弟很多）以繼續包本朝代；英國政府贊成西班牙皇后與哥堡（Coburg）家的王子結婚——希望這樣一個計畫能助長馬德利得的憲政，猶之哥堡君主在倫

（註一）伊沙白爾生於一八三〇年十月十日。

敦與布魯塞爾助長憲政一樣。全個問題，因爲伊沙白爾有一個妹妹（路夷士 Infanta Louise），更加複雜。路夷士的婚姻，也必須注意因爲如果伊沙白爾結婚不生育，那麽路夷士的後代便可繼任皇位。

有人認爲，如果英國只要披爾（Sir Robert Peel）的保守政府仍然在位，全個問題容易解決。亞伯定爵士是外交部長，法國外交部長基佐特於一八四〇年在倫敦與他結了朋友，完全相信他。亞伯定誠懇的盡力於和平，並且爲人忠實，法國政府曾經預備完全相信英國，不像平時對英人那樣隱匿。法國人對於英國的政治家，老是認爲比他們自己巧妙陰險，很少相信英國人表面上所說的話。但是基佐特與亞伯定爵士之間，沒有這種困難的存在。

一八四三年九月，維克多利亞皇后（Queen Victoria）前往厄宮（Château d' Eu）拜會路易菲列蒲——這是亨利第八（Henry VIII）以後，第一次英國君主來到法國。一八四四年，法國皇帝回拜；一八四五年九月，維克多利亞皇后又到厄宮。她偕外交部長亞伯定爵士同來；路易菲利蒲招待他，也有基佐特跟着。將來西班牙的婚姻問題（卽是伊沙白爾與路夷士的婚姻，）提出討論了，關於伊沙白爾的配偶，有好幾個候選人，都是包本家的王子，但是在厄宮的討論裏面，最後只剩得兩個人，即伊沙白爾的表兄弟佛蘭西斯哥加地子公爵(Francisco Duke of Cadiz)（註一）及佛蘭西斯哥的兄弟亨利克塞維爾公爵(Henriques Duke of Seville)。佛蘭西斯哥政治上趨向反動，並且有謠言說他體質上不能生育。（註二）反之，亨利克在政治上是一個進步主義（或自由主義）者，體質上沒有毛病，因此英國贊成亨利克塞維爾。

法國皇帝與基佐特都說，他們對於塞維爾公爵沒有什麼反對……至於路夷士公主，他

（註一）Francisco de Asiz (Assisi) 是 Francisco de Paula 的兒子，後者又是 King Charles IV 的第二個兒子。

（註二）這種消息在馬德利得流行。看包爾威爾議決以伊沙白爾嫁與加地子公爵後，一八四六年九月二日致拍麥爾斯頓的信(F.O., Spain, No. 699.)。該信說『僅一月以前，有人說嫁他，她大概不會生孩子』。反之，拍麥爾斯頓就是在極祕密的通信裏面，從來不提到這個報告。包爾威爾自己後來與加地子公爵見過了一次面，也說『我對於他有些方面漸有好感，不是如一般人所想的』（一八四六年，九月二十日，F. O., Spain, No. 699）

們都切實明白的聲明，除非伊沙白爾皇后結了婚，生了子女，他們認為路易士公主與她的姊姊一樣，至於與法國的親王結婚，現在完全談不到。（註一）

這是很清楚，並且沒有人否認，法國政府認定皇后與公主的婚事不應同時舉行。反之，基佐特在厄宮說得很清楚，法國絕對反對哥堡與西班牙聯婚的意思。並且亞伯定爵士曾對他表示過，英國政府不援助哥堡的王子為候選人。『至於哥堡的候選，你可放心；我的答覆是，英國不承認，也不援助。』（註二）

法國答應了，公主不會跟一個法國親王與皇后同時結婚，這是毫無疑問的，基佐特在他的回憶錄裏面極力辯護他的政策，並不否認。（註三）但是他在厄宮答應了之後，好像回想一下，認為還

（註一）亞伯定一八四五年九月八日給披爾(Sir Robert Peel)的信(Letters of Queen Victoria, chap. XIV)

（註二）Revue Retrospective, p. 19. 這個談話是路易非列蒲寫給比利時的皇后所引的（一八四六年九月十四日）

（註三）Guizot, Memoircs, t. VIII, p. 226,『等到伊沙白爾皇后結了婚，有了後。』

不足以保障法國的利益因此他決定對於厄宮談話所定關於哥堡候選的條件，加以解釋。一八四六年二月二十七日，他作了一個備忘錄，包含下列宣言：

如果伊沙白爾皇后嫁與哥堡里阿蒲爾王或菲列普第五後代以外的親王，到了可能或快成事實的時候，法國政府認為脫離了各種契約的拘束，可以自由要求皇后或公主與滿地賓西爾公爵(Duc Montpensier)結婚。（註一）

這個備忘錄寄了給法國駐倫敦大使阿列爾，他跑到英國外部讀了給亞伯定爵士聽（一八四六年三月六日。）亞伯定爵士客氣的忍耐的聽着，但是他不能同意關於在皇后未結婚生育以前公主不能結婚之約，完全不許有哥堡的候選人，他所同意的是英國政府不幫助哥堡親王。但是他們不能干涉伊沙白爾皇后的自由選擇。

然後到了一八四六年六月，五穀法取消之後，保守黨政府倒了。自由黨組閣，以約翰拉塞爾爵士(Lord John Russell)為總理，柏麥爾斯頓為外交部長。路易菲列蒲與基佐特，及一般的法國

（註一） Ibid., p. 254

人，對於拍麥爾斯頓沒有感情，也不信任，尤其是經過一八三九年至一八四〇年東方問題之後。他們認爲他在那裏玩弄法國，想拿哥堡一個王子來與伊沙白爾結婚。

法國這些猜疑，不無根據。檢閱拍麥爾斯頓的通信，便可證明他對於伊沙白爾的候選配偶的人格，都不大合意；他認爲哥堡王子候選，很有可能。但是他以亨利克（加地子公爵的兄弟）是伊沙白爾最適當的配偶。（註一）他主要的目的，在以任何代價，根據優楚條約，不讓法國與西班牙的皇位合併。他可以承認，以伊沙白爾嫁與一包本王子，以路夷士公主嫁與路易非列蒲的兒子，不過後者的舉行須在伊沙白爾皇后結婚生產以後。這是嚴格的根據優的協約(Eu Compact)。但是英國已答應不幫助哥堡王子的候選。因此，他最後提出哥堡里阿蒲爾的名字的時候，雖然不眞是不名譽（因爲法國政府完全知道，）但是他的態度是很失策的。

拍麥爾斯頓的辦法雖然很公開，英國駐馬德利得公使包爾威爾便沒有這樣容易。他知道與哥堡結婚，英國不反對；所以皇太后與哥堡家接洽她的女的婚事，他不阻止。

（註一） Palmerston to Bulwer, July 24, 1846(F. O.)Spain, No. 694

我不覺得對於她所抱的宗旨，要發表什麼意見。不過我說明了哥堡的婚姻在英國看來，不能算做英國的意思；因此不能希望我們幫助；但是我也說過，這樣合理，這樣無可反對的婚姻，法國皇帝不能永久反對。（註一）

這還是在亞伯定做外交部長的時候發生的，不久拍麥爾斯頓便上了台。亞伯定一經知道包爾威爾所幹的事，卽給他一個嚴厲的譴責，並且告訴了基佐特。但是法國人自然要猜疑起來，等到拍麥爾斯頓一做外交部長，他們覺得不能相信他會與亞伯定爵士那樣對他們坦白。最好的辦法，亞伯定或拍麥爾斯頓所能做的，是把包爾威爾召回來，而以別人去代替。克拉倫頓爵士或者可以，因爲法國人對他有信仰。包爾威爾旣還是留在馬德利得，很冒險的法國公使布列生覺得英國政府眞在那裏進行牠的目的，那麼他如果可能，可以先下手爲強。事實上包爾威爾與布列生正在彼此互相陷害。布列生一生外交事業裏面，只算這場鬬爭得到最光耀的成功（雖然最後沒有什麼結果。）

（註一）Bulwer, The Life of Viscount Palmerston, III, pp. 223-4.

布列生正在用心觀察一切。(註一)皇太后起初是傾向於包爾威爾方面，後來却轉到了布列生的立場。她害怕加地子公爵缺少男子的能力，所以對於她女兒與他的婚姻，並不什麽中意；但是如果這場婚事要成功，她不願意把路夷士公主與滿地賓西爾公爵的婚事，以伊沙白爾是否有後來決定，因爲這是不可靠的。於是布列生提出一個膽大的辦法，這個辦法，如果成功，計算有一天，滿地賓西爾公爵(註二)的後代，可以得到西班牙的皇位。一八四六年七月十二日，他向攝政提議，如果伊沙白爾皇后與加地子公爵結婚，法國政府允許路夷士公主同時與滿地賓西爾結婚。

路易菲列蒲一聽見布列生這一着，立即否認他那熱心過度的大使之所爲，以保持在厄宮對亞伯定爵士的諾言；他於一八四六年七月二十日確實寫了信給基佐特這麽說：『正式否認不可

(註一)　一八四六年四月三日，布列生探知伊沙白爾皇后剛到可以結婚的年齡。他發了一電給巴黎兩點鐘前，皇后剛到了結婚的年齡。英國駐巴黎大使考萊爵士(Lord Cowley)不知怎樣得到了一份錄本，寄了給外交部。(F. O Spain，一八四六年四月八日)。

(註二)　路易菲列蒲有五子，他最幼，死於一八九〇年，有嗣。

少……對於同時那一點須趕快明白否認……』（註一）但是路易菲列蒲正設法保持他的諾言那一天，拍麥爾斯頓爵士給了在倫敦的法國代辦賈拿克（Jarnac）一份早一日發給包爾威爾在馬德利得的訓令。訓令提出了三個伊沙白爾皇后可能的候選配偶：哥堡王子，加地子公爵，及塞維爾公爵。（註二）單要一提到哥堡王子，路易菲列蒲（根據基佐特的顧問）便以為被拍麥爾斯頓所玩弄，他現在可以不顧在厄宮所結之約：他寫給基佐特說道：『我們必須預備還擊這個可怕可惡的文件。』

拍麥爾斯頓七月十九日的著名文件，不僅激怒了路易菲列蒲。西班牙的大臣好像同樣的憤

（註一）一八四六年七月二十日路易菲列蒲給基佐特的信；並參看一八四六年七月二十四日的信。Haussonville, Piéces, II, 157, 159.

（註二）一八四六年七月十九日的文件，該項文件內中有很輕視西班牙大臣缺乏憲政之語（Parliamentary Papers, 1847, No. LXIX. p. 280）但是這段在文件上註清了，不要轉給西班牙政府。該項文件在 F. O., Spain, No. 694.

怒；這不是因爲提出哥堡王子婚事的關係，乃是因爲該項文件斥責了西班牙的專制政府（雖然告訴了包爾威爾不要把這部分給他們。）於是基佐特勸告路易菲列蒲不要把他的否認寄給布列生；布列生勸西班牙政府答應與法國王室同時舉行兩重結婚。九月十四日西班牙國會通過，（註一）拍麥爾斯頓極力反對無效，雙料喜事於是成功了——伊沙白爾皇后與加地子公爵，路夷士公主與滿地賓西爾公爵，都是在十月八日舉行。

西班牙婚姻的結果，很少人料到是這樣。伊沙白爾皇后與加地子佛蘭西斯哥，其後代至今還在馬德利得統治；公主與滿地賓西爾公爵也有後，但是離皇位還是那麼遠；而路易菲列蒲的一系，兩年之內，便失掉了寶座，所以法國與西班牙的朝代聯合爲一是無論如何不可能的了。全個事情的結果，是英法和好諒解破壞之後，拍麥爾斯頓與路易菲列蒲對於克拉科波蘭共和國（Polish Republic of Cracow）的毀滅，抗議不生效力。這個小國，不幸得很，被奧普俄三國於一八四六年

（註一）　一八四六年九月十八日，包爾威爾致拍麥爾斯頓，（F. O., Spain, 699）包爾威爾認爲國會批准關係不大。他告訴拍麥爾斯頓說，國會議員純粹是爭地盤及冒險求利之人。

十一月六日壓平了（違反維也納條約第六條。）

第九章　劃分的年頭德意志與奧國

第一節　革命

有人說，一八四八年至一八四九年，外交在歐洲只佔次要的位置。（註一）這是因爲各國不是已經有了革命，便是有革命的危險結果是每個政府都是自顧不暇，那裏有功夫與別人辦什麼交涉。在法國，社會主義運動試驗，正在失敗之中；歐洲其他各處，民族運動也在那裏掙扎，要求承認，但是至少也是趨於失敗。這些都是內部的問題，外交家在這種情形之下，只有袖手旁觀；就是一八五〇年至一八五一年，奧普兩國間長久不分勝負，缺乏趣味的決鬬，也是屬於德意志內部問題者多，而直接牽涉國際關係者少。

（註一）Debidour, II. p. 1.

法國的革命，起於一八四八年二月二十二日的騷動。二十四日，上了年紀的路易菲列蒲皇帝，便讓位於他的孫子巴黎伯爵，但是這個辦法並不能挽救當時的形勢。同日，他不能不逃往漢弗律爾(Honfleur)，預備到英國去。巴黎宣布了共和，並且成立了一個新政府，以拉馬丁(Lamartine)（大詩人）為臨時首領，兼任外交部長。

一八四八年的革命，一部分是資產階級的工作，一部分是工人的工作，激於一七九二年的理想，希望（不過比較和平些）幫助其他民族得到自由。所以，共和一經成立，拉馬丁即發表了一個宣言（三月五日）。一面雖然聲明法蘭西共和國沒有侵略的性質，但是如果別人要挑釁，她不惜應戰；並且他又說『在法蘭西共和國看來，法律上一八一五年的條約已不復存在；不過她承認這些條約所設的國界是一個事實，為她與別國的關係之基礎與起點。』（註一）

一八一五年的條約，的確又在試驗之中。這些條約所規定的疆界，根本上發生了動搖，好像就要崩潰，但是不久又出乎意料的恢復了。恢復之功，大半須歸功於奧國的政治家士瓦層堡親王

（註一）原文見 Lamartine, l'Histoire de Revolution de 1848.(Paris, 1849), II, pp. 34-41

(Prince Schwarzenberg)。

巴黎的革命，好像預兆別處醞釀了許久的同樣的運動。最初發動的一個地方，是慕尼克(Munich)；但是沒有成功因爲這個運動乃是因爲君主酖愛羅拉滿特(Rola Montes)而發，後來把她驅逐，便歸消滅。更嚴重的亂事，發生於波蘭；但奧俄普三國各派了軍隊到他們所轄各地方去，在一八四八年三四月的時候竟把叛變壓制了。在德意志本地，事情倒沒有這樣容易解決。各處都堅決要求憲法；所有的小朝廷，因爲比較大國容易受輿論的控制，都不能不讓步。對於正統主義的眞正打擊，還是一八四八年三月十三日維也納的革命。梅特湼逃往荷蘭了；這個政治家裏的智多星一倒，哈布斯堡(Habsburg)的領土，便土崩瓦解起來。威尼斯在門寧（Daniele Manin）之下，驅逐了奧軍，恢復了共和。朗巴德的首都米蘭，也驅逐了奧軍，雖然有刺得次歧將軍（Marshal Radetzeky）勇敢的抵抗。三月二十四日，薩丁尼亞皇帝亞爾伯特(Charles Albert)發表了一篇宣言，請求整個意大利民族一致加入自由的戰爭。即在附近，哈布斯堡王室的困難，也不見比外地少。維也納雖然壓平了兩次，但是又起了兩次的叛變（最後的叛變在一八四八年十月六日）。

波希米亞也起了革命，但是最利害的打擊還是來自匈牙利。在那裏，一個月裏面差不多完全消滅了奧國的權威，成立了一個國民政府，以噶蘇士(Kossuth)爲首領；並且組織了有力的軍隊，有能幹的軍官——拍謨(Bem)與葛爾革(Görgei)指揮。

奧帝國時常在搖動之中，牠的存在，靠把各種勢力配合得平衡。到了現在，平衡是打破了。法國恐怕要幫助意大利人：奧國駐倫敦大使第特立喜斯丹(Dietrichstein)有這個印像，並且告訴了曼茲柏立爵士(Lord Malmesbury)(註一)。

領士都在爆裂的奧帝國，能夠掙扎回到鞏固的地位，我們雖然同情於被征服者的運動，却不能不承認是歷史上一段英勇的故事。一八四八年六月十七日，溫狄士格累次元帥(Field-Marshal Windischgrätz)轟擊普拉格(Prague)，破之；十月三十一日再奪回維也納。十一月，弗地蘭第一皇帝差不多執行了他最後一件政事，或者可說是他最重要的一件政事：就是他把四十八歲的士瓦爾堡從那不勒斯召回來任爲宰相(十一月二十一日)。

(註一) Memoirs I, 229, (March 8, 1848)

這個新宰相馬上運用他的權力。一接事，他便勸這個毫無作爲的皇帝辭退，以他的姪子，十八歲的佛蘭西約瑟夫（Francis Joseph）繼位。同時，奧軍在意大利打了勝仗，剌得狄喜取回了米蘭；威尼斯的叛黨也嚴密的包圍起來了。奧帝國內種族的仇視，在那時，證明了可供利用，哥羅西亞總督（Ban of Croatia）業拉契赤（Jellachih）統領了軍隊進攻匈牙利。

不過給匈牙利的致命傷，倒不是業拉契赤，也不是温狄士格累狄，而是俄國軍隊。一八四八年的夏天，俄國因爲摩爾達維亞及瓦拉齊亞有革命運動，如歐洲他處一樣，便派了軍隊佔領了。如果匈牙利的民族革命，能夠成功，勢必引起羅馬利亞的民族運動，使俄國不能保持各君侯之領土：如果不能保持，則俄國在巴爾幹的目的，必受致命的打擊。這樣的推論或者打動了俄皇尼古拉第一；當然他也有一個比較慷慨的動機，就是想幫助一個年輕的君主（約瑟夫）於困難之中。一八四九年五月，俄國軍隊越過了匈牙利的邊界。於是馬耶兒人（Magyars）受奧兵，哥羅西亞兵，及俄兵三方面的襲擊，不能不屈服。八月十三日，葛爾革將軍及其部隊在托蘭西爾文尼亞（Transylvania）之威拉哥斯（Vilagos）地方，向俄皇的總司令帕斯挈維赤親王（Prince Paskievich）投降了。

捷的領導，執行政務，尙有效率。而奧普的決鬭，便從此開始。

第二節　帝國的皇冠

於是奧國的領土又歸於平靜。不容易管理的哈布斯堡帝國，有了士瓦屑堡强有力的並且敏捷的領導，執行政務，尙有效率。而奧普的決鬭，便從此開始。

因爲聯邦改良的問題，奧普的爭端就嚴重起來了。以前的神聖羅馬帝國，已經於一八〇六年解散了。維也納會議乃設立一種鬆緩的聯邦政府以代之。聯邦政府有一議會，各個獨立德意志國家，都有代表，奧及其他大國各有一票，小國只有二分之一票，四分之一票甚至六分之一票。議會總共有十七票；奧國根據維也納條約第五十七條，永久是主席。

此後四十年中，聯邦憲法，並不是完全等於具文；只要奧普兩國互相監視，牠的命令，如檢查報紙等等，很有效力。不過德意志裏面，發生了一種有力的自由主義的輿論，要求一種更能代表人民的制度。這種輿論大半是大學教授及文人所造成的，到了世紀的中葉，看來似乎一定可獲勝利。

聯邦改良的運動不是官方的運動，但是並不因此而缺乏力量。法國二月革命以後進行很有秩序。起初（一八四八年三月五日，）在海得爾堡(Heidelberg)召集了一個有力的政論家委員會（委員是自薦的；）然後各國議會選派了議員五百人，於三月三十一日在佛蘭克福（Frankfort）開會，議決召集民選國會。選舉舉行之後，國會便於五月十八日在佛蘭克福召集。第二步的問題，便是制定一個憲法，去代替維也納條約所規定的制度，並找一個有力的首領。顯然這樣一個首領，現在當推普魯士（一個強國，並且有一個勢力很大的自由黨）而不是一八一五年以來堅持保守現狀的奧國。

德意志運動不僅是自由主義的運動，並且是民族主義的運動：一派很有名的歷史家，在蘭克(Leopold von Ranke)領導之下，把他們淵博的研究，灌輸到每個德意志人的腦筋裏面，使他們知道德意志人過去的偉大及其領土範圍的廣闊。於是德意志人才記起，亞爾薩斯與羅連以前原來是在帝國之內的。丹麥皇帝克利斯勳第八(King Christian VIII)於一八四八年一月二十日故世的時候，其繼任者腓特烈第七(Frederick VII)宣布他的意思，要把什列斯章（Schleswig）與好斯敦(Holstein)歸併於他的其他世襲領土裏面（原來分開統治的，）普魯士軍隊，得了德意志民族主義者的贊同，於是侵入了這兩個地方，甚至於侵略到糾特蘭（Jutland）本身（一八四八年四月）過了四個月，歐洲列強才能調停成功，成立長期休戰（一八四八年八月二十六日，於馬爾摩（Malmoë））。

這時候，奥國的領土還在革命之中，所以佛蘭克福國會可以進行無阻。雖沒有選定皇帝，但是找到了約翰大公爵（Archduke John）（里阿蒲爾第二皇帝（Emperor Leopold II）的兒子，行伍出身，但傾向自由主義）做帝國的代表。委任了這樣一個哈布斯堡家的人做代表，並騙不了士瓦屑堡，使他以爲新邦聯的首領，還會給於奥國。因此，他卽以極强硬的通牒給佛蘭克福國會，堅持奥國須加入邦聯，不僅是包括她的德意志領土，並且包括非德意志領土，如匈牙利，哥羅西亞，朗巴德，及其他地方。但是佛蘭克福國會在加根（Freiherr Heinrich von Gagern）（一生是自由主義者，並且是堅決擁護普魯士的人）主席之下，堅持（一八四九年一月十四日）奥國只能以她的德意志領土加入。這不但爲滿足德意志運動的民族主義方面需要這麼一個條件，並且爲防止奥國勢力過大起見，也不能不有這麼一個條件。

此後，事務進行，比較敏捷。一八四九年三月十二日，佛蘭克福國會切切實實，以皇帝的位子，獻了給普魯士威廉第四（William IV）。普魯士現在站在十字路頭，她舉頭一望長久的將來，沒有多時便又掉過頭回來了。就是奧國，還在與匈牙利的叛軍相持，威廉皇帝不願與奧國開戰，更不願這時從德意志自由憲政派的手裏，接受那帝國的皇冠。因爲這樣建立的帝國，一定是要採取嚴格的國會制度，及向帝國國會負責而不向皇帝負責的內閣制度。他這種見解，兼之有貴族政客的推波助瀾——十字黨（Kreuzpartei）——格爾拉煦里阿蒲爾將軍（General Leopold von Gerlach），法學家格爾拉煦海里舒（Heinrich von Gerlach），孟托斐爾將軍（General von Manteuffel）及比較不著名的阿托俾斯麥（Otto von Bismarck）。結果是威廉考慮了很久以後，拒絕了帝國的皇位（一八四九年四月二十八日）。

我們還沒有與這個幾分糊塗的君主絕緣。我們在阿爾慕子（Olmütz）還要遇見他。但是此刻，在他沒有退到原來那宗教的——歷史的神祕幻境之前，他清清楚楚的站了出來。

我看見並且認識他的影子，

他因爲膽怯才有這種拒絕。（註一）

偉大的德意志自由主義的試驗可算完了。佛蘭克福會議的殘餘分子，移到司托地加爾特（Stuttgart）開會但是到了六月十八日，竟被武定伯的軍隊解散了。

第三節　阿爾慕子

拒絕帝國的皇冠以後，普魯士單獨想取得一種有限制的德意志首領，或是德意志一部分的首領；但是終被士瓦層堡的靈敏手段所屈服了（剛在他結束他短期的但是非常的終身事業之前。）

一八四九年夏天的開始，薩克遜納發生了革命，要求實行憲政（一八四九年五月。）薩克遜政府，得到兩隊普魯士兵的幫助，却把這種革命運動撲滅了。漢洛威爾（Hanover）發生同樣的革命，也是用同樣的方法撲滅了。威廉第四覺得自己在風浪的尖頂，被他所信任的馬利亞剌多維

（註一）Dante, Inferno, III, 59

茲(Joseph Maria von Radowitz)（劇烈的反對憲政主義者）所催促，於是決定組織一個有限的德意志聯盟，以普魯士爲領袖。一八四九年五月二十六日，他在柏林與薩克遜納及漢洛威爾結了一個三國君主聯盟。以這個聯盟爲基礎，再組織一個同盟，包括所有德意志北部及中部各國，當然也是以普魯士爲領袖。這個計畫得到相當的成功，由普魯士及其從國所選出的同盟國會，於一八五〇年三月二十日，在埃爾福（Erfurt）開會。

埃爾福國會在普魯士保護之下，並不比佛蘭克福會議來得成功。士瓦屑堡現在因爲俄國的幫助，消滅了匈牙利的革命，於是用不可思議的方法，來搖撼同盟的基礎；德意志的中等國家——薩克遜納，漢洛威爾，巴威利亞，武定伯——不願受普魯士的控制，於他都是有用的聯盟者（雖然不完全出諸本意），特別是薩克遜外交部長倍斯特伯爵(Count Beust)幫他的忙。倍斯特自己的計畫是，使他本國不受普奧兩國的干涉：在這兩大之間，另外建立一個中部德意志同盟。他得到巴威利亞外交部長普福登（Freiherr von der Pfordten）的援助，於一八五〇年二月二十七日，眞達到了目的，締結了巴登，巴威利亞及薩克遜納三國的聯盟。因此，一個月後的埃爾福國會會議，早經被宣告死刑了。

一八五〇年四月二十六日，士瓦層堡對於普魯士的全個同盟政策大加進攻，邀請各國君主派代表到佛蘭克福舉行大會——根據維也納條約第五十六條的舊邦聯國會（法律上仍然存在。）這個會議眞舉行了，普魯士雖然抗議，但覺得有派代表的義務。奧國當然是會議的主席。

那時候，赫斯加塞爾(Hesse-Cassel)起了革命，該國君主（有選舉皇帝之權）不能不出奔。他自然對於主持正統主義的奧國表示同情，願意擁護。因爲奧國的關係，佛蘭克福會議明令，以聯邦軍隊擁護赫斯君主復位。但是聯邦軍隊沒有進到赫斯之前，普魯士的兵已經早到了。普魯士認爲自己是埃爾福同盟的首領，自然有恢復那裏秩序的權利。普魯士的軍隊與聯邦的軍隊（巴威利亞與奧國的軍隊，）在佛爾達(Fulda)附近，對峙了好幾天，並且在布郎札爾(Bronzell)衝突過一次。雖然奧國兵傷了幾個，普魯士馬傷了一匹。幸而沒有生命的損失。然而這次事情在歷史上却出了名（一八五〇年十一月八日。）事實上普魯士皇帝已經決定退位，不願以戰爭去取得德意志的首領地位。十一月一日，柏林舉行了一個御前會議，勃蘭登堡伯爵(Count Brandenburg,

〔威廉第三(Frederick William III)之子〕極力主張與奧國交涉。五日之後，他死了；但他完成了他的工作。威廉第四決定媾和，並下了命令撤退在赫斯的普魯士軍隊。

士瓦曆堡勇敢，乘機進攻。十一月二十五日，他提出哀敦米敦書，要求普魯士於四十八小時內，同意赫斯由聯邦軍隊（巴威利亞與奧國的軍隊）佔領。這個無禮的進攻，居然意外的成功了：威廉提議馬上派代表當面與士瓦曆堡討論。實際上這個堅決遠見的奧國人已經先勝了一着。十一月二十九日，他與孟托斐爾在阿爾慕子相會，簽了一個協約，普奧兩方同意復員，但普須先復員。威廉第四須放棄他的同盟計畫；德意志邦聯照舊進行，以奧國爲會長。於是，普魯士起初拒絕了佛蘭克福自由派所獻給的德意志領袖地位，現在自己來取，又失敗了。阿爾慕子是直到一九一九年最大的國恥紀念。

第四節　德勒斯登

一八四八年至一八五〇年多難的時期，由德意志各國在德勒斯登開了一個會議結束（一八五〇年。）普魯士政府還是居次等的地位。俾斯麥那時有相當的勢力，但不是很有勢力。在他的回憶錄裏面，指出了在德勒斯登的對照情形，一面『士瓦曆堡親王在第一層樓，有的是侍者，銀器皿，及香檳，』一面『普魯士公使同他的書記及水壺，』然而奧國在德勒斯登沒有得到她所要得的東西：最後的結果，她雖然仍是舊邦聯的首領，但是沒有包括她的非德意志地方在內。

所以維也納會議的辦法，以德意志而論，沒有什麼變更。然而該項問題的處置，始終當做是一件純粹的德意志事情；與其餘的歐洲無關。這不是路易拿破崙的見解。他在一八五一年三月五日，由外交部長發出一個通告，給維也納條約簽字各國，說如果不得八國的同意，不能改變德意志的聯邦組織，這實在是明明白白的眞理。這個初步的眞理，在此後二十年中，可惜沒有人注意。

一八四八年至一八五〇年的歷史，無論如何，有一個結果。哈布斯堡帝國又延長了生命。但是延長牠的生命的人，自己不能享受。士瓦曆堡親王，德意志邦聯的再造者，奧國最後的偉大人物，竟於一八五二年四月五日逝世了，享年五十有二。

第十章　克里米亞之戰

關於克里米亞之戰，有許多意見；而現在流行的議論又常有修改。如果從一九一四年的大戰看來，或者可以說，一八五四年英法與俄之戰，是個錯誤——與其與俄國打，寧使土耳其的土地被人瓜分，土耳其的人民被人驅出於歐洲之外。然而事實顯然如此：就是歐洲大戰，無信義的土耳其被協約各國完全打敗了，後來還是要讓她保有君士坦丁。

第二個顯然的事實，不管其他構成克里米亞戰爭（Crimean War）的動機如何，單就英國來說，她是爲保障一八四〇年七月十五日的倫敦條約而參戰的；因爲在該約序文裏面四強曾經聲稱願意維持土耳其帝國土地的完整。

純粹從英國歷史來看，克里米亞之戰是維克多利亞時代（Victorian Age）僅有的大戰，但是對於這時代的安樂，並沒有什麼妨礙。因爲這一戰重新確定了英國外交部贊助土耳其的傳統政策。所以牠在政治上倒有重要的意義。至於法國方面，總認爲這是不大光榮的第二帝國的光榮時期。這是在拿破崙第三之下，『法國外交能保持法國體面』（註一）的最後一次；在這個時候，拿破崙皇帝的政策是看得很淸楚的，堅定的；他的手腕是強硬的並且是順利的。克里米亞之戰的外交時期，自然可分爲三個階段：（一）聖地問題；（二）希臘教堂的保護問題；（三）維也納會議。

第一節　聖地

自一八四一年的危機以來，東方水平線上第一次所起的風雲，乃是巴力斯坦（Palestine）拉丁僧侶與希臘僧侶間的糾紛。因爲他們的糾紛，於是引起了歐洲各國政府的注意。

從十字軍東征以來，法國卽以保護在敍利亞與巴力斯坦的朝拜聖地者之責自任。在近代，土耳其曾經在一個條約裏面（一七四〇年法國與土耳其政府彼此交涉的，）承認法國這種要求，

（註一）P. de la Gorce, Histoire du Second Empire, I. 216

（註一）不過十八世紀俄國勢力發展的結果，東方正統教堂的教徒漸次抬頭，以俄皇爲靠山，決意來爭取拉丁僧侶的優越地位。

到了一八五〇年，這種糾紛引起了各國政府嚴重的注意。一八五〇年五月二十八日，駐君士坦丁的法國大使奧辟克將軍（General Aupick），給了土耳其外交部長一個通牒，要求將希臘僧侶所奪取的聖所，歸還拉丁僧侶管理。其中主要的原因或者是因爲希臘人不許拉丁人入白利恆（Bethlehem）的誕生教堂（Church of the Nativity），並將聖槽的地穴（Grotto of Sacred Manger）裏面的一個銀星搬走了（銀星在該處已有多年，甚爲朝拜聖地者所崇拜。）

奧辟克將軍離開君士坦丁之後，該項交涉由瓦列特侯爵（Marquis de la Valette）繼續

（註一）該約是一七四〇年五月二十五日訂的；法國沒有保護本地基督教徒的權利；但是外國基督教徒如有法國皇帝的保護，可以在土耳其境內旅行（法國君主對土皇，常自稱皇帝。）該約的重要部分，可查 Les Grands Traités (1912), p. 128.

進行。瓦列特侯爵是一個有長久經驗的外交家，在那不幸的一八六六年，我們還要遇見他。在俄國方面，俄皇大使地托夫 (M. de Titoff) 對土耳其政府也毫不放鬆。這件事情，據說使土耳其人覺得很奇怪有趣；至於俄皇尼古拉及俄國一般的上層階級，他們對於外交問題素來非常注意，為這件事情，很有點惱怒。

到了一八五二年，拉科耳(M.de Lacour)繼瓦列特為法國大使，這個問題還沒有解決。土耳其政府對於這個問題的處置，不很正直；因為牠一面公開下了一個皇詔，袒護法國僧侶，一面又秘密的送給俄國政府一個皇詔，袒護正統僧侶。但是聖地的問題，不久被另外一個問題所掩蓋了——這就是保護土耳其的希臘基督教徒問題。駐君士坦丁英國大使斯托拉福爵士(Lord Stratford de Redcliffe) 為了這個問題，直去找了拉科耳，勸他馬上結束聖地問題，可見其迫切的情形了。聖地這件事情，究竟不甚重要，法國應該讓步。(註一) 因為這樣的懇求，拉科耳（斯托拉福從中幫

(註一) 看斯托拉福爵士一八五三年四月四日及二十日給克拉倫頓伯爵的信，Parliamentary Papers 1854, No. LXXI, pp. 154, 155.

忙）才勸了漸現驚慌的土耳其政府，於一八五三年五月四日下了一個勅令，恢復以前拉丁與希臘僧侶間的情形：拉丁僧侶可以出入白利恆教堂，銀星仍原放還聖槽的地穴裏面。

聖地問題現在是結束了。這個問題可以紀念之點有三：牠使歐洲又集中注意於君士坦丁（從一八四一年以來，歐洲對於君士坦丁的注意，已鬆懈了；）牠表明了除非西方文明壽終正寢，君士坦丁仍是歐洲的主腦；牠的結束，對於驕傲專制的尼古拉第一，顯然不免有點難堪，使俄國政府對於將來問題的解決，不易就範。

第二節　希臘教堂的保護

第二個問題，的確比較嚴重。研究第二帝國的歷史家說，『聖地問題帶有幾分莊嚴；但說到詳細情形，所討論的不是宗教，而僅是禱告文式，甚至有些方面不免滑稽。』（註一）法國人很聰明，當然不願爲這件事情與人家打仗；斯托拉福爵士與外交部長克拉倫頓爵士的通信，證明英國人對

（註一）De la Gorce, I, 141

於這件事也很少注意。並且事實上，十九世紀眞可以代表輿論的泰姆士報(The Times)，對於聖地的爭端，顯然持反對法國的態度。

但是希臘保護問題又是一回事。俄國既然是正統教派的第一強國，當然覺得有保護希臘教徒利益的責任（按一八五三年土耳其的希臘教堂共有會員約一千一百萬人）不過在國際法上，俄國却沒有干涉土耳其內部事情的權利。俄國所取得的權利，最多不過是根據庫邱克開拉基條約（Treaty of Kutchuk Kainarji）第十四條，在加拉達(Galata)的希臘教堂須受俄國政府保護而已。（註一）

一八五三年二月二十三日，君士坦丁的外交團，忽然聽見俄國大使阿則洛夫（Ozerof）宣稱，聖彼得堡將特派代表前來，不勝駭異。派來的不是別人，乃是孟錫哥夫親王(Prince Mentchikoff)。他是俄國統治階級內圈裏的內圈人物，在行政界（做過芬蘭總督，）陸軍界（參加過波斯及土耳其戰爭，）及海軍界（做過黑海艦隊司令，海軍總長）擔任過最高位置。

（註一） Article XIV: printed in Hertslet III, 2011

這樣一個重要人物的來到，當然預兆有重大事情發生。他到了之後，果然不出所料，他有與君王一樣的隨從；他的辦事人員的幹練，和帝俄朝廷的人員也不相上下。孟錫哥夫親王態度的驕傲，可以配得上他的架子。他答應光臨土耳其的宰相，但是經過土耳其外交部長的門，他却故意不進去。土耳其政府很受了他的行爲的影響，外交部長既爲俄皇所不滿，於是調了別人。

剛好孟錫哥夫到的時候，法英兩國大使都請了假，由貝內得提(M. Benedetti)（一八七〇年任駐柏林大使出名，）及羅斯大佐(Colonel Rose)（在英印歷史上更有名名爲 Sir Hugh Rose 或 Lord Strathnairne) 分別代理職務。他們給巴黎及倫敦的信，表現極度的不安。法國外交部長呂伊斯德魯盎 (Drouyn de Lhuys) 爲人機警，想事切實，對於這些消息甚爲重視；但是英國外交部長克拉倫頓爵士不大在意，雖經法國大使瓦勒斯基 (M. Walewski)（他於一八四〇年至一八四一年做過駐開羅 (Cairo) 的領事，熟悉東方的事情）屢次指示危險的所在。俄國宰相納色羅德（是唯一維也納會議時代還在活動的政治家，）揭露了全個問題。他向英國大使西摩(Sir Hamilton Seymour) 表示，俄國對於土耳其政府沒有什麼不滿；孟錫哥夫只去交涉「一些未了的私人要求……這是每個政府的日常事務。」（註一）不過沒有人相信，以俄帝國最重要的人物，來君士坦丁所負的使命只是爲辦理些小事。

神秘不久便揭開了。一八五三年三月二十二日，與土耳其宰相談話，孟錫哥夫便要求士皇增加俄國在庫邱克開拉基條約所得的權利。兩國須正式結約，承認俄皇是士皇治下正統教派臣民的保護者。兩星期後（一八五三年四月五日）斯托拉福爵士休假回來，馬上知道羅斯大佐是對了：現在是土耳其帝國的獨立問題。

這是斯托拉福爵士所堅持的意見；（註二）他懇勸拉科耳，對次要的聖地問題極力讓步（上面已經說過）便在這個時候，至於條約問題，則非極力對付不可。孟錫哥夫來的結果，士皇表示自

（註一）西摩一八五三年三月二十四日給克拉倫頓的信(Parl. Papers, 1854 No. LXXI, p. 118)

（註二）斯托拉福爵士不是絕對幫助土耳其的。自一八三〇年以來，他的政策是要外交部取一定的路線——不讓土耳其分崩，便須保其完整。他對於每個政策的實行，都有明白的意思，但是他不願把這些政策混爲一談。參看他對東方問題的備忘錄，F. O. Turkey, No. 211,(December 19, 1832)

願下令重新承認正統基督教民的特權，但是拒絕與俄簽訂關於此事的條約，因爲如果與俄訂了條約，便給了俄國以永久干涉的根據（一八五三年五月十八日）。二十二日，孟錫哥夫於是便離開了君士坦丁。

第三節　維也納第一次會議

戲台暫時從君士坦丁移到了維也納。奧國雖然還不是巴爾幹的強國，但是無論如何是多瑙河畔的強國，對於東方問題非常注意。奧國的宰相是部爾紹恩斯坦伯爵(Count Buol-Schauenstein)。他雖是一個有貴族氣，頑固自滿的平凡人物，但居心頗好。他完全學了梅特湼的榜樣，相信危機可以慢慢解決，歐洲的事情可以用謹慎的外交來調妥；但是他沒有梅特湼的本事去實現。年老的梅特湼這時仍在幕後指使他給部爾伯爵的信，（註一）使部爾伯爵更深信他自己維持歐洲和平的計畫。

（註一） Metternich, Mémoires, t. VIII, pp. 348, 350

一八五三年的仲夏，部爾伯爵召集了列強的大使在他的宮裏討論這個危機。（註一）這個會議，如常舉行了幾個月，卽普通所謂的維也納會議。該會的工作，在找到一個方式，可以滿足俄皇的要求，而同時又不妨礙土耳其的獨立。事情是很緊迫，因爲土耳其政府拒絕結約之後，俄皇尼古拉已下令軍隊佔據君侯領地(Principalities)。一八五三年六月三日，俄國的先鋒隊已越過蒲魯斯。土耳其因爲在摩爾達維亞與瓦拉齊亞沒有駐兵，所以沒有抵抗；並且事實上，俄國一八四八年在該兩地佔據的地方，始終沒有完全退出。（註二）根據一八二九年九月十四日的亞德利洛撲爾條約(Treaty of Adrianople)，土耳其在這些君侯領地雖然握有主權，但是俄國享有特殊的地位；所以俄國佔據這些君侯領地，不完全是戰爭的行爲。但是尼古拉的行爲，顯然把戰爭逼近了一步。

（註一） 俄國駐維也納大使麥顏多夫(M. de Meyendorf)沒有參加會議；他是部爾伯爵的聯襟。

（註二） 根據一八四九年五月一日的波爾塔里門條約(Treaty of Balta Liman)俄國認擔保『該等邊界秩序恢復之後，』卽自君侯領土內撤退。但是該約內容複雜，藉口種種原因，沒有執行，以致俄兵到一八五四年還在摩爾達維亞。Feb. II, p. 38 n.

在部爾伯爵宮內討論的結果，於一八五三年七月二十七日議決了一個通牒。這個通牒實在是拿破崙第三起草的由包昆列在維也納交了給部爾伯爵。其中重要的一部分，是關於土耳其承認俄國的權利：

『無論何次俄皇對於維持土耳其帝國內希臘正教的特權表示罣念，土皇從來不拒絕重新鄭重聲明與以承認，以證明他們對於基督教徒從來不斷的仁愛。』（註一）

俄皇馬上接受這個通牒，部爾伯爵私自慶幸，以為維也納會議及他自己已經把這個危機解決了。及該項通牒到了君士坦丁，斯托拉福爵士（完全得土政府的信任）也馬上勸土政府接受。但是土政府將通牒退還了給維也納會議，附有若干的修改。（註二）

（註一） 法文原文見 Kinglake, I. 501.

（註二） 土耳其政府修改後的通牒這樣說：『無論何次俄皇對於希臘正教及其教堂的特權之維持，表示積極的罣念，土皇對於陸續自動所許的特權，從來沒有不注意維持，並且屢次鄭重聲明承認……』。重要的增加當然是『自動』二字。

這時候，歐洲的公論，無疑是反對土耳其的。在維也納的大使們已經提出一個公平的折衷辦法；俄國接受了。爲什麼土耳其不接受？但是俄國政府於一八五三年九月二十日給了法國外交部長呂伊斯德魯盎一個公文，叫做對於土耳其修改維也納通牒的意見，（註一）輿論馬上爲之一變，變爲同情於土耳其。俄國這個註解書，出自納色羅德伯爵之手，證明了俄國政府對於維也納通牒的解釋，更爲嚴厲，不是大使們原來的意思。這是呂伊斯德魯盎及英國駐巴黎大使考來爵士（Lord Cowley）的意見。（註二）

俄國既拒絕接受土耳其對維也納通牒的修改，於是戰爭風雲，更加緊急。俄國軍隊正在沿多

（註一） 這是爲報告俄皇而作的。不小心送到了維也納，由維也納到了其他各國政府之手；又一個不小心，到了柏林一個報紙之手(see Diplomatic Study of the Crimean War, Russian Official Publication, Trans. 1882, I, 214-7)

（註二） 俄國給予維也納通牒的解釋，與原來的意義很不相同。Cowley to Clarendon, September 20, 1853, in Parl. Papers (1854) LXXI, p. 545.

瑙河集中。君士坦丁的戰爭狂熱也發現了。斯托拉福肯寧雖然不主張土耳其對俄國讓步，但是他是懇切的勸告了土耳其不要宣戰，那是沒有疑問。（註一）那知一八五三年九月二十六日，土耳其竟召集了一個大會議，宣戰。這時候土耳其是絕對孤立的。

第四節　法英聯盟

法英兩國政府現在都覺得土耳其的完整，發生了危險；雖然他們願意繼續交涉，但是現在土耳其已經宣戰，他們不能讓她打敗受人瓜分，或變做俄國的保護國。一八五三年十月二日，法英兩國艦隊於是同在白西卡海灣（Besika Bay）停泊。二十五日，他們經過韃靼列爾斯海峽；這並沒有違反一八四一年的條約，因為該約只規定土耳其政府在平時應該封鎖該海峽。十一月二十七日，有一個土耳其艦隊，裝了軍隊及軍用品開往巴多姆（Batoum），在新洛浦（Sinope）外，遇見了那希木夫司令(Admiral Nakhimof)的艦隊，竟被全軍覆沒。這個消息大大的觸怒了英法兩國，

（註一） Lane-Poole: Life of Stratford Canning, 11, 291

這倒不是因爲新洛浦之戰違反戰爭行爲（沒有人當眞抱此見解，）而是因爲牠予駐在白西卡海灣，意在保護土耳其人的法英艦隊一個直接的侮辱。泰姆時報首先提倡英國國民的戰爭精神，宣稱英國享了四十年的和平，到現在差不多好像一定要破裂。亞伯定爵士內閣當然不希望戰爭，但是這時候他們實在看不出能夠避免的辦法，除非他們能切實採取約翰伯來脫(John Briglt)所堅決主張的朋友教（Quaker）的人生觀。內務部長拍麥爾斯頓絕不贊成屈辱，無疑地全英國的意見都是與他抱同一樣見解。在那時的回憶錄裏面我們找不到材料證明拿破崙第三是要無理窮兵黷武：據奧國外交家許伯納爾男爵(Baron Hübner)的意見，他是傾向和平的，但是不能不與英國取一致行動。一八五四年一月四日，法英兩國艦隊，離開了白西卡海灣，開入黑海，（註一）到二月四日，基色列夫（M. de Kisselef）才離開巴黎的俄國使館，布蘭洛（M. de Brunow）才領了護照離開倫敦。就是鬧到這個地步，還不是完全沒有希望。基色列夫與布蘭洛都接有訓令，

（註一） Parl. Papers, 1854, No. LXXI, p. 808. (Stratford de Redcliffe to Clarendon. January 5, 1854)

不能遠離他們的使館，於是他們在布魯塞爾及佛蘭克福都有逗留。西摩與加斯特爾白雅（Castelbayac）還沒有離開聖彼得堡的英法使館；但是到二月二十日，他們也都走了。（註一）二月十七日法英最後的要求俄國須自君侯領地撤退，到了聖彼得堡沒有答覆。三月二十七日，巴黎遂正式宣戰；三月二十八日，倫敦跟着正式宣戰。俄國政府却獨不宣戰。英法土三國同盟條約早於三月十二日成立了。

第五節　西摩談話

時常有人問：克里米亞戰爭是否是一個錯誤？這個問題只有另外一個問題能夠答覆：就是土耳其是否值得保護？關於這點，意見很分歧：但是如果要不讓俄國瓜分土耳其，那麼我們同時必須承認，除戰爭外，沒有其他方法可以防止。在戰爭沒有實際開始以前，俄國政府對於拉塞爾爵士一八五四年二月十七日在衆議院的演說，表示異議，英國政府便把關於東方問題的文件都一概發

（註一）納色羅德於二月十三日給西摩護照。西摩接受了，但還在使館裏逗留了一個星期。Ibid., pp. 933, 914.

表。（註一）這些文件當中，有俄皇尼古拉與英國駐聖彼得堡大使西摩談話的紀錄。第一次談話是在一八五三年一月九日晚間海倫拉大女公爵（Grand Duchess Helena）宮內的一個聚會。俄皇私下對西摩說到他與英國政府關係極好，並且他與舉世共仰的亞伯定爵士有四十年的長久交情。西摩請他對於土耳其問題，少許再發表點意見，以免各方憂慮，俄皇『便用公開不遲疑的態度說道：』

『土耳其的事情，非常紛亂，該國本身似在土崩瓦解；她的崩潰是一件不幸的事情；英俄對於這些事情，應該有完全良好的諒解，無論那一方面，在沒有通知對方以前，不應採取堅決的步驟。』（註二）

（註一）Parliamentary Papers, 1854, No. LXXI. p. 835 ff. 全卷包括歷史上最重要的外交文件，或許比其他任何一卷爲多。

（註二）Sir G. H. Seymour to Lord John Russell, January 11, 1853(Parl. Papers, 1854, vol, LXXI, pp. 835-6) 談話是用法文。西摩報告上面一段是用英文。

這些話非常重要，暗示了許多東西。西摩對付全個事情手段非常靈妙，並且很小心；他要求俄皇解釋，也是很委婉；他有這麼有名的一句話：

「我們所要對付的是一個病人——病得很利害的人。」

第二次談話是在一月十四日。俄皇召西摩晉見，表示俄國對於這個「病人」已經很寬大（如果不是過於寬大）之後，繼續說道（下指這個「病人」）：

「我們都很盼望這個人延年益壽（我請你相信，我與你一樣，希望延長他的生命，）但是他或者會忽然死去……因此，我請你去決定，要不要先須備後事，還是臨時手忙足亂，惹起一場歐戰……

現在我以朋友及君子的資格，對你說；如英國與我能對於這件事情得到諒解，其餘我可不管……我坦白清楚的告訴你，如果英國現在想佔君士坦丁，我決不能答應。我不認爲你有這個意思，但是在這些時候，明白說出來好一點；至於我這方面，我也答應不據該地爲己有；是否佔領該地，就不能說；如果事前沒有商定辦法，一切聽其自然，那麼或許因爲環境關係，使我

不得不佔領君士坦丁。』（註一）

恐怕俄皇再不能比這段話說得清楚。他簡直是提議，與英國商妥，來佔領君士坦丁，瓜分土耳其。他辭退西摩大使的時候，要大使將他的意見，轉達於英國政府。二月二十日，尼古拉又談到這個問題。西摩大使告訴他說土耳其帝國的末日還沒有臨到，英國不願討論她的繼承問題。俄皇聽了之後，表示遺憾，並且堅持的宣告土耳其完全在那裏崩潰：

『我報告給你聽，病人正在死去；我們決不能到臨時去驚惶失措。我們必須有相當的諒解；我相信，如果我能與貴國閣員——譬如說知我很清楚的亞伯定爵士談十分鐘話，我們便能做到。……』

第四次談話（二月二十一日），俄皇斷言大變將到，並草就了一個瓜分的計畫：塞爾比亞與保加利亞在俄國保護之下獨立。至於埃及，俄皇說『我很了解該地對於英國的重要。我只能說，如果土耳其帝國崩潰之後被瓜分，你應該取得埃及，我不反對。』光耀的獎品擺在面前，但是西摩撇

（註一）這一段在西摩的報告裏面，完全是用法文原文。

開一邊。他說，英國只希望『印度與母國間的交通平安與便利。』第五次談話在四月十九日，仍無結果。

於是這種談話停止了。這些談話完完全全淸淸楚楚，證明尼古拉在土皇逝世或土國發生相當危機的時候，蓄意要瓜分土耳其；他認爲要做到這個，非與英國商妥不可；因此他提議與英國分贓；但是不讓法國加入（如二月二十一日西摩給拉塞爾爵士的報告。）等到英國拒絕了瓜分的辦法，驕傲專橫的尼古拉便決定獨自進行。英國對此的答覆，便是克里米亞之戰。

一八五三年二月的交涉，與一九一四年七月德英間交涉很相像。一九一四年德國宰相以大賄賂餌英國駐柏林大使哥申（Sir Edward Goschen）使法國陷於不利；猶之尼古拉第一向西摩施行大賄賂，使法國陷於不利。兩次英國都走正路，拒絕加入推翻均勢的陰謀（法國是均勢的重要分子。）

第六節　第二次維也納會議

克里米亞之戰，兩方都英武的應戰，並且兩方面都決心根據名譽與人道所昭示的辦法進行，至一八五五年九月八日塞巴斯托堡(Sebastopol)一佔據實際上已告終止。同盟軍的軍事目的已經達到。敵人方面堅守該砲台到了最後不能再守的時候，整隊撤退，沒有損失實力。情勢很淸楚的昭示，同盟方面只能提出一種有名譽的媾和，俄國才能接受。

不過事實上，塞巴斯托堡差不多下了六個月，才正式進行和議及休戰。在他方面，在該砲台沒有攻下以前，交戰國家與中立國家的外交家早已經在那裏忙着討論和議的條件，並且無論如何已得到一種可以議和的基礎。

第一個困難應該除去的，是俄國佔據了瓦拉齊亞與摩爾達維亞兩個君侯領地。因爲有這種佔領，俄國與土耳其之間，才造成戰爭的狀況。土軍在兩個英人指揮之下，(註一) 拚命防守西里斯的黎亞(Silistria)，俄軍圍攻不下，結果多瑙河的戰事，轉有利於土耳其方面。同時奧國已經動員了。她不願意讓俄國佔有她多瑙河及托蘭西文尼亞邊界之鄰省。這時候，普魯士是以奧國的馬首

(註一) Lieutenants Ballard and Naysmith

是瞻的。一八五四年四月二十日，普奧兩國於是簽了一個條約，互相保證彼此的土地，共同要求俄國從多瑙河各省撤退。但是普魯士雖然答應加入這個條約，却並不很熱心。俄國的擺佈（數年後，俾斯麥極力主張）已經明顯，柏林與倫敦的關係已漸趨冷淡。普魯士駐英大使本生希佛來(The Chevalier de Bunsen)——在英國社會上很受歡迎，被召回去了，另以親俄的格洛本將軍(General von Croeben)繼任。普魯士政府好像把要求俄國撤退君侯領土的文書擱置了一下，希望俄國軍隊在這期間能攻下西里斯的黎亞。（註一）但是土耳其的國旗還是在西里斯的黎亞飄揚，俄軍圍攻遷延不下，信差終於六月三日帶了奧普的外交公文，離開了維也納。經過一番虛與委蛇（俄國宰相納色羅德及其高足哥賈可夫(Gorchakoff)最會玩的把戲），最後到了一八五四年八月七日，俄皇才正式宣告，已經從君侯領土撤退。其實自從七月七日在基爾哲服(Giurgevo)敗了以後，爲軍事關係，已陸續在那裏撤兵。

如是到了八月七日，君侯領土內的俄軍已經撤去了，（註二）但俄國並沒有放棄她的要求。同時同盟各國沒有進一步強制她答應他們的要求；沒有一個兵在克里米亞上了岸。但是奧國正在那裏着手預備加入同盟方面，所以歐洲大部分好像都要起來反對俄國。一八五四年八月八日，英法駐維也納大使與部爾伯爵交換公文，包括後來有名的四點（一八五四年十二月二十八日）。（一）以列強共同保護多瑙河各省，去代替俄國的保護；（二）多瑙河航行自由；（三）一八四一年七月十三日的條約，須根據下列原則修改：『使土耳其帝國的存在，與歐洲的均勢，發生更密切的關係，取消俄國在黑海的優勢』；（四）俄國放棄單獨保護土耳其國內的基督教徒的要求。維時，英法土聯軍在克里米亞上了岸（一八五四年九月十四日）。在阿爾馬（Alma）（九月二十日），在巴拉克拉窪（Balaclava）（十月二十五日），在因克爾門（Inkerman）（十一月五日）等處皆獲勝利。這些消息激動了奧國的勇氣，部爾伯爵遂於十二月二日與法英兩國簽了一個同盟條約。這個條約裏面規定，如果一年內和議不能根據上列四點實現，奧國須與英法協商

（註一） Deb, II, 117

（註二） 一八五四年六月十四日，奧國在土耳其訂了一個條約，奧國有權可以佔領君侯領地，並且事實上她也派了兵去。根據一八五六年三月三十日巴黎條約第二十一條，所有佔據區域都須撤退。這條特別提出了奧國條約。

「達到同盟目的的有効方法。」（註一）奧國之趨向戰爭者如此而已。她外交上的援助，對於英法，沒有一點幫助戰事也絲毫沒有縮短。英法軍隊須戰到末了，一直到九個月後，才取得塞巴斯托堡。維也納實在所成就的，只是應了俄皇平了匈牙利革命後士瓦爾曾堡親王的預言：有一天，奧國會以忘恩負義，驚動世界。

然而有一個時候，好像和議眞要在維也納成立，因爲一八五五年一月七日，俄國接受了四點，作爲交涉的基礎。並且和會也居然在三月十五日開了，由部爾伯爵行開幕禮。

維也納會議開了兩個半月，絕無成效。列席會議的，不僅是同盟國的大使——韋斯木蘭爵士(Lord Westmorland)及包昆列——並且有英國殖民地部長拉塞爾，及法國外交部長呂伊斯德魯盎。俄國雖仍在與同盟國戰爭，也沒有締結什麼休戰條約，俄國大使哥賈可夫親王卻以平常會員的資格，參與交涉。

頭兩點，關於多瑙河各省的保護及多瑙河的航行，俄國答應讓步。第三點，關於土耳其帝國的

（註一） 該條約在 Hertslet II, No. 252

安全，要限制俄國在黑海的軍力，哥賈可夫親王考慮了許久，最後拒絕了。他的理由是，一個大國，只有打敗以後，才肯限制牠的軍力，而『我們並沒有到這地步。』他是一個靈敏有禮貌的人。他還有一句話（在會議沒有開以前講的）：『我們還沒有完全打敗，我仍以大國的資格發言。』這些話都是眞的。俄國既不肯使黑海中立化，同盟國只有打下去，等她改變態度。結果同盟國是勝利了。但是奧國並不在裏面：部爾伯爵雖然很莊嚴，雖然說了許多大話，却怕了加入；而穿黑衣帶眼鏡的加富耳（Cavour）倒跑了進來；一八五五年一月二十六日，他簽了一個條約，加入英法同盟，派了一萬五千薩丁尼亞兵由庚洛亞（Genoa）開到克里米亞。

第七節　巴黎會議

哥賈可夫將軍（外交家哥賈可夫的兄弟）於一八五五年九月八日由塞巴斯托堡撤退。各方面都覺得和平已經成熟；部爾伯爵想繼續他的領袖的外交地位。有一夏天的休假日，他在加斯泰因（Gastein）的戈林（Golling）遇見了倍斯特伯爵說道，『多瑙河的君侯領地現在歸奧國所有了』（註一）法國對於戰事已經厭倦，願意和平；但是拍麥爾斯頓不願意犧牲同盟國的勝利，屈服於奧國的自私主義之下。他早料到了奧國必定要阻撓和平的圓滿實現。（註二）

每個戰爭都一樣，有許多中立者願意出來調停。其中有兩個是德意志小國的大臣。這些時候，小國還有他們自己的政策與精神，希望不跳入普魯士與奧國的圈套。並且巧得很，羅曼諾夫王室(House of Romanoff)許久以來，多找這些小國的王室締結婚約。因為這些理由，巴威利亞大臣普福登及薩克遜尼大臣倍斯特伯爵，才能在巴黎與聖彼得堡之間，做很有力的調人。他們努力的結果是：俄國願意媾和，但不賠款，不割地；法國願意媾和，如果黑海能夠中立化。英國不是這樣容易對付的；拍麥爾斯頓直捷了當的告訴法國政府說，英國願單獨會同土耳其繼續戰爭。這卻不是一個空洞的恐嚇，因為在攻下塞巴斯托堡的時候，無論從軍器上或軍需上來說，英國軍隊情形最好。

（註一）Beust, Memoirs (Eng. Trans H. de Worws, 1887), I, 141

（註二）Ashley's Palmerston, II, 106 (ed. 1876)（一八五六年一月二十四日給駐維也納大使西摩一封特性的信。）

最後各交戰國同意了，到巴黎來議和，根據維也納的四點，加上修改摩爾達維亞邊界的條件。因爲奧國非常注意東方問題，並且是和議的主動者，所以她也是會議的一個會員。

巴黎會議從一八五六年二月二十五日開起，至四月十八日止。出席代表：法國有外交部長瓦勒斯基（M. Walewski）及駐奧大便包昆列；英國有外交部長克拉倫頓爵士及駐法大使考來爵士；奧國有宰相部爾伯爵及駐法大使許伯納爾伯爵（Count Hübner）；薩丁尼亞有加富耳及駐法公使威拉馬林拿（Villainarina）；土耳其有宰相亞里拍夏（Ali Pasha）；俄國有阿羅夫伯爵（Count Orloff）及布蘭洛伯爵。普魯士與克里米亞戰爭沒有關係，但是因爲她是一八四一年海峽條約的簽訂國，所以討論到黑海中立化的問題，便於三月十六日加入了會議；以後一直參加到閉會爲止，並且簽了各項條約。瓦勒斯基當選爲會長；貝內得提這時候是外交部的政治司長，被任爲秘書長。

既然很少專門的工作，沒有統計要編輯，沒有歷史，財政，及人種各種問題的煩難研究，會議的工作比較容易。第一件事情便是締結休戰協定，至三月三十一日爲止。平常隔一日舉行會議；三月十四日至十八日，完全停止開會原因是因爲十四日皇后開始要生產，因爲事情重大，所以竟把旁的事情都掩住了。十六日皇太子生下來了，十八日全體代表往推勒里(Tuileries)去看小孩。條約是於三月三十日（星期日）下午一時半在外交部簽字的。

媾和的條件，沒有賠款，恢復了以前的疆土狀況，不過有個例外。這個例外包括在第二十條，就是俄國把比塞拉比亞(Bessarabia)之一部，沿下蒲魯斯及多瑙河之北口極端，割讓與摩爾達維亞。因此俄國失掉了由一八二九年亞德利洛撲爾條約（註一）所得到的多瑙河三角洲，及基里亞（Kilia）口之北岸與蒲魯斯下游之東岸。雖然是俄國割了地，但條約裏並看不出這是出於強迫；第二十條只說俄皇改正比塞拉比亞的邊界，爲的是與同盟國交換克里米亞之城鎮。（註二）誠如包昆列後來對倍斯特伯爵所說：『讀三月三十日所訂的條約，看不出誰是戰勝者，誰是戰敗

（註一） 參看第六章

（註二） 『爲交換本條約第四條內所列之城鎮，海口，及土地起見，並爲多瑙河航行更加自由起見，俄國皇帝同意修改他在比塞拉比亞之邊界。新邊界從黑海起……』

者。』（註一）

第二條規定黑海中立化，各國商船都可通行，但禁止各國軍艦出入。根據此點，第十三條又規定了俄土兩國，都不得在黑海岸上設立或維持任何海陸兵工廠。

這種禁止，對於一個大國是一個很大的阻礙。俄國之所以輕易答應，是否如精明的倍斯特伯爵寫給納色羅德所說，『不許八千萬人民的帝國，在自己的海內有軍艦，乃是違反自然的道理。』（註二）並且事實上，這種禁止只維持了十五年。（註三）

黑海的中立化，乃是謀土耳其帝國脫離俄國威脅的特別規定。更普通的規定，包括在第七條內。該條宣告土耳其政府參加歐洲公法，加入歐洲協調，同時並保證土耳其帝國土地的完整。

根據第九條，所有簽字各國明白聲明無權干涉（共同的或分別的）土皇與其臣民間的關

（註一）Beust, 1, 144

（註二）Beust, 1, 142

（註三）參看第十八章

係。於是俄國保護的問題解決了。同條，列強認可土皇二月十八日『出諸朕意』『時時憂念他的臣民的福利的詔令。』這個詔令，與其他詔令一樣，包括了許多可欽佩的改良辦法——信仰自由，納稅平等，及其他——但是完全以土皇的意志爲轉移，沒有列強的保證，毫無價値可言。

第十五條擴大了維也納條約關於國際河流自由航行的應用到多瑙河。爲便利航行起見，並且設立了一個委員會，包括所有簽字各國（英奧法俄普薩丁尼亞及土耳其，）從事疏濬河口辦理伊沙賈（Isatcha）以下各種專門工作。

第二十二條擔保瓦拉齊亞與摩爾達維亞在土耳其宗主權底下的各種特權。任何擔保國家，沒有單獨行保護的權利。塞爾比亞的特權也確認了，並且由簽字各國共同保障。

最後，根據會議和預備條款與四項並列之一項，對於歐洲一般的事情，有所規定。其中有一件，附在主要條約後面，其效力等於主要條約之一部分。這就是俄國答應不在阿蘭羣島（Aland Islands）爲軍事設備的協定；如是瑞典在司托克汗姆（Stockholm）可以放心。

第二件事情是採用調解的方式，以防止戰爭的問題。政治家們相信，如果兩國快要打將起來，能夠將爭端交與第三者考慮，就是這種考慮不能解決困難，經這麼一延擱，也可讓兩方的氣平下來，戰爭或者不致於發生。因爲有了這種希望，四月十四日各國在巴黎會議簽字的第二十三種議定書，表示『希望國與國間，如有嚴重爭端發生，在沒有用武力以前，應視環境所允許，請一友國出任調解。』英國政府根據這個議定書，一八六六年聲請了一次，一八七〇年又聲請了一次，都不發生效力。（註一）

比較更有效的一步，是巴黎會議起草了一種海戰法的宣言。列強乘這機會來解決戰時中立商務的老問題。英國依然是他們攻擊的目標，英國依然極力辯護，以保持其向來力爭並且實行的權利——禁止中立國家與敵人通商。一七八〇年與一八〇〇年的武裝中立，仍使法國膽戰心驚。結果呢，英國假使就是失掉了一點停止中立商務之權，她却在封鎖與私船捕獲兩問題上，佔了些便宜。因爲英國海軍強大，能夠使封鎖發生效力，並且不需要私船的幫助。巴黎宣言是一八五六年

（註一）議定書的『願望，』是由克拉倫頓爵士在會內提出的。根據巴黎條約第八條，凡關於土耳其與任何簽字國家間的爭端，這種『願望』是強迫的。如有危機發生，在沒有用武力以前，兩方須將問題交與其他簽字國考慮。

四月十六日簽字的，包括：（一）私船捕獲制度仍在廢除之列；（二）除了戰時禁止品外，中立國旗可以保護敵人的貨物；（三）除了戰時禁止品外，中立國的貨物，就是在敵人之國旗下，也不得被捕緝；（四）封鎖如果要拘束人家，必須有效，換句話說，必須有充足的軍力，阻止敵人海岸之出入。

還有一點要注意。四月八日，巴黎會議解決俄士問題之後，正在隨便討論歐洲的事情。克拉倫頓爵士忽然起來對於意大利的政治情形，加以劇烈的攻擊。雖然沒有什麼決議，但是克拉倫頓爵士的演說，與瓦勒斯基比較和緩的批評，都寫在議定書上面。意大利問題，於是擺在歐洲前面了。（註一）

（註一）參看第十三章。

第二部　意大利的統一

第十一章　意大利從維也納會議至一八四八年革命運動的失敗

在拿破崙戰爭時代，意大利一部分爲法國所吞併，另一部分建立了一個『羅馬王國』，直接受法國監督，至於那不勒斯與西西里王國，則在摩拉（Joachim Murat）之下，當然也在法國系統之內。雖然意大利在政治上還沒有統一，但無論如何，事實上這是意大利在近代史裏第一次在政治上有相當的劃一。全個半島的政治，都是學着法國式的開明專制。各處出兵，加入拿破崙的大軍共同作戰；民族意識（從來沒有消滅，就是在中古時代土地四分五裂的情形裏面亦然）逐漸明顯。

在維也納會議裏面，列強自然把法國在意大利的勢力完全加以掃除，但是卻扶植了另外一國的勢力。這國便是奧國。她得了朗巴德（這個地方由一七一五年至一七九七年是她所有的）以及大陸方面的威尼斯。於是一七九七年在康樸福繆條約裏，拿破崙答應給她的大賄賂，列強仍原給了她。

有許多方面，意大利恢復了她十八世紀的情形。教皇丕亞斯第七恢復了教堂國家；弗地蘭第一的包本王朝恢復了那不勒斯與西西里王國；哈布斯堡之一支恢復了塔斯加尼的統治；埃斯特家回到了摩登；拉拍馬給了馬利亞路易沙皇后（拿破崙的夫人），（註一）薩丁尼亞——薩屋夷（Sardinia-Savoy）得回了皮地滿，連庚洛亞共和國在內（包括司辟子亞（Spezzia））；於是中古世紀意大利的城市國家只剩下了山馬林洛（San Marino）。

雙西西里（那不勒斯）王國，包括西西里島及意大利半島的南端大陸；其北部的邊界離羅馬只有五六十英里。教堂國家佔意大利中部之大部分，北至樸河（River Po）為止；其主要的區

（註一）她死後，公爵國為 Bourbon Duke Charles II. 所有。

劃爲（一）聖彼得堂的產業（羅馬在中間）（二）安布利亞（Umbria）；（三）安科拉馬徹斯（Marches of Ancona）〔在亞平寧(Appennines)〕的亞德利亞海方面；（四）波羅格那(Bologna)，拉温那(Ravenna)，福利（Forli），弗拉拉（Ferrara）的教皇公使署地(Legations)。教堂國家的總面積在一萬五千至一萬六千方英里之間；人口有三百餘萬；政治是仁愛的專制，性質很守舊，沒有憲法；這種政權於是愈久愈與時代不合。

意大利中部另外有一大國，便是塔斯加尼牠有麥地西（Medician）佛羅倫斯（Florence）及哈布斯堡君主們（屬於十八世紀的開明專制君主一類）的光榮歷史。摩登拉與拍馬不甚重要，並且因爲條約的關係，實際上變成了奧政府的保護國。撲河以北只有薩丁尼亞是一個獨立國家。這個國家包括有薩屋夷與尼斯（Nice）（現屬於法國）在意大利，她奄有皮地滿，東至地新洛（Ticino），及撲河以南亞平寧至庚洛亞間之地。地新洛以東爲朗巴德富裕之地，地饒民衆，有四角形的有名砲台——孟都亞（Mantua），拍斯岐亞拉（Peschiera），味羅那（Verona），楞雅哥（Legnago）。朗巴德與威尼西亞的邊界爲明西阿。

如果還怕黷武的法國進佔北意大利，那麼擴大奧國土地到阿爾普斯（Alps）以南的主意，在軍事上說來是很對的。不過十九世紀的經驗證明了法國對於意大利並不危險。維也納會議分割意大利的結果只有使意大利在後來的五十年內，充滿了政治的騷擾。所有的國家都行專制政治，沒有一國有憲法。（註一）

意大利的民族精神，自一八一五年至一八四八年，乃是一般文人學士所提倡的。里阿派地（Leopardi）（天才時常生病）的詩，又美麗，又極度傷感，使意大利人對於他們的境遇感覺不滿。他一八三七年死於那不勒斯，年紀還輕，那時政治沒有一點曙光。孟莊尼伯爵（Count Manzoni）寫了一篇歷史小說（I Promessi Sposi 一八二五年出版）使每個意大利人知道十七世紀意大利的情形。喬爾培提（Vincenzo Gioberti）（教士，哲學家，政治家）一八四三年著了意大利人在文化上與道德上的優越地位，使意大利人認識他們雖是四分五裂，受人壓迫，但是不失為一個偉大的民族。到了一八四三年，自米蘭到那不勒斯的歌舞場裏的觀衆居然知道歡呼舉世共仰

（註一）一八四七年至四八年，除了奧國所屬各省及那不勒斯外，都得到欽定憲法。

的作曲者味第（Verdi），並且他們歡呼味第萬歲的時候，意思卽歡呼意大利皇帝伊曼紐爾萬歲（Viva Vittorio Emanuele, Re d' Italia）而言。最有影響的，要算庚洛亞的馬志尼（Giuseppe Mazzini）之激動愛國心。一八三一年，他在馬賽（Marseille）（因爲受梅特涅的指使，意大利不讓他立足）組織了少年意大利，比較以前燒炭黨的祕密結社進了一步。從此以後，他組織及宣傳意大利的統一運動，不遺餘力，歷盡艱苦，百折不回，犧牲一切（甚至於他所抱的共和主義）去求意大利的解放與統

這是革命前的意大利：意大利分爲許多小國，爲專制君主所統治，多少還安寧；但丹第（Dante）與馬其威里求統一的思想，激動了全個意大利民族。剛在這個時候，改選了一個新教皇，他的工作，好像是阻礙革命的來到。

弗熱第（Giovanni Maria Mastai Ferreti）一八四六年當選教皇的時候，有五十四歲。他的教育，他的經驗（他三十五歲做了大主教，）他的旅行（一八二四年，他代表教皇政府到過智利（Chile））都使他好做一個政治家；他的自然傾向是自由主義。奧國政府因爲怕他的急進思

想，所以不贊成他當選做教皇，不過因爲米蘭大主教喇了奧國政府的訓令，遲到羅馬十二點鐘，於是他當選教皇竟成了事實。

丕亞斯不久便證明了他是一個熱心的改良者。一八四八年三月，他頒布了一個根本法，設立兩院制的立法機關，一院由任命的方法產生，另一院則由選擧的方法產生。教皇於是成了意大利的偶像，爲馬志尼及其他改良者所愛戴。的確，如果他能一心一意加入正在發生的革命運動，他無疑地做了意大利民主邦聯的首領。但是要達此目的，他必須參加對奧的民族戰爭，這一步他卻不願意走。

意大利統一的第一步，倒是由薩丁尼亞皇帝亞爾培提（Charles Albert）發動。一八四八年二月法國發生革命，路易菲列蒲退位，跟着維也納也發生革命，堅持保守主義最烈的梅特湼也逃走了。意大利革命的時機，至此已經成熟；一八四八年三月，亞爾培提號召全體意大利愛國志士參加他的軍隊，與奧國宣戰。米蘭與威尼斯已起了叛變，趕走奧國駐軍。亞爾培提越過地新洛，以參與拿破崙戰爭的八十歲老英雄刺得次岐將軍（Marshal Radetzky）也難抵抗。

刺得次岐敗於明西阿之哥托(Goito)，不得不放棄拍斯岐亞拉的堅固砲台，而退守味羅那，但是到七月，他得到相當的援軍，出而反攻，結果在味羅那西南十英里卡斯托闍(Custozza)地方大破薩丁尼亞軍（一八四八年七月二十五日）。十日後，他又進了米蘭。

在戰爭初起，亞爾培提的熱烈軍隊，步步驅走奧軍的時候，教皇好像是傾向於民族解放。杜蘭都將軍(General Durando)帶領教皇軍駐在公使署地，是一個愛國者。他與解放時代的其他軍人一樣，曾加入西班牙與葡萄牙的憲政派軍隊作過戰。刺得次岐在哥托失敗之後，杜蘭都便自動越過撲河，向威尼斯進發，以斷絕奧國軍隊的交通。馬米安尼伯爵 (Count Mamiani)（丕亞斯第九手下一個開明的政治家）即乘機勸教皇完全加入民族運動，參加對奧作戰。但是丕亞斯不願意。他不肯向前，那麼只有維持現狀。杜蘭都不受召回之命反去加入了薩丁尼亞軍隊。意大利統一的運動似乎失敗了，到一八四八年八月九日，亞爾培提欣然接受了法英兩國政府的調停，締結一個停戰協定。（註一）

（註一） Bianchi. Storia del'a Diplomazia Europea in Italia (1869) V, 317－20

丕亞斯第九拒絕與奧國宣戰，羅馬卻發生了問題一八四八年十一月革命爆發；丕亞斯只得逃往那不勒斯王國之給達（Gaeta），於是共和國便告成立。一八四九年三月亞爾培提因爲羅馬革命的成功與奮起來再動干戈，但是只戰了四日，便在洛窪拉（Novara）（一八四九年三月三十一日）完全敗於多謀的刺得次岐。

洛窪拉戰爭結束了第一次意大利獨立戰爭，但是有許多事情急需解決。羅馬共和國在馬志尼與加里波的（Garibaldi）之下，還在抗拒教皇，威尼斯在英武的孟寧（Daniele Manin）之下，還在抵抗奧國的圍軍。意大利的革命還有待於解決。因爲要解決，所以才有外交史可述，文事代替武功；只有仗打完以後，長衫文人才有用處。

第十二章 一八四八年革命運動的總結

一八四九年三月二十三日薩丁尼亞在洛窪拉戰敗的時候，羅馬共和國還在那裏幹得起勁，孟寧在米蘭也沒有失敗。雖然薩丁尼亞與奧國的戰事，大家都知道再不能繼續，但是兩國還沒有休戰。奧國在維也納與匈牙利革命黨的對峙，正在着着勝利；剌得次岐在意大利也極佔優勢。意大利的革命是在失敗了；唯一的問題是這種失敗是不是意大利解放運動的致命傷，抑是還留有一點希望。

第一件薩丁尼亞必需做的事情，是停止與奧國作戰，同時不至於受極苛刻的條件。爲達到這目的起見，亞爾培提在洛窪拉戰敗的那一天晚上，斷然自動宣告退位。他爲解除奧國對意大利的壓迫而戰爭，現在爲這個宗旨而犧牲。他退隱葡萄牙，數月後（七月二十八日）死於阿撲托（Oporto）。

亞爾培提素來痛恨奧國；但是他繼承皇位的那個兒子，卻沒有這種成見。伊曼紐（Victor Emmanuel）這時候二十九歲，寡言笑，能堅忍。他討厭杜林朝中(Turin Court)的繁文俗禮，不時到他阿爾普斯故鄉去打獵消遣。他當過兵，在一八四八年及一八四九年的戰爭中，曾表示他的熱誠與勇敢；但是他沒有參加過政治。他的家庭與維也納及佛羅倫斯兩朝廷，都有關係；他是搭斯加尼大公爵的姪子，與奧國亞德列德大女公爵(Archduchess Adelaide)結了婚。因為有這些關係，及法英兩國外交上的幫助，他才能與奧媾和，沒有受極重大的犧牲。

伊曼紐第一件要做的事情是停戰，為了這個他所付的代價很貴。一八四九年三月二十六日簽訂的條約，奧國須佔據地新洛至塞西亞（Sesia）的薩丁尼亞土地，並且須在亞列山德利亞(Alessandria)砲台駐軍。這樣使薩丁尼亞沒有再戰的可能，同時證明了薩丁尼亞的整個失敗。可是伊曼紐政府還不肯低頭，雖然在軍事上失敗了，卻還有相當的權威。『是不是皮地滿人以為他們贏了洛窪拉之戰？』第爾斯曾這樣的說過。的確，好像他們真這樣想法。薩丁尼亞的新國務總理亞西格利阿(Massimo d' Azeglio)表示沒有意思要做被征服者。

亞西格利阿恰好是解救國難的人。一七九八年生於杜林的一個老貴族家庭，他早年就參加了意大利的民族運動。他父親是駐羅馬的大使，他在羅馬以畫山水有相當的名譽；後來他寫歷史小說，提倡民族精神。一八四八年的戰爭，他在威新聞（Vicenza）之戰受了傷，就是伊曼紐召他做國務總理的時候，他的傷還沒有好。全體意大利人都認爲他是一個熱烈的愛國者，志切於民族的自由但是同時奧政府對他沒有惡感，因爲他是一個貴族，主張並不激烈，從來沒有加入過任何政治祕密結社，或參預任何陰謀。他是坦白的，慷慨的，勇敢的，堅定的，有修養的；不能找到比他更好的人，來領導薩丁尼亞打破各種難關。

事實上，一個滿意的和平，奧國比薩丁尼亞人民比較容易接受。奧國雖然打了勝仗，但是她的地位並不穩固。馬耶兒人的革命還沒有消滅；威尼斯還在抵抗，羅馬共和國還在抗拒不亞斯第九；革命的法國對於意大利人表示誠懇的同情，並且早一年（一八四八年三月五日）就發表了一個有名的宣言，聲稱維也納條約不復存在，其所規定的疆界必須完全修改。（註一）法國軍政界莫

（註一） 參看第八章末。

不認皮地滿爲法奥間的一個緩衝國，在奥國與薩丁尼亞戰爭的時候，自始至終，集中了軍隊，在沿阿爾普斯一帶。最後奥國還得要考慮英國的外交部，這時候外交部長是拍麥爾斯頓，他公開的對意大利人與馬耶兒人表示熱烈的同情，他的有力的演說與文件，時常好像要訴之武力。

因此，無怪士瓦層堡（繼梅特涅任奥國的宰相，）考慮各方以後，決定以恢復戰前狀況爲議和基礎，不願蠻打下去。奥國軍隊然後可以由意大利撤回來結束匈牙利戰爭，至於意大利問題將來還可再說。（註一）

於是，由法英兩國居間調停，進行交涉，結果伊曼紐得到了和平，而沒有喪失土地，只須賠償七千五百萬法郎了事（一八四九年八月六日，米蘭條約。）奥國政府很希望取消薩丁尼亞的憲法（前一年亞爾培提所頒給的，）願以減少賠款爲交換條件。但是伊曼紐拒絕了這樣一個交易。就是如此，薩丁尼亞國會還認爲媾和的代價太貴，拒絕批准，以至解散了兩次，到後來溫和派較多，才

（註一）據哥斯(Gorce)的意見，如果士瓦層堡這時候不死，『無疑地，他會容納或使他的弱小的敵人（薩丁尼亞）屈服。』(Hist. du Second Empire, II, 267)

於一八四九年十二月二十日最後予以通過。

如果第一次自由戰爭在軍事上是一個失敗，在政治上卻是一個大成功。教皇實際上已經失掉競爭的資格；現在統一意大利只有一個可能的領袖，那就是薩丁尼亞及其王室，他們爲這個宗旨冒了一切的險。並且，伊曼紐因爲拒絕廢除自由憲法，甚至得到了共和派愛國志士的尊敬與信任。自此以後，薩丁尼亞是意大利唯一個獨立自由的國家，變成了所有愛國志士亡命的中心。在米蘭條約沒有簽字以前，我們便知道亞西格利阿已經在那裏打算擴大國土，合併拍馬與披亞新聞(Piacenza)，及與塔斯加尼組織一個關稅同盟。(註一) 這就是經過無數變遷，最後使意大利底於統一的精神。

一八四九年意大利的兩件大事，便是洛窪拉之戰與羅馬共和國的防護。現在我們要討論的是第二件事情，因爲這件事情鬧到法國佔據了羅馬，遲延了意大利的統一，破壞了拿破崙第三的

(註一) 一八四九年七月十六日的報告書 (Gorce, II, 208) Cp. Bianchi: Storia della Diplomazia, v, 589 (Emanuel d' Azeglio to Palmerston, July 6, 1850)

外交。

拉馬丁一八四八年三月五日的宣言，（註一）表示了革命的法國對於意大利愛國志士的同情與好意。但是法國政府所注意的，自然是皮地滿與朗巴德。洛窪拉之戰使法國人爲皮地滿的安全感到震驚，因爲他們認爲皮地滿是屏障朗巴德的要地。大家要記得，維也納會議故意把奧人擱在朗巴德，以防法國在北意大利野心的復燃；法人自然不願意奧人再進一步。因此，洛窪拉戰後，巴黎的立法院通過了一個議案，說爲保障皮地滿的完整起見，或者有佔領意大利一部分的必要。（註二）路易拿破崙得到了這種權威，便做了他一生驚人事業中一件最驚人的事情。先前的十二月，大半因爲天主教徒的投票，及僧侶的勢力，他當選爲法蘭西共和國的總統。他不能得罪法國的擁護教皇黨；他也不願讓奧人去恢復丕亞斯第九在羅馬的地位，並且更不願讓奧人去佔據意大利的大部分。於是派了一支遠征軍以奧丁諾將軍（General Oudinot）（拿破崙名將之子）爲

（註一）參看前面。

（註二）一八四九年三月三十日。

司令，到西威達威齊亞(Civita Vecchia)去。四月二十五日，奧丁諾在西威達威齊亞上了岸，直趨羅馬，進攻，血戰，卒被擊退(四月三十日)奧丁諾然後屯下來等待援軍，但同時還有三方面加入恢復教皇的競爭——奧國，那不勒斯及西班牙，各有軍隊，分途直向羅馬而進。

拿破崙慣用他拐彎的方法，時常同時至少有兩個政策。這次他又派了佛丁蘭勒塞普(Ferdinand de Lesseps)(在法國外交界服務，有長久經驗)去與羅馬共和政府交涉。勒塞普很能幹的完成了這個(他最後的)外交使命，與馬志尼結了一個條約，規定羅馬由法國軍隊保護，但不佔據(五月三十一日)。於是羅馬城可以幸免奧人與那不勒斯人的進攻。

不過這個協定不久便告破壞了。同月中(一八四九年五月)法國新選舉的結果，同情教皇派的議員人數增加。路易拿破崙又想要做皇帝。於是他便把勒塞普丟開(後來再沒有在外交界做事)否認與馬志尼所定的條約，並令奧丁諾進攻羅馬。經過六月一番的苦戰，羅馬攻下了，馬志尼與加里波的不得不逃往亞平寧。教皇政府由法國的槍桿子恢復了，法國長久佔據羅馬從此開始。

投降了。

羅馬城陷以後，繼之以威尼斯。孟寧保守了威尼斯有五個月之久。到了八月二十四日，該城也投降了。孟寧遺留他偉大的一幕永在人間，而自己老死於巴黎，做一個意大利文教員。

第十三章　意大利問題在歐洲的前面

『意大利之自己建立』Italia fara da se（註一）是亞爾培提皇帝在一八四八年的宣言內所驕傲地昭示的；但是這個政策結果是完全失敗了。意大利統一運動的第二步是一八五九年的戰爭；關於這回的事情，外交方面有很小心的準備。驅逐奧人，調和共和派聯邦派，及各意大利國家的地方利益，並對付最可怕的障礙——教權——需要強有力的同盟的幫助，及歐洲公論的擁護；這些必要條件，因為加富爾的忍耐努力，已經得到了。就是如此，薩丁尼亞（不過第二等的強國）前途的困難好像不易打破：但是除了外交與戰爭的工具外，還有運氣的有力作用。『我們不知道羨慕那樣多，』哥爾斯（M. de la Gorce）說，『是當事者手段靈敏精練呢？抑是不可思議的機遇有以致之？』

（註一）Gorce, II, 260

加富爾伯爵是掌握意大利運命的人。很少人會認識這個短小，精幹，近視穿黑衣的皮地滿國會議員是一世外交家之雄。但是這個身軀短小的人，態度安靜，性情和藹，是最有遠大野心的。一八一〇年生於杜林，他與別的皮地滿貴族少年一樣，在軍隊中擔任過委任職。一八三一年他離開了軍隊，以後便永遠沒有從過軍。雖然體質上缺乏氣力，但是他在智力上卻十二分的活躍：由讀書，談話及旅行，他得到了關於人物的淵博智識，在他那有方法有秩序的腦筋裏面時常可以運用出來。日內瓦，巴黎，及倫敦，他好像最喜歡，但是他看不起許多住在外國的意大利人。回到皮地滿之後，他買了田（多是借來的錢）又租出去從中取利，小心經營，如他經營別的事業一樣。他對於鐵路的企業，灌溉的計畫，或銀行的發展，也都熟悉；不久又投身新聞界，在杜林辦了一個統一報——（Il Risogimento）（一八四七年）該報擁護英國式的憲政自由，對於亞爾培提之頒布根本法甚有影響。在第一次意大利自由戰爭裏面，加富爾沒有機會表示他的政治才能；但是到一八五〇年他進了亞西格利阿內閣爲農事部長。兩年之後，他便做了國務總理。在此以前，他早就打定了主意要做統一意大利的國務員。（註一）

加富爾以薩丁尼亞來統一意大利的長期努力，按其成就的計畫，哥爾斯很乾脆地分為三個步驟。（註二）第一步是造成一個『意大利問題』；第二步是向歐洲鄭重宣布這個問題；第三步是聯絡一個強國，給奧國一個敏捷的攻擊，來解決這個問題。每步都有最大的困難，但是每步都完全成功。

第一步或者最容易，然而也要費極大的事。加富爾初任國務總理的時候，無所謂意大利問題：意大利被蹂躪的情形，在一八五〇年以前，英國報紙很少登載；對於一八四八年至四九年的戰爭，英國的輿論，很難說到底是同情於奧國多，抑是同情於薩丁尼亞多。梅列笛斯(George Meredith)的小說威托利亞(Vittoria)，雖是後來寫的，可是代表一個熱烈擁護自由者的見解。那個戰爭自始至終，他是親身看見的；但是他對於奧國軍隊卻與意大利的愛國志士一樣，都描寫得很動人。不過到了一八五〇年以後，意大利問題很明顯的發生了，開始在歐洲呼籲求解決；這大半是外交的

（註一） Lettre edite et inedite, tome I, p. 287 in Gorce, II, 278

（註二） Ib., 285

結果，及政治家給予一般新聞記者的鼓勵與指導所致。這個政策是亞西格利阿侯爵所開端的；加富爾繼任他做了國務總理，繼續實行，手段非常靈活。杜林變成了意大利愛國志士的逃難所，他們在本國住不了——那不勒斯人（Neapolitans），羅馬人，佛羅倫定人，朗巴德人，威尼斯人，抱了他們同胞所受的寃枉（實在的及想像的），急切的熱烈的請求歐洲主持公道。意大利人說寫都流利；杜林的亡命者，有許多受了高深教育，於是做了泰晤時報（Times）晨報（Matin）及比利時獨立報（Indépendance Belge）（該報對於大陸的自由派很有影響）及其他報的很好的國外通信員。加富爾用不着用錢去買他們的筆，只要予以鼓勵與贊助便行了。

這種競爭，奧國沒有什麽希望；文學上，當然是攻擊容易而辯護難。並且奧國所辯護的，只有專制主義，官僚政治，及宗教上的不容忍而已；還有一層，就是她要辯護，也沒有許多聰明能幹的文人，像在杜林無事可做的亡命客一樣；而且法英兩國也沒有人要聽她的說話。因此，凡是看維克多利亞時代的報紙的人，都知道意大利被蹂躪的情形。加富爾在杜林的刊物，又把泰晤時報與晨報意大利的通信，小心撮要轉載出來，以激動不很熱心的國人，便利他的進行。

新聞記者的工作，引起了各國人民的同情。取得各國政府的同情更容易，英國自由黨的國務員差不多都是有素養廣遊歷的人，他們熟悉羅馬，那不勒斯及威尼斯，自然不喜歡教皇的保守政治，與奧人的官僚軍人統治。並且巧得很，英國一八五二年至一八六三年駐杜林公使哈得孫（Sir James Hudson），對於加富爾的見解，極表同情，極力增進杜林與倫敦兩政府間的關係。法國方面有點困難，因爲法國有一個有力的教士黨，並且法國的軍隊，還駐在羅馬；但是法國皇帝個人總是對少年意大利表同情，雖然他的公開外交政策是於加富爾不利，他的祕密政策（他老是有祕密政策）卻這次站在薩丁尼亞方面。薩丁尼亞駐法公使威拉馬林那侯爵（Marquis Villamarina）給加富爾的報告，關於此點，表示得很清楚。

在報紙上與外交界造成了意大利問題之後，加富爾第二步是具體提出於歐洲政治家之前。克里米亞戰爭給了他的機會。請問薩丁尼亞對於克里米亞戰爭有什麼關係？沒有：除了薩丁尼亞證明她是歐洲一個強國，而每個歐洲強國，爲責任爲名譽，對於東方問題都不能不過問；並且歐洲的文明國家既經能夠這樣表示團結一致，那麼薩丁尼亞自然可以希望人家對於意大利問題也採取同樣大公無私的行動。

法英兩國根據一八五四年三月十二日的同盟條約，須向俄國宣戰。戰爭發生之後，同盟國方面不見得特別順利。到一八五四年秋天，英國軍隊缺乏名額，在英國招募很慢。既然需要援軍，加富爾又向倫敦巴黎表示過或者要參加戰爭，英國政府也很想得到強悍的皮地滿軍的幫助，因爲他們很能忍受克里米亞的氣候。但是加富爾不願意做助手：薩丁尼亞必定要做一個同盟國，與英法平等，能在最後的和平會議裏面做一個完全的會員。最後到了十二月十三日（一八五四年）好消息到了杜林，哈得孫交給加富爾克拉倫頓爵士的文件，請求薩丁尼亞加入法英同盟。加富爾希望提出條件，特別是戰爭終了以後，同盟國能考慮意大利的情形。但是因爲奧國還有加入對俄作戰的可能，法英不肯答應。於是加富爾與其君主伊曼紐無保留的無條件的參戰：而他們連津貼也不願接受，只借了英國兩百萬金鎊。一八五五年一月二十六日，同盟條約簽字，不久便挑選了一萬五千軍隊，以拉馬木拉將軍（General La Marmora）爲司令，在庚洛亞上船開到克里米亞去。薩丁尼亞軍許久沒有接戰，但是八月十六日（一八五五年）在托拉克第爾橋（Traktir Bridge）

一戰竟得到無上的光榮。

一八五六年二月至四月在巴黎舉行和會，結束克里米亞戰爭。薩丁尼亞以完全的會員資格參加，雖然法國外交部長瓦勒斯基伯爵對加富爾很尖刻的說道：『你參加不關於你的事，太聰明了。』薩丁尼亞到會的代表有加富爾自己及威拉馬林那。英國代表為克拉倫頓爵士（外交部長）考來爵士（駐法大使）。克拉倫頓對意大利的計畫極端表示同情。法國代表瓦勒斯基及包昆列（駐維也納公使）對於加富爾的政策，不喜歡。和會的祕書長是貝內得提，是法國外交界人對意大利的解放極力擁護，但這次他的影響不大。只有法國皇帝給予相當的鼓勵，與加富爾屢次談話（當然加富爾說話最多，）不絕他對將來的希望。拿破崙答應一俟條約簽字後再涉及意大利問題。

主要的巴黎條約在三月三十日（一八五六年）簽字，到四月八日，和會會長瓦勒斯基發表了關於歐洲事情的一個談話，其中對於意大利的情形，提到過多次，但毫不關痛癢。該項談話終止之後，克拉倫頓爵士（一個最尊嚴溫和的自由黨貴族）開始演說。出乎各人意料之外，他對於意大利各國政府，除了薩丁尼亞以外，莫不加以長久而且熱烈的攻擊。奧國有部爾及許伯納爾在場，自然不能直接指摘，但是對於教皇政府那不勒斯政府及公爵國政府的意見，赤裸裸的當場宣布，嚇了許多外交家一跳。加富爾平生唯一次的大受激動，散會之後，堅請克拉倫頓爵士與之聯合將來共同對奧戰爭。克拉倫頓爵士復歸鎮靜，又是一個和藹正確的外交家。他沒有締結什麼協定。拿破崙第三也沒有；只有與加富爾最後分手的時候，這個寡言的皇帝才說下面這句話：『我預料眞正的和平，不會很久。』加富爾從巴黎和會回來所得，以報答拉馬木拉的精幹軍隊（仍駐在塞巴斯托堡附近）者，如是而已。但是所得或許是夠了：意大利問題已經轟動地提出在歐洲前面；英國的同情已經切實得到了——這就是說奧國政府已爲英國輿論所鄙棄，十九世紀歐洲任何一國的總理沒有不怕，沒有不避免的。最後加富爾已開始聯絡拿破崙第三共同攻奧。

第十四章 第二次意大利解放戰爭

拿破崙第三總帶着幾分神祕。很少人認爲他實在是一個偉大人物；反之，你說他淺薄，也是錯誤。他是寡言的人，混在大事情裏面，却表現了相當的能力。並且，除此以外，他有想像力，一直到他最後的幾年，他還有必要的勇氣與決心去實行他所夢想的一些事情。『做夢想中要做的事情，是生命裏面的成功。』這種成功拿破崙第三倒有份。他做過夢要做法國的皇帝，並且他做過夢要幫助意大利成爲一個統一的國家；這兩個夢都成了事實。路易拿破崙三十歲時候寫的拿破崙的理想（Idées Napoléoniennes），其中他說過，拿破崙第一有一個目的，並且是已經達到（一直到爲歐洲各反動強國所破壞，）就是再造一個自由獨立的意大利國家。（註一）在二十三歲年輕的時候，路易拿破崙曾在羅馬納（Romagna）一八三一年的叛變裏參加作過戰——在這個戰事裏面，

（註一） Idées Napoléoniennes, Chap. IV.

他唯一存在的長兄竟致一病不起。後來路易拿破崙做了瑞士自由邦聯的公民，在伯恩（Berne）砲隊裏當過軍官。他誠懇的關心各民族的解放，雖然爲了他自己的目的，他在梏桎法國人民的自由。如果他沒有看見對外戰爭能夠轉移法國人民的目光，於他的皇位有利，他當然也不會參加一八五九年的意大利戰爭；最後他混合一點生意經在他的浪漫主義裏面希望得到些具體的報酬，並且其實他已經爲他本國得到尼斯與薩屋夷。拿破崙的緘默，並不能掩蓋他的動機，使加富爾看不見，反之加富爾輪流玩弄每種動機，引他出來參加戰爭。

奧西尼（Felice Orsini）行刺拿破崙是在一八五八年一月十四日。這是第四次，拿破崙差點兒被意大利愛國志士暗殺。過了幾個星期，帝國報（Moniteur de L' Empire）發表了奧西尼在牢裏寫的一封信說：『意大利一天不獨立，歐洲的和平及陛下的安靜都是癡想。』並且他在信的末尾說：『希望陛下不要拒絕一個愛國者臨死的最後希望，救我的國家二千五百萬人民子子孫孫祝你的福。』這封信，在審問的時候，奧西尼的辯護士發浮爾（Jules Favre）完全宣讀了。在他沒有執行死刑以前，奧西尼還爲意大利寫了第二封信給拿破崙皇帝，並且當衆處決的時候，他口中還叫『意大利萬歲！』關於這件事情，拿破崙個人的勇氣是沒有問題的：奧西尼的炸彈還在人家腦海中，他卻乘車或騎馬在巴黎招搖過市，不帶衛隊。暗殺所引起的刺激，及犯罪者臨死的呼籲，都用來喚醒社會贊成干涉的政策（或者已經決定了。）

我們須附帶說及，奧西尼事件除意大利外，各處都爲之震動。因爲該項陰謀是在倫敦醞釀的，故英法之間發生濃厚的惡感。爲應付法帝國的抗議（瓦勒斯基伯爵一八五八年一月二十日的著名文件）起見，拍麥爾斯頓爵士在國會內提出了一個『陰謀暗殺』的法案，但這一着使英國失掉庇護外國愛國志士的地位，引起了反對。拍麥爾斯頓政府因之而倒，德貝爵士(Lord Derby)及狄斯列里因之上台，但爲時不久。法國政府自己約束自己的行爲，並爲緩和英國的感情起見，派了在克里米亞戰爭中有名的皮利西爾將軍（Marshal Pelissier）（馬列可夫公爵（Duc de Malakoff)）到倫敦去繼白新尼（M. de Persigny）爲大使。一場騷擾才算過去，再也聽不見陰謀暗殺的法案。

這時候奧國與皮地滿的感情非常緊張。大家須承認，奧國政府對於加富爾的屢次挑撥，可算是很忍耐。在一八五六年末及一八五七年初，佛蘭西約瑟夫皇帝（Emperor Francis Joseph）旅行他所轄意大利各省，對於老百姓特別和藹，並派了他的親兄弟麥克西米倫大公爵（Archduke Maximilian）爲總督。所有這些都是無異給加富爾苦吃；加富爾便讓皮地滿報紙對於奧人更肆攻擊，以至於兩國政府稍爲交涉之後，部爾伯爵便召回了駐杜林的大使（一八五七年二月），加富爾也撤回了薩丁尼亞駐維也納的大使；於是此後兩年中兩國間斷絕了外交關係。

薩丁尼亞仍然沒有找到一個同盟者，去進行她的偉大事業。英國政府沒有幫助她，雖與皮地滿友好，但她與奧國同樣的要好；她時常勸告部爾伯爵採取和緩的態度，並從事改良，部爾伯爵很用心很客氣的聽受。一八五八年五月康樂博士（Doctor Conneau）來到杜林，加富爾是在巴黎會議時候認識他的。康樂是拿破崙第三一個很老的朋友，在一八四六年曾幫助拿破崙從亨姆（Ham）軍牢中逃出來。他是一個非正式的外交家，拿破崙第三皇帝用他去接洽他的祕密政策。到了杜林，他去拜訪加富爾，說拿破崙第三皇帝要在普隆比爾（Plombières）住一個月，該地離薩丁尼亞邊境很近。普隆比爾是在佛日（Vosges）一個小礦泉的所在，在厄比納爾（Epinal）

南十四英里，並不接近薩丁尼亞。但是第二帝國的外交——不是法國政府的外交，而是拿破崙第三自己的外交——老是用暗示或兩面的方法。加富爾對於暗示非常機警，雖然並沒有請他去的話，他於七月便出發到普隆比爾去。加富爾是一個中年沒有結婚的人，性情和藹，有許多朋友，這次表面上好像是一個短期休假旅行，每年這個極端勤苦的政治家有這麼一次。這一回他到瑞士去，行程很慢，沿途找朋友逗留，欣賞阿爾普斯的空氣與風景，或讀消遣的書自娛。他說過，他是去呼吸山中新鮮空氣，不與政客們接近，他這部分計畫完全實行了，對於瑞士此行，十分覺得痛快。然而他一定還覺得喜歡的是從日內瓦來的一封信；信是拿破崙皇帝的一位副官寫的，裏面說，拿破崙很喜歡看見他。一八五八年七月廿日晚上，加富爾便乘車到了普隆比爾，即往旅館休息。次日，十一點鐘，他依約見了拿破崙皇帝，兩個人一直談到下午三點鐘。根據加富爾所記，拿破崙直接談到他們倆心中的問題，提出對奧宣戰，如果薩丁尼亞能找到外交上的好題目。眞的目的在擴大薩丁尼亞國家，『從阿爾普斯到亞得利亞海，』將全半島組織成爲一個邦聯，以教皇爲名義上的首領。伊曼紐須以薩屋夷及尼斯（拿破崙提出的）給法國，以爲酬報。加富爾對於尼斯，保留再議，其餘都同意了。傍晚，這兩個大陰謀家，駕車到附近的樹林中遊玩，拿破崙皇帝親自駕車，卽要求克羅塞德公主(Princess Clothilde)(伊曼紐之女)與他的親意的表兄弟邦拿帕提親王(Prince Jerome Bonaparte)締結婚姻。這件事情，加富爾自己不能解決但是他回到杜林之後，他勸伊曼紐答應。薩屋夷老王室的家長(伊曼紐)對於邦拿帕提暴發戶的婚姻，並不願意，雖然他不反對與暴發戶帝國締結軍事同盟。不過，兩者他都不能不答應。

普隆比爾事件，不是平常的外交交涉；實在是故意破壞歐洲和平的陰謀。這種消息沒有宣布出來，但是奧國當然知道，尤其是拿破崙在一八五九年新年那一天的朝會裏，對奧國大使許伯納爾說了這麼一句有名的話：『我很抱歉，我們與貴政府的關係，沒有從前好；但是我請你轉告奧皇，說我個人的感情，沒有改變。』無論在那個朝廷內，這種話無異是火藥庫的引子；在第二帝國一般言論不自由之下，更有意義，法皇每句話說出來，在沉悶的空氣中，表示得淸淸楚楚。(註一)同時加富爾繼續在那裏鼓動各方反奧及反敎皇統治的工作。在意人心中，對奧國的深惡痛絕，在福加乍

(註一) 參看 Gorce 的話 II. 381

羅 Fogazaro）的小舊世界（Piccolo mondo antico）表現得極好。一八五九年一月伊曼紐皇帝（他很少管政務）在國會開幕的時候，說『我們的處境，不是沒有危險因爲如果我們尊重維也納條約，在他一方面我們對於意大利各處的呼籲呻吟，也不能不顧到。』這好像是一聲軍號。等到杜林發行一筆巨大公債（五千萬里爾（Lire），至少在那時候並且在平時可算是巨大的，）及巴黎發表一半官式的小册子——拿破崙第三皇帝與意大利（註一）——之後，戰爭好像是不可避免了。阻止衝突的只是奧國不肯先開釁；薩丁尼亞與法國很難攻擊奧國，因爲他們當着歐洲沒有理由可說。先年，加富爾曾私自對阿都拉塞爾爵士（Lord Odo Russell）在杜林說過，他要逼迫奧國開釁，並且他實際上已指定五月十五那一天發生事情。但是能否相信奧國會幹這麼一件令人難信的錯事？

這些時候，英國外交部極力設法避免戰爭。但是如果拿破崙難於引啓戰爭，外交部更難避免戰爭，因爲沒有什麼困難問題可以解釋。考來爵士在巴黎與瓦勒斯基談過許多次話，瓦勒斯基實

（註一） 該小册子宣揚民族主義的理論，特別注重意大利。

在不贊成拿破崙的政策，很講道理。不過對拿破崙，英國大使沒有辦法。沒有那個比曼麥斯柏立爵士（Lord Malmesbury）外交部長（德貝爵士所領袖的政府）更忠誠於和平的維持。一八五九年二月，他提議英國應該出來調停各方，並且他發表了四點意見，作爲解決的基礎：（1）停止外國佔據教堂各國；（2）改良朗巴德威尼斯王國（Lombardo-Venetian Kingdom）的行政；（3）修改奧國政府束縛小國的條約；（4）恢復奧國與皮地滿和好的關係。考來爵士往維也納去找部爾伯爵，部爾願意接受這四點，並且願意寫一個契約，擔保奧國不攻擊薩丁尼亞。在這時候俄國駐巴黎大使啓塞勒夫（M. Kisselef）跑進來，向法國政府提議，召集一歐洲會議來解決意大利問題。這對於奧國的胃口沒有英國的調停辦法來得適合，因爲會議好像是審判，調解是兩造私自解決的辦法，由歐洲來審判，奧國必須喪失很多在意大利的權力。

這其間，薩丁尼亞已經完成了軍事準備，並且在一八五九年三月九日實際上已下了動員令。然而就是薩丁尼亞軍隊入了戰時狀態，杜林政府不能無故向奧國進攻；維也納政府還是保持牠的幾分強硬而又是不可否認的忍耐的態度。英國正式接受召集會議的提議，只要不討論再分配意大利土地的問題，並且所有意大利的國家，一律不得參與（薩丁尼亞也是如此。）這個最後的條件，並不像牠表面上那麽奇怪；如果薩丁尼亞可以加入，所有其餘的意大利國家講公理也應加入；如果所有的意大利國家都到會，除了薩丁尼亞以外，都會幫助奧國。

有一個時候，好像眞要舉行所提議的會議。奧國贊成開會，不過除了須根據英國所提出的條件外，還要薩丁尼亞的軍隊復員。既然開會來解決，便用不着戰爭；用不着戰爭，薩丁尼亞動員也無必要；那麽奧國這種提議並不是沒有理由。四月十八日，瓦勒斯基爲和平作最大的努力；他致電倫敦提議，如果英國同意讓意大利各國加入會議，他可以使薩丁尼亞解除武裝。『如果你答應一個是字，我馬上打電報給杜林。』外交部馬上電復同意，瓦勒斯基當晚卽電致杜林。加富爾很不高與屈服於理性之下；十九日，他致電巴黎與倫敦，表示接受。至於解除武裝的條件，則由會議決定。預備這麽久，計謀這麽難的自由戰爭，到現在什麽都準備好了，而最後好像又打不成功。但是同一天，奧國政府發了瘋，在沒有聽見薩丁尼亞讓步以前，牠便發出了哀敦米敦書。

部爾伯爵忍耐了這許多年，爲什麽他採取這個不幸的步驟，很難說。大概他是執行佛蘭西約瑟夫皇帝的命令。佛蘭西約瑟夫皇帝雖然很少干預政治，但是他居心叵測，並且非常固執。我們所知道的只是英國駐維也納大使羅夫塔斯爵士（Lord Loftus）四月二十日到波爾蒲拿茲（Ballplatz）去見部爾伯爵，傳達薩丁尼亞解除武裝的好消息，並恭賀他這件事情的和平結果，而部爾宰相卻嚴重地告訴他，前一天晚上已經派人送出哀敦米敦書與杜林，要求立卽解除武裝。要在沒有出朗巴德境以前截住送哀敦米敦書的信使，還來得及；但是奧國的統治階級最驕傲，不願意收回：部爾伯爵向法國代辦說道，「如果你認爲我們可以走回頭來你不懂得我們。」

亞富爾在杜林接到奧國的信使刻勒堡男爵（Baron de Kellerberg）及克羅斯伯爵（Count Caschi de Santa Croce）送來解除武裝的要求，一定是滿心歡喜。答應歐洲列強共同的請求解除武裝是一回事；答應奧國以武力壓迫的單獨要求又是一回事。這個時機是他所夢想的，並且是他經營了好多年的：這時機，僅在一點鐘以前，他以爲決不會來到。不過他不變色，不表示態度，辭退那兩個奧國信使，乘哀敦米敦書所給的三天功夫，趕緊把戰事有關的緊要事情辦理。到限期滿了，他接見那兩個奧國信使，宣告拒絕接受。戰端是奧國先開，維也納政府站在歐洲前面是一個挑釁者。法國皇帝再沒什麼良心不安，法國於是急趨以救她被攻的盟國。

第十五章　威拉法郎加

奧國哀敦米敦書被拒絕的消息，奧國信使在杜林接到的那一天，電達了維也納。在歐洲正在進行調解得手之中，奧國忽然挑起戰端，實在是不可原諒，並且除非是軍事上能够大勝利，在政治上是一個大錯誤。的確，如果奧國在地新洛左岸集中的十萬軍隊〔在朱來將軍（General Giulay）指揮之下〕馬上過河，他們幾天以內便可佔據杜林。實際上，他們到四月二十九日（哀敦米敦書期滿後三日）才過河，據說是因爲維也納政府到最後還在聽英國調解的建議，令軍隊稍待。不過一經過河，奧國司令再沒有停留的理由。杜林僅只有四天的路程，薩丁尼亞的軍隊，不過五萬人。可是他一直到五月七日，才與敵人接觸；這時候，法國軍隊已經由蘇沙（Susa）與庚洛亞運到了皮地滿。敏捷地逼伊曼紐在他國都裏面爲城下之盟的機會，永遠失掉了。

接着的戰事，法國與薩丁尼亞的軍隊在馬簡達（Magenta）與梭弗林諾（Solferino）大打勝仗，奧軍於是敗退到孟都亞，味羅那，楞雅哥，及柏斯岐亞拉的四角形砲台。大家都相信法國在那裏等着再度的努力，把奧軍趕出威尼西亞，如趕出了朗巴德一樣。但是駐在瓦列基阿（Valeggio）的拿破崙第三，忽然派了一位將官，到佛蘭西約瑟夫皇帝在味羅那的總司令部，提議休戰（七月六日。）奧皇同意，於是議定停戰到八月十五日。

不過人們還是相信，或是趨於相信，戰爭沒有終了。因為拿破崙在普隆比爾答應加富爾，意大利可以解放到亞得利亞海。這個決議他兩次公開宣言鄭重聲明過：第一次在五月三日，宣告法國與奧國開戰，並聲稱意大利須解放到亞得利亞海；第二次在梭弗林諾之戰以後，法皇進米蘭受解放了愛國者歡呼的時候，他重申意大利愛國志士最深切的希望：他說過，『你們聯合起來，用解放你們的祖國的共同目標，聯合起來；我的軍隊……對於你們合法的希望，不會反對。』因此，伊曼紐與加富爾以為拿破崙會向奧國要求至少割讓威尼西亞與朗巴德，使薩丁尼亞國土擴充到亞得利亞海；奧國大概會拒絕這種條件，戰爭勢必再起。

無論如何，就是停戰的結果進行交涉，薩丁尼亞政府也萬夢想不到，他們會被擯於交涉之外。

雖然兩同盟國之間好像沒有成文的條約，規定須共同媾和；但是最壞的情形，也不過是一個被打敗的同盟國想單獨議和。以戰勝的拿破崙單獨與奧國講和，然後以既成的事實，交與薩丁尼亞政府，那必然是不能相信的事情：尤其是所謂既成的事實，不是當初拿破崙答應他們的，然而事實上是如此。他或者害怕革命運動擴大到意大利半島其餘的地方；他有點怕德意志邦聯的干涉，危及法國的萊茵邊界；他生性易於感觸，看見他的軍隊在戰場上的死傷，及瘟熱病的發生，未免有點動心。因爲這種種關係，他忽然有此決定。

七月十一日（一八五九年），拿破崙偕同他的參謀，從瓦列基阿出發，與佛蘭西約瑟夫約定相會於威拉法郎加村。到了那裏，兩個皇帝都各將他的參謀留在外面，進一個別墅（加地尼摩列里（Guadini Morelli））裏去，談了很久。自佛蘭西約瑟夫看來，談話的辦法，眞是好像上天所賜。他不必在做調人的國家前面辯護（這是普通結束戰爭的方法），也不必做一個戰敗者與他所輕視所憎惡的薩丁尼亞政府辦交涉，他現在只要與他同等的一個皇帝私下定一種辦法。拿破崙的行爲，實際上使他不能不媾和；他的軍隊，佔據了朗巴德（除了拍斯岐亞拉與孟都亞；）佛蘭西約瑟夫自然不能拒絕他這個；但是奧國軍隊還保有威尼西亞，所以拿破崙要求的時候，被拒絕了：既然實際上委身於和平，他對於這種拒絕又有何話可說？拿破崙要求將拍馬公爵國（在亞平寧之北，乃皮地滿自然延長之地）給伊曼紐。佛蘭西約瑟夫大概回答說，他沒有權給。拿破崙又沒有得到答覆。

於是兩人談話之中，拿破崙（他做事喜歡用驚人及不拘成規的方法）便把一場大歐戰結束了，意大利問題作一個解決。不過這個解決，十分的不穩固，不到一年便破壞了。雖然一個簡單的談話，省得許多的繁難工作；但是解決複雜的土地的與政治的問題，需要小心的研究與詳細的預防，沒有什麼捷徑。從威拉法郎加回到瓦列基阿之後，拿破崙皇帝把他與佛蘭西約瑟夫口頭所定的諒解內容，根據他所記憶，告訴他的祕書處。同日下午，拿破崙親王便帶了公文往味羅那，所謂威拉法郎加預備和約便寫了出來，並在那裏簽了字（一八五九年七月十一日）。朗巴德（除了孟都拉與拍斯岐亞拉砲台）割讓與法；摩登拉與塔斯加尼君主（他們已逃亡國外）的權利恢復；威尼西亞仍歸奧國，屬於意大利邦聯之一部（該邦聯以教皇爲首領）；至於拍馬（該女公爵已經逃亡）一句也沒有提到。

拿破崙第三這種不合時，並且完全自己作主的行爲，雖然結束了他與薩丁尼亞的共同作戰但不能掩飾他的罪。如果法國與薩丁尼亞繼續作戰下去，不久威尼斯差不多一定可以攻下，再不需要一八六六年的大戰。就是一八五九年不繼續戰爭，只要拿破崙用平常的方法，與他的同盟國共同行動，向奧國交涉，他或者也可以實踐他的約言，替薩丁尼亞取得威尼斯。但是他的單獨的與私人的交涉，實在使他陷入於聽從他敵人佛蘭西約瑟夫的地位。佛蘭西約瑟夫逃避了戰敗應受的許多結果：他不但保存了威尼西亞，並且因爲保留了朗巴德與孟都亞與拍斯岐亞拉砲台關係，他保存了四角地（Quadrilateral）——這是保衛威尼西亞，抵抗意大利的偉大城堵。怪不得加富爾把條約原文丟在地上，辭職而去。他受了這個莫名其妙的法皇的欺騙，辛辛苦苦的工作，竟至毫無結果。法皇沒有眞正的意志，只有急促的，不可測的幻想。但是如果加富爾的行爲，出於自然，也不能說這是政治家的態度所應該如此。更驚人的是伊曼紐皇帝的行爲：這一個漠不關心的，喜歡玩的君主，原來把國事都交給加富爾，現在卻站出來，好像一個有節制，有眼光的政治家。壓制他一切的憤怒，他感謝法國皇帝已經做了的事情；用尊嚴的感意，表示承認佛蘭西約瑟夫割讓朗巴德與拿破崙。並且，他毫無難色，答應簽字於威拉法郎加預備和約之上，只聲明保留『關於我』的事情：這就是說薩丁尼亞政府對於承認公爵國與羅馬納的舊統治的條款，不負責任。薩丁尼亞皇帝簽字於他沒有參加締結的條約，提出這點保留，並不是不合理。事實上，他因爲同盟者的行動在威拉法郎加所喪失者，要在這保留的區域內取得酬報。

第十六章　公爵領地與羅馬納的聯合

一八五九年四月中，奧國與薩丁尼亞的戰端一開，意大利中部便發生了革命。這些運動是由意大利民族協會小心地預備好了的。這個組織有許多會員，與加富爾雖然沒有正式的關係，卻有密切的合作。其領袖爲拉花林拉(Guiseppe La Farina)西西里人，亡命在外，與加富爾商量的結果，在一八五七年組織了這個協會。這些革命運動，事前有愼密的計畫，所以差不多沒有衝突，便很容易的成了功。各公爵家庭離開了塔斯加尼，摩登拉及拍馬，沒有遇到什麼暴動的表示；老實說，他們並不是不爲人民所歡喜，許多人對於他們的不能不走，表示惋惜。佛羅倫斯，摩登拉，拍馬及波羅加都組織了臨時政府，並且現在都解除了奧國駐軍及教皇統治的壓迫。

臨時政府第二步要決定的是意大利中部各國的未來命運。一八四八年革命時候所產生的舊法律，現在恢復了，並且舉行了普通選擧。這些選擧所產生的憲法會議都通過他們的本國應與薩丁尼亞合併在威拉法郎加預備和約後幾個月裏面，佛羅倫斯及其他意大利中部各國的代表，都來告訴伊曼紐皇帝各國國會投票的結果，請求合併於薩丁尼亞王冠之下。伊曼紐皇帝對這些代表，自然鼓勵有加，但對於他們的獻議，實際上沒有置可否。

的確，他進行不能不很審愼。威拉法郎加預備和約是一個有拘束力的條約；該約規定合法的君主應該回國復位，意大利應該爲一邦聯，以教皇爲領袖。一八五九年夏末，巴黎，維也納及杜林的代表在爵利煦（Zürich）開會，忙於將預備和約改爲具體和約。在這期間，薩丁尼亞政府要拿破崙第三站在旁邊看威拉法郎加條約被人撕毀，未免有點爲難。

不幸的法皇正在進退維谷之中。他答應了意大利應解放至亞得利亞海，又沒有實踐這個約言。他在威拉法郎加同意了，意大利中部各君主應該復位，但是他又答應了薩丁尼亞政府決不用武力去強制復位。那麼，如果意大利中部的人民拒絕（他們實在如此在做）他們的以前的統治者們回來，又怎麼樣？

這時候，在爵利煦的外交家正在進行他們的工作，到了十一月十日（一八五九年）結了三個條約：一是奧與法，一是法與薩丁尼亞，一是奧法及薩丁尼亞。這些條約的結果是朗巴德之割與薩丁尼亞最後決定了；朗巴德與威尼西亞的邊界劃淸了；薩丁尼亞照比例擔負了朗巴德與威尼西亞一部分的公債，並且接受了其他關於奧國在朗巴德的財產與利益的公平辦法。對於中部意大利的君主，及所提議的意大利邦聯，沒有提到。爵利煦條約嚴格限於奧國有主權而薩丁尼亞現在要求解決的事情。中部意大利是在奧國管轄之外，並且奧國所注意的，已在威拉法郎加與法國有相當的協定，這些協定奧國還沒有放棄，而且很有道理。這是奧相瑞煦堡伯爵（Count Rech-berg）（繼部爾伯爵任）給法國政府的公文的內容。不過意大利中部的臨時政府，對於威拉法郎加條約置之不理；就是薩丁尼亞也視若具文，因爲伊曼紐的軍隊在意大利中部各國都裏面現在都有了，並在幫助各臨時政府維持秩序。後來爲尊重拿破崙第三屢次的勸告——差不多等於請求——起見，伊曼紐皇帝才答應撤退他的軍隊。但是到了這時候，各臨時政府的軍隊已有了三萬以上可靠（都是自願保護他們新得到的自由而報名當兵者），伊曼紐儘可放心。有一個薩丁尼亞將軍，伊曼紐讓他辭職（答應他可以回任）去做意大利中部（名爲聯盟）聯軍總司令。有許多別的薩丁尼亞軍官，如果去投効聯盟，也得到同樣的便利。

中部意大利的事情，顯然急待解決。如果威拉法郞加條約不能實行發生效力，那麼召集公會是一個公認解決困難的方法。公會的提議，各國政府都討論過，沒有什麼反對；唯一的困難就是怕公會沒有事情做：中部意大利的事情在各臨時政府努力處置之下——特別是在雷卡叔里侯爵(Marquis Ricasoli)（塔斯加里的獨裁者）之下——及不干涉政策的幫助，快要自己解決了。這個政策，自肯寧時代以來，已成爲英國政治家治事的格言；特別在現在這種政策以外，增加了熱烈的同情，只要外面不去干涉，便能成功。德貝爵士的保守內閣，不贊成廢止關於中部意大利的維也納條約，在一八五九年六月十日倒了，自由黨內閣以拍麥爾斯頓爵士爲總理，拉塞爾爵士爲外交部長繼任。兩個都是意大利的忠實的朋友，兩個都是贊助國外一切自由運動的人。拉塞爾爵士的演說，給了這時候剛起大聲表示同情於意大利的輿論的指導。泰晤時報與晨報每星期有許多文字關於中部意大利的事情，都是同情於愛國志士，他們的國外通信，歐洲報紙時常引用，甚至帝國報也可發現。初看起來，好像國際問題都是只有武力支配，但是並不如此。輿論——不管神祕的動機在什麼地方——有很大的影響沒有那個政府能够置之不理，不管牠的武力怎樣雄厚。在一八五九年的秋天，英國以忠直熱烈的言論有效的贊助了意大利，猶之夏天法國以戰場上光榮的與很大的犧牲贊助了意大利一樣。還有一層，英國政府與社會的道德援助，不僅堅定了意大利人的意志，給了他們保證成功的信心；並且有很切實的結果，就是使外面的干涉不可能。奧國儘可要求恢復在羅馬納的教皇政府及別地方的公爵政府，並且儘可根據威拉法郎加條約。但是英國政府堅決的主張不干涉政策；如是意大利的運動，才能自由進行。

不過拿破崙第三還不能不顧到。他仍然不贊成中部意大利的合併，尤其是塔斯加尼與羅馬納；沒有法國的同意，伊曼紐當着奧國的反對，及普俄的冷淡不准，不能破壞維也納條約。單是英國的道德幫助不够。一八五九年的全個秋天，及一八六〇年的全個春天，法國皇帝被半官式的意大利代表所包圍，沒有人比這個魯鈍的政治家能够更討厭意大利這個名字，他在加富爾所織的網子裏面掙扎（加富爾就是退隱田園，也還在織佈網羅包圍拿破崙第三）。一八六〇年一月二十日，加富爾仍原被召爲杜林的國務總理，繼他朋友拉馬木拉將軍（他實在不過繼續以前的政策）

的任，網子更加密了。先月（一八五九年十二月二十二日）巴黎出了一本小册子名教皇與公會。與拿破崙與意大利一樣，這本小册子沒有作者的姓名，但是大家相信是階朗尼亞（M. Arthur dela Gueronnière），根據拿破崙皇帝的筆記編成的。牠的目的表面上極爲教皇擔心，而實在是證明如果教堂國家能限於羅馬及其附近，教權政權兩者都可以得到更多的保障。因此大家知道拿破崙皇帝再不堅持威拉法郎加條約，如果掃除羅馬納的教皇統治，他也不會干涉。如果這事可以容許，那麼公爵政府的運動，也可以說是沒有希望的了。一八六〇年一月四日，瓦勒斯基（他是極力擁護維也納條約的人，習於小心謹愼的舊式外交習慣）被免職，由涉文納爾（M. de Thouvenel）繼任，對於意大利的運動有利。這樣佈置以後，加富爾才能以敏捷的手段結束意大利中部的事情。後來在法國皇宮裏面極有勢力的尼格拉（Cavaliere Nigra），現在漸露頭角了。他於一八四八年曾自動加入亞爾培提的軍隊作過戰，後來進了外交界服務，得加富爾的信任，跟加富爾到過巴黎會議。沒有人知道加富爾的目的與方法有他這樣確切；拿破崙現在既然拒絕加富爾的來訪，年紀只有三十二歲的尼格拉，因爲與拿破崙沒有惡感，便被派去接洽。而且他一定可以做到加富爾自己出馬所能做到的事情。同他一塊去的，還有米蘭貴族亞熱斯侯爵（Marquis d' Arese）。亞熱斯侯爵是路易拿破崙年輕時的朋友，因爲他不是一個政客，並且沒有什麽野心，所以拿破崙相信他。

尼格拉的使命完全成功。拿破崙從來沒有忘記過，加富爾與他在普隆比爾如何一塊商妥，法國幫助解放北部意大利，應該得到薩屋夷，甚至於尼斯，以爲酬報；但是他既然沒有實行完全解放北部意大利，他也沒有要求他的酬報，不過他現在回到這個意思。如果他能得到這些地方，對於法國當然很好，並且可以恢復拿破崙的聲望。在加富爾方面，他很願意使拿破崙滿意，因爲如果法國對於意大利問題願意分贓，她對於中部意大利的合併，便不能從中作梗。不過，尼格拉進行並不完全順利，有許多困難要解決，尤其是要小心尊重民族主義，因爲在拿破崙的理想中很佔重要。最後卻都商妥了。凡是有問題的地方（尼斯，薩屋夷，羅馬納，塔斯加尼及其他）都以普選制度投票表決。在中部意大利，投票於一八六〇年三月舉行了，實際上完全一致贊成合併於薩丁尼亞。同月二十四日，貝內德提（法國政治部長，特派往杜林者）要加富爾簽了轉讓薩屋夷與尼斯給法國的條約。四月舉行的投票又表示差不多全體一致，贊成轉讓。只有英國與瑞士抗議，但無效力。事實上並不是沒有理由，因爲薩丁尼亞既然很快的變成了意大利王國，牠的疆域應該限於阿爾普斯的意大利方面。

第十七章　意大利王國

一八六〇年歐洲很駭異，不但看見羅馬尼，塔斯加尼，摩登拉，拍馬加入了薩丁尼亞，並且忽然雙西西里王國，以及教堂國家大半的地方，都跟了過去。加富爾一生最後幾個月裏面，在意大利南方所成就的奇蹟，不下於他多年苦心孤詣在北方所經營。關於合併的經過情形，應該屬於外交史，但是外交家對於該事件的始末，很少關係。意大利對於歐洲的國際公法，差不多完全置之不理；並且甚至於她的掠奪行爲，也不用外交手段來掩飾。

無論如何，加富爾對於意大利民族協會正在準備推翻南意大利現狀的計畫，是暗中預謀的，那是沒有疑問。推動雙西西里王國革命的第一個人是馬志尼，他是主張共和的，他對於薩丁尼亞王國沒有什麼好感。但是實際去擔任革命的克雷斯皮（Francisco Crispi）（西西里的亡命者），不久便覺到非有皮地滿的援助不可。因此他與加里波的協商，加里波的才能利用庚洛亞做根據地，一帆風順的進行。

一八六〇年四月，反抗法郎西斯第二皇帝(King Francis II)的革命在巴列摩(Palermo)爆發了，加里波的只待準備就緒及關於島上的具體消息的來到（很難探得）到了一八六〇年五月五日的晚上，他便帶了一千零八十五個武裝同志，乘了朗巴都（Lombardo）與皮滿提(Piemonte)兩輪船由庚洛亞出發了。出發的人員，都是出於志願；他們所帶的來福鎗，是由民族協會從米蘭送來的；至於輪船，乃是從盧巴丁洛公司(Rubattino Company)所雇來的。在準備出發的幾星期內，薩丁尼亞當局很奇怪的始終不聞不問；到了五月五日晚上，盧巴丁洛公司藉口該兩輪船被人襲擊（假的），說是出於必要，將朗巴都與皮滿提開入海灣向西西里出發，薩丁尼亞當局也同樣的不聞不問。辟生諾海軍司令（Admiral Persano）所領着的薩丁尼亞艦隊正在西岸游弋，如果要截留，當然是很容易的。辟生諾致電加富爾請示：如果要海軍截留，加富爾須電覆Cagliari；如果放走電復 Malte。加富爾電覆 Cagliar，以便他可以對人說他沒有絲毫錯誤。但是辟生諾知道加富爾的意思是 Malte，於是放加里波的的船過去了。若不是預先弄好，要他給加富爾一個正式命令截留的機會，他又何必要拍電請示。

五月十一日朗巴都與皮滿提於西西里之馬沙拉（Marsala）附近出現了。兩隻那不勒斯的軍艦開始抵抗加里波的的軍隊上岸，但是在場的英國艦隊司令請求讓他的部下全體上船以後，再開火，因此便沒有衝突起來。英國司令這個半外交式的干涉，結果是給了加里波的的時候，把他的軍隊弄了上岸。區區一千人的軍力，與兩萬那不勒斯常備軍隊作戰，而結果因爲加里波的的勇敢，竟佔優勝。他一到，革命便推動了。他的手段，他的熱誠，他的浪漫的人格的號召力，使他到處成功。到了五月三十日，那不勒斯大將蘭開（Lanza）竟以京都巴列摩投降。英國海軍司令孟德（Mundy）出而調停交戰的兩方，於是在英艦漢尼巴爾（Hannibal）談判。

加富爾正在等候勝利的消息，他在玩的把戲，比以前大膽承認代辦者（如果代辦者失敗，他便會不承認他們，犧牲他們）的辦法，還來得陰險。他還不想承認加里波的，因爲若是一承認，無異承認薩丁尼亞政府對於劫掠的遠征行爲是預聞的，最多也不過合併雙西西里而已。他還在打大主意——還想合併教堂國家。他的計畫是干涉雙西西里王國，目的好像只在維持秩序及防止革命的擴大根據這種理由（西西里事件所引起的風潮必然要擴大）他可以進到教堂國家——；不是進到羅馬，因爲拿破崙的軍隊還在那裏駐守，而是進到安布利亞及馬徹斯。

這個計畫看來很好，但是所期待的結果差不多摧得太好了，無疑地，只要得到一部分，加富爾便認爲已屬僥倖。至於完全的成功，他只有感謝運氣，感謝他的巧妙手段與耐心（因爲他有耐心，他從來不走錯一步，）感謝英國的態度。

法國的輿論，對於南意大利安定的情形被人劇烈的襲擊，教皇的權力被人劇烈的進攻（因爲加里波的的努力，顯然不會限於那不勒斯的邊界）深爲憤慨。拿破崙因爲一面愛護意大利，一面尊崇天主教堂，一面又怕了天主教黨，總是搖擺不定；這次他提議以英法艦隊封鎖麥新拉海峽（Strait of Messina）免得加里波的的活動逸出西西里之外。不過拉塞爾爵士以違背不干涉的原則，予以拒絕，到了八月初，加里波的及其擴充了的軍隊，於是過了麥新拉海峽。

加富爾仍然沒有承認加里波的的表示。這時候，法郎西第二皇帝的代表在杜林懇求薩丁尼亞與那不勒斯聯盟；加富爾要拒絕爲這種誠心的表示，或者有點困難。不過該項代表等了又等，經過多月的結果，聯盟還是沒有成立。在這期間，薩丁尼亞駐那不勒斯公使威拉馬林那侯爵正在活動聯絡那不勒斯的大臣與官吏；辟生諾海軍司令也帶了他的艦隊來到那不勒斯海灣，運動那不勒斯海軍軍官的援助，同樣的很有成功。大膽的辟生諾不僅利用他的安全的旗艦來扶助薩丁尼亞陰謀的進行，有一次他竟化裝混入王家的兵船廠，破壞了幾條軍艦的機器，以致法朗西第二皇帝要逃走的時候，也只有乘西班牙輪船。

不過這件事沒有發生以前，加富爾已經開始聲明，爲公共秩序及保護意大利自由派起見，他不但須干涉那不勒斯，並且須干涉教堂國家。他斷言在教堂國家羣情已趨憤激。拿破崙第三正在薩屋夷旅行，加富爾派了發林尼（Farini）與西亞爾丁尼將軍（General Cialdini）去見他。第二帝國有一大弱點，就是拿破崙第三皇帝老是與他的國務員不接頭，自己祕密進行非常嚴重的外交問題。這次結果的重要，與普隆比爾的祕密會議差不多。八月二十六日，發林尼與西亞爾丁尼在張伯利與拿破崙相會，根據西亞爾丁尼的記載，他們問拿破崙如果佔領安布利亞與馬徹斯法國將取何態度，拿破崙皇帝回答說：『趕快去做。』加富爾所等待者便全在此。

九月六日，法郎西第二看見身旁文武人員相繼離叛，於是離開了京都，乘船到格達（Gaeta）砲台。沒有人攔住他的去路。加里波的馬上留下他的軍隊在後面，差不多是單人從薩列諾（Salerno）乘火車趕到京城去。加里波的等佔領那不勒斯的時候，安布利亞與馬徹斯的革命也在計畫之中，到了九月八日便發作了。加富爾馬上給丕亞斯第九一個哀敦米敦書，說伊曼紐皇帝對於教皇傭兵壓迫民族情緒的一切表現的兇暴手段，不能坐視；因此，他請教皇政府將其外籍兵士解除武裝。一得到拒絕的回答，便下令西亞爾丁尼及范第（Fanti）率軍越過邊界前進。

教堂國家，除了羅馬有法帝國軍隊駐守外，共有四萬軍隊保護。這四萬軍隊，乃集志願兵而成，包括許多國籍；其總司令為一法國退伍軍官，後來投效丕亞斯第九，名拉摩利西愛（Lamoricière）者。這些軍隊分散在各處駐防，只有一小部分流動軍隊，約一萬四千人，專為抵抗外來的侵略。正要進到安科拉的教皇砲台的時候，拉摩利西愛於九月十八日在加斯特爾非達多（Castelfidardo）與西亞爾丁尼的軍隊發生接觸，結果大敗。他率領殘軍在安科拉閉門堅守，守到二十八日。

安布利亞與馬徹斯既為薩丁尼亞軍隊所陷落，剩下來的只有格達的問題。法郎西（最後一個那不勒斯的包本）仍在堅守格達，其所表現出來的精神，較之其前人，實在不僅是無愧而已。薩丁尼亞軍隊在陸地方面圍攻格達，但是在海上因爲拿破崙第三命令其地中海艦隊，維持格達的開放，薩丁尼亞軍隊不能加以封鎖。這樣的情形拖了好幾個月，陸上不斷的轟擊，而海上不斷的有供給，甚至於有自動的援兵。最後，因爲英國外交部勸法國放棄這種幫助，以免延長該處的糜爛，拿破崙才於一八六一年一月十九日撤退了他的艦隊。法郎西第二差不多還支持了一個月，最後才於二月十三日投降。

到了這時候，雙西西利及安布利亞與馬徹斯的合併是不成問題了。一八六〇年十月二十七日，拉塞爾爵士給了駐杜林公使哈德孫一個公文，該公文後來在意大利統一運動的歷史裏面很有名。該公文宣稱，意大利人有推翻壞政府，及聯合起來成爲一個大國的權利。加富爾所要的，再沒有東西比英國政府這種道德裁判好，因爲英國政府的意見，爲全歐洲所尊敬。佔領區域內的人民投票，結果已通過贊成與薩丁尼亞合併。十一月七日，伊曼紐皇帝到了那不勒斯。但是薩丁尼亞政府與加里波的還沒有公開正式的關係，加里波的在國際法上，還不過是一個冒險家，掠奪了一個友好的獨立的國家而已。但是這個偉大的俠客不惜犧牲自己，拒絕所有的酬報，悄然退隱邦尼弗西阿海峽(Strait of Bonifacio)之加普列拉(Caprera)。於是伊曼紐乃能進行無阻，下令合併雙西西利，安布利亞，及馬徹斯，以完成其維持秩序阻止革命的使命。一八六一年三月，伊曼紐改稱號爲意大利皇帝。在杜林操縱各種複雜勢力，使意大利由許多小國居然變成一強國的偉人加富爾，不能身見其工作的發揚光大。他還在計畫合併羅馬，以竟全功（他說要兩年工夫）的時候，死神竟於一八六一年六月六日降臨了。他享年五十一歲。他的工作，當時雖沒有俾斯麥的威赫，但是比較健全耐久，並且成功所付的流血代價很小。他的方法是用外交手段：只有到了萬不得已的時候，才用戰爭去求全體意大利人心中所希望的統一。因此他努力所造成的新意大利是自由光明的國家；建立的時候，不需要赤裸裸的鐵與血，繼承也不需要赤裸裸的鐵與血。(註一)

(註一) 關於到一八六〇年的意大利統一的故事，崔威爾揚(G. M. Trevelyan)有書三冊詳述，差不多已成爲經典。

第十八章　威尼斯

意大利王國一經成立，皮地滿，朗巴德，塔斯加尼，安布利亞；那不勒斯及西西利一經聯合，顯然威尼斯甚至於羅馬不久必然要傾向於這個大意大利國家。羅馬問題，因為法軍佔領的關係，及天主教徒維護教皇制度的緣故，所以複雜。但是威尼西亞的問題沒有這種複雜關係；威尼西亞是奥國之一邊省，並且原來非其所有；要找出一個辦法，一面能使意大利人滿意，而他一面又不傷哈布斯堡的尊嚴，並不是人類智力所做不到的事情。無論那個人，都可以看得出來，奥國在威尼西亞的時日有限了；現在只是一個如何可以和平解决的問題。

這是法英意三國政治家的意見，這三國的外交關係非常好；由尼格拉（M. Nigra）（意大利駐巴黎大使），貝內得提（有一個時候是法國駐杜林大使）及瓦勒特(M. de La Valette)（法國駐教皇政府的公使，對意大利表同情）三人去妥善辦理，意大利與拿破崙關於羅馬問題的解決，似乎可以做到的。但是加里波的不喜歡外交這種迂緩的辦法。他主張硬打，他時常恐嚇要進攻威尼西亞或羅馬。到一八六二年，他果然帶了一支小軍隊，經過南意大利，侵入聖彼得堂之產業（Patrimony of St. Peter）；意大利政府急於想洗刷同謀的嫌疑（因爲如果再演一八六〇年的把戲要壞事，）於是派了一個軍隊，並於一八六二年八月二十九日在亞斯普羅滿地(Aspromonte)與加里波的軍發生衝突。雙方開了火，但沒有大戰，不過加里波的的足受了傷。他及其徒衆投降了，被送到庚洛亞審判；但在沒有開審之前，伊曼紐皇帝便把他們特赦了。

亞斯普羅滿地事件激動了全國的公憤，尤其是有個時候，爲全意大利統一而戰的加里波的，其子彈傷處發腫，有性命之虞。伊曼紐政府對於羅馬與威尼斯，覺得很有採取行動的必要；威尼斯問題既然比較容易，他們便先從牠下手。

英國政府主張購買的辦法。奧國將威尼西亞讓出（現在於她無用，只能引起無窮的糾紛，）由意大利王國予以賠款。但是奧國政府拒絕這樣以牠的土地完整去做交易。

第二個計畫出於拿破崙第三的腦筋，自然比較複雜。這個計畫便是把沿多瑙河的（瓦拉齊亞與摩爾達維亞)君侯領地(該地對君王科開(Couza)不滿，並且至一八六六年把他推翻了)給奧國以爲酬報。不過這個辦法，始終只是拿破崙與尼格拉二人在推勒里宮與聖克開德(St. Cloud)談談而已。

一八六五年，德意志的風雲愈緊急，意大利的空氣愈清朗。先年，奧普兩國爲不義的結合，共同對付丹麥，搶了什列斯韋與好斯敦兩公爵領地。一八六五年，因爲共有只能增加他們彼此的嫉妒，便訂了加斯坦條約(Convention of Gastein)把贓物瓜分；但是他們並不以此爲止，還要進一步爭德意志的領袖。俾斯麥認定普魯士勢必與奧國開戰，而奧國又公認還是一個軍事強國。爲必勝起見，他很想聯絡意大利王國(有忠勇奮發的大軍)攻打威尼西亞，同時普魯士軍隊由北進攻奧帝國。一八五六年初，普魯士駐佛羅倫斯公使(一八六四年意大利國都搬來此地)優士頓伯爵(Count Usedom)，向拉馬木拉將軍提到聯盟的事情。那時候，拉馬木拉繼拉達子(Ratazzi)做了國務總理。他是一個好戰士，並且是一個明達的政治家。他知道與普魯士聯盟的利益，但信不過普魯士政府。次年三月，他派了哥望將軍(General Govone)往柏林『去研究砲台的系統計畫。」哥望或者不是最好的人選。他很狡滑，太狡滑。想以外交的巧辯，欺騙俾斯麥；俾斯麥（他知道）也想欺騙意大利人。因此，交涉的開始及進行，彼此不免互相猜疑，進展很慢，最後的結果是一很冷淡的聯盟。因爲彼此都怕了對方利用聯盟去威嚇維也納，不戰使奧政府讓步。眞是很難了解，爲什麽奧人早看見普意聯合的危險，而不隨時割讓威尼西亞，使意大利隔離。但是可憐的維也納統治階級老是自取覆滅，不是由於完全的盲目，乃是由於十分的固執。因此，一八六六年四月八日，普魯士與意大利結了聯盟以三個月爲期，目的在爲意大利取得威尼斯，普魯士取得北德意志的領袖地位。進攻奧國的時期，由普魯士選擇。這個外交文件，兩造都不能引以爲榮，因爲牠的目的純粹是侵略，牠的精神是互相猜疑，於是而有三個月的限制。但是兩造暫時都樂意；俾斯麥知道他一定能夠打敗奧國，因爲奧國兩面受敵；同時拉馬木拉可以安心，普奧之戰，決不能免。到了最後的一刻，拿破崙（五月二十六日）提議歐洲會議，和平似乎又抬起頭來了，因爲不但英俄實際上贊成了該項提議，普魯士與意大利也是同意。但是奧國只能有條件的贊成；條件是會議結果不能變更土地。於是哈布斯堡異常的虛榮心，又把他們逼上決定命運的戰爭路上去。

戰爭不久便爆發了。六月十七日，普魯士佔領了漢諾威爾；差不多同時，拉馬木拉開始侵入威尼西亞。六月二十三日，他過了明西阿，次日在加斯托開村附近被大公爵亞爾培(Archduke Albert)所敗。他方面，普魯士軍隊所向無敵，七月三日（一八六六年）擊破奧軍於摩拉威亞(Moravia)之薩多瓦(Sadowa)。到維也納之路擺在俾斯麥前面，只有福祿利時多夫(Florisdorf)之線須犧牲兩千兵的性命去衝破。

到了這個時候（太晚了），奧國又故態復萌，決定讓步。在宿恩布蘭(Schoenbrunn)召集了一個會議，決定割讓威尼西亞與法國（由法國再移轉給意大利政府，）請拿破崙皇帝出來調停。次日拿破崙在聖克鬧德召集會議；這個會議在他全個統治期內是最關重要的會議。討論的問題是法國應該以武力去援助奧國，抑是只限於和平的調解。和平的議論佔優勝，於是派了貝內得提（現為駐柏林大使）到普魯士總司令部去。這些只能使俾斯麥趕快直接把奧國收拾，因為他知道外來的干涉於他不利。七月二十二日，他與奧國訂了休戰條約，二十六日簽了尼哥斯堡預備和約(Preliminary Treaty of Nikolsburg)，得到他所要的東西。

同時候，拿破崙接受了威尼西亞授與之權，告訴了意大利人，說他會移轉給他們。然後發生世界史上一個最特別的情形。意大利人參戰，爲的是要取得威尼西亞，這個事實載在與普魯士聯盟的條約上。但是現在人家以威尼西亞相贈，他們又拒不接收。原因是意大利軍在加斯多閒爲奧軍所敗，在普奧休戰條約以前兩天，意大利海軍在里薩（Lissa）爲奧軍所敗。戰敗以後，拉馬木拉說，從法國手裏接受威尼西亞，簡直是破壞意大利政府在意大利的權威。於是仍下令命軍隊前進，往威尼西亞；不過以後的戰事，簡直是一幕滑稽戲，因爲奧軍乾乾脆脆的退至四角形去，不願抵抗；到了七月三十日意大利政府才覺得有停止戰爭之必要。

戰爭的結果雖然各得到了所要得到的東西，但是意大利人覺得大失所望。因爲該戰是共同的努力，意大利與普魯士都有分，北方戰場的勝利，應該於聯盟的兩方都有好處。意大利單獨的失敗不能改變這個事實：就是戰既是大家有份的戰，最後的勝也是大家有份的勝。奧國既然大敗，她不能拒絕『意大利』戴羅爾（Tyrol）與威尼西亞的割讓。在俾斯麥方面，他可以說，聯盟國根據四月八日的條約，已經同意，除非達到約上所載的目的，不單獨媾和。現在意大利已得到了威尼西亞——所載的目的——論法律論道理，她不能反對普魯士媾和。就是拿破崙在他最寬大的時候，也沒有答應意大利威尼西亞以外的地方，一八六三年亞列斯侯爵（Marquis d' Arese）到推勒里宮見拿破崙，說「意大利戴羅爾如何，」拿破崙回答說：「唉，我不能答應。」因此意大利只能以此自滿——威尼西亞，與從前威尼西亞的陸地邊界，很於意大利國家軍事上不利。一八六六年十月三日的維也納條約，便爲意大利取得了威尼西亞。

第十九章　孟登拉

一八六六年呑併威尼西亞以後，意大利半島還沒有隸伊曼紐王國者，只有教皇已經縮小的領土，包括威特波(Viterbo)，西威達威齊亞(Civita Vecchia)，威列得里(Velletri)，及福祿西滿(Frosimone)各地，以羅馬爲中心。意大利王國的人民，自然注意此僅存的教堂國家，有許多人時常稱之爲『四面被包圍的教皇領土 Pontifical Enclave』。全歐洲都知道意大利要去呑併，但是許多有勢力的天主教徒，還希望成立暫時的諒解，維持教皇的獨立。這是老政治家亞子格利阿(Massimo d' Azeglio)(最誠實最有良心的一個人)的主張；他在臨死的幾個月，力勸意大利國會讓羅馬成爲教皇宗主權底下一個自主城。『我很難看出，教皇臥榻之旁天主教會讓意大利皇帝鼾睡。』但是一八六四年九月十五日的條約，好像採取了這樣的辦法。

這個有名的文件是由呂伊斯德魯盎代表拿破崙皇帝，尼格拉代表意大利皇帝簽訂的。其中包括三點：（一）意大利同意不進攻教皇國家現有土地，並且阻止外來的侵略；（二）法國同意於兩年內撤退駐羅馬的軍隊；（三）意大利政府同意定國都於佛羅倫斯。

根據這個辦法，拿破崙第三可以脫離羅馬駐軍的負累。意大利政府斷絕征服或合併（如加里波的襲擊後的合併）教皇國家的希望；並且爲表示放棄羅馬爲國都的誠意起見，決定以宏麗的佛羅倫斯城爲意大利國家的首都。因此如果兩方都能踐約，法國撤退駐軍，意大利政府阻止襲擊（如千人的遠征隊），那麼教皇似乎勉強可以高枕而臥了。其他唯一可以顚覆教皇國家的危險，是內部的革命，但這個大概不會有的。在羅馬城及其所轄地方，在一八七〇年以前，生活是很安樂的，環境不宜於政治的煽動與進步。

拿破崙第三卽行開始履行一八六四年九月十五日條約他的方面的義務。法國軍隊陸續撤退，到了一八六六年十二月，完全撤盡了。同時，爲使教皇有相當強大的軍力，法帝國於一八六六年一月三十日有一命令，准許法國兵士及軍官加入教皇軍隊。這支軍隊，法國有許多少年熱心的天主教徒參加，在坎尼斯（Cannes）附近之安泰布斯（Antibes）集合，故也名爲安泰布斯軍。法帝國在羅馬的軍隊一撤退，安泰布斯軍卽去代理。

這是九月十五日的條約的第一個打擊。意大利人說：法國沒有誠意從羅馬撤退。在他方面，法國政府很難阻止牠的臣民加入教皇軍隊；可是牠不應該正式的多方的鼓勵招募。牠應該袖手旁觀。帝國政府的行爲是不智的，但是牠並沒有破壞九月十五日的條約。

不過後來不久發生的事情，結果完全破壞了該約；關於這點，意大利國務總理拉達子——爲人很柔順，繼雷加棱里(Ricasoli)（塔斯加尼的貴族性情剛強）之任，不能說沒有錯誤。一八六七年二月，大家知道，加里波的離開了加普列拉(Caprera)，到了威尼斯。戰爭的熱情，立卽傳遍了意大利。這個偉大的革命戰士，不久到了意大利與教皇國家的邊境，顯然的等候教皇境內革命的呼喚。不過，九月他離開了該地，到日內瓦參與和平會議；後來又回到佛羅倫斯，大受民衆的歡迎；從該處，他乘車向羅馬出發。拉達子政府對於加里波的的行動，未免太過於客氣，但是最後因爲法國政府的抗議，乃決定採取嚴厲方法對付。九月二十三日，拉達子政府在亞新拉隆加(Asinalunga)把加里波的截留了，運往亞歷山德利亞(Alessandria)，但是不久又釋放了，讓他退隱加普列拉。

領袖雖然走了，但是領袖的精神遺留在後面。他的工作，仍在繼續；革命黨正在完成他們的準備工作；九月二十八日——加里波的在亞新拉隆加被捕後五日——有一隊加里波的黨徒，侵入了教皇所轄威特波地方。這個曲曲彎彎的長邊界，不久便有好幾處被其他隊越過，意大利在邊界的警兵好像無法（也很不願意）阻止。政府用巡洋艦防守加普列拉，但是加里波的竟避開了封鎖，平安的到了大陸。十月二十二日，他到了佛羅倫斯，羣衆歡呼；由佛羅倫斯，羣衆送往火車站，他搭了特別快車往特爾尼（Terni）。拉達子似乎不能應付這個複雜的局面，辭職下臺，由西亞爾丁尼將軍繼任。這時候，加里波的已越過邊界，到了教皇領地。

從這時候拿破崙第三主意的反覆看起來，便知道他在非常煩惱之中。他希望拋棄保護羅馬的地位，脫離得乾乾淨淨，免得爲意大利政府的外交所糾纏。但是他沒有這個決心，到最後，意大利的事情把他的手束縛了，妨礙他一切的行動。他不能完全不管意大利的事情，置教皇於不顧：他在歐洲的信用，好像有賴於一八四九年以來這種保護的維持，並且有力的法國天主教黨——帝國內最保守的元素——決不讓他放手。

拿破崙看見意大利政府並不阻止對教皇領土的攻擊，不履行九月十五日的條約，於是設法恢復其對於教皇的武力保護。安泰布斯軍現在變成教皇軍之一部，但是還嫌不夠。因此，法國軍隊有一師團在里昂集中，以費里將軍(General Failly)爲領袖，拿破崙再三遲疑反覆之後，終於一八六七年十月二十六日，讓遠征隊出發。如果要救羅馬，實在刻不容緩。當軍艦把費里的一師團兵於十月二十八日運到了西威達威齊亞，加里波的已經進至泰伯爾河(Tiber)流域，離羅馬只有五英里。如果他馬上前進，他可以取得羅馬，因爲教皇方面的康子列爾將軍(General Kanzler)已經決定只防守威第坎教皇宮(Vatican)，及泰伯爾河右岸的教皇城市。但是加里波的遲了一下，到十月三十日費里的先鋒隊已進了羅馬。其餘的法國軍隊跟着開到；十一月三日，法國與教皇聯軍於是進攻加里波的軍於孟登拉(Mentana)(在薩平地方；羅馬東北十二英里。)這不像加斯特非達都之流血小戰，也不像亞斯普諾滿提之小小接觸；乃是正式的戰爭，兩方面都表示了勇敢與決心。結果加里波的軍大敗，死亡有一千人，大都爲法國新式來福鎗(名乞斯撲(Chassepot))所射傷。

革命黨的進攻撲滅了，丕亞斯第九的統治鞏固了。十一月六日孟登拉的勝利者重入羅馬的時候，誠如法國代辦公使所寫，是『教權最後的陽光反射。』（註一）教堂國家行將就木的生命延長了三年以外還有三種結果：法軍回到了羅馬；其次，把已經成爲廢除的九月十五的條約掃除了；第三，意大利政府與法帝國的聯合關係完全破裂。費里將軍在他的戰事報告裏說，『乞斯撲奏了奇功；』這句話雖然外交部長毛斯地爾(M. de Moustier)反對，終在帝國警報上發表了。既然這種好鎗法打死的是意大利人，伊曼紐政府自然覺得這句話很不好。主持發表的好像是尼爾將軍(General Niel)，是不是警告意大利或普魯士，不知道。無論如何，三年後，意大利政府不願爲法國犧牲牠的人民與金錢。

使拿破崙皇帝不能不佔領羅馬者無微不至。十一月三日，盧侯爾(M. Rouher)站在帝國政府的立場，在議會發表了一篇引人注意的演說。反政府派第爾斯既然表示同情於教皇，盧侯爾的答覆當然蓋過他；他的長演說，愈到後來愈激烈，末了竟宣稱：『意大利決不能取羅馬；法國爲自己

（註一）Gorce, v, 307

榮譽及其天主教計，決不能贊助這種暴行。』盧侯爾的『決不』在議會暫時得到政治的勝利，但是破壞了政府爲法國謀安全的努力。

第二十章　教皇政權的末日

教皇在宗教事務方面大發揮其權威，得到成功；但是同時教皇的政權日趨消滅。最後的幾年中，丕亞斯第九日趨於保守。有一個時候，他很趨向自由主義與進步主義，但是現在再不想到這些了。他知道時代的趨勢與他不對；並且因爲他自己覺得，所以他的仁慈的心，很難過。他實在希望與一切的人和藹相處。但是他決不承認有錯，並且他絲毫沒有意思要讓出一點俗務的或精神的威權。許多人希望這個老人家死，讓比較能夠適應的教皇出來，以便與意大利國家作相當的妥協。但是時間對於這老人家倒很仁慈；他的身體，卽不是強壯，好像愈老愈平安。他接見過的許多人，都認爲他是一個健康，仁慈，多言語的老君子；他好像在中古世紀的理想中過生活，不滿意近代的趨勢，但是並不覺得難過。

老實說，丕亞斯第九的腦筋，比人們所認爲的深沈得多，並且他的意志，比人們所認爲的更堅決。他無時不想伸張他的權威，增加他的特權。一八六一年三月二十六日，他將伊曼紐皇帝擯出教會，其強硬好像希特布蘭（Hildebrand）或因諾生提第三（Innocent III）。一八六四年十二月八日，他發表了一篇有名的文書該文主張恢復中古世紀教堂對於君主與人民的爭端有公斷的權利；否認國家有最高的主權，及宗教與出版的自由結論有這麽一個非常的警告——『誰說羅馬教皇能夠並且應該與近代的進步自由主義及文明調和的，應該被咒。』最後在一八六九年十二月八日，在教皇宮舉行天下聖教議會——這是十六世紀托倫提會議（Council of Trent）以來第一次的教堂大會議。在過去二十年中，天主教堂很吃了國家的虧；基業土地及宮殿或許消滅但是他方面，在亞細亞與亞非利加兩洲，大有發展；就是比較近點，特別在英國，增加了許多人。舉行大懇親會的時機好像成熟了，而一八六九年至一八七〇年的會議也不愧爲一個盛會。七百五十個神父出席；既然三分之一是意大利人，教皇可以操縱如意許多的票。

好像是要切實表示教皇的獨立，沒有請各天主教的君主派代表參加或者還有一個理由：不亞斯第九因爲不願邀請破壞他的伊曼紐皇帝參加，所以決定一概不請。會議的程序，討論與投票的方法，事前已有嚴密有利於教皇的佈置，一切進行自然可以如所預料。一八七〇年七月，所有重要的事務都已辦完了，教皇決不致錯的教條也於同月十三日以五一三票對八八票通過了。因此教皇對於天主教徒的絕對權威成了一種信條，教皇的精神主權變成了無限制。

差不多同時候，教皇最後的政權歸於消滅了。剛在普法戰爭沒有開始以前，奧國宰相倍斯特伯爵(Count Beust)設法聯合意奧法三國成立一種協定，強制普魯士接受調解的辦法；伊曼紐爲有條件的允許，就是法國須放棄羅馬（仍在法軍佔領之下。）拿破崙皇帝拒絕他的固執，使他失掉了帝國，同時也沒有救全羅馬。一八七〇年八月十九日，他將駐在羅馬的軍隊撤退了。西丹(Sedan)之戰敗了以後，拿破崙帝國便於九月四日崩潰了。意大利政府於是乘機否認九月十五日的條約；該約雖經過孟登拉事件，仍然假定是沒有取消。第三共和的臨時政府，對於該約的取消，予以默認；於是九月十二日意大利給丕亞斯第九的哀敦米敦書發出了。這個不妥協的教皇不願割讓一點土地，特權，或尊嚴。九月二十日，意大利軍隊在加多拉將軍(General Cadorna)指揮之下，進了羅馬。國都也不久跟着遷來了。

意大利用武力進了羅馬之後，教皇不亞斯第九好像有一個時候想要遷就這種情勢，與意大利國家講條件。但是這個遲疑的時間很短。他發表了一個正式的抗議，反對意大利的吞併，自己仍深居於威第坎教皇宮內。一八七一年五月十三日，意大利議會通過優待法（La Legge delle Guarantigie），（註一）規定教皇身體不可侵犯，享有君主的光榮，並有三百二十二萬五千里爾的津貼。希望教皇會接受這個法律，把牠變成爲兩方的一個條約。但是歷來教皇皆不同意。一八七〇年九月剛在意大利佔領羅馬之後，紅衣主教安湯列里（Cardinal Antonelli）在意大利財庫兌了五萬克朗（Crown）（英國一種貨幣值五先令）的教皇的匯票，以濟當時教皇宮之需要。但是以後再沒有這種行動了：這是接受意大利最初一次錢，也是最末一次錢。

（註一） 該法的法文譯本見 Albin, Les Grands Traités, p. 99

第三部　德意志的統一

第二十一章　普魯士的興起

第一節　關稅同盟

拿破崙戰爭，普魯士所擔任的一部分工作（至少在戰爭最後的幾年）證明了牠是一個大強國。不過奧國也擔任了很大的工作，並且奧國是一個比較老，比較合法的帝國。這兩個事實上平等的強國的存在，好像使德意志的眞統一成了絕望。

維也納會議的德意志委員會，好像就有這種見解；因爲他們擬了一個憲法大綱便罷手，好像覺得沒有希望，所以不去詳細規定。根據一八一五年聯邦法所成立的邦聯，有一主席（奧國）及議會。但是該議會僅由各有主權的德意志國家的大使組織而成，本身無權執行自己的命令。如果該立法機關是無用的，那麼行政機關更不用談，因為事實上便完全沒有行政機關。如果德意志的君主們大家同意一個共同的政策，如一八一九年至一八三三年梅特涅得勢的時期，那麼邦聯是一個實在的東西，其法規也可以執行。但是其餘牠存在的時候，牠與空中樓閣差不多：牠舉行會議，討論，但是奧國主席的外交手段，使牠不能活動。（註一）

普魯士起初的興起很不惹人注意，其成功乃由於其政治家的忍耐，堅持，及穩重；他們擬定計畫之後，逐步見諸實行。

維也納會議後五十年間，乃德意志偉大言論家輩出的時代。這些人實際上發生影響，起於拿破崙時代的作小冊子者，庚子便是其中最重要的一個。拿破崙戰爭終止以後，言論家轉變方向，注意到內部問題。有些作家談自由與憲政主義的問題；但是各國政府不喜歡這類作品，有一天，作者大概不是被捕入獄，便是被流充軍。有些人研究財政，有些人研究歷史，——如尼布爾（Niebuhr）

（註一）第一任的主席是部爾·蕭恩斯坦伯爵（Count Buol-Schauenstein）即後來奧國宰相的父親。

的羅馬史蘭克（Leopold Von Ranke）的德意志史。這些歷史研究對於德意志統一的影響，以托奈齊加（Heinrich Von Treitschke）的著作爲最大他於一八五七年在賴布西克(Leipsic)講學，開始他一生的偉大事業。

一八一五年後的三四十年間，對於公共問題大有影響的，乃是經濟學家，而不是歷史家或政治哲學家。當時的經濟學者，如現在一樣，分爲兩派，保護主義派與自由貿易派。保護主義派的領袖是李士特（List）他的國家經濟統系(System of National Economy）一書到現在還值得一讀。自由貿易派的領袖是麥生(K. G. Maassen)自由貿易派與保護主義派有一個原則相同，就是在同一經濟區域內，應該沒有經濟的障礙。因爲有這個信仰，才有自由貿易的政策；起初是在普魯士各部分相互間實行，其次推廣到德意志各國相互間，但是總不讓奧國加入。奧國也就沒有加入任何關稅聯合。各國這種聯合，名爲關稅同盟。牠的目的在包括所有德意志各國（奧國除外，）在同盟範圍之內，所有商務上的來往一概自由，普魯士應爲同盟實際的（雖不是正式的）首領。這是普魯士財政部長木子(F. C. H. Motz)在一八二九年明白規定的計畫。交涉最初各種重要條約的外交家，是埃煦賀（J. H. F. Eichhorn）。他是斯坦（Stein）的信徒，在普魯士外交部擔任要職。

一八一六年七月十六日，普魯士政府下了一個命令，廢除國內各地彼此間的關稅。一八一八年五月二十六日又公布一種稅則法，進一步把進口貨的關稅，減低至其他德意志國家稅率之下。再一步便是直接推動普魯士的鄰國。凡經過普魯士地方到別國的貨物，都須向普魯士納進口稅。跟着這項法規，普魯士便邀請各鄰國與她成立一種諒解，來瓜分該項進口稅。馬上便發生了效果：一八一九年十月二十五日，斯瓦茲堡·爽德浩生（Schwarzburg-Sondershausen）結了一個條約，加入普魯士的關稅聯合。一八二三年斯瓦茲堡·魯多爾斯達提（Schwarzburg-Rudolstadt）跟着加入，隨後有許多小國採取同樣的步驟。

不過到現在，還沒有成立什麼關稅同盟，經濟聯合。小國所同意的不過是關稅的收入，應根據各國人口分別與普魯士瓜分而已；但是他們對於商業政策的指導無權參加，仍完全由普魯士操縱。眞正的關稅同盟，還是在普魯士與達姆斯達提的條約（Prussian-Darmstadt Treaty）成立以後才有。該約是埃煦賀與木子於一八二八年二月十四日交涉的。普魯士與達姆斯達提的同盟存在一日，那麼普魯士所交涉的通商條約，如須發生效力，必須取得達姆斯達提的同意。該約的期限，以至一八三四年爲止；到期如不否認，再繼續六年。

這時候，有了競爭了。一八二六年巴威利亞與武定伯結了一個關稅同盟；一八二八年九月二十四日，薩克遜納，漢諾威爾，布朗斯維克，阿登堡，布列門（Bremen），佛蘭克福（Frankfort）及其他幾個國家，結了一個中德意志商業同盟(Mid-German Commercial Union)。中德意志同盟的成立，薩克遜外交部長卡洛維子（Von Carlowitz）預有大力，對北海沿岸及許多內河有相當管理的權力。但是普魯士的同盟比較辦理得好；效率是商業上唯一不可缺少的東西，因此巴威利亞與武定伯政府決定加入。一八二九年五月二十七日，他們與普魯士——達姆斯達提同盟結了一個自由貿易的條約，於是從波羅的海到多瑙河可以直接通商。中德意志同盟仍然是獨立的。兩個同盟的爭鬬，實在是在公路問題上面。那個同盟能夠首先築一幹路經過德意志，那個便得到德意志大部分的商務。對於這種問題只能有一個答覆：當然普魯士同盟首先築路；自蘭根薩閘

(Langensalza)至烏玆堡(Wurzburg)的公路，以及其他許多的路，都修起來了。韋馬(Weimar)是第一個國家脫離中德意志同盟，加入普魯士——達姆斯達提關稅同盟(一八三一年)。一八三三年赫斯(Elector Hesse)跟着加入，於是布蘭登堡(Brandenbung)與普魯士的萊茵各省的交通打通了。最後到一八三三年三月二十二日，巴威利亞與武定伯不但同意與普魯士同盟自由貿易，並且同意實際加入。普通以一八三三年爲關稅同盟成立的時期，便是這個緣故。

一八三三年後，關稅同盟沒有包括全德意志；特別是漢諾威爾，奧國，阿登堡及漢斯(Hanse)各城市還在外面。一八五〇年，奧國與普魯士相爭，普魯士在阿爾慕子屈服之後，各小國又擡頭了，其中比較強大的小國——普福登下的巴威利亞與倍斯特下的薩克遜納——開始脫離普魯士的範圍。奧國剛在阿爾慕子得了勝利，預備進取。

一八五一年斯瓦層堡親王得着普福頓與倍斯特的幫助，要求將奧國包括在關稅同盟之內。這是對普魯士的打擊。就是俾斯麥手段巧妙(俾氏正在擡頭，)這點他或者可以辦到。但是他不幸短命而死（一八五二年四月五日）所以沒有結果。

奧國這個最後的偉大政治家死了以後，普魯士決定起而雪阿爾慕子之恥，她以很好的條件，及各種鐵路的便利，許與漢諾威爾，已經把漢諾威爾拉進關稅同盟來了。與漢諾威爾的條約，是一八五一年九月七日訂的。當時其他各國要求把奧國加入，普魯士政府便於一八五一年終宣告廢除關稅同盟總約。（註一）剛剛此後沒有多久，斯瓦層堡親王便死了，由部爾——蕭恩斯坦（Buol Schauenstein）繼任。俾斯麥是普魯士出席佛蘭克福議會的代表，一八五二年夏被派往維也納。他看不起部爾的本事，勸普魯士政府採取強硬態度。結果是奧國加入關稅同盟不成功，只好以財政部長布魯克（Bruck）一八五三年二月十九日所交涉的一個條約為滿意。這個條約給了奧國一些商務利益，但是沒有加入關稅同盟。關稅同盟本身則由以前的會員，於三月中在柏林開會，再組織起來了。從一八五四年一月一日起，繼續有效十二年；此後除了漢斯城市及奧國之外，關稅同盟包括了全德意志。

（註一）關稅同盟曾於一八一四年，重新繼續了一次，以十二年為限，並且規定了在一八五一年終可以宣告廢除。

關稅同盟並不是一個國家。牠與德意志邦聯毫無關係，加入的國家並沒有損失他們的主權。牠的基礎在條約，條約期滿，任何會員可以宣告廢止。每個國家加入關稅同盟，其條件看牠與其餘各國的交涉如何，因此同盟之中，各個國家享受的權利不同。同盟間時常召集會議，但是會議的決議，非經本國同意，不發生拘束力量。普魯士在關稅同盟裏面沒有特殊的地位，她的得勢完全由於她的商業價值，及其官吏的精明強幹。關稅同盟的會員有種族，語言，傳說的關係，現在又加上經濟的結合；聯合愈久，關係愈密，有一天關稅同盟會變成一個政治的國家，是很可能的了。

第二節　什列斯韋——好斯敦

自一四五九年後，丹麥皇帝兼任了什列斯韋及好斯敦的公爵。一八一五年，根據維也納條約第五十三條，好斯敦包括在德意志邦聯之內。什列斯韋仍在邦聯之外；該兩公爵領地仍然奉丹麥皇帝為公爵。雖然不是同種（好斯敦人多數是德意志人，什列斯韋人多數是丹麥人）但是兩地的人民希望政治上永遠聯在一塊；一四六〇年，丹麥皇帝曾經下了一個上諭（利伯特許狀

（Charter of Ribe）」保證他們的不可分性。他們同樣的堅決，不願兩地與丹麥歸併在一個共同組織之下。最後他們主張兩地公爵的繼承，應該純屬男性，不能像丹麥皇位一樣，女性也有繼承權。

因爲有上列各點的爭論，所以發生什列斯韋——好斯敦的各種問題。民族主義的潮流，漸在歐洲得勢了，於是哥彭海根（Copenhagen）的政黨〔埃德丹斯克（Eider-Dansk）〕與德意志的民族主義者（在好斯敦佔勢力），便發生了尖銳的對峙：前者希望把該兩地歸併在一個共同的丹麥憲法與國家之內，後者希望保持該兩地的古來個人主義。一八三〇年後，德意志的著名歷史家，提倡民族觀念，不遺餘力。一八四八年什列斯韋——好斯敦問題很緊急的時候，該兩地的德意志民族主義者找到了一個非常熱心的倡導者。此人非他，乃是基爾（Kiel）的一個大學教授，名德落生（Gustav Droyssen）者，後來以研究中古世紀普魯士的興起出名。

一八四八年民族主義的思想，彌漫各地，在丹麥，因爲二月間丹麥皇帝弗德利克第七（Frederick VII）頒布了一個憲法草案，包括他所有的領地在裏面，埃德丹斯克派於是頗佔優勢。這個憲法勢必消滅該兩地的個人主義；把好斯敦與德意志邦聯分開。馬上的結果，是激起了該兩地的反抗（三月）這種反抗運動引起了全德意志的深切同情。這時候，德意志正在佛蘭克福（三月三十一日）召集臨時國會，進行偉大的民族主義的及自由主義的試驗。四月，普魯士軍隊及其他德意志國家的所攤派的軍隊，應了佛蘭克福會議的請求，侵入了好斯敦，戰事於是暴發了。但是到七月二日（一八四八年）因爲瑞典的調停，在馬爾木（Malmöe）成立了三個月的停戰協定。八月二十六日停戰協定再延長了七個月。但是到一八四九年二月，實際上戰事又起了；丹麥的艦隊雖在埃克爾福（Eckernforde）失敗了，但是德意志對弗立德利西亞(Fredericia)的進攻也完全失敗了。英俄及瑞典都在調解；但是因爲普魯士駐倫敦大使班生（Bunsen）的態度，對於什列斯韋——好斯敦問題的見解極表同情於德意志民族主義者，交涉不免有點困難。因此，英國不與普魯士駐倫敦大使交涉，而由英國駐柏林大使進行接洽。用這個方法，普魯士與丹麥（這時候佛蘭克福國會毫無作用了）的和約，於一八五〇年七月二日在柏林簽字了。憲法的問題，沒有去解決。簽約的各造保留了他們的權利；丹麥皇帝有權用武力去恢復牠的權威——普魯士軍隊撤退後，丹麥皇帝這層辦到了。

兩年後有關係的各國，在倫敦開了一個會議，想來解決丹麥問題之一部份。結果是於一八五二年五月八日，英奧法普俄及瑞典簽了一個條約，『承認什列斯韋——好斯敦——山德爾堡(Sonderburg)——格陸克斯堡(Glücksburg)的克雷斯與親王(Prince Christian)（弗德利克第七無嗣）繼承所有現在丹麥皇帝統治的土地之權』（第一條。）簽字各國並且承認丹麥王國領土的完整，為一永久的原則。這個條約並沒有包含什麼擔保牠所包括的，只是這些國家對於丹麥王國所持原則的宣言。（註一）

弗德利克第七的統治好像快要告終了，老是使北歐不安的什列斯韋——好斯敦問題更加急迫。牠不但影響什列斯韋與好斯敦，並且影響魯恩堡(Lauenburg)（埃爾巴河(Elba)下游的一公爵領地。）魯恩堡是丹麥一八一五年取得的，丹麥有『完全的主權，』但同時是德意志邦聯的

（註一）奧格斯登堡克雷斯與公爵(Duke Christian of Angustenburg)放棄在丹麥所有的產業，轉讓與丹麥皇帝，取得三十五萬金鎊為報酬。同時，他允許（代表他自己及其家庭）不反對倫敦議定書所規定的繼承丹麥領土的方法。

會員。（註一）

剛在倫敦條約沒有締結之前，丹麥政府宣布，全個王國將有一個共同的憲法；不過各省可有議會及官吏管理不屬於全國共同的事情。弗德利克第七把這個憲法，通知維也納，奧皇還以爲什列斯韋不包括在王國之內。到了一八五五年，共同的憲法在所有的丹麥領土內切實成立了；純粹地方的事情由地方議會去管理的規定雖然沒有取消；但是決定何者爲王國公共的事情之權，還是操在丹麥政府手裏。什列斯韋人，好斯敦人及德意志的同情者，自然認爲他們自己受了欺。

其次是拉塞爾爵士解決丹麥問題的試驗。一八六二年九月，拉塞爾在哥堡充當維克多利亞皇后的侍臣。摩利爾（Robert Moriei）是駐柏林使館的隨員，這時候也在哥堡，做拉塞爾的個人祕書。根據摩利爾的情報及勸告，拉塞爾於九月二十四日起草了一個有名的文件。簡單說來，該文件獻議丹麥與普魯士在什列斯韋完全自主的基礎上，英國出來調停。該文件對於丹麥皇帝有幾

（註一）魯恩堡是普魯士割與丹麥交換西樸麥倫尼亞（Western Pomerania）的。（一八一五年六月四日的基爾條約 Treaty ot Kiel）

句不客氣的話，說『一八五五年的憲法在好斯敦魯恩堡，或什列斯韋不發生效力』並且提到『一八五二年皇上的諾言允許不將什列斯韋合併於丹麥。』摩利爾後來寫信給爵韋提（Jowett）（巴利奧爾的校長（Master of Balliol））說道：『在哥堡任拉塞爾私人祕書的時候，我是道德上發動那個著名文件提議調解之人，如果所提出的條件接受了，便可阻止國際糾葛，不致於三年後引起幾次的歐洲大戰，到現在我們還受其害。』（註一）

歐洲多數的國家贊成這個文件。俾斯麥是贊同的，至少對於拉塞爾的提議，他個人表示好感；奧國宰相利煦伯伯爵是贊成的。只有丹麥與英國的輿論反對：『丹麥內閣感受印刷所街（Printing House Square）的壓力。』（註二）一八六三年三月二十日，丹麥皇帝進一步，頒布了一個新憲法給好斯敦，把牠與什列斯韋分開。一八六三年七月二十三日拍麥爾斯頓爵士在衆議院發表了一篇演說，『使希望歐洲騷擾的人有所戒懼。』（註三）拍麥爾斯頓爵士說：

『我與歐洲一切有理性的人，包括法俄兩國在內，樂意宣告丹麥的獨立，領土完整，及權利可以維持。我們相信——至少我相信——如果對於這些權利有激烈推翻的企圖，對於獨立有激烈干涉的企圖，那麼企圖推翻及干涉的人須知道，結果他們所遇見的對手，不僅是丹麥。』

無怪丹麥人認為他們可以安穩的拒絕調解。

這時候，德意志的輿論非常慷慨，鬧了幾個月的哀敦米敦書（一八六三年四月送達的。）該項哀敦米敦書是由巴登大公爵提議，德意志議會通過的，給了丹麥六個月的功夫去取消三月三十日的憲法。丹麥政府的答覆是，於九月二十八日又頒布了一個憲法——丹麥與什列斯韋的共同憲法；這個法令使佛蘭克福議會於十月一日通過了『聯合執行案(Federal Execution)』來對付丹麥人。但是沒有好久（一八六三年十一月十五日）丹麥弗德利克皇帝便逝世了。

新皇帝是克雷斯與第九；他是什列斯韋——好斯敦——山德爾堡——格陸克斯堡的公爵，

（註一）參看Wemyss: Memoirs and Letters of sir Robert Morier(London, 1911)I, pp. 385—8.

（註二）Morier, ibid, p. 390

（註三）Ibid, p. 391

母親方面的系統是出自絕後的丹麥王家。克雷斯輿統治的初期困難很多；勢必引用一八五二年爲他繼承皇位而訂的條約。拿破崙第三已經提議召集一個歐洲會議來解決什列斯章——好斯敦問題（十一月五日）；但是英國政府因爲拿破崙第三在提議裏面宣稱一八一五年的條約已經不發生效力，不願贊成。

弗德利克剛剛逝世，克雷斯輿之子奧加斯登堡弗德利克(Frederick of Augustenburg)便宣布自己爲什列斯章——好斯敦的公爵。克雷斯輿第九皇帝的內閣是弗德利克遺傳下來的，埃德爾——丹斯克黨極佔勢力，所以他繼續了他們的政策，於十一月十八日簽了丹麥新憲法——王國所屬一切領土的共同憲法——從次年一月實行。德意志非常憤慨，多數政府拒絕承認克雷斯輿是好斯敦的公爵。奧國與普魯士沒有表示態度。十二月七日，佛蘭克福議會便通過了『聯合執行案』（已經公布）應該進行，組織了聯軍，以海克將軍(General von Hake)爲司令，進佔好斯敦。英國外交部長拉塞爾爵士還想調解，派了烏德浩斯爵士(Lord Wodehouse)到哥彭海根去；但是丹麥國家的意識，對於歸併什列斯章問題，不容許妥協，並且特別因爲丹麥人完全相信英國會維持他們的領土完整，所以烏德浩斯的使命終於失敗了。到一八六四年一月八日，好斯敦已被聯軍（多數是漢諾威爾人及薩克遜人）佔領了；丹麥軍隊和平撤退。奧加斯登堡移居基爾，並且在該地組織了政府。

這時候，英國政府給了佛蘭克福議會一個通牒，要求召集一個會議。但是佛蘭克福議會，因爲沒有參加一八五二年的條約，自然不接受英國的通牒。俾斯麥於是聯合以維持習慣與法統著名的奧國共同行動。奧普聯合給了哥彭海根一個哀敦米敦書，要求丹麥於四十八小時內同意取消憲法（一月十六日）。無疑地，丹麥會拒絕的；那麽在什列斯韋沒有被聯軍佔領之前，奧普馬上可以派軍隊到該地去的。奧普都簽了一八五二年的條約，但是他們承認丹麥領土之完整有一條件（俾斯麥這樣辨護說，）丹麥皇帝同時答應了不歸併什列斯韋。現在該公爵領地須由奧普軍隊佔領，作爲履行這個諾言的保證。但是俾斯麥在他的回憶中自認說：『一開始，我便想吞併。』（註一）

英國對此，不是完全看不見。一月二十日，普魯士前敵總司令蘭格爾（Wrangel）部隊，已越過

（註一）Bismarck, Reflections, Vol. II chap. XIX

邊界，侵入好斯敦，正向什列斯韋進發。丹麥政府表示了抵抗的意嚮。卽在這一天，拉塞爾爵士發了一個通牒給各國提議召集一個歐洲會議；如果這個提議失敗，英國還想採取較强硬的方法。但是俄法兩國都不贊成。俄國政府已經欠了俾斯麥的債。在一八六三年波蘭叛變的時候，普魯士的很友善的中立，對於俄國，幫助很大。俾斯麥甚至於與哥爾賈可夫親王(Gorchakoff)（俄國宰相，）結了一個條約（一八六三年二月八日）不但答應不援助波蘭人，並且實際上允許俄國軍隊入普魯士土地追擊叛黨。法國對於波蘭人表示了相當的同情；外交部長呂伊斯德魯盎於二月二十一日曾向英奧兩國提議，聯合反對二月八日的條約。不過拉塞爾爵士拒絕了這個辦法。奧國宰相利煦伯伯爵，是相信與普魯士友好的人，不屑說，是不同意的。

因此俾斯麥在波蘭叛亂時對哥爾賈可夫表示的善意，使俄國不願出來干涉什列斯韋——好斯敦問題，並且俄國想將來得到好處，態度更加堅定，那也是可能的。（註一）在他方面，法國對於什列斯韋——好斯敦（一八六四年）之所以拒絕採取强硬辦法，一部分是因爲她正有事於墨西

（註一） 六年後（一八七〇年十月二十九日），俄國得俾斯麥的默許，廢止一八五六年巴黎條約之黑海協定。

哥遠征隊的事情；一部分是因爲英國在一八六三年拒絕對於波蘭問題合作，她不信任英國政府的態度。因此到現在，丹麥好像是被征服了，英國內閣來向法國提議（註一）共同武力干涉的時候，呂伊斯德魯盎在一八六四年六月十四日一個文書裏面竟嚴厲予以拒絕。該項文書是給法國駐倫敦大使的，作爲他對英國政府的態度的指導，在法國外交史內很有名。牠指示了法國不能與英國這樣的國家聯盟（據德魯盎的意見，）因爲英國只能控制波羅的海，而法國須與奧國及德意志的軍隊作大陸戰爭。（註二）

在這期間，法英不干涉的態度沒有最後明白表示以前，有許多事情發生。奧普由好斯敦前進的軍隊，沒有阻礙，雖然與佔據該地的聯軍差一點發生衝突，二月初奧普軍隊越過埃德爾（Ei-

（註一）Rothan, La Politique en 1866, p. 19. 說考萊爵士實際上向法國政府提議過攻守同盟，並且克拉倫頓爵士帶了合作的具體計畫到巴黎，預備交與法國內閣。

（註二）「英國政府只限於派一海軍進波羅的海，責任很輕；至於法國須應付大陸戰爭，與奧普聯軍相鬪」，(Rothan, (Loc. Cit)

der)，向什列斯章進發。丹麥軍很聰明的放棄了丹章爾克(Dannevirke)，撤退至防衞亞爾生(Alsen)海峽杜丕爾(Düppel)山地之線。普魯士軍進迫糾地蘭(Jutland)。奧國政府反對這樣把戰事擴大，但是普魯士派了孟托佛爾(Manteuffel)(爲人謙恭，溫和，忍耐，在阿爾慕子很有貢獻)去維也納疏通，居然與利煦伯伯爵於一八六四年三月成立了一種協定。

四月十八日杜丕爾被普軍猛攻，普軍於是佔了亞爾生島的橋頭。但是丹麥政府毫無屈服之意。不久倫敦舉行了一個會議，(註一)丹麥人對牠的希望很大。

這個會議，乃是拉塞爾爵士爲和平努力的結果，於四月二十五日開幕了。拉塞爾爵士主席。丹麥主要出席代表爲魁德(G. J. Quaade)，普魯士爲伯恩斯托爾夫(Bernstorff)，奧國爲亞潘儀伯爵(Count Appunyi)，瑞典爲瓦齊推買司特爾伯爵(Count Wachtmeister)，俄國爲布蘭洛，法國爲拉杜奥威爾湼(La Tour d' Auvergne)，德意志邦聯爲倍斯特。會議第一件事(普魯士提議的)是締結停戰協定，自五月十二日起至六月二十四日止。討論到永久的解決，伯恩斯

(註一)會議的議定書見 State Papers, Vol. 54, p. 173 ff.

托爾夫很明白的表示了普魯士的立場，認爲一八五二年的條約現在已成廢紙了，沒有考慮的餘地（五月十二日）五日後，他進一步宣稱，什列斯韋——好斯敦問題的解決，在使該兩地政治上獨立，並互相團結。向誰獨立？——這是其餘到會的人希望有個答覆。伯恩斯托爾夫不願使他的政府再爲進一步的表示。大家希望，伯恩斯托爾夫所表示的意思是如此：普魯士贊成該兩公爵領地在憲政上與丹麥分開，但是仍在個人聯合之下，同奉丹麥皇帝爲皇帝。這是利煦伯伯爵所贊成的計畫。但是俾斯麥決不願意，而丹麥代表自己也絕對拒絕討論。既然沒有一八五二年的條約的障礙（英國政府卻不是這樣看法，）既然丹麥人不願放棄歸併該兩公爵領地於丹麥憲法裏面，伯恩斯托爾夫才可以把公爵領地當做未決的問題，避開會議，由普魯士與奧國間自己解決。

但是奧格斯登堡公爵還是在基爾維持他的名義上的公爵政府，並且差不多所有各德意志小國的輿論，在倍斯特領導之下，都是對他表示同情。就是利煦伯伯爵現在看見公爵領地與丹麥差不多完全不能同在一個人聯合之下，也對奧格斯登堡表同情。但是他因爲尊重俾斯麥起見，對於倍斯特在佛蘭克福議會所提出的議案，不便贊助。爲使得奧格斯登堡不能候補起見，伯恩斯托爾夫竟於五月二十八日大膽在會中提議，將公爵地改爲一獨立國家，以奧格斯登堡公爵爲首領。英法俄瑞典及丹麥都反對。拉塞爾爵士提議，將什列斯韋分開，北部無疑地是屬於丹麥種族，應歸丹麥。這個提議，贊助的比較多一點，但是德意志，什列斯韋，甚至於該公爵領地的北部（據說）都是熱烈的反對。奧格斯登堡公爵，因爲不願接受一個分裂的什列斯韋，也不贊成因此分裂的計畫失敗了，奧格斯登堡的要求，也不知不覺，跟着斷送了。

還不能說英國政府一定不幫助丹麥人。五月一日，拍麥爾斯頓公爵曾經私下告訴亞潘儀伯爵說，如果奧國艦隊進到波羅的海，英國艦隊也要開去（註一）——換言之，英國政府不願意在陸地作戰，卻願以牠的艦隊保護丹麥島嶼。（註二）這個恐嚇很有影響，因爲奧普極不願英國加入戰爭。在六月的時候，拍麥爾斯頓爵士向法國提議武力干涉：呂伊斯德魯盎於六月十四日送出他有

（註一） Ashley: Life of Lord Palmerston, II, 432—3

（註二） 這種有限制的交戰的觀念，與一九一四年八月二日葛萊(Sir Edward Grey)在衆院所解釋者相同：『如果德國艦隊來到海峽內，或經北海來攻擊法國海岸或航業，英國海軍必盡力保護之』

名的拒絕答覆。

到了這時候，就是丹麥政府也開始對什列斯韋的瓜分辦法讓步。拉塞爾爵士乘機根據巴黎會議第二十三議定書在未加入戰爭以前請一友國出來調解。這件事情友國（指法國）須決定瓜分的界限。利煦伯（早就看得清楚，怕普魯士吞併公爵領地）是主張接受英國的提議的；不過俾斯麥比他搶先一步，約了威廉皇帝與法郎西斯約瑟夫皇帝在加爾斯巴德（Carlsbad）相會，成立了相當的協定。這種協定，經丹麥政府拒絕調解之後，更加確定了。不久停戰協定滿期了（六月二十四日）最後一次——完全是形式上的——倫敦會議，是在六月二十五日舉行的。兩天之後，普魯士軍過了亞爾生海峽，沒有大的損失便征服了全島。

所有干涉的希望，在哥彭海根及倫敦，現在都成過去了。七月四日，英國國會開始了一個很可注意的辯論，但是只限於政府方面的解釋，爲什麼英國沒有干涉；並沒有請國會同意宣戰的意思。丹麥人最後知道了，他們是絕對孤立的，不得不屈服於事實，請求停戰。於是從七月二十日便開始停戰了。五日後，魁德，俾斯麥，及利煦伯在維也納相會，討論議和。他們完全置德意志邦聯（從初步交涉起，至武力侵入好斯敦止，都是邦聯在那裏負責任的）於不顧，雖然倍斯特努力想參加（並且很有理由。）英法雖然很可以要求說和議與解決實在是一歐洲問題，但是俾斯麥不給他們機會。丹麥代表鑒於普軍再來攻擊的危險，不能延長交涉。因此，八月一日，預備和約便簽字了，俾斯麥回到柏林。

根據這個草草訂定的條約，丹麥皇帝放棄了在什列斯韋，好斯敦，及魯恩堡的權利，轉讓與奧國皇帝及普魯士皇帝（第一條。）第二條規定：『什列斯韋公爵領地的割讓，包括所屬一切島嶼及土地。』同條，丹麥放棄了糾特蘭插在什列斯韋的地方，取得該公爵領地靠近利布（Ribe）及哥爾丁（Kolding）地方之相等區域，以為酬報。該公爵領地等須負擔丹麥王國一部分的債務（第三條。）奧普兩國戰費也由該公爵領地等償還。所有這些條件，都寫在一八六四年十月三十日在維也納所締結之正式條約裏面。（註一）

於是事情的演變，至於以爭公爵領地的自主始者，以亡於奧普兩國同盟終。關於此意外的結果英國的批評者甚歸咎於英國政府，法國著作家也歸咎於法國政府。的確，英國沒有應付得好。關於條約的尊嚴，沒有那個人的話比拉塞爾爵士說得清楚。誠然他認爲丹麥強迫什列斯韋接受一個共同的丹麥憲法，是個錯誤。一八六三年十二月十七日，他給烏德浩斯爵士（那時奉命在哥彭海根）的文書引了丹麥的諾言（一八五一年十二月十七日），說『「丹麥」皇帝曾經答應，並且又聲明過，決不將什列斯韋公爵領地併入王國，也決不採取趨向此目的的步驟……』。（註二）但是在另一文書裏面，他極力反對，以丹麥破壞諾言爲辭，而取消一八五二年五月八日各國所結的條約的義務。

『一八五一年至一八五二年，丹麥對於德意志破壞條約的行動，是一種罪過，良堪痛恨，

（註一）一八六四年八月一日的預備和約，丹麥由魁德與高大門（Col. Kaufman）代表簽字，奧國由利煦伯與布倫納爾（Baron Brenner）代表簽字，普魯士由俾斯麥與威爾則爾（Werther）代表簽字。條約原文見N. R. G., XVII, i, p. 470. 一八六四年十月三十日的正式條約，簽字的代表除了巴蘭（Balan）代替不在場的俾斯麥外，其餘相同。

（註二）Parliamentary Papers. 1864, vol. III.（關於什列斯韋好斯敦及魯恩堡問題的通信）

並且可以要求賠償。但是不能以這種破壞爲辭，去對於別造取消一個尊嚴的歐洲條約……如果這樣一個理由可以拿來破壞一個簡單明瞭的條約義務，那麼歐洲全個條約基礎都要推翻了。』（註一）

一個同樣的文書，同一天發了給駐柏林大使布慶蘭（Sir H. Buchanan），不過加添了一句話，說一八五一——二年丹麥的諾言，或者就是奧普加入一八五二年五月的條約的主要動機，但不能算做條約的一部分。一八五二年五月的條約，絕對是獨立的，有他自己的條件。（註二）這個文書，不僅是給布慶蘭個人的指示：英國外交部長還許他讀給俾斯麥聽。

一八五二年五月的條約，列強雖沒有具體保證丹麥領土的完整，但是在英法兩國普通總認爲有一種道德上的義務，所有英國官方的宣言，都假定這種義務是對於全個丹麥問題的根本。並且，拉塞爾曾經得到普魯士政府對於這種義務的承認。一八六四年二月四日，伯恩斯托爾夫將俾

（註一） Russell to Murray (Minister at Dresden.) December 17, 1863 (Parl. Papers, 1864, vol. III)

（註二） Russell to Buchanan, ibid, p. 382.

斯麥寄來的一個通牒，送達了給外交部：

『帝國（普魯士）政府，根據一八五一年至五二年所規定的權利，將協同奧國，強制丹麥遵守。此舉本身，即是承認一八五一年至五二年所樹立丹麥王國領土完整的原則，帝國政府進行佔領什列斯韋，並沒有意思離開此原則。』

該牒文末了還說，如果事實上需要改變一八五二年的辦法時，『不得倫敦條約簽字各國的同意，不能有具體的規定。』（註一）得到這種承認之後，拉塞爾居然讓普奧自己與丹麥私下在維也納解決議和的條件，眞難令人相信。

據摩利爾 (Sir Robert Morier) 的見解，英國可以設法廢止一八五二年的條約。他承認他

（註一） Parl. Papers, 1864, vol. III p. 639

所有上面關於摩利爾的引證，都是取自Wemyss, Memoirs and Letters of Sir R. Morier. pp. 388-90

羅生 M. Rothan (La politique Francaise en 1866, p. 17) 對於法國也有嚴厲的批評：『法國政府……

……對於丹麥的瓜分負有很大的責任』。

在一八六二年九月建議過由英國出來調解希望普魯士政府接受丹麥人拒絕然後英國政府可以說：我們已經盡了我們的力量，我們提出了一個公平的辦法，被告方面既不接受我們根據自主的公斷，我們對於全個事情概不負責。摩利爾明白的說他提出這個建議，爲的是

『如果一造同意這個提議，他造拒絕，拉塞爾爵士可以宣稱，既然不能得到倫敦條約所預料的憲政基礎，英國不負責任。』

摩利爾還說：

『拉塞爾爵士見到此點；但是其餘的閣員置之不理，結果是我們回到了原來的地位，等到戰端一起，我們不顧信義，掉棄該國（丹麥）。其實該國（丹麥）之所以拒絕調停；唯一的，完全的理由，是以爲我們有信義，承認條約的義務的神聖。』

結果是對於歐洲和平一個致命傷，對於英國也差不多是一個致命傷。『從放棄丹麥起，我們在歐洲的地位與權威大爲墮落，使我們在俾斯麥眼前，不算回事。』歐洲只有兩個政治家看得清楚：一個是在操縱各種問題的，一個是沒有力量阻止的。這兩人便是俾斯麥與倍斯特。關於什列斯

章問題，拉塞爾做得很笨；拍麥爾斯頓爵士年紀太老了，不願大戰發生。有人說是英國朝廷反對干涉，不無證據。但是在他方面，威爾斯親王(Prince of Wales)，與丹麥亞歷山德拉公主(Princess of Alexandra) 結了婚，對丹麥是很表同情的。

第二十二章　德意志帝國的基礎

第一節　加斯坦與比亞利子

一八六四年十月三十日的維也納條約沒有締結之前，奧相利煦伯伯爵已經下台了。他是一個有相當能力的政治家，並不容易受俾斯麥的欺騙。俾斯麥對他有相當的尊敬，稱之爲『容易生氣，但是有名譽的人。』（註一）利煦伯的政策是維持與普魯士的同盟，使奧國不至被擯於德意志聯邦議會之外。

（註一）Reflections. Chap. XVII. 俾斯麥說，他得到利煦伯的信任，是在他們倆於一八四九年代表本國，出席佛蘭克福議會的時候。利煦伯接到本國政府兩個文件，一是只給他自己看的，一是給俾斯麥的。他弄錯了，把他自己的一份給了俾斯麥。俾斯麥以原件退還，只附帶一句說利煦伯送錯了：『無論在文件內，或談話中，我連間接利用該項秘密文件或他的無意的過失也沒有過。此後，他對我完全信任。』

之外。因爲後面一個目的，所以丹麥戰爭一完，他便根據一八五三年的條約的第二十五條，提議奧國加入關稅同盟。（註一）俾斯麥對於這個政策預備相當讓步；但是奧國參議院認爲利煦伯對普魯士太客氣，竟於十月二十七日把他推翻了。法郎西斯約瑟夫選了孟斯多爾夫——普列伯爵（Count Mensdorff-Pouilly）繼任宰相。他是普魯士皇帝可以接受的，不過他實在被反普的勢力所包圍。如果奧人能相信利煦伯的政策，結果總要好一點。利煦伯看得很淸楚，普魯士一定要取公爵領地，但是他希望得到普魯士保證奧國的非德意志領地。這個政策比較孟斯多爾夫的政策可以實行；孟斯多爾夫很熱心，以爲他能勸普魯士割讓塞利西亞（Silesia）之一部——格拉子（Glatz），以爲普魯士吞併公爵領地的交換品。

這時候，奧普共有公爵領地的暫時辦法，繼續存在。奧格斯登堡親王還在好斯敦，顯然還有些聯邦軍在那裏。佛蘭克福的聯邦議會對於這種暫時辦法的無期延長日益不安，要求宣告廢除，主張擁護奧格斯登堡親王（一八六五年三月）。倍斯特與普福登爲薩克遜納與巴威利亞兩個最

（註一）該約規定在十二年之內，須開始交涉德意志總關稅同盟的問題，並且該總同盟須包括奧國。

強大的小國的領袖，他們的理由實在是不能答辯的。不過普魯士的（或者可說是俾斯麥的）立場，得到一個有力的擁護者——托奈齊加。他這時候是巴登佛來堡大學(University of Freiburg)的政治學與財政學教授。『關於這件事情（什列斯韋—好斯敦，）實體法不能與我國的重要利益調和。我們必須置實體法於不顧，而對於因此而受損害之人予以酬報。這種見解或者是錯誤；卻不是不道德。在歷史上的進展上，每步都是這樣成就的……實體法如果有妨害公共的幸福，必須掃除。』（註一） 托奈齊加認為俾斯麥在政治上是很糊塗，不誠實的；但是認為他所走的方向是對的。

『佛來達（Freytag）說普魯士的政策不信實，我都承認。但是我回顧反對黨，看見德勒斯登與慕尼克（Munich）兩政府的萊茵邦聯（Rheinbund）的陰謀家，及無良心的政客，受了奧格斯登堡的託付，敗壞一個誠實的民族……我便明白，俾斯麥與這班敵人比較，他所

（註一） Quoted from Briefe, ii, No. 459 (May 22, 1865), in The Political Thought of Heinrich von Treitschke, by H. W. C. Davis, p. 26 (London, 1914).

行的政策，不但是聰明些，並且是在道德上站得住。他將實行我們所需要的工作，他將進一步走向德意志統一的高尚目的……好的主張會勝利；大菲德利克(Frederick the Great)的後代會統治什列斯韋—好斯敦，並且不久全民族會自覺汗顏。』(註一)毛奇(Moltke)的軍隊，與托奈齊加的文章和演講，乃是推動俾斯麥外交的力量(物質上的與智識上的。)倍斯特與普福登或者看得很清楚，但是他們沒有辦法。

奧國政府很願意取消暫時辦法，承認奧格斯登堡的要求；如果這層辦不到，他們願意與普魯士瓜分。這是外交家布羅姆伯爵(Count Blome)的計畫；(註二)布羅姆是於七月末奉命去韋爾德巴德—加斯坦(Wildbad-Gastein)交涉的。在這薩爾磁堡(Salzburg)消夏的地方，威廉皇帝，孟托弗爾，俾斯麥與布羅姆相會，不久便使他覺得奧格斯登堡與阿爾登堡對於公爵領地的要求，都沒有希望。布羅姆須從加斯坦往伊斯爾(Ischl)與法朗西斯約瑟夫商量，再由該處往維也

(註一) Briefe, II. No. 476(October, 1865), in Davis, op. cit., p. 27.

(註二) 布羅姆是奧國駐慕尼克的公使。

納與奧皇商量。奧皇召集了國務員會議。會議裏面有一部分人主張與其放棄奧斯登堡，不如與普魯士戰。但是主張和平者佔優勝，布羅姆於是帶了奧皇的親筆信回到了加斯坦俾斯麥對於戰事還沒有準備好（因爲聯意大利還沒有成功）所以願意妥協，成立所謂加斯坦協約（一八六五年八月十四日。）

根據這個協約，奧普兩國在一八六四年十月三十日的維也納條約內所取得關於什列斯韋與好斯敦之權利，在不妨礙兩國在該兩公爵領地的共同權利範圍內，後者（好斯敦）給與奧皇，前者（什列斯韋）給與普皇（第一條。）（註一）於是奧國與德意志大聲疾呼所反對，甚至於不惜與丹麥宣戰所爭的事情（什列斯韋與好斯敦分裂）現在他們卻無廉恥自己幹了。無怪拉塞爾爵士（沒有人對於公事行爲的抽象問題，比他看得淸楚）有一段高尙美麗的文章，埋怨說歐洲的法統現在完全被推翻了：

（註一）第二條規定，在基爾設立聯合德意志艦隊；第七條規定，允許普魯士修一運河，經過好斯敦，從北海至波羅的海；第九條規定奧皇將在魯恩堡的權利，絕對割讓與普魯士，而得回二百五十萬丹麥銀錢的報酬。

『所有的權利，不管是新的抑是舊的，不管是根據於君主締結的莊嚴條約抑是根據於民意的明白表示，現在完全被加斯坦協約取消了，武力的統治是唯一承認的勢力。

『瓜分國家（普奧）的協約，其基礎完全建築在暴力與征服上面。

『英國政府對於違反公共權利的原則，及一個民族自決的合理要求之行爲，深爲歎息。』

『但是拉塞爾爵士看見眞理是一回事；根據眞理行事又是一回事。』因爲在包括上面那段深刻批評的文書裏面，結論卻不許英國大使們將那段話轉達於駐在國的政府。

俾斯麥知道他不久要與奧國開戰：如果要開戰，他是不願意法國做他的敵人。因此，加斯坦事情了結之後，他以旅行爲名，到比亞利子（Biarritz）去（拿破崙第三在那裏休息，）與七年前加富爾到普隆比爾去一樣。他於一八六五年十月四日到了比亞利子。拿破崙皇帝與他有幾次的談話。拿破崙很願意知道，在公布的加斯坦協約後面，還有沒有秘密的條件：特別是，普魯士有沒有替奧國擔保威尼西亞？俾斯麥告訴他沒有這回事。拿破崙皇帝問道：『你對於好斯敦的意見怎麼樣？』俾斯麥根據他說實話的政策答道：『我們打算合併牠。』奧國，他說，會接受金錢上的賠償，但是合併好斯敦並不算完事：『我們的德意志國家有……一偉大的任務須履行。完成我們認為的責任，我們靠法國的友誼態度。法國內閣對於普魯士的民族使命，沒有理由不贊助：一個強有力的普魯士自然會與法國聯合。』（註一）拿破崙第三聽見照習慣不動聲色，但是似乎表同情。他顯然對於威尼斯的運命深為關心。如果奧國割讓威尼西亞，是否可以取償於瓦拉齊亞與摩爾達維亞兩個多瑙河君侯領地？對於這點，俾斯麥的答覆令拿破崙很放心。他說，除了不願意開罪俄國外，普魯士在多瑙河沒有重要的利害關係。十月十一日，俾斯麥告別，心裏很有把握，認為在威尼斯問題上面，他可以在快到的戰爭裏面，使拿破崙第三不致於幫助奧國。（註二）

奧國知道不久要打，俾斯麥也很願意，她知道，不過他是不去首先宣戰的。奧國政府普通認為

（註一）Cp. Reflections (Trans. 1898), vol. II. Chap. XXI, p. 56『我認定，為我們國家發展的前途計，必需與法國戰』。又 vol. I, Chap. IX, p. 244『我們與法國永無和平，與俄國永無戰爭的必要』。

（註二）這是俾斯麥第二次到比利亞子去；第一次在一八六四年。關於這第二次的情形，參看 Rothan La Politique Francaise en 1866, 及 P. de la Gorce, Hist. du Second Empire, tome IV, livre XXIX. § V.

是歐洲最驕傲的政府，對於普魯士的挑釁，不能和平忍受。首先，普魯士提議收買奧國在什列斯韋的權利（十一月）；然後拉馬木拉提議意大利以一千兆里爾（lire）買回威尼西亞。法朗西斯約瑟夫雖然曾賣過他在魯恩堡的權利，但對於這兩個提議都拒絕了。世襲的奧格斯登堡親王，雖然普魯士有抗議，仍然在好斯敦沒有到年終，俾斯麥曾向卡羅爾伊伯爵（Count Karolyi）顯明的暗示過，奧普同盟已算廢止。

幾個月內，衝突沒有馬上發生；但是形勢漸趨緊張。到一八六六年一月的末了，擁護奧格斯登堡公爵的人在亞爾塘拉（Altona）（在好斯敦內，但歸奧國管轄）召集了一個會議，普魯士的報紙非常憤慨，俾斯麥便於一月二十六日給了駐維也納大使威爾則爾（Werther）一個強硬的抗議，要他轉交與奧國政府。孟斯多爾夫伯爵的答覆說，根據加斯坦協約，在好斯敦只有奧國有權管理，他人不得干涉。柏林於二月二十八日舉行了一個御前會議，普皇，皇太子，俾斯麥，哥爾子（Goltz）孟托弗爾，毛奇，及其他次要人員皆列席。普皇對於奧國的政策表示不滿，說是有意把普魯士壓在第二等的地位，並且聲言『合併該兩公爵領地是普魯士全國的願望，』皇太子是反對戰爭的，但是其餘的人認爲目的正大戰爭似乎不可避免。毛奇主張與奧戰爭，必須得到意大利的合作。於是普魯士駐佛羅倫斯公使優士頓伯爵進行與拉馬木拉交涉。尼格拉從巴黎來的報告說，拿破崙皇帝贊成意普同盟，目的在使威尼西亞脫離奧國；因此預備快要開幕的戰爭的第二步，是哥望將軍奉命往柏林，締結那個四月八日的條約。這個互相猜疑而又互相保證的條約，上面已經說過。依該約，在三個月之內，如果普魯士向奧國宣戰，意大利卽須加入普魯士方面，對奧宣戰。該同盟繼續至同盟國家各達目的爲止。

戰爭的根本原因，並不是什列斯韋—好斯敦問題（雖是這是一個重要的助因，）而是德意志邦聯五十年來日趨不能運用，奧普兩國勢不兩立。如果要謀補救，邦聯必須改組。而唯一能改組之道，實在於普魯士有利，只有排斥奧國。但是這層非戰爭不能辦到。當兩方面調動軍隊的時候，俾斯麥於三月二十四日，已經給了德意志邦聯一個公文，提出了改良邦聯的問題。他的提議的要點是排出奧國（含了這個意思，沒有明言，）邦聯軍的統率權由普魯士與巴威利亞平分；但是魯德威王（King Ludwig）及普福登主張三分，奧國仍留在邦聯之內。這個計畫，如果普魯士贊成，有很大的好處的可能。

四月的中旬，消息傳到維也納，說意大利已調動大軍；於是在四月二十一日，奧國南部軍隊也動員了。俾斯麥即向奧國政府聲明，普魯士對於進攻意大利，不能坐視。這時候，奧國或者才知道意普同盟的存在。該同盟的原文，仍守秘密。到了四月二十六日，意大利的軍隊也動員了。

現在德意志的第二等國家，開始武裝起來了。漢諾威爾士知道普魯士合併什列斯韋—好斯敦於他本國直接不利，故對於俾斯麥的提議（普魯士保證漢諾威爾士地的完整，但後者須守中立）予以拒絕。同時，拿破崙第三提議召集一個歐洲會議來解決。俾斯麥用不着反對該項提議，因為奧國非將意大利土地的劃分問題排斥於會議討論之外，不願贊同（一八六六年五月。）普人格布倫（Freiherr Anton von Gablenz）非正式的提出一個折衷的辦法，即讓什列斯韋—好斯敦成為一獨立的國家，以普魯士親王為君主；但這個辦法也因奧國的反對而失敗。（註一）查爾

（註一） 敘述這件有趣味的事情，看瓦德（Ward）德意志 1815-1890, II, 227-8。奧國覺得，如果贊成格布倫的計畫，必須犧牲第二等的國家。

斯親王（Prince Charles of Hohenzollern-Sigmaringen）在各國不知不覺中登了羅馬尼亞的皇位，也不能和緩奧國的態度。拿破崙第三還來一個限制戰爭的試驗，不過這次非常笨拙：他與奧國交涉了並且實際上簽字了一個條約，法國須守中立，奧國須將威尼西亞割讓與法，由法轉讓與意大利，法國須保證其餘奧國的意大利領土。但是意大利政府得到這種很成疑問的利益的通知後，很不高興，不予接受；因爲如果接受這種利益，將來便不能完全統一意大利。

六月五日，俾斯麥發表了一八六四年一月十六日的祕密條約；依據該約，普奧兩國同意關於什列斯韋—好斯敦問題的解決，不要邦聯議會的干涉——如此，用他刻薄的方法來證明奧國心目中並沒有邦聯，殊不知同時他證明了普魯士心目中也沒有邦聯。六月十日，他提出他的邦聯新憲法於各德意志政府之前，把奧國排斥於外。這的確是他挑戰的辦法（他決定不首先宣戰）讓奧國來起戰端，事實上，普魯士的軍隊首先前進，越過埃德爾，入好斯敦（六月七日。）奧國宣戰是在六月十七日，普魯士十八日，意大利十九日。

第二節　普拉克和約

普魯士雖有意大利的幫助，但在德意志方面還是孤立。普魯士的敵方，有奧國，薩克遜納，巴威利亞，武定伯，漢諾威爾，巴登，赫斯加塞爾(Hesse-Cassel)，赫斯達姆斯達特(Hesse-Darmstadt)，拉索(Nassau)，及佛蘭克福自由城。然而這不過是一個七星期的戰爭。總指揮邊納德克(Feldzugmeister Benedek)雖然是一個能幹忠誠的軍官，但不是一個兵法家，敵不過毛奇的天才，一八六六年七月三日在波希米亞的克尼格拉子(Königgrätz)大敗。約有一星期前(六月二十七日)，漢諾威爾軍敗於蘭根薩閘(Langensalza)，一星期後巴威利亞軍又敗於富爾達(Fulda)附近。如是，普軍到處戰勝，雖然敵人沒有完全擊破。

現在臨到外交家之王的最大勝利了。俾斯麥有一種稀有的本事，知道能夠利用一個勝仗到什麼限度。(註一)毛奇，魯因(Roon)，及其他許多熱心的軍官，與夫全個軍人階級所創造並引以為榮的普魯士軍隊，第一次實實在在打敗了一個一等強國。但不是完全的勝利。佛羅利斯多夫

（Florisdorf）之線還站在戰勝的普軍與進攻維也納的中間，據毛奇的計算，須犧牲兩千人左右才能擊破。而俾斯麥卻敢決然提議停止此戰勝奮發有爲的軍隊，使其不取行將到手的維也納。只有他看得很清楚（並且也只有他能夠做到，）與其攻取奧國的京都，不顧奧皇的體面，不如顧到奧國的虛榮及感情，所得多多。

七月十二日，在曾拉河拉（Czernahora）大本營召集了一個軍事會議（我這裏根據的是俾斯麥的回憶錄。）普皇主席，俾斯麥（如他自己謙遜的說）因爲在那裏，所以加入討論。毛奇解釋他取佛羅利斯多夫戰線，以進攻維也納的計畫。軍官們決沒有夢想到還有別的路走。俾斯麥不敢公開的說出他的意見：然而

『我已經看得清楚（他說，）我們將來還須戰爭去保護這次的戰勝品，如大弗德利克

（註一）Cp.『勝利中的寬大，其重要不下於勝利本身。我進一步，我想勝利中的寬大對於一國，比勝利本身還更重要，因爲你在歷史書上可以找到許多悲劇，乃是不善利用勝利而起。如果這些國家從來沒有得到勝利，他會還會好一點。』路易喬治（Mr. Lloyd George）在一九二一年八月十六日在衆議院的演說。

須在七年戰爭內保護他頭兩次西利新（Silesian）戰爭的結果一樣。對法的戰爭必隨對奧的戰爭而起，這是歷史的邏輯……因爲這點，我有一個政治上的動機，想避免拿破崙式的耀武揚威的進入維也納。』

差不多兩星期過去了，毛奇不補充他的砲台（特別需要重砲，）不能前進。七月二十三日，又在大本營召集了一個會議。這次俾斯麥發表他的意見，說必須根據奧國的條件媾和；但是沒有人附和。他的決心愈趨強硬。不僅是因爲再使奧國難堪，永遠失掉奧國的感情；並且是因爲奧國再打一個敗仗，奧帝國或者要瓦解。如果瓦解，『那麼從戴羅爾到巴枯文拉（Bukovina）奧國所佔那塊歐洲地方，拿什麼去代替？』但是普皇不贊成俾斯麥的意見：『軍人反對對於軍隊的勝利予以阻止；』這種反對似乎不能制止。俾斯麥離開那個房間，回到自己的房內。他一生忠誠爲國所期望的標的快要到手的時候，卻要全功竟棄了。他住的是在一個四層樓的房間內，從窗戶看出去，瞭望匈牙利的大平原，這位鐵血宰相想跳樓自殺，以結束此無希望的生命。門開了，俾斯麥沒有回頭。有一隻手加在他的肩上，有一個他知道的聲音說道：『你知道我是反對這個戰爭的。你認爲必要，責任須由你負。如果你認爲我們的目的已經達到，必須媾和，我願意幫助你，在我父親前面替你的主張辯護。』這是誰，這就是皇太子他的影響改變了原定的計畫。普皇原來可以不聽軍官們的話，自作主張，現在扭不過他的兒子與他的宰相。在一個俾斯麥用鉛筆寫的備忘錄紙上，威廉皇帝寫道：『在軍隊這樣大勝之後，我迫不得已，咬這個酸蘋果接受這樣弄臉的和議。』俾斯麥於是得到最大的勝利。（註一）

克尼格拉子戰敗後的那一天，奧皇給了拿破崙第三一個電報，請其出來調解；七月十四日和議條件草案已經與哥爾子在巴黎商妥了。這些條件包括在行將締結的預備和約內。

二十六日，俾斯麥代表普魯士，卡羅爾伊代表奧國，在尼可斯堡（Nikolsburg）（孟斯多爾夫伯爵的一個城堡）簽定預備和約。如威廉皇帝所說，這個預備和約差不多好像是在維也納門口，戰勝者對戰敗者退讓。依此條約，奧國土地的完整維持了；還不止此，薩克遜納（普魯士第二次放棄的標的）（註二）土地的完整也承認了；奧國賠償戰費僅當英金三百萬鎊。但是俾斯麥所要求者，都已得到：（一）奧國同意解散德意志邦聯，並承認在緬因（The Main）以北組織一新邦聯，而奧國不在其內；（二）奧國承認緬因以南的國家，自己可以組成一同盟，並可依條約與北部聯結；（三）奧國放棄對於什列斯韋—好斯敦的權利；並默許普魯士合併緬因以北奧國的同盟國家（薩克遜除外。）實際可以說現代德意志帝國（一八七一年——一九一四年）的基礎，已經在尼可斯堡建立了。

最後的正式和約是一八六六年八月二十三日在普拉克訂立的。（註三）第一條載有普通和平修好的款項。第二條規定威尼西亞割讓與意大利。這是四月八日普魯士與意大利所結條約之一部分。伊曼紐皇帝已經履行了他的一部分義務。他在普魯士宣戰之後，即與奧國開戰了，並且留難了奧國大軍在意大利。雖然他的陸軍在卡斯托闆失敗了，他的海軍在里沙（Lissa）失敗了；但是他在這次戰爭裏面的功績，不能埋沒；所以他應該得威尼西亞。其實該地在克尼格拉子戰後，奧

（註一） Bismarck: Reflections and Reminiscenes, Chap. XX.

（註二） 第一次是一八一四年至一八一五年，在維也納，參看前面。

（註三） 一八六六年八月二十三日奧普和平條約，奧國由布倫納爾（Brenner）簽字，普魯士由韋爾則簽字。

皇已經交與拿破崙第三，以便轉讓與意大利。（註一）第四條規定，奧皇承認解散德意志邦聯，並承認在緬因以北組織一新德意志邦聯，奧國不加入。第五條規定，奧皇將他在什列斯韋—好斯敦的權利，轉讓與普皇，但什列斯韋北部人民如總投票願屬於丹麥，即須將地方交還與丹麥（後來被一八七八年十月十一日的普奧條約取消了。）其他列於尼可斯堡預備和約的條件，都已載入此條約。於是奧國與薩克遜納沒有喪失土地（除了奧國在公爵領地無用的權利，）只賠了不多的戰費。但是漢諾威爾，加塞爾及佛蘭克福則全被普魯士合併，而巴威利亞與赫斯達姆斯達特也有一小部分地方（但是很重要）合併於普魯士，爲普魯士在德意志中部的領土與西南部的領土開一通路。總起來說，普魯士增加了三百二十五萬人民，及二萬八千方英里以上的土地。

奧國與意大利的和約是一八六六年十月三日在維也納訂立的。伊曼紐皇帝除了威尼西亞以外，還想多得一點地方，使意大利在阿爾普斯方面有較強固的邊界。但是他們與俾斯麥定的條約，只說定取得威尼西亞，俾斯麥所願幫忙的是止於此。因此意大利只有以此滿意（維也納條約

（註一）根據一八六六年七月十二日法奧條約。

第四條。）意大利得了朗巴德——威尼西亞，同時要負擔他們的債務與恩俸。

第二十三章　普法戰爭

第一節　貝納得提的活動

在克尼格拉子戰前，拿破崙第三是同情普魯士的，他知道普意同盟的存在，並且很贊成。在該場大戰的那一天，他在巴黎對哥爾子說：『你知道如果不是我守中立，普魯士是不能有此偉大成功的。』然而成功不能過分：拿破崙第三不願意，也不希望奧國完全失敗。因此克尼格拉子的消息，傳到法國，對於法人好像是一個鉅大的災難。哥斯說，覺得在老歐洲的地上，跌破了什麼東西；（註一）並且他拿巴黎人與馬其頓（Macedon）菲利普（Philip）征服了伊列提（Elatea）後的雅典人比較：『他沒有死人可哭，然而他們自然而然覺得失掉了他們的優越地位；沒有打仗，他們卻覺

（註一）Gorce, V. 12.

得有戰敗的感觸。』

他們再不能袖手旁觀。他們一定要答覆這個問題：法國應該採取什麽行動？七月五日（克尼格拉子戰後兩日，）拿破崙皇帝在聖克開德（St. Cloud）召集了一個會議；據第二帝國的歷史家說，這是拿破崙第三朝最重要的會議。外交部長德魯盎呂伊斯的全個外交政策系統，是建立在與奧國友好的諒解上，立卽提議強硬行動——集中法國軍隊於東方邊境，然後或訴諸戰爭，或出來調停。陸軍部長倫頓大將（Marshal Randon）向會議報告說，雖然墨西哥遠征隊仍在進行，但差不多馬上可以在邊境動員八萬軍隊。拿破崙皇帝照例不動聲色的聽着，但似乎趨於贊成這個辦法。忽然門開，內務部長瓦勒提（M. de la Valette）跑進來了。他並沒有被召到會，但是他在宮內聽見開會的消息，便匆匆的跑來，熱烈的聲述他的主張。他指出準備缺乏，財源缺乏，他責備德魯盎呂伊斯不負責任，希望將法國捲入戰爭。拿破崙皇帝還不說話；帝國警報（Moniteur de l'Empire）的職員坐着等了一夜，等候一個重要消息，沒有東西來；第二天早上，德魯盎翻來翻去找不到動員的通告，知道他的政策是失敗了。

就是絕對不動作，也未始不是一個有好結果的政策。但是拿破崙也不能採行這個政策：他一定要大驚小怪的去干涉俾斯麥，繼續不斷的要求賠償——俾斯麥稱之爲要茶錢政策。於是法國駐柏林大使貝納得提奉命去追求這個幻想。七月九日，他從柏林動身，經過克尼格拉子，十一日到了普魯士大本營所在地子維托（Zwittau），俾斯麥很客氣，但很少說話。他希望法國政府同意他將要合併的地方。貝納得提繼續跟着大本營走，直至尼可斯堡打住了。好像拿破崙沒有給他確實的訓令。

同時，哥爾子在巴黎與拿破崙皇帝弄得很好，得到許多祕密的話，等於普軍打了許多勝仗，法軍打了許多敗仗。好幾次拿破崙與普魯士大使談話，首先表示贊成德意志邦聯的改良（七月十一日，）然後默認普魯士之合併德意志各小國（薩克遜納除外）（七月十三日。）的確，個人政府制的罪惡，沒有比這些不幸的談話大：一面拿破崙皇帝自己還沒有打定主意，一面眼光銳利腦筋清楚的普魯士大使把每句話都記了下來，寫成報告，寄往柏林。在這些談話裏面，拿破崙自己的外交部長沒有參加；然而德魯盎有一個政策，在哥爾子得到拿破崙對於邦聯改良表同意的那一

天，呈給拿破崙一個備忘錄，指出普魯士的目的，非吞併德意志各次等國家不可。（註一）

拿破崙不僅是置外交部長不理。如果他自己在巴黎遇事讓步，貝納得提在尼可斯堡與俾斯麥拚命進行交涉，又有什麼用處？

最後拿破崙皇帝站穩了地步：他採取了一種報酬的政策。這個政策，如果在沒有開戰之前，普魯士想避免各種阻礙的時候，那是可以做得到的；現在普魯士完全勝利，法國皇帝又表示無意用武力，這個政策是辦不到的。並且調人的地位，完全靠自己不要取得什麼東西；以調人的地位，而取這個政策，眞是可笑。

在尼可斯堡，貝納得提接到訓令，須要求取償，理由是普魯士土地正在增加。他回到柏林，他得到一個更具體的訓令：他須向普魯士提議締結一密約，將萊茵左岸及梅顏斯割讓與法（八月五日。）（註二）這塊地方大半是普魯士的，但是也包括巴威利亞，及赫斯達姆斯達特小部分。這個提議，是由貝納得提用書面提交俾斯麥。次回見面（八月七日，）俾斯麥明白拒絕討論割讓德意志土地，但是指示或者在別地方可以使法國滿意。

貝納得提宣告梅顏斯的提議失敗了。巴黎政府其次給他的訓令，更加要不得。他須去要求蘭多（Landau），薩爾布魯克（Saarbruck），薩爾路易士（Saarlouis），連同盧森堡公爵領地，如這個做不到，改為比利時（八月十六日）。

於是貝納得提去拜訪俾斯麥，提出他的要求。俾斯麥要他寫下來。貝納得提馬上恭恭敬敬拿出他的筆，乾乾淨淨的起草了一個法普條約：第一條規定，法國承認普魯士根據這次戰爭結果所合併的地方；第二條規定，普魯士允許給予法國取得盧森堡的便利；第三條規定，法國承認將組織的新德意志邦聯；第四條說：

『在普魯士王的方面，如果法國皇帝將來迫於環境，進兵比利時或予以征服，允以軍力幫助法國；如果他國向法國宣戰，允以陸海軍全力幫助法國。』

（註一）Documents pour l'histoire contemporaine, ed. by Pradier-Fodéré, p. 16.

（註二）俾斯麥的一個秘書，故意漏出，使巴黎世紀報在八月十日刊出了這個提議的消息。俾斯麥並且詳細通知了普福登及南德意志各國的政府，證明給他們看，不要希望法國的幫助。

第五條規定法普攻守同盟的契約。

這是貝納得提第二個極關重要的親筆文書，落在俾斯麥之手內：第一個是關於請求割讓梅顏斯與萊茵左岸的地方。這位小心的宰相（俾斯麥）把這些文書鎖藏起來，預備爲將來之用。同時，交涉沒有進步。貝納得提暫時往加爾斯巴德去休息。他回到柏林，俾斯麥又到別處去休息去了。

第二節　盧森堡

盧森堡問題是拿破崙取償政策的最後努力，維也納會議把這個小地方改做了一個大公爵領地，給了荷蘭國王。該會議同時把這個新的大公爵領地包括在德意志邦聯之內，並且宣告盧森堡城爲邦聯的砲台。邦聯沒有常備軍隊，自一八一五年以來，該砲台卽爲普魯士軍隊駐防。及普魯士關稅同盟日趨發展，該大公爵領地卽行加入。拿破崙第三還想取得這個小國，以平均普魯士士地過分的擴大。

這個計畫並不完全是不合時機。普拉克條約締結之後，普魯士政府於一八六六年十二月在柏林召集了緬因以北各國的代表開會，成立了北德意志邦聯。

這個新組織在德意志影響到盧森堡的問題，因爲這個大公爵領地，組成舊德意志邦聯之一部分，現在沒有包括在新的裏面。因此，在國際法上普魯士再沒有什麼正當理由要駐防該地砲台，大公爵（荷蘭國王）可以任意處置該地。剛遇得好，荷蘭國王欠債很多，自然不反對出賣大公爵領地，以便取得金錢上的報酬。

法國換了一個新外交部長去進行交涉。德魯盎呂伊斯是一個政治家，他的政策很穩健，他的行動很謹慎，可是於一八六六年八月退休了。瓦勒提做了幾個月過渡的外交部長，他在任內發給了法國各駐外代表一個著名的通告。這個通告報告了法國的財政情形，對於德意志的新局面表示了好意，並宣示了一個承認既成事實的新政策（一八六六年九月十六日）。然而剛在這個時候，拿破崙政府，還想在設法合併盧森堡，以挽救既成的事實。繼瓦勒提擔任外交部長的是毛斯迪爾（M. de Moustier），他剛從君士坦丁使館回來。他看見盧森堡的事情已經在進行。他只有盡力使牠成功；失敗之後，只有使法國跳出這件事情，而不失尊嚴。毛斯迪爾對於這件事情的行爲完全沒有過失。

在一八六七年的春天，奧國的努力似乎要成功。荷蘭國王願意出賣大公爵領地。法國政府進行徵求普皇的同意（荷蘭國王自然很怕他）並以人民總投票方式，徵求盧森堡人的同意。一八六七年三月二十六日，荷蘭威廉王致信拿破崙第三表示願意割讓。只待簽約完事。

不過，簽約的時候已經過去了，接受的信已經寫了，但是條約始終沒有簽字。盧森堡之割讓給法國，人人知道快要成事，於是激起了德意志熱烈的民族觀念，在北德意志邦聯國會內，有種種的質問及抗議；俾斯麥在三月二十七日一個大宴會裏面乘機告訴了貝納得提說，有人說盧森堡的事情或可以阻止普皇巴黎之遊（參觀該年夏天要舉行的大展覽會。）大約同時，普魯士駐海牙公使，也告訴了荷蘭國王割讓大公爵領地在德意志所激起的民氣（雖然他承認荷蘭國王有權處置。）荷蘭國王知道這是什麼意思；以他的小國及無險可守的邊界，他不能開罪普魯士。於是他撤消了與法國還沒有辦成的交易，拒絕批准割讓的條約。他是有權可以這樣做的；因爲奧國不能履行交易關於她的方面的義務，即取得普魯士的同意是也。

如是，法國皇帝又碰了一個釘子；這位剛強的宰相（俾斯麥現在是北德意志邦聯的宰相）又完全勝利。剛在這裏，毛斯迪爾大有貢獻於法國。有時候，一則國家絕不能忍耐一個公開的挫折。毛斯迪爾看到強硬與公道不可缺少。與各國的公文中，他聲稱法國現在不求土地的增加，並放棄接收盧森堡的觀念，但是普魯士也要採取同樣的態度——換言之，就是普魯士也必須撤退他在盧森堡砲台的駐軍。法國的主張這樣的拿出去，雖然是合理而且和緩，但是不免帶有挑戰的性質。事實上等於這樣說：普魯士必須從盧森堡撤退，否則只有一戰。如果普魯士願意撤退，那麼世界可以看得出，不是法國怕了普魯士的恐嚇而退出，乃是普魯士答應法國的要求而退出。

有幾個星期，歐洲政治確遇見了一個眞危機。優柔寡斷的拿破崙第三最後打定了主意：他已經提出了一個明白的要求，否則大家都看見只有一戰。俾斯麥在他的回憶錄裏面說，他知道有一天戰爭必須發生，願意當時就戰。其所以當時沒有戰，大概是因爲他想戰的結果恐於他不利。因此他讓法國在外交上佔一個勝利。

還有別的影響，促成和平的。英國外交部（斯坦列爵士(Lord Stanley)是部長）堅決主張召集一個會議來解決。（註一）維克多利亞皇后自己寫了一封信給普魯士威廉皇帝（四月二十四日交的，）指出如果有戰事發生，他連英國的道德的幫助，也不能得到。特別是倍斯特，他在克尼格拉子戰後，脫離了薩克遜政府，被奧國請去做了宰相，他不斷的為和平努力，利用奧國駐柏林大使溫普方（Wimpffen）及駐柏林大使梅特涅（他與拿破崙第三很熟，）進行調解。倍斯特正在注意於奧國的復興；一有歐戰，便會發生阻礙。最後，俄國政府在哥爾賈可夫宰相指導之下，緘默了許久以後，宣言反對普魯士繼續佔領盧森堡。四月二十五日，哥爾賈可夫向各國具體提議召集會議。普魯士現在完全處於孤立，實在沒有他路可走：她只有接受俄國的提議。

五月一日，以荷蘭皇帝的名義，發出請帖，邀請一八三九年倫敦條約的簽字國家，（註二）及現在大家公認的大國意大利。會議五月七日在倫敦開幕。會議的工作進行極快，四日之間全工完畢，而一八六七年五月十一日的倫敦條約便宣告成功。依此條約第二條，盧森堡大公爵領地定為永

（註一）Parliamentary Papers, Correspondence respecting the Grand Duchy of Luxemburg

（註二）該約規定了比利時與荷蘭的分立，及盧森堡大公爵領地（在比利時革命及與荷蘭之戰以後）的恢復。

久中立國，受締約各國的共同保障。盧森堡既化爲中立國，不需再有要塞與駐防軍，於是普魯士皇帝承認撤退他的軍隊（第三條及第四條。）荷蘭王仍保有盧森堡大公爵領地；並且同時他得了林堡（Limburg）的完全管理權。林堡這個地方雖然是荷蘭之一部分，但與盧森堡一樣，在一八一五年被包括在舊德意志邦聯裏面。德意志邦聯已經解散了，林堡現在合併於荷蘭王國（第六條）。

於是法國政府才能保住威望，退出牠那不幸的取償政策。讓步的乃是普魯士，普魯士撤退駐守此老大要塞在五十年以上的軍隊；而在他方面，則有一歐洲保障的中立國家存在，可以防護法國的東北國境。

第三節　戰爭

從一八六七年至一八七〇年，中間雖有一八六七年巴黎的大展覽會，而普法兩國的暗鬭，卻很明顯。自一八六一年俾斯麥做了宰相之後，普魯士的興起，有如流星，實在使歐洲驚奇。如果是逐漸的演進，歐洲國家對於普魯士的興起，可以容易安置他們自己。不過要漸次安排妥當，沒有時候；

到了一八六七年法與普彼此對峙非常緊張，只有待狂風暴雨的來到。好像沒有方法避免這場鬬爭。普魯士成長鞏固的程序還沒有完成；稍待時日未必不可完成俾斯麥的事業，然而他寧願親手造此大業，以更迅速的手段出之：『我認定爲謀國內進一步的發展，及國外的擴張，非與法國一戰不可。』（註一）

也不能說普法戰爭絕對不可避免；但是非有大政治家不能做到。尤其是法，奧，意三國之間，如有良好的諒解，大概可以使俾斯麥放棄戰爭政策。不幸沒有這種諒解的存在。唯一看透俾斯麥野心的倍斯特不熱心接受法國同盟的提議，便可證明他不是大政治家——雖然他在他的回憶錄內自己這樣稱讚自己。

也不能說拿破崙第三之從事一八七〇年的戰爭，全然是冒昧之舉。他的政府準備戰爭已有兩年左右，不過是常有躊躇不決及改變政策的情事。陸軍部長尼爾將軍（Marshal Niel）非常

（註一） 倍斯特一八七〇年七月九日向加佐侯爵（Marquis de Cazau），說他願意締結同盟條約，但是法國拒絕(Gorce, VI, 155 n. 3)。但他所提出的不是軍事同盟（看 Beust: Memoirs, II, 330）。

活動的確，他不斷的宣傳並實行準備戰爭，使他在歷史上好像是一個大悲劇的英雄，拚命想避免他看得很清楚的災禍。普利屋斯特百拉都爾(M. Prévost-Paradol)的新法蘭西論文（一八六八年）也是很令人注意，他在該文裏面預料法國要墮落到完全以記念過去的偉大的生存，『時常念住路易十四及拿破崙走，使歐洲覺得討厭，猶之西班牙以菲利浦第二及查爾斯第五的名字麻煩各國政府。』（註一）

第二帝國的法國外交政策從來沒有弄得很好，不過在瓦勒斯基伯爵及德魯盎呂伊斯之下，還謹慎有道理。毛斯特也是出身外交界的老外交家，在盧森堡事件裏面，他表示出來他能夠勇敢也能夠謹慎。他於一八六九年去世了。繼任的是格納蒙公爵(Duc de Gramont)；他也是由外交官出身，承繼瓦勒斯基及德魯盎的遺教，維持聯奥的政策。但是格納蒙是以外交官做政治家而失敗的一個好例。

法國政府及其駐外使館的下級職員，有一個變化可以看得出來：『講究衣飾主義，』哥斯說，

（註一） Quoted by Gorce, VI, 128.

『已經侵入了外交界及國務會議』(註一) 因此笨拙(Punch)對於第二帝國社會的滑稽畫，是有事實的根據的。但是外交依然仍舊；貝納得提從柏林來報警，軍事參贊司托弗爾大佐 (Colonel Stoffel) 更有詳細的報告。熱心的杜克洛提將軍(General Ducrot)（斯托拉斯堡(Strasburg)的司令）日夜慘淡經營，想得到萊茵軍事情形的某種智識。然而除了尼爾，杜克洛提及其他少數人外，法國軍官並不注重研究。

一八七〇年的春季已經過去了，夏天已經過了一半，戰爭的徵兆還沒有出現。六月一個月非常平靜。拿破崙政府已有戒備。意大利政府的意向已經探詢，但是在法國軍隊沒有離開羅馬以前，這方面的同情很少希望。對於奧國，還有點希望。一八七〇年三月亞爾培提大公爵 (Archduke Albert)（卡斯托閘的戰勝者）來遊巴黎，大受高級軍官的歡迎。五月底陸軍部長列布倫元帥 (Marshal Lebrun) 帶了拿破崙第三的親書往維也納，訪謁奧皇法郎西斯約瑟夫。他與亞爾培提會談了幾次，與奧皇會談了一次（六月十六日在盧森堡宮。）但兩國政府的協商只有籠統空

(註1) Gorce, V, 466.

泛的原則。奧皇不肯締結確定的條約，他怕了普魯士利用民族的觀念來反對他。然而列布倫去那一場，或者可以促成比較具體的辦法。不過拿破崙皇帝是否看過列布倫一八七〇年六月三十日的報告，(註一)還是疑問：因為已經充滿了賀亨佐倫（Hohenzollern）繼承問題的空氣。

這件麻煩事情起於西班牙革命。一八六八年九月，加底子（Cadiz）的海軍叛變釀成革命，女王伊沙倍爾（Queen Isabel）不得已逃難於法國。於是西班牙政府在普林將軍（General Prim）主持之下，差不多有兩年之久，到處尋求一個新君主。考慮了許多可能的候補者，連一八四六年有名的蒙潘西公爵（Montpensier）也在內；除了里阿蒲爾親王（Prince Leopold）外，或以本人決然拒絕，或證明不能承受，皆無成議。按里阿蒲爾親王為賀亨佐倫西馬林見（Hohenzollern-Sigmaringen）家安頓親王（Prince Anton）之子。里阿蒲爾親王的兄弟做了羅馬尼亞的皇帝。起初里阿蒲爾親王猶表躊躇，後來在柏林開了一個家庭會議（羅馬尼亞皇帝也列席）結果他決然拒絕西班牙皇位（一八七〇年三月十五日）。其次徵求里阿蒲爾的兄弟茀得利克，他也

（註一） 哥斯有此意見， op. cit., VI. 189.

拒絕。父親恩頓寫給他那比較冒險的兒子羅馬尼亞皇帝埋怨道：『現在什麽都完了。』（註一）

這種暗中交涉，當然爲法國政府所注意；法國政府自然不免有相當的倉皇。有一巴黎報紙於一八六八年十一月發表了賀亨佐倫候補者的新聞。（註二）貝納得提也注意在柏林的西班牙密使。他於一八六九年之春，到普魯士外交部去問。那時俾斯麥不在柏林，但外交次長賽爾（Thile）回答法國大使說，普魯士政府絕對不預聞賀亨佐倫候補西班牙皇位問題。次月貝納得提見到俾斯麥的時候，俾斯麥的話便沒有這樣顯明。

但是里阿蒲爾親王已經拒絕了，事情已告結束。忽然俾斯麥自己舊事重提。他於六月初致書給普林，示意對於里阿蒲爾的邀請，可再提出。於是普林得到西班牙議會同意之後，即派素來主張賀亨佐倫候補著名的沙拉開爾（Salazar）往西馬林見。這次里阿蒲爾親王卻接受了。其懷疑不

（註一） 一八七〇年四月二十二日。Aus dem Leben König Karls von Rumänien, **II**, 80 (in Gorce, VI, 205).

（註二） Journal des Débats, November 13, 1868.

決的態度，至是居然決定接受，其得了柏林方面的幫助的保證，歷史家可以想見。（註一）

現在我們快到法國大悲劇的一幕，我們看見一個勇敢的民族固執的鑽進一個預備好了的圈套。七月二日，普林將軍向法國駐西大使麥爾西爾(Mercier de Lostende)宣告賀亨佐倫里阿蒲爾親王已經接受王位之事。七月三日，麥爾西爾的報告到了法國政府。格納蒙卽起而反對。同時巴黎民衆從馬得利德哈瓦斯通訊社(Agence Havas)的通訊，聽見了這個重要消息。人民撼動，那是可以原諒的；外交部長也撼動起來，那是不可原諒的。受了民衆鼓動的影響，他在立法院回答一個問題說道：

『我們不相信，我們爲着尊重一個鄰居的民族的權利，要使我們允許一個外國，將她的一個親王擺在查爾斯第五的寶座上，來破壞歐洲勢力的均衡，及危害法國的利益與榮譽。我

（註一） Gorce, VI, 209. 據說俾斯麥之所以有此舉動，乃鑒於法國五月八日的投票（其結果是五月二十一日宣布的。）普魯士威廉皇帝一八七〇年七月十日寫給羅馬尼亞查爾斯皇帝的信，也證明威廉皇帝對於里阿蒲爾親王的候補，不但知道，而且贊成（Aus dem Leben, II, 101).

們堅決的希望這事不至於實現。爲防止起見，我們一面靠德意志人民的智慧，一面靠西班牙人民的友誼。否則，以你們及全國的幫助，我們知道如何盡我們的責任，毫無顧慮與屈服。』這簡直是向普魯士挑戰。第爾斯（Thiers）在該演說剛講完之後到包本皇宮（Palais Bourbon），大呼『這是瘋狂。』

格納蒙之欲撤退賀亨佐倫的候補，使普魯士政府同意，那是很對的。但執行這事的正當方法，是在如何使彼自負心甚強的普魯士皇帝及其人民能有體面的退步。然而格納蒙在這個最困難的談判中卻如此固執，近於威脅，雖忍耐柔順的君主也不能忍受，迫於決裂，讓法國去走她自己的路。

這是七月天氣，歐洲政治家往溫泉休息，遊玩山水，欣賞音樂，過其旅館生活的時候。威廉皇帝在巴德埃姆斯（Bad Ems）；貝納得提在韋爾德巴德（Wildbad）。七月七日貝納得提接到格納蒙的訓令，要他到埃姆斯去。他在哥布倫子（Coblentz）奉到法國外交部的具體訓令。在訓令中，和平與戰爭的問題說得極明白，其中有一段如下：

「如果你能得普皇取消里阿蒲爾親王的承認，這是一個大勝利，一個大功績。普皇方面也算保持了歐洲的和平。

「否則，便是戰爭。」

還有那個下級官吏（因爲貝納得提須服從命令）比他所負的責任還大，在他承認的範圍內（完全服從他的訓令，）必須承認他是十分盡了他的責任。但是不是他應該把格納蒙這樣固執，近於威脅的話，一盤托出呢？格納蒙的話固然是這個意思：但是貝納得提看得很淸楚會發生如何的結果，不應該直照訓令，不折不扣行事。這種時候，便是表現政治家手腕的時候，應該看淸如何做法，不應該跟着別人跑。只要貝納得提稍爲改變些格納蒙的口氣。

七月九日，貝納得提第一次與普皇見面。貝納得提和顏，恭敬，忍耐地述及賀亨佐倫親王候補西班牙王位之事，巴黎人心如何爲之激動，並示意如普皇表示否認，必有一鎭靜的效果。威廉皇帝似乎也承認這種情形，但是同時聲言格納蒙在議會等於挑釁的演說，使他這樣做法，稍感困難。他說他甚爲該篇演說所激動（不是沒有理由。）實在這時候普皇正在等里阿蒲爾家（在西馬林見）的消息；於是他命法使暫退，約得到消息之後，再接見他。貝納得提回到布魯塞爾旅館（Hotel de Bruxelles）他的房子裏面，將談話的結果電告格納蒙。七月十日，他接到一個訓令：『盡力取得確定的答覆。我們不能等待，使普魯士比我們早有準備。』（註一）該晚，格納蒙又來一個電報：『我們不能再等……如果普皇不願意勸里阿蒲爾辭退王位，馬上便是戰爭，數小時內，法軍便要開到萊茵。』

現在貝納得提很想避免戰爭，並且他知道如果對於普魯士的體面，能稍表示尊敬，可以辦到。七月十一日，貝納得提再見普皇，普皇很客氣的說勸他稍候，說西馬林見的消息明日一定可到。實則普皇於十日已派人往西馬林見勸安頓親王撤消其子候補之事。（註二）格納蒙的固執已經得到不應得到的效果。七月十二日，安頓親王電告西班牙政府，聲明撤消其子接受王位之舉。同時他以同文電報發寄給駐巴黎的西班牙大使，該大使即時告知法內閣總理。法總理俄里維（Oliver)

（註一） Le military preparations,

（註二） Aus dem Leben K. Karls v. Rumänien, II. 101. Rothan, l'Allemagne et l'Italie, I. 15.

大吐了一口氣，寬了心：『我們現在有了和平，』他說，『不可再失。』然則後來戰爭爲什麼爆發？這是由於要求保證之一舉，將全功盡棄。

所謂要求保證的意思，是說普皇應該正式表示認可里阿蒲爾親王候補之取消，而且保證以後不許重提此項候補之事。這個意思不是拿破崙第三出的，他與俄里維都相信戰機已經過去。這種要求首先見諸報紙，而後有杜威諾亞(M. Clement Duvernois)者在議會提出。格納豪採取了這個意思，並於七月十二日在聖克闊德得到了拿破崙第三的同意。(註一)格納蒙即於當夜七時重發訓令給貝納得提：

『爲使安頓親王的取消承受王位的表示有圓滿的效果起見，普皇勢須承認上項候補，並保證以後不許重提此項候補事情。

『你馬上去向普皇要求這個他不能拒絕的宣言。』

(註一) 哥斯認爲是友仁皇后(Empress Eugénie)的影響，使拿破崙第三贊成保證的意思；格納蒙在他的回憶錄中沒有提出，乃是出於他的豪俠。

在七月十三有關重要那一天，貝納得提從布魯塞爾旅館出來，剛好遇見普皇在拉因(Lahn)的花園中散步。法使立卽提出這個問題，說明安頓親王已經撤消，請普皇保證不許將來再有候補的問題發生。普皇好像爲之震動驚駭：他還沒有聽見撤消的事情因此他希望暫不討論此事。但是貝納得提接到的訓令是要具體的答覆，於是他覺得他必須堅持下去（這是可悲之一步）：『普皇是否可以用權力保證將來不至再有這個問題?』這樣鋒利的——其實是不必要的鋒利——提出來，普皇自然拒絕：『這件事情麻煩我太利害，不願再發生；但是我實在不能再進，如你所希望的。』貝納得提想再辯下去，但是普皇堅決的（但不是無禮貌的）不肯繼續談這件事。次日他派了一個副官——拉志威爾親王(Prince Radziwill)去通知貝納得提說，他證實里阿蒲爾候補取消的消息，並認爲這件事已告結束。

如果法國政府再堅持其保證的要求，戰爭必然發生。七月十五日在聖克閙德召集了一個會議，多數通過堅持這個要求。如是卽令俾斯麥（他看見法國走入挑戰者的地位，很歡喜）沒有那有名删改埃姆斯電報切斷和平之路的行爲，戰爭也不能避免。

現在不能不說一說埃姆斯電報那回事。俾斯麥如其他政治家一樣，正在休息。七月十二日，他認爲離開他的消夏地的時候到了。他是乘馬車旅行的。他經過梧淑（Wussow）的時候，宮內的老牧師繆爾特（Muert）站在門外，看他過去。他們兩個人是老朋友；俾斯麥是一個好性情並且仁慈的人，現在雖然偉大，還沒有忘記友誼。對於牧師的歡迎及提出的和戰問題，他（因忙沒有下車）表示非戰不可。

但是他回到柏林，頗爲失望。他得到的消息，還證明普皇在繼續與貝納得提談判；與毛奇魯因聚餐的時候，他聽見里阿蒲爾親王撤去承認候補的消息。他驚駭懊喪不置，認爲因爲法國的恐嚇而退卻，有傷德意志的威望。他覺得非辭職不可。十三日，毛奇魯因與他再在一塊吃飯，他表示決計辭職。這兩位垂頭喪氣的軍人，責罵他，說他們卻不能這樣辭職。剛在這個時候，亞伯坎（Abeken）從埃姆斯來了一個密電，把談判的情形簡單報告如下：

『皇上寫給我：「貝納得提在散步的時候向我要求（最後用一種很麻煩固求的態度），要我答應他馬上發電，說我將來永不許賀亨佐倫重提候補之事。我最後堅決的拒絕了，因爲這種諒解不但不對，並且不可能。我自然告訴他說，我還沒有得到消息；他既然知道巴黎與馬得利德早得到這種消息，可見我的政府與這件事情沒有關係。」皇上告訴貝納得提，說他正在等候親王的消息之後，對於上項的要求，根據友倫堡伯爵(Count Eulenburg)及我自己的勸告，決定再不接見貝勒得提伯爵，只派一副官去通知他：皇上現在已得到親王的信，證實貝勒得提從巴黎得到的消息，除此以外，沒有別的話向法使說。皇上請你自己去決定，貝勒得提的新要求及其被拒絕的消息，是否應馬上告知駐外各大使及各報紙。」

在桌上把電報譯出來並高聲念出來了，毛奇與魯因起初認爲候補這件事情完全結束了，「飲食都無心思。」（註一）但是俾斯麥認爲普皇既然授權與他發表這段新聞，或者有辦法。因此他把該項電報删短，送給報紙發表。删短的結果，只有很小的不同。原電（是普皇與他的臣下私人間的通報）已經是短得足以傷法人的感情。但是俾斯麥删短的結果，更壞。『照原電，交涉似乎還在展期之中，删改後好像已經完全決裂。』（註二）就是不删短，發表出來也是鹵莽得很；何況删短了，發表，戰爭當然很難倖免。俾斯麥之所以這樣幹法，因爲（他說）『據我的意見，法國的態度，使

我們爲國家的觀念與榮譽計，不能不出於一戰。』（註三）

普皇自己並不願這樣冒昧，也沒有敵意，貝勒得提七月十四日離開埃姆斯的時候，威廉皇帝還親自接見他握手道別。就是貝勒得提自己也不認爲他的政府受了侮辱。如甘必達(Gambetta)（他天性不是好和平的）七月十五日在議會辯論的時候說：『駐普大使並沒有什麼抗議，也沒有什麼憤怒的報告；據他看來，情勢尚不至於要撤回公使。』俾斯麥知道普皇的電報到的時候，和戰問題還沒有決定，所以他有删改電報之舉。就是到了這種地步，如果法國政府保持鎮靜態度，等

（註一） Reflections, Chap. xxii.

（註二） Bismarck, op. cit. ibid.

（註三） Ibid. 删改後的電報，在北德意志報(Gazette de. l'Allemagne du Nord)發表如下：『里阿蒲爾親王取消承受皇位的消息，由西班牙政府正式通知法國政府後，法國大使在埃姆斯進一步向普皇要求，要普皇允許他發電回巴黎，說如果賀亨佐倫候補之事重新提出，普皇將來絕不同意。普皇因此決定再不接見法使，派了一個值日的副官去告訴他，說普皇再不與他談判。』毛奇認爲俾斯麥的删改很得體：『現在的口氣不同了，』他說：『本是好像談話的口氣；現在像對於挑戰的強硬答覆。』(ibid)

候再一步的解釋很容易鑿破俾斯麥的陰謀；然而格納蒙不能靜待。他已憤不可遏。英國里昂爵士(Lord Lyons)於七月十七日向法普兩國提出懇切的要求，請於開戰之前，由第三國出來調停。(註一)但格納蒙婉辭謝絕。七月十八日，立法院通過必需的戰事經費。十九日，俾斯麥接到法國政府宣戰的通告。

在戰爭的時候，及戰爭的終了，俾斯麥的主要急務是防止別國干涉。就是沒有干涉的機會，他還不願與歐洲的輿論作對。所謂歐洲的輿論，英國是主要的代表。所以他首先做的一件毀壞法國信用的事情，就是給了倫敦泰晤時報一份法國合併比利時的條約草案(貝勒得提在一八六六年交給他手的。)該項條約草案在一八七〇年七月二十五日的泰晤時報發表了。(註二)格蘭斯頓(Gladstone)政府雖然有許多好的地方，但差不多完全集中注意於內政，未免錯誤。但就是格蘭

(註一) 根據一八五六年巴黎會議第二十三種議定書。這個議定書除了沒有強迫性質外，像國際聯盟盟約的辦法。

(註二) 戰爭完了之後，又發表了一個文件，毀壞對法國的感情。秋天，德意志軍隊乘勝前進的時候，在盧俟(Rouher)私邸(西色Cercey)裏找出了許多盧俟藏的許多文件，其中有法國一八六六年想合併盧森堡的交涉的記錄。這些記錄，俾斯麥於一八七一年，十月，在帝國新聞(Reichsanzeiger)發表了。

斯頓，也願與任何侵略比利時的國家一戰，因此他於八月九日與普訂約，八月十一日與法訂約，約定英國對於侵犯比利時中立的任何國家當舉海陸軍全力攻擊之。麥子(Metz)屈服之後，法國駐防軍士由盧森堡中立地域逃走，俾斯麥很埋怨盧森堡沒有把他們幽囚起來；英國政府好不容易勸他不在盧森堡自由行動。他向英國外交部長格倫威爾爵士(Lord Granville)聲明，普皇無意廢止一八六七年的倫敦條約。（註一）至於瑞士的中立，沒有什麼問題；包巴基(Bourbaki)的軍隊由法軍司令與瑞士結了條約，於一八七一年二月幽禁起來了。（註二）等到戰爭完了之後，第二帝國已經消滅了。拿破崙第三皇帝的軍隊在西丹(Sedan)敗了之後，一八七〇年九月四日和平革命成功。拿破崙第三自己做了俘虜。國防政府仍原在各省進行英勇並且不是完全失敗的戰爭；至於防護巴黎，尤有足稱者。但是到了一八七一年一月，末日已到。

（註一） Parliamentary Papers, Luxemburg, 1871.

（註二） 一八七一年二月一日的威爾利爾條約(Convention of Verrières)瑞士由海爾佐將軍(General Herzog)代表，法軍由克林章將軍(Clinchant)代表。包巴基因為自殺未遂成了殘廢。

第四節　佛蘭克福條約

拿破崙第三帝國倒了以後，外交無法抵抗普軍不可否認的勝利，以及普魯士的具體目標。然而外交還有一點用處，因爲發爾（Jules Favre）在一八七一年一月二十八日簽了休戰條約以後，法國並不是完全沒有辦法；因爲就是巴黎守不住，還有三個有力的軍隊，由費德海爾布（Faid-herbe）章志（Chanzy）及包巴基三個能將分別統率。普軍雖然勝利，但不願無期延長下去。並且，俾斯麥很急於想避免歐洲的調停，尤其是英國的調停。這時候，英國人民對於格蘭斯頓的不動作，已漸起反感。但是國防政府只有在大不利的情形下，進行交涉。除了甘必達及弗利（Jules Ferry）外，國防政府是由少數勇敢的老頭子組織的。(註一)這些老頭子反對第二帝國好久了，現在第二帝國因爲大敗而倒，他們對於共和沒有絕望，因爲素來是第二帝國的反對派，他們沒有什麽實際的

（註一） Arago 六十八，Crémieux 七十四，Glaize-Bizon 七十，Admiral Fourichon 六十一，Jules Favre 六十一。Thiers 不是最初發難者，七十三。不過 Gambetta 只有三十三，Jules Ferry 三十八。

政治經驗。其中有一個專門的外交家；他的經驗與手段最有用處。這位就是旭多爾德伯爵(Comte de Chaudordy)。不過他沒有閣員的位置，只在甘必達所領袖的代表團（在都爾 Tours)內參贊。代表團在各省主持繼續作戰。政府本身卻願在巴黎被人包圍——這是一個勇敢但不聰明的政策，因爲這樣，政府人員不能知道其餘全國的情形，並且容易感到巴黎人民及被圍軍隊的痛苦與厭戰心理。如果國防政府不在被圍的巴黎，而在安全的波爾都（Bordeaux），比較能夠爲全國幸福下一無成見的決判。

差不多第二帝國一倒，國防政府外交部長發爾便請第爾斯（Thiers）去英國請求幫忙。第爾斯提出使命須包括各國的要求承認之後，才答應去。於是這位老政治家於一八七〇年九月十二日，從巴黎動身；他在英國留了五天；十月十一日，他回到維也納，往意大利京都佛羅倫斯。這位老政治家，到處都受人尊敬，但到處都沒有得到援助。俄皇甚至於表示，他有意的牽制奧國，如果奧國攻擊普魯士，彼卽攻擊奧國。從英國政府看來，國防政府無限的延期召集國民代表會議，也是失計。情勢逐漸趨向和平。西丹的慘敗在九月一日，第二帝國的崩潰在九月四日，巴爭（Bazaine）

在麥子的投降在十月二十七日，巴黎的軍隊幾次拚命突擊失敗以後惟有忍受普軍的轟擊。最後，到了一月二十二日，發爾在保衞之下往凡爾賽（Versailles）普軍總司令部交涉停戰條約。停戰條約雖然成立了，但他卻鑄下兩個大錯：第一，他沒有力爭把停戰條約的範圍限於巴黎。如果巴黎屈服，俾斯麥很難拒絕這麼一個有限制的停戰條約。然而發爾因為不明瞭各省的情形，竟簽了一個停戰條約，差不多包括所有的法國軍隊。這是他的第二個錯誤。東方包巴基的軍隊不在停戰條約之內。普軍想完全解決這個軍隊。發爾以為可以佔點便宜，因為他以為包巴基快要解伯爾福特（Belfort）之危。但是他錯了：因為伯爾福特已經陷落了，包巴基的軍隊被驅過了瑞士邊界。

停戰條約是一八七一年一月二十八日簽字的，德意志軍隊雖然沒有佔據巴黎城的本身，但是操有附近的砲台；巴黎的駐軍總共不過一萬二千人（數目太少），在那裏維持秩序，現在變成了俘虜。全國（包括亞爾薩斯羅連 Alsace Lorraine）自由選舉國民代表大會，二月十二日（停戰協定在該日滿期）以前在波爾都召集，表決和戰的問題。（註一）

（註一）停戰協定兩次為短時間的延期。

同時，在倫敦有一個歐洲會議，法國政府只要在裏面稍爲留心，很容易提出她自己的事情，並且或者已得到了一個滿意的調解。（註一）這次倫敦的會議是因爲俄國不顧信用，否認了一個條約而召集的。一八七〇年十月二十九日，也是麥子屈降了以後兩天，哥爾賈可夫發出了一個通告，取消巴黎條約（一八五六年）規定黑海中立的那一條。法英兩國是巴黎條約的主動者，當然憤慨，但是法國顯然是無能爲力。不過英國是強國。但是內閣總理格蘭斯頓完全盡力在內政上面，不願意打，只有一個小國務員辭職表示對政府的行動不滿。（註二）可是俾斯麥恐怕英國有所動作，不免有點心急，於是他提議召集一個歐洲會議，並表示以倫敦爲會議的地點。這個提議是採行了；法國國防政府也在被邀派代表之列。乃發爾完全用心在巴黎的防禦工作上，毫不留心一天一天的疏忽過去不派代表，雖然俎多爾德在杜爾能夠去並且很願意去。於是法國失掉了在歐洲前面

（註一）英國外交部長格倫威爾爵士自己曾半官式的向第爾斯示意過，倫敦會議中，或者可以替法國幫點忙。但是第爾斯認爲外面的調停，只有使俾斯麥更強硬，直接單獨與普魯士交涉，可以得到較好的條件。

（註二）Otway, Under Secretary of State.

提出她的問題的機會，並且當此緊要關頭在歐洲會議裏面不能如塔列蘭在維也納會議裏面一樣發生影響。倫敦會議從一八七一年一月十七日起至三月十三日止，中間曾經休會，以待法國代表的來到。結果訂了一個新條約，批准了俄國破壞黑海中立的行爲；維持了巴黎條約其餘的部分；並且在另一宣言內（各代表都簽了字，）暗中斥責了俄國收府，說條約非得簽字的各造全體同意不能修改。（註一）法國政府最後才派了布羅格利公爵（Duc de Broglie）爲駐倫敦大使，到會議的末了才出席簽押條約（一八七一年三月十三日。）

到了這個時候，不幸的法國她的問題正在趨於解決了。南德意志各國與北德意志邦聯協同對法作戰大勝以後結了聯合的條約（一八七〇年十一月。）在一八七一年一月十八那一天，在凡爾賽皇宮的玻璃室裏面，宣布了普魯士皇帝爲德意志皇帝。

新德意志帝國第一件最光榮的事情，便是與法國簽定預備和約。二月十二日，新選出的國民會議在波爾都召集。主和最力的第爾斯（甘必達主戰最力）當選了法共和國的行政首領。十九

（註一） 這個宣言是一八七一年一月十七日會議開的時候成功的。

日，他發表了他的著名論文表示他的政策是立卽求法國的解放及改造（不論法國將來的憲法，取何形式。）這篇論文得到了國民會議的贊成，成功所謂波爾都公約。帶了這些文據，第爾斯往凡爾塞去。討論了五天之後，預備和約普魯士方面由俾斯麥代表簽了字，法國方面由第爾斯及發爾簽了字（二月二十六日。）（註一）俾斯麥所提出的條件，很少談判的餘地，但是第爾斯盡力使他減少了賠款的要求，由六千兆法郎減至五千兆法郎，及把木塞爾省（Moselle）之聖普利維特(St. Privat)，威安威爾（Vionville）與馬利阿千（Marie-aux-Chênes）等地方換回了伯爾福特城。第爾斯為報酬普魯士交回伯爾福特計，並且承認了德意志軍隊有進巴黎的權利。（註二）法國所割讓的地方，為亞爾薩斯的全部及羅連的大部分。大概說起來，除了一二處給了德意志使其操有山路之兩旁外，瓦斯基斯山（Vosges）的分水嶺做了兩國的邊界。第三條規定，從波爾都國民會議批准條約之日起，德意志軍隊卽開始撤出法境；不過撤退是分期履行，並且須視法國賠

（註一）　發爾食言自肥。在第二帝國倒後的緊張期內，他們當衆說過，法國不割一寸土，不讓砲台的一塊石頭。

（註二）　沒有規定在條約裏面。

款能否按期交付。所有法國的軍隊，除了駐守巴黎的四萬人外，都須退到羅瓦爾（Loire）的後面。

許多因戰爭而起的問題，還沒有解決。這些問題留到三月二十八日在布魯塞爾所召集的法德會議討論。但是同時巴黎發生了共產革命。法國政府被迫退出了京都，退到凡爾塞，進行反攻巴黎的共產派。因為這個緣故，不能不取得凡爾塞預備和約第三條（禁止法軍越過羅瓦爾以北）的通融辦法。但是通融非給新的酬報與俾斯麥不可。最後，俾爾斯決定無論如何犧牲，須將和約簽定，以便法國政府可以自由做去。於是布魯塞爾的會議解散了。五月四日，外交部長發爾，財政部長普葉爾克爾鐵（Augustin Thomas Pouyer-Quertier）往佛蘭克福，幾天之內，便與俾斯麥商妥了最後的條約（五月十日）。交涉的焦點是關於伯爾福特砲台的土地問題。結果這砲台得到一塊滿意的地皮，但是法國須在羅連，盧森堡邊境割一塊地以為酬報。這塊地皮藏有可寶貴的礦產。幸而法國保有的部分（布利（Briey）流域）所留下的礦產，用改良的方法，還足以供給大部分她需要的鋼鐵。法國代表因亞爾薩斯與羅連的關係，請德意志擔負一部分公債，雖然在國際法上有成俗，卻是完全失敗了。佛蘭克福條約與預備和約比較，的確沒有什麼進步，原因是法國情形愈趨愈下。但是法國從此可以自由做去，所以不久麥克麥洪將軍（Marshal McMahon）可以收復巴黎，壓制共產派（雖然經過很大的犧牲。）內外得到了和平，法國又可從新做起，恢復以前的光榮偉大。（註一）

（註一）有趣味的政治史可看基達拉（P. Guedalla）的第二帝國（The Second Empire）。

（註二）關於俾斯麥的生平及政策，看羅伯生（Grant Robertson）的俾斯麥（Bismarck）。

第二十四章　柏林會議

第一節　三宰相

普法戰後的四十五年中，德意志帝國是歐洲政治的主要因素。（註一）但是她的地位是不安的，『鐵血宰相』樹立了這個帝國，現在仍須加以保護，免得被兩件事情所危害。第一件是法國勢力的恢復，尤其是法俄同盟；如果成功，德國大概要保不住她新得的那兩省。第二件事情足以危害新帝國的存在，便是地方主義，各國希望保存他們自己的生命及獨立——這種感覺在巴威利亞特別利害，其主張擁護天主教皇的政策，反對普魯士趨於非宗教的政策，便可見一般。據說是爲打

（註一）『一八七五年再提到（東方）問題的時候，俄奧德三國——兩個是土耳其的近鄰，第三個是歐洲有勢力的國家——從頭便以爲有權領導歐洲的政策。』——Burke, The Life of Benjanin Disraeli, VI 17.

倒或阻止這種地方主義起見，俾斯麥才有對教皇的所謂文化鬥爭。不過這很難說是一個外交問題。我們這裏所要討論的是阻止法國的政策。

第一件俾斯麥必須做的事，是與奧國來個協定。倍斯特的倒，很有利於俾斯麥的目的。因爲倍斯特的才幹雖然還不夠，然而他是唯一始終強硬與俾斯麥作對的德意志政治家。倍斯特的倒，大概是因爲法郎西斯約瑟夫皇帝覺得與德意志帝國鬥爭，是沒有勝利希望的；爲安慰自己起見，於是完全採取了安德拉塞（Andrassy）向巴爾幹進展的政策。因此給了倍斯特一個有體面的下台辦法，調他去做駐倫敦大使，安德拉塞便做了宰相（一八七一年十一月）。

奧國與德國的協約，在倍斯特沒有下台以前便開始了。一八七二年八月，威廉皇帝來到伊斯爾拜訪法郎西斯約瑟夫皇帝；倍斯特與俾斯麥也在加斯坦親密的談起心來了。一八七二年九月，法郎西斯約瑟夫帶同安德拉塞往遊柏林。俄皇亞歷山大怕被人家丟在一邊，也趕快帶了年紀已老但很剛強的哥爾賈可夫來到德國京都。所謂『三皇同盟』便成立了。嚴格說起來，這不是一個同盟，僅是一個協商：三國的宰相互相交換文書，第一約定維持近來外交所規定的歐洲土地形勢；

第二約定協同處理歐洲東南部將來的紛爭第三約定共同壓制革命的勢力（亞歷山大近來怕了虛無主義。）事實上，『三皇同盟』是神聖同盟的新花樣。

同時候，法國復興的迅速出人意料之外實在使俾斯麥心中有所不安。法國政府一八七二年發行的公債，應募額竟超過了十四倍之多，對德賠款已經付濟，在一八七三年，七月德軍便完全撤出了法境。到了一八七五年，不容易輕舉妄動的俾斯麥，好像短時間也失掉了鎮靜的功夫，想盲目的與法國再來一次戰爭。一個發瘋的比利時人，寫了一封信給巴黎大主教，表示願意去暗殺俾斯麥；巴黎大主教將該信寄了給俾斯麥，俾斯麥便乘機鬧成一個外交問題。俾斯麥偵察出來了一個陰謀，倒不是反對他的陰謀，而是法國想破壞比利時中立的陰謀。德國報紙，對於法國，便大肆攻擊；有一個時候，非常緊急，好像戰爭只是一個時間問題。但是俾斯麥所希望幫助的俄國政府，及格蘭斯頓不復指導的英國外交都派了專使（一八七五年四月）往柏林，表示不能贊助。於是這位鐵血宰相馬上轉過頭來，說戰爭的風聲，是笑話。後來遇見法國大使，他很自然的說道：『人家正在那裏想陷害我們。』他對於英國，沒有什麼惡意；如果哥爾賈可夫不在同年五月中發出一個通告，說

（很不必要的）歐洲和平的維持乃是俄皇的關係，他對於俄國，或者也沒有什麼惡意。克里米亞戰爭之後，哥爾賈可夫（有功於一個和平復興時期的開始）在一個有名的文件裏說：『俄國並不慍怒，而是自守沉默。』（註一）一八七五年五月那個不客氣的通告，（他認爲是『了結』法德問題的）大概是表示俄國沉默時期的終了，積極活動的開始。俾斯麥雖然沒有說什麼，但是永遠忘記這個侮辱。

第二節　赫爾仔哥維那的叛亂及其影響

斯托拉福肯寧對於土耳其並不是一味的擁護。他說了下面一句話已經四十餘年了：他說，『如果有人認爲土耳其可以用人力挽救他，他一定是一個膽大的人。』（註二）然而這個老外交家還能憂鬱地看住那個動搖的土耳其帝國不改良，依然故我的存在着。自從克里米亞戰爭以後，土

（註一）『俄國並不是含怒不言，乃是在那裏恢復元氣。』

（註二）F. O. Turkey, No. 211, December 19, 1832, ad fin.

耳其沒有什麼特別的危機海峽問題曾經再度的發生過，可在一八七一年又比較和平的解決了。

不過現在或者受了德意志與意大利民族成功的刺激，問題又在醞釀着，雖然不完全是新的問題，但是更趨嚴重。差不多五十年來，巴爾幹民族逐漸趨於自覺。塞爾維亞人(Serbs)自一八一五年後，差不多完全自由了；一八六七年土耳其依約撤退伯爾格拉德(Belgrade)及其他保留到現在的要塞的軍隊；現在除了名義上是土耳其的領地外，一切都是自由。保加利亞民族國家的成功雖然還要待諸將來，但是在一八七〇年，土耳其給了牠一個希臘教的主教，以後可以有一個自主的保加利亞教堂。大斯拉夫主義的情緒，有了俄國政府的鼓勵，及俄國一八六四年至一八七七年駐君士坦丁大使伊格納地夫伯爵(Count Ignatief)的有力推動，大有進展。

叛亂之火，起於一八七五年七月赫爾仔哥維那(Herzegovina)地方，不久土耳其政府便宣告破產。有兩個事實預兆歐洲的土耳其之迅速崩潰。現在英奧普根據一八五六年所結條約之一，共同保證了土耳其的領土完整，並且在相當範圍以內(註一)皮康斯菲爾特爵士(Lord Beaconsfield)具有決心維持這種領土完整。雖然他對於土耳其內的被壓迫民族具有同情，但是如巴克爾（Buckle）所說，他是信仰種族，而不信仰民族的人。（註二）他贊成各種不同的種族，聯合成一大帝國，貢獻各自的力量與特質，『反對足以分裂現存帝國只有引起混亂的運動。』（註三）

一八七五年夏間東方危機一經發生（或可以說再度發生），在安德拉塞伯爵指導下的奧政府，（註四）立卽與現在友好的普魯士聯合行動。皮康斯非爾特對於他們儼然以代表歐洲自居，差不多完全不把英國當做一回事的行動很不滿意。英國自一八六〇年至一八七四年久不參加大陸的漩渦，（註五）所以不把英國當做一回事的見解在歐洲是很普遍的。他自一八七六年至一

（註一）法國歷史家德比都根據皮康斯非爾特奪取賽普拉斯(Cyprus)一事，反對此說。但是賽普拉斯是一個島。皮康斯非爾特的意思是保全土耳其大陸的領土完整，以防禦奧俄。

（註二）Buckle The Life of Benjamin Disraeli, VI, 10.

（註三）Ibid

（註四）倍斯特已經不在做宰相了，這時候正在做駐倫敦的大使。

（註五）一般都歸罪於格蘭斯頓，但是拍麥爾斯頓及拉塞爾爵士在一八六四年與一八六六年，也須分任其咎。

八七八年的政策與行動，無論如何，是在使英國免除這種輕視：如薩里士伯利爵士(Lord Salisbury)後來所說，『熱心於英國的偉大是他一生的慾望。』他年紀已經老了，雖然有薩里士伯利爵士幫助他，不完全是單鎗匹馬，但是他的外交部長德爾比爵士(Lord Derby)是反對干涉的，所以沒有給他有力的幫助。

危機發生的時候，外交家一齊都走散了。

『奇怪在這個時候，關係如此重大，沒有一個大使在英國，自多瑙河流域各問題發生，以至於了結，英國政府駐外大使沒有一個在任。博慶瀾(Sir A. Buchanan)回到維也納只有兩天；其餘只有上帝知道在什麽消暑地方——大概在里斯(Lethe)。』(註一)

不過，到了秋天，閣員與外交家都回到倫敦來了，但是皮康斯菲爾特並不容易找到一個解決的辦法。『倍斯特是妄想的，』他在十一月三日寫道。『……至於可愛的司旭威洛夫(Schou)，我完全的相信，他不但不是一個深沉有計謀的外交家，並且連他的職業的ABC也不知道；他歷次

(註一) Beaconsfield to Lady Bradford, August 20, 1875. (Buckle: Life of B. Disraeli, VI, 12.)

這樣實說，是十分誠意的。』（註一）俄國大使司旭威洛夫與狄斯列里在此後多難的兩年中，彼此弄得很好。危機愈趨緊急，他們愈趨接近，有時正式的會面，有時非正式的會面，譬如舉個例來說：『昨夜宴會遇見司旭威洛夫，在他赴倍斯特跳舞會之前，他拉我到一角上去。他喝了許多酒，不十分醉，腦筋還清楚。這是最後的一句話……英俄必須有澈底的良好諒解。（註二）』不過皮康斯非爾特也得要埋怨外交部辦事不敏捷，使他發生困難。一個星期六的下午，他派人向外交部駐部書記索取一個文件：『駐部書記並不駐部！我認爲（皮康斯非爾特總理寫給德爾比爵士說道）你的辦公處管理很不好——比較其他公共機關你們的書記到得晚，也並沒有作夜工，可以原諒像以前拍麥爾斯頓（註三）的時候一樣。』

危機經過了好久沒有可以解決的機會來到。有一個外交上的文書，雖然十分沒有効力，卻是

（註一） To the same, November, 3, 1875, ibid., p. 15.

（註二） To Lord Derby, June 24, 1876, ibid., p. 34.

（註三） To Lord Derby, April 19, 1876. ibid., p. 23.

很有名；這個文書草成之後，奧德及俄在一八七五年十二月三日都同意了，並且在一八七六年一月三十日送了給土耳其政府。這個文書因爲是奧國宰相提議的，所以名爲安德拉塞通牒，其中向土耳其要求了幾種的改良，如各種宗教的自由，包稅制度的廢除，地方議會的設立。自起草的時候起至交給土耳其政府的時候止，其間是徵求法意英同意的時候。法意同意，英國起初卻表示拒絕。皮康斯斐爾特爵士疑心通牒背後有『最後的動機』；但是到土耳其（時常願意發出諾言，以遷延時間）自己來徵求英國同意的時候，英國卽不復拒絕：『我們愛護土耳其，不能比土皇還利害』，狄斯列里這樣寫道。（註一）

安德拉塞通牒沒有發生什麼影響，俾斯麥於是又於五月十一日向各國發出一個節略，要求土耳其政府與叛黨締結兩個月的停戰協定，預備款項重建被毀壞的房屋，及擔任其他的義務。這個節略又名爲柏林覺書。英國內閣一致表示不贊成，皮康斯菲爾特並且說事前不徵求土耳其的意見，而採取這樣劇烈的行動，乃是『跳入黑暗』。（註二）

因此英國派了艦隊往韃靼列爾海峽口外之伯西卡灣（Besika Bay）去監視情勢的發展

（五月二十四日）海軍司令受了確定的訓令，因爲皮康斯菲爾特決意避免『游移』的政策（如克里米亞戰爭便是這種『游移』政策所招致）『我們決不隨隨便便牽入戰爭，』他寫道，『但是我們若加入戰爭，那麼是因爲我們本來要戰，並且有一定要達到的目的。』（註三）就是在那一天（五月二十九日），土皇亞布杜爾·亞塞子（Abdul-Aziz）被廢了，他的姪子慕拉特（Murad）登位了；這是自由派的土耳其政治家米特哈提（Midhat Pasha）所主動的宮闈革命幹的事。

危機的發展到現在還不出常態。伊格納地夫在君士坦丁沒有帶去如安基亞爾斯克列西（Unkiar Skelessi）條約一樣的條約。俾斯麥（雖然阿都拉塞爾（Odo Russell）另有一種意見）（註四）並沒有因爲英國拒絕贊同柏林覺書，而與英國疏遠。皮康斯菲爾特倒喜歡俾斯麥，認

（註一）To Lady Bradford, January 16, 1876, ibid. p. 19

（註二）Ibid, p. 26.

（註三）To Lady Chesterfield, May 29 1876, ibid., p. 29.

（註四）阿都拉塞爾（後來爲安普熙爾爵士 Lord Ampthill）認爲皮康斯菲爾特的政策，在這時候，會使英國孤立

爲他『是一個危險，但是誠意的人；他佩服有榮譽心的，英國大臣，與英國大臣交涉，他做事會直爽的。』（註一）不過危機不久便緊張起來了。一八七六年六月三十日塞爾維亞（Serbia）對土宣戰；七月一日門的內哥羅（Montenegro）繼之宣戰。

歐洲的局面的確是十分的困難。就全體看來，可以說各國政府（包括俄國）都很願意和平解決東方的危機；但是如皮康斯菲爾特對國會所說，『不幸世界不全是皇帝與政府所構成，還有各種祕密會社與革命委員會；祕密會社與革命委員會不停止在那裏工作，在土耳其那樣的帝國，他們可以引起最不可逆料的結果。』（註二）各方正在這個最需要冷靜頭腦的時候，忽然來到巴西巴佐克在保加利亞五月屠殺的消息。不幸在君士坦丁的英國使館完全不知道這件屠殺的事情，這種可怕的消息，還是皮爾斯（Edwin Pears）（住在君士坦丁）寫給每日新聞（Daily News）的一封信，（註三）才第一次公布與英國民衆知道。民衆非常憤激。但是皮康斯菲爾特根據外交部的消息（外交部的消息不靈通，並且觀察錯誤，他很不滿意，）把屠殺事件縮小，懷疑所報告的慘刑，說：『東方人民……我相信……平常對於罪人解決的很快。』（註四）

格蘭斯頓無論如何却不輕易放過這件屠殺事情。他看到每日新聞的報告之後，便坐下來，如摩爾來爵士(Lord Morley)所說，用『忍住的脈跳與情感』來寫成保加利亞的恐怖與東方問題一本小冊子。該書的結論是有名的：

『以皇上及國家一個老公僕的資格，我請求同胞們，（比歐洲其他人民或更爲可靠）堅決要求我們的政府，改變方針，用全力與其他歐洲國家合作，以期消滅土耳其在保加利亞的行政權力。如果要土耳其人不濫用權力，只有讓他們走開。他們的窄普遏(Zaptiehs)與慕底爾(Mudirs)，他們的本巴石(Bimbashi)與尤子巴石(Yuzbashis)，他們的凱馬坑(Kaimakams)與柏夏(Pashas)，我希望一概連同行李滾出被他們破壞汚沾的地方去。』

(註一) To Lord Derby, February 15. 1876, op. cit., p. 21.

(註二) July 31, 1878, op. cit p. 38.

(註三) 看 Daily News of June 23, 1876

(註四) Speech of July 10, 1871.

這些憤激並帶着電性作用的話，刊行的時候剛剛最不合巧，因爲政府正在想於鎮靜空氣中進行急迫的交涉。皮康斯菲爾特認爲這種出版品又可以證明他所謂格蘭斯頓的惡意：『後代對於這個無宗旨的發狂的格蘭斯頓，自有公論——嫉妬，報仇，虛僞及迷信的特殊混合體，無論做內閣總理或反對黨領袖，無論傳教，禱告，演說或亂作文，都有一種顯著的特質，就是決不是一個君子人。』（註一）

一八七六年八月三十一日，在君士坦丁又發生革命，這次的情形，好像使我們回想英國從前一個大使的話，就是斯登布爾（Stamboul）的士皇的更換，與牛津的監學一樣的快。（註二）現在摩拉特讓位於他的兄弟阿布杜爾哈密得（Abdul Hamid）哈密得在位比較長久。這個新皇帝起初無論如何是受米特哈提的影響，似乎願答應改良與和平。時機也是於和平有利的，因爲塞爾維亞人已經敗了，願意接受英國政府九月中爲他們所辦妥的停戰協定。

（註一）To Lord Derby, October, 1876, op. cit., p. 67.

（註二）Sir Thomas Roe, ambassador under James 1 and Charles 1

沒有問題，英德兩國現在是歐洲政治裏面最有力量的分子。皮康斯菲爾特希望兩國同盟，維持君士坦丁的現狀以解決東方的危機：這種同盟同時可以『使俾斯麥放心，不至於怕英法將來同盟，失掉他那奪來的兩省。』（註一）英德同盟若不是那威廉第一老皇帝怕與他的姪子俄皇亞歷山大發生戰爭，或者已經成爲事實了。威廉皇帝（皮康斯菲爾特說道，『我滿心希望威廉皇帝處在巴巴羅薩(Friedrich Barbarossa)同樣的境遇』）（註二）不是唯一的困難；還有一個困難就是去『拉攏俾斯麥』（註三）——他這時候有意躲避外交家；還有一個困難，就是去拉攏英國大使：『我打算靠阿都拉塞爾，但是他或許在巴格達特(Bagdad)；』還有一個困難就是去拉

（註一） To Lord Derby, October, 17, 1876, op. cit., p. 81.

（註二） To the Same, ibid.

（註三） 此後不久，俾斯麥演說，東方問題不值一保麥倫尼(Pomeranian)兵的骨頭。皮康斯菲爾特認爲德國如不與英國合作，大概必加入俄國方面：『這是歐洲政治最嚴重的時候。如果不阻止俄國，神聖同盟勢必採取更嚴重的形式復活起來。德國勢必取荷蘭，法國必取比利時；英國勢必落到一種我決不願生眼看見的地位。 Ibid.

擁德國大使，慕斯特爾伯爵（Count Münster）：『他是多疑的，並且非常笨。』（註一）雖然擬議的英德同盟未成事實，然而東方的危機，好像進展得很好：土耳其同意停戰十一月英國外交部於是發出請帖，在君士坦丁召集一個外交家會議。開會後，列席的英國有薩里斯伯利爵士代表，德國有威爾則爾代表，俄國有伊格納地夫代表，奧國有謝齊伯爵（Count Zichy）代表，意大利有柯爾地伯爵（Count Corti）代表，法國有肅多爾哲（Chaudordy）代表。土耳其政府既不肯接受各種改良的提議，會議差不多全無結果。土政府之所以抱這種態度，或者看見皮康斯菲爾特十一月九日在基爾特廳（Guildhall）（倫敦市長公署）的演說，以爲英國可以保護他。

『和平特別是英國的政策。她不是一個侵略的國家，因爲她不想要什麼……她所希望的，乃是維持並享受她所建造起來的並且引以爲榮的空前的帝國。英帝國的存在，不但靠武力，並且同樣的靠同情。但是英國的政策雖然是和平，却是沒有那國準備戰爭有我們這樣好。若是她爲正義而參加戰爭——並且我相信，除了爲正義外，英國不會加入戰爭——若是

（註一） Ibid.

她爲關係她的自由獨立或帝國而戰，我覺得她的力量是用之不竭的。她若加入戰爭，她不是這種國家要問自己能否接濟第二次戰爭或第三次戰爭的。她一加入，不達目的，她必不停止。』

十二月二十三日舉行第一次會議；同日土皇頒布所謂『米特哈提憲法。』（註一）一八七七年一月十八日，土耳其召集了一個大會議，出席的有一百八十個重要官吏，結果對於君士坦丁會議的提議，拒絕接受。於是俄土兩國成了對峙的局面。出席的代表立卽離開君士坦丁。該會雖沒有積極的成績，但實在做了一番有價值的工作：該會保持了歐洲的協調，俄國雖然一時退出，但在柏林又回來了。

此後的幾個月中——一八七七年二月至四月——俄國是在那裏等候時機。皮康斯菲爾特對於戰事的準備，都預備好了，俄國不進到君士坦丁，他不宣戰。一八七六年十二月俄國大使不謹

（註一） 其中所允許的代議國會，一八七七年三月中召集了，一直開到一八七八年。到那時憲法又暫時作廢了，直至一九〇八年才由少年土耳其黨恢復過來。

愼地洩漏了俄國的計劃『司旭威羅夫昨夜對我說俄國不要保加利亞或博斯尼亞(Bosnia)或別地方一個針——他們要的只是「海峽」我說我知道了。』（註一）

一八七七年一月三十一日，哥爾賈可夫發出一個通牒，總結直到現在的俄土交涉情形，並且很明白的暗示現在須用戰爭來解決兩國間的爭端。俄皇又特派了伊格納地夫（君士坦丁的要角）往倫敦設法與英國商妥一個臨時辦法。皮康斯菲爾特給了他一個盛大的宴會，到會的英國婦女各其盡力以保持英國的體面：『倫敦德利（Lady Londonderry）夫人掛滿了司徒瓦提（Stewart），威恩（Vane）及倫敦德利三個家庭的寶石，在她的右手擺了俄國皇后的像片，用金鋼石嵌着這個相片是俄國贈給她的。伊格納地夫夫人戴了許多金剛石，穿了一套華貴的衣服，但是相形之下，不免失色。』（註二）

一八七七年三月一日，爲和平的最後努力。巴黎條約簽字各國的駐英大使，在倫敦舉行了一

（註一） To Lord Derby, December 21, 1876, op. cit., p. 109

（註二） To Lady Bradford. March 16, 1877, op. cit., p. 128.

個會議，連同德爾比爵士簽了一個議定書，要求土耳其解除動員，而速施行其所承諾的改革：如果土耳其贊同這些條件，俄國也解除動員。一時卽皮康斯菲爾特也以為和平可以保全，但是不久他便知道不行了。土耳其抗議，被置於人家支配之下，於是四月三十一日俄皇便宣戰了。皮康斯菲爾特老了，意志不堅定，並且自這個東方危機發生以來，患了脚瘋病及喉管發熱病；一半出於遊戲，一半出於正經，他曾寫道：『我希望他們——俄人與土人——都淹死於黑海底。』(註一) 然而他只要一息尚存還是決心幹去；老了，病了，他還是預備了對付一個歐戰。

第一步他勸德爾比爵士給了哥爾賈可夫一個類似哀敦米敦書的文書，警告俄國不要染指蘇彝士運河，(註二) 波斯灣及博斯佛拉斯海峽(Bosphorus)，因為這些地方是英國的利益範圍。這些條件，皮康斯菲爾特所謂『我們政策的憲章，我們外交的總和，』哥爾賈可夫於一八七七年

(註一) To Lady Chesterfield, January 2, 1877, op. cit., p. 112.

(註二) 一八七五年皮康斯菲爾特代表英國政府收買了埃及王伊斯麥爾(Khedive Ismail)持有蘇彝士運河的股份，計為 176,602 股（總共為 400,000 股。）

五月答應了。為小心行事起見，皮康斯菲爾特在六月中提議英奧同盟。（註一）七月，他得到內閣的具體決定，如果俄國佔領君士坦丁，英國便宣戰。

如果俄國軍隊馬上佔優勢，俄皇大概會置哥爾賈可夫的諾言不顧，前往君士坦丁，那麼英國便會加入戰爭。俄國軍隊在普列夫拉（Plevna）前面被阻了好久，竟阻止了英俄戰爭。英國與奧國聯盟的提議沒有結果，原因是奧國政府與俄國政府於一八七七年一月十五日在維也納結了一個密約，（註二）有一種諒解。這個密約的條件是奧國答應『以外交的行動，在牠的能力範圍以內，盡力消滅干涉的運動；』俄國方面則許奧國得博斯尼亞及赫爾仔哥維那。

（註一）To Lord Salisbury, June 14, 1877, op. cit. p. 144.

一八七七年終，俄軍很佔優勢，亞爾門尼亞（Armenia）的卡爾斯（Kars）於十一月失陷，及保加利亞的普列夫拉於十二月失陷之後，君士坦丁自然容易落到俄軍手裏，皮康斯菲爾特抱有

（註二）『奧國之取得博斯尼亞與赫爾仔哥維那，乃根據這個條約，而不是柏林會議』——Bismarck, Reflections, chap. XXVIII. Pribram, II, 191-203 (Trans. 1921)

決心，但是他的內閣除了薩里士伯利爵士外，却很冷淡。並且，駐外的大使也沒有給他什麼幫助：『我希望我們能夠去掉這批人，』他寫給德爾比爵士道，『我看來他們十分沒有用處……我想阿都拉塞爾最無用。他只會重覆陳述所有俾斯麥帶譏諷性的誇大話。這些話，他顯然諂諛地聽得出神。』(註一)哥爾賈可夫明明白白願遵守他不攻擊海峽的諒解，但是他在布加利斯(Bucharest)不能預聞。十月九日，司旭威羅夫告訴了皮康斯菲爾特說，俄國與奧國有密約。

普列夫拉及通巴爾幹之路失陷以後，士耳其再不能抵抗了。俄軍的進到君士坦丁是可以料到的了。一八七八年一月二十一日國會開幕時的皇后演辭(Queen's Speech)，說得夠清楚，英國加入戰爭差不多是一定了：『我不能隱瞞我自己，如果戰事不幸延長下去，或者有不可測的事變，使我不能不採取預防的辦法。』內閣通過派英國艦隊開過韃靼列爾海峽的辦法，卡爾拉爾望爵士(Lord Carnarvon)及德爾比爵士因此便辭職了，(註二)（皇后積極贊助戰的政策，故對於他們的辭職很滿意。）英國艦隊在汗貝司令(Admiral Hornby)指揮之下，通過了韃靼列爾海峽（士耳其既有戰事，很合法，）又回到海峽進口地方。一月三十一日，士耳其政府在亞德利亞羅堡(Adrianople)簽了預備和約，允許保加利亞成爲一自主的王國，博斯尼亞與赫爾仔哥維那有自主的制度。二月五日，奧國提議召集一歐洲會議；英國贊成，不過附有條件，就是俄土和約每款都須交給會議討論。於是英國的武力干涉暫時避免了。

但是俄國政府仍原緊緊的追求牠自己的目的，在三月三日壓迫土政府簽了衆目昭彰的山斯徹方洛條約(Treaty of San Stefano)創立一個大保加利亞，南至愛琴海(Aegean)，西至亞爾巴尼山(Albanian Mountains)，並且使巴爾幹半島有其他許多重大變遷。沒有疑問，山斯徹方洛條約如皮康斯菲爾特在國會所說，會取消在歐洲的土耳其，並且無論如何暫時在巴爾幹樹立一個保護國。起初各種條件是保守祕密的，一直到三月二十三日才交給英國政府。交給之後，俄國政府便馬上聲明，會議可以隨便提出問題，但是俄國政府保留對於決議拒絕或接受的自由。皮

(註一) To Lord Derby. September 1, 1877, loc. cit., p. 178

(註二) 德爾比爵士這次的辭職只是暫時的。他再入閣之後，做了兩個月，最後讓給薩里士伯利爵士。卡爾拉爾望辭職後，由熙克斯貝煦(Sir Michael Hicks-Beach)繼任爲殖民地部長。

康斯菲爾特一接到這個他所謂的『哀敦米敦書』便立即召集內閣會議：他寫給加桑哈達（Gathorne-Hardy）道，『我們在趨向戰爭；』但是他加添說道：『如果我們勇敢有決心，我們可以得到和平，令歐洲接受英國的條件。』（註一）三月二十七日舉行關係重要的內閣會議：通過動員後備軍，調動印度的軍隊，令其取塞普拉斯（Cyprus）及亞歷山德列達（Alexandretta）。（註二）德爾比爵士立即辭職；他不贊成佔領『新基布拉達爾（New Gibratars）。』

英國政府的強硬政策，震動了全個歐洲，連俄國在內。英國皇太子（威爾斯親王）在法國社交界很活動，從巴黎寫信來說他在瓦丁頓（M. Waddington）一個夜會裏，遇見甘必達，甘必達『表示竭誠贊成皮康斯菲爾特爵士關於東方問題的各種步驟，並且表示很反對有大軍隊的國家，隨便推翻一切條約，置有關係的抗議及公法於不顧。』（註三）薩里士伯利爵士解釋英國反對

（註一）Cp. cit., 261

（註二）七千印度軍隊確實接防了馬爾達。亞歷山德列達與西普拉斯的佔領，並不馬上需要。

（註三）May 7, 1878, op. cit., 291

山斯徹方洛條約的通告，明晰曉暢，也有大的影響。最後印度軍隊到了馬爾達，這可以表示英國政府備戰的嚴重情形。

『因爲祕密的告訴土皇，安德拉塞，及羅馬尼亞政府，說就是我們單獨，我們也預備在五月三日用武力使俄軍撤退羅美里亞（E. Rumelia），才有這個大變遷。土皇發誓守祕密，自然告訴了他的希臘醫生；安得拉塞也發過誓守祕密，自然洩漏了（我們原來希望他如此）給俾斯麥，羅馬尼亞自然告訴了俄國。』（註一）

俄國財政已發生困難，軍隊又因戰爭與疾病有損失，的確沒有意思與英國作戰，願意在會議沒有舉行前，答應英國的條件。於是司旭威羅夫往聖彼得堡去，回來帶了兩國政府的草約，旋於五月三十日簽了字。（註二）俄國承認大大的縮小所提議要建立的保加利亞國疆土，以巴爾幹爲南方邊界。希臘之事，當在會議受相當的考慮，而羅馬尼亞的倍沙拉比亞（Bessarabia）當交還俄

（註一）柏林會議之後寫的（一八七八年十一月二十九日），op. cit., 293

（註二）是在倫敦由薩里士伯利與司旭威羅夫簽字的，採取覺書的形式，記載兩國同意的見解。

國。

(註一)皮康斯菲爾特還希望俄國不合併卡爾斯及巴潼(Batoum)；但他不能得到俄國的允許。他既不肯以此爲開戰的原因，乃暗中爲抵制之計，從土耳其取得塞普拉斯島，而英國爲之保障亞洲方面的領土，惟巴潼，加爾斯，及亞達汗(Ardahan)三地除外。(註二)俄土兩條約原來須保守祕密至柏林會議之後，但不幸俄約原文爲外交部一臨時書記賣了給地球報(Globe)，在六月十四日發表出來了。雖然一時羣情憤激，但沒有大的害處。

現在什麼東西都預備好了，在柏林舉行會議。不慌不忙的，皮康斯菲爾特旅行了四天，於六月

(註一)　這塊土地在普魯斯(Pruth)下游的東岸，多瑙河基里亞(Kilia)口之北，原來屬於摩爾達維亞。一八一二年布加列斯提條約(Treaty of Bucharest)把牠合併於俄(連同倍沙拉比亞其餘的地方)，一八五六年三月三十日的巴黎條約又把牠歸併於摩爾達維亞，現在又交還給俄國，與倍沙拉比亞合併。

(註二)　一八七八年六月四日由拿耶特(Layard)與沙夫克提(Savket Pasha)簽於君士坦丁。假着這個條約，皮康斯非爾特在安納托里亞(Anatolia)設了四個領事館，每處有一軍事副領事。這個辦法行得很好，改善了那部分的被壓迫民族的狀況不少，到一八八二年格蘭斯頓將領事官撤退。

十一日才到了柏林，住在凱沙飯店（Hotel Kaiserhof）。英國到會代表還有薩里士伯利爵士，他帶了包爾福（Mr. Arthur Balfour）爲私人祕書。俄國代表爲哥爾賈可夫親王及司旭威羅夫伯爵；前者是一個縐了皮的老頭子，（註一）後者如皮康斯菲爾特後來在會中所說『以驚奇的才能與脾氣，來作困難無望的力爭。』（註二）奧國主要的代表是安德拉塞伯爵『一個可以入畫的人，但是顯然缺乏鎮靜的工夫』，（註三）法國的主要代表是瓦丁頓是希臘的好朋友，意大利的代表是柯爾地伯爵（Count Corti），土耳其的代表是加拉仔阿多利（Caratheodory Pasha）（希臘人）及麥海麥提亞里（一個雇用的德國兵，接受回教，在土耳其軍隊中升到很高的地位。）德國的主要人物，當然是俾斯麥親王，在第一次會議裏面便被選爲會長。皮康斯菲爾特有十六年沒有看見這個著名的宰相，現在不是他記得以前那樣『高而且蒼白像黃蜂腰』的俾斯麥，而是

（註一） Beaconsfield to Queen Victoria, June 12, 1878, op. cit., p. 318

（註二） To Lady Bradford, June 26, 1878, op. cit., p. 328

（註三） To Queen Victoria, June 12, 1878, op. cit., p. 316

「一個極堅固臉帶紅色，鬍鬚銀白的人。」（註一） 皮康斯菲爾特很喜歡俾斯麥「他的清妙溫和的聲音，與他的像鬼魅的身體比較，是一個有力的對照。他讀書顯然很多，對於近代文學很熟。他形容人物很俏皮的。」（註二） 他們一塊吃飯有好幾次，俾斯麥在皮康斯菲爾特前面一個人說了許多話，多半是批評君主們的口心不符，及「他自己的皇帝可怕的行為」——他那「清妙溫和的聲音」與「他所說的可怕事情」相對照，更加特別。「俾斯麥，」英國內閣總理說，「超過所有的人……他是一個完全的專制魔王，普魯士人自上至下，及全體外交界，看見他生氣便要發抖，巴不得求得他一笑。他對我倒非常客氣。」（註三） 俾斯麥方面也認為皮康斯菲爾特是會議裏面的主動勢力：「這個老猶太人，就是他！」他說。

會議於六月十三日（星期四）在拉特仔威爾宮(Radziwill Palace)開幕，繼續開到七月

（註一） Ibid.

（註二） To Queen Victoria, June 17, 1878, op. cit., 322

（註三） To Lady Bradford, June 26, 1878, op. cit., pp. 328-9

十三日常會的時間是下午兩點到五點。代表在會議桌上的座位，是照本國字母依次排好的。大的爭論是關於巴爾幹的邊界；如果皮康斯菲爾特能夠把保加利亞南部邊界以巴爾幹線為止，他便滿意了。在俄國方面，雖然默認山斯徹方洛條約的毀壞，卻極力阻止他們的計畫全體減縮。但是皮康斯菲爾特的態度是很堅決的。六月十九日在意大利使館宴會上，他對柯爾地伯爵（他『是一個差不多完全中立國家的大使……各方面的話都聽到』）說，他非常悲觀，『如果俄國不接受我國的提議，我已經決定把會議破裂。』（註一）六月二十日，司旭威羅夫請求延期二十四小時，待聖彼得堡的答覆。二十一日早晨，是延期期滿的一天，皮康斯菲爾特靠住他的朋友兼祕書滿達鳩（Montague）的手腕，在有名的菩提樹街（Unter Linden）散步，下令預備專車載英國代表團回加來（Calais）。（註二）

專車永遠用不着。當日下午五點鐘左右，俾斯麥親王忽然來凱沙飯店拜訪，對於保加利亞邊

（註一） To Queen Victoria, June 17, 1878, op. cit., p. 323.

（註二） op cit., p. 325

界問題，提出調解的意見。皮康斯菲爾特不勝憤怒。

『「是不是我要認爲這是哀敦米敦書？」「是。」「我現在要去皇太子那裏。我們應該再來討論這個問題。今天你在那裏吃飯？」「在英使館。」「我希望你能同我吃飯。六點鐘時，只有我一個人在。」』

於是皮康斯菲爾特送了一個道歉的信給阿多拉塞爾夫人，去與那個『誠實的經紀人』吃飯。吃飯的時候，俾斯麥宰相吃飲，大談一切，但不談政治。不過吃完以後，兩人一面抽煙，一面談到正題來了：『我相信我給了我衰老之軀一個最後的打擊，但是我覺得絕對需要。我有一點半鐘最有興趣的談話，完全關於政治；他被我說服了，覺得哀敦米敦書不是假的，在我沒有上床睡覺以前，我欣然得知聖彼得堡已經屈服了。』（註一）第二天早上，皮康斯菲爾特將消息打電報告訴維克多利亞皇后，結語用『俾斯麥說的話「又有一個土耳其在歐洲了。」』維克多利亞皇后的答覆是『完全是你的精力與堅決的功勞。』（註二）

如是柏林會議歷史上最危險的一天過去了，雖然還需要幾個星期，最後的結果是沒有問題了。俄國代表爭巴潼與卡爾斯甚力；皮康斯菲爾特對於此點讓步了。因爲他實在注意的是歐洲的土耳其，並且，如果俄國取得巴潼與卡爾斯，英國便可取得塞普拉斯。皮康斯菲爾特祕密的將塞普拉斯條約告訴俾斯麥，俾氏很表贊成佩服說：『這是進步！』『他的進步的觀念，顯然把握一點東西，』皮康斯菲爾特說。（註三）會議到了閉幕的時候，各國代表團紛紛大張宴會。最後並且最好的宴會是土耳其使館給的：有兩樣全國著名的菜，特別是一個大皮列夫（pilaff），（菜名）『使人很注意。法國大使瓦丁頓兩次要吃這個菜』。（註四）

柏林條約是於七月十三日下午四時在拉特仔威爾宮，由英德奧俄意法及土耳其各國代表簽字的，今後三十年中，好像成了東方的一個破爛的憲章。該約有臨時的及永久的兩種目的。臨時

（註一） To Queen Victoria. June 20, 1878. op. cit., p. 324

（註二） Ibid., p. 324

（註三） To Victoria, July 5, 1878, op. cit., p. 332

（註四） Ibid., p. 330. 瓦丁頓實在是外交部長。

的目的是廢止山斯徹方洛條約並避免俄英的戰爭。這個目的確實達到了。永久的目的是在解決巴爾幹半島問題，使各方都能滿意。這個目的也不是完全沒有達到。

第一，新保加利亞國南部以巴爾幹為界。巴爾幹線以南建立了一個自治省，名為東羅美里亞(Eastern Rumelia)，以一耶教徒總督治理之。其所以採取這個奇怪名字，而不顧俄國的反對，乃是故意要與保加利亞國顯然不同。其他巴爾幹國家土地略有增加。希臘政府雖然不是構成柏林會議之一員，但是牠的代表德爾顏尼斯(M. Delyannis)及倫格貝(M. Rhangabé)可以列席申述他們的意見。第二十四條記載修正希臘邊境的建議，並預先聲明，如有糾紛，由列強出來調停。結果是於一八八一年得到了鐵沙利(Thessaly)。塞爾維亞及門的內哥羅增加了不少土地，不過如果山斯徹方洛條約不取消，得的地方還要多。門的內哥羅取得安的窪里港(Antivari)，(註一)及其附近海岸，但是她不能用戰旗(第二十九條)。塞爾維亞的大收穫，是尼許(Nich)及其附近土地。奧國所得最多，因為博斯尼亞與赫爾仔哥維那劃了歸她佔領治理，她並且有權駐

(註一) 一八八〇年，經過困難的交涉，加增了達爾西洛(Dulcigno)。

兵洛維巴札區（Sanjak of Novi Bazar）。這塊土地，掩有從沙拉擠屋（Sarajevo），經米托落威鬧（Mitrovitza）到薩羅尼卡（Salonica）的軍路，並且扼住門的內哥羅與塞爾維亞的交通。以外奧國還得到斯丕鬧（Spizza）小鎮，可改爲要塞，控制安的窪利灣。

羅馬尼亞在戰爭中大有幫助於俄國。起初結了一個條約，（註一）（她實在出於不得已）給了俄國各種便利，讓俄軍經過她的土地運輸，後來又結了一個條約，（註二）加入戰爭，做了俄國的同盟國，她的軍隊在普列夫拉很有功勞。在柏林會議（羅馬尼亞沒有參加，）她的代表須將倍沙拉比亞交還俄國，而取得土耳其的達布魯甲（Dubruja）（不毛之地，但在康斯登沙（Constantsa）有一良港）以爲補償。該約並且規定了在羅馬尼亞（第四十四條，）門的內哥羅，及塞爾維亞關於公民及宗教的自由。俄國取得了亞爾門尼亞，卡爾斯，及巴潼：在第五十九條內，俄皇聲稱『他願開放巴潼爲自由港，主要爲通商之用。』皮康斯菲爾特爭持開放巴潼爲自由港甚力，他認爲五十

（註一） April 16, 1877.

（註二） May 14, 1877.

九條是他的一個大勝利。不過到一八八六年，俄皇取消了他原來的意思，將該港封閉了。柏林條約其他條款，關於多瑙河的歐洲委員會的維持，施行一八六八年的有機法(Organic Law)於克利特(Crete)，科達爾(Khotar)之割與波斯，土政府之願意維持宗教自由，及亞頓斯山(Mount Athos)僧侶的權利等等。(註一)

(註一) 關於柏林會議有一本好的小書，名 The Congress of Berlin, 1878. by E. L. Woodward. (London, 1920) 還可參看 G. Cecil: Life of Robert Marquis of Salisbury, vol. II.

第二十五章　三國同盟

柏林條約以後的三十年中，外交方面，主要的注意，是集中於三國同盟。與德奧意三國同盟（原文嚴守祕密）的意思有密切關係的是『重復保險(reinsurance)政策』；德奧既有三國同盟，對俄法保了險，又與俄國結約，『重復保險。』三國同盟的歷史並且證明了歐洲的土耳其還是國際外交的中心：差不多所有的協定都發動於對巴爾幹問題。最後我們值得注意的是，三國同盟的政治家聲稱該同盟是屬於和平的性質，這却有事實證明。在這些外交文件中，對於英俄，是很表示敬意的；三國同盟的國家很想聯絡他們是顯然可見的了。但是並沒有意思聯絡法國。所以法國在一八九六年非常孤立。

只要法國很弱，勢不能要還亞爾薩斯與羅連，那麽三國同盟可以說是一個和平的結合。但是如果她的勢力恢復，使她好像足以要求，那麽德國的政治家及軍人政客一定要發起慌來，設法早日逼她一戰，這大概是一九一四年歐戰的原因（還有許多別的因素。）

俾斯麥一八七一年之合併亞爾薩斯及羅連，雖大概是由於當時的逼迫，却無疑地鑄了一個大錯，要是他讓這兩省給法國賀亨佐倫帝國(Hohenzollern Empire)至今還會存在。既然得了這兩省，無論如何，俾斯麥希望德帝國能安穩地保持他們因此他進行他的防守同盟的政策。

『司旭威羅夫伯爵的話，說聯合是我的夢魘，那是完全對的。我們打敗了歐洲兩個大強國；一切都靠引誘至少兩大強敵（敗於我們）之一，取消聯合其他一方作報仇之戰的計畫。』（註一）

俾斯麥記得在菲德利克大帝(Frederick the Great)合併塞列西亞(Silesia)之後，孔尼子(Kaunitz)如何聯合奧法俄。因此，他認為德意志帝國與法國是決不能友善的，他決定去聯絡奧俄。

柏林會議之後，他的同盟政策，差不多接着有一個大成功。一部分因為俄國在巴爾幹的失望，

（註一） Bismarck, op. cit., chap. XXIX

一部分因爲大斯拉夫主義者的活動，俄皇與德奧的關係，日益險惡。妥協的司旭威羅夫伯爵，在柏林會議對英國及其他各國的態度，被人攻擊，認爲過於恭敬，現在失勢了。在俄政府最有勢力的人物，要算陸軍部長米陸廷（Milutin）。俾斯麥與安德拉塞伯爵（一八七九年八月二十七日至二十八日）在加斯坦對於這些及其他各事都討論過，結果成立了下面的諒解：『奧德同盟是俄法同盟的自然平衡』（註一）不錯，次月威廉皇帝在撲森（Posen）的亞歷山德落屋（Alexandrowo）會見了他的姪子俄皇，彼此還保存着他們以前的感情，重修和好。但沒有締結什麼有拘束力的協定，俾斯麥還是很不滿意。於是一八七九年十月七日，有奧德同盟條約的成立。這是安德拉塞伯爵的最後工作。八日，他便辭了職，以匈牙利大人物的身份過其餘年，至一八九〇年逝世。

自一八七九年至歐洲大戰，奧德同盟條約是歐洲國際關係的樞紐。在這個時期內，以迄於歐戰末了，這個條約是有效的。三國同盟是就奧德同盟擴充的，並不是代替奧德同盟的。三國同盟是一個不穩固的，不自然的合夥，根據締結各造自己的便利，沒有實在的共同利益。牠到期滿須續訂。

（註一）Bismarck, op. cit., ibid. 那時並沒有俄法同盟，但俾斯麥很怕這種同盟成功。

至於奧德兩國同盟，雖然僅以五年爲期，但在一九〇二年差不多完全成爲永久的東西，（註一）任何一方，如想修改可隨時於三年前通知。

這個條約簡單規定，『如果兩帝國中有一國被俄國攻擊，同盟之他方須舉其全力來助；講和也須共同依彼此間的協定行之』（第一條。）如同盟中之一帝國，被俄國以外的國家攻擊，同盟之他方，只須守好意的中立；但如果俄國有任何軍事的攻擊，則未被攻擊之他一同盟國，當然舉全力助戰。近代的同盟條約，常以『非挑釁的攻擊(unprovoked attack)』爲助戰原因，而一八七九年的兩國同盟，則無此種遁辭。（註二）在該約中，助戰原因即單在俄國的攻擊。一九一四年，德之所

（註一）一八七九年十月七日條約的第三條，規定以五年爲期。一八八八年發表的條文，沒有這條。(Printed in Marten's N. R. G., 2me Serie t. XV. 及 State Papers, LXXIII, 270.

（註二）一九一二年愛德華葛萊(Sir Edward Grey)提議，英德彼此不爲『非挑釁的攻擊』，邊斯門賀爾維(Bethmann-Hollweg)回答說這句成語，沒有什麼意義，沒有那個文明國家，對絕對『不挑釁的國家』加以攻擊。各國所被挑釁的東西不同，多少不無理由。

以助奧攻俄，即依此規定。

老威廉皇帝原欲以奧德兩國同盟密告俄皇亞歷山大第二，但俾斯麥加以勸阻。（註一）不過他並不反對設法改善三帝國的關係，使兩國同盟所預期的戰爭可免。於是在一八八一年，有三帝國聯盟的成立，此可說是一八七三年三皇同盟的復活。聯盟的條件，載在俾斯麥與奧大使施遷異(Széchényi)及俄大使薩包羅夫(Sabouroff)在柏林締結之一協定（一八八一年六月十八日。）依此協定，如果締約當事者之一國與第四國開戰，締約當事者之其他二國，應守好意的中立（第一條）對於一八七八年柏林條約的修正，須依他們共同協定行之（第二條；）韃靼列爾斯海峽與博斯佛拉斯海峽的封閉的原則，須仍舊保全（第三條。）

注意，第一條與第三條無可反對，但第二條無異於聯合三個政府，陰謀反對其餘的歐洲。因為

（註一） Bismarck, op. cit., pp. 191－2 秘密的告訴了英國，並且有意思要英國加入，與奧德成為三國同盟；參看薩里斯伯利爵士一八七九年十月十五日與十七日信，及 Buckle's Life of Benjamin Dirraeli, VI, 491—2.

柏林條約（第二條內，三國政府明明想單獨去修改）是歐洲的法律，只有所有簽字國家的允許，能够合法更改。這個陰謀的惡毒程度，及其結果的危急，可於六月十八日協定同日所附帶的議定書中看見。該議定書的第一條，奧國保留隨時合併博斯尼亞及赫爾仔哥維那之權。第四條規定，三國『不反對保加利亞與東羅美里亞在柏林條約所許的土地範圍內，再聯合起來。』（註一）

德奧彼此同盟，對俄有安全的保障後，轉而聯絡意大利。意大利雖然沒有放棄其恢復失地的意思，但是因爲敵視法國的緣故，不惜與德奧攜手。意法的仇視，倒不是因爲意大利垂涎法國在歐洲的幾塊地方，如薩屋夷尼斯及科西卡（Corsica），而是因爲法國在歐洲以外的殖民政策，使意大利政治家不安。意大利政府甚注意牠在地中海的政治均勢中的地位；而法國勢力之沿非洲北岸膨脹，似將予以危害。最後使意大利人恐怕的一着，是法國與突尼斯（Tunis）總督於一八八一年五月十二日結的巴多條約（Treaty of Bardo）。根據這個條約，突尼斯總督同意法國派兵

（註一）條約與議定書都是秘密的，至一九二〇年 Pribram (op. cit.) 才發表出來。聯盟以三年爲期，至一八八四年續訂三年，至一八八七年便變成了有名的『重復保險條約』。

佔領他的土地變爲法國的保護國。一時意法關係，似瀕於危機。不知道誰建議，意大利應該加入德奧；但是三國同盟對於各方面的利益至爲明顯。如果另外一個同盟，能使法國報仇的機會減少，俾斯麥是無有不願意的。奧國將來對俄開戰，於德國之外，還須再找外援，因爲德國大概須以主力對付法國；至於意大利，決不能單獨戰爭，必須有同盟國的幫助。一八八二年，意國皇帝亨柏特（Humbert）接連訪問奧皇法朗西斯約瑟夫於維也納，訪問德皇威廉第一於柏林；三國同盟之一般的計畫好像在這個時候已經決定了。三國同盟原文是於一八八二年五月二十日在維也納簽字的；簽字的代表，奧國有加爾洛基伯爵（Count Kálnoky），德國有魯斯亨利第七親王（Prince Henry VII of Reuss），意大利有羅比蘭伯爵（Count Robilant）。同盟的存在，變成了普通所知道的事實，但是牠的內容繼續使一般政客，新聞記者，及著作家莫名其妙者差不多有四十年之久。因爲牠的條文始終沒有被締結者或預聞者所洩漏，所以『的確這是一個好證據證明時常被人攻擊（不是沒有道理）不謹愼的統治階級，也有謹愼小心的地方。』（註一）

一八八二年的三國同盟，載於一個三方的條約裏面。第一條是關於政治經濟問題意見的交換。第二條如下：

『意大利如果自己沒有挑釁，而被法國攻擊，其他兩同盟國當舉全力以助被攻擊的同盟國。

如果德國自己沒有挑釁，而被法國攻擊時，意大利有同樣的義務。』

同盟國中之一國，如被一大國以上的攻擊，則相互助戰的義務也發生（第三條。）其餘五條是關於好意的中立（第四條；）助戰原因快要發生時，同盟國須有充分的時間商量軍事辦法（第五條）條約的祕密（第六條；）條約的期限——五年（第七條；）及條約的批准（第八條）。在此條約之外，尙附有意大利的聲明，即謂『這同盟無論如何不得視爲敵對英國的。』德奧也有

（註一） Pribram, op. cit., Introduction, p. 4. 奧政府於一九一五年將一九一二年的續約發表了四條 (Diplomatische Aktenstüche betreffend die Beziehungen Oesterreich-Ungarns zu Italien in der Zeit vom 20 Juli, 1914, bis zum 23 mai, 1915, p. 161) 全文於一九二〇年由 Pribram(op. cit.) 發表了。原文是法文的。奧德兩國同盟則是用德文的。

同樣的聲明。這些聲明，與條約一樣，須守祕密。故其目的不是爲取得英國的好感而是使其他兩同盟國明瞭意大利的地位：意大利在地中海的利益，與法國的衝突，與英國的不衝突。

對於三國同盟得益似乎最少的，要算奧國；奧國因爲無論德意，如果被法國單獨攻擊，她都須爲他們而戰。在奧國方面，如果被俄國單獨攻擊，她不能要求助戰。不過我們一定要記得，奧國根據一八七九年的兩國同盟，有德國幫助的保證；該同盟還是有效，顯然沒有通知意大利。

一八八三年羅馬尼亞加入三國同盟；其加入的手續，便是與奧國在一八八三年十月三十日結了一個防禦同盟條約。德意兩國於同一日簽字，加入此條約，而同負其義務。

就同盟國間彼此的關係全體看來，三國同盟代表的政策是既往不咎。德奧意忘記以前的仇隙。該同盟還有一個目的：一八八二年五月二十日的條約的序文說同盟國的動機是『爲希望增加一般和平的保證，爲鞏固君主專制政治的原則，及爲保障他們各國的社會政治秩序。』所以，這是一種復活的神聖同盟，不過有一點不同，就是三國同盟不想去干涉別國的內政。

從一八八二年第一次三國同盟條約簽字起，至一八八七年的續訂條約止，其間巴爾幹發生許多奇怪浪漫的事情。在山斯徹方洛條約裏面，俄國想樹立的『大保加利亞』，在柏林會議裏面縮減了成爲多瑙河與巴爾幹中間一個『小保加利亞』。巴爾幹山以南，至伊斯托倫甲山脈(Istranja)〔在亞得利亞洛保爾(Adrianople)以北〕之地，建立了一個自主省，屬於土耳其，以耶教徒爲總督。這省取了一個新名字，故意與保加利亞不同，以免有山斯徹方洛條約的痕跡：這就叫做東羅美里亞。(註一)保加利亞的都城爲梭菲亞(Sofia)；東羅美里亞自主省的都城爲菲里撲撲里斯(Philippopolis)。保加利亞的第一個國王是巴登伯亞歷山大(Alexander of Battenberg)，是由列強提出經保加利亞國民會議選舉的。他的妹妹是俄皇亞歷山大(一八八一年被暗殺)的太太，因此他自己是俄皇亞歷山大第三的第一個表兄弟。他的兄弟亨利(Henry)一八八五年

(註一) 在柏林會議，哥爾賈可夫請求另取名字，但是皮斯康菲爾特反對。『他(哥爾賈可夫)求我不要把南保加利亞(South Bulgaria)的名字改爲東羅美里亞，因爲後面那個名字對於俄國最過不去。很難拒絕這個親愛的老狐狸的請求，因爲他容易軟化人：』Buckle's Life of Benjamin Disraeli, VI, 328, note. 這個東羅美里亞的怪名字，或許是薩里斯伯利爵士創造出來的。他是很會造成語的。

與維克多利亞皇后之女畢特利士公主（Princess Beatrice）結了婚。保加利亞國王年富力强（柏林會議時只有二十一歲，）對於其强悍的臣民的民族懷抱很感覺到一八八五年九月，經過一種熱烈的聯合巴爾幹南北保加利亞人的鼓動，在菲里撲撲里斯發生了民族革命。亞歷山大王馬上響應這種運動，帶了一支軍隊進到菲里撲撲里斯。塞爾維亞政府立卽抗議保加利亞國的擴大，並且要求賠償。結果發生一個短期的戰爭，亞歷山大王的軍官，大敗塞爾維亞人於斯里夫尼閘（Slivnitza）（一八八五年十一月。）（註一）國王很聰明的轉向土政府接洽，結了一個條約，被土耳其委爲東羅美里亞的總督。英國政府，在薩里斯伯利爵士做內閣總理之下，不喜歡這樣破壞柏林條約；沒有知道德奧俄三大簽字國在三皇聯盟裏面已經祕密的同意，不反對『將來保加利亞與東羅美里亞的聯合。』但是薩里斯伯利爵士還能辦到，使柏林會議列强只承認保加利亞王爲東羅美里亞的總督，依據柏林條約第十七條任期五年。薩里斯伯利爵士的用意，顯然是認爲將來可以任命別人來代替保加利亞王做東羅美里亞的總督。但是在事實上這個意思並沒有實現，保

（註一）斯里夫尼閘戰爭只有兩天（十一月十八及十九兩日。）亞歷山大王自己不在場。

加利亞與東羅美里亞實際上始終是統一的，東羅美里亞的代表，坐在梭菲亞的梭布倫尼（Sobranye）。然而在理論上說起來，保加利亞王在東羅美里亞，只是一個自主省的土耳其的總督，我聽見一個英國外交家說，他曾經在君士坦丁看見過哥堡的弗丁蘭德（Ferdinand）戴一個土耳其的紅氈帽。

不過巴登伯亞歷山大的總督及國王地位，並不能久享。亞歷山大第三因為種種原因，不能去掉他。在斯里夫尼閘打勝仗的邊特列夫（Bendereff）與潘尼閘（Panitza）將軍等，心懷不滿。一八八六年八月二十一日，他們謀叛成功，據說俄皇也私下預謀；把亞歷山大關在他的宮中，後來不久便護送出境，由羅馬尼亞，經倍沙拉比亞，至奧國國境。臨時政府（或攝政）統治梭菲亞有一個月，又發生了一個反革命運動，於是巴登伯亞歷山大乘機回來了。他於九月二日再入梭菲亞，然而他覺得不得到俄皇的許可，不能做。不料無情的俄皇，對於他的請求，竟予一個簡單冷淡的答覆，表示拒絕。他接受這個判決，尊嚴地讓了位，退隱於奧國，以赫登洛伯爵（Count Hartenau）的尊號，活到一八九三年。

亞歷山大所留下來的攝政，（註一）以保加利亞的政治家斯登包洛夫爲中心，對於列強的利益衝突，很難應付。最後他們才找到哥堡的弗丁蘭德做他們的君主。這位國王，是路易士菲利普皇帝的兒子，年紀有二十五歲，那時候正在奧軍中充當副官。他得了維也納政府的默許，冒險坐上了保加利亞的寶座，（一八八七年七月。）人家都難相信，他會做得久，但是事實上他倒做得很受歡迎，一直到一九一八年才離開他所毀壞的保加利亞，退隱於哥堡，過一種豐富的私人生活。（註二）

三國同盟在一八八七年二月二十日續訂了一次，至一八九二年五月三十日滿期。這次的續訂，包括三個文件。第一個文件是一個三方的條約，僅關於一八八二年三國同盟條約的延長。第二個文件是奧意間的特殊條約，簽定日期也是一八八七年二月二十日。這個條約很短，實在只包括一個重要的條文，那就是第一條。第一條規定，如果在巴爾幹，或在亞得利亞海，愛琴海上的土耳其海岸島嶼的現狀不能維持時，奧意須經彼此互相協定之後，才能變更其現狀，而此種協定，須『依

（註一）他兄弟路易士（Louis）在英國海軍中成了名將，在一九二一年逝世。

（註二）他單在英國便有四十萬鎊，歐戰後法庭宣告仍是他的，不能充公。

相互補償的原則不論那方面所得的任何利益——行之。』第三個文件是德意間特殊的條約。主要的是第三條，其中規定如果法國謀擴張其領土於北非洲的托里玻里（Tripoli）或摩洛哥（Morocco）方面，意大利因此須取極端手段，以至引起法意間的戰爭，卽當然構成同盟國助戰的原因，所有一八八二年五月二十日的條約中一切的効力都隨之發生，好像明白規定了一樣。並且如果意大利依戰爭的結局『對於法國要求土地的保障……德國不予以阻難，』而且『設法使其達到此種目的』（第四條。）

由此可見依此兩個附約，三國同盟的續訂，於意大利最爲有利。

不僅是三國同盟續訂了，並且奇怪的帶有重覆性的三皇聯盟也延長了。俾斯麥始終想聯絡俄國，俄皇亞歷山大第三也想得俾斯麥的幫助，以壓制虛無黨。基爾斯（M. de Giers）繼哥爾賈可夫擔任了俄國的外交。他是一個有經驗的外交家，在司旭威羅夫底下訓練出來的。他的政策是維持與德國的良好邦交，反對名將斯可比列夫（General Skobolev）的聯法主張，基爾斯於一八八二年遊歷中歐各國都。一八八四年九月十四日，三國的皇帝便在波蘭的斯基爾尼惠斯

(Skierniewice)會面重訂親交。歐洲公衆所知道者，如此而已；但是實則在五個月以前，俾斯麥施遷異（奧國大使）及阿洛夫（俄國大使）在柏林代表了他們的君主，續訂了三皇同盟，很少變更，以三年爲期。(註一)最後德俄兩國於一八八七年六月十八日結了一個更確定的新條約，也以三年爲期——此卽所謂俾斯麥的『重復保險條約。』

這個條約，第一條有點隱祕：

『如果締約國之一與第三強國開戰，他一締約國卽當守好意的中立，並盡力限制戰爭的擴大。但在對奧或對法的戰爭，如其戰爭是起於締約國之一攻擊法奧之一，則此規定不適用。』

俾斯麥既有兩國同盟及三國同盟，保證了亞爾薩斯羅連的所有，現在又與俄聯盟，對於奧國或法國的攻擊，復加一種保險。但他須加入一保留條款，如俄國攻擊奧國，他便須幫助後者。俄國接受此保留條款的時候，德國便告訴了她德奧兩國同盟的存在。(註二)這點清楚了。但是這保留條款同樣的有利於俄國方面，因爲如果德國攻擊法國，俄國也可不守中立。因此可見俄皇已預計有法俄同盟的可能。事實上，這種同盟的空氣已經有了，而在此刻法俄的財政家代表他們的政府（或得其允許）正在發生密切的關係。

依重復保險條約的第二條，德國承認俄國向來在巴爾幹半島的權利，尤其『在保加利亞及東羅美里亞的優勢。』第三條兩國政府確認韃靼列爾斯海峽及博斯佛拉斯海峽關閉的原則；並且在『一很祕密的附加議定書』裏面，德國答應『無論如何，對於巴登伯親王的復位（保加利亞）不予以同意。』

這個條約，如其他所有的德俄條約一樣，是用法文的，由俾斯麥與司旭威羅夫伯爵簽字。這個條約差不多是這位謙讓的俄國外交家的最後工作。自批准之日起三年滿期，——剛好度過這個時期，至一八九〇年，歐洲的情形為之一變。

（註一）在Pribram (op. cit,) 未發表前，不知道有這個條約。

（註二）The End of the Alliance of the Emperors, by Serge Goriainov (From Russian Archives) in the American Historical Review, (Vol. XXIII, p. 335)

一八九〇年外交史上有兩件頭等重要的事。一件是德國宰相俾斯麥的引退；還有一件是英德締結關於海里哥蘭（Heligoland）及爭仔巴爾（Zanzibar）的條約。

威廉第一老皇帝於一八八八年三月死了；他的兒子弗德利克第三（Frederick III）做了三個月的皇帝；然後由威廉第二繼任，年僅二十九。這位皇帝年少力強，自然難希望他如老威廉第一或病入膏肓的弗德利克第三一樣，讓他的宰相擅專政權。轉機之來，很快捷，很斷然；一八九〇年三月二十九日，這位鐵血宰相，拒絕了魯恩堡公爵（Duke of Lauenburg）的頭銜，退隱於他的家鄉弗利德利煦路（Friedrichsruhe），再過了八年修養他的壞脾氣的生活。威廉第二所委的宰相，完全是一個武人，加普利威將軍（General Caprivi de Caprera de Montecuculi）。由此可見威廉第二在政府方面偏向於軍事方面的見解，而失去外交上的中庸之道。誠然他後來起用了文人做宰相，如畢羅（Bülow）及比斯門賀爾維（Bethmann-Hollweg）完全是明白的人，在穩健的外交行政的傳習中訓練出來的；但是這些人不是德國政策的動力，像俾斯麥以前一樣：他們與德皇中間，隔有許多普魯士的軍人，朝臣及參謀部員等，他們都是德皇的耳目。

然而，俾斯麥的遺風，在他離開威廉街的時候，不能馬上消滅。俾斯麥主義有一個教條，是與英國要好。這個政策，英國內閣總理及外交部長薩里斯伯利爵士也有一半遷就，俾斯麥下野的時候，已經打開了諒解之路，使兩國在利益上馬上會發生衝突的地方，可以和好。

俾斯麥統治最後的幾個月中，會發出請帖，邀請歐洲各國派代表赴柏林開會，研究各種社會經濟問題。會議於三月十五日舉行，以普魯士商務部長爲主席，開至二十九日才閉幕。會議最後採取的議定書，包括六章，建議限制礦工的年齡，星期日與夜間的工作，婦女與少女的工作，及其他類似的問題。這些完全是建議：代表歐洲關於這些問題的輿論；構成工業由國際來規定的歷史的一階段，到了國際聯盟約中的勞工協定，才達到最完全的表現。一八九〇年在柏林舉行的國際勞工會議，增加了威廉第三不少的威望。這個會議是補充同時在布魯塞爾舉行關於禁止非洲奴隸買賣的國際會議。布魯塞爾條約後來經列席各國接受了，批准了，並且多少施諸實行了。

最後，在一八九〇年，英德兩國把他們衝突之點解決了。薩里斯伯利爵士早就在那裏阻止兩國間的鬬爭；在大家掠奪非洲的時候，這種鬬爭很容易爆發出來，變成歐洲大戰。他現在居然能使德國承認爭仔巴爾及維度（Witu）由英國保護；同時英國將一八一四年以來所有的海里哥蘭島（註一）讓與德皇。

（註一）條約是於一八九〇年七月一日在柏林簽字的。

第二十六章　法國的復興

法國權威的復興，英國人到一九〇四年後才開始覺到，其實自一八七〇——七一年戰後，即已開始。此所以俾斯麥到一八七五年就怕了戰爭發生，此所以俾斯麥要在一八七九年締結兩國同盟，一八八二年締結三國同盟，及一八八七年締結重復保險條約。如漢洛託(Hanotaux)在他的現代法國史(History of Contemporary France)內所說，在『共和國的掙扎時代(heroic age of the Republic)』，法國政治家進行工作，須有大勇氣，因爲法國被俾斯麥的反法聯盟系統孤立起來了。然而法國人以最大的精力來恢復他們的元氣，特別從弗利(Jules Ferry)的殖民政策可以看得出來。不久突尼斯，東京(Tonkin)，馬達加斯卡(Madagascar)及康谷(Congo)增加了法國很大的面積。在大戰未開幕之前，法國的隣國已經開始怕了她用海外殖民地的士兵，來補充本國兵之不足。(註一)這種恐懼，不是沒有理由。

關於歐洲的事情，俄國一有徵求法國同意的傾向，法國便開始恢復她的地位。在俄國方面，斯可比列夫將軍是一個主張聯法最力的人。在一八八二年之初，他戰勝了突科門人(Turcomans)之後，來巴黎遊歷，很受歡迎，並作了公開演說。從這些公開演說中，可以看見俄法的接近。但是不久這位將軍便逝世了；亞歷山大第三被牽入了三皇同盟。不過一八八六年俄皇因爲奧德對於保加利亞與東羅美里亞聯合所取的態度，覺得失望。於是他才想與法國結朋友。剛好在這個時候，俄國政府正在實行一個鐵路建築計畫。這是一種有利可取的工作，不過沒有外國資本的幫助，是不能實現的，法國人最會儲蓄，所積蓄的錢已經超過了本國實業的需要。所以他們很歡迎對外有利投資的機會。俄國政府第一次在法國發行的五萬萬佛郎(註二)公債，定購的超過了額。這個借款，發行須得法國政府的允許，所以帶有半官性質。接着發行了同樣的俄國公債，把俄法在財政上團在

(註一)　看奧德意三國的海軍協定(一九一三年八月二日)。協定中關於地中海之一部，包括一章(第八)名『對於法國從北非運兵的攻擊』(Pribram, op. cit., p. 297.)

(註二)　利息四厘每張票面一百佛郎，以八十六個佛郎及四十五個生丁發行。

一塊。（註一）一八八九年俄國政府在法國定造了五十萬來福槍，弗列新勒提(M. de Freycinet)請予擔保這些槍不會用來打他自己的本國。聽說俄國大使答應了。（註二）同時候德俄的重復保險條約到一八九〇年夏天滿期了。威廉第二皇帝好像覺得法國傾向俄國的危險，於是對法表示和睦之意。一八九一年在柏林舉行的美術展覽會，正式請了法國的美術家參加。德皇於一八九一年二月十二日，親自與法國駐柏林大使赫爾伯提（M. Herbette）共餐。甚至於謠傳，他要去巴黎遊歷。法國政府很客氣，但態度有一點兒深沉。如果德法要接近，有一點德國不能放過，就是法國要放棄收復亞爾薩斯羅連的觀念。不過，剛在這時候，暴烈的德羅列德（M. Paul Deroulède）領袖的法國愛國志士聯盟(League of French Patriots)，舉行了激烈的集會，反對德皇遊歷巴黎。於是好像發生了一個危機似的。德國外交部長比伯斯坦(Marshall von Bieberstein)含有深

（註一）俄國國有鐵路是用法國及英國(比較居少數)資本造的。一九一八年，鮑雪維克黨（Bolshevists）收爲己有，但否認債務。

（註二）Debidour, La paix armée, p. 138.

意的告訴赫爾伯提道，『德國的容忍有牠的限度』（一八九一年二月二十七日）這件事，因為法國政府措置得當算是過去了。等到俄國政府邀請法國派艦隊往克琅斯塔特（Kronstadt）遊聘，法國便馬上接受了。七月二十二日，法國艦隊開到了該港，大受歡迎，俄艦紛紛鳴砲示敬，民衆熱烈歡呼。據說法國軍官遊歷聖彼得堡受音樂招待會的招待，俄皇也在座，並且在奏馬賽歌的時候，（註一）俄皇自己也脫帽示敬。八月法國外交部長李播（M. Ribot），陸軍部長弗列新勒提與俄國外交部長基爾斯交換文書，這些文書構成了所謂兩國修好（entente cordiale）。兩國修好這個名詞現在很普遍，表示一種確定的國際友誼，而沒有具體的同盟關係。兩國修好由公開演說宣布出來之後，全法國都好像嘆了一口氣，覺得放心了。英國民衆差不多不能想像到法國所受的痛苦；她在歐洲壁壘森嚴中過了二十年的時間，絕對沒有朋友或同盟國，差不多完全受強大殘忍的敵人的壓迫，敵人形成了一個軍事同盟之網來包圍她。現在全歐洲都承認了，法蘭西共和國是鞏固的，法國有大國的國力，法國政府能繼續『遵守和平而不失掉威嚴』，能表示『深謀遠慮，

（註一） Debidour, op. cit., p. 171.

並且態度鎮靜』（註一）不要時時刻刻覺得她的安全，不絕如縷了。

法俄同盟的產生，總共費了六年左右的功夫；法國外交家須忍耐並且不斷的工作，尤其是去消滅對於法國內閣時常更換而引起不穩固的普通誤解。慢慢的兩國政府接近了。著名的俄國貴族，與法國總統加羅特（Carnot）非正式的會面了幾次很像俾斯麥與拿破崙第三在埃列濱（Aix-Les-Bains）一樣，基爾斯是一個旅行不倦的人，他為歐洲的和平費了許多時候去奔走。一八九一年冬天他從意大利往俄國，在途中被招至巴黎。在聖彼得堡方面，法國大使蘭尼斯（M. de Lannes）〔滿特伯洛公爵（Duc de Montebello）〕與俄皇及俄京政治界要人都有重要的社交關係。最後到一八九二年八月十八日，俄法軍事協定的草約在聖彼得堡簽了字。（註二）其中規定『如果德國攻擊法國，或意大利攻擊法國而有德國為之幫助，俄國當竭全力與德國作戰；』『如果

（註一）李播在巴保姆（Bapaume）舉行費德赫爾布將軍紀念碑揭幕禮；看 Debidour, op. cit., pp. 172-3.

（註二）該協定及其有關文書，法國政府於一九一七年在一黃皮書中發表了。俄皇直至一八九三年十二月才批准該協定。

德國攻擊俄國，或奧國攻擊俄國而有德國爲之幫助，法國當竭全力與德國作戰。」

在法國方面，在這些微妙煩難的交涉裏面，主要的功勞須歸於弗列新勒提，他早就把握住兩國間這種不易捉摸的關係，繼續努力以外還有加羅特總統及洛白提(M. Loubet)總理。洛白提政府是在一八九二年十二月倒的（註一）那時候俄皇對於軍事協定的批准，還是猶疑不決。洛白提政府之後，繼任的便是李播政府；但是弗列新勒提還在新政府下擔任陸軍部長，洛白提自己還在擔任內務部長。

一八九二年過去了，法俄並沒有締結任何條約。李播政府倒了之後是杜普 (M. Charles Dupuy) 政府（一八九三年十月）；弗列新勒提不復是陸軍部長了，但是有兩個名字（擔任次等地位）在法國聯盟歷史上後來很著名；這就是潘加賚 (Raymond Poincaré)（教育部長）及德爾加塞(Théophile Delcassé)（殖民地部長）。一八九三年十月俄國艦隊在亞威蘭海軍司令 (Admiral Avellan) 統率之下拜訪杜朗 (Toulon) 有一部分官兵由該地來遊巴黎。在歡

（註一）　他的政府及黨裏面，有人與巴拿馬運河公司的賄賂事件有牽涉。

迎慶祝聲中麥克馬洪大將逝世了，俄皇便機敏地任命了亞威蘭海軍司令及海軍軍官爲正式代表，前往致弔。十二月杜普也下了台，由加新米爾白利爾(M. Casimir Perier)繼任了爲內閣總理。在這個月中，滿特伯洛才能將長期交涉辦成功。十二月三十日，他從聖彼得堡寫給加新米爾白利爾道：「我剛接到了基爾斯的信，他告訴我說軍事協定的草約，在原則上已經俄皇批准及參謀二人簽字，可算是確定的成立了。」

時機現在是熟了；在一八九四年三月中，軍事協定是批准了，助戰原因是寫在一個條約裏面了。

第二十七章　三國協商

第一節　埃及

自一八一五年以來，英法常維持親密的關係；『兩國修好』這個名詞，在路易士菲里蒲統治時代，曾用來表示他們相互間的態度。在維克多利亞皇后統治時代的笨拙雜誌(Punch)上，你可以看出來英國人對法國人是如何的表示好感。然而也有疏遠的時期，並且有些疏遠時期很長。埃及問題便是疏遠最久的一個時期的原因。

一八七六年因爲埃及總督個人的奢用，及行政的腐敗，結果該總督政府，不能淸償債務。爲應付這種情形起見，於是得了埃及總督的同意，設立了一個國際銀行(Caisse de la Dette)。並且，英國派了官吏一人去管理埃及的收入，法國派了官吏一人去監督埃及的支出。這種辦法名爲兩重監督（Dual Control）。

歐洲各國政府都知道，如果要防止埃及的紛亂，及其農民的最慘痛的壓迫，不能不有人去監督她。俾斯麥屢次坦白的說過，英國應該擔任這種任務。一八七六年，皮康斯菲爾特寫給薩里斯伯利爵士道：『我奇怪，俾斯麥爲什麼絮絮叨叨講埃及問題。』（註一）殊不知道皮康斯菲爾特先年已經替英國買了蘇彝士運河股份總額三分之一以上，現在不願再進一步。在同信裏面，他說了俾斯麥與埃及的話以後，馬上接着說：『我們若去佔領，必得罪法國。』或者這就是俾斯麥要英國去佔領的原因。

兩重監督與政策沒有關係；兩重監督完全是行政性質，不能阻止伊斯麥爾總督（Khedive Ismail）的壓迫及奢用的行爲。不過土皇經人勸告之後，把伊斯麥爾罷免了；伊斯麥爾之子特非克（Tewfik）繼任做了埃及總督，兩重監督更比從前顯著。凡此都足以激起萌芽的民族主義運動。一八八二年，有不平的分子起而叛亂，以一軍官亞拉比拍夏（Arabi Pasha）爲領袖，對於外國

（註一）一八七六年十一月二十九日的信（Buckle, Life of B. Disraeli, VI. 104）

僑民，採行虐殺的手段（在東方國家內常是如此。）六月十一日，亞歷山得利亞城(Alexandria)有四百歐洲人被屠殺。英國艦隊於是開砲轟擊，接着並派了少數水兵上陸，恢復該城秩序。法國總理弗列新勒提只願意召集一個歐洲會議來討論這個問題，不肯令法國地中海艦隊參加砲擊。不過到了蘇彝士運河地帶須用歐洲軍隊防守的時候，弗列新勒提很願意與英國一致干涉，但是法國國會不肯給他通過必需的經費。並且三國同盟近來已經締結的消息是傳出來了，因此法國政客們大都不願意在海外幹冒險的事。克里孟索(Clemenceau)在衆議院說道，『歐洲佈滿了軍隊……保留法國行動的自由。』（註一）法英的共同干涉，雖然可以使兩國必然的得到相當協商的程度；但是法國，認爲與英國這種諒解，在與德奧意作大陸戰爭的時候，沒有多大價值，那是大概不錯的。這種大陸戰爭，不僅是想像的，而實在是多半要發生的。這時候，在英國專權的格蘭斯頓內閣，很穩定。普法戰爭時候的格蘭斯頓內閣，對於法國沒有什麼幫忙，那麼法國人當然知道他的同情沒有什麼價值。然而弗列新勒提常認爲國會拒絕給他權力去與英國共同干涉埃及，是一個大

（註一） 一八八二年七月二十九日 Debidour, Hist. Dip., La Paix Armée, II, 65.

大的失策。弗列新勒提內閣在一八八二年七月二十九日倒了，繼任的是主張不干涉的杜克列爾(M. Duclerc)內閣。九月，英國政府勸誘土皇宣布亞拉比為叛徒之後便派了烏爾色列(Sir Garnet Wolseley)帶了軍隊去剿。在特爾埃爾克比爾(Tel-el-Kebir)一戰，烏爾色列便把叛亂壓平了。

英國的佔領，起初幾年的意思，認為是暫時的事。却逐漸的生根了。亞拉比叛變的時候在君士坦丁舉行的大使會議，沒有什麼結果，只乘機在一個議定書裏面，表示了列強無私心的態度：

『簽字各國政府願在協同規定埃及問題的任何協定中，不謀任何土地的利益，任何獨佔權利的讓與，及他國人民平等享受之外的任何商業利益。』(註一)

實在講起來，該議定書在國際法上，是沒有什麼重量的，因為牠所根據的條件，從來沒有實現過；換句話說，就是沒有締結過什麼『根據他們共同行動』的協定。然而可以說，英國已經照議定書的精神與文字實行了，無論如何在商業的權利與讓與方面是如此的。的確，在現下英國縮小她

(註一) 一八八二年六月二十五日，英，奧，法，德，意及俄各國在斯拉不亞(Therapia)所簽定的議定書。

在埃及的管理權中，有一個重要困難，就是其他歐洲國家會失掉英國所給他們僑民的安全地位

一八八五年，英國政府預備着手退出。屋爾夫（Sir Drummond Wolff）特別往君士坦丁協商退出的辦法。如果要使埃及得到相當的穩定，須費許多的工夫。但是最後到一八八七年五月二十二日，屋爾夫與基亞米爾拍夏（Kiamil Pasha）與色德拍夏（Said Pasha）結了一個協定，規定佔領問題如下：『自簽定本約之日起，三年期滿，英國政府卽行撤退駐埃及的軍隊。』不過如果因爲『內憂外患』勢須展期，軍隊可以暫緩撤退；並且如果出於埃及內外情形的需要，就是撤退，可以再行佔領。這個協定，在數年之內本來可以決定英國的佔領問題，但是因爲法俄兩國反對英國政府保留再行佔領之權，土皇拒絕批准，以至不能成立。關於埃及的來往文件，一八八七年編成一種國會文書發表了，我們讀起來，怪有趣味。英國外交部好像極力壓迫土皇，勸他批准該項結束英國在埃及統治的協定，而土皇好像有意延宕，使英國好意的努力歸於無效：『我們既然已經盡了全力想縮短佔領的時期，那麼延期的責任，須由土耳其政府負之。』（註一）

（註一）Lord Salisbury in Parliamentary Papers, 1887, vol. II, p. 582.

英國政府於是利用在埃及總督底下服務的官吏，進行改組埃及的行政，結果物質上與道德上的進步，已爲大家所共見。法國政府仍然主張一八八二年的事變，對於局面沒有改變；換句話說，法英共管的局面依然存在。但是英國外交部長在他給巴黎的文書裏面，聲言事實已經改變了：英國政府迫於時勢，已經單獨進埃及了，現在不能與另一外國分負責任。因此，埃及總督於一八八三年一月十八日發表一個命令，把兩重監督廢除了，由一個英國財政顧問代替其地位。法國於是失掉了埃及，她雖然知道這是由於她自己在一八八二年拒絕干涉，但是她不能沒有怨恨。法英親善似乎還是很遠。

第二節　非洲

在一八九〇年左右，兩國彼此的態度，並不見得有什麽進步。在弗利強有力的指導下（他做了兩次內閣總理，時間比較還長——從一八八〇年至一八八九年間，）法國恢復了大殖民國的地位。法國的勇敢的探險家，對於非洲的開放，很有關係。一八八四年至一八八五年，她參加了在柏林舉行的重要會議；該項會議的目的是在規定關於瓜分西非洲大部分土地的原則。結果成立了一八八五年二月二十六日的柏林條約(Berlin Act)：(一)康谷流域的通商自由，(二)康谷流域禁止奴隸貿易，(三)康谷流域的中立，(四)根據維也納條約第一〇八條至一一六條的原則，開放康谷河及尼格爾河(Niger)的航行，(五)列強如在非洲佔取土地，須通知其他簽字各國，並保證對於法律，秩序及條約權利，須有相當遵守。

柏林條約所規定及化為中立的康谷流域，被獨立康谷自由邦(Independent Congo Free State)，法國及葡萄牙瓜分了。康谷自由邦起緣於非洲國際協會(Association internationale africain)。該會是於一八七六年在布魯塞爾成立的，比利時皇帝列阿玻爾特(King Leopold)是其中主要的發起人，一八八五年得到出席柏林會議各國的承認。法國與該會交換了文書，結了一種協定，規定如果該會決定出賣牠的任何土地，法國有先買權。(註一)

一八九〇年法英兩國政府，在李播薩里斯伯利兩人領袖之下，於八月五日結了一個條約。兩

(註一) 比利時一九〇八年合併康谷自由邦的時候，立約重新確認了法國的先買權(一九〇八年十二月二十三日)。

國人民都不大滿意。法國屬地蘇丹（Sudan）〔在後來所謂的英埃蘇丹（Anglo-Egyptian Sudan）之西〕向南擴張一直到英國皇家尼格爾公司（British Royal Niger Company）所經營之地。該約從尼格爾河半途之塞（Say）起，劃一線至賈德湖（Lake Chad）上之巴魯亞（Barroua），以劃分競爭的利益範圍。法國衆議院雖然認爲法國在該約內所得到的東西很少，但是李播可以表明，他得了皇家尼格爾公司設有商站的地方。英國衆議院也有人反對，薩里斯伯利却能答覆說，法國所得的地方，大半是『沙哈拉（Sahara）不毛之地。』無論如何，法國在馬達加斯卡有自由行動的權利了。（註一）——這是該約給她的偶然的大利益。

意大利與法國的關係還是不免緊張，當然不會因意大利對亞比新尼亞（Abyssinia）的態度而有所改善。這個國家靠近法英兩國的利益範圍。意大利的目的在把亞比新尼亞變爲她的被保護國，使其變爲她所想建立的紅海帝國（Red Sea Empire）之一部。爲達到這個目的起見，克利斯皮總理（Premier Crispi）與亞比新尼亞皇帝結了一個條約，名爲優克西里條約（Treaty

（註一）法國之佔有馬達加斯卡在一八九五年至一八九六年。

of Ucciali)（一八八九年五月二日。）根據意大利的解釋，該約第十七條給了意大利建立被保護國的權利。英國政府爲壓制亞比新尼亞皇帝的勢力，以免其阻止英國向蘇丹進展起見，便於一八九一年承認了亞比新尼亞是意大利的『勢力範圍。』

在一八九六年的春天，意大利派了巴拉地利將軍(General Baratieri)帶兵去征服亞比新尼亞，在亞多瓦(Atowa)一戰，不料全軍覆歿，不是戰死，便是被捕爲俘虜（一八九六年三月一日）。這個慘敗，不但震動了意大利，並且震動了其餘的歐洲。在羅馬克利斯皮政府爲之而倒了，意皇的權威爲之而好像不可挽回的暗淡下去了。不過情勢倒沒有壞到這樣；新的意大利政府倒能謹愼自制，不再去冒險。他們不管他們的損失，直切了當，結了亞地斯亞巴巴條約（Treaty of Addis Ababa)承認亞比新尼亞是絕對的獨立國（一八九六年十月二十八日。）

意大利一退出亞比新尼亞，不但法國的恐懼冰釋了，並且促進了意法英三國的諒解。（註一）不過英法兩國的和好，並不是馬上就實現了。有一件事，的確使法國的感情，更加惡化。自從退出埃及蘇丹（Egyptian Sudan），及一八八五年戈登（Gordan）的慘死以後，英國保守黨的政治家無時不在那裏等候機會去收復該地。到了一八九八年，埃及的政治經濟情形，在克羅麥爾爵士(Lord Cromer)指導之下，已經很穩固了，足以再來從事擴張。基吉納爾(Kitchener)統率的英埃聯軍，經過一短時的有效的戰爭，便征服了所有以前的地方，一直南至加爾潼(Khartoum)。同時勇敢的馬商少佐(Major Marchand)所統率的法國遠征隊（預備了幾年）由法領西亞非利加也進到了尼羅河上游(Upper Nile)，來伸張法國的勢力。在華修達(Fashoda)基吉納爾將軍與馬商大佐〔他只帶了一百五十個左右的生納加爾兵(Senegalese)〕相遇了（一八九八年九月十九日）。法國歷史家說道：『不幸，這位勇敢的軍官沒有軍隊。』（註二）但是這實在是天下最僥倖的事情，因爲如果馬商帶有軍隊，他是一定要打的。如果他打起來了，當然不僅是前哨

（註一）一九〇六年十二月法意英結了一個條約，聲稱三國對於『伊西阿丕亞(Ethiopia)土地完整的維持』有『共同的利益』，並且在第一條裏面，他們表示願協同維持該地的政治與土地現狀。（一九〇六年十二月十三日的倫敦條約 Treaty of London.）

（註二）Debidour, La Paix Armée, p. 247

偶然的事情英法必然的會捲入一場大戰；歐洲的前途必黯然無光。

幸而馬商少佐所帶的兵極少，不能作戰，並且兩位官長都能自制有禮，沒有把這件事情鬧到不可救藥。基吉納爾將軍提出他的立場，不是代表英國的要求（英國在尼羅河上游沒有利益存在，可作根據，）而是代表埃及的權利。法國政府承認了這種主張，撤退了馬商遠征隊。於是這件事情便圓滿的結束了。法國人民對於這件事情，自然不滿意。幸而英國人民沒有十分誇張勝利，不久便忘記了。這個地方於是在地圖上不復成問題。

因此，在一八九八年法英兩國好像更加疏遠起來了。如果這於法國不利，於英國或者更不利。英國這時候無疑是在一個可憐的孤立地位。英國的政論家如戴爾克（Sir Charles Dilke）儘管辨護『獨來獨往(free hand)』的政策有利，無知的人民儘管麻醉於薩里斯伯利爵士的『光榮孤立(splendid isolation)』的成語，然而局勢總是不佳。到了一八九六年詹姆生博士（Dr. Jameson）從伯泉拉蘭(Bechuanaland)刼掠南非共和國(South African Republic)的時候，歐洲輿論一致極力攻擊英國政府，認為牠是預聞其事的（實在冤枉。）德皇威廉第二並且給了克魯爵（Kruger）一個賀電。法國對於英國的輿論或者因爲這個可笑的電報，改變了些態度。不過這個電報的不幸的影響，倒實在發生在南非共和國，因爲牠給了克魯爵一個印像，以爲德國是他的朋友，如果他反抗英國，定能得到德國的幫助。三年之後，南非共和國（與阿蘭煦自由國（Orange Free State）有一永久同盟的條約）與英帝國開戰的時候，據說德國曾向法國提議，積極干涉英國。這大概是英帝國歷史上最危急的時候。德國的提議（一九〇〇年二月）沒有結果；（註一）英國於是結束了與南非的長期戰爭。歐洲雖然怨謗英國，但是沒有用武力去干涉。一讀一九〇一年與一九〇二年的歐洲報紙，便知英國是如何的孤立，如何的不孚人望，如何的被人仇視。差不多只有瑞士報紙表示了一點好感。

第三節　遠東

還是在遠東，英國第一次脫離孤立的地位。中國一直到十九世紀的中葉，差不多完全是一個

（註一）據說交涉破裂的原因，是德國要求法國保證亞爾薩斯羅連爲德所有。

閉關的帝國。一八四〇年，因爲中國奪取了英國商人的鴉片，付之焚燬，而不予以賠償，於是而有中英的一個短期戰爭。一八五六年，又因爲中國捕獲掛英國旗的亞羅（Arrow）號船問題，發生戰爭。英軍與法軍合作。結果，於一八六〇年十月二十四日在北京結了一個條約。

一八七一年日本廢除了她的中古世紀的封建制度，迅速地變成了一個近代國家。世界上其他各國不久承認了這個事實，同意將治外法權取消。一八九六年因爲管理高麗帝國的問題，中日發生戰爭。結果日本勝利，一八八五年四月十七日訂了馬關條約。依此條約，日本取得遼東半島及台灣島；高麗表面上『獨立』，實際上無異是日本的采地。俄國政府對於日本這樣在遠東勢力的發展，當然完全反對；法國政府現在與俄皇有密切的聯合，贊成俄國的抗議，德國爲在遠東的外交不至於孤立起見，也加入壓迫日本。三國於是向日本提出了類似哀的米敦書的一個通牒。日本只有等待較好的時機。她屈服於這種恐嚇之下，答應修改馬關條約的條件，放棄遼東半島與台灣。

俄國勢力之伸張於遠東，是一個浪漫的，並且在西歐無論如何是俄國歷史上一個不太著名的運動。在伊里沙白斯皇后（Queen Elizabeth）期內，英國海手固然在那裏與冰山雪風拚命，想在東北找一條路通中國，殊不知哥薩克人(Cossacks)在葉爾麥克(Yermak)領導之下，由陸路也在越山穿林，東向西比利亞侵展。到了大彼得朝(Peter the Great)末了，他們竟到了黑龍江。不久他們開始佔領所謂『日本海(Sea of Japan)』——滿洲與日本的北海道(Yeso)本州(Nippon)等島中間之太平洋的一部。一八六〇年，俄軍便建立了海參威港。

在俄國前進之線以南，是廣大無涯，好像差不多無可救藥的中華帝國。大國之侵入或割據其中一部分，好像是不可避免的了。顯然所謂大國，非俄莫屬；但是新興強幹的日本很難容忍這件事情。

中日戰爭之後，俄國政府馬上進行。俄皇尼古拉第二在一八九一年沒有登位以前，旅行了遠東很多地方，對於俄國的太平洋政策，深感興味。他的外交部長蘭姆斯多夫伯爵(Count Lamsdorff)也很注意他們的政策是海洋政策。(註一)

一八九六年二月七日，懦弱無能的高麗皇帝因為一個騷動逃入了在漢城(Seoul)的俄國

(註一) Holland Rose: The Development of European Nations, 1870-1914, p. 575.

使館、俄國政府乘機與高麗政府結了兩個條約，一個是一八九六年五月十四日的蘇爾條約(Treaty of Seoul)；還有一個是一八九六年七月二十九日的莫斯哥條約(Treaty of Moscow)結果是與日本政府在高麗共同建立了一個被保護國。這個日俄『共管領地』，以俄國此時財源與機會，超出日本遠甚，當然是名不符實的：高麗實在變成了俄國的被保護國。

同年，中俄銀行成立了，（資本最後是來自法國）；與這個有密切關聯的是中東鐵路公司。這個公司的總理，雖然是由中國任命，但是股東大半是俄國人，而且根據章程，的確是在俄國政府管理之下。中東鐵路完工之後，穿貫滿洲，從西比利亞邊境之赤塔(Chita)起，至齊齊哈爾(Tsitsikar)，哈爾濱(Kharbin)，最後至海參威 (Vladivostock) 及遼東半島的旅順。

一八九八年三月二十七日，俄國與中國結了約，取得旅順與大連灣（註一）之後，於是在日本海與黃海的中國方面，有穩固的立足地；並且利用中東鐵路（軌道與西比利亞鐵路一樣闊，）有機會操縱滿洲。

（註一） 差不多同時德國租借了膠州（一八九八年三月六日的條約，）英國於一八九八年四月四日租得了威海衛。

無疑，日本已經下了決心在那裏準備，來爭俄國在滿洲及海洋的管理權。這時候，義和團暴動發生，殺戮歐洲人，圍攻歐洲各國在北京的使館，以至有一九〇〇年國際聯軍的干涉。中國政府曾經明令准許義和團排外，結果被迫簽了一個條約，賠了大款，保證將來不再有此等事情發生（一九〇一年九月七日的條約）。在義和團鬧事的時候，俄國政府派兵佔領了滿洲各軍事要地，在以後的四年中操縱了該地。單是這個，便可使日俄戰爭不能避免。

如果戰爭不可避免，並且如果西方政治家也認為不可避免，那麼為什麼英國採取這個重要的一步，與日本同盟呢？理由無疑是英國希望防止中國的瓜分；而英國這種高尚的政策在歐洲各國中得不到援助。所以她只有轉向其他唯一個足以防止瓜分中國的國家——那就是日本。

當然，英國對於俄國沒有什麼希望：俄國自己就正在那裏忙於瓜分中國。法國因為她在歐洲地位的危急，不能得罪俄國。德國這時候是歐洲的主要因素；英國政府曾經希望與德國來做點事情。一九〇〇年十月十六日，英德兩國政府結了一個條約，保證中國領土的完整。沒有疑問，如果英帝國與德帝國能親密的合作，他們的意志，當然沒有人敢阻難，無論在中國，在歐洲，在什麼地方。但是英國政府根據保證條約請求德國政府共同逼迫俄國政府撤出滿洲的時候，德國拒絕履行她的義務：德國宰相畢羅親王答覆說，所謂保證只保證長城以南的中國——換句話說，保證『適用於中國，而不適用於中華帝國。』

全世界都明白，爲瓜分中國，或瓜分中國的一部，有地方必然會發生衝突。英法只想維持現狀，但是俄國佔領了滿洲，這似乎不可能。不過法國因爲她對俄國的義務，只能小心地告訴俄國政府說，如果遠東有事，她不能牽入漩渦。英國的態度稍爲不同；她的見解，以爲各國都應承認中國的現狀，任何一國與中國分別訂約，應顧到他國的地位。因此，一九〇一年春天，謠傳俄國與中國單獨訂了一個條約，得到重要的利權，英國政府便令駐聖彼得堡大使司考提（Sir Clement Scott）向俄國政府詢問。蘭姆斯多夫伯爵馬上回答說，俄國政府無意『謀取任何土地，或使滿洲成爲實實在在的或有實無名的被保護國。』（註一）然而滿洲協定還是沒有發表，英國外交部好像沒有得

（註一）英國外交部長蘭斯唐侯爵一九〇一年三月二十八日在衆議院的演說（Hansard, Fourth Series, vol. 92, p. 27）。

知原文的內容。

於是轉向其他最有關係的一造，英國請求日本擔保遵守中國與高麗的領土完整與獨立。日本馬上答應，並且記入於有名的同盟條約裏面（一九〇二年一月三十日在倫敦簽字。）英日同盟開英國外交的新紀元，一經宣布，國會及民間都起了最大的注意；就全體看來，輿論是贊成的，雖然也有重大的懷疑：『我們應該有很好的理由，強有力的理由，來解釋我們爲什麼拋棄過去（最近過去）本國所持的政策——就是避免所謂攻守同盟。』（註一）對於這個，蘭斯唐侯爵(Marquis Lansdowne) 爲有權威的答覆道：

『這關係離開本國傳統政策——孤立政策……的新方向。近年來大家對於本國幫助別國的國際協定很懷疑，我想是眞的；但是我坦白的說，我們不會爲這些顧慮所阻止……我們四顧環境是怎樣？我們觀察出來，各大國有一個趨勢，就是結成團體。我們觀察出來，海陸軍有一個趨勢，就是增加無已……還有這點——就是這年頭，戰爭發生的突然是以前沒有的

（註一） 司賓塞伯爵(Earl Spencer)一九〇二年二月十三日在貴族院的演說(Hansard, vol. 102, p. 1173)。

……我們一考慮這些國際情形，我們一定覺得那一國願意遵守……避免與外國同盟的政策，那一國的確未免過於自滿。』（註一）

從這篇演說裏面，可以看出來，英日同盟是這時候外交部的大政方針之一部，要使英國脫離她的孤立地位。這是第一步。第二步是英法協商；第三步是英俄協商。鑒於英帝國的危急，我們必須承認這時候英國外交的遠慮與巧妙是可以佩服的。

根據英日同盟，如果任何簽約國為保護她在中國與高麗的利益，與任何別一國開戰，其他簽約國必須守中立；如果任何簽約國為保護她在中國與高麗的利益，與任何別兩國開戰，其他簽約國必須軍事合作。牠的影響，如後來事變所證明，限制了東方的戰爭；到了發生戰爭的時候，只是日俄間的戰爭。這種影響，自然只有該條約發表出來大家知道了之後，才發生的。（註二）

（註一） Ibid., pp. 1175-6

（註二） 該約到一九〇五年八月十二日續訂了，範圍由維持中國與高麗的利益，擴張到東亞與印度。到一九一一年又續訂了，以迄於一九二二年的太平洋協定。

事實上，東方的戰爭，有兩年沒有爆發出來，大概因爲兩方面都沒有十分預備好。不過遷延下去，俄國比較日本有利。一九〇二年八月十二日，俄日兩國政府，甚至於結了一個條約；俄國答應在十八個月內分做兩期退出滿洲。這個條約如果實行，應該可以解決爭端，第一期的撤退是如期實行了；第二個區域（包括瀋陽在內）的撤退，俄國當局根據地方情形不靜的理由爲詞，延不實行。經過長久的交涉，起初在聖彼得堡，後來在東京，沒有結果，只給了俄國的時候去完成旅順的要塞，及加強太平洋的艦隊。俄國政府對於日本的要求，尤其是關於日本提議自高麗到滿洲的鐵路，誠然有相當的讓步；但是拒絕承認完全維持中國在滿洲的權利。俄國政府或者認爲如果牠完全離開滿洲，日本人會跑進來；但是除了日本直接對俄國會有承諾外，英日同盟應該也足以保證這一點。

一九〇四年二月七日，日本駐聖彼得堡大使與俄國斷絕了外交關係；八日，日本的魚雷艇便進攻碇泊在旅順的俄國艦隊，擊沉了三個最好的兵艦。蘭斯唐爵士所謂現代戰爭的突發於是應了。

日俄戰爭使俄國感受了種種困難，到了一九〇四年的末了，差不多束手無策。日本得了光榮的勝利，然而她的財源也差不多用盡了。據有能力的評判者說，再打六個月，俄國必勝。不過俄國雖然有用不盡的潛藏的富源，但在財政上是素來薄弱的；加以國內革命，正在那裏醞釀。因此兩方面都願意講和，經美國總統羅斯福(Theodore Roosevelt)的調停，和約便於一九〇五年九月五日在梅因州(Maine)之樸資茅斯(Portsmouth)簽了字。日本拋棄了賠償戰費的要求，得到了兩件她實在要得到的東西，第一是承認她在高麗『超越的政治軍事及經濟利益』；第二是俄國退出滿洲及遼東半島。再者，俄國『得中國政府的同意』將她租借的旅順，大連灣及其附近地帶（就是遼東半島本身）轉讓與日本政府。最後俄國割讓了薩哈連島(Saghalien)之南部（緯度五十度以南。）該島其餘的地方，還是屬於俄國。該島任何部分不能有軍事上的設備。（註一）

就全體看來，日俄戰爭及其外交解決的結果，恢復了遠東以前的原狀。中國得了一個新機會

（註一） 一九〇五年九月五日的樸資茅斯條約，日本由小村壽太郎(Komura)與高平(Takahira)簽字，俄國由韋特(Witte)與羅生(Rosen)簽字(Martens, N. R. G., 2me Série, t. XXXIII, p. 3.)。

去保存她的獨立及秩序；後來她的不幸，不是由於外來的壓迫，而是由於內部分化的勢力。

從樸資茅斯和約起，英日同盟是東方和平的保障，因爲俄國無意後來再起戰端，事實上，英國外交的新方針——聯合政策代替了孤立政策——是把日俄間接的聯合在同一個外交團體裏面。這個奇異的結果，不能不歸功於蘭斯唐爵士及葛萊(Sir Edward Grey)所製造的『協商。』

第四節　接近

英法協商很奇怪緊跟着在兩國緊張時期之後。在這時期的末了，德國曾向法國提議締結親善，但須法國保證亞爾薩斯羅連爲德國所有；法國拒絕了（一九〇〇年二月）。後來不久，威爾斯親王登位，名爲愛德華第七(King Edward VII)（一九〇一年一月二十二日）給了英國政策一個有力的推動。這位新皇帝是成熟的人，聰明，謹愼，明達世故，久於旅行歐洲大陸的人。自威廉第三(William III)以來，英國的君主只有他可以叫做歐洲的政治家：他對於大陸的政治當局知道很淸楚；他的見解是一個富有經驗，終生來往於外交界的大貴族的見解。維克多利亞皇后擅權如此長久，雖有許多人非議，但是無論如何有這個結果——就是使威爾斯親王能夠繼續與大陸生活及政治接觸；如果他要密切的與他母親的統治發生關係，那麽上面那一點，差不多就不可能了。

愛德華做皇帝的時候，法共和國的總統是洛白提。差不多每個法國總統有一個親信的人，他大概不是內閣總理（因爲總理時常更換）而是一個閣員，在國會多黨制度之下，他可以保持他的位置，經過許多內閣的變化而不至搖動。洛白提總統的親信是德爾加塞，德爾加塞貢獻他的政治生命爲法國準備或維持對外的友誼，使法國在歐洲及世界得到她的地位。洛白提與德爾加塞意見完全相同，猶之愛德華第七皇帝與蘭斯唐侯爵一樣。

英法政治家所遇見的困難有一般的與特殊的兩層；一般的，即在消滅兩國間多年以來的敵視；特殊的，即在除去兩國間的具體爭端。第一層困難，或者還比較容易應付。兩國政府持有堅強的政策的時候，兩國民衆雖然也有人反對，但是總算馴良有理性。協商的旣成事實，就全體看來，的確頗受歡迎。時時刻刻想到東境可怕的危險的法人覺得放心了。英國人民，雖然以帝國的自給爲榮，但是沒有朋友，未免有點寒心，故現在對於與『偉大鄰國』和好諒解，很覺得感動。

要除去爭端，需要實在巧妙的外交，這種外交包括正確的智識，忍耐，及機敏。在預備協商的緊要期中，英法兩國外交部的進行沒有什麼錯誤；英國駐巴黎大使孟生（Sir E. Monson）及法國駐倫敦大使康邦（M. Paul Cambon）也處理得很對。如果維持協商的外交能與締結協商的外交一樣好，不會有破裂的危險。因爲締結協商所遇見的阻難是非常重大的。

第一個阻難是北非洲。埃及雖然在英國管理與佔領之下，但是法國從來沒有放棄她的要求，或停止抗議。在靠近法領亞基爾斯（Algiers）的摩洛哥，英國人在商業上很佔優勢；法國人要去改良這個紛亂地方，不免發見許多阻礙。還有一個阻難是紐放蘭（Newfoundland）：根據一七一三年英法所結優楚條約（Treaty of Utrecht）第十三條，法國在東岸之條約岸（Treaty Shore）有捕魚及灑魚權。這個權利引起了許多糾紛，後來這條雖有修改，却產生了關於其解釋的新爭端。還有一個阻難是尼格爾邊境。一八七八年六月十四日所劃定的界線，『使法國的護送軍，從法屬尼格爾地方往賈德湖附近屬地，不能不繞道，走一條沒有水的路。』（註一）還有一個阻難是一八九六年關於英法在暹羅地方勢力的條約的解釋。由此類推——還有其他的爭端，如舊痡的安貼，條約的微妙解釋，地理詳情的闡明。如果要協商不時常爲偶然事件如華修達之類所破壞，所有這些問題都須解決。英法兩國外交部在一九〇三年之冬及一九〇四年之春，對於這一切問題都予以穩健的，確實的，及滿意的討論。

同時候，兩國元首及其國務員正在進行社交的工作，及一般政策的討論。一九〇三年五月一日，愛德華皇帝偕同外交部的哈丁（Sir Arthur Harding），去遊巴黎五月二日，他在愛麗室（Elysée）（法國總統府）演說，聲述他在法國過去的私人友誼，及現在來『團結和睦的關係，促成兩國爲共同利益接近』的快樂。演說是用法文講的，顯然比普通外交禮貌還親熱，自然引起很深的感覺。同年七月（六日至九日）洛白提總統偕同德爾加塞拜訪倫敦。一篇公開演說，及在外交部的談話，使協商之事更加穩固。

一九〇四年春天，日俄戰爭發生，俄國無暇顧及歐洲的事情，使德國暫時在歐洲絕對的佔優

（註一）蘭斯唐侯爵一九〇四年四月八日致孟生的信。Parliamentary Papers, April, 1904.

勢。這對於英法的接近，倒是一個新的推動，四月初，外交文書預備好了：八日，條約（共三件）便在英國外交部由蘭斯唐爵士及康邦代表簽字了。第一件條約關於埃及與摩洛哥；法國承認英國在埃及有自由行動之權，同時英國承認法國在摩洛哥有自由行動之權，兩方面在相當條件之下，須彼此保障兩國國民的權利。除了協商的重要不說，這樣除去在埃及與摩洛哥的利權衝突的實際影響是非常重大的。特別在埃及財政行政才能立即改良，以前根據法國權利的反常狀態才能立即除去。第二件條約關於紐放蘭與西非洲。法國放棄在優楚條約及後來所結協定所取得在紐放蘭岸的權利。同時英國同意修改法國在甘比亞（Gambia）與尼格利亞（Nigeria）的邊境。（註一）第三件條約劃定英法兩國在暹羅的勢力範圍，各不相爭。還有關於馬達加斯卡及紐海布利特（New Hebrides）的小問題也解決了。

如是所成立的英法協商，不是一個同盟，而是解決許多具體懸案的協定。這種協定，如德爾加

（註一）法國漁夫在紐放蘭海面並未受犧牲。四月八日的條約，其中第二條便保障了他們在條約岸領海捕魚之權，及進入口岸與海港之權，不過是不能上岸與建築房屋等等而已。

塞所說，是『一個經久而且有效的協商的必要條件。』（註一）從此兩國發生了友誼的關係，然而還沒有結成同盟的契約。據說德爾加塞的回憶錄如果發表出來可以證明在一九〇五年他交涉了一個英法同盟條約，但是內閣總理魯威爾（M. Rouvier）拒絕簽字（德爾加塞至少得到了一個贊助的保證。）（註二）這正是德皇威廉遊歷譚基爾（Tangier），差不多等於向法挑戰的時候。魯威爾不接受這種挑釁；於是德爾加塞便辭職了。

兩國協商的成立，在外交史上是一個很可紀念的事實，或者比德奧兩國同盟還重要。兩國協商之變為三國協商，比兩國同盟之變為三國同盟，或者同樣的更可注意。三國同盟雖然經過的時間很長，但是經不起一個大危機的試驗。

三國協商的名詞，或者不很正確。實在在一九一四年以前，英俄法三國之間沒有一個單獨的條約拘束他們。不過因為俄法既有同盟，英法又有協商（密切的友誼關係，）而英俄復繼成協商

（註一）一九〇四年四月十二日德爾加塞給駐外各使館的通告。Mastens, N. R. G., 2me Série, t. 32, p. 57

（註二）看後面

（一九〇七年起）此三國如葛萊在一九一四年八月三日所說，自成了『一外交團體』。英俄協商，其中困難，好像不能克服。第一是關於俄皇的專制與仇視開化的傳說。這種傳說，由政治犯在英國不斷的宣傳了許多年代。第二是英國與日本的同盟，日本最近與俄國打了一個大戰。第三是英俄在波斯與阿富汗利益的衝突，這還丟開西藏與中國不說，還有奇怪的『漁船事件』沒有忘記。一九〇四年十月二十日羅德極司文斯基海軍司令（Admiral Rodjesvensky）的艦隊，在開往日本海的路上，在北海擊沉了英國幾個漁船。這事件，出乎意料之外，沒有引起英法戰爭，却由一法國海軍司令在巴黎，根據第一次海牙公約國際公斷的辦法解決了。

與俄國協商的提議，英國外交部認爲是完成與法國協商差不多不可缺少，並且很自然的事情。有兩個事實使牠比較容易成功：一是俄皇頒布了一個憲法，召集了第一次國會(First Duma)（一九〇七年三月五日）——這件事情使一個自由黨的政府（一九〇六年後掌握英國政權）比較容易與俄國親善。第二個事實是英國在君士坦丁失勢，土耳其政府傾向德國——這件事情自一八九〇年以後，英國在君士坦丁特派員所寄來的祕密報告，表示很明白。

英俄協商的基礎下於愛德華皇帝一九〇七年往利屋爾（Reval）拜訪俄皇的時候。這種拜訪，很令人注意，但是引起不少的批評。至於構成協商的外交條約，乃是由英國駐俄大使尼可生（Sir Arthur Nicholson）在聖彼得堡交涉的到一九〇七年八月三十一日便簽了字。好像與法國一樣，英國與俄國的條約，不過是解決兩國的爭端；他們沒有締結同盟的契約。第一個條約是關於波斯；把波斯分爲北，中，南三個區域。在北區裏面，英國答應不與俄國競爭利權的讓與；在南區裏面，俄國答應不與英國競爭；在甲區裏面，英俄兩國人民立於平等地位。該條約的序文，還聲述兩國承諾尊敬波斯的土地完整與獨立。（註一）

在第二個條約裏面，俄國政府承認阿富汗在牠勢力範圍以外，並確認俄國與阿富汗的關係，須經英國政府之手（這妥善辦法，自放棄後，即發生不良的結果。）（註二）第三個條約規定所有英俄與西藏的交涉，須經過中國政府，並且爲顧慮英國在西藏的特別利益起見，兩國願意維持在該地方的現狀。

於是英俄協商成功了，自由黨外交部長葛萊得以完成保守黨外交部長蘭斯唐爵士所開始的偉大工作的最難一部分了。我們必須承認，英俄協商比較英法協商多屬於外交家的工作。因爲英法之間，雖有偶然事件及危機的發生，但是兩國受過教育的人民，時常有來往。至於英國人與俄國人民或統治階級，則無眞正的接觸。英俄協商在英國輿論沒有英法協商那樣生了根。

（註一）受過教育的波斯人反對該項條約，但是自取消該條約後，波斯的歷史證明他們是錯了。英俄條約給了這不幸的，紛亂的波斯七年的和平與安靜。

（註二）參看厥莊爵士(Lord Curxon)對於一九二一年二月二十八日蘇俄政府與阿富汗的條約的批語（在一九二一年三月二十一日泰晤時報的注語）。

第二十八章　又是東方問題

有人叫一九一四年的歐戰爲第三次巴爾幹戰爭（第一次在一九一二年，第二次在一九一三年）無論如何，東方問題對於歐戰的發生有很大的關係。屢次的危機，愈逼愈緊，以至於最後的破裂。（註一）

克利特島在土耳其統治之下，給各國一個嚴重的問題。牠的人口，大部分是基督教徒，及小部分在政治上佔優勢的回教徒。結果是不滿及紛亂。一八六八年發生了革命，土皇讓步了，頒布了組

（註一）時論家早就承認了，任何大國在土耳其樹立一個有實無名的被保護國，只有引起危機。一八三四年法國有一個情形熟悉的觀察者，說俄國在君士坦丁的優越地位，是延長歐洲的困難，還是喀色倫第二（Catherine II）擾亂西方局面的政策（Mem in F. O. Turkey, April 1, 1834）德國一八九〇年以後在君士坦丁的政策，可以說是一樣。

織法(Organic Statute)，保證給該島人民在法律上及宗教上的公平待遇。不過這種改良，只是說得好聽。克利特的基督教徒大半都贊成與希臘王國聯合的運動，一八六六年，列強須派軍艦到克利特水面去維持和平。該島後來的歷史，繼續是多難的歷史。一八九五年，土皇第一次任命了一個基督徒的總督，名加拉熙阿多利(Alexander Carathéodory)。他是一個希臘兼土耳其的政治家，曾經代表土耳其政府，列席柏林會議。然而一八九六年還是發生了叛變，一八九七年又發生了叛變。一八九七年的叛變，克利特人得到了希臘軍官瓦碩士(Colonel Vassos)所統率的希臘義勇軍的援助（一八九七年二月）。因此五大強國的海軍司令佔領了康尼(Canea)，繼續有十年之久。土耳其的總督離開了，永遠沒有回來。

一八九七年克利特的叛變，及與希臘聯合的運動，促成了同年的希土戰爭。希臘王國自根據一八三二年五月七日的倫敦條約成立以來，擴張了很多，但是還有數百萬的希臘人在牠國境之外。一八六四年牠改換了朝代，由巴威利亞王室改換爲丹麥王室。同時英國將愛阿寧島嶼(Ionian Islands)割了給牠，牠在海面的疆域於是增加了（一八六三年七月十三日的倫敦條約，）一八八一年所希望於柏林會議的是實現了，希臘得到了塞沙列(Thessaly)。但是還有許多島嶼，包括克利特，羅地斯(Rhodes)，薩木斯(Samos)，多德康尼斯(Dodekanese)，及大陸地方，爲希臘人所居住，仍在土耳其統治之下。克利特人不斷請求聯合於希臘的呼聲（以犧牲性命爲後盾，）自然激起了雅典最深切的同情。聰智的喬治皇帝(King George)不能違反輿論的壓力，於是預備與土耳其作戰，希望（據說）列強到最後出來干涉要求停戰。這一次，歐洲外交不行，顯然是因爲現在與土耳其政府有密切關係的德政府，不願贊助其他的列強。土希戰爭從四月十七日起，希軍差不多不斷的失敗，到五月十九日（一八九七年）經歐洲各國的調停，便告完了。最後的條約是在十二月四日簽字的；希臘由各國的調解，賠了四百萬土耳其金鎊，割了在塞沙列邊境幾方英里的軍事要地。

所以該戰並沒有解決克利特問題。列強於是又出來過問。一八九八年十一月二十六日在雅典開一個會議議決設一高等委員(High Commissioner)，（在土耳其宗主權之下，）請希臘的喬治皇帝擔任。喬治皇帝接受了這個位置，總共做了八年，引用了希臘自加撲伊斯托里亞(Capo d' Istria) 以來的最大政治家，威尼柴洛斯 (Eleutherios Venizelos)。一九〇六年蔡米斯(M. Zaimis)（希臘的保守派政治家）繼任喬治皇帝做了高等委員，多數的國際軍隊離開了該島。於是與希臘聯合之路打開了。一九〇八年奧國合併博斯米亞與赫爾仔哥維那，無異把全個巴爾幹建築的基石移去了。柏林會議所建造的建築現在開始迅速地崩潰了；克利特人當然不放過這個機會。高等委員已經請假離開了，永遠沒有回來。島內成立了一個本地的臨時政府，領袖當然是威尼柴洛斯。其餘少數的國際軍隊，離開了該島（一九〇九年。）如果希臘政府現在簡直宣布克利特與希臘聯合已經是一個事實，大概歐洲會承認這個已成的事實。不過希臘政府保持一種在外交上正確的態度，結果是這個反常態的現狀繼續存在着。在雅典，皇家已不孚民望，皇位正在搖動。一九一〇年十月十八日，喬治皇帝便請威尼柴洛斯從克利特來做他的國務總理，普通選舉給了這位偉大的克利特人一個最大的多數。從此以後，克利特即使在國際法上沒有與希臘聯合，實際上已經聯合了。一九一二年十月第一次巴爾幹戰爭發生，希臘與土耳其開戰的時候，克利特代表馬上在希臘國會出席；克利特與希臘的聯合至是在事實上也告完成了。戰事完了之後，克利特問題沒有再提出來討論。

亞門尼亞問題(Armenian Question)引起了一八九〇年至一九〇八年間的小危機。皮康斯菲爾特在一八七八年六月四日的英土條約後，在小亞細亞所設的軍事副領事，對於不幸的亞門尼亞人的痛苦，為他們減輕了不少；但是格蘭斯頓在一八八二年把副領事撤消了。一八八九年厥爾德人(Kurds)與土耳其人又有新的屠殺事情發生。一八九四年比提里斯省(Bitlis)發生恐怖的情勢，土耳其軍隊及私人都參加。一八九五年托利比莊(Trebizond)，烏爾發(Urfa)萬因(Van)及其他地方，都有屠殺事件。一八九六年(八月二十七日至二十八日)在君士坦丁有六千亞門尼亞人被殺。列強的抗議沒有什麼效力，最好的工作或者是把英使館的報告，當做國會文件發表了些出來。少年土耳其黨革命之後，一九〇九年在亞登拉對於亞門尼亞人也有可怕的殺戮。

亞門尼亞問題促成了東方現狀的不穩。馬其頓問題(Macedonian Question)有同樣的影響。馬其頓是土耳其的一省，居民是斯拉夫族，有些是希臘人的親族，有些是塞爾維亞人的親族，還有些是保加利亞人或羅馬尼亞人的親族。就大概情形看來，歐洲是希望維持土耳其的統治的；至少奧俄兩國願意維持現狀，認為防止他們兩國自己衝突的最好辦法。（註一）讓馬其頓像薩木斯或列巴朗(Lebanon)一樣自主起來，或者可以防止後來的血戰。（註二）可是列強的努力沒有做到馬其頓的自主。做過了一件最好的事，便是實行一九〇三年十月的『慕子斯特計畫(Mürzsteg programme)』。依此計畫，南馬其頓分做了五個警區：英國警兵維持德拉馬(Drama)的治安，法國警兵維持塞爾斯(Seres)的治安，意大利警兵維持滿拉斯提爾(Monastir)的治安，俄國警兵維持薩朗尼加(Salonica)的治安，奧國警兵維持優斯卡布(Uskub)的治安。德國沒有警區。很奇怪，德帝國政府在與列強合作使土耳其人改良亞門尼亞人與馬其頓人的境遇場合中，是如何的

（註一）看一八九七年五月八日的奧俄巴爾幹祕密協定(Pribram, op. cit, p. 185)。

（註二）一八三二年列強勸土耳其贊同薩木斯的自主，由土政府任命一親王去統治。該島在這種制度之下直至一九一二年巴爾幹戰爭，才加入希臘。列巴朗於一八六〇年革命由法國干涉的結果，在一八六一年成功了一個自主的省。

落後。在慕子斯特制度之下，『馬其頓的情形是進步了，但是進步的不很多，其中一部分原因是由於『馬其頓委員會』的煽動。該委員會是於一八九八年在梭菲亞成立的，其會員時常與土匪沒有多大分別，其所謂的愛國活動，時常擾亂和平。因此一九〇八年一到，所有近東的火藥庫都裝好了。

一八九一年有些土耳其政治犯在日內瓦組織了『統一與進步委員會』。還有其他在馬其頓成立的委員會。最後有人於一九〇六年在薩朗尼加把各委員會聯合集中起來，成立統一與進步擴大委員會。其目的在於土耳其統治之下，謀憲政的實現，以免土耳其被西方列強所瓜分。這個委員會很得薩朗尼加軍官的援助；一九〇八年七月二十三日，少佐安威爾總督（Major Envor Bey）宣布恢復三十年前亞布杜爾哈米德所頒布而後來不久所廢止的憲法（米德哈特的憲法。）薩朗尼加的官兵既熱烈的接受革命，亞布杜爾哈米德迫於情勢，只有批准憲法。擁護統一與進步委員會的人，即是所謂少年土耳其黨。

如果讓少年土耳其黨自己幹去，他們或者可以把土耳其帝國變成一個憲政國家，對於種族與宗教不承認有什麼分別。無論如何，環境沒有給他們什麼時候去實行他們所標榜的目的。奧帝國覺得爲先發制人計，必須在博斯尼亞與赫爾仔哥維那取得完全的把握。但是去進行吞併這兩個地方，無異是陰謀破壞歐洲的和平，因爲大國可以這樣撕破自己所參預成功的柏林條約，小國不久自然會學榜樣。這個陰謀是有長久歷史的：一八八一年六月十八日三皇聯盟附帶的祕密議定書，其中有一文件說道：『博斯尼亞與赫爾仔哥維那：奧國保留任何她所認爲成熟的時機吞併該兩地之權。』（註一）後來在一個祕密協定（一八九七年五月八日）（註二）裏面，俄國政府對於這個辦法發生了懷疑，但是德國從來不出而爲難。奧國宰相亞倫叔爾伯爵（Count Aerenthal）（他的確是歐洲爲惡的天才）於是覺得時機已到，於一九〇八年十月三日向列強發出一個通告，說奧政府迫不得已合併博斯尼亞及赫爾仔哥維那。奧國只有根據柏林條約（第二十五條）在該兩地才有權利之可言，但是該通告竟蔑視不置一詞，其虛僞更可想見。如果奧國政府同

（註一） Pribram, op. cit. p. 43

（註二） Ibid., pp. 189, 193.

時撤退了山賈克（Sanjak of Novi-Bazar）的駐軍，那是因爲牠的軍事專家告訴了牠，到薩朗尼加的正當要道，是摩拉瓦（Morava），而不是山賈克。奧國一破壞柏林條約，保加利亞的弗丁蘭德王起而效尤；顯然與奧國諒解之後，他於十月五日宣布他自己是『皇帝（Tsar）』，脫離任何依靠土耳其的形式。土耳其政府對於這種破壞牠的權利的舉動，提出抗議，但是德國政府（土政府的主要援助者，歐洲的優越勢力）既然在奧國後面，抗議自然沒有效力。英法兩國外交部很憤怒，却沒有辦法。迫不得已，這件事情，列強用外交方法來解決，於交換文書之後，承認將柏林條約第二十五條取消。

其次乘火打刼的是意大利。一九一一年九月二十九日意大利政府向土耳其宣戰，進行佔領土耳其北非洲屬地托利玻里（Tripoli）。這個戰爭的結果，是一九一二年十月十八日在洛桑（Lausanne）簽字的速成和約：土耳其政府同意放棄在托利玻里的權力，意大利答應退出她所佔據的土耳其島嶼——多康尼斯與羅地斯。（註一）土政府之講和，乃因爲牠已經有一個較大的

（註一） 歐戰發生的時候，還沒有退出這些島。

戰爭（第一次巴爾幹戰爭）要對付。

這個戰爭是巴爾幹聯盟(Balkan League)主動的。這個聯盟是威尼柴洛斯運用政治家的手腕，把塞爾維亞，保加利亞，希臘及門的內閣羅聯合而成的。聯盟的目的是解決馬其頓問題；可是解決不免要牽動土奧兩國在巴爾幹地方的權利與要求。聯盟大概遲早須與這兩國作戰，那是承認了的；並且一般相信，原來的意思是先對付奧國。或者聯盟最後放棄了從奧國手中收回博斯尼亞與赫爾仔哥維那的計畫；而土耳其與意大利一九一一年至一九一二年之戰，土耳其勢挫，給了聯盟與土耳其一個算賬的好機會。巴爾幹各國於事前祕密結約，商好瓜分他們將來的戰勝品後，（註一）便向土耳其提出明知不會接受的要求。無疑，如果土政府接受了所要求的條件（包括土耳其歐洲各省的行政自主，）巴爾幹各國自然很歡喜但這是不可能的。土政府的答覆是斷絕外

（註一）後來發生許多爭端的主要條約，是關於馬其頓的瓜分。該約是一九一二年三月十三日由塞爾維亞與保加利亞兩國訂的。（該約實在的日期是二月二十九日。）帶同秘密附約，見 Gueshoff, The Balkan League (London, 1915), pp. 112.116.

交關係及宣戰（一九一二年十月十七日。）

戰爭開始以後，巴爾幹軍隊完全勝利，直攻到賈達爾甲（Chatalja）之線（防守君士坦丁）及布列爾（Bulair）之線〔防守加里玻里（Gallipoli）〕。一九一三年五月三十日在倫敦和議宣告成立，條約也簽了字。土耳其將西至恩羅斯米地亞（Enos-Midia）之線的歐洲大陸屬地，除亞爾巴尼亞（Albania）以外，皆割與巴爾幹各聯盟國，克利特島也包括在內（第二條至第四條。）至於其他愛琴海的土耳其島嶼，及亞碩斯山半島（Peninsula of Mount Athos），其命運則留待列強來解決（第五條。）

巴爾幹聯盟各國，現在根據戰前他們所結的條約，有共分馬其頓的義務。但是因爲斯列士（Thrace）〔包括亞得利亞洛普爾（Adrianople）〕現在也在瓜分之列，而塞爾維亞與保加利亞一九一二年三月十三日的條約對於該地並未規定辦法，所以問題便複雜起來了。斯列士自然歸入保加利亞，塞爾維亞政府於是要求將保加利亞依據條約所應得的一份，重新考慮。保加利亞政府反對這種提議；正在與塞爾維亞進行交涉之中，忽然（顯然因爲完全失望，再忍不住）進攻塞爾維亞之線（註一）（一九一三年六月三十日）於是引起了第二次巴爾幹戰爭，一面是塞爾維亞與希臘，他面是保加利亞。羅馬尼亞政府（自一八七八年以來是傾向土耳其的）起而用武力干涉，制止戰爭；羅馬尼亞軍隊穿過保加利亞，毫無抵抗。巴爾幹各國以及羅馬尼亞便於一九一三年八月十日在布加利斯（Bucharest）簽訂和約。希臘與塞爾維亞在和約內所得甚多：希臘得到薩朗尼加與加瓦拉（Kavalla）；塞爾維亞得到滿拉斯地爾與優斯古布，並與門的內闊羅共分山賈克。羅馬尼亞努力所得到的酬報，是取保加利亞土地，以擴張她多布魯甲（Dobruja）地方。保加利亞雖然不幸所得也不在少；她向南擴張了她的土地至愛瑟海的德地加照（Dedeagach）。但是

（註一）據說攻擊是保加利亞軍事當局下的命令，內閣並不知道。然而內閣不能不負責任：『他們在一個短月之中，失掉了一代慘淡經營所得到的地位』(Marriot. Europe and Beyond, 1921, p. 250)但是當時駐梭非亞的俄國公使勒克魯多夫(M. Nekludoff)說，薩屋夫將軍(General Savov)到宮內得到弗丁蘭德皇帝一個手諭：這可以解釋為什麼歐戰後，弗丁蘭德沒有要薩屋夫代受過看Nekludoff, Diplomatic Reminiscenc (London, 1920), pp. 176—186.

她沒有得到她原來所希望的優斯古布。並且士耳其，利用征服者的內訌，在第二次巴爾幹戰爭中又安靜地回到了亞得利亞洛普爾。保加利亞政府覺得失望，並受各方的榨取為報復計，牠寧願與士政府講和，默認亞得利亞洛普爾的喪失，(註一)以便時機一到，可以放開手對付塞爾維亞。巴爾幹顯然還是暴風雨的中心；暴風雨的踪跡到一九一四年爆裂。

(註一) 一九一三年九月二十三日的君士坦丁條約(Convention of Constantinople)。

第二十九章　危機中的十年

從一九〇四年英法協商起，又有一個外交團體成立，與德奧兩國同盟平衡。（註一）歐洲的平衡，這樣巧妙的配合起來——德奧意在一方面，英法俄在他方面——政治上只要有一小小的震動，平衡便搖擺得非常利害。國際情形因此很微妙，很危險。不過平衡政策也有好處：牠所產生的局面比沒有協商只有德意志外交團體操縱一切，總好一點。

危機的起緣，可以說是起於德國一九〇三年向士耳其政府所取得建築君士坦丁到巴格達（Bagdad）鐵路之權，這種權利的讓與，最後使英國覺悟了她對士耳其政府的優越地位失掉與德國政府了。並且這種讓與權，使士德的勢力向波斯灣發展，直接對於英帝國從蘇彝士運河至紅海的交通有妨害。不過英法協商的成立，暫時阻止了德國計畫的進行。因此外交界第二件事情

（註一）在協商國之外，算這外交團體有力量，倒不是有名的三國同盟。

是在摩洛哥的一個有力反協商的行動。

一九〇四年四月八日的法英協定，關於摩洛哥曾規定『繳納關稅或其他稅項，或鐵路運輸費，應該平等』（第四條。）西班牙，大家公認，有特殊利益；法國須與西班牙政府取得諒解（第八條。）

對付西班牙的確沒有什麼困難。西班牙政府表示願意附隨法英協定；並且結了一個法西條約，劃清兩國政府的勢力範圍。結果是西班牙保有美里拉（Melilla）及沿海一塊長地方，從地中海上的莫魯雅河（Moulouya River）起至大西洋止；其餘摩洛哥的地方，則由法國保護。大家認為如果法國政府馬上派一代表與摩洛哥王結一條約，規定法國干涉的範圍，便不會發生什麼困難。不幸擔擱了些時間；等到一九〇五年二月聖銳納泰蘭地爾（Sait-Réné-Taillandier）奉命往費滋（Fez）的時候，在摩洛哥的德國外交特派員古爾門（Herr von Kühlmann）立即抗議說：『有系統的不理我們。』宰相畢羅親王繼起宣言（一九〇五年三月二十九日），德意志的經濟利益必須保護，摩洛哥問題應由一國際會議來規定。最後德皇威廉竟居然往譚基爾遊歷，並且演說『我已經決定盡我的力量，保護德國在摩洛哥的利益』（一九〇五年三月三十一日。）這篇演說顯然是挑戰。

所以英法協商一起手便被人家挑釁了。什麼答覆呢？德爾加塞代表法國成就了協商。他得到了英國與西班牙對法國在摩洛哥的保護權之默認。他現在要與摩洛哥王直接商妥保護的條件。德國起而干涉，要求參加交涉。德爾加塞還是堅持法國與摩洛哥王直接交涉之權呢？抑是屈服於德國的要求，召集一個國際會議？如果他採取前面的一個辦法，如果他堅持直接與摩洛哥王交涉，不讓德國過問，法德間的戰爭差不多必須發生。到了那時，英國又怎麼樣？德爾加塞不久便得到了一種保證。英國政府答覆法國大使的詢問，答應在外交上援助，如有必要可用武力援助。的確，如果英法關於埃及與摩洛哥的條約，（墨瀋差不多還沒有乾）有何意義，那就是說英國必須給予這種援助。

於是德爾加塞預備拒絕國際會議的要求，承受其結果，不是德與法英開戰，就是德國看見英法的團結而和平放棄干涉摩洛哥的事情。

但是德爾加塞不能取得他政府的贊成。法國內閣總理是魯威爾，他却不是一個外交家。如凱羅(M. Caillaux)在後來一個危機一樣，他深怕一個大歐戰的物質損失，寧願與德國妥協。一九○五年六月六日，魯威爾召集重要國務會議。德爾加塞說道：「拒絕德國召集會議的提議：英國是幫助我們的，西班牙意大利美國俄國也都預備謝絕開會……今日屈服，明日還須屈服，永遠都要屈服。」會議結果，剛剛相反，決定贊成召集會議。德爾加塞立卽辭職。

魯威爾自己兼任了外交部長職務，立卽示意德帝國政府說法國接受召集會議的原則。(註一)接受問題一解決，危機立卽過去了。會議一直到一九○六年一月十六日才舉行。會議的地點，選定了亞爾基西拉斯(Algeciras)。該地是西班牙地中海的消夏所在，小而美麗，剛在基布拉達海峽(Strait of Gibraltar)之內。各大強國，及西班牙瑞典比利時荷蘭葡萄牙美國與最有關係的摩洛哥，都派有代表前來聚會。西班牙的主席代表亞爾木多瓦爾公爵(Duke of Almodovar)被舉爲會長。幾個星期之中，沒有什麼進展；在許多要解決的問題當中，有一件特別重要，就是警察的

(註一)　見一九○五年七月八日的換文。原文見 Albin; Les Grands Traités, pp. 334-5,

管理。如果要摩洛哥守法律與秩序，非設警察不可。德國政府要求警察應置於國際管理之下；法國自然希望由法國管理，或最多由法西兩國共同管理。英國政府代表尼可生堅決的援助法國，並且在頭幾次會議之後，西班牙政府也取同樣的態度。法國代表利瓦爾 (Mm. Revoil) 與瑞格洛提 (Regnault) 反對德國代表拉多維子(Radowitz)與達登巴煦(Tattenbach)的要求最力；就是三月初魯威爾內閣塲台(註一)他們的立場還是很堅定，結果除了有相當的修改外，他們是成功了。經過大會及委員會許多的討論，最後的條約由委員會起草並編輯。該委員會共計三人，由法國代表瑞格洛提，德國代表克列美提 (Klehmet)，西班牙代表加寶爾列羅 (Caballero)，組織之。最後的條約是於一九〇六年四月七日簽字的。第一章包括十二條，關於警察問題：警察置於摩洛哥王權威之下；須從相信回回教的摩洛哥人中招募；由法西兩國政府派遣軍官，聽摩洛哥王的指揮，去幫助警察的組織。設一警察檢閱長，以一瑞士人充之。這種制度以五年為期。其他各章關於軍火

（註一） 繼任的是薩倫內閣(Sarrien Cabinet)，其中克里孟索 (M. Clemenceau)(內務部長)與布爾喬 (Léon Bourgeois)（外交部長）握有勢力。

貿易的禁止，國家銀行的設立，及關稅公共事務等。法國雖然讓了步，但警察是她主要的目的，無論如何她在警察問題上面得到了不少的利益，並且同時排除了德國的管理。

一九〇八年關於摩洛哥發生第二次的危機。該地還是很亂，一九〇七年法國政府因為法國人民在摩洛哥的卡薩布蘭卡(Casablanca)地方被殺，派兵到內地去恢復秩序。這種舉動雖然對於摩洛哥及其土人與外國僑民有益，自然為德國政府所不喜，但是如果沒有英西俄等國的默許，法國未必敢出此舉。至一九〇八年，法國軍隊還在卡薩布蘭卡附近。九月二十五日，有屬於法國國外軍團(Légion étrangère)的逃兵五人（其中二人屬德籍，）向德國領事請求保護，德領事給以通行狀。然而他們還是被法國當局所拘捕。於是引起所謂『卡薩布蘭卡事件，』一時好像要發生戰爭。在交涉中有一個時期，威廉第二固意給每日電聞(Daily Telegraph)（一九〇八年十月二十八日）一個不謹愼的談話，實際等於提議與英國同盟。在談話中，德皇裝做他在博爾戰爭(Boer War)裏面是英國在歐洲利益的保護者。這倒引起了英國的反感。就是德國宰相自己也覺得德皇的失言表示遺憾。卡薩布蘭卡事件究竟太小，不値得開釁。十一月二十四日，法德兩國接受了海牙法庭的公斷。這事件的結果是法德宣言，聲明尊重摩洛哥的獨立；一切商業利益的均等；及法國的特殊政治利益（一九〇九年二月八日）這個協定或宣言在德國方面是一種慷慨的舉動，預兆摩洛哥的和平。然至一九一一年却發生一個更重大的危機。

依據一九〇九年二月八日的法德宣言，兩國政府『當使彼此的人民聯合經營他們能夠得到的利權。』在其後的兩年中困難發生了，德國政府百方設法利用這種規定，而在法國方面則設法避免成一法德經濟的共管局面。同時摩洛哥內部秩序日壞，法國軍隊繼續佔領卡薩布蘭卡及其內地夏阿亞（Châouia）。到了一九一一年初，情形更壞了，摩洛哥新王莫列哈非德（Muley Hafid）〔他廢除了前王亞布杜爾亞姊仔（Abdul Aziz）〕被叛徒圍困於費滋。因此法國用了摩洛哥王的名義，派了軍隊去援救費滋，擊散叛徒。這種工作在四五月（一九一一年）中便圓滿的完成了；法軍也撤退了。

在費滋被圍，法軍去救的時候，德政府已表示不安不滿（不無理由。）德國外交部長基德爾倫維熙特爾（Herr von Kiderlen-Waechter）曾經示意法國大使康邦，謂亞爾基西拉斯條約不復存在。康邦大使試探德政府意之所在；德政府却保守神祕的態度，不肯明說。這是一九一一年中夏的事。正如在亞爾基西拉斯會議的時候，魯威爾內閣塲台；正在康邦與基德爾倫初行談判的時候，滿尼斯(Monis)內閣忽然倒了。凱羅繼任做了內閣總理(六月二十七日)。塞爾夫斯(M. de Selves)擔任外交部長。(註一)我們須承認，二十世紀的法國外交政策是有許多大困難的。

法國新外交部長剛纔接任，德國大使便來訪問(七月一日)。鮮恩(Herr von Schoen)大使隨卽宣讀一個照會說，鑒於摩洛哥地方的暴動，有危及德國商人的安全，帝國政府決計派一兵艦往亞格的(Agadir)恢復秩序。此卽表示德國決然否認法國對於摩洛哥秩序的維持，有特殊的利益。潘脫爾(Panther)兵艦之開赴摩洛哥，緣起於此；潘脫爾無異是德國挑戰的表示。

和戰問題於是又具體的呈於法國之前了。法國全國人民認爲潘脫爾的遊行，等於挑戰；他更加深切的覺得永久在德國軍力壓迫之下。在這種情形裏面，戰爭遲早總要來的。沒有那個國家，時常住在軍力壓迫之下，而不起反感的。現在法國反感怎樣呢？

(註一)　繼滿尼斯內閣的外交部長克魯皮(Cruppi)之任。

凱羅內閣非常鎮靜。牠沒有派一法國軍艦跟着德艦往亞格的去。牠詢問英國外交部的意見，得到了滿意的保證。說英國政府的行動以法國爲轉移。牠與德國交換意見。七月八日康邦與基德爾倫再行談判；德國外交部起初似乎提到賠償。談判繼續了許久，所討論的大多數關於政治經濟地理的專門問題。許多次數，談判似乎頻於決裂。戰雲繼續的迷漫歐洲，英國政府密切的注視談判的進行，想要公開表明牠的態度。所選的機會是在倫敦市政廳（Guild Hall）的市長宴會席上——這是宣布重要問題的意見的好方法。該晚是財政部長路易喬治（Mr. Lloyd George）演說的。其中措詞明明是故意給德國一個嚴重的警告。路易喬治說（一九一一年七月二十一日），和平的幸福雖偉大，但是有時候和平等於『屈辱，爲大國如我們的英國所不能忍受。』

這篇演說自然在英國以及大陸，發生了最深沉的印象。這是第一次嚴重公開的表示英法的團結。這等於說，如果這時候法德間發生戰爭，英國便會積極的加入法國方面。德國的挑戰，有人接受了。只要德國堅持現在對摩洛哥的態度，一九一四年的大戰便會剛剛早發生三年。爲什麼德國不堅持，爲什麼一九一一年沒有發生戰爭？顯然，她派潘脫爾往亞格的去的時候，她沒有算到英法的團結：她沒有料到英國願戰。現在她知道了，認爲在這時候不值得冒險。俄皇八月在漢堡（Hamburg）發表『在太陽中的地位』的演說，明明是德國正要退步，用來恢復德國的尊嚴的；並不是對於市政廳演說的報復。

於是康邦與基德爾倫的談判，仍在威廉街進行。（註一）結果產生了兩個條約，一個（一九一一年十一月四日）是關於摩洛哥，還有一個（十一月九日）是關於康谷。依第一個條約，德國承認法國在摩洛哥爲軍事上的佔領及爲摩洛哥政府主持外交的權利；換句話說，卽許法國在摩洛哥行使保護權。依第二個條約，法國割讓法屬康谷之一半（不是比較更有價值的一半）與德國。這個買賣，與俾斯麥所輕視拿破崙第三的茶錢政策（policy of pourboires）很相似，對於德國並不很體面。但從這裏可見法國政治家的手腕，他們不用訴諸戰爭，而解決了摩洛哥問題，同時並增加了德國人『在太陽中的地位』滿足其膨脹的精力。

（註一）　一九一一年九月二十九日，意大利與土耳其爲托利玻里問題開戰了。德國政府無疑受了這事的影響。德國與法作戰，既然要土耳其的援助，如果這時開戰，便要犧牲與意大利的同盟。

亞格的事件及路易喬治在市政廳的演說，形成了列強間最後一次的危機，一直到一九一四年大戰的爆發。所以西歐與中歐有三年的休息。不過休息是一種不安的休息，因爲三年之中，有三場關於東方問題的戰爭——意大利與土耳其的托利玻里戰爭，及第一次與第二次巴爾幹戰爭。

在西歐與中歐，自一九一一年至一九一四年，最好不過是受軍備嚴重壓迫的和平。這種軍備自一八七一年以來，大大的增加了。因爲要減少軍備的負擔，俄皇尼古拉第二才於一八九八年有和平會議的提議。這種提議，由俄國外交部於一八九八年八月二十四日發表出來，結果遂有第一次海牙和平會議的召集，到會的有二十六國的代表（一八九九年五月十八日——七月二十九日）。各國代表對於軍備的限制不能一致，但是他們成立了一個（志願的）公斷法庭——名爲海牙法庭——並且改良了些戰爭的規則與風俗。俄皇後來又召集了第二次和平會議，一九〇七年一月十五日在海牙舉行，至十月十九日止。到會的代表不下四十四國。對於戰爭的規則與風俗雖又有所改良，但對於軍備的限制與公斷的強制，到會的代表不比他們的前人更有什麼成功。然而兩次海牙會議所發表的意見，對於文明國家的輿論的發展是很有影響的，而這種輿論，對於國際法的效力又是大有關係的。

除了美國之外，各大國多少都覺得爲牠所要維持的鉅大軍備所壓迫。特別是英德兩大海軍的對峙很明顯。英國的海軍素來是很大的；英國的政治家決心要使牠比較其他任何國家爲大，也是素來不守祕密的。因此在威廉第二之下德國海軍的發展，必然要引起英國海軍爲比例的增加，以維持其優勢。既然英國政府勢必隨德國海軍的增加而爲比例的增加，既然英國的財源足以來無限制的競爭，那麼兩國政府或者容易明瞭，彼此須有諒解。海軍大臣邱吉爾（Mr. W. S. Churchill）一九一二年四月發表了一篇演說，便是向這方面一個完全政治家的努力，邱吉爾鄭重的聲認，『不講價錢，只顧事實，隨便那年，』只要德國建造海軍的計畫『減少了或取消了，』英國的計畫也可以『減少或取消。』如是，德國政府，不必依條約束縛其將來，可以採取緩進步驟，減少海軍經費，而同時知道牠的海軍與英國海軍比較，其比例還是不變。增加海軍經費於德國沒有什麼好處，因爲英國海軍也自然要增加。但德國政府對於這個海軍問題來一個諒解的提議，置之不理。

哈爾登爵士（Lord Haldane）一九一二年二月奉特別使命往柏林與德宰相邊斯門賀爾維

(Herr von Bethmann-Hollweg)談判，同樣的沒有結果：新海軍法（德國的建艦計畫）必須進行。差不多同時（一九一一年三月二十七日）與（一九一二年六月十四日）德國政府得到國會通過增加常備軍至六十二萬五千人，並籌措大批的軍費。法國政府（內閣總理是巴道（M. Barthou）必然的反響是恢復了三年兵役制（一九一三年八月八日）。

一九一四年中夏的一個星期日，奧國皇儲（奧皇法朗西斯約瑟夫之姪）菲地蘭大公爵（Archduke Franz Ferdinand）及其妻乘汽車經過塞拉甲窪（Sarajevo）的時候（一九一四年六月二十八日）被人暗殺了。近年來，法德間或德英間，比這時候戰機更迫切的還有。（註一）這件事雖然過去了差不多一個月，沒有問題，然而大家還是把這件事認爲是大戰的起緣。的確，有這麼一個附會的故事，說七月五日在撲資登（Potsdam）召集了一個御前會議，德皇，奧宰相，及其他

（註一） 維持和平的事實中，可以提出一九一三年里煦洛斯基親王與葛萊訂的條約。該約劃清德英兩國在葡萄牙屬非洲殖民地的勢力範圍。該約却永沒有批准。參看 Meine Londoner Mission, von Fürst Lichnowsky (1918)。

重要人物都出席但是大體看來，這故事是證明了不足取信的。（註一）一直到了七月二十三日，奧政府才向伯爾格拉德（Belgrade）提出哀的米敦書。

回想以前奧帝國的有益工作，及其維持中歐的和平與經濟穩定，與其悲慘的沒落，人民的痛苦，不免放鬆了牠應受的責備。奧政府認為塞拉甲窪的暗殺，是大斯拉夫運動之一部分，塞爾維亞政府的官吏也有關係。牠故意利用暗殺事件，使塞爾維亞屈服，雖然七月二十二日有俄國政府的警告，牠知道有發生歐戰的危險。

奧國的哀的米敦書是於七月二十三日（星期四）下午六時交給塞爾維亞政府的，限四十八小時內答覆。葛萊對孟斯多爾夫伯爵所說（哀的米敦書原文送達倫敦的時候）須有相當時間的限制，那是合理的，否則交涉或者要無限制拖延下去。但是對於這麼一個等於要求一國的主權讓給別國的通牒，只許兩天考慮並答覆，奧政府好像是要逼成戰爭。

（註一）這是當時駐柏林與維也納英使館的意見。看 C. Oman; The Outbreak of the War of 1914-1918 (published by H. M. Stationery Office), pp. 16-17.

奧國的哀的米敦書類似要求塞爾維亞臣服奧國，從下面可以看得出。奧國聲述一九〇九年以來塞爾維亞的不友善態度後，提出了下列條件（還有其他的）：塞爾維亞政府須（一）禁止一切排奧出版物；（二）解散大塞爾維亞主義的團體(Narodna Odbrana)；（三）從學校屏除一切養成排奧宣傳運動的教育；（四）凡有宣傳排奧的嫌疑的官吏，不論在軍界或行政界服務，都須免職，而許由奧政府指出此等官吏之姓名；（五）承認奧國官吏參加對於侵害奧帝國領土完整的禁止手段。

四十八小時的限制，使交涉沒有機會。塞爾維亞不完全屈服，便須接受戰爭。

至此，戰爭之罪，不能不歸於奧國政府。不過有證據可以證明德國政府在奧國的哀的米敦書沒有發出以前已經知道其內容。在柏林的巴威利亞國務員於一九一四年七月十八日寫信給在慕尼克的赫爾特林伯爵(Count Hertling)說道：『顯然塞爾維亞不能接受這種破壞她獨立國家的尊嚴的條件。所以結果是戰爭。這裏絕對的認為奧國應該利用這個好時機，就是將來發生危險也在所不計。』（註一） 所謂『這個好時機』是什麼意思呢？顯然德國政府的見解，認為在歐洲現狀之下，大戰無論如何是不能避免的；這是最好的時候來打，因爲奧國政府有塞拉甲窪暗殺事件的關係，理由充足，國內輿論有相當的擁護。德國沒有奧國加入，不願與法英作戰。

塞爾維亞政府對奧國哀的米敦書的答覆，無疑是根據俄國來的勸告因爲牠已經向俄國請求援助。答覆的內容大半接受了奧國的要求，除了一個重要之點（很聰明的除外）：塞爾維亞只能『於合於國際法原則，刑事訴訟規則及善鄰關係之限度內，承認（奧國官吏在塞爾維亞境內）參加』（註二）禁止排奧運動的手段。塞爾維亞國務總理巴時照（M. Pashitch）將復牒於七月

（註一） Printed in Oman, op. cit., p. 32; Count Lerchenfeld to Count Hertling, Cp. Denkschriften und Briefe von Dr. W. Muehlon (1918) 甲谷在七月十九日使要求將奧國通牒寄給他。德國駐維也納大使特斯齊爾斯克(Tschirschky) 在後來的幾日內陸續報告了該通牒的內容；看 Kautsky, Die Deutschen Dokumente Zum Kriegsausbruch(Charlottenburg, 1919), Band I., p. 104 ff. 德國外交部顯然沒有看見該哀的米敦書的原文。

（註二） Collected Diplomatic Documents (H. M. Stationery Office) p. 35.

二十五日下午五時四十五分交與奧國駐伯爾格拉德大使基斯爾男爵(Baron Giesl von Gieslingen)。奧使請予以短時間的機會，去比較覆牒的條件與其所得到本國政府的訓令。巴時煦於是回到辦公處。不久，他便接到通告，說哀的米敦書的答覆不滿意，基斯爾男爵卽晚離開伯爾格拉德。基斯爾男爵恐怕奧國的拒絕還不堅決，在他的通牒末了說道：

『最後，我希望正式聲明，從此信送達閣下的時候起，塞爾維亞與奧國國交的斷絕，成了已成的事實。』（註一）

英國外交部長葛萊向法意德各國政府提議召集一個會議，同時直接有關的各國——奧俄塞爾維亞須停止軍事行動。德國外交部長表示不願參加，因爲這種會議『實際等於一個公斷法庭，據他的意見，除非出於奧俄的請求，根本不能召集。』（註二）（七月二十七日）所以這個提議

（註一） Coll. Dip. Doc., p. 390

（註二） Goschen to Grey July 27, in Oman, op. cit., pp. 49-50; cp. Goschen to Grey, July 28. 重述與德相的談話: Coll. Dip. Doc., p. 56.

毫無結果。次日奧國政府向塞爾維亞宣戰。俄國政府，從來不否認牠不能容忍對塞爾維亞的攻擊，立即下令阿德沙(Odessa)，基夫(Kieff)，莫斯科，及加層(Kazan)等地從七月二十九日起動員，雖然俄國駐維也納大使還沒有撤回。德國宰相勸奧政府繼續與俄談判，但對於奧國之敵對塞爾維亞的行動則不勸告停止（七月二十九日）：

『德宰相昨晚告訴我，他極力勸告維也納，恐怕已經逼得太緊，逼出相反的結果。』（註一）

英國的態度，德國應該知道。七月二十九日葛萊對德國大使里煦洛斯克親王(Prince Lichnowsky)說過：

『如果德國加入（戰爭，）法國也加入，加入問題恐怕太大，要牽動一切歐洲的利益；我不希望他因爲我們談話的和氣，（我希望能繼續）而認錯，以爲我們會袖手旁觀。』（註二）

俄國政府到現在只下令比較靠近奧國地方的軍隊動員。但是除此之外，俄國參謀長見曾煦

（註一） Goschen to Grey, July 30, op. cit., p. 56

（註二） Coll. Dip. Doc., p. 67

克維將軍（General Janushkevih）好像沒有使俄皇知道，下了普遍的動員令。（註一）這個差別並不重要。俄國對奧國一部分的動員，如果接着與奧作戰，德國因為德奧兩國同盟的關係，自會加入。奧國一定知道德國會助戰，否則她看見俄國的動員，不會與塞爾維亞作戰。

七月三十一日中夜德國駐彼托落格拉德（Petrograd）大使蒲特列伯爵（Count Pourtalés）往見俄國外交部長薩莊洛夫（M. Sazonoff），聲稱『如果在十二小時之內，即是在星期六正午之前，我們（俄國）不開始復員（不僅是對德，並且對奧的復員）德國政府迫於不得已要下動員令。』（註二）哀的米敦書所限的時間滿了；結果是蒲特列伯爵再來訪，交了一個通牒，宣告德皇與俄國宣戰。（註三）

（註一） See Documents quoted by S. B. Fay, in the American Historical Review, vol. XXVI, pp. 242, 248.

（註二） 薩莊洛夫一九一四年八月一日給俄國駐外各使的信（Russian Orange Book, in Coll. Dip. Doc., p. 292）

（註三） 該項通牒是八月一日下午七時提交的（ibid., pp. 294-5）

德國現在與俄國作戰，必須確定德政府與法國的關係。遲早法國大概必須加入戰爭；但是起初她可以宣布中立，維持些時候。這最於德國參謀部不利，因爲參謀部現在已經準備好了對法俄兩國的戰爭，並且集中了大隊軍隊在西方。俄國的行動很慢；德國希望首先打倒法國，然後揮槍向俄。因此德國駐巴黎大使鮮恩男爵接到訓令，如果法國政府宣告中立，即要求法國退出杜爾(Toul)及凡爾登(Verdun)，在戰時內由德軍佔領，以爲中立的擔保。法國當然會拒絕這種有傷國體的提議，於是立即可以使她加入戰爭。其實鮮恩八月一日見法國總理威文恩尼(Viviani)探詢意見的時候，他得到的答覆是，法國如果爲她的利益打算所必需，願意做。(註一)於是由德軍佔領杜爾凡爾登的要求，沒有提出，(註二)德國政府不難知道應取什麼辦法。

不過同一日法國政府覺得不能不預防，下令動員。但是爲避免挑釁的嫌疑，及表明如果戰事發生，誰是戎首起見，法國軍隊奉令須離開德國邊境十個基羅米突。(註三)這個有名的命令，使法

(註一) German White Book in Coll. Dip. Doc., p. 434.

(註二) 法國政府不知用什麼方法，得到一份給鮮恩訓令的原文副本，於一九一八年三月發表出來了。

(註三) Bertie to Grey, August 1, 1914, in Coll. Dip. Doc., p. 98.

國在全個戰爭期內，失掉布利流域（Briey Basin）；在那裏她有最富的礦產及鋼鐵業。

法國政府開始動員軍隊的時候，德國政府可以宣戰答覆，但是不宣戰。『理由是德國想在開始積極對法作戰以前，得到破壞盧森堡與比利時中立的利益。』（註一）沒有疑問這是眞的。八月二日，星期日，『很早，』德國軍隊侵入了盧森堡的土地。（註二）但是在同一日期的一個通牒裏面，德國大使『急欲通知（法國）外交部長，德國在盧森堡大公爵國所取的軍事行動，不構成敵對的行爲。』（註三）

又於同日（八月二日）的晚上，德國駐布魯塞爾公使塞爾斯克（Herr von Below Saleske）提出了一個通牒，要求德國軍隊自由經過比利時土地，限於十二小時內答覆。（註四）一八三九年

（註一） Oman, op. cit., p. 112

（註二） Minister of State, Luxemburg to Grey, August 2, 1914, in Coll. Dip. Doc., p. 104.

（註三） French Yellow Book, ibid., p. 234.

（註四） 比利時外交部長一九一四年八月三日給駐外各使的信（Belgian Grey Book in Coll. Dip. Doc., p 312.)

的條約，不僅使比利時爲一中立國，並且使她負有維持她的中立的義務。因此比利時政府決定遵守她的義務，抵抗德軍的經過。法英兩國駐布魯塞爾公使也保證他們的政府一定會接受一八三九年條約的擔保者的責任，會同比利時保護她的中立。（註一）

法國駐布魯塞爾公使正在保證比利時政府，說法國會援助牠的時候，德國政府於八月三日下午六時四十五分向法宣戰。（註二）次日，德國軍隊便侵入了比利時國境。（註三）消息到了倫敦的時候，英國外交部長拍電給駐柏林大使哥施遷道：

「鑒於德國對我們在柏林與巴黎同時提出的關於比利時的要求，不肯作法國上星期一樣的保證，我們必須再作要求要求一個滿意答覆（並須答覆今早我的電報）限於今晚十二時達到此地。如不然，你去要你的護照，並且說英國政府覺得必須極力擁護比利時的中

（註一）法國的保證是法使克羅布可斯基(M. Klobukowski)於八月三日自己負責給的，並沒有政府的訓令。英國的保證是八月四日給的(Coll. Dip. Doc., pp. 313—5)

（註二）鮮恩一九一四年八月三日在巴黎給威文恩尼(Viviani)的信。(Coll. Dip. Doc., p. 240)

（註三）比利時外交部長一九一四年八月四日給英法俄各國住布魯塞爾公使的信(ibid., p. 321.)

履行德國一同簽了字的一個條約。（註一）

大使得到這個電報之後，爲最後一次的正式拜訪。第一往見外交部長甲谷（Herr von 甲谷始終很客氣，很嚴重，告訴他說，侵入比利時勢在必行。其次往見德相伯斯門賀爾維；德相亦是像外交部長一樣，很興奮，很不安。他的全個政策破碎了：他是一個聰明寬大的人，他預先看到了歐洲系統的崩潰，無政府，流血及野蠻主義——這些是政治家所想避免的：『一切爲的是一個字——「中立」一個在戰時沒有人過問的字——爲的是一張廢紙。』（註二）英國大使辭別了德相，起草了電報，下午九點鐘發給倫敦。外交再沒什麼事可幹了，除了接受內閣的權威，於八月四日至五日晚上十二時十五分下對德宣戰的通牒。（註三）

（註一） Grey to Goschen, August 4, 1914, ibid., p. 109 所說前一個電報，乃是抗議德國自由通過比利時的要求。(ibid., p. 107)

（註二） Goschen to Grey, August 8, 1914(Coll. Dip. Doc., p. 111)

（註三） 里煦洛斯基於八月四日下午四時二十二分電告柏林，說哀的米敦書會於十二時發出Kautsky; Die Deutschen Dokumente Zum Kriegsausbruck, Pand IV., p. 80, No. 853）

上面所述百年來外交的行動，表明政治家及其代理人，在各種私利與好鬬感情衝突當中，努力於維持世界各文明國間的良好關係。從一八一五年至一八四八年，這種工作沒有後來那樣困難。在一八三〇年及一八四〇年左右，民族的感覺不很利害：如狄斯列里一樣，人們相信種族，而不相信民族；英人，德人，法人，意人及四海爲家的俄人，能在消夏地方會面同乘四輪驛車旅行，而不覺得有什麼仇視。一八四八年之後，東方問題差不多是非外交所能和平解決；一八七一年後德帝國的國土，只能用武力去維持，於是使歐洲成了一個武裝和平的局面，在其後的四十年中，差不多時時刻刻需要外交家小心防止釀成大戰。現在大戰已經來了並且去了，造成戰爭的條件又是一樣的有力：——民族的感情，報仇的感覺，恢復舊地的觀念，國際共產黨的陰險宣傳。舊式訓練的外交很有成績沒有技巧與經驗，世界各國決不能並立。但是舊式外交在其偉大有益的工作內，需要各種幫助。沒有外面有力的幫助，不管牠如何高尙的與堅持的努力，一定還要失敗。瞻望前途，除了舊式外交與國際聯盟合作外，我看不見世界有什麼實際的希望。

中英文固有名詞對照表

序　文

狄斯列里(Disraeli)
斯達拉斯堡科煦教授(Strassburg Professor Koch)
海斯列特(Hertslet)
布爾喬(M. Bourgeois)
德比都(Debidour)
牛津聖體學院(Corpus Christi College, Oxford)

第一章

吳頓爵士(Sir Henry Wotton)
湯馬斯祿爵士(Sir Thomas Roe)
威克福(Abraham Wicquefort)
布朗斯維克(Brunswick)
馬其威里(Macchiavelli)
菲列普(Philippe de Commines)
亞富公爵(Comte d' Avaux)
維斯費里亞(Westphalia)
薛維恩(Servien)
蔣林(Jeanin)
克拉林頓(Lord Clarendon)

第二章

賴布西克(Leipsic)
包本(Bourbon)
塔列蘭(Charles Mourice de Talleyrand-Périgord)
梅特涅(M. de Metternich)
俄皇亞歷山大第一(Tsar Alexander I)
比尚與人(Byzantine)
威廉第三(Frederick William III)
加斯列里(Castlereagh)
哈丁堡(Hardenberg)
全級會議(States-General)
執政(Directory)
阿陵斯王朝(Orleans Monarchy)
[illegible]克孫納(Saxony)
林涅王(Prince de Ligne)
堡格(Burg)
傅赫列(Eugène de Beauharnais)
那不勒斯人(Neapolitan)
巴威利亞(Bavaria)
麥克西米倫(Maximilian)
哥彭海根(Copenhagen)
武定伯(Würtenberg)
阿登堡(Oldenburg)

法郎西斯皇帝(Emperor Francis)
加利什條約(Treaty of Kalisch)
加里西亞(Galicia)
克拉科(Cracow)
維斯秋拉(Vistula)
蒲列斯堡(Pressburg)
瓦沙(Warsaw)
盧森堡(Luxemburg)
崔府(Trèves)
邦城(City of Bonn)
普陸寺院區(Abbeys of Prün)
斯大夫羅(Stavelot)
烏麥哲(Malmédy)
栿森(Possen)
西普魯士(West Prussia)
穎恩(Thorn)
達諾楧爾(Tarnopol)
亞爾薩斯羅連(Alsace Lorraine)
梅顏斯(Mayence)
柯訶(Cologne)
下萊茵(Neider-Rhein)
滿斯脫爾(Munster)
奧國的列色蘭(Austrian Netherland)
皮特(Pitt)
阿連基(Orange)
些爾德河(Scheldt)
潘麥倫尼亞(Pomerania)
斯脫拉生德(St·alsund)
盧根(Rugen)
埃爾巴河(Elba)
魯恩堡(Lauenburg)
海里哥蘭(Heligoland)
斯托拉福肯寧(Stratford Canning)
卡楧伊斯脫利亞公爵(Count Capo d' Istria)
赫蒲(Frederic César la Harpe)
調解法(Act of Mediation)
瓦芮(Valais)
洛奢特爾(Newchatel)
日內瓦(Geneva)
福西涅(Faucigny)
賈布來(Chablais)
教堂治下各國(Papal States)
吉諾亞(Genoa)
皮地滿(Piedmont)
威尼斯(Venice)
丕亞斯第七(Pius VII)
方登布祿條約(Treaty of Fontainbleau)
米蘭(Milan)
優楚條約(Treaty of Utrecht)
康楧福繆條約(Treaty of Campo Formio)
奧斯特里子(Austerlitz)
蒲列斯堡條約(Treaty of Pressburg)
明西阿(Mincio)
達爾馬西亞(Dalmatia)

傅齊底卡達羅(Bocche di Cattaro)
拉古沙共和國(Republic of Ragusa)
柯夫(Corfu)
曾特(Zante)
山他莫拉(Santa Maura)
西福朗尼亞(Cephalonia)
西銳谷(Cerigo)
綺色佳(Ithaca)
拍左(Paxo)
利威拉(Riviera)
山利木(San Remo)
沙層諾(Sarzano)
埃斯特(Este)
摩登拉(Modena)
羅連赫布斯堡(Lorraine-Habsburg)
塔斯加尼(Tuscany)
包本拍馬(Bourbon-Parma)
馬利亞路易沙(Infanta Maria Louisa)

董卡羅斯(Don Carlos)
路卡(Lucca)
那不勒斯(Naples)
摩拉(Murat)
弗地蘭第一(Ferdinand I)
西西里(Sicily)
埃爾巴(Elba)
賴伯伯爵(Count Neipperg)
克倫卡德(Clancarty)
托倫定諾(Tolentino)
拉地斯邦(Ratisbon)
薩姆——薩姆(Salm-Salm)
薩姆——克爾堡(Salm-Kyrburg)
弗里德蘭(Friedland)
解放戰爭(War of Liberation)
百日政變(Hundred Days)
馬爾達(Malta)
埃阿寧島(Ionian Isles)
好望角(Cape of Good Hope)

法蘭西島(Isle de France)
西息爾列(Seychelles)
西朗島(Isle of Ceylon)
達斯孌尼亞(Tasmania)
西印度(West Indies)
聖魯西亞(St. Lucia)
杜巴谷(Tobago)

第三章

滑鐵盧(Waterloo)
菲列普維爾(Philippeville)
莫撥(Maubeuge)
丁蘭(Dinant)
薩路易士(Sarlouis)
薩布拉克(Saarbruck)
安利塞(Annecy)
張伯利(Chambéry)
維納新(Venaissin)
布魯吉爾(Blucher)
伊那橋(Pont d' Iena)

哥爾慈(Von Goltz)
洛吉福(Rochefort)
聖海倫拉(St. Helena)
亨波爾(Humbolt)
巴達維亞(Batavia)
包本島(L' Ile de Bourbon)
哥維安聖施軍法(Army Law of Marshall Gouvion St. Cyr)
德克利(M. Decrès)
香閣伊里施(Champs-Elysées)
克魯登納男爵夫人(Baroness de Krudener)
亞伯定(Lord Aberden)
夏地朗(Châtillon)
可蘭科(Caulaincourt)
碩滿(Chaumont)
藍格列斯(Langres)
銳德條約(Treaty of Ried)
碩滿條約(Treaty of Chaumont)
歐洲協調(The Concert of Europe)

第四章

巴哥特(Bagot)
亞丹氏(Adams)
庫克(Edward Cooke)
樸佐底博哥(Pozzo di Borgo)
司徒瓦特(Lord Stewart)
亞拉什不爾(Aix-la-Chapelle)
納色羅德(Nesselrode)
伯斯托夫(Bernstorff)
利雪魯公爵(Duc de Richelieu)
銳納渥(Rayneval)
何普及貝盡銀行(Messrs Hope and Messrs Baring)

第五章

聖皮萊僧長(Abbé de St. Pièrre)
笛卡(Descartes)
司都闡(Alexander Stourdza)
瓦爾德堡(Wartburg)
科則標(August Kotzebue)
孟海姆(Mannheim)
卡爾山德(Karlsand)
弗德利克威廉(Frederick William)
特普里子(Teplitz)
阿爾慕子(Olmütz)
波希米亞(Bohemia)
卡爾斯巴德(Carlsbad)
巴登(Paden)
納梭(Nassau)
麥克倫堡(Mecklenburg)
赫斯(Hesse)
薩克西魏馬(Saxe-Weimar)
溫哲格羅德(Winzegarode)
佛蘭克福會議(Diet of Frankfort)
特洛白(Troppau)
奧國的賽利西亞(Austrian Silesia)
加底滋(Cadiz)
里昂島(Isle of Leon)

洛拉(Nola)
亞威林洛(Avellino)
列伯爾曾(Lebeltzern)
麥爾西(Mercy)
佛耶列公爵(Comte de la Ferronays)
卡拉門侯爵(Marquis de Caraman)
色湖(Save)
芮巴赫(Laibach)
弗利滿將軍(General Frémont)
薩丁尼亞(Sardinia)
朗巴德(Lombardy)
地西洛(Ticino)
洛窪拉(Novara)
杜林(Turin)
皮地滿(Piedmont)
伊普西蘭地(General Alexander Ypsilanti)
蒲魯斯(Pruth)
弗地闌第七(Ferdinand VII)

馬德利得(Madrid)
山米開爾(Evaristo San Miguel)
阿根廷(Argentine)
基江(Gijon)
安古列姆公爵(Duc d' Angoulême)
加爾里派(Carlists)
杜古門公約(Convention of Tucuman)
佛蘭西亞博士(Dr. Joseph Francia)
巴拉圭(Paraguay)
委內瑞拉(Venezuela)
波利窪爾(Bolivar)
波雅卡(Boyaca)
山馬爾丁(Juan José San Martin)
拉普拉達(La Plata)
祕魯(Peru)
墨西哥(Mexico)
伊突爾擺德將軍(General Yturbide)
阿董洛古總督(Viceroy Juan O'Donogu)
科多窪條約(Treaty of Cordova)
巴西(Brazil)
約翰第六(John VI)
巴拉根閒室(House of Braganza)
里阿(Rio)
里斯邦(Lisbon)
辟德羅(Pedro)
麥克西米倫大公爵(Archduke Maximilian)
包加利(Bougary)
威利爾(Villèle)
索木爾(Saumur)
萊煕斯特公爵(Duke of Reichstadt)
伯爾福(Belfort)
洛布萊沙煕(Neu Breisach)
斯脫拉斯堡(Strassbourg)
拉羅齊爾(La Rochelle)
披倫尼斯(Pyrenees)

衛洛拉(Verona)
巴馬女公爵(Duchess of Parma)
滿德摩倫西公爵(Duc de Montmorency)
旦託白里安子爵(Vicomte de Chateaubriand)
倫敦德利侯爵(Marquis of Londonderry)
喬治肯寧(George Canning)
披亞生關(Piacenza)
梅顏斯委員會(Commission of Mayence)
司賓拉主教(Cardinal Spina)
安可拉(Ancona)
麥達格薩斯(Audrew Metaxas)
托羅加德羅條約(Treaty of Trocadero)
加爾戰爭(Carlist Wars)
賀狠佐倫(Hohenzollern)

董加爾羅斯(Don Carlos)
亞丹斯(Adams)
拉照(Rush)
孟祿總統(President Monroe)
孟祿主義(Monroe doctrine)
亞雅古曲(Ayacucho)
阿根廷邦聯(Argentine Confederation)
加羅達皇后(Queen Carlota)
董米開爾(Don Miguel)
海德男爵(Baron Hyde de Neuville)

第六章

多瑙河(Danube)
衣其安海(Aegean)
巴爾幹(Balkans)
塞爾賓人(Serbians)
阿布倫洛維其(Milosh Obrenovitch)
摩爾達維亞(Moldavia)
瓦拉齊亞(Wallachia)

托蘭西爾維尼(Transy lvanian)
孟卡子(Munkacz)
羅馬利亞(Roumania)
拍羅潘尼斯(Peloponnese)
江寧拉亞里總督(Ali Pasha of Joannina)
山達羅沙(Santa Rossa)
哥列洛(Collegno)
發布維爾大佐(Colonel Fabvier)
擺郎(Byron)
哥齊倫爵士(Lord Cochrane)
雷旦德屈齊(Sir Richard Church)
馬夫羅科德托斯(Alexander Mavrokordatos)
洛埃爾侯爵(Marquis de Noailles)
托利(Tory)—保守派
灰克(Whig)—自由派
埃爾曾魯姆條約(Treaty of Erzerum)

衣頓(Eton)
哈羅(Harrow)
韋斯門特爾(Westminster)
馬麥德第二(Mahmoud II)
麥海麥德亞里(Mehemet Ali)
伊布列希姆(Ibrahim)
摩利亞(Morea)
尼古拉第一(Nicholas I)
布加利斯特條約(Treaty of Bucharest)
塞爾木披列(Thermopylae)
塞列米斯(Salamis)
彼得堡使命(Petersburg mission)
君士坦丁(Constantinople)
里文(Prince Lieven)
彼得堡草約(Protocol of Petersburg)
利物浦爵士(Lord Liverpool)
哥德利煦爵士(Lord Goderich)
杜德來爵士(Lord Dudley)

米索郎懸(Missolonghi)
亞克羅樸里斯(Akropolis)
海德拉(Hydra)
哥德林頓總司令(Admiral Edward Codrington)
挪窪利洛海灣(Navarino Bay)
列彭托(Lepanto)
亞歷山德利亞(Alexandria)
麥生將軍(General Maison)
亞克爾門條約(Treaty of Akerman)
塞爾比亞(Serbia)
托爾克門寨條約(Treaty of Tourkmanchai)
伊利文(Erivan)
拉希齊文(Nakhitchevan)
德比煦將軍(General Diebitsch)
亞德里洛樸爾(Adrianople)
安蒜斯米底亞(Enos-Midia)
繆佛林將軍(General von Müffling)

撲梯(Poti)
亞赫爾西克(Akhaltsykh)
滿特摩倫西拉窪爾(M. Montmorency-Laval)
歐波亞(Euboea)
惡魔羣島(Devil's islands)
斯凱羅斯(Skyros)
洒克列底斯(Cyclades)
哥林斯海灣(Gulf of Corinth)
斯潑爾乞阿斯(Spercheios)
亞斯普羅拔登馬斯(Aspropotamas)
薩克西哥堡(Saxe-Coburg)
里阿蒲爾王(Prince Leopold)
洛普里亞(Nauplia)
聖斯皮利頓教堂(Church of St Spiridon)
康斯登丁(Constanntine)
馬夫羅米旦里斯(George Mavromichàlis)

菲海倫(Phi-Hellene)
阿陀王(Prince Oto)
屋羅灣(Gulf of Valo)
亞爾達灣(Gulf of Arta)
亞卡爾闌尼亞(Arkarnania)
潘達砲台(Fort Punta)
薩羅尼卡(Salonica)

第七章

基佐特(Guizot)
阿爾巴(Albanian)
克利特(Crete)
敘利亞(Syria)
科尼(Konieh)
波斯佛拉斯(Bosphorus)
擺幼克低爾(Buyukdere)
亞丹拉(Adana)
古達葉公約(Convention of Kutayeh)
達馬斯加斯(Damascus)
亞列撲(Aleppo)
阿爾羅夫(Orloff)
安基亞爾斯克列西(Unkiar Skelessi)
韃靼列爾斯海峽(Strait of Dardanelles)
晨報(Morning Herald)
拍麥爾斯頓(Palmerston)
葉姆士大佐(Col Yeames)
阿德沙(Odessa)
韋特公爵(Count de Witte)
披生尼(Pisani)
波羅格里公爵(Duc de Broglie)
孟陳格列子(Münchengrätz)
梭爾德將軍(Marshal Soult)
包崑列(M. de Bourqueney)
西巴斯丁尼將軍(General Sebastiani)
監察委員會(Board of Control)
康伯爾大佐(Colonel Campbell)
開羅(Cairo)
克倫利卡爾德爵士 (Lord Clanricarde)
納色布(Neseb)
優弗列地河(Euphrates)
亞布杜爾美地(Abdul Mijid)
盧新海軍大將(Admiral de Roussin)
達拉斯(Taurus)
布闌洛子爵(Baron Brunnow)
梭爾邦(Sorbonne)
多威爾(Dover)
孟雀斯特方場(Manchester Square)
赫特福德室(Hertford house)
埃塔布(Ain-Tab)
色德如爾(Sed-Jour)
第爾斯(Thiers)
布羅子爵(Baron von Bülow)
紐門子爵(Baron Neumann)
洛利大使(Nouri Effendi)
荷蘭爵士(Lord Holland)

自由黨(Whig Party)
克拉倫頓爵士(Lord Clarendon)
路易菲列蒲(Louis Philippe)
荷列姆(Hallam)
麥可萊(Macaulay)
西地列司密斯(Sidney Smith)
衣頓(Eton)
賀崔列(Hawtrey)
亞爾諾德(Arnold)
諾爾烏德(Norwood)
哲其布(Chekib Effendi)
亞克爾(Acre)
潘托窪(M. Pontois)
莫來(Molé)
亞基爾(Algiers)
哥斯特(M. Costé)
亞齊麥地塔齊王(Prince Achmet Tethi)
列本朗(Lebanon)

拿披爾(Charles Napier)
伯魯地(Beyrout)
拉爾埃爾克爾布(Nahr-el-kelb)
聖阿列爾公爵(Comte de St. Aulaire)
包爾威爾(Bulwer)
威列斯克(Walewski)
格林威爾(Granville)
波格海斯(Boghas Bay)

第八章

威爾哲爾子爵(Baron Werther)
布列生(M. de Bresson)
卡爾地來地(Cartwright)
葛萊伯爵(Earl Grey)
阿斯托落倫卡(Ostrolenka)
威廉第一(William I)
皮雷爾(Casmir Périer)
布魯塞爾(Brussels)
基拉德將軍(Marshal Gérard)
統一納色閩(United Netherlands)

馬斯崔煦地(Maastricht)
林堡(Linburg)
得爾(Sieur Solemon Dedel)
韋伊爾(Sylvian van de Weyer)
繆斯河(R. Meuse)
伊伯利半島(Iberian Peninsula)
姜洛地將軍(General Junot)
粟阿德庚列(Rio de Janeiro)
董辟德羅((Dom Pedro)
瑪利亞(Maria)
米開爾((Miguel)
克雷士丁拉(Christina)
伊沙白爾(Isabel)
維拉佛羅爾(Villa Flor)
特爾西拉公爵(Duke of Terceira)
塔加斯谷(Tagus Valley)
伊屋拉條約(Convention of Evora)
加爾里派(Carlists)
亞基利亞(Algeria)

伊文思大佐(Colonel de Lacy Evans)
埃斯拍特羅將軍(General Espartero)
威爾加拉條約(Convention of Vergara)
摩洛哥(Morocco)
普利查爾德(Pritchard)
達熙地(Tahiti)
鄧吉爾(Tangier)
吉布拉爾達(Gibraltar)
鄧吉爾條約(The Treaty of Tangier)
菲列普第五(Philip V)
加爾繼位戰爭(Carlist War of Succession)
路夷士(Infanta Louise)
披爾(Sir Robert Peel)
聖溫新地角(Cope St. Vincent)
維克多利亞(Victoria)
厄宮(D'Eu Chateau)
亨利第八(Henry VIII)
佛蘭西斯哥加地子公爵 (Francisco Duke of Cadiz)
亨利克塞維爾公爵(Henriques Duke of Seville)
滿地賓西爾公爵(Duc Montpensier)
約翰拉塞爾爵士(Lord John Russell)
厄的條約(Eu Compact)
賈拿克(Jarnac)
克拉科波蘭共和國(Polish Republic of Cracow)

第九章

漢弗律爾(Honfleur)
拉馬丁(Lamartine)
士瓦層堡親王(Prince Achwartzenberg)
慕尼克(Munich)
羅拉滿特(Rola Montes)
門寧(Daniele Manin)
剌得次岐將軍(Marshal Radetzeky)
亞爾伯特(Charles Albert)
葛爾革(Görgei)
噶蘇士(Kossuth)
第特立喜斯丹(Dietrichstein)
曼茲拍立爵士(Lord Malmesbury)
溫狄士格累次元帥 (Field Marshal Windischgrätz)
普拉格(Prague)
佛蘭西約瑟夫(Francis Joseph)
哥羅西亞總督(Ban of Croatia)
業拉契赤(Jellachih)
馬耶兒人(Magyars)
托蘭西文尼亞(Transylvania)
威拉哥斯(Vilagos)
帕斯擊維赤親王(Prince Pasklevich)
海得爾堡(Heidelberg)
佛蘭克福(Frankfort)
蘭克(Leopold Von Ranke)
克利斯勳第八(King Christian VIII)

腓特烈第七(Frederick VII)
什列斯韋(Schleswig)
好斯敦(Holstein)
糾特蘭(Jutland)
馬爾摩(Malmoe)
約翰大公爵(Archduke John)
加根 (Freiherr Heinrich von Gagern)
威廉第四(William IV)
格爾拉煦里阿蒲爾 (Leopold von Gerlach)
格爾拉煦海里舒(Heinrich von Garlach)
孟托斐爾(Von Mantenffel)
阿托俾斯麥(Otto von Bismarck)
阿爾慕子(Olmütz)
司托地加爾特(Stuttgart)
漢洛威爾(Hanover)
馬利亞剌多維玆(Joseph Maria von Radowitz)
埃爾福(Erfurt)
倍斯特伯爵(Count Beust)
普福登(Freiherr von der Pfordten)
赫斯加塞爾(Hesse-Cassel)
佛爾達(Fulda)
布郎扎爾(Bronzell)
勃蘭登堡伯爵(Count Brandenburg)

第十章

克里米亞戰爭(Crimean War)
維克多利亞時代(Victorian Age)
巴力斯坦(Palestine)
奧辟克將軍(General Aupick)
白利恆(Bethlehem)
誕生教堂(Church of the Nativity)
聖槽地穴(Grotto of Sacred Manger)
瓦列特侯爵(Marquis de la Valette)
地托夫(M. de Titoff)
拉科耳(M. De Lacour)
斯托拉福爵士 (Lord Stratford de Redcliffe)
泰姆士報(The Times)
庫邱克開拉基條約(Treaty of Kutchuk Kainarji)
加拉達(Galata)
阿則洛夫(Ozerof)
孟錫哥夫親王(Prince Mentchikoff)
貝內得提(M. Benedetti)
羅斯大佐(Colonel Rose)
呂伊斯德魯盎(Drouyn de Lhuys)
瓦勒斯基((M. Walewski)
開羅(Cairo)
西摩(Sir Hawilton Seymour)
部爾紹恩斯坦伯爵(Count Buol-Schauenstein)
亞德利洛撲爾條約(Treaty of Adrianople)
考來爵士(Lord Cowley)

白西卡海灣(Besika Bay)
巴多姆(Batoum)
新洛浦(Sinope)
那希木夫司令(Admiral Nakhimof)
約翰伯來脫(John Bright)
朋友教(Quaker)
許伯納爾男爵(Baron Hübner)
基色列夫(M. de Kisselef)
布蘭洛(M. de Brunow)
加斯特爾白雅(Castelbayac)
海倫拉大公爵夫人(Grand Duchess Helena)
哥申(Sir Edward Goschen)
塞巴斯拖堡(Sebastopol)
亞里斯的黎亞(Silistria)
本生希佛來 (The Chevalier de Bunsen)
格洛本將軍(General von Groeben)
哥賈可夫(Gorchakoff)

基爾哲服(Giurgevo)
巴拉克拉筵(Balaclava)
阿爾馬(Alma)
因克爾門(Inkerman)
韋斯木蘭爵士(Lord Westmorland)
加富耳(Cavour)
庚洛亞(Genoa)
加斯泰因(Gastein)
戈林(Golling)
羅曼諾夫王室(House of Romanoff)
威拉馬林拿(Villamarina)
亞里拍夏(Ali Pasha)
阿羅夫伯爵(Count Orloff)
推勒里(Tuileries)
比薩拉比亞(Bessarabia)
基里亞(Kilia)
伊沙賈(Isatcha)
阿蘭羣島(Aland Islands)
司托克汗姆(Stockholm)

第十一章

摩拉(Joachim Murat)
薩丁尼亞薩屋夷(Sardinia Savoy)
司辟子亞(Spezzia)
山馬林洛(San Marino)
撲河(River Po)
安布利亞(Umbria)
安科拉馬徹斯(Marches of Ancona)
亞平寧(Appennines)
波蘭格那(Bologna)
拉溫那(Ravenna)
福利(Forli)
弗拉拉(Ferrara)
麥地西佛羅倫斯(Medician Florence)
尼斯(Nice)
地新洛(Ticino)
孟都亞(Mautua)
拍斯歧亞拉(Peschiera)
味羅那(Verona)

楞雅哥(Legnago)
阿爾普斯(Alps)
里阿派地(Leop·rdi)
孟莊尼伯爵(Count Manzoni)
喬爾培提(Vincenzo Gioberti)
味第(Verdi)
馬志尼(Giuseppe Mazzini)
馬賽(Marseille)
丹第(Dante)
弗勢第 (Giovanni Maria Mastai Ferrcti)
智利(Chile)
查爾培特(Charles Albert)
哥托(Goito)
卡斯托閘(Custozza)
杜蘭都將軍(General Durando)
馬米安尼伯爵(Count Mamiani)
給達(Gaeta)
洛窪拉(Novara)

加里波的(Garibaldi)
孟寧(Daniele Manin)

第十二章

伊曼紐(Victor Emmanuel)
阿撲托(Oporto)
杜林朝(Turin Court)
亞德列德大女公爵 (Archduchess Adelaide)
塞西亞(Sesia)
亞列山德利亞(Alessandria)
亞西杼利阿(Massimo d' Azeglio)
威新閘(Vicenza)
披亞新閘(Piacenza)
奧丁諾將軍(General Oudinot)
西威達威齊亞(Civita Vecchia)
佛丁蘭勒塞普 (Ferdinand de Lesseps)

第十三章

哥爾斯(M, de La Gorce)

梅列笛斯(George Meredith)
威托利亞(Vittoria)
尼亞波利丹人(Neapolitaus)
晨報(Matin)
比利時獨立報(Indépendance Belge)
哈得孫(Sir James Hudson)
威拉馬林那侯爵 (Marquis Villamarina)
拉馬木拉將軍 (General La Marmora)
托拉克第爾橋(Traktir Bridge)

第十四章

拿破崙的想像 (Idées Napoléoniennes)
羅馬納(Romagna)
伯恩(Berne)
尼斯(Nice)
薩屋夷(Savoy)
奧西尼(Felice Orsini)

帝國報(Moniteur de L' Empire)
發浮爾(Jules Favre)
德貝爵士(Lord Derby)
皮利西爾將軍(Marshal Pelissier)
馬列可夫公爵(Duc de Malakoff)
白新尼(M. de Persigny)
佛蘭西約瑟夫皇帝(Emperor Francis Joseph)
麥克西米倫大公爵 (Archduke Maximilian)
康樂博士(Dr. Conneau)
亨姆(Ham)
普隆比爾(Plombieres)
佛日(Vosges)
厄比納爾(Epinal)
克羅塞德公主(Princess Clothilde)
邦拿帕提親王(Prince Jerome Bonaparte)
福加乍羅(Fogazaro)
里爾(Lire)
阿都拉塞爾爵士(Lord Odo Russell)
曼麥斯拍立爵士(Lord Malmesbury)
朗巴德威尼斯王國(Lombardo-Venetian Kingdom)
啓塞勒夫(M. Kisselef)
羅夫塔斯(Lord Loftus)
波爾蒲拿茲(Ballplatz)
刻勒堡男爵 (Baron de Kellerbery)
克羅斯伯爵(Count Caschi de Santa Croce)

第十五章

朱來將軍(General Giulay)
蘇沙(Susa)
馬簡達(Magenta)
梭弗林諾(Solferino)
瓦列塞阿(Valeggio)
加地尼摩列里(Guadini Morelli)
四角地(Quadrilateral)

第十六章

拉花林拉(Guiseppe La Farina)
爵利煦(Zürich)
瑞煦堡伯爵(Count Rechberg)
雷卡叔里侯爵(Marquis Ricasoli)
階朗尼亞(M. Arthur dela Gueronnière)
尼格拉(Cavaliere Nigra)

第十七章

克雷斯皮(Francisco Crispi)
法郎西第二皇帝(King Francis II)
巴列摩(Palermo)
朗巴都(Lombardo)
皮滿提(Piemonte)
盧巴丁洛公司(Rubattino Company)
辟生諾海軍司令 (Admiral Persano)
馬沙拉(Marsala)
蘭閘(Lanza)
孟德(Mundy)

漢尼巴爾(Hannibal)
麥新拉海峽(Strait of Messina)
西亞爾丁尼將軍(General Cialdini)
薩列諾(Salerno)
范第(Fanti)
拉摩利西愛(Lamoricière)
加斯特爾非達多(Castelfidardo)
哈德孫(James Hudson)
邦尼弗西阿海峽(Strait of Bonifa-cio)
加普列拉(Caprera)

第十八章

亞斯普羅滿地(Aspromonte)
聖克闌德(St. Cloud)
加斯坦條約(Convention of Gastein)
優士頓伯爵(Count Usedom)
拉達子(Ratazzi)
哥望將軍(General Govone)
漢諾威爾(Hanover)

大公爵亞爾培(Archduke Albert)
摩拉威亞(Moravia)
薩多瓦(Sadowa)
福祿利時多夫(Florisdorf)
宿恩布崙(Schoenbrunn)
里薩(Lissa)
戴羅爾(Tyrol)
亞列斯侯爵(Marquis d' Arese)

第十九章

威特波(Viterbo)
威列得里(Velletri)
福祿西滿(Frosimone)
西威達威齊亞(Civita Vecchia)
亞子格利阿(Massimo d' Azeglio)
坎尼斯(Cannes)
安泰布斯(Antibes)
雷加梭里(Ricasoli)
加普列拉(Caprera)
亞新拉隆加(Asinalunga)

亞歷山德利亞(Alessandria)
特爾尼(Terni)
費里將軍(General Failly)
康子列爾將軍(General Karzler)
孟登拉(Mentana)
乞斯撲(Chassepot)
毛斯地爾(M de Moustier)
尼爾將軍(General Niel)
盧侯爾(M. Reuher)

第二十章

希特布闌(Hildebrand)
因諾生提第三(Innocent III)
托倫提會議(Council of Trent)
倍斯特伯爵(Count Beust)
西丹(Sedan)
加多拉將軍(General Cadorna)
安湯列里(Cardinal Antonelli)

第二十一章

尼布爾(Niebuhr)

蘭克(Leopold von Ranke)
托奈齊加(Heinrich von Treitschke)
李士特(List)
賴布西(Leipsic)
麥生(K G. Maassen)
本子(F. C. A. Motz)
斯坦(Stein)
埃煦賀(J. A. F. Coichhorn)
爽德浩生(Schwarzburg-Sordeshausen)
魯々爾斯達提(Schwarzburg-Rudolstadt)
佛蘭克福(Frankfort)
蘭根薩爾(Langersalza)
烏茲堡(Wurzburg)
韋馬(Weimar)
赫斯(Elector Hesse)
布蘭登堡(Brandenburg)
漢斯(Hanse)

斯蕭恩斯坦(Buol－Schauenstein)
布魯克(Bruck)
哥彭海根(Copenhagen)
埃德丹斯克(Eider－Dansk)
基爾(Kiel)
德落生(Gustav－Droyssen)
弗德利克第七(Frederick VII)
埃克爾福(Eckernförde)
弗立德利西亞(Fredericia)
班生(Bunsen)
山德爾堡(Sonderburg)
格隆克斯堡(Glücksburg)
克雷斯與親王(Prince Christian)
魯恩堡(Lauenburg)
摩利爾(Robert Morier)
爵韋提(Jowett)
巴利奧爾(Balliol)
奧加斯登堡弗德立克(Frederick Augustenburg)

烏德浩斯爵士(Lord Wodehouse)
蘭格爾(Wrangel)
哥爾賈可夫(Gorchakoff)
埃德爾(Eider)
丹韋爾克(Dannevirke)
絲地蘭(Jutland)
孟托佛爾(Manteuffel)
魁德(G J Quaade)
伯恩斯托爾夫(Bernstorff)
亞潘儀伯爵(Count Appunyi)
瓦齊推買司特爾(Count Wachtmeister)
拉杜奧威爾涅(La Tour d' Auvergne)
加爾斯巴德(Carlsbad)
亞爾生(Alsen)
利布(Ribe)
哥爾丁(Kolding)
布慶蘭(Sir A. Buchanan)
威爾斯親王(Prince of Wales)

亞歷山德拉公主 (Princess of Alexandra)

第二十二章

孟斯多爾夫普列伯爵 (Count Mensdorff Pouilly)

塞利西亞(Silesia)

格拉子(Glatz)

佛來堡大學(University of Freiburg)

佛來達(Freytag)

慕尼克(Munich)

大萬德利克 (Frederick the Great)

毛奇(Moltke)

布羅姆伯爵(Count Blome)

韋爾德巴德加斯坦 (Wildbad-Gastein)

薩爾磁堡(Salzburg)

伊斯爾(Ischl)

比亞利子(Biarritz)

卡羅爾伊伯爵(Count Karolyi)

亞爾塘拉(Altona)

韋爾則(Werther)

哥爾子(Goltz)

緬因(The Main)

里沙(Lissa)

第二十三章

馬其頓(Macedon)

菲利普(Philip)

伊列提(Elatea)

聖克閙德(St. Cloud)

倫頓大將(Marshal Randon)

瓦勒提(M. de la Valette)

帝國警報(Moniteur de L' Empire)

子維托(Zwittau)

蘭多(Landau)

薩爾布魯克(Saarbruck)

薩爾路易士(Saarlouis)

毛斯迪爾(M. de Moustier)

斯坦列爵士(Lord Stanley)

溫普方(Wimpffen)

哥爾賈可夫(Gorchakoff)

林堡(Limburg)

尼爾將軍(Marshal Niel)

優士頓(Usedom)

魯德威王(King Ludwig)

格布倫(Freiherr Auton von Gableng)

查爾斯親王 (Prince Charles of Hohenzollern-Sigmaringen)

埃德爾(Eider)

赫斯加賽爾(Hesse-Cassel)

赫斯達姆斯達特 (Hesse-Darmstadt)

拉索(Nassau)

邊納德克(Feldzugmeister Benedek)

克利格拉子(Königgrätz)

蘭根薩爾(Langensalza)

富爾達(Fulda)

魯因(Roon)
佛羅利斯多夫(Florisdorf)
曾拉河拉(Czernahora)
塞利新(Silesian)
巴枯文拉(Bukovina)
尼可斯堡(Nikolsburg)
普利屋斯特百拉都爾 (M. Prévost-Paradol)
格納蒙公爵(Duc de Gramont)
笨拙(Punch)
司托弗爾大佐(Colonel Stoffel)
杜克洛提將軍(General Ducrot)
斯托拉斯堡(Strasburg)
亞爾培提大公爵(Archduke Albert)
列布倫元帥(Marshal Lebrun)
賀亨佐倫(Hohenzollern)
加底子(Cadiz)
伊沙倍爾(Queen Isabel)
普林將軍(General Prim)

蒙潘西公爵(Montpensier)
賀亨佐倫西馬林見 (Hohenzollern-Sigmaringen)
安頓親王(Prince Auton)
賽爾(Thile)
沙拉閘爾(Salazar)
麥爾西爾(Mercier de Lostende)
哈瓦斯通訊社(Agence Havas)
包本皇宮(Palais Bourbon)
韋爾德巴特(Wildbad)
巴德埃姆斯(Bad Ems)
哥布倫子(Coblentz)
布魯塞爾旅館(Hotel de Bruxelles)
俄里維(Oliver)
杜威諾亞(M. Clement Duvernois)
拉因(Lahn)
拉志威爾親王(Prince Radziwill)
繆爾特(Muert)
梧淑(Wussow)

亞伯坎(Abeken)
友倫堡伯爵(Count Eulenburg)
甘必達(Gambetta)
里昂爵士(Lord Lyons)
格闌斯頓(Gladstone)
麥子(Metz)
格倫威爾爵士(Lord Granville)
西丹(Sedan)
發爾(Jules Favre)
費德海爾布(Faidherbe)
章志(Chanzy)
弗利(Jules Ferry)
旭多爾德伯爵(Comte de Chaudordy)
波爾都(Bordeaux)
第爾斯(Thiers)
巴爭(Bazaine)
凡爾賽(Versailles)
伯爾福特(Belfort)
布羅格利公爵(Duc de Broglie)

木塞爾(Moselle)
聖普利維特(St. Privat)
威安威爾(Vionville)
馬利阿千(Marie-aux-Chênes)
瓦斯基斯山(Vosges)
羅瓦爾(Loire)
普葉爾克爾鐵(Augustin Thomas Pouyer-Quertier)
布利(Briey)
麥克麥洪將軍(Marshal Mcmahon)

第二十四章

安德拉塞(Andrassy)
伊斯爾(Ischl)
克里米亞戰爭(Crimean War)
塞爾維亞人(Serbs)
伯爾格拉德(Belgrade)
伊格納地夫伯爵(Count Ignatief)
赫爾仔哥維那(Herzegovina)
皮康斯菲爾特爵士(Lord Beaconsfield)
巴克爾(Buckle)
薩里士伯利爵士(Lord Salisbury)
德爾比爵士(Lord Derby)
博慶瀾(Sir A Buchanan)
里斯(Lethe)
司旭威洛夫(Shouvaloff)
伯西卡灣(Besika Bay)
亞布杜爾一亞塞子(Abdul-Aziz)
慕拉特(Murad)
米特哈提(Midhat Pasha)
安基亞爾斯克列西(Unkiar Skelessi)
阿都拉塞爾(Odo Russell)
塞爾維亞(Serbia)
門的內哥羅(Montenegro)
皮爾斯(Edwin Pears)
每日新聞(Daily News)
摩爾來爵士(Lord Morley)
犖普湯(Zoptiehs)
慕底爾(Mudirs)
本巴石(Bimbashi)
尤子巴石(Yuzbashis)
凱馬坑(Karmakams)
拍夏(Pashas)
斯登布爾(Stamboul)
阿布杜爾哈密得(Abdul Hamid)
慕斯特爾伯爵(Count Münster)
維爾則爾(Werther)
謝齊伯爵(Count Zichy)
柯爾地伯爵(Count Corti)
蘸多爾哲(Chaudordy)
基爾特廳(Guildhall)
博斯尼亞(Bosnia)
倫敦德利夫人(Lady Londonderry)
司徒瓦提(Stewart)
威恩(Vane)
博斯佛拉斯海峽(Bosphorus)
普利夫拉(Plevna)

亞爾門尼亞(Armenia)
卡爾斯(Kars)
布加斯利(Bucharest)
卡爾拉爾密爵士(Lord Carnarvon)
汗貝司令(Admiral Hornby)
亞德利亞羅堡(Adrianople)
山斯徹方洛條約 (Treaty of San Stefano)
愛琴海(Aegean)
亞爾巴尼山(Albanian Mountains)
加桑哈達(Gathorne-Hardy)
塞普拉斯(Cyprus)
亞歷山德列達(Alexandretta)
新基布拉達爾(New Gibratars)
甘必達(Gambetta)
馬爾達(Malta)
羅美里亞(E. Rumelia)
倍沙拉比亞(Bessarabia)
巴潼(Batoum)
亞達汗(Ardahan)
地球報(Globe)
凱沙飯店(Hotel Kaiserhof)
包爾福(Mr. Arthur Balfour)
柯爾地伯爵(Count Corti)
加拉仔阿多利(Carathéodory)
拉特仔威爾宮(Radziwill Palace)
滿達鳩(Moutague)
菩提樹街(Unter Linden)
加來(Calais)
皮列夫(Pilaff)
東羅美利亞(Eastern Rumelia)
德爾顏尼斯(M. Delyannis)
倫格貝(M. Rhangabé)
鐵沙利(Thessaly)
安的窪里港(Antivari)
尼許(Nich)
洛維巴扎區(Sanjak of Novi Bozar)
沙拉擠屋(Sarajevo)
米托落威闈(Mitrovitza)
薩羅尼卡(Salonica)
斯不闈(Spizza)
達布魯甲(Dubruja)
康斯登沙(Constantsa)
有機法(Organic Law)
克利特(Crete)
科達爾(Khotar)
亞碩斯山(Mount Athos)

第二十五章

賀亨佐倫帝國 (Hohenzollern Empire)
茀德利克大帝(Frederick the Great)
塞利西亞(Silesia)
孔尼子(Kaunitz)
米陸廷(Milutin)
亞歷山德落屋(Alexandrowo)
施遷異(Széchényi)
薩包羅夫(Sabouroff)

科西卡(Corsica)
巴多條約(Treaty of Bardo)
亨柏特(Humbert)
加爾洛基伯爵(Count Kalnoky)
魯斯亨利第七親王 (Prince Henry VII of Reuss)
羅比蘭伯爵(Count Robilant)
伊斯托倫甲山脈(Istranja)
亞德利亞洛保爾(Adrianople)
梭菲亞(Sofia)
菲里撲撲里斯 (Philippopolis)
巴登伯亞歷山大(Alexander of Baltenbery)
亨利(Henry)
斯里夫尼閘 (Slivnitza)
梭布倫尼(Sobranye)
弗丁蘭德(Ferdinand)
邊特列夫(Bendereff)
潘尼閘(Panitza)

赫登洛伯爵(Count Hartenaw)
托里玻里(Tripoli)
摩洛哥(Morocco)
基爾斯(M. de Giers)
斯可比列夫(General Skobelev)
斯基爾尼惠斯(Skierniewice)
海里哥蘭(Heligoland)
爭存巴爾(Zanzibar)
萧德利克第三(Frederick III)
魯恩堡公爵(Duke of Lauenburg)
萧利德利煦(Friedrichsruhe)
加普利威將軍(General Caprivi de Caprera de Montecuculi)
畢羅(Bülow)
比斯門——賀爾維 (Bethmann-Hollweg)
維度(Witu)

第二十六章

漢洛託(Hanotaux)

弗利(Jules Ferry)
東京(Tonkin)
馬達加斯卡(Madagascar)
斯可比列夫將軍(General Skobelev)
突科門人(Turcomans)
弗列新勒提(M. de Freycinet)
赫爾伯提(M. Herbette)
德羅列德(M. Paul Deroulède)
克琅斯塔特(Kronstadt)
李播(M. Ribot)
蘭尼斯(M. de Lannes)
滿特伯洛公爵 (Duc de Montebello)
洛白提(Loubet)
杜普(M. Charles Dupuy)
潘加賚(Raymond Poincaré)
德爾加塞(Théophile Delcassé)
亞威蘭海軍司令 (Admiral Avellan)
杜朗(Toulon)
加西米爾白利爾(Casimir Perier)

第二十七章

國際銀行(Caisse de la Dette)
兩重監督(Dual Control)
伊斯麥爾總督(Khedive Ismail)
特非克(Tewfik)
亞拉比拍夏(Arabi Pasha)
亞歷山得利亞(Alexandria)
克里孟索(Clemenceau)
杜克列爾(M. Duclerc)
烏爾色列(Sir Garnet Wolseley)
屋爾夫(Sir Drummond Wolff)
基亞米爾拍夏(Kiamil Pasha)
色德拍夏(Said Pasha)
柏林條約(Berlin Act)
尼格爾河(Niger)
獨立康谷自由邦(Independent Congo Free State)
非洲國際協會(Association internationale africain)
列阿玻爾特皇帝(King Leopold)
英埃蘇丹(Anglo-Egyptian Sudan)
英國皇家尼格爾公司(British Royal Niger Company)
塞(Say)
賈德湖(Lake Chad)
巴魯亞(Barroua)
沙哈拉(Sahara)
亞比新尼亞(Abyssinia)
紅海帝國(Red Sea Empire)
克利斯皮總理(Premier Crispi)
優克西里條約(Treaty of Ucciali)
巴拉地利將軍(General Baratieri)
亞多瓦(Atowa)
亞地斯亞巴巴條約(Treaty of Addis Ababa)
埃及蘇丹(Egyptian Sudan)
克羅麥爾爵士(Lord Cromer)
基吉納爾(Kitchener)
加爾潼(Khartoum)
馬商少佐(Major Marchand)
尼羅河上游(Upper Nile)
華修達(Fashoda)
生納加爾兵(Senegalese)
光榮孤立(splendid isolation)
詹姆生博士(Dr. Jameson)
伯泉拉蘭(Bechuanaland)
南非共和國(South African Republic)
克魯爵(Kruger)
阿蘭煦自由國(Orange Free State)
亞羅(Arrow)
伊里沙白斯皇后(Queen Elizabeth)
哥薩克人(Cossacks)
葉爾麥克(Yermak)
大彼得(Peter the Great)
日本海(Sea of Japan)
漢城(Yeso)

本州(Nippon)
藺姆斯多夫伯爵 (Count Lamsdorff)
漢城條約(Treaty of Seoul)
莫斯科條約(Treaty of Moscow)
赤塔(Chita)
齊齊哈爾(Tsitsikar)
羅斯福(Theodore Roosevelt)
撲資茅斯(Portsmouth)
薩哈連島(Saghalien)
葛萊(Sir Edward Grey)
愛德華第七(King Edward VII)
威廉第三(William III)
孟生(Sir E Monson)
康邦(M. Paul Cambon)
亞基爾斯(Algiers)
紐放蘭(Newfoundland)
條約岸(Treaty Shore)
哈丁(Sir Arthur Harding)
愛麗室(Elysée)

甘比亞(Gambia)
尼格利亞(Nigeria)
紐海布利特(New Hebrides)
魯威爾(M. Rouvier)
譚基爾(Tangier)
羅德極司文斯基海軍司令 (Admiral Rodjesvensky)
利屋爾(Reval)
尼可生(Sir Arthur Nicholson)

第二十八章

組織法(Organic Statute)
加拉熙阿多利 (Alexander Carathé-odory)
瓦碩士(Colonel Vassos)
康尼(Canea)
愛阿寧島嶼(Ionian Islands)
塞沙列(Thessaly)
羅地斯(Rhodes)
薩木斯(Samos)

多德康尼斯(Dodekanes)
喬治皇帝(King George)
加撲伊斯托里亞(Capo d' Istria)
威尼柴洛斯(Eleutherios Venizelos)
蔡米斯(M. Zaimis)
亞門尼亞問題(Armenian Question)
厥爾德人(Kurds)
比提里斯(Bitlis)
托利比莊(Trebizond)
烏爾發(Urfa)
萬因(Van)
馬其頓問題(Macedonian Question)
列巴朗(Lebanon)
慕子斯特計畫 (Mürzsteg program-me)
德拉馬(Drama)
塞爾斯(Seres)
滿拉斯地爾(Monastir)
薩朗尼加(Salonica)

優斯卡布(Uskub)
安威爾總督(Major Enver Bey)
亞倫叔爾伯爵(Count Aerenthal)
山買克(Sanjak of Novi-Barzar)
麼拉瓦(Morava)
托利玻里(Tripoli)
洛桑(Lausanne)
巴爾幹聯盟(Balkan League)
買達爾甲(Chatalja)
布列爾(Bulair)
加里玻里(Gallipoli)
恩羅斯米地亞(Enos-Midia)
亞爾巴尼亞(Albania)
亞碩斯山半島(Peninsula of Mount Athos)
斯列士(Thrace)
加瓦拉(Kavalla)
德地加煦(Dedeagach)

第二十九章

巴格達德(Bagdad)
美里拉(Melilla)
莫魯雅河(Moulouya River)
聖銳納泰蘭地爾(Saint-René-Taillandier)
費滋(Fez)
古爾門(Herr von Kühlmann)
凱羅(Caillaux)
亞爾基西拉斯(Algeciras)
基布拉達海峽(Strait of Gibraltar)
亞爾木多瓦爾公爵(Duke of Almodovar)
利瓦爾(Mm. Revoil)
拉多維子(Radowitz)
達登巴煦(Tattenbach)
克列美提(Klehmet)
加寶爾列羅(Caballero)
卡薩布蘭卡(Casablanca)
每日電聞(Daily Telegraph)
博爾戰爭(Boer War)
夏阿亞(Châouia)
莫列哈非德(Muley Hafid)
亞布杜爾亞姊仔(Abdul Aziz)
基德爾倫(Herr von Kiderlen-Waechter)
滿尼斯(Monis)
塞爾夫斯(M. de Selves)
鮮恩(Herr Von Schoen)
亞格的(Agadir)
潘脫爾(Panther)
市政廳(Guild Hall)
路易喬治(Lloyd George)
漢堡(Hamburg)
茶錢政策(policy of pourboires)
邱吉爾(Mr. W. S. Churchill)
哈爾登爵士(Haldane)
邊斯門賀爾維(Herr von Bethmann-Hollweg)

巴道(M. Barthou)
弗地闌大公爵(Archduke Franz Ferdinand)
塞拉甲窪(Sarajevo)
伯爾格拉德(Belgrade)
赫爾特林伯爵(Count Hertling)
巴時煦(M. Pashitch)
基斯爾男爵(Baron Giesl von Gieslingen)
阿德沙(Odessa)
基夫(Kieff)
加層(Kazan)
里煦洛斯克親王(Prince Lichnowsky)
見魯煦克維將軍(General Janushkevih)
彼托落格拉德(Petrograd)
蒲特列伯爵(Count Pourtalés)
薩莊洛夫(M. Sazonoff)

杜爾(Toul)
凡爾登(Verdun)
威文恩尼(Viviani)
布利流域(Briey Basin)
塞爾斯克(Herr von Below Saleske)

周蓓 主编

『民國專題史』叢書

莫瓦特 著 王造時 譯

河南人民出版社

現代歐洲外交史

（1914——1925年）

（下）

敘述1815年至1925年歐洲百年外交史，從歐洲外交體系演變的視角，在理論上探討如何建立穩定的國際秩序，對推動日後國際關係理論的形成有着重要的貢獻

譯者序

莫瓦特先生的學歷及歐洲外交史的價值，已在上冊中介紹過了，用不着再說。

這裏我要提醒大家的便是現在關係日益密切，各國的內政與外交不能分開，做一個國家的公民應該有相當的外交常識，尤其是居於國際風雲險惡的中國人，更不能不了解國際的背景與現勢。因此我打算多介紹幾本關於近代外交史的書籍。本書敍述至一九二五年止，自彼時至現在又快要十年了，其間國與國的重要交涉寫起來又够成一鉅册，想治學甚勤的莫瓦特先生不久當有以示我們罷。

王造時

一九三四年六月十五日

原序

大戰開幕以後的十二年中，歐洲對於和平的和公平的國際系統，已有長足的進步。萊茵左岸的德國地方以及右岸三十一英里以內的區域，都由凡爾塞條約劃爲非軍事地帶了。洛加諾協定穩定了法國東部的邊界，並且把亞爾薩斯與羅連從國際角逐的場所搬出來了。歐洲被壓迫的民族解放了，現在形成了獨立的國家或加入了他們的祖國。小協約對於中歐這些新國境的鞏固，很有貢獻，國際聯盟看管着各國土地的完整，並且是和平解決國際爭端的高等外交的常設組織。國際常設法庭正在繼續造成一種法律學，這種法律學將來一定可以得到逐漸加增的信任。種族的感情，雖然還是一個紛亂的因素，但比較十九世紀的下半期無疑是減少了。軍隊太大，但德國已經裁軍了；其他各國不能永久反抗開通的人類的願望與良心。

有一方面，歐洲系統退後了一步。關稅比較十九世紀自始至終是加多了，並且加高了。歐洲政治家第二步的偉大工作，便是交涉國與國間的關稅協定與關稅同盟。根據一九一九年及其後的條約所訂關於貨物自由通行各國界的協定，在經濟上很有助於歐洲的團結。國際勞工局之收集並散佈情報及其關於協定之磋商，也是在那裏促進國際的經濟合作。

不能否認有許多急迫的國際衝突的原因仍然存在；但是無論如何，公允和平解決他們的方法，不但存在，並且馬上可以運用。世界上雖分成許多主權國家，但是有一種國際輿論的存在，這種輿論是大家所公認與愛國心並不相反的。文明人類願意和平，並且願受指導。

指導，政治家的手腕比從前更加重要，因爲世界仍是在和平時代的邊緣上徘徊。

在十九世紀中有些高潮，其中最激動的要算一八四八年的革命，及一些野心的戰爭，如一八六六年的普奧戰爭及一八七〇年的普法戰爭，便是後一類的最慘痛的。不過就全體看來，因爲有歐洲協調的維繫，政治的建築還沒有崩潰；這種歐洲協調至少一部分是基於君主們的相互了解。維克多利亞皇后的信中，便充滿了君主階級的團結的例證。

弗列羅（Gulielmo Ferrero）所謂的朝廷國際(International of Courts)已經消滅了。

「那種辦法是歷史的惟一的奇事。」（註一）公衆所信託以執行政事的政治家現在必須單獨負責，不是如從前他們與他們的君主們共同分負。如果他們能够領導，世界便會跟着來：

雖然許多沒有了，但是還有許多存在，並且雖然他們現在的力不比從前可以推動天地，他們卻還是他們。

莫瓦特

牛津聖體學院

一九二七年一月

附註——我要乘這個機會感謝發見雜誌（Discovery）的編輯，因爲他允許我把在該誌已發表的兩篇論文的重要部分在第十章內重新寫出來了。

（註一）"An International that has disappeared," by G. Ferrero, the Illustrated London News, Aug. 16, 1924, pp. 314, 336.

目次

現代歐洲外交史

——（一九一四至一九二五年）——

第一章 倫敦公約

「歐洲失蹤了，」——這句話是馬勒杜潘（Mallet du Pan）在一七九二年說的，那時正當法國革命戰爭爆發的時候，打破了中歐和西歐三十年的和平局面。在一九一四年八月四日德軍侵入比利時，必然引起一場歐洲大戰的時候，許多人又覺得歐洲快要失蹤了。四十餘年來歐洲列強早已嚴修邊防，壁壘森嚴的互相窺伺着。有時候人們也胡亂地猜想道：這些強有力的軍隊，再加上近世科學的可怕而不可測的無限寶藏，假如一旦火拼起來，不知要發生什麼結果。然而，聰明伶俐的歐洲公衆大抵不肯自尋煩惱去探討那種可怕的將來，那也許永不會發生。人民既然如此，他們的政治家亦然；他們只以從事於日常公務爲滿足，只知有危機發生時再去解決，並且希望下一次危機也能解決。不消說得，在各國參謀部裏，也有些冷靜敏銳的軍人，非常注意一個歐洲危機中間可能的戰事發展。但是軍界以外，一旦戰爭開始，大家對於將來便感到萬分渺茫。只有一件事是一定了的，就是歐洲的舊秩序已經崩潰了。德國已經「簡直向全個歐洲挑戰，要歐洲順從她的命令，並且開動了她的強大軍事機器。」（註一）

在此後四年中，國際官場無一事可作。所謂「國際官場」者乃指那些公僕，雖然由他們各自的政府所僱用和給薪，他們大部分的時間，實在是銷磨於料理歐洲（包括他們本國）的事務，以求共同的幸福。這種國際官吏是那些外交部長及各大國的那些高級外交人員。他們的例行公事，他們的日常工作，是為他們本國而做；除了這種例行公事以外的任何事件，在平常都具有國際的價值，並且是鞏固各國睦誼的。可是，在這次歐洲大戰中間，每一交戰國的全部資財，莫不牽涉在內：沒有安全的邊際，戰敗便不免有山河破碎版圖變色的可能。政治行動的普遍原則便是各謀自全：每一個政治家和外交官的惟一任務，便是盡力為國充分運用本國的力量，並與別國構訂最便利的

（註一）紐約泰晤時報，一九一四年八月五日，第十二頁。

結合。

這些戰鬥員加入這場大戰，根據的是一種性質簡單的外交契約。德與奧——後來所謂『同盟國』——是由一八七九年十月七日訂的兩國同盟(Dual Alliance)的條款聯合在一起的。他們約定了，他們當中如果有一國被俄國攻擊，其他一國必須前來協助（註一）到了一九一四年，這個條約的原文已經公佈了二十五年。這是一個耐久的外交文件。根據這個條約的條款，及戰爭時所訂的幾種補充的協定，德奧兩國共同作戰到一九一八年十一月。

德人也希望，但是大概並不預期，那三國同盟(Triple Alliance)會使意大利政府加入同盟國一邊。這著名的條約，使三國以外的歐洲政治家和公衆焦心了許久。牠是祕密的，牠的條件從沒有漏洩過；幹練的著作家和政治家所作最精銳的猜測，沒有引起承認或否認。那些知道牠的條款的人——自從牠一八八二年創訂起爲數當不在少——也都守口如瓶。所以一九一四年八月一

（註一）原文在 Pribram: The Secret Treaties of Austria-Hungary (1925) 1, 25.

Cp. Mowat, History of European Diplomacy, 1815-1914 (1923), p. 239

日，聖喬立諾侯爵（Marquis di San Giuliano）代表意大利政府聲明：因為這次戰爭不是自衞的戰爭，按照三國同盟，意大利沒有加入作戰的義務；那時候凡屬同盟國以外的人聽見了，都是如釋重負似的（雖然他們的好奇心並沒有滿足。）（註一）

德國在大戰前和土耳其政府締約到了什麼程度，至今還不很明瞭。或許在現今著稱的一九一四年八月二日的協定以前，沒有其他條約，不過『在大戰之前，早已進行談判了。』（註二）桑特爾將軍（General Liman von Sanders）於一九一三年十二月赴土耳其時，曾挾有一種軍事的使命，並且曾經奉命去指揮在君士坦丁鎮守的第一軍團。（註三）吉馬爾（Djemal）在他的回憶錄裏面承認在第二次巴爾幹戰爭告終時，少年土耳其黨人已認定『協約國』是他們的仇敵，而德意志是他們的朋友。（註四）

（註一） Grey to Bertie, Aug. 3, 1914, in Collected Diplomatic Documents (1915), p. 106

（註二） Djemal Pasha, Memories of a Turkish Statesman, p. 107.

（註三） Ambassador Morgenthau's Story (1919), p. 41

（註四） Djemal op. cit., p. 69; Grey, Twenty-five Years (1925), I, 128.

在『協商國』(Entente)(稍後普通叫做『協約國』(Allies)方面也有若干契約，但並沒有規定任何共同作戰的滿意方法。總共計有三種協約：法俄，英日，和英葡。那一八九四年的法俄條約，與三國同盟一樣，也是祕密的。牠底內容直到一九一七年纔公佈。牠規定法俄兩國，倘有一國被德國攻擊，必須互相全力援助（註一）。

當德國於一九一四年八月一日對俄宣戰時，法國根據一八九四年的契約，自動地捲入了漩渦。關於其他兩種條約，英日的那種規定假如有一國被兩國或兩國以上攻擊時，兩國必須互相全力援助。英葡的那一種是防守同盟的條約，訂於一六六一年（註二）。牠經過拿破崙戰爭的試驗，並且除掉一八二六年至三四年米居里騷擾(Miguelite troubles)的時期以外，一向安然沒有引用過。如果英國不加入大戰，英日和英葡兩條約都無關係。英國加入大戰，究竟是爲其他什麼條約呢？

這個問題的答覆絕對確定。英國對於法國或俄國都沒有條約的拘束。一九〇四年的協商乃

（註一） Mowat, History of European Diplomacy, p. 253

（註二） 戰爭一開始，葡萄牙立卽承認她在『老同盟』下的義務。

是規定英法兩國對於埃及，摩洛哥，和紐芬蘭的關係。一九〇七年的英俄協商，乃是規定英俄兩國對於波斯阿富汗和西藏的關係。英法及英俄間的明顯衝突原因既然除去，也就沒有什麼可以隔閡他們彼此間的良好諒解——這就是協商的意思。這種協商自然包含有英法俄三國在歐洲危機中，要考慮任何種互相援助的提議的意思：牠根據的觀念是——在國際事件上，三國的利害實際一致。所以英國外交大臣格萊（Sir Edward Grey）能在一九一四年八月三日他的著名演說中，用十分的正確和眞實宣稱，這種協商不折不扣構成了一個『外交團體』（Diplomatic Group）。

根據協商，三國既應在外交上合作，甚至擔任共同的軍事行動，那麽每一國的參謀部似乎就有預備這樣一個可能的事變之責任。三國的參謀部常在機祕地策劃，準備一個不能逆料的將來；但是這種計劃——許多是很不相容的——決不能視為構成了什麽契約或諾言。必須英法兩國內閣決定了合作作戰，然後英法兩國參謀部人員的談話，纔有效果。法國保羅肯邦（Paul Cambon）與英國格萊在一九一二年十一月二十二日和二十三日所作同樣的通牒中，明言兩國政府保留他們決定合作與否的自由。（註一）英國與法國，俄國和比國的參謀部人員彼此間曾交換過意見，現在是人人知道的事實。但竟稱從這種談話中產生的假定辦法是『協約』（Conventions）那是十分不確的，雖然俄國的外交家有時候隨便這樣指稱。

在格萊於十年後寫的回憶錄裏，他說得更為明白。他說：

『我和肯邦彼此間的光榮的諒解非常明白，卽是英法兩國軍事當局間並沒有通過什麼東西，可以限定或包含任何義務，要任何一國政府承擔。這個諒解就是在一九一四年大戰爆發前的那個煩惱苦悶星期當中也光榮地保守着。』

雖然如此，協商至少把英法兩國團結在同情和利益中間，使英國在道德上（並且，像一個自尊的國家，必然）要在歐洲的危機中，給予法國積極的援助。該協商所未確定的惟一問題，乃是英國要到什麼時候纔能出力相助；但她遲早會予以援助那是一定的。（註二）法國為了英國，也同樣為了自己的利益，集中了她的艦隊於地中海，以便英國遣派少數皇家海軍（Royal Navy）巡邏這個海面，而集中她的大艦隊於風雲緊急的北海。但是既把她的戰艦集中於地中海，法國在大西洋和英國海峽的防禦就等於零。如格萊在他八月三日的演詞中所說，英國怎麼能希望法國繼續防守地中海而遺下她的西北岸『完全沒有防備』呢？他說法國『有權利要知道』英國怎樣做法。英國至少能夠做的是『如果德國艦隊駛入英國海峽或穿過北海來攻擊法國的海岸或船隻的時候，英國艦隊必全力予以保護』。這就是格萊在八月二日允許法國大使的任務。這樣的一個任務，差不多使英國勢必至於以海陸軍援助法國。德國政府的確允許過，如果英國保守中立，即不去攻打法國海岸。但是除非法國迅速地屈服於德國的猛擊之下，在戰略上德國艦隊差不多必然要去攻擊法國北岸。如果這樣，英國的海軍勢必出而抵抗他們。這樣便發生戰爭了。所以，協商的存在，既必然地造成了英法兩國遲早間的合作，那麼在大戰前的幾年中，兩國沒有訂立及公布一種

（註一）Grey, Twenty-five Years I, 83, 94-8, 286-7, 彼批評 Siebert 與 Schreiner 所著 "Entente Diplomacy and the World" 一書 p.78. 內所用『協約』（Convention）。

（註二）Cp. the famous Minute of Sir Eyre Crowe, July 24, 1914 in No. 101, pp. 81-2, of British Documents on the Origin of the War, Vol. XI (1926.)

正式的同盟條約，實在是一件大可憐的事情。因爲這樣，德國便知道，假如她攻擊法國，英國定將從頭起就加入作戰。這樣也許可以使德國不敢與兵動武。情形既是如此，英國一定要加入戰爭，那麽德國所能希望的，只有希望英國加入太遲。一位最深刻的歷史家馬漢（Admiral Mahan）在八月三日說道：『據我的判斷，只要對於情勢有正確的領會，便可以斷定英國是要立刻宣戰的，否則不管協商的文字如何，在精神上她是違背了協商的義務，不能見信於將來一切可能的與國。』（註一）英國早已決心依照協商的精神去做了。

一八三九年四月十九日所訂的那個著名倫敦五國條約(Five Power Treaty)不能視爲約束協約各國在一起的一個普通外交文件。卻是牠對於決定英國宣戰的時辰，有極大的關係。沒有這一個保障比利時中立的條約，英國政府也許會遲疑數日，數星期，甚至於數月之久（雖然這點似乎不致於）。（註二）但是當德軍侵入比利時，英國必須在那地方與那時候作戰。比利時的抵抗

（註一）見 Times, Aug. 5, 1914.

（註二）這是格萊爵士的見解，見 Twenty-five Years I, 285，格萊爲援助法國的問題，準備以去就爭。

德人，也是爲着該條約，併在該條約內的附約第七條，限定了比利時須『遵守』（Observe）她的中立。沒有這種法律上的義務，沒有人會責備比利時，如果她寧願選擇那條和平的康莊大路，與其去抵抗德意志軍國主義怪物要蹂躪的暴怒。

所謂協約國方面的『外交戰線』（Diplomatic Front）就全體看來，在大戰的第一月裏可說是一樁權宜之計。可是他們的外交家並沒有偷懶。九月五日，大家都準備去簽字於那個團結的條約，如果沒有這個條約，各國政府要想共同作戰，那是徒然的。這個倫敦公約（Pact of London）於九月五日由格萊，保羅肯邦，朋根多夫（Benckendorff）代表英法俄三國簽字，規定三國『在此次戰爭期內，不得單獨媾和。』三國政府允於和議開始談判時，任何一國未經其他兩國各個預先同意，不得提出和平的條件。』日本於一九一五年十月十九日加入這公約。她的地位很微妙：英國政府覺得必須通知她，謂她的幫助固所歡迎，惟『她的行動須有限制，並且她期在取得的德國領土，不得逾過某種範圍。』因爲澳大利亞和紐絲蘭以及美國對於日本在太平洋的目的很懷疑，所以這點必須弄淸楚的。（註一）

『一九一四年九月五日英國與法俄簽訂的條約（按卽倫敦公約），人家認爲足資證明是英國要使她的協約國堅持到底的政策。』（註二）其實是法俄兩國逼英國簽這契約的。德國的宣傳，想造成這種空氣，說這公約是英國政府欲使其他協約國在大戰中欲罷不得的一種計謀。英國政府自然不屑去駁斥這種攻擊，聲明是俄法兩國堅持要訂立這公約；因爲如果這樣一做，會引起協約國自己內部的不安與猜疑。

在公約裏所提及的和議條件開始談判前，一條悠長悲痛的道路必須要經過。有一國（按指俄國）的確中途退出單獨言和了。然而該公約持續着，這是列強出而維持歐洲制度及國際公法的聯合意志之一種標記和一種約束。

全體說來，自戰爭爆發後，協約國的外交較優於德國的外交，沒有什麼可以懷疑。特別應該歸功於格萊。一九一四年八月，那種著名的白皮書(White Paper)的迅速編集與印行，不但使英國的政策大白於世，並且使她確信自己的行動是光明正大。

（註一） Grey, Twenty-five Years,(1925) II. 104.

（註二） Grey, Twenty-five Years II, 119 比較 p. 164「該提議非我方發動」

第二章　土耳其的參戰

如果在十九世紀的前七十五年中，英國在君士坦丁的勢力是居歐洲列強之首，那麼在最後的二十五年中，她便失掉了這種地位。她的卓越的地位，漸漸爲德國所奪去。這中間的理由，照德國駐土大使（一八九七年——一九一二年）馬歇爾比伯爾斯坦(Marschall von Bieberstein)的見解，乃是由於土耳其相信德意志的政策是在維持土耳其的完整。『與這種相信並行的是他（蘇丹）對於德國軍隊的欣仰，認爲是鎮壓過激主義和騷亂的權威。』（註一）馬歇爾男爵並沒有誇張德國的勢力。英國使館的侍從武官，約在同時給軍部的報告，證實了馬歇爾的意見。一九〇二年有一個德國公司獲得了自君士坦丁至巴格達(Bagdad)的鐵路建築權，中間有好一段在大戰

（註一）Die Grosse Politik der Europäischen Kabinette, Bd. XII, teil 2, p. 569 (Marschall to Hohenlohe, Aug. 6, 1898)

前確已完成。哈布斯堡皇室(Habsburg Monarchy)實行合併博斯尼亞(Bosnia)與赫爾仔哥維那(Herzegovina)計劃的成功，驚動了協商各國。這表示德奧在君士坦丁的勢力，甚至於可使土耳其人放棄他們的古省的宗主權。英皇愛德華七世(Edward VII)把這事看得最嚴重。雷斯得爾爵士(Lord Redsdale)寫道：『我從沒有看見他這樣激動的。』俄國外交家覺得他們的國家的『歷史使命』(historic mission)是完全被德國阻斷了。(註一)

自從一九〇八年革命以來，土耳其便實行了內閣政府制度。當大戰爆發時，內閣的意見是不一致的。大丞相賽德哈理親王(Prince Said Halim)是一位年老的，和平爲懷的人。財政部長耶維特(Djavid)爲了財政上的原因，也是主張和平的。支配統一與進步委員會(Committee of Union and Progress)的泰拉提(Talaat)和安威爾(Enver)二人，加上他們身爲大吏的權勢，

(註一) Lord Redsdale's "Memoirs" Chap. VIII, p. 178. Siebert, Diplomatische Aktenstücke zur Geschichte der Ententepolitik der Vorkriegsjahre (1921), p. 294 (Nelidow to Minister of Foreign Affairs, April 2/5, 1909)

是主張戰爭的，並且主張加入德國的一邊。

泰拉提曾被形容爲一個無知浪蕩，出身郵務官吏的人。吉馬爾在他的回憶錄中否認泰拉提曾經在郵局裏服務過。瓊斯古（Take Jonescu）（羅馬尼亞人）在他的回憶錄裏描寫他是一個有決斷精力勇氣，但少遊歷缺乏世界智識，而且像一切少年土耳其黨人一樣，是一個浮燥的愛國者。『這個人的盲目將斷送土耳其的命運。』（註一）

大戰爆發時，泰拉提的地位是內務部長。他和安威爾，吉馬爾統治土耳其帝國。安威爾比泰拉提更有勢力，如果不比他更浮躁的話。他在一九一四年比較還是一個年青人。他生於一八八一年，直到一九〇八年革命時，還少有人知道他。十九世紀末有一個英國旅行者在馬西唐尼亞（Macedonia）注意到滿拉斯地爾（Monastir）的土耳其後備軍裏一個形容不凡的隊長。這就是安威爾。在托利玻里（Tripoli）戰爭時，他顯出很大的冒險性，據說是化裝經過埃及，達到戰地，組織托利玻里的防禦，堅持至數月之久。他是個短小精幹的人物，穿着整齊，很漂亮的衣服——被人苛刻地

（註一） Take Jonéscu, Souvenirs (1919), pp. 145, 149.

說是類乎意大利理髮匠的樣子。他騎術很好，是一個極其整潔的軍人，並且歡喜人家說他像拿破崙。他是眞正愛國而且肆無忌憚的。歐洲，全世界，可以付之一炬：他決不放鬆土耳其的利益——火勢愈是大，那麽在隣人的灰燼上，恢復土耳其(Ottoman)以前的勢力的機會愈是多。

海軍部長吉馬爾是一個很有知識，知道世界情形的人。平靜，温和，詼諧，他是很夠朋友的。斯帝特(Steed)寫道：『在我認識的貴顯的流氓裏面，我永遠記得他是最合人意的。』他與安威爾一樣的黷武。他在一九一三年第二次巴爾幹戰爭結束時被委爲君士坦丁的督軍。青年土耳其黨人在國裏鬧得一團糟，但他們並不失望。他們的個性很不同。瓊斯古總括起來說：泰拉脫是最強的，耶費特是最有學養的，吉馬爾是最文明的，安威爾是最好動的。

一九一三年的大丞相麥默特歇夫克提拍夏(Mahmud Shevket Pasha)是一個軍人。他常常夜晚睡在禁殿的公事房裏。吉馬爾宿於督軍衙門裏。這兩個人時常在半夜裏通電話。歇夫克提的見解是：『關於我們的軍隊，我認爲對於德國方法的採用，毋須再有所躊躇。』(註一)根據這種

(註1) Memoirs of a Turkish Statesman, by Djemal Pasha(not dated) p. 67.

見解，他請了李猛將軍與一個軍事委員團來君士坦丁。這軍事委員團於一九一三年十二月十四日行抵土耳其，這時歇夫克提纔逝世不多時。李猛卽被任爲君士坦丁第一軍團指揮的非常職務。吉馬爾相信（一般青年土耳其黨人大概都如此相信）協商諸國已自行約定，以君士坦丁給與俄國。（註一）他想英國政府故意在那裏遷延土耳其政府交英國船廠建造的蘇丹渥斯孟（Sultan Osman）和雷斯賈地(Reschadieh)兩艦的完成和交付。這一切的結果便是一九一四年八月二日簽訂的土德密約，『不過談判在戰前便早已進行了。』奧國政府知道這同盟的條件。意大利卻沒有得到通告。（註二）

一九一四年八月二日的土德條約規定在德奧加入的任何戰爭中，土耳其必須立卽加入。事旣如此，閣本(Goeben)和勃來斯勞(Breslau)的那件事便恰好發生了。並非這兩隻軍艦的逃

（註一）Ibid., p, 69

（註二）Ibid., pp. 107, 109. Liman von Sanders, 土耳其五年紀 (Fünf fahre Türkei) (1920) pp. 33–5

遁，和托庇於君士坦丁，方纔決定土耳其的參戰。有些地方，這兩隻德艦的來到極爲不便，因爲土耳其若不按照國際法封鎖他們，就得與協商公開作戰。事實上，土耳其人雖受盟約的束縛必須加入戰爭，但很想遲延到他們完成了韃靼海峽（Dardanelles）及博斯佛拉斯海峽（Bosphorus）的防禦。吉馬爾承認如果協商各國於一九一四年八月間就向君士坦丁進攻，那麽土耳其帝國在『方纔開始的時候，』便要宣告崩潰。所以如果可以這樣說法，那麽土耳其把闍本與勃來斯勞魯莽地收爲己用之後，能使協商各國遷延了這許久才發出哀的美敦書，乃是由於土耳其在外交上行詐背信的能力。至於協商各國竟爲巧言所惑，幾達三月之久，不能不說他們缺乏智識及判斷能力。

一九一四年八月十一日，土耳其的閣員在大丞相家裏聚餐。泰拉提，耶維特，和吉馬爾先到。安威爾來得稍後，用他特有的安靜的微笑說道：『我們生了一個小孩子』。這句話並不能使聽的人十分明瞭，所以在答覆他們急切的追問時，他就告訴他們說闍本和勃來斯勞已出現於韃靼海峽外面，要求准許駛入海峽裏面，吉馬爾以海軍部長的資格准許了。不過，按照國際公法的規定，如吉馬爾坦然所承認土耳其不監禁這兩艦的行動，就得勒令他們於二十四小時內離開土耳其的水面。德國大使王根哈姆（Wangenheim）甚至對於假繳械的辦法也不肯答應。勒令這兩艦離開土耳其的水面，照土德盟約是不可能的：這樣做法，吉馬爾寫道：『既違犯我們的利益，也違犯我們的責任。』然而這個講求正道的人的良心，被一份倒填日期的出賣閣本和勃來斯勞的契約所滿足了。出賣與假日期，就在那夜用電報商量好了。這計策使這班政治家都稱許：『每個人舒舒服服吐了一口氣。』（註一）

臚下的故事是一段可悲的滑稽劇；土耳其人結着舌頭向協商各國巧言中立，同時協商各國張着眼睛明白受欺。八月四日（土德同盟簽訂後的兩天）大丞相向英國駐君士坦丁的代理大使保孟(Beaumont)擔保說，土耳其意在『嚴守中立。』（註二）君士坦丁的輿論對於英國政府

（註一） Djemal, op. cit., p. 120

（註二） Parlimentary Papers, 1914 (Correspondence respecting events leading to the rupture of relations with Turkey Cd. 7628), No.3.

徵發使用土耳其在英國定造的兩隻軍艦的問題，憤慨起來了。土耳其皇室對於此事發了一個上諭，語氣明明白白是反英的；可是大丞相溫和地告訴英國使館說，這種強硬的態度，乃是敷衍民意的，沒有什麼嚴重的意思。（註一）八月十一日保孟報告閣本和勃來斯勞已於前夜來到海峽裏面。於是協商各國接着就要求按照國際法封鎖德艦或者予以驅逐。這時候事情變動得很快，在同日，即八月十一日，土政府正式通知了保孟稱已購買閣本和勃來斯勞。這時候君士坦丁有一海軍委員會以林普斯海軍司令(Admiral Limpus)爲領袖。這委員會裏的份子，在土耳其海軍裏面，擔任有行政的職務。八月十一日他們都被撤職，以土耳其官吏充任。

協商各國竭力設法解除土政府的疑懼，特於八月十六日建議說：『如果土耳其在戰爭期內嚴守中立，英，法，俄必尊重她的獨立與完整，以對付想利用歐洲大局進攻她的任何敵人。』（註二）這種建議自然沒有效力，因爲土耳其政府已在八月二日的條約裏下了決心了。時局嚴重發

（註一） Parlimentary Papers, 1914, No. 6, Beaumont to Grey, Aug. 13, 1914.

（註二） Parlimentary Papers (Cd. 7628) No. 17. Grey to Beaumont, Aug. 16, 1914.

展的第二步是因爲閣本與勃來斯勞二艦，雖說賣了給土耳其，但原來的德國水手並沒有更動。大丞相答覆英國大使馬勒提(Sir Louis Mallet)的抗議說，『他不能否認這是違犯了中立，他爲之痛心。』他要求寬以時日，並且答應把德國水手『逐漸的』排除。（註一）

這滑稽劇然後進入另一幕。海軍部長吉馬爾於八月二十日拜訪馬勒提，因爲『談話能夠自由，』吐了一口氣，提出了取消治外法權條約（Capitulations）的要求。——這些治外法權即是在土耳其的外國人依照條約和風俗所享受的特殊權利。兩天之後，大丞相竭誠告訴馬勒提說道：『他需要三國協商所能給與的一切幫助。』協商各國仍然毫無希望的把自己捲在君士坦丁的蜘蛛網裏，允許一俟適合現代情形的司法行政成立，立卽取消治外法權條約，並願立約擔保土耳其的獨立與完整。這期間自俄國黑海口岸駛往地中海的糧船，在博斯佛拉斯海峽被阻了。八月二十三日馬勒提探知德國官吏已取道梭菲亞（Sofia）來到君士坦丁。英國政府還沒有覺得土耳其已下決心，還勸英皇致函蘇丹『表示他對於因爲扣留他臣民辛苦造成的兩艦，以致引起土耳

（註一） Mallet to Grey, Aug, 15, 1914 (Parlimentary Papers, Cd. 7628).

其人民的憂慮，深爲扼腕。』（註一）土耳其軍隊的動員紛紛如狂，但土耳其政府解釋這是預防保加利亞可能的攻擊。大丞相向馬勒提承認說德國在那裏強迫土耳其放棄中立，但他鄭重聲明說這是不會成功的；土耳其政府『決不墮入陷阱。』據馬勒提的消息，這時候除了閣本和勃來斯勞的水手外，又到了數百名德國水手和海軍大丞相告訴英國大使說：『他與海軍部長都一點不知道外面所傳德國水手的來到。』（註二）

按照八月二日的祕密條約，土耳其雖然應立即加入作戰，但是德人已經同意土政府應俟土軍充分動員後纔放棄中立。不過，德軍既然在馬因（Marne）一戰後（引證聰明的吉馬爾所說，）不能不『稍爲後退，』德國自然要壓迫土耳其立卽加入。（註三）土政府並不是不願如此，因爲最近在法國舉借的第一筆債，如今已將用罄，所以這是向德國告借的一個適當時機。也許所有從柏

（註一）Grey to Mallet, Aug. 25, 1914(Parlimentary Papers, Cd. 7628)

（註二）Ibid. Mallet to Grey, Aug 27, 1914 (No. 43)

（註三）Djemal. op. cit., p. 127

林來的錢沒有直歸土耳其的國庫。如今，就在這個最後的時辰，若是協商各國立即宣戰，也能消滅土耳其的禍患。馬勒提八月二十八日報告外交部說韃靼海峽，君士坦丁，與博斯佛拉斯的全境，在逐漸變成『爲十足的德國領土』（Nothing more or less than a sort of German enclave）；但他依然說他與俄法兩國大使『認爲局面沒有絕望，並且認爲我們應該力維和好，勿啓決裂。』

協約國對於土耳其的特別容忍，好像有兩層理由。第一，陸軍部大臣吉青納爵士（Lord Kitchener）堅持，英國在那開赴法國的印度軍隊沒有安然經過蘇彝士運河以前，切勿與土耳其作戰。第二也有人逼迫外交部，說對土作戰，將使印度的英國回教徒發生嚴重的騷動。（註一）但是這兩種考慮都是應該不顧的，因爲無論如何，印度軍隊終能安然經過蘇彝士運河的；對土戰爭勢既難免，那麼英國的回教徒總得設法鎮壓（後來不久果然如此。）

九月八日馬勒提居然能向外交部報告說『許多地方形勢顯見進步。』翌日晚上，他與別的

（註一） Grey, "Tweuty-five years" II, 170-1.

大使們接到土政府一紙通知，聲明廢除治外法權條約。九月十五日，馬勒提報告土耳其艦隊已『完全操在德人手中。』爲什麽這時協商各國仍袖手旁觀呢？

十月三日韃靼海峽對一切商業宣告封鎖。德國軍官在水裏散布了水雷。英國大使以爲土耳其人自己也不知道水雷的確實地位。可是在十月二十二日，海軍部長吉馬爾猶以爲仍值得（事實上的確如此）打電報給英國使館，再保證土耳其的中立。吉馬爾也提到關於土德同盟的謠傳；他『絕對否認』。十月二十九日俄國大使報告費杜西亞（Feodosia）（克里米亞內）於該日黎明被土耳其的水雷艇所轟擊。俄國大使基爾斯（M. De Giers）因此於十月三十日接到本國政府的命令，攜帶全體職員離開君士坦丁。英法外交部知道這事後，也發出同樣的命令給他們的大使。土政府一無阻礙的演完這場喜劇。在訣別英國大使時，那位大丞相差不多淚眼汪汪的自認是被同僚瞞住了。

英國對於土耳其加入同盟國方面作戰的答覆，是宣布佔據塞普拉斯（Cyprus），並在埃及行使保護權。如果對於埃及不採取這步，則因爲土耳其蘇丹在埃及有名義上的宗主權的關係，所

有的埃及人，就專門術語而論，勢必成爲英國的仇敵。（註一）

巴爾幹政治的綜錯的愛與憎，平均起來看，顯然是利於德人的。因爲保加利亞雖然第一年沒有作戰，已經聲明效忠於德國的一邊了。當土耳其駐柏林大使默克他拍夏（Mahmud Muktar Pasha）拿一九一四年八月二日的土德盟約給德皇簽字的時候，德皇『欣然微笑』道：『現在讓我再告訴你另一個好消息。今天早晨我袋裏就有一封保加利亞皇寫給我的信，說他願意和我結盟。』（註二）土耳其政府自己在最近六個月來，也在那裏與保加利亞交涉一個同盟條約。所以如今同盟國百事都有希望。只有一個障礙。保加利亞政府說牠要等到戰局的結果可以看見時再實際加入。這一點，要等到一九一五年秋季，保加利亞政府纔能認爲滿足。

（註一）Grey, "Twenty-five Years" II, 167-7

（註二）Djemal op. cit., P. 127

第三章　意大利的參戰

當大戰在一九一四年七月終爆發時，人人詫異意大利將採何行動。大家知道她加入了三國同盟，如此而已；因爲三國同盟的條款除掉締約各國的高級官吏以外，無人知道，於是引起更多的不安。所以當意大利外交部長聖喬立諾侯爵宣稱，這次奧國的作戰，有一種侵略的目標，違犯了純粹防禦性質的三國同盟，所以在這種情形底下意大利當保守中立，協商國方面聞之如釋重負。（註一）關於三國同盟的內容，說了這麼多以後，意大利的政治家，又閉口不言了。同盟國的政治家們，更不肯多言。就在意大利加入大戰之後，也沒有許多東西漏洩出來。一九一五年夏，奧國第二回

（註一） Sir E. Grey to Sir F. Bertie, Aug. 3, 1914 (Parlimentary Papers, 1914 Cd. 7860). 意大利的中立宣言印於 Austro-Hungarian Red Book (No. 2), document No, 27. Sir James R. Rodd, "Social and Diplomatic Memories" (Third Series, 1925) P. 204

紅皮書 Second Austrian Red Book 披露了該條約的四章。一直等到大戰既終，革命政府打開奧國的檔案，這三國同盟的全文方纔洩漏出來。

意大利的雄心是昭著的，要與同盟國有任何眞正聯合簡直不可能。使意大利統一的一八六○年及一八六六年的條約，賸下了大批未贖回的意大利地方(Italia Irredenta)，尚待克服。一八六六年所劃關於奧國與威尼西亞的邊界，從軍事上看來，極不利於意大利。托倫地洛(Trentino)雖在奧國手中，然而從種族和語言上看來都屬於意大利。經過亞得利亞海(Adriatic)，有幾個說意大利語言的城鎮，從前本來是威尼斯共和國之一部分，只因肯玻福米阿條約（Treaty of Campo Formio）的『罪惡』，於一七九七年被拿破崙把威尼斯及其領土由意大利轉入了奧國的版圖。對於協商各國，意大利人並無報復主義的感情。至於尼斯及薩屋夷兩地方，固然直到一八六一年是屬於意大利的，但是這兩塊地方是在法屬阿爾排（Alpine）的分水嶺那邊，到了一九一四年感情上已絕對成爲法國的了。

一九一四年夏大戰爆發之後，同盟國自然竭力拉意大利到他們那方面去。奧國願在維也納設一意大利大學。（註一）她希望至少意大利保持善意的中立。要辦到這一點，必須給意大利報酬；但是情勢之爲難處及惡作劇處，卽在於一切報酬都須取之於奧，德國沒有什麽可以貢獻。奧國政府確曾提議，如果意大利加入同盟國方面，便可從法蘭西取得薩屋夷及突尼斯（Tunis）意大利政府拒絕了這個『貢獻』。

除了他們關於收復失地(terra irredenta)的普遍和長期的齟齬外，還有從一九一一年意土（托利玻里）戰爭而起的另一個齟齬，到了一九一四年依然爲之心痛。一九一二年末次重訂的三國同盟第七條說過：

如果，情事的進展，巴爾幹或土耳其海岸地域以及亞得利亞與愛琴（Ægean）兩海中羣島的現狀不能維持；如果，不論是否爲第三國的行動的結果，奧國或意大利覺得有修改現狀，暫時或永久佔據之必要，這種佔領的實行，必俟兩國間先有根據互相賠償的原則之協議，如其中有一國在現狀外取得土地或其他一切利益，其他一國須得相當的報酬，務使兩方面的

（註一） Rodd, op. cit, p. 205.

權利和合理的要求都得到滿足。（註一）

意大利政府埋怨說，在一九一一年托利玻里戰爭期中，奧政府根據三國同盟第七條的規定，曾拘束意大利『實施數種陸軍和海軍的行動，否則戰事必然可以縮短。』（註二）如今奧國要與塞爾維亞作戰，是要改變巴爾幹的現狀了，卻是事前與意大利沒有任何協議，也沒有提出任何賠償。她僅於七月二十三日通知意大利政府謂將於翌日給一哀的美敦書與塞爾維亞。（註三）所以意大利政府在同月二十五日即要求與奧政府早日交換意見。

伯啓托特伯爵(Count Berchtold)是一個奧國貴族，從前是駐彼托格拉得(Petrograd)的大使，於一九一二年繼任愛倫塞耳伯爵(Count Aerenthal)做了外交部長。一個英國的觀察者曾形

（註一） Pribram, "The Secret Treaties of Austro-Hungary (Myers aud Paul 譯本 1920), I, 249-50.
該第七條亦見於一九一五年意大利參戰後發行的 Second Austrian Red Book.

（註二） Italian Green Book, 1915, No, 1 (Sonnino to Italian Ambassador at Vienna Dec. 9. 1914)

（註三） Austro-Hungarian Red Book (No. 2) document No. 4.

容他是一個『舉止合度，秉性灑落，身體軟弱而富裕的奧匈貴人。』（註一）維也納內廷的親信馬古第將軍（General von Margutti）形容他是『那個顯然不甚稱職的政治家。』再如那個羅馬尼亞政治家瓊斯古說：如果你贊成他那樣的人，你可稱他爲一個『漂亮人物，精緻，非常精緻，舉止文雅，並且……這便是所有一切了。』（註二）伯啓托特的確是一個君子；他主持奧國內閣的事務沒有用一點誇狂和威嚇，比之德國威廉街（Wilhelmstrasse）（德政府所在地）所用的方法好得多；但是他完全被陸軍元帥康拉德（Field-Marshal Conrad）的主戰派所挾持了。他在武人挾制之下犯了對塞爾維亞作戰的大錯誤。如今他顯露他自己非西德尼宋理諾（Sidney Sonnino）的敵手。聖喬立諾侯爵忽然於一九一四年十月十六日去世，繼任爲意大利政府外交部長的，便是西德尼宋理諾。

（註一） Wickham Steed, Through Thirty Years, I, 358.

（註二） The Emperor Francis Joseph and his Times (1921), p. 346. 再閱 Jonescu Souvenirs (1919), P. 20.

意大利外交部長宋理諾老是被認爲一個親英的政治家。他的母親是英國女人，他的英語說得非常好。實際上他是一個有些偏狹的意大利愛國者，在他的外表上有些乖戾和詭譎的樣子，雖然他絕對是一個率直忠實的人。『我也許不常把我所有的心思都說出，』他有一次說道：『但我有一種不願說謊的天性。』（註一）他的父親是一個意大利猶太人；他是富足，受過教育，遊歷過的人。他很早就入了政界，知道如何去鑒別人的性質和動機。他是一個有決斷的，實在是一個固執的人。他的缺少伸縮性，使他與其他協約國的關係，在意大利加入戰爭以後，有時候不免困難。他既是一個很少有的意大利新教徒，當然他不是教皇所恝意的人。照他那樣的漂亮，講究猶太人的狀貌，宋理諾是一個出色的可是有些不可測度的人物。他的不折不撓的意志，在大戰期中，對於像意大利這樣一個窮國，常給社會主義者的『戰敗主義』（defeatist）宣傳以不少的發展機會，實有極大的價值。

伯啓托特想躲避宋理諾的外交攻擊，推托說與國軍隊之佔領塞爾維亞土地並不在三國同

（註一） Rodd. Social and Diplomatic Memories (Third Series), P. 227.

盟第七條範圍之內，因爲這種佔領是『既非一種暫時亦非一種永久的性質，而僅僅是一時的。』不論這是什麼意思，這並不能搖動宋理諾對於第七條的堅持。伯啓托特又說奧國沒有『殲滅』塞爾維亞的意向。宋理諾不難指出『在土地的完整和政治與經濟的獨立之維持的一邊，以及武力殲滅的另一邊，中間尚有一條很闊的邊岸，而正是這一條邊岸必須成爲我們與奧國依照條約的規定而談判與協議的主題與根據。』這個不幸的，或是有些不稱職的伯啓托特在一九一四年十二月二十日與意大利駐維也納大使亞伐那公爵(Duce d'Avarna)見面時，對於這合於邏輯的解釋，不得不表示同意。

眞相是意大利要至少得到托倫地洛纔滿意。談判到這一點時，那位合人意的布洛親王(Prince Bülow)又出現於幕上了。他是一個有學養的德國貴族，非常圓通，外表很文雅。他娶了一個意大利妻子，自從一九〇九年退出閣揆的職務後，一向住在羅馬，他的美麗的馬爾達別墅(Villa Malta)彷彿成了一個聚會的中心。

瓊斯古說馬歌爾，吉德爾倫維希特爾(Kiderlen-Waechter)及布洛是德意志的三強頭兩個人如今已經死了。『在德國政治界上的智識的沙漠裏，布洛是淵博的。』（註一）戰事爆發後，他於一九一四年十二月被任為駐羅馬大使。

十二月二十日布洛來會晤宋理諾男爵，以公和私的立場，向宋理諾擔保說他對於意大利外交部長給予第七條的解釋，是同意的。『如果奧國得，到任何結果，』意大利自然有報酬。宋理諾固執己見。如今賠償的期限到了，這賠償一定要能滿足『某種全國期望的東西』——布洛當然知道這是指的托倫地洛。其次——顯然就在布洛來訪的同一日——奧國駐羅馬大使麥吉阿男爵(Baron Macchio)也來到宋理諾的辦公處。他正要乘着一個短休息日到維也納去。宋理諾說這很便利，麥吉阿男爵可以親自把意大利的情形告訴伯啓托特伯爵；他又乘機要奧國大使注意到意大利外交部對於三國同盟第七條的解釋。麥吉阿男爵或許已經接到伯啓托特伯爵寄來許多關於這事的備忘錄（奧國官場是以備忘錄的衆多著名的，）說他已經知道這些意見。麥吉阿暗示，謂賠償可以取之於協商各國。宋理諾不客氣的答道，『既守中立，我們現在就不能根據一種牽

（註一）Jonescu. Souvenirs p. 159. 參閱 Tardieu, La Prince de Bülow(1909)

涉到現爲其他交戰國所有的土地的賠償來討論這件事，因爲那就等於我們從今天起參加戰爭。』如今完全明白當前的問題，已經不是意大利是否加入奧國的一邊，而是意大利是否繼續保守中立或者加入協商各國的問題。宋理諾站的地位很好。奧人最大的希望，便是去購買（出一筆很高的價錢）意大利的中立。德人自然盡力催促奧國。但是奧國政府能夠像別人一樣的頑固：牠是一向如此的。

在這些交涉裏面，托倫地洛雖然是在每個人的心中，但是宋理諾及大部分的意大利人所望實不止此。可是，須一件一件來提出。一九一五年正月十一日，布洛親王又來訪宋理諾，說德國政府正派一個專使到維也納去勸奧國政府放棄托倫地洛。宋理諾接受了。這個報告，並於正月十四日第二次晤面時說，據他的意見，托倫地洛一地猶不能滿足意大利的衆望：與奧國永久的和諧，只有滿足這個收復失地的公式『托倫提和托利斯提(Trent and Trieste)』。布洛被這個冷淡提示弄得生氣了。他請宋理諾不要繼續增加他的要求，因爲奧國寧可作戰，也不肯割讓托利斯提。宋理諾對於這點說了些什麼，沒有記錄——大概沒有說什麼：這是他的脾氣。後來路易喬治稱他爲『一個可怕的人。』關於他的固執，他的沉默，以及他了解對手心事的正確，確實有點近乎古怪的東西。

到這時候伯啓托特伯爵已解去職務（一九一五年正月十三日），他的外交部長地位已由布林男爵(Baron Burian)接充，這人在宮庭間是被形容爲一個『魯鈍的官僚』（註一）布林繼續進行談判，開始便承認根據三國同盟第七條給予意大利賠償的原則，但是他指出意大利政府仍佔據多德康尼西(Dodekanese)（在托利玻里戰爭中奪取的十二個前屬土耳其的島），而最近（一九一四年十二月）意人又佔據了阿爾巴尼亞的凡隆那（Valona）。可是這幾點都有了答覆，因爲意大利外交部有一封伯啓托特伯爵在一九一二年五月二十二日寫的信，該信聲明奧國對於意大利暫時佔據多德康尼西，並不要求任何賠償。至於凡隆那，意大利軍隊在該處登陸，乃是『去收拾那地方的無政府狀態的。』

一月十六日，偉特爾將軍（General Count von Wedel）領袖的德國委員團，抱了勸奧政府割讓土地於意大利的使命，來到維也納了。布林及其他驕傲的奧地利人都不很歡迎這種干涉。

（註一） Margutli, 見前 p. 346

並且布林知道，如今即使他把托倫地洛給意大利，這貢獻也不會令意大利認為足够的。可是，一九一五年三月九日布洛親王能够通知意大利外交部謂奧政府已同意『與意大利開議關於割讓奧國土地的事：』但布林於此附帶了條件，謂須等和平締結後，纔能轉讓土地。提出這個條件，有許多理由：一個理由是（布洛親王洩露出來的）奧國不能辭退在她軍隊裏服務的托倫地洛新兵。宋理諾卻宣稱不能等到媾和的時候。談判到如今的結果，給他『很少希望的餘地。』後來據說在二月底，匈牙利方面已知道與意大利作戰，是不可避免的了。（註一）

三月二十七日布林男爵在奧國外交部向亞伐那公爵作第一次割地的正式提議。如果意大利承任遵守一種友誼的中立直到戰爭終了，並且允許奧國在巴爾幹有完全的自由，那麼奧帝國政府願意把南帖羅耳（Southern Tyrol）割給意大利包括托倫提城在內。這種割讓，須保守秘密，並且須等到戰後纔發生效力。意大利對於這些提議的答覆很簡單：第一，奧國的貢獻還不够；第二，任何割讓必於同意之時起即發生效力。意大利方面的提議包括割讓在意松查（Isonzo）流域

（註一） Karolyi, Fighting thd World (1924) p. 134

格的拉迪斯加和郭里齊亞(Gradisca and Gorizia)，以及建托里斯提爲自治邦，還是以條約草案的形式在四月八日提出的。奧政府認爲不能接受。因此宋理諾男爵於五月三日給了布林男爵一個通牒，說『意大利從此時起恢復行動的完全自由，並宣告取消及從此作廢她與奧國訂立的同盟條約。』布林男爵拒絕承認這個通告，理由是三國同盟有一個確定的期限，要直到一九二〇年七月八日纔滿期。宋理諾卻指出奧國已經破壞了該項盟約，因爲她以哀的美敦書給塞爾維亞，並沒有照（時常提起的）第七條所規定的『預先同意』而干涉巴爾幹。

如今意大利政府只有與協商國會商參加他們方面的條件。在意奧談判的時候，意大利駐倫敦大使印泮略里(Imperiali)和英國駐羅馬大使羅特(Rennell Rodd)自然不是在那裏袖手看着。意大利不但望着阿迪治(Adige)流域，並且望着亞得利亞海的彼岸。協商國對於意大利在亞得利亞的行動不大感覺到的。誠然，在英國政府主持的倫敦會議，曾建立阿爾巴尼亞王國，由列強保證她的中立與獨立（一九一二年十二月二十日的決議）。列強選擇的人是維特威廉（William of Wied），一個衰微的德意志皇室的家長。他在一九一三年是三十五歲，在普魯士衛隊烏蘭(Uhlans)第三集團裏當一個隊長，並且娶了烏定堡(Wurtemberg)王的一個女兒。威廉於一九一四年三月行抵杜雷查(Durazzo)，他的新王國的首都。他是那種偶然在歷史幕上經過而只留下一個名字的毫無色彩的人。差不多當他纔到阿爾巴尼亞的時候，就發生了叛亂。實際上他被幽禁在杜雷查，直等到一九一四年九月三日，他纔放棄了這個國家。

十月三十日有一隊意大利海軍在沙生諾(Saseno)登陸，該地是倫敦會議撥給阿爾巴尼亞的一個小島；在凡隆那的對面。十二月二十五日意大利軍隊便佔領了在阿爾巴尼亞本土上的凡那隆。(註一)

在某種意義上，自八月二日以來，依形勢的發展，意大利就有加入協商國一邊的傾向；意政府一宣告中立，法國便可從她毗隣意大利的邊境上，調回三十萬大兵。(註二)德奧兩國政府對於這

(註一) 沙生諾和凡隆那由一九一五年四月二十六日的倫敦條約撥歸諸意大利，一九二〇年八月，意兵退出阿爾巴尼亞，但沙生諾島仍在其掌握。

(註二) Rodd, Social and Diplomatic Memories (Third Series), P. 221

中立宣言的態度，引起意大利參謀部長嚴重的成見。（註一）宋理諾這時候還沒有在位，當他在羅馬火車站初次聽到政府決定中立的消息時，不禁大爲歡狂；及他任事之後，他却改變了態度，並且有些時候大沒有以前那樣堅定。首相沙蘭德拉(Antonio Salandra)雖在一九一四年也沒有畏避戰爭之意。同年的十月十九日，他向意大利外交部的屬員演說，勸他的聽衆拋開『一切成見，偏執或感情，除非是出於絕對和無限的愛國心及意大利的神聖自私自利主義。』（註二）十二月三日，議會重行開幕的時候他進一步的表明他的見解，說道：『我們的中立決不是靜的和無差別的，而是動的和面面俱到的；不是軟弱的，而是強有力地武裝待發的。』這個，加上在同篇演詞裏面所說『意大利有合法的要求要證實及支撐』，表明了風是在向那一方面吹。社會主義黨起先主張中立，後來分爲兩派。在一九一四年終，墨索里尼（Benito Mussolini）創辦了意大利人民報 Il Popolo d' Italia 爲主張參戰的社會主義派的機關。（註三）

（註一） Cardoina, La Guerra alla fronte italina (1921), I, 42.

（註二） Cp. Rodd, op. cit., p. 225.

（註三） Ibid, p. 249

顯然是在一九一五年二月模樣，宋理諾纔開始認爲與奧國作戰，大概在所不免。然而剛在這時候，前首相和自由黨的領袖喬渥立帝(M. Giolitti)在如今很著稱的一九一五年一月十日的那個信中，把參戰和中立的兩種可能的結果衡量得如此巧妙，弄得他的黨員們（在議會中佔多數）沒有確定的原則。喬渥立帝表示這個見解，說意大利可從這次戰爭中得到『許多東西』但這些東西也許不戰可以得到。如今奧國所貢獻的不是完全的失地，而是托倫地洛的有用的一塊『這並不壞』，喬渥立帝這樣寫着。（註一）然而宋理諾繼續進行他的，到四月二十六日那秘密的倫敦條納（有時也稱亞得利亞條約）(Adriatic Treaty)便簽訂了。第一條規定法、英、意、俄的參謀部間，應立即成立一種軍事協定，限定俄國對奧出兵的最少數額，以免奧國集中全力對付意大利。如果俄國決定用主力對德，爲保證意大利不致獨自擔當奧國攻擊的全個重量起見，這個條文是必要的。

意大利承認用她的全部國力與英、法、俄共同作戰，以對付他們的一切敵人（第二條。）

（註一） 參看 Rodd, P. 244

第四條規定在和平條約內，意大利應得托倫地洛，錫沙爾品・帖羅耳（Cisalpine Tyrol）（加上勃倫納(Brenner)的邊境，）托利斯提，郭里齊亞與格拉迪斯加，意斯托利亞(Istria)，犬沙羣島，羅新(Lussin)，派拉助利(Palazuoli)和其他。第五條除了上列各割讓地外，又加上大爾馬地亞(Dalmatia)的行政區（直至普蘭加角(Cape Planka)之南），及大爾馬地亞西北的羣島（惟其間稍有除外。）在阿爾巴尼亞海岸上的凡隆那與沙生諾小島，也給了意大利。自從一九一二年即由意大利佔領的多德康尼西，仍歸意大利有其完全主權（第八條）。如果地中海的均勢因亞洲土耳其的瓜分而改變時，意大利將得公允的一份（第九條）。如果法國或英國在非洲增加他們的領土，意大利也能要求公允的賠償，特別是關於厄立得利亞（Erythrea）沙馬利蘭（Somaliland）和里比耶(Libya)等意大利殖民地邊境問題的有利解決（第十三條）。（註一）

（註一）英意兩國代表於一九二四年七月十五日，在倫敦簽了一個條約。英國割肯雅（Kenya）之一部名久巴蘭(Jubaland)給意大利；該地方大約從久巴河(River Juba)西約五十英里至一百二十五英里。在一九二四年前，久巴是肯雅與意大利沙馬里蘭之邊界。（看，Toynbee, Survey of International Affairs, 1924, pp. 462-70

意大利將來在戰爭賠款裏面可得到一份，其數目須視她的努力與犧牲而定。

第五條給與克羅地亞（Crotia），塞爾惟亞及門的內哥羅(Montenegro)某種在亞得利亞的地域，特別是甸加利與克羅地亞海岸（包括阜姆(Fiume)商埠），凡格里亞(Veglia)潘維吉亞(Pervichia)，格利各略(Gregorio)郭立阿(Golio)，及亞爾培(Arbe)等島，以及從普蘭加角之南到德林河(R. Drin)口的一切海岸，包括斯派拉托(Spalato)，拉古沙（Ragusa），喀泰拉(Cattara)諸埠；但喀泰拉及其海灣則化爲中立。杜雷查須歸於木索兒人(Mussulman)的阿爾巴尼亞小獨立國。

在第十五條裏，協約國允許協助意大利反對任何擬介紹神聖教堂(Holy See)派代表參加和平會議的提議。

這條約是要守秘密的；惟意大利之加入一九一四年九月五日的宣言（倫敦條約）須於意大利正式宣戰或被宣戰時後立即公布（第十六條。）意大利聲稱將於最近期內加入戰爭，至遲須在現訂條款簽字後一個月內。（註一）這條約是由格萊，印泮略里，朋根多爾夫及康邦簽的字。

（註一） State Papers, British and Foreign 1919, pp. 973-7

五月二十日，沙蘭德拉在意大利議會中發表了一篇動人的演說，（那時喬渥立帝未到，）獲得以四零七對七四的多數之信任投票（註一）貴族院裏，擁護政府的計劃二六人，反對的二人。五月二十二日意大利於是對奧國宣戰。因爲商業上及國際私法上規定的個人權利的理由，意德兩國到一九一六年八月二十七日，纔正式宣戰。

外交家照例是一種寡言的人，一定有人對於這亞得利亞條約有所饒舌，纔洩漏了風聲。一位能幹的南斯拉夫新聞家，阜姆的佛郎西司蘇辟羅（Francis Supilo）四月在彼托落格拉德時，對於談判的進行，有所聽見。（註二）倫敦的塞爾維亞使館，差不多在條約墨瀋未乾時，已經知道了，牠嚴重抗議把這麼多大爾馬地亞的地方給意大利。德爾加塞（Delcassé）這時還是法國的外交部長，於答覆南斯拉夫人的抗議時，說協商國不能隨便不理像意大利這麼一個可能的聯盟國的要求，須知意大利能夠在戰場中出一百萬大兵，並且「不久之後，」還能使六十萬羅馬尼亞人加入。

（註一） Rodd, op. cit., p. 254

（註二） Steed, Through Thirty Years II. 64-5.

（註一）羅馬尼亞的加入對於公衆中消息最靈通的人，也是一種詫異；德爾加塞也沒有想到這麼快，不過沒有意大利，那是不會來的。

由意大利人看來，這次大戰是完成他們的自由與統一戰爭的。『我從來沒有，』一九一五年一個住在羅馬的著名外交家寫道：『看見過一樁比這回人民更興奮的景象。意大利從一八五九年（按這一年意大利民族解放初次告成）以來，沒有過這樣的事。據曾經目覩那次情形的遺老說，一九一五年的熱誠更爲盛大。』（註二）

（註一） Ibid., pp. 66-7. 關於一九一四年至一九一五年的意奧談判 可閱 Italian Green Book 和 Austrian Red Book. No. 2. 又見於 J. B. Scott 編訂的 "Diplomatic Documents relating to the Outbreak of the European War" 此爲英譯本，(Carnegie Erdowment for Iternational Peace, 1916) Parts I. and II.

（註二） Rodd, op. cit., P. 253.

第四章　君士坦丁的割讓

俄羅斯加入大戰，並不想取得君士坦丁。這點從一九一四年八月十六日英、法、俄三國政府對土耳其獻議，如果她守中立卽保證她的獨立與完整，可以證明。（註一）但是土耳其拒絕了這種獻議，並且於一九一四年十月二十八日對俄妄行攻擊，以致開始戰爭之後，俄羅斯可以自由回復她舊日的野心了。羅馬教皇據說確是堅決反對（註二）這個希臘教會的主要強國來奪取君士坦丁，——那『第二羅馬』——不過法意兩國政府都不會把羅馬教皇這種感想絲毫放在心裏。可是在英國人民向來的感情，尤其是外交部方面，是完全反對以君士坦丁給俄國的。這種感情能否在戰事的進程中克服下去或改變過來呢？

（註一） Grey, Twenty-five Years II, 173-4

（註二） Nekludoff, "Diplomatic Reminiscences" (1920), p. 118

根據一九一四年九月五日的倫敦條約，俄國政府不能與同盟國個別言和。該國政府自願受此約束，未曾要求規定報酬。從最初起，誠然，俄國人分明想把一九一四年時在普魯士和奧地利統治下面的波蘭地方合併於俄帝國。（註一）不過，自然有許多俄國人希望不止於此：土耳其的參戰敵俄，看來是指着到君士坦丁的路。

在戰爭的開頭三年，俄羅斯外交政策是在沙重諾夫（M. Saazonoff）的手裏，這人被形容為一個很有榮譽的人，有不可相信的自滿自足，及昭然若揭的庸碌無能。（註二）這種形容的說法，似乎太嚴厲。沙重諾夫是一個有經驗的外交家。他在一九〇四年後的幾年中向在倫敦的俄國使館充顧問，這是一個在俄國外交上極多事的時期，包括日俄戰爭與樸資茅斯條約（Treaty of Portsmouth）及『十月者』（Octobrist）的革命，（這次革命挾那直前無忌鋼鐵意志的斯托立品

（註一） 閱俄國尼古拉大公爵 Grand Duke Nicolas 一九一四年八月十五日的宣言，載在 Mowat 的 Select Treaties and Documents p. 65.

（註二） Rosen. Forty Years of Diplomacy (1922). II, 191

(Stolypin)的內閣以俱終。)後來他是俄國的外交次長，做伊斯伏爾斯基（Isvolsky）的助手；一九〇九年伊斯伏爾斯基放爲法國大使，他便繼任爲外交部長。沙重諾夫，娶了一個斯托立品的妻妹爲妻，他是頭腦清楚的人。他的身體很不康強，肺很弱，時常須到達伏斯(Davos)去。斯托立品活着一天，他的政策是堅定的乾脆的；但是可悲的斯托立品被慘殺以後（一九一一年），俄皇的政府，卽復歸平庸了。哥爾倫米金（Goremykin）時爲內務部長（這個位置有些近於首相之職，）是一個年老怠惰的人。沙重諾夫很受自由黨人(Cadets)的歡迎，不久就喪失了他初爲外交部長時的溫和態度；他的自負心逐漸加高，於是他的政策不免大驚小怪起來，因此在第二次巴爾幹戰爭的時候頗爲不靈。他失掉了在巴爾幹的威勢，因此大戰發生時，他在保加利亞，希臘或是羅馬尼亞都沒有勢力。

大戰開始以後，沙重諾夫做得比較好。他加入了倫敦條約，並且忠實地遵守着，一九一四年八月十五日關於波蘭的那篇可欽佩的宣言是在他的公事房裏起草的。不久他開始展開他的手腕，直接以君士坦丁爲目標。

從土耳其參加同盟國作戰的時候起，俄羅斯便被封鎖了。德國艦隊掌握波羅的海，土政府則封閉韃靼海峽及博斯佛拉斯海峽。在協約國方面，正當的兵略，顯然應該去掃清波羅的海或是博斯佛拉斯海峽，而且博斯佛拉斯的奪取在大體上，並無多少困難。所以一九一四年十月底土耳其一加入作戰，協約國便設法攻取海峽。（註一）其結果大概可以取得君士坦丁。問題自然發生了，就是怎樣處置君士坦丁？大戰後，誠然可以把君士坦丁給回土耳其人，但是協商國自然不希望時常冒這種被土政府封閉海峽的危險。可以使君士坦丁中立化，但是協商國很難相信土耳其所立任何中立的約言；並且也沒有其他巴爾幹國家能委以保管君士坦丁的：保加利亞和希臘正在運用於協商國所不喜的政策。因此如果協商國取得君士坦丁，英法兩國眞不能不承認俄國對君士坦丁的歷史的要求權。無論君士坦丁實在爲英法俄那國軍隊所攻取，那倒與問題無關。協商國裏面每個國家都出了全力應戰；這些力量向此處或他處進展，不過是軍略上的問題。一九一四年至一九一五年所有俄國的兵力，都用在加里西亞（Galicia）及小亞細亞的戰事裏面。

（註一）Callwell, The Dardanelles(1919), pp. 1-3.

在一九一四年的最後幾個月中，俄國政府督促把君士坦丁問題作一個最後解決。該年末，英法似已允許把這個俄國所切望的城市給俄國。俄羅斯的人民，大部分是未受教育的，那比較少數的知識份子，大都在莫斯科及彼托落格拉德，彼此很熟。多數的高級官吏，都是由他們擔任。他們在集會裏很注意政策的討論。在一九一五年頭幾個月裏，集會裏的談話都集中在大戰那個題目，你可以時常聽到君士坦丁的名字。在開會中的國會（Duma），你也可以聽見許多關於俄羅斯歷史的使命之愛國演說。沙重諾夫在國會裏算盡了他的能事。他的態度很忍耐，他的言語很熱烈流利，他所得自由黨的歡呼，差不多與保守黨一樣的多。

這時俄國軍事的情形開始不利。在東普魯士方面，不得不敗退。在高山荒涼的小亞細亞，遇到了幾乎不能相信的困難。俄國的工業組織不能為軍隊製造所需要的軍械。二月二十日法國駐彼托落格拉德大使派利洛格（Paléologue）與沙重諾夫經過大操場（Champ de Mars）。有幾隊步兵正在操練。他們雖然沒有帶軍器，但在雪上前進不免困難。說到他們沒有軍器的情形，沙重諾夫憂愁地說道：『這些並不是待訓練的新兵，而是幾天內就要上前線的有訓練的兵士——你看，一枝鎗也沒有。』可是公衆依然主戰不懈；『比尙與(卽君士坦丁)的幻景』(Byzantine Mirage)迷住了他們。法英兩國已經答應了。他們甚至於希望這時仍守中立的保加利亞王弗地蘭也能予以同意，並加入戰爭。但是法國政府二月間派遣保王的姪子古斯公爵(Duc de Guise)往梭非亞的使命，並沒有什麼成功。(註一)

英國外交部所允許者，不過是『海峽(the Straits)的問題應依照俄國的希望辦理。』據說英皇喬治第五表示得明白些。他曾向俄國駐倫敦大使朋根多爾夫說過，『君士坦丁一定是你們的。』(註二)

三月初，一八七〇年戰爭中的法國獨臂英雄鮑將軍(General Pau)取道沙隆尼加，梭非亞及布加利斯提(Bucharest)往彼托落格拉德呈贈法國勳章。俄皇於三月三日爲他舉行了一次盛宴。這是一樁冗長的事，那年輕的皇太子向他的姊妹們弄鬼臉來表示他的厭煩，也沒有用。到了最

(註一) Paléologue, La Russie des Tsars (1921) I, 305, 307, 311

(註二) Ibid., I, 312.

後，宴會算是完了。客人們到客廳裏去。俄皇於是拉着法國大使到『客廳』的末端，說他不能把大戰的可怕的犧牲，加於他的人民身上而不給以他們所夢想的報償。『俄國輿論爲海峽問題很奮激……我要根本解決君士坦丁與海峽的問題。』派利洛格轉問俄皇對於法國所注意的問題，有沒有改變意見。『放心，』俄皇答道：『我盼望法國在這次戰後變得愈強大愈好。請取萊茵河（the Rhine）的左岸取梅顏斯取科布林兹（Coblenz）；只要你認爲有用，向前取好了。』派利洛格把這些擔保的話報告了他的政府。因而三月八日他得到了德爾加塞（法外交部長）的電報，要他向沙重諾夫保證，說法國政府願意如俄國的希望解決君士坦丁及海峽的問題。（註一）派利洛格與俄皇這些談話使人猛然想起一八五三年的西摩談話（Hamilton-Seymour Conversations）（譯者按此指俄皇尼古拉與英國駐俄大使西摩會談稱土耳其病夫已入垂死狀態，英俄應磋商如何瓜分土耳其的問題。）（註二）

（註一） Paléologue op. cit., I, 315.

（註二） 見 Mowat, History of European Diplomacy 1815–1914, pp. 102–5.

英法與俄國關於君士坦丁的談判，和協商國與意大利的談判，同時進行。意大利人有不甚高與俄國獲得君士坦丁的意思。俄國政府認爲意大利對於大爾瑪地亞的要求，與斯拉夫意識是衝突的。其實這個要求有助於那個要求。沙重諾夫向派利洛格暗示略爲抗議意大利要求的時候，法國大使回答道：『我們不是爲了要實現斯拉夫主義的夢想而戰的。君士坦丁的犧牲，也足夠了。』（註一）

關於君士坦丁與海峽問題的協定，是包含在一九一五年三月間所交換的電報及通牒中。第一個便是上面所提到德爾加塞三月八日致派利洛格的電報，在該電中，法國外交部長聲稱法國政府願依俄國願望，去解決君士坦丁與海峽的問題。三月十五日沙重諾夫致駐巴黎俄國大使的電報中，聲稱知照此事，並稱英國在保障其經濟利益之保留條件下，也答應了俄國的要求。英國這個同意，是由格萊於三月十二日致駐彼托落格拉德英國大使轉告沙重諾夫的牒文中給予的。

既已得到英法對於俄國佔有君士坦丁與海峽的要求之同意，沙重諾夫方面乃允許經過這

（註一） Paléologue, op. cit., I, 336

些地方的貨運，除了來自俄國或運入俄國者外，概准自由通行。

劃歸俄國的土地，包括君士坦丁城，及歐洲土耳其的全部，直到意諾斯米迪亞線（Enos-Midia line）爲止，還有在小亞細亞的海岸，從沙卡利亞河(R. Sakaria)起到意斯米特灣（Gulf of Ismid)的一端止；還有在馬摩拉海(Sea of Mamora)中的羣島及鄭納杜斯(Tenedos)和應布洛斯（Imbros）。（註一）

幾世紀來的爭端就這樣用外交解決了；幾代以來，毒害歐洲公共生活的外交陰謀的中心君士坦丁，將從土耳其取出而歸一個文明的強國保護。這是外交家的豪舉；如格萊所說，在英國方面，無論在她的直接利益，她的歷史的感情，或她的政治傳統而言；這是一種實在的犧牲。如今是要軍人來完成這外交的工作了。四月二十五日協約國的軍隊在加里波里（Gallipoli）登了陸。在

（註一）對於此等協定，閱 Niemeyer, Die völkerrechtlichen Urkundem dss Weltkriegs (1918), II, 694-6 與 Mears, Modern Turkey (1924) pp. 602-12 此項祕密文件於一九一七年及一九一八年由鮑爾雪維克政府公布了。

那裏，青春的生命像流水般犧牲了；一番光榮的努力和一個高尙的目的，獲得了不朽的花冠，但沒有說到君士坦丁和海峽，以爲酬報。俄國一得到她的聯盟國的允許後，也就開始失敗了。一九一五年四月二十八日，即英法在加里玻里登陸後的三天，德國麥根生元帥（Field-Marshal von Mackensen）對騰拉傑克（Dunajec）的俄軍戰線下了一個攻擊，這個攻擊破碎了一個俄國軍隊，使不得不從加里西亞敗退，並且毀壞了俄軍系統的力量。

第五章 戰時違禁品

在大戰裏，那敵對的勢力（物質的與知慧的，）是差不多勢均力敵，以致開頭的三年，相持不下。在從前，所謂戰爭的勝利，乃是一邊的軍隊，破滅了敵人的軍隊。但是這種情形如今很少發生的機會，每個軍隊是這樣的強有力，組織是這樣的精密，集中在抵禦敵人前進的智力的程度是這樣高。在歐洲的戰爭成了一樁包圍戰術的事件；就全體來看，被包圍的乃是同盟國，他們徒然想去衝破包圍的陣線。在這樣的一個戰爭裏，後方人民的忍耐是有如（雖然有些不及）前線軍隊一樣的緊張；如果任何一方的人民忍耐不住了，戰事便可結束。因此，封鎖一切供給，不論平和的或戰鬥的貨物，使其不致達到敵人那邊，成了交戰國的一個目的。協商國既稱霸海洋，他們就有餓斃敵人的最好的機會。德奧的海上貿易（除掉波羅的海，）從開戰起，就絕對的被壓制了；但是中立國與同盟國的陸海運輸，仍然存在。協商各國政府能否予以阻斷呢？

根據國際法戰時海上貿易的情形，（這從格羅秀士(Grotius)以來不但是聚訟紛紜的題目，並且是許多公約的題目，）在這次大戰爆發時係由一八五六年的巴黎宣言(Declaration of Paris)所規定。這個宣言的簽字國家爲英，奧，俄，普魯士，薩丁尼亞(Sardinia)，及土耳其，後來多數文明國家都簽字了，惟美國不在內。巴黎宣言宣稱：

（一）私船捕獲制(Privateering)從此廢除。

（二）中立國旗可以保護敵貨，惟戰時違禁品除外。

（三）在敵人旗下的中立國貨物，除戰時違禁品外，不得捕收。

（四）封鎖欲令人遵守，必須有效，換句話說，必須用充分的武力維持，俾敵方海岸眞正無由達到。

迄一九一七年德國海軍採取攻勢實行一種無限制的潛水艇政策的時候爲止，壓迫海上貿易的，差不多完全出於協商國。因此，協商各國對於巴黎宣言，傾向給以範圍最狹的解釋，而德意志及中立各國，自然給以範圍最寬的解釋。關於一、三、四、等條規則，協商國是不爲難的。沒有人想到要去發動那糜費和冒險的私船捕獲的生意（第一條。）英法兩國政府都沒有宣佈封鎖德國海岸（第四條。）局部的封鎖是有的，像一九一五年二月宣布的德屬東非洲（三百哩海岸線）的封鎖，及土耳其，保加利亞以及希臘在地中海的海岸的封鎖（在一九一五年和一九一六年宣布的。）關於德國在歐洲的海岸，並沒有宣布過合法的封鎖。最近於這樣一個合法的封鎖，是一九一五年三月十一日的律例（Order in Council）；該命令宣稱不許商船出入德國商埠，這樣捕獲的船隻與貨物，由英國政府償價。這種辦法與封鎖無異，英國外交部也公開承認。（註一）

大戰開始了幾個星期以後，關於中立國貨物在插敵旗的船隻裏駛運，不發生什麼問題（第三條，）因為除非在軍艦上，敵旗是在海洋上看不見的。協商國政府（關於這方面的工作大部份

（註一） 國務會議的命令從沒有封鎖兩字，也沒有正式宣布謂德奧海岸有一種封鎖狀態之存在，但在外交的通訊中，英外交部長曾云，英國已經實行封鎖（the British has instituted a blockade）見 Grey to Page, march 13, 1915, in J. B. Scott, Diplomatic Correspondence etc., p. 42. 在英國大戰時的公文中，封鎖兩字是常見的。

落於英國外交部和海軍當局身上）集中他們的注意在第二條上『中立國旗可以保護敵貨，惟戰時違禁品除外。』主要的問題是，什麼是違禁品？起初，英國的律例認定的違禁品名單較短；這名單漸漸地擴大，到了大戰末了，凡是於德國人有用的東西，沒有不被協商國認為是戰時違禁品，而加以捕獲和處罰的。

英外交部增加違禁品名單的理由是合邏輯而且是不可辯駁的：現在的戰爭，不僅是對付軍隊，而是對付整個國家；因此任何物品凡能增加敵國資力的，實在是戰爭的兵器。並且每一個交戰國，可以叫牠的全體人民服務：雖然每個人不都穿上軍服，在軍隊中服役，可是每人直接或間接都在為戰爭服務。所以，英國政府聲辯，謂敵國軍用和民用貨物的分別已不能存在。

一九〇九年倫敦宣言羅列戰時違禁品在十一種標類之下。（註一）所羅列的物品是軍器鎗彈及其他容易認為軍用的東西。但是有一追加條款，聲明某種其他貨物『能作軍用亦可作普通用途』的，也可以不必通知，作為戰時違禁品看待：這樣地羅列出來的貨物（有條件的違禁品）

（註一） Declaration of London, Chapter II, Article 22.

包括食品，衣服，船舶，鐵路材料。（註一）另外更有一款羅列了十七種不得宣告為違禁品的東西：這中間有棉花，油籽及橡皮。

英國在大戰爆發時，基於貴族院所取的行動，並沒有批准倫敦宣言。美國外交部的第一步行動，就是於一千九百十四年八月七日發電給各駐外使館力促交戰各國採取這宣言的規則。（註二）英國大概還是不肯予以批准，但是俄法兩國（德奧兩國亦然）卻聲明了願服從這個宣言。因此，一千九百十四年八月二十日英皇在一個律例裏，不能不宣布接受倫敦宣言；但是附有某種保留條件。主要的保留，便是要用一張英國訂的違禁品及有條件的違禁品的名單，來代替原來包括在倫敦宣言裏的名單。英國用來代替的名單，實在與宣言裏的名單並沒有多大差別：在有條件的違禁品裏，牠沒有包括棉花，油籽或橡皮：但是上面冠以留有餘地的文字『等我們再發公告。』在這些文字的保護下，一千九百十四年九月二十一日的律例英國便把橡皮與銅加在有條件的違禁

（註一） Declaration of London Chapter II, Article 24.

（註二） Hendrick, Life of page (1923), I, 373.

品名單上；一千九百十五年八月二十日又把棉花列爲絕對的違禁品，同年十月十四日油籽和果仁亦加列上去。一千九百十五年十月十四日這個律例，不但十分精細，而且名目繁多；如果中立國船隻在這名單之外，再能找出可以供德人的東西，聽他們的便：可是這在買賣雙方都不會是有利的生意。（註一）

最大的外交戰爭是關於棉花。實在是有兩個戰爭：一個是英美間的；一個是英國海軍當局與外交部的。海軍部（陸軍部自然一致）絕對主張立刻宣告銅與棉花爲違禁品。他們應該主張這種見解，這是他們的本分。在外交部方面，絕對決意不觸犯美國的敵意。所以，這裏是一切交戰國內當局間常有的衝突，政治的與軍事的權宜間的衝突。在英法政府對這次大戰的處置當中，再沒有比對這件事做得巧妙了：他們調整軍人與外交家間相反的要求，如有必要，不怕偏袒外交家。這番調

（註一）倫敦宣言與兩者有關係的部份，其原文附錄於 Pyke 所著 The Law of Contraband of War (1915). PP. 258-99. 又閱 "State Papers, British and Foreign (1914) pp. 72, 100; (1915) p. 313.

整事件關係的重大，可以在駐華盛頓德國大使於戰後似乎懷着的意見內看出：即是協商國的獲勝，由於能以政治的必需制服軍事的必需，而德國之所以失敗，乃由於為軍事的必需而犧牲政治之故。（註一）

美國駐倫敦大使曾目覩這兩個戰爭：軍人與外交家間的戰爭，及英國外交部與美國外交部間的戰爭。他知道海軍部正逼着格萊核准停止美貨前往德國；他同情於格萊的困難；可是他不得不維護美國政府的權利（美國政府向來是中立國旗的擁護者）。『我與格萊為了停止貨運的事作戰，』美大使貝其（Page）在一九一四年終寫道：『眞作戰。』（註二）格萊向他說道：『你逼得緊，』但他加上說道：『你很公道。』（註三）在貝其方面，也正像格萊一樣急切地想免除英美間的衝突。他一面維護美國的權利，一面又忠告英外交部如何答覆美外交部，並且指示英國外交部或

（註一） Bernstorff（德駐美大使）My Thirty Years in America pp. 9-10.

（註二） Hendrick, Life and Letters of W. H. Page (1923). I, 265.

（註三） Ibid., III, 191.

海軍部可以安然行動的範圍。『在這一切裏面，』格萊寫道：『貝其的忠告與建議是有極大價值的，警告我們何時應該謹慎，或是鼓勵我們何時可以安心表示堅決。』（註一）對於美國外交部關於海上法的見解，貝其很少同情。他打電報給霍司大佐(Colonel House)說道：『上帝把我們從圖書館的法律家那裏拯救出來吧。』（註二）

棉花的爭執僅關係一九一四年的收成。大戰爆發時，這收成剛預備運出去。契約也訂好了。收成中不少是要到英國去的——這方面的載運無甚困難；但也有不少是要到德國去的。在一九一四年末了的期內，這些貨運始終由美向德進行着。英國感情自然大為這事激動，因為棉花在炸裂物的製造上，是一種重要物品。英國（和法國）的兵士被射殺，英國的船隻被攻沉，都由於包含用棉花製造的炸藥的彈丸。在美國棉花種植家及輸運家方面，對於英國政府要來阻礙他們履行與德國商店或中立國家（從這些中立地方棉花也許流入德國）的契約，也很憤怒。

（註一） Grey, Twenty-five Years, II, 110.

（註二） The Intimate Papers of Colonel House, Charles Seymour 編, (1926) I, 305

如果美國輿論對協商國的棉花問題政策激動起來，協商國將蒙兩大危險。一個是美國政府也許要禁止人民售軍器與交戰國。這個禁令，自然正合同盟國的意思，因為軍器當然是戰時違禁品，英國海軍已經阻止他們使他們得不到美國的軍器。壓迫華盛頓的行政當局下令禁止軍器輸出的力量很大。（註一）其所以拒絕宣布這種禁令，至少一部分，是出於自利的緣故。『我希望總統對於軍器問題永不要讓步，』甘拉特(Gerard)大使寫給霍司大佐說：『倘使他一讓步，我們何不把那隻德國鷹高舉在國會議事廳(Capitol)上面。』（註二）

假使英國外交部在一九一四年把棉花列為戰時違禁品，可以引起第二個危險，就是美國也許要用海軍來護送美國商船，以為對付。有了這種護送，英國便不能止住美國的商船，檢查他們的貨單；否則必產生那種引起一八一二年戰爭的事變。有人相信，如果美國國會禁止了軍器的輸出，

（註一） Statement by W. J. Bryan, Secretary of State, 載於 Crreunt History, Vol. II (1915), p. 1178. Grey, op. cit., II, 116.

（註二） The Intimate Papers of Colonel House II, 23.

或是採用了海軍護送美國商船的辦法，協商國『在一九一七年春季當已失敗。』（註一）『德國的封鎖，』格萊寫道：『對於協約國的勝利固然是切要的，但是美國的敵意，勢必使他們失敗。』（註二）當協約國最後於在一九一五年把棉花列為違禁品（並有一種最低價格的保證）時，德人立刻發明了一種代替品。格萊的意見是：『如果我們在一九一四年就把棉花列為違禁品，我們須冒我上述的危險，而一無所得。』（註三）

美國外交部有勢力的顧問藍辛(Lansing)準備堅持他對於美國權利所抱的見解，這對於英國很有所不便。藍辛是一個很好的法律家，精通國際法上的先例。在美國外交部致英國外交部的牒文（多是藍辛的手筆）裏面，美國的立場，乃是用一種嚴格而且近於毒辣的法律理由來辯護，使英國外交家為戰爭攪擾的腦經感受十分的不快。其中關於倫敦宣言的那個牒文原稿措詞

（註一） Hendrick Life of Page, I, 368

（註二） Grey op. cit., II, 64

（註三） Ibid., p. 117.

是這樣的嚴厲，使得總統也不肯認可。威爾遜拿這個牒文給他的朋友霍司去看，霍司主張應與英國駐美大使西雪爾斯普林・來司（Cecil Spring-Rice）商議。這種在外交上非常的手續竟採用了。霍司大佐面晤英國大使，示以這個牒文。西雪爾力說不應照這樣送出去：他甚至於說像牒文現在這個樣子，不啻是一種挑戰。（註一）霍司大佐回來見威爾遜，威氏指令藍辛把這牒文重新起草。再呈與威爾遜總統的時候，仍認爲太強硬。可是威爾遜與霍司大佐再把牠修改得溫和了些，使美國大使交給英國外交部長，不至有很大的憂慮。西雪爾在華盛頓告訴霍司大佐說，如果照原來的牒文送給格萊，『這差不多等於宣戰。』（註二）

稍後，（一九一四年十月十六日），藍辛在一封公文裏面，向貝其提出這希奇的提議，謂應請英國（1）無保留的接受倫敦宣言，（2）隨後發一通告照自己的意思『解釋』這宣言。當貝其盡職傳達這使命於格萊時，這位英國外交部長率然有點不耐煩道：『你的意思難道要我們接受這宣

（註一） The Intimate Papers of Colonel House I, 308.

（註二） Life of Page I, 378 (House to Page, Oct. 3, 1914)

言，然後再發一個通告規避牠麼？」

貝其被這答覆深深觸動，因爲他自己是那樣的光明磊落，他覺得在這次特別的交涉中，他負擔了一個不誠實的使命。藍辛囑咐他傳達這個『解釋』倫敦宣言的提議時，『說明這是你個人的提議，你的政府不負責。』貝其在這封公文這些字的旁邊寫着評語道：『這是不確的。』藍辛的公文繼續說道：『讓英國政府發一律例，接受這宣言，沒有改變或增加。這個佈告出來以後，讓牠再來一個律例，不必預先通知美國。』貝其對於這段話的批評是：『很欠直爽。』（註一）格萊一看便看透這把戲了。

英國海軍在海上向來是握着統制的（只有惡意的批評說是壟斷 Domineering 的勢力。因爲這個緣故，有着一個良好的海軍傳訓的美國人民時常要懷疑英國海軍對於他們航運的態度，而且極其自然，不免有些神經過敏。在他一方面，因爲法國海軍從沒有強大到可以要求海上的統治，又因爲獨立戰爭時法國對美的友誼，美國人民對法國海軍部的行動並沒有怎樣敏感。貝其回

（註 ） Hendrick Life of Page III, 186-7.

想到這種自然易知的國民心理，卒能率領他的政府及英國政府跳出這一種很棘手的困難。

美國衆議院在大戰初啓時通過了一個法令，准許外國造的船隻，從他們原來的登記，轉向美國登記。（註一）這個事實對於歐戰很容易發生重大的影響。這樣移轉，只有使從前的德國船隻，能在海上行駛，並和母國貿易，而不能當做眞正轉向美國登記。英國政府不得不對此提出抗議。在美國行政當局和公衆方面，卻又很正當的關心於容許外國船隻改變爲他們的登記的權利。

在上述的情形下，密歇根的勃來登 E. N. Breitung of Michigan)在一九一五年一月十五日購買了漢堡美國間來往的貨船大西亞(Dacia)，註册爲美國船，載了棉花赴德。假使協商國同意此舉，那麼從此成立了一個先例，將使一切因爲有英國巡洋艦在看守而停泊在美國港埠裏不能出去的德國船，都可以掛美國國旗了。反之，假使英國捕獲大西亞，她就要與美國陷入一種嚴厲的爭端中——「這同樣的正合德國的意思。」

作貝其傳的人表示他的意見說大西亞事件的嚴重，不下於一八六一年托倫提(Trent)事

（註一） Tqe New International Year Book, (New York) for 1914. P. 725.

件。（註一）英國差不多願意做任何事情來維持美國的善意，但是她絕不能許大西亞經過前往德國。貝其說他和格萊對於這個問題的討論，是『我和他所有的談話中的最險惡的』。（註二）

英國外交部與海軍部都知道大西亞事件的一切。西雪爾，他是把華盛頓的英使館和英美友誼的維持，看做他平生工作的最高目的，不能不帶了一顆沉重的心，報告美國外交部說，假如大西亞駛往德國口岸，是要被捕的。在華盛頓，空氣依然緊張。在倫敦，籠罩了昏黯與焦慮；新聞紙使民衆站着脚尖兒期望着。在英國，沒有一點躁動主戰的精神。沒有人想不顧一切與美國作對。

有一天，貝其照例來外交部拜訪。他被延入格萊的房間裏。這兩人已成了朋友，貝其的拜訪並不都是官場的。雖然格萊的身體需要休息，他也願意做幾分鐘隨便的談話。

『你有沒有聽到關於英國艦隊的事，愛德華先生?』貝其說道。

這位英國外交部長有些莫名其妙，只能用一種含糊的認可回答着。

（註一） Hendrick, Life of Page III, 223.

（註二） 同上

「你不覺得這是已經宣傳過甚麼?」這是美國大使第二個問題。愛德華格萊現在差不多無從捉摸貝其的意思了。他在那些時候工作實在過度，貝其的諧謔使他覺得很有趣，雖然他並沒有得到要領。

「我想，法蘭西也有一個艦隊的，」這是貝其的又一步。格萊諒必已經看出了思想的趨向，但是他讓貝其說下去。

「好了，」美國大使說，「那裏是大西亞。爲何不讓法國艦隊去捕獲牠，得到一些宣傳呢?」二）其餘的事，由無線電辦妥了。大西亞遇見了一隻法國戰艦，被扣留起來，沒有引起外交的困難。

至於倫敦宣言，英國海軍部的見解漸被外交部所採納，並且就大體看來，是堅定地維持了。不僅一九一五年八月二十日與十月十四日的通告把棉花與油籽列爲違禁品，並且一九一六年三

（註一）Life of Page, I, 395. 霍司大佐隨後建議謂華盛頓的法國大使約塞蘭 Jusserand 對封鎖的問題，可以多露頭角，藉此轉移美國人的注意從英國的封鎖政策，轉到法國的封鎖政策上。

月三十日的一個通告更削除一九一四年十月二十九日的命令裏對於倫敦宣言遵守的程度。一九一六年四月十三日的一個命令，又廢除了絕對違禁品（作爲軍用的貨物）與有條件禁品（如果不專供民用，就得視爲違禁品的貨物）的區別；根據的理由，是實際上全體人民，都在直接與間接參加大戰。

這通告羅列了一百六十九種貨品爲戰時違禁品。這個名單，係按照字母先後排列，看起來像一張絕對完備的目錄，凡是物質生存所需要的東西，都包括在內。（註一）

霍司大佐一九一五年在倫敦時，曾告訴格萊說，如果德國人沒有用潛水艇政策，激怒美國人民，便有美國議會禁止軍器輸出的大危險。霍司提議英政府應該贊同解除從海上運食物入德國的禁令，只要德政府答應放棄牠的潛水艇政策及窒息氣的使用。格萊是贊同這個提議的，雖然他說不定能夠使內閣也同意。當霍司向德國外交部提出這意見時，他得到一個『率然的拒絕』。格萊向霍司批評這件事說：『這卻解決了德國人的巧辯，說其所以對英要運用潛艇政策乃是迫於

（註一） State Papers, British and Foreign (1916) pp. 180-6

英國要餓死六千五百萬沒有參加戰爭的人民的爭議。』（註一）

除美國外，其他中立國家也有不平之鳴：格萊的通牒，能寫得最客氣，但有時也能寫得帶有凌人的嚴厲性。一九一五年十二月十五日，他開始給了瑞典政府好幾個牒文，討論英國當局，對於寄往瑞典的橡皮包件，予在開爾克華爾（Kirkwall）以扣留的問題。瑞典政府極力抗議要求將戰時的扣留問題交給公斷，但是格萊拒絕任何足以危害搜索權利的讓步。（註二）

大戰末了在協商國與荷蘭間發生了一種棘手的形勢。一九一八年六月，一隻武裝護送的荷蘭政府搭客運貨船，準備從歐洲到東印度去。荷蘭政府在答覆公衆的要求時，輕率地聲稱『護送軍的司令，不能容忍對於護送船隻的任何檢查。』英法當局看了荷蘭交來的文件，知道這次航運沒有違禁性質後，一致同意『放棄他們在這次特殊事件裏的搜索權，』纔使荷蘭當局有了下台的地步，不致難堪。荷蘭政府對這宣告，表示欣喜並聲明沒有牽涉到國際法的問題。（註三）

（註一） The Intimate Papers of Colonel House I, 444-6, 448, 450, 453; II, 16.

（註二） 此項通信載於 State Papers, British and Foreign (1916), 531-59.

（註三） State Papers, British and Foreign(1918), 533-44

第六章　一九一五年至一九一六年的美國

美國對於歐洲事件的孤立態度，是一件被傳統和地理所造成的事實。這傳統創始於喬治華盛頓(George Washington)的告別辭，和湯麥司甲菲遜（Thomas Jefferson）的就職宣言，其中都有對於『糾纏的同盟』的著名警誡。地理比傳統來得利害。一個英國人或法國人只要在美洲耽擱幾天，就覺得與歐洲相去之遠，這是何等一個隔斷新舊兩世界的海洋與空氣的厚幕。大戰爆發時，老是愛好新奇的羣衆，聚集在美國大城市的街上守候公報；民衆心目中總是想像穿着草灰色制服和戴着鐵釘做的頭盔的德國人，排着隊經過比國的里集（Liége）城同時也容易想像亞西利安人（Assyrians）向埃及出發，或是阿里渥維斯達斯（Ariovistus）的部衆越過萊茵河去攻擊西撒的羅馬軍。可是也有深思熟慮的美國人，看到美國的重大利益是深深牽涉在內。（註一）

自從俠義的拉斐德（Lafayette）來幫助美國的獨立戰爭後，美法間就有一種友好的傳統關係（實在不很活動。）美國人民對於德國人據說從沒有多少的親近過，不管條頓移民在美國的數目如何，也不管受過德國訓練的美國學者有多少。缺少外國語言的知識，益使美國人疏遠；很少人懂得德文；就是那外交用語的法文，在一個德國大使駐美的八年時間內沒有看見一個國務卿說過。（註二）在華盛頓糾塞蘭(Jusserand)（一九〇二年至一九二五年的法國大使）老是說英文的。美國人能夠瞭解的惟一歐洲國家就是英國。並且英國政策向來（現在亦然）有一主要點，就是決不做任何足以使美國離心的事。貝其初到倫敦的時候，英皇喬治第五向這位大使說：『我不願有什麼事使貴國人民誤解我們』（註三）這是大戰爆發前一年的事。

（註一）紐約時報十月十四日(1914) p. 10. 該報聲稱德國如果戰勝，她的土地野心同樣可以向美國要求夏威夷羣島，及其他屬地。參看 Roosevelt, America and the War (1916) p. 13.

（註二）Bernstorff, op. cit., pp. 15-16. 他是德國駐美大使，自一九〇八年至一九一七年。

（註三）Hendrick, Life of Page, III, 30.

在開戰的頭三年裏駐在華盛頓的德國大使伯恩斯托夫（Bernstorff）說有三個原素決定美國對於大戰的態度：第一是普通美國人的和平主義，他們完全贊成他們的國家保持和平，因爲他們知道美國很隆盛，不願意失掉這隆盛。第二，是美國輿論的容易煽動，這種輿論總是激烈的，情感的擁護國家榮譽的。第三便是美國文明，思想，習慣的英吉利背景。伯恩斯托夫說。『即使威爾遜願意這樣做，他也不會對英宣戰的。』

在大西洋的彼岸情形也是差不多的；就是說，英國外交部於美國生活非常熟悉，還有一個很新的美國司的組織，至於德國政府方面，首相底下的兩位最高級官吏對於美國社會是很不明瞭的。外交部長耶各(Jagow)是一個有學養的紳士，在一九一四年大戰爆發的時候，拿了許多小說和遊記來看，藉以獲得關於美國生活的知識。齊麥爾門次長(Herr von Zimmermann)曾於十五年前，自上海回國時，在舊金山躭擱了兩天，紐約躭擱了三天。『他似乎自以爲這次橫貫美洲的旅行，給了他對於美國人性格的密切知識。』（註一）不用說得，駐華盛頓的德國大使也可以說美

（註一） Gerard, My Four Years in Germany (1917) P. 423.

國外交部同樣地不瞭解德國的情形。就是在美國歷任總統裏面，大概算得最受過教育的，而且著過一本講到歐洲政府的書的威爾遜，對於歐洲情形也沒有深沉的知識。（註一）

威爾遜的肖像是大西洋兩岸都曉得的：的是一個穿得很講究剃得很乾淨的，『大學教授』中最好的一流的面孔。他有一種深思的，修雅的外貌，一種人道的表情；一張堅定的嘴和一個決斷的下顎；那夾鼻眼鏡更給這一個到處引人注意的面孔以一種可說是不尋常的貴相。也許是公正，說有三件事聯在一起，使他成爲不平常的政治家：智力，固執，和孤寂。他的健康不很好，不很喜歡交際；他不像羅斯福總統那樣每天在白宮裏面用膳，以便與外界談話，與政治及社會發生密切的關係；威爾遜與他的家庭過着很簡單的生活，很少接見人；若是偶然接見人，他是和善，謙虛，很願意了解別人的意見；像貝其所說，他是過一種鄉村大學教授的生活：普林斯頓(Princeton)學者的習慣。

威爾遜的又自然又有學養的雄辯，他的文學的嗜好，使他的演詞與信札，成爲一種傳達崇高與奮的情緒給舊世界被戰爭打碎了理想的疲乏人民之神奇媒介。可是有時候，他和日常生活的

（註一） Charles Seymour, Woodrow Wilson and the World War (1921), p. 25.

疎遠，以及他想要找出驚人語句的欲望，使他作出使人民感覺不快，而同時引起譏諷的語句。『我相信，我們不可勉強改變我們一面觀察一面等候的政策。』（註一）『有時候一個人可以自尊自大到不屑與人爭鬭的地步。』（註二）有時他似乎被自己的語句所拘束了，他所說的事，詳細看來，是很少意義的，像：『俄羅斯的友邦，在將來的幾月裏所加於她的待遇，不啻是他們的善意的試金石。』（註三）可是除去這一切來講，威爾遜的演詞，我們必須承認牠有療治和鼓舞支離破碎的歐洲人民的力量。這般人民即是威爾遜聯合以從事於這個偉大鬭爭的。

大戰前數年大家認爲英德或是法德有馬上發生衝突的危險。威爾遜覺到這種危險，所以在一九一四年五月，便派了霍司去謀調解。（註四）他在歐戰爆發後第一次對國會演說中，一方面指出美國與全世界都相安無事，同時要人注意兩個事實：第一『我們需要船隻，但是我們沒有；』第二：『我們在每一次國難時，在將來有如在過去，我們決不能靠一個常備軍，也決不能靠一個後備軍，而是靠受武裝訓練的國民。』（註五）在這麼早的一個時期，他已經想到參戰的可能。他的私人秘書在一九一六年說：威爾遜之所以不干涉墨西哥，就是想等待一個大概更大的干涉。一九一六

年威爾遜總統告訴他的秘書說：『看來對德作戰，似乎是免不了的。』（註六）

當大戰爆發時，德皇於八月十日在柏林給了美國大使一個希奇的文件，預備轉致威爾遜總統的，內稱比利時的中立，因爲軍略上的原因，不得不破壞。伯斯門賀爾維(Bathmann-Hollweg)首相在八月四日向國會演說，也這樣說過，但堅稱是法國先啓戰端的。可是六天後德皇寫信給威

（註一） Message to Congress, Dec. 2, 1913, 關於墨西哥。

（註二） 在 Philadelphia 的演說詞，May 10, 1915.

（註三） 一九一八年一月八日向衆議院的演說『酸性試驗』一語，也見於十四點中的第六點，到一九一八年四月六日止的演說見 Scott "President Wilson's Foreign Policy"

（註四） 閱 The Intimate Papers of Colonel House, I, 249, 與 Mowat, Diplomatic Relations of Great Britain and the United 8tates (1925), P. 341.

（註五） Scott op. cit., pp. 74,80. 該演說日期爲一九一四年十二月八日。

（註六） Tumulty, "Woodrow Wilsonas I Knew Him (1921), p. 159.

爾遜並沒有說法國是戎首。（註一）德皇的信並沒有公布；雖然如此，伯恩斯托夫當時還說：『這是預料得到的，美國輿論大多數將站在協商國一邊。比利時的中立被破壞之後，此種情形，更遠出預料之外。』（註二）據說威爾遜聽到比利時被侵入後，不得不故意抑止他維護一椿他認為關係世界文明的事由的衝動。（註三）

他本來可以當衆用着他那種化理想為言詞的可讚歎的天賦，來表示他的恐怖。駐倫敦的美國大使很感覺到他沒有這樣做法。羅斯福(Theodore Roosevelt)也有同樣的感覺。他寫信給格萊說道：『我對於我國政府沒有根據海牙條約，抗議這次加於比利時的橫暴，不勝駭然。』（註四）

美德間在大戰爆發後的外交通訊，可說是開始於一九一四年八月五日的一個通牒，這個通牒與送往其他交戰國者相同，建議遵守倫敦宣言的好處。八月十九日德國政府覆稱，假定別的交

（註一） Document and Criticism in Gerard, My Four Years in Germany, pp 200–7.

（註二） Bernstorff, op. cit., p. 49.

（註三） Tamulty, op. cit., p. 226. "The Intimate Papers of Colonel House" II, 49–50.

（註四） Feb. II, 1915 的信見，Grey Twenty-five Years II, 154.

戰國照辦，牠也同意。後來在一九一四年十月二十四日，美國撤回了她的倫敦宣言應採爲臨時海軍法的建議，因爲交戰國非把牠修改，反對採用。因此美國宣稱其政府與人民的權利與義務，應照現行國際法的法則及現行的條約規定。（註一）

美德間迄無嚴厲的困難發生，直到一九一五年二月四日德國政府通告英國及愛爾蘭周圍的水面爲戰爭區域爲止。美國國務卿布賴安(Bryan)在二月十日的覆文裏，請德政府注意『如果德國海軍實行她海軍部布告裏預言的政策，毀壞美國任何商船或使美國人民有生命的損失，緊急的形勢……可以發生。』這個堅決而且極正當的聲明書，似乎是那位意志堅強的藍辛所起草的。

第二樁嚴重的事件是華盛頓德國大使館具名的一張神秘和引起不安的布告，日期爲四月

（註一）欲閱以上及後來的通訊，有 Scott 的 Diplomatic Correspondence between the United States and Germany, 1914–17 (1918). C. R. Fish 的 War Book of the University of Wisconsin 第十五章中對英美雙方的見解有中庸的敍述。

二十二日，上面說：『仰一切擬搭趁大西洋航路的人們注意，現在德國與其盟國正和英國與其盟國開戰……凡旅行人等搭英國或其盟國的船隻駛入戰區的，是自冒危險。』（註一）這個布告日期雖爲四月二十二日，但直到五月一日纔見報端（伯恩斯托夫所謂『歷史上常有的不祥的巧合。』）這天正是肯那德輪船公司（Cunard Steamship Company）的一隻海洋船魯西坦尼亞（Lusitania）從紐約開出去的一天。伯恩斯托夫在他的書裏宣稱，這警告，是很普通的，並沒有指名魯西坦尼亞。五月七日下午二時三十分牠便在愛爾蘭南岸之外被德國潛水艇的水雷擊沉了。在一千一百五十三個旅客中間，七百八十三個是淹死了或是被殺了，並且在淹死或殺死當中，有一百名以上是美國人。布賴安在他那二月十日的通牒裏預見的緊急的形勢，已發生了。

美國外交部不得不注意此事，但是布賴安送給德國政府的牒文是很奇怪的不決斷，也沒有生氣，特別是拿來和二月十日給德國的牒文裏傳達的勇敢（和嚴重）警告一起看的時候。布賴安不去對付他那二月十日牒文裏所預言的『緊急形勢』，而只說：『牠（美國政府）誠心期望

（註一） Bernstorff My Three Years in America, p. 115.

德國政府將否認美政府引爲遺憾的行爲，在賠償的可能範圍內賠償那種沒有數目的損害，並立卽採取步驟，以阻止此等事件的再現。」可是在結束時，比較還強硬一點：「德國政府無庸期望美國政府在行使其維持本國權利的神聖責任上，忽略任何必要的言語或行動。」如果後面挑戰的一段是威爾遜的意思，那麼在布賴安看來已覺得過分了，所以他在一九一五年六月八日便辭了職。奧國駐美大使杜姆巴（Dumba）打電報給齊麥爾門說布賴安告訴他這個牒文並無嚴重的意味，因之這個通牒對於德國外交部的印象更少。布賴安至少主張過寫一封信去聲明這一點，但是威爾遜拒絕簽名。可是這意思傳出去了，齊麥爾門很相信，並且告訴了美國大使甘拉特，甘拉特又把這事報告了倫敦的美國使館。（註一）

甘拉特預料美國會立刻對德斷絕外交關係，並且準備離開柏林。在華盛頓的伯恩斯托夫也很懷懼，以爲最好的辦法，只有道歉，說這是一個錯誤。看起來對於德國是很不幸：德國在美宣傳的領袖登堡博士（Dr. Dernburg）有一次在克利夫蘭(Cleveland)演說，爲毀滅魯西坦尼亞

（註一）"The Intimate Papers of Colonel House" I, 451, II, 6.

辯護，說是她帶有軍器。伯恩斯托夫說『這篇演說引起了（美國）全國洶湧的咒咀。』（註一）霍司大佐負了和平的使命，前往英、法、德三國，這時候還在倫敦寫信給威爾遜（一九一五年五月三十日）說道：『我已斷定與德國開戰是不可避免的，』他立刻決意回國。（註二）他認爲戰爭不僅是不可避免的，並且是公平的高尚的。『美國已走到十字街頭，必須決定站在文明的戰爭一方面呢，還是站在野蠻的戰爭一方面。』這是霍司大佐給威爾遜的一個電報，他在倫敦給包爾福(Balfour)看過。無論如何，霍司對於英國政府是以一個可能的同盟國相待。（註三）

美國外交部六月九日發出了第二個通牒，這個通牒是由署理國務卿藍辛擬的（他不久受正式任命。）藍辛的強韌老到的句法，對於英國外交部是苦汁和苦草，可是現在用來對付德國的爭議更加合式。他毫無困難指出了是美國政府的事情去檢察從美國駛出的一切船隻無使用僞

（註一） Bernstorff op. cit., p. 118.

（註二） The Intimate Papers of Colonel House I, 453-4

（註三） Ibid., 1, 434, 438

造的文書的情形；魯西坦尼亞如果有所不合，不會取到清單；若是德國政府有證據證明美國政府沒有澈底盡牠的責任，『美國竭誠希望將這種證據提出來考慮。』這個牒文然後宣稱，『美國政府很熱誠並且很鄭重，重新提出牠於五月十五日致德帝國政府的牒文裏的抗議。』

德國政府七月八日的答覆，實在是侮慢的。牠沒有舉出任何證據，足以證明牠對於魯西坦尼亞的性質的攻擊。牠倒說，假使美國自己的船隻不夠運載美國必須渡大西洋的人民，『德帝國政府不反對美國政府以美國之旗插在敵方的四隻載客輪船上，以為英美間旅客交通之用。』這四隻船可以保證其『自由和安全的航行。』美國外交部的答覆，是『不能接受這個建議。』這個七月二十一日的通牒並且說：『美國政府不能相信帝國政府還不否認牠的海軍司令官擊沉魯西坦尼亞的妄行。』

霍司因為他在美國政治的和社會的生活裏面有一種獨一無二的地位，故對於美國輿論的測量，有特殊的機會。他說過美國人民在魯西坦尼亞沉沒之後可以贊成對德宣戰。（註一）但是伯

（註一） Grey, op. cit., II, 125. 又 The Intimate Papers of Colonel House I, 434, 453-4.

恩斯托夫所說的洶湧的咒咀』是不永久的：參戰的機會過去了。

一九一五年八月十九日，英國海船亞剌伯(Arabic)號被德國的潛水艇擊沉，又引起了一次危機。兩個美國人送了性命。如果德國政府再不否認這種行動，美國政府必依照牠從前的通牒，與德國斷絕外交關係。這次是伯恩斯托夫救了德國。他用盡了一切可能的壓力，去勸那不願意而又不相信的柏林當局否認這潛水艇司令官的行動。『形勢比從前更緊張，』霍司在九月十四日寫給格萊的信上說，『在這封信到你那邊之前，也許已經決裂了。』（註一）可是，十月二日伯恩斯托夫打電話給霍司說，他已從柏林得到了那個必要的否認。『假使不是他的忍耐，卓識及不倦的努力』霍司在十月六日寫給甘拉特的信上說，『我們現在已經與德國在作戰了。』（註二）

從這個日期起，至一九一七年一月三十一日德國宣佈重新實行無限制的潛水艇戰略為止，其間只有一個時機，似乎可以引起美國的武力干涉。

（註一） The Intimate Papers of Colonel House II, 45

（註二） Ibid.

一九一六年二月，霍司大佐在倫敦。他這時候是威爾遜總統主要的或者是唯一的朋友。他照常靜默，有效暗中工作。一九一五年春他在倫敦，巴黎及柏林進行的，第一次偉大的和平運動，現在被魯西坦尼亞的擊沉完全破壞了。（註一）

格萊每天朝晨七點鐘開始工作，直到深夜纔罷，時常『在晚上七點鐘放開他的工作，而舒舒服服的』在他家裏吃飯前逍遣一個鐘點。在這個『自由的』時間內，他老是願見霍司大佐的。他們有許多次的談話。格萊寫道：

> 霍司從初起就令我完全相信，他是認爲這次戰爭應由德國軍國主義負責的，他並且把這次戰爭看做是民主與非民主及反美國理想間的戰爭。（註二）

在這許多談話裏有一次這兩位政治家同意了起草一個文書，後來成爲著名的霍司議定書（House Memorandum）（一九一六年二月二十二日）這議定書（內有威爾遜的一點修

（註一）The Intinate Papers of Colonel I, 433

（註二）Grey, op. cit., II, 124.

改）說道：

霍司大佐語我，謂威爾遜總統，俟聽到英法方面稱時機恰當時，準備提議召開一個會議來結束戰爭。如果協約國接受這個提議而德國予以拒絕，美國大概要加入對德作戰。

霍司大佐表示，謂如果這召集了這樣的一個會議，所議和平，當不至有不利於協約國的條件；如果和平不能成立，德國不講道理，美國（大概）要退出會議，而變為協約國一方面的交戰國。

一九二五年格萊首次發表這個現在著名的議定書，關於威爾遜所加的修改，自然有很多的討論。霍司大佐密件(The Intimate Papers of Colonel House)印行之後，纔洩露所謂修改就是第二節末尾『大概』一字之填入。這個填入並無特別意義。牠僅僅使第二節的意思與第一節相合，第一節原稿稱在某種情形下美國『大概要加入對德作戰。』因為照憲法，宣戰之權操於美國國會，總統自身不能在這許多文字中絕對擔保他的國家。英國外交部知道威爾遜的誠意，可由霍司三月八日從華盛頓寄給格萊的海底電報證明：『他（總統）要我說，謂他所能為美國將來行勸言者，他同意於你給我的議定書。』（這個電報是霍司向威爾遜報告後就發出的。）威爾遜總統在法律上再不能作進一步的應許，以束縛他自己和美國了。（註一）

『所以，』霍司大佐文件的編者評道：『幸運確曾大叩協約國內閣的門……這個獻議提出的時候，正是美國因爲她對於公理與人道的奮鬬漠不關心而被咀咒的時候。羅斯福大發咀語。』

對於這一切，威爾遜沒有公開作答，沒有作文自辯。但是在私下他要霍司大佐所提出的獻議就是回答中的最圓滿的了。（註二）

這是霍司大佐的見解，謂德國人與協約國都同意召集這麼一個會議，美國調解的和平條款，必包括比利時與塞爾維亞的復國，阿爾薩斯和羅倫的撥歸法國，俄國之取得君士坦丁，以及奧國內講意大利言語的區域之歸還意大利。德國可以保留些殖民地，或者還可得到些。（註三）

（註一） The Intimate Papers of Colonel House II, 201-2. Cp. Hendrick. op. cit., III. 289-90

該書說第一節末尾『大概』二字也是威爾遜加入的，那是錯了。

（註二） Seymour 所說，見 The Intimate Papers of Colonel House II, 204.

（註三） The Intimate Papers of Colonel House, II, 170 與附註。

在戰爭時期，外交的可悲的命運是牠必須抱遠大的見解，默默地，小心地，謹愼地進行，所以也就很遲緩，而每天之中有許多人斷送了生命，人類痛苦的程度也在與日加深。英法政府交換意見需要時間的。再則，法國在凡爾登(Verdun)的抵抗旣經逐見鞏固，桑姆(Somme)的大攻擊旣已經在那裏準備，趨勢是等到夏季戰役過了後再說。等到協約國全體可以準備接收霍司的提案時，這議定書早已過時了。英國的愛斯葵士(Asquith)政府正要倒台。一個新的也許更樂觀的內閣，（路易喬治內閣）在十二月七日（一九一六年）上了台。五天之後，德國政府宣布牠準備議和，但沒有規定什麼條件。從協商國方面看來，德國的態度，似乎使任何會議都不會成功。協商國是決定要取回阿爾薩斯和羅倫的。到了現在，威爾遜是不值得去召集一九一六年二月二十二日格萊霍司議定書裏面所規定的會議了。因爲德人旣不會來，就是他們來了，他們也不會允許割讓阿爾薩斯和羅倫的；（註一）那時美國勢必加入大戰，可是同時會議一經召集戰爭必暫時停止。這樣

（註一） Prince Bismarck 在一九二五年對霍司說：『這種條件，德國睬也不會睬的。』見 The Intimate Papers of Colonel House II, 273, Seymour 所註。

一來也許把協商國人民的戰爭努力(war-effort)或戰爭意志(war-will)完全拆散了。到了一九一六年終，威爾遜總統必定已經看清楚了，美國不久便要參戰（兩月後果然）；所以美國與其去加入一個停了重啓的戰爭，受種種失望陰謀爭執及和議不成的猶豫的影響；不如加入協約國正在堅定從事的戰鬬。

據說霍司大佐除了在議定書裏面舉出的時期以外，還看到一個時期，美國在一九一六年可以加入戰爭。在議定書起草以前不多久，他曾到巴黎見過白里安(M. Briand)。霍司大佐說美國不能讓德國戰勝。假使法國通知美國，謂必需美國武力的幫助，然後纔可以防止德國勝利，那麽這樣的幫助，是會來的。不過這個建議，附有一條件，便是通知一定要在美國的幫助可以決勝負的時候。『這個建議等於要求法國，如果她能預先看到她快要瀕於毀滅的時候，只要好比是撞一下警鐘，美國就要趕來相助。可是法蘭西共和國從沒有發出這樣的一個通告。』（註一）

（註一） Hendrick, op. cit., III, 288-9. 比較 The Intimate Papers of Colonel House II, 163.

第七章　巴爾幹半島的外交

第二次巴爾幹戰爭之後，保加利亞非常失望，對於她從前的同盟國，不勝憤怒。（註一）土耳其之收回亞得利亞羅堡（Adrianople），是德國外交的一種勝利，增加了德國在君士坦丁的勢力：對於保加利亞王弗地蘭（Ferdinand）的地位，差不多等於一個制命傷。（註二）這位陰險人物，是一個政治賭棍與百萬富翁的奇異混合體，對於過去的事，大概還不肯放過。他不久便在那裏暗中擬具種種新計劃，可是他總是要留出一個安穩的退避所，萬一失敗，他的銀行家能夠使他過一種舒服華美的生活。

大戰爆發時，所有巴爾幹的國家，都是亂七八糟。結果對於歐洲很不利，中了一個年老的法國

（註一）閱 Mowat History of European Diplomacy, 1815–1914, p. 280.

（註二）Mekludoff, Diplomatic Reminiscences, 210–11, 217.

政客在一九一二年對保加利亞首相蓋可夫(Guéchoff)的警告和預言『你們四個巴爾幹國家的團結，爲的是要在歐洲不穩的均勢上，發生很大的影響；這個團結（按卽當時保加利亞，門的內哥羅，希臘和塞爾維亞四國的同盟）若是一旦破裂，便會變成歐洲大國角逐的毽子。』（註一）

保加利亞王弗地蘭於一九一四年八月向德國提議軍事同盟的事，載在吉馬爾拍夏的回憶錄裏面。（註二）據一九一一年修正的保加利亞憲法，外交政策完全操在國王之手；（註三）所以他可以與德國或奧國有了正式協定，而爲他的人民及其餘的世界所不知道。看來十分可靠，弗地蘭在大戰前幾年，與奧國政府發生了秘密關係：雙方正在合謀使大塞爾維亞不能成功。（註四）希臘

（註一） Guéchoff, La Genèse de la Guerre mondiale(1919) p. 119. 蓋可夫自一九〇二年至一九一二年爲保加利亞首相，並爲巴爾幹聯盟發起人之一。

（註二） Djemal, Memoirs of a Turkish Statesman, p.127, 並閱 Theotokes 致希臘王信　（一九一四年八月四日）載於 Livre Blanc Grec, No. 19.

（註三） 閱 Marcovitch 編輯的 Serbia and Europe 1914-25 p. 176.

（註四） 見 Revue des Deux Mondes, Vol. XIII, Feb. I, 1913, p. 580ff. Pinon 所撰文注意該文是在世界大戰前寫的。

駐柏林公使謝托克（Theotokes）（他是傾向德國的）在一九一四年六月二十五日報告說，奧國與保加利亞間似乎成立了一個協定。三星期後，德國駐雅典的公使，正式承認這個觀察。（註一）保加利亞一九一五年十月三日加入戰爭的時候，發表了一長篇粗疏的宣言，內稱『我們已往的嚴守中立，在這次大戰裏是最聰明的政策，給了我國充分的利益』——主要的利益就是有適當的時間準備作戰。（註二）弗地蘭王實際參戰的時候，是一個選擇得很巧的時候，對於正在前方與奧國敵軍堅持抵抗的塞爾維亞軍，足以制命。

不僅是塞爾維亞人與保加利亞人有嚴重的爭端，就是塞爾維亞人與希臘人間也有衝突。塞爾維亞人對於希臘人的兼併薩朗尼加是極勉強答應的。因爲他們都反對保加利亞，纔能聯合起來。在那次引起第二次巴爾幹戰爭的爭端裏，希臘和塞爾維亞在一九一三年五月十九日結了一個秘密同盟條約。在序言中間，說明了這是『一個純粹的防守契約』牠有十年的法定限期，但是

（註一） Livre Blanc Grec (trans. Paris, 1918) No. 13. (Theotokes to Streit, July 25, 1914)及 Nos. 25, 26.

（註二） 該宣言全文見 Müller-Meiningen, Diplomatie und Weltkrieg (1917), II, p. 778ff.

任何一方，只要在六個月以前通知作廢，即成無效。第一條規定締約雙方，互相擔保他們的領土。他們承擔，如果他們當中有一國被人無端攻擊，其他一國須用牠的全部武力來幫助。（註一）

當大戰爆發時，希臘總理威尼柴洛斯（Venizelos）正在慕尼克（Munich），赴布魯塞爾（Brussels）的道中，預備在該處與土耳其首相會商愛琴羣島（Ægean Islands）的問題。在答覆塞爾維亞總理巴式煦（Pashitch）的一個電報裏，威尼柴洛斯答稱他將向他的閣員及國王提議，如果保加利亞攻擊塞爾維亞，希臘便參加戰爭。（註二）

一九一三年五月十三日的希塞同盟條約照字句上的解釋，是一個互相保證對付第三者的無端攻擊的條約；但在事實上，牠的解釋，是僅屬保證兩國對付保加利亞的攻擊的。但就是這種限制的解釋，威尼柴洛斯到了應當對保參戰的時候，也不能貫徹他自己的主張。希臘王康士坦丁絕

（註一）約文見 Guéchoff La Genèse de la Guerre mondiale pp. 161-5. Livre Blanc Grec, pp. 5-25

（註二）此爲 Venizelos 一九一六年九月二十一日至十月四日在希臘議會中的演說。閱 Livro Blanc Grec No. 15 及 Greece in Her True Light p. 42ff.

對拒絕，如他在大戰初啓時給他的姊夫德皇的電文所說，他是同情於德皇一邊的『我永遠不能忘記我們之能得到卡伐那(Kasval)不能不歸功於他。』（註一）

康士坦丁王如果是一個很有能力的人，他的事業，如今看來，不免成爲歷史上一個大悲劇。但是他既然僅是一個中庸之才，所以就是他那最關命運的決斷，及最可悲的失敗，也沒有引起多少的注意。他身體高大，精神活潑，態度粗直有軍人氣，脾氣急躁，與人來往很和氣，有一個時候，曾有許多朋友，並且他是無疑地關心他國家的利益的。但以一國之君主而言，他有三個大錯：第一，他時常不能當機立斷（實在能夠如此的人很少。）第二，他非常固執：打定了主意，錯了也永遠不改。第三，他是龐然自大，因此不惜把他的王國的生存，孤注在他一人的判斷上，及他自己實行計畫的能力上。這幾點說明了，可以來爲康士坦丁辯護。撇開他個人對於德國軍事與權威的系統表示同情以外，他老實相信他的國家之福利，在站在一條中立的路上。他目擊兩隊有力的國家在打戰。假使中間有一方面打勝，他認爲這是同盟國。但是假使他加入任何一方面，他的弱小國家在最後勝利之

（註一）　該電發於一九一四年八月七日（一九一七年後始刊行。）Livre Blanc Grec No. 21

前，也許已經變成各國軍隊的遊戲場，並且也許已經像比利時或法蘭西北部那樣被打成一片荒土了。他不預備冒這個險。所以他採取了那條領他到流亡，到王朝覆沒，到國幾不國的路。

威尼柴洛斯是另一典型的人，因爲他有高超的性質，這種性質與品格的堅強及領袖的能力合在一起，便成了一個政治家，一個偉大的政治家。這種高超的性質，便是判斷的能力，在現在複雜矛盾的事實裏面，能夠決擇何者是將來應取的正路。平常的人，有相當材能的人，能够應付日常的事件，能夠措置政府的重要日常公事。但是只有少數例外的人，能爲未來許多年，立下正當的決斷；能定出一個方針，決定未來幾代的命運，使子孫受其利益。在這些少數的大政治家中，威尼柴洛斯一定要包括在內。他曾遇着不少有萬分困難的決斷要他下；就歷史家所能評判的而論，他的決斷都是對的，雖然他國內人民的感情或是他國家的貧乏或有時僅是運氣的不佳，阻止了他實行他的決斷。

最初威尼柴洛斯希望改造巴爾幹同盟，勸他本國政府和塞爾維亞政府，將馬西唐尼亞某處地方割讓與保加利亞。可是這個計劃失敗了。這些割地，尤其是塞爾維亞準備貢獻的地方，殊不足以使保加利亞保守中立。到了一九一五年十月，保加利亞軍隊便侵入塞爾維亞了。希臘政府顧到希塞同盟條約，現在不能不決定牠的行動。

希臘政府已有三次被迫去決擇戰爭與和平的命運——一在一九一四年八月，那時威尼柴洛斯自己也贊成中立；一在一九一五年一月，那時他曾決然勸康士坦丁王加入協約國方面參戰；（註一）還有一次在一九一五年三月，韃靼海峽遠征(Dardanelles Expedition)的時候。在這最後的一次，康士坦丁王之拒絕參戰，是受了俄國沙重諾夫給他的一個警告的影響。警告內稱俄羅斯極不希望希臘參加君士坦丁的佔領。（註二）威尼柴洛斯看見國王不接受他的意思，他便辭職了。命運不佳的貢那利斯繼任做了總理。

在保加利亞侵入塞爾維亞以前，威尼柴洛斯已重握政權。在一九一五年八月底，他又做了總理。九月保加利亞動員，希臘也下令動員。可是希臘參謀部反對，謂除非塞爾維亞按照附於盟約上

（註一） 文件見 Crawfurd Price, Venezelos and the War(1917), p. 61ff.

（註二） 彼托洛格拉德的希臘代辦公使所述，見 Revue Politique, Jan. 2-15,1916. 並閱上述 Price 書中 p. 83.

的軍事協定之規定出兵十五萬人，希塞同盟條約不發生効力。塞爾維亞所處的地位，顯然不能做到。威尼柴洛斯因此詢問（一九一五年九月二十三日）英法公使，他們的政府能否供給這麼多兵。（註一）答覆是，英法可以遣派部隊，雖然十五萬人的足數不能立刻調齊。這可以說是薩朗尼加遠征的法律根據。這是預料到的，並且是準備了的；第一批協商國軍隊於十月三日開始在薩朗尼加登陸。希臘政府形式上提出了抗議，藉以保持牠的中立，直到助戰原因的發生。這個助戰原因就是十月三日保加利亞的實行參戰。威尼柴洛斯在十月四日對衆議院的一篇有力的演說裏，主張與塞爾維亞積極合作。翌日，康士坦丁王把他召去，勒令他辭職。

柴米斯(Zaimis)繼威尼柴洛斯爲總理，他是一個從不把他國家或自己牽入於任何重大危機裏的謹愼寡言的政治家。他保持中立的政策。在他一面，威尼柴洛斯絕不表示懊悔。他認爲希臘軍隊與塞爾維亞軍隊合作到協商國軍隊能從薩朗尼加開來的時候，就可以免得塞爾維亞人在一九一五年十月十一月的慘敗，及馬西唐尼亞的幾乎完全喪失。希臘人民大多數信仰他；他的一

（註一）　威尼柴洛斯一九一六年四月二十三日在 Kiryx 所述，載於 Price 書內（見前）p. 102.

黨在國會裏佔多數。十一月他的一派打敗了柴米斯的一派，柴米斯於是辭了職；但是柴米斯的內閣（和政策）實際上又在斯古魯地司（Skouloudis）的總理座下出現了。這是希臘立憲政府的末日。國王解散了國會，新選舉在十二月九日舉行了。威尼柴洛斯派因抗議沒有去投票。他們要是用他們的力量，仍在議會裏佔多數，一定較爲得計。斯古魯地司仍爲總理。

議會制的政府如今是不可能的了。英法俄是三個列名在一八六三年成立格魯克斯堡王朝（Glucksbourg dynasty）的條約的保護強國（Protecting Powers），他們現在不承認這條約有效力了。因爲在該條約裏，希臘是宣告爲一獨立的，立憲國家；但是如今她不復是立憲的了。因此協商國留着軍隊駐薩朗尼加，並佔據柯夫（Corfu）爲塞爾維亞政府的退避地。從這個可愛的島上，塞爾維亞王彼得（King Peter）和總理巴式煦可以看到一泓碧水外的大陸，他們從沒有絕望於回到那裏去。

一九一六年五月二十六日，發生了那或許是巴爾幹政治的長劇裏最驚人的一幕。一支保加利亞軍下來到羅泊耳要塞(Fort Rupel)，這要塞是扼住斯吐瑪(Struma)入南馬西唐尼亞的。羅泊耳的防禦極鞏固，還有一千希臘兵守着。他們不發一彈就投降了。威尼柴洛斯一九一七年取得政權後發表的希臘白皮書，內有文件證明羅泊耳的降服，是康士坦丁王的左右與保德人預先安排好的把戲。由德國駐雅典公使麥爾伯煦哈夫伯爵(Count Mirbach-Harff)在五月二十三日通知斯古魯地司，謂不久就要佔領羅泊耳。斯古魯地司當日承認接到德公使的知照，並存記德國願意遵守的條件。（註一）這麼一來，希臘於是不幸被協商國封鎖。協商國的封鎖，意思在逼希王舉行新選舉，成立一個比較同情的內閣。斯古魯地斯於是在六月二十三日辭了職，柴米斯又做了總理。但是新政府並不見得比舊政府更同情些。希臘是半餓的了；孩童們跟路人哭泣着討『小葡萄乾，』但是康士坦丁王只有更加懷恨在心。他自己並沒有積極不守中立，不過希臘的海灣和島嶼變成了德國潛水艇的躲避地，沒有人加以阻止。最恥辱的打擊，是來自保加利亞人。他們既佔據了東馬西唐尼亞，又於九月十五日冷冷地把駐在卡伐那的全部八千希臘兵放逐出去。這些希臘兵士被送到德國，拘留在甘立茲(Görlitz)。希臘與保加利亞並沒有交戰，而這一切事情卻都發生了。

（註一） Livre Blanc Grec, Nos. 48, 50.

威尼柴洛斯最後對康士坦丁王統治下的希臘絕望了，回到了他的克雷地（Crete）故島，並於一九一六年九月二十七日宣布了臨時政府的組織。他請國王出來領袖這個復興希臘的國民運動，因為現在的希臘是『赤貧的瓦解的垂斃的。』十月，他和一位巴爾幹戰爭中的英雄康多略地斯海軍司令(Admiral Condouriotis)到薩朗尼加，設立了一個國防內閣。留在馬西唐尼亞的希臘軍隊大多數接受他的號令。十二月二十四日，這個臨時政府便對保加利亞及其同盟國宣戰。

有好幾個月，希臘與協商國的關係非常緊張。英法的戰艦駐在沙拉米斯海峽（Straits of Salamis)裏；協商國通牒要求希臘交出指定數量的重軍械，作為中立的保證。現由雅典大學教授蘭布羅斯 (Spiridon Lambros) 主持的康士坦丁王的內閣，承受了協商國的多數要求。十二月一日，有兩千英法海軍在法利弄(Phaleron)登了岸。他們向雅典出發去接收希臘輸誠的大砲。突然間從兩旁和前面的高地上，他們被希臘的機關槍所轟擊。協商國軍隊躲起來並謀回擊。法國的驅逐艦開始向着希臘方面的高地開砲，但沒有多大損害。這樣長距離的戰爭，從上午起繼續到下午七時，等到法國驅逐艦開始轟擊王宮之後，纔停止。協商國軍隊方面，約死一三〇人，傷三百人。

命運將要盡了；十二月一日的『戰爭』看來就是康士坦丁王統治的末日。可是一個極端的危機，因爲希臘政府的道歉，及一隊希臘兵士一九一七年一月二十七日在柴品(Zappeion)向協商國旗致敬禮而解除了。康士坦丁王本來是在必倒的，只因爲俄政府的躊躇（康士坦丁是一位俄國大公爵夫人的兒子，）及意大利政府顧忌威尼柴洛斯派在南阿爾巴尼亞方面的『國家主義』的目標，所以苟延殘喘了。（註一）但是一九一七年三月俄國發生了革命，俄皇尼古拉第二退位了。威尼柴洛斯又向意政府擔保他的領土目標的溫和爲十分有把握起見，意大利政府於是在六月四日宣佈了阿爾巴尼亞在意大利保護之下獨立。俄國一九一七年三月革命，又使俄皇不能再事反對。美國一九一七年四月六日的加入大戰，保證了美國方面不會提出什麼抗議。所以在六月裏，協商國派了一位高級長官瓊拉提(Jonnart)到雅典，全權處理希臘的情形。

瓊拉提（他有不少協約國的海陸軍給他指揮）處理得十分果斷而且迅速。六月十一日他通知希臘總理（這時又是柴米斯，）謂協商國決議康士坦丁王必須去位。柴米斯大概是最適當

（註一）意大利對廢康士坦丁王事反對到底。Page to Wilson, June 22, 1917 (Hendrick, op. cit., III, 381)

的人物，去負擔過渡到新政體的困難責任。他不讓民衆知道內幕，所以沒有人曉得他和國王間的經過情形。康士坦丁的脾氣時常是躁急的；而且他的神經已經被與協商國的緊張，險惡，屈辱，悲慘的外交戰磨折至今三年了。柴米斯勸他喝那國恥杯中的最後的渣滓。六月十二日，他發表了一篇壯嚴的宣言，顯然帶有一種成仁就義的神氣，宣布了退位。兩天後他和愛妻長子，乘了一隻希臘兵船，離國而去。他遁入瑞士。他的第二子亞力山大（Alexander）年僅二十四，是不會偏袒任何一方面的，被協商國承認爲希臘國王。六月二十四日，依了瓊拉提的忠告，亞力山大王邀請威尼柴洛斯從薩朗尼加來組織政府。六月二十五日威尼柴洛斯到披里亞斯（Piræus）。他宣告雅典不合憲法的統治時期終了。希臘是要回復爲一個自由的，君主的，立憲的國家。六月三十日希臘正式與同盟國斷絕外交關係。這位偉大的克雷地人雖然在大戰最黑暗的時期也沒有改變他加入協商國方面的原來決斷，到了現在有全權來實行了。

門的內哥羅在一九一四年跟着塞爾維亞參加了大戰，但她的行動不能使協約國滿意。門的內哥羅軍隊的主要任務，是防守那俯瞰及威脅奧國喀他羅埠的洛金嶺（Mount Lovchen）。—

九一六年一月奧人佔據了洛金。據說門的內哥羅當局與敵人正在進行交涉。本可以安全退到柯夫或薩朗尼加的門的內哥羅軍隊，被門王尼古拉斯留在大陸上，以致成了奧國的俘虜。尼古拉斯王逃避在法國，由法意英三國政府給以一筆津貼，度過其餘的戰爭時期。

第八章　一九一五年至一九一六年的和平運動

在大戰初起的幾個月，和平雖是常常提到，但是不能期望。人數的衆多，現代政府的複雜，牽涉問題的廣大而且不明瞭，都使戰爭在當時沒有方法結束這場大戰，像一種可怖的龐大的機器，有人把牠機關一撥，開動了之後，沒有人知道怎樣去停止牠。可是也有人，開頭起就在那裏進行和平。

第一個機會似乎在麥因(Marne)一戰以後。從開頭起，威爾遜總統已經明白表示他願做一個和事老。霍司大佐準備好了，只等機會一到便要提出建議，請交戰國考慮。九月六日，麥因之戰正在打的時候，奧國大使杜姆巴博士說『德國人正在進行一次絕大的努力，以求在法獲得一個斷然的勝利，等到這個做成之後，他們準備來考慮和平的提議。』（註一）麥因之戰的結果是同盟國敗了。然而並不是斷然的戰敗，『局外的意見』，認牠是『救了巴黎而不是大勝；阻止了德國的前進，

（註一） The Intimate Papers of Colonel House I, 323.

而沒有轉變局勢。』(註一)德人自己可以從他們的司令克虜克(A. von Kluck)的回憶錄看出來，並不認爲麥因是一個斷然的失敗。(註二)所以他們不預備接受協商國要提出的那種條件。他們尤其不能考慮關於消滅普魯士軍權的條件；而這一點，正是英法兩國在一切猶豫中所忘不了的。貝其實在沒有錯，他在麥因之戰一星期後寫給霍司的信上，有力地說道，『你不必愚弄你自己；他們正預備把德國踢開去，不許有什麼東西阻擋他們的路。除非德國海軍出來，立刻被毀滅，這個戰爭勢必成爲多數人所沒有想到的那樣長久的戰爭。』(註三)所以麥因的時機就此過去了，對於和平沒有什麼重大的努力。(註四)

(註一) Grey, op. cit., II, 164.

(註二) A. von Kluck, The March on Paris, 1914(1920), p. 145 ff.

(註三) The Intimate Papers of Colonel House I, 333.

(註四) 比較 Lady A. G. Lennox. 所輯 The Diary of Lord Bertie, I, 36-44. Lord Bertie 說明麥因戰後英法間未談及立卽議和。

這個機會，如果牠眞是一個機會，只是曇花一現罷了。交戰國竭力搏鬥，要在冬季未來的時候，決一雌雄。可是羅馬教皇彭納地克十五世(Benedict XV)因爲他的國際性，及他的重要的公共地位，首先建議和平，引起了注意。在九月初發出的一封信裏，他勸各國統治者言和；並在十一月十六日他的一個通告裏，他申斥這次戰爭及一切的戰爭爲『由於相信物質的福利爲人生惟一目的之觀念』。在那同一的通告裏，他乘機再提出教皇的抗議『反對基督代表在羅馬所受的反常境遇』。（註一）有人已經報告，說教皇正在採取參加和平會議的步驟，目的要在國際保證之下，取得他在羅馬的地位的規定。（註二）這個報告雖被否認了，但給了意大利政府一個印象。在幾個月後意大利與協商國訂立參戰條約時，有一條便規定了不許羅馬教皇參加和議。一九一四年十二月七日據羅馬的報告，謂教皇正想磋商一個聖誕日的休戰，但是他很少成功的希望；到了十二月二十四日接見紅衣主教時，他不得不憂愁地承認道『這個基督教的提議沒有成功。』（註三）可是，

（註一） Times, Nov. 17, 1914.

（註二） Corriere della Sera, No. 8, 1914, 引載於一九一四年十一月九日的 New York Times.

（註三） Times Dec. 8, 26, 1914.

一向與羅馬教皇沒有直接外交關係的列強，正在採取補救這點的步驟。十二月十二日英國政府宣布任命（從霍華德（Howard）的舊天主教家庭中）一個特別欽差和全權公使，駐在教皇政府所在地伐地坎（Vatican）。法國直到一九二一年五月纔派大使駐伐地坎。

迄一九一六年底爲止，並沒有過斡旋和平的大努力，但是各地的和平機關，官場的或非官場的，彼此常通聲氣。瑞士便是一個這樣的地方；她是遵照一八一五年條約永久中立的國家；她有使人尊重其中立的地位。瑞士政府於一九一四年八月四日發表了一個宣言，宣告牠保守中立的決心，並且於必要時牠還要實行條約上所賦予的權利，佔據上薩伏夷（Upper Savoy）（註一）。實際上，瑞士的中立在大戰期間是完全被尊重的，她是戰雲瀰漫中的世外桃源。因此，她不但是中立國人，並且甚至是交戰國人能夠會面的地方。日內瓦比較瑞士國都盤恩（Berne）更有世界性，常是這種聚會的所在。國際紅十字會的總機關便在日內瓦；所以這個城市是許多與大戰相關的救濟工作的中心。牠老是政治的流亡者的佳寓，像無政府主義的巴枯寧，共產主義的列寧，正統主義的康

（註一）原文見 Grunberg, La Suisse neutre et vigilante(1917), P. 129.

士坦丁王或奧皇卻爾斯。在大戰期間，官吏，銀行家，政治家，大學教授，有錢有閒的人們經過瑞士或在她的一二佳城中留連幾時。許多安靜的會議在那裏進行；有時候是代表政府的人士，彼此會議；有時候是有勢力的私人彼此會議，這種有勢力的私人，假使他們的使命成功，便會設法使政府採用。在瑞士地方可以提出『嘗試的』獻議，而不至於束縛那（非正式地）提議的國家。一位曾在外交界服務的英國國會議員，在日內瓦的旅館裏，會遇見受過教育的土耳其人，帶一種儼然的西方風度，坦露他的襟懷（小心地聲明他僅是一個私人），並略舉出土耳其政府可以講和的可能路線。這些私人公使，其中常有人把這樣的談話記錄下來，寄給本國政府；本國政府有時候還把他們保留在牠的檔案裏面。在瑞士，除了這些介乎官場與純粹私人間的性質不明的會議之外，也有正式代表政府的重要會議，如利佛特拉與亞爾猛（註一）(Revertera-Armand)的以及斯茅次與門斯多爾夫(Smuts-Mensdorff)的討論。

（註一） 見 Manteneyer. L' Offre de Paix Séparée de l' Autriche（英譯名爲 Austria's Peace Offer）:及本書第十一章。

在一九一五年裏，並沒很有組織的努力，用商權的方法來中止戰爭。交戰國還沒有弄得精疲力盡：兩方面都還有很好的戰勝希望。奧帝國是第一個顯出她戰鬭力孱弱她的國力不能應付長年累月的大激戰。

一九一五年春季，意奧兩國正在進行關於意大利中立的賠償的談判，恰好內有一封書來自意大利駐柏林的大使：『從一個可靠的消息所明白證實出來的表示看來，我推測德國不會拒絕對俄議和。』(註一)德國（在她認爲滿意的條件上）是不會拒絕議和的，但這事的主動大概是奧國。四月十三日意大利駐梭非亞的大使打電報說：『謠傳奧俄單獨議和。』這樣的議和據說是維也納政治圈子裏的談話題目。(註二)彼托落格拉德的法國大使也風聞這種運動了。三月二十八日派利洛格做了一段重要的日記：俄皇方纔把一封信交給沙重諾夫看（他又交給派利洛格看）這封信是從曾爲奧國駐俄使館參贊，現任駐柏林大使的何恆洛親王(Prince Gottfried von Hohen-

(註一) Bollati to Sonnino, April 1, 1915 (Italian Green Book, No. 61)

(註二) Ibid., No. 62.

lohe-Schillingfürst）寄來的。何恆洛親王於論及維也納宮廷本性和平後，建議俄皇派一親信到瑞士去會晤法郎西士約瑟夫皇帝的密使。『這封信』沙重諾夫對派利洛格說道，『顯出奧國的道德是何等低。可是，將置之不覆。那個年老的法郎西士約瑟夫對戰事還沒有厭惡到肯受我們擬加於他的條件。』派利洛格私人的意見以爲這次和平的嘗試，應該比較重視一些。他在日記裏寫道：『難道我們打算從意大利得到的無定的幫助，能夠等於奧國背信所加於德國的直接而且不可救藥的傷害麼？』（註一）

一九一六年初霍司大佐歷訪巴黎與柏林以後，對格萊提出了舉行和會的著名的提議。但是這種理想沒有成爲事實。（註二）

第一個公開的和平提議，是一九一六年十二月十二日德國政府致美國政府的一個通牒。這個通牒已經準備了幾個月，據首相貝斯門賀爾維後來所說，是威廉皇帝在先前十月裏建議的。一

（註一） Paléologue, La Russie des Tsars I, 335-6.

（註二） 見前

九一六年十月三十一日德皇的通牒全文已經刊布出來了。（註一）美國駐德大使的紀錄，也證實了此事。在一九一五年九月，甘拉特曾告訴外交部長耶各，謂他的夫人準備赴美。耶各因此『力勸』甘拉特也去『藉此盡力設法勸美總統出謀和平。』（註二）甘拉特去了，因此德國十二月十二日的和平通牒沒有交給他，而交了給柏林的代理大使。這是很可注意的，德國政府既鼓勵美總統出來謀和，又自己發表一個宣言，以阻礙明知威爾遜要發的通告書。（註三）外交部長齊麥爾門說這個提議，意在排去威爾遜做和議的調人。（註四）

一九一六年十二月十二日的和平通牒，指出如果大戰繼續下去，歐洲將有覆滅之禍，牠暗示德國及其同盟國已經證明『他們的毀滅不掉的力量』，並且略為舉出德國『在戰事中有相當

（註一）Official German Documents relating to the World War. (Reports of Subcommittees of the German Constitnent Assembly) trans. Carnegie Endowment (1923), I, 158.

（註二）Gerard, My Four Years in Germany P. 346

（註三）Official German Documents relating to the World War, I, 154–5, 156–7, 129ff.

（註四）Idib., I, 133.

的成功。』牠特別注重『最近在巴爾幹的（羅馬尼亞的）轉變，』已經『迅速地而且勝利地削平了。』如果必要，同盟國可以繼續作戰，不過爲『被阻遏流血的欲望所推動，』如今提議進行和平談判。但是如果戰事仍須進行，那麽德國及其同盟國便在人類與歷史之前不負任何責任。沒有舉出條件，但是同盟國覺得『他們所要提出的，及他們所要保證他們人民的生存，榮譽和自由發展的那些提議，一定可以做恢復持久的和平的基礎。』

德國的和平提議，在所有重要的報紙上發表了，向每一個交戰國負擔很重的人民陳訴。但是協商各國政府對之極爲冷淡。他們冷淡的理由似乎有兩個：第一，德國政府建議的時候，正是他們佔優勢的時候：恩提威爾普（Antwerp），布魯塞爾，法國東北部，伯爾格納德（Belgrade），布加列斯提。都在他們掌握之中。假使擬議的和平，要根據德國軍事的顯然有利形勢，協商國絕對不會滿意的，可是德國政府或者會承認事實上協商國的財源較大，延長於協商國有利。假使是如此，然而德國並沒有表示他們覺到這點。所以協商國對於這個提議冷淡的第二個理由便是因爲十二月十二日的通牒沒有提出任何議和的實在條件。

這是德國政府一切和平運動的根本錯誤。牠拒絕爲任何確定的條件所束縛。（註一）牠免不掉普通商人的習氣，想不講出價錢以求得到超過於牠所能接受的最低價格。可是德國政府諒必已經知道，除非她說出具體的和合理的條件，協商國不會眞正停戰。協商國在德國未宣布條件前來交涉連一個月的停戰也不能答應。因爲如果他們的條件證明爲不能接受時，協商國便上了當：他們再不能勸他們的人民作戰了。這大概是參謀部方面要取得許多軍事要地的關係，以致腦經平穩的貝斯門賀爾維不能公開立下具體的溫和的議和條件。就是辜爾孟男爵（Baron von Külmann），當他知道德國已經沒有希望，並且在一九一八年六月二十五日他那篇有名演說裏犧牲他的事業明白這樣承認的時候，他對比利時問題也不能代表他政府再比下面的話進一步：『我們一定要拒絕對比利時問題作預先讓步的聲明，把我們受束縛而敵人毫不受束縛。』（註二）

（註一）比較 Freiherr von Liebig, Die Politik Bethmann Hollwegs (1919), P. 83ff.

（註二）並比較 Ludendorff, The General Staff and its Problems Chaps. XI, XIII, 特別 pp. 419, 426, 481－2 其和平條件的空虛而不定。

威爾遜的通牒，預備好久了，到一九一六年十二月十八日纔用海底電報發出，差不多立刻就送到了各交戰國的首都。威爾遜總統說，他『有些爲難』因爲德國的建議恰巧也提出來了，以致兩者之間，彷彿有些連繫。但是，就威爾遜總統來說，這兩個和平通牒的原起，是沒有連繫的。

威爾遜總統的建議，主張一切交戰國須早日聲述他們各個的見解，對於停戰的條件，及保證戰爭不再發生的滿意辦法。通牒繼稱，總統『請大家注意，這次戰爭裏兩方交戰國的政治家所抱的目的，照他們向本國人民和全世界大概所說的話，實際是完全相同的。』他又稱雙方都願意考慮一個國際聯盟的組織。他用動人的文字，指出大戰中鉅大的損失，及戰爭繼續進行，世界文明前途的黑暗。『可是戰爭的具體目的從沒有確定地說出來。』

德國政府一星期後答覆了。但是牠仍守着不提出條件的政策。該覆牒宣稱看到了美國總統所提『立意崇高』的建議，並自述所見，謂『卽時交換意見，似乎是達到所希望的結果的最適當之路。』因此該覆牒主張交戰國家的代表應在中立地方卽時開會。

協商國於十二月三十日答覆德國的和平建議，又於一九一七年一月十日答覆威爾遜的通牒。答覆德國的建議，他們寫道：『一種僅稱應開談判，而沒有說出條件的建議，不是一種和平的建議。』協商國拒絕嚴重地接受這種建議：『實際上，同盟國這些提議不過是想去影響戰事前途的一種有計劃的企圖』他們又無非想『預先在天下耳目的前面，留下種種新罪惡的地步——潛水艇戰爭，放逐居民，強迫勞動，和強迫人民當兵攻打他們自己的國家，及中立的破壞。』協商各國政府因此『拒絕考慮一個空洞無誠意的提議』

這個答覆的腔調有些侮慢；牠的理由，雖然出於誠意，卻有些不務實際。在他們答覆威爾遜總統的通牒裏，協商國寫得比較謹慎些，同情些。他們進一步——他們十分確切地說出他們的戰爭目的。這些是：比利時，塞爾維亞及門的內哥羅的恢復；退出侵入法蘭西，俄羅斯及羅馬尼亞的領土，而予以公平的賠償；歐洲的改組，須有穩固的制度保證，並且須以尊重民族主義爲基礎；從前自協約國割去的省分須交回；意大利人以及斯拉夫人，羅馬尼亞人(Rumanes)和捷克·斯洛伐克人，須從外國統制下解放出來；在土耳其虐政下的人民的解放，以及逐出歐洲那截然不相容於西洋文明的土耳其帝國。

格萊在他的回憶錄裏說，一九一六年非常困難。德人差不多各地方都戰勝了可是在一九一七年春天，那不畏懼的協商國舉出的條件，卽使他們佔了柏林也不過如是激烈。惟恐這個通牒的條款還不夠準確，繼格萊為外交部長的包爾福在一九一七年一月十日寫給威爾遜的信件（附有致德國通牒覆文的翻譯）裏，特逐項加以標點。

在這封信裏，協商國第一次正式地用這許多字提出交還亞爾薩斯羅倫與法國為他們戰爭目的之一：『我們希望將土耳其逐出歐洲，像亞爾薩斯羅倫之交還法國，意大利失地之交還意大利，或是任何在協商國通牒裏指明的領土變更，都同樣地有裨於和平。』如果和平以同盟國的勝利或是他們暫時造成的『戰事地圖』為根據，那麼國際關係的改善，就沒有可能。『這種和平不啻為造成戰爭及使戰爭殘暴化的勢力的勝利。』

因為除非三項條件具備，一種耐久的和平難期實現。第一，現在國際不安的原因應該盡力祛除或削弱之。第二，同盟國黷武的目標和殘忍的手段應為其本國人民所不齒。第三，對於冥頑的侵略者，應設一種國際制裁，以為國際法及一切防制戰爭的條約的後盾。

比利時政府，因為不是簽字於倫敦公約的協商國，所以對於威爾遜的通牒，另致一答覆。威爾遜總統所稱各交戰國自其昭告公衆的言辭看來實追求同一的目標一節，顯然使比利時像協商國一樣痛心。覆文聲稱『比利時的榜樣，不幸的表明』雙方交戰國的目標是很不相同的。她的政府相信『在這次長期戰爭的最後解決中協商國對於比利時——這個被德國野心和德國貪慾所犧牲的無辜者——的要求，及其在文明國家中應佔的地位所發出的呼聲，因為她的無可責備的過去，她的兵士的勇敢，她的忠於名譽以及她人民的非常愛好工作，在美國，必能得到一致的回音。』

協商國拒絕了她的和平提議之後，德國向各中立國發了一個強有力的宣言。她抗議謂她已經做了『一次誠實的停戰企圖』她否認繼續流血的責任；又駁斥協商國以保護弱小民族自居，試想『愛爾蘭人的命運，波耳共和國(Boer Republic)的自由和獨立的破壞，英法意的宰制北非洲，俄羅斯的壓迫外國民族，及最後，歷史上絕無僅有的對希臘的虐待。』德人有批評協商國在希臘的政策之權利，但『歷史上絕無僅有』一語勢，一定使政治家們讀了不免懷疑德人的比例觀念。

威爾遜總統在一九二七年一月二十二日對參議院的演說裏，提及他近來致各交戰國政府的『同樣的牒文。』他仍然在尋找最後和平的方法。在紙面上，各交戰國給他的保證是滿意的：

> 但這些保證的意義也許並不對一切人都同樣地清楚，——也許在水（意即指大西洋）的兩岸不是相同的。我想如果我把我們所認識的意思舉出來，一定有所裨益。
>
> 這些保證的第一含義是，必須是沒有勝利的一種和平(a peace without victory)。

（註一）

這篇演詞在演說的前幾天，寄了給駐倫敦的貝其大使，以便他可以拿去披露在幾家比較和平為懷的報紙上。貝其對於演詞的大體是贊同的，但是覺得『沒有勝利的一種和平』一語不太妥當。他立即打了一個海底電報到華盛頓，恭請將這一句取消。可是威爾遜不注意貝其的勸告，而

（註一）全文在 J. B Scott 所輯 President Wilson's Foreign Policy, Messages, Addresses and Papers,（1918 出版）。

『沒有勝利的一種和平』就在兩天後脫口而出了。『在今日大概只有少數美國人不認爲這一語爲威爾遜總統一生最大錯誤之一。』（註一）這篇演說僅在美德斷絕外交關係十二天之前宣讀的。

（註一）Hendrick, Life of Page, III, 316. 貝其的勸告書於一月二十日下午八時五十分抵華盛頓。

第九章　俄國的崩潰

「俄人缺少支持的性質」裴其在一九一四年十月二十九日寫信給威爾遜說道：他有時候恰在戰勝前退出。』（註一）

大戰使一切交戰國竭其道德的與物質的力量；那一方面先屈伏在這種緊張情形之下，不過時間問題耳。許多人相信協商國能忍受這種壓力最久；但是事實上第一個崩潰的卻是俄國。俄皇政府出全力來作戰。一九一五年至一九一六年的努力可視爲她的悼歌。腐敗，不靈，主持失當，俄皇政府，不管一切，卻來了一次偉大持久的努力。牠枯竭了牠的財富，牠斷送了國中的壯丁——共一千七百萬人——進吃人的軍隊，牠把這壓力繼續加在疲憊凍餒的人民，直到弓折矢斷。

在大戰中各事俱不利於俄。她的財政不能接濟自己的軍費，軍械亦缺乏。土耳其參加同盟國

（註一）Hendrirck, op. cit., III, 168.

之結果，便是韃靼海峽的封閉及俄國南部的封鎖。德人實際在波羅的海上封鎖了俄國只賸下白海上些微的出入對羅馬尼亞的參戰，不無多少希望但不久便明白不能得到這方面什麽救濟。

當大戰初作時，羅馬尼亞根據一八八三年訂的條約也是三國同盟系統中之一員年老的查利王（King Charles）起初出身是一個普魯士的官吏在一九一四年十月十日死了。據說他的政治遺囑是『我是一個何亨佐倫（Hohenzollern）（譯者按爲德國皇室名），就是我們參戰的結果可以開拓國土也不能改變我們對於德皇的誓守中立。』（註一）在他繼位的姪子下面羅馬尼亞政策爲之一變一位傾向協商國的前總理瓊斯古非正式地但十分確信地說，羅馬尼亞必加入協商國『惟一要討論的問題，便是確定時日而已。』

羅馬尼亞政府要解脫三國同盟的約束，與協商國訂立適合的條件，需要一個相當的時間。可是到最後各事都預備好了，羅馬尼亞便於一九一六年八月二十七日向同盟國宣戰。她得到一種保證，就是她對於托倫雪爾文尼亞（Transylvania）的領土願望，在和平會議上可得到同情的

（註一）New York Times, Dec. 2, 1914.

考慮。然而羅馬尼亞軍隊的侵入托倫雪爾文尼亞只有一度簡短的勝利。德國的參謀部從桑姆前敵，從凡爾登，以及其他危險的戰區抽出充分的人數，並派福爾根海將軍(General von Falkenhayn)領一支強有力的軍隊到卡派新(Carpathians)，於是震驚了歐洲。羅馬尼亞軍隊隨即屢次遇到驚人的慘敗。羅馬尼亞政府不得不放棄布加利斯提；瓦拉齊亞(Wallachia)全部喪失了。最後在摩爾達維亞(Moldavia)邊界的西利斯(Sereth)線纔站定了。羅馬尼亞政府遷都於普魯斯河上的約塞((Jassy)。她的處境不能幫助俄國。

一個長久，不順利的戰爭是一個革命運動成功的要件。在一九〇五年日俄之戰以後，這運動幾乎成功了。自一九〇七年至一九一六年有一個國會存在。這是俄皇於一九〇六年的一個讓步。但是沒有負責的政府制度。俄皇的國務會議老是只包括些官僚。威特，(Witte)斯托立品哥來米金，沙重諾夫及其他諸人全不過是高級的臣僕。關於一九一五年卡派新戰役的慘敗，及退兵時的可驚損失，(大半因為缺少器械的原故，)公衆對政府有所指責。一九一五年九月俄皇親來擔任俄軍的最高指揮，大概是一個錯誤：這樣使俄皇個人對於將來軍事的失敗須負責任，並且俄皇既赴前方督戰，那位不很聰明的皇后，便留在彼托落格拉德，成了政府中最高無上的人物。荒淫僧人拉斯普丁(Raspatin)之出入宮禁，作威作福，更把朝廷的信用喪失了（該僧在一九一六年十二月終被暗殺。）

俄皇政府覺到自身的孱弱及暴風雨的將至，在一九一六年十月顯然已開始與與國議和。（註一）事前英國陸軍部長吉青納在赴俄途中亡於海上（一九一六年六月五日。）外交部長格萊決定在年底親自赴俄一行，但是愛斯葵士政府的下台，使他沒有成行。（註二）

俄國對同盟國的提議，英法兩國都有懷疑，但是有力地被否認了。最後，欲謀改革行政系統以求更有效地從事戰爭，有幾個大公爵和將軍計劃了一個苦迭打(Coup d' état)（譯者按卽政變之意），目的在使俄皇及俄后不與問政事。但是這些陰謀家卻被工人與彼托落格拉德戍軍於一

（註一） 這種提議公布於 Pester Lloyd 一九一九年二月二十八日：閱 L. Dickinson, Documents and Statements relative to the Peace (1919), p. XXiii

（註二） Grey, Twenty-five Years II. 130, 133

九一七年三月十一日先從下面發難了。(註一)

俄國革命起初只流了一點血便成功了。牠落在憲政民主黨（Constitutional-Democrat Party)（Cadets）與平和的社會革命黨人(Social Revolutionaries) 之手，這輩人獲得了俄皇的退位，組織了一個臨時政府，並且想要在相當的時候，召集一個制憲會議來建立一個以法國為模型的布爾汜亞（譯者按卽指資產階級）共和國。同時，國計雖然竭蹶，兵士雖無鬥志，臨時政府卻光榮地決心遵守倫敦公約，與其餘各協約國共同作戰。可是他們採取了一個步驟，使軍紀鬆解，作戰不復可能，臨時政府軍政部在一九一七年三月二十二日發的第一號命令，廢除了不服軍令的死刑。(註二)

一九一七年七月伏夫(Lvov)親王的憲政黨臨時政府下了台，繼任的是一個和平的社會黨政府，以著名的黨人克倫斯基(Alexander Kerensky)為領袖。可是極端的社會主義者正在

(註一) Miliukov, Russia To-day and To-morrow(1922), Chap. I.

(註二) 閱 Gourko, War and Revolution in Russia (1919), p. 328.

那裏進行推倒這個政府的工作。

一九〇九年一個遊歷維威(Vevey)的人，遇到一個尖頭廣額及無情的嘴唇的人物。(註一)這個叫做尼古拉列寧(Nicolai Lenin)的生面孔給了那位旅行者一個印象，使他寫了一段記事。大戰爆發時，多年流亡在外的列寧正在奧國，想煽動工人起來反叛。奧人把他禁錮了一些時候。他被釋之後，便往瑞士。到了一九一六年——一九一七年的冬末，同盟國感到非常的窘迫而協商國正在那裏確信地預期一個迅速的勝利。俄國革命似乎給同盟國一個苟延殘喘的機會。牠對於軍事的義務是忠誠的，但牠也許要弄壞。有人建議，可以讓各種俄國的亡命客——社會主義者，共產主義者，無政府主義者——安然回到俄國去，希望他們會分解俄國的力量。一九一七年四月專車把列寧經德國，送入俄羅斯境了。這個試驗成了功；最後的結果，便是俄國的退出大戰。牠還有別的結果——社會的，經濟的，政治的——德國人曾經料到是可能的，而且德國參謀部顯然認爲有過於軍事利益的。魯頓多夫將軍曾寫道：

(註一) P. H. Box Three Master Builders and Another(1925,) p. 21.

我不能懷疑俄羅斯軍隊和國家的瓦解對於德奧有一個非常的危險。……遣送列寧回俄；我們的政府負了一大責任。從軍事上看來，他的此行是有理由的。但是我們的政府應該看清俄政府一倒，不至牽涉我們。（註一）

列寧及其餘社會主義者的行程，顯然是由瑞士社會黨，特別是聯邦行政委員普拉吞（Fritz Platen）（和平主義者）所計畫組織的。列寧也受了瑞士社會主義者伯恩每日警報（Berner Tagwacht）的主筆格列姆（Robert Grimm）的幫助。由三個德國官吏，押送這個封了的車輛，內面載着這班俄人出瑞士邊境。（註二）

一九一七年十一月七日由列寧組織的布爾雪維克黨推翻了臨時政府，開始他們的恐怖統治。

奧帝國的形勢很壞；克實林伯爵（Count Czernin）在一九一七年四月曾告訴卻爾斯皇

（註一）Ludendorff's own Story,(1919), II. 126.

（註二）Albert R. Williams Lenin(1919). p. 38; Wilcox, Russia's Ruin(1919) p.p. 238-9.

帝（Emperor Charles），謂奧國再不能支持一個冬天的戰事。（註一）克實林希望德國在西部來一個勝利——衝破英法陣線，取得喀萊(Calais)和巴黎。『我不相信協商在喪失喀萊和巴黎之後會拒絕俛首就縛的和議的。』（註二）但是如果德國在西部的攻擊要成功，必先使東部前線停止戰爭。十一月七日，卽俄國布爾雪維克革命後十天，克實林從維也納寫信給他的朋友說道：

我在過去幾天接到了關於布爾雪維克的可靠消息。他們的領袖差不多都是猶太人，抱着奇怪的思想，我不羨慕這個歸他們治理的國家。從我們的觀點看來，最有興味的事，卻是他們之急於求和，而在這一點上，他們似乎不致有什麼改變，因爲他們不能繼續作戰。（註三）

奧政府不大高興與革命的共產黨人列寧接洽。克實林承認『這個俄羅斯的布爾塞維克主

（註一）一九一八年十二月十一日的演說，載於 Ottokar Czernin über die Politik Während des Weltkriegs pp. 10–11.

（註二）Czernin In the World War (1919), p. 214.

（註三）Czernin, op. cit., p. 216.

義是歐洲的一個禍患』他主張『直擣彼得堡，在該處開談判。但我們沒有這力量：趕快言和是我們自救的必要條件。』因此克竇林不得不把他的驕傲收藏起來，與該共產黨人談判；『我不能找一個俄羅斯的梅特涅(Metternich)做我的同事的時候，只有聽之而已。』

一九一七年十二月十九日克竇林和他的僚屬出發往勃萊斯特里托夫斯克(Brest-Litovsk)，何夫孟將軍(General Hoffmann)辜爾孟及其他德國官吏也在那裏協同與布爾雪維克代表團會面。

俄軍總司令杜克賀林將軍(General Dukhonin)在一九一七年十一月二十日由布爾雪維克軍事委員克列倫可(Ensign Krylenko)接任。十二月一日杜克賀林便在克列倫可的眼前被兵士謀殺了。

布爾雪維克早已宣布無割讓，無賠款，公開外交及人民自決權(雖因此國家分裂亦所不計)，為講和的指導原則。

停戰條約是於十二月十五日(一九一七)訂定的。(註一)其中有一個俄方提出的條件，就是駐紮東方前線的德軍，不得調往西方。德國停戰談判的總代表何夫孟將軍對於這點不難接受，因爲他早已下令把德軍主力部隊調往西方前線了。所以停戰條約第二條禁止軍隊的調動『但在停戰條約簽訂時期前已經開始調動的除外。』（註二）

何夫孟將軍爲外交公開起見，也贊同俄方委員在每次會議之末由雙方同意起草一個完備的報告，拍電發出公布。（註三）

俄國停戰的代表，又要求布爾雪維克文字自由輸入德境之權。何夫孟將軍『不得不拒絕這點，』但聲稱他是『十分願意幫助把這種文字輸往英法。』

那時布爾雪維克黨人還沒有確定否認前俄皇政府的債務和契約，他們假意爲倫敦公約作口舌上的殷勤，首先提議『普遍的和平』，包括他們的盟國——英法及其他德國軍人派反對這

（註一）全文見 Text of the Russian Peace Washington, Government Printing Office, 1918 p. 1, Current History Vol. XIV, p. 11.

（註二）Text of the Russian Peace p. 2; Hoffmann, The War of Lost Opportunities (1924 譯本) p. 199.

（註三）Hoffmann op. cit., p. 198.

種普遍和平的提議，因爲這樣就不能從法比或英取得割讓地：他們『不能作如是無利益的停戰的念頭。』克賨林伯爵報告此事，並且他早就知道同盟國沒有戰勝希望。他加着說：『這種笨話眞使聽者不耐。』（註一）

勃萊斯特里托夫斯克是德軍佔據的一個俄屬波蘭的礮台。克賨林這樣描寫道：

這是一個希奇的地方——憂悶，可是有牠自己的美麗。一片無盡的平原，恰帶着一點高地，像一片汪洋，前浪推着後浪，縱遠眺之所及。一切的東西都作灰色，直到這片死水接觸灰色的地平線。雲在空中奔流，風在後面加鞭。

在這個純灰色的地方，會議於一九一七年十二月二十日在以前的俄羅斯戲院開幕。雙方代表在或定聚餐時互相見面。第一次全體會議是在十二月二十五日舉行的。同盟國接受布爾雪維克人根據無強迫割讓和無賠款爲原則的普遍和平的提議，德國政府之所以接受這種普遍和平的意思，乃是因爲明知英法必定拒絕。

（註一） Czernin op. cit., p. 224.

我們必須正式拆散協商國，以便與俄國單獨講和。爲達到這個目的起見，所以有十二月二十五日的宣言。該項宣言便是在東方已經開始的政治遊戲的動向的表示。（註一）事實上，協商國各政府沒有注意這個提議。

德國的主要代表是巴伐利亞的李阿玻特親王（Prince Leopold of Bavaria），他似乎多半是一個有名無實的首領；何夫孟將軍給克實林伯爵的印象是老練精幹，鎮靜但有點殘忍；足智多謀的辜爾孟是德意志帝國的總代表。還有保加利亞和土耳其的代表在。俄國方面，有纔從西伯利亞釋放出來的猶太人越飛（Yoffe），托洛斯基的妹夫卡門納夫（Kameneff），他也是從獄中出來的；以及比成可（Madam Bizenko）。她是一個省長的女暗殺者。她沉默寡言，對於會議的進行似乎沒有什麼興味，但是無論何時一提到國際革命，她的形容就變了：她變得緊張熱烈，像『一隻獵食的野獸看見美味在前，預備跳上去攫取裂食的樣子。』

越飛對於世界革命的觀念，也表示深切的興味，堅持要拿來討論。克實林不客氣告訴他說，如

（註一）Ludendorff, The General Staff and its Problems, II, 539. 比較 Czernin, op. citl., p. 224.

果俄羅斯人要想干涉奧國的內政，他們最好搭下班火車回去。『越飛愕然用他的柔和的眼睛看着我，沉默了一會，然後用一種我所永不能忘懷的慈和而且差不多是懇求的口氣說道：『我依然希望我們還能在貴國也引起革命。』（註一）抱着這種友誼的念頭，越飛轉到討論的問題上去了。克實林覺得布爾雪維克人都不很老實。

起初會議進行不很順利。布爾雪維克人要求德人退出波蘭，可蘭（Courland）及立陶宛（Lithuania）。讓那裏的人民舉行投票來決定這些省分的趨向。德人對此不能贊成。『那些地方形成德國軍械所的一部份』。德國的同盟保加利亞爲難。他們不願遵守不割讓的原則。這一點顯然是保加利亞人在大戰中向來的特色：『他們一切都要，但不肯拿出一點』。（註二）『他們抱了割地的目的來參戰，沒有退讓的意思。』（註三）可是他們不能不讓步：但布爾雪維克人則不然。

（註一）Czernin, op. cit., p. 221.

（註二）General von Stein: A War Minister and his Work p. 233.

（註三）Czernin, op. cit., p. 231.

到了十二月二十八日會議宣告休假，到一月六日再開。代表們於是各返本國國都。克賓林在維也納略事逗遛後，於一九一八年一月三日回到勃來斯特里托夫斯克。在途中他接到一個電報，聲稱布爾雪維克人想把會議移往一個中立地方，例如瑞典的斯托克霍姆(Stockholm)。他和辜爾孟合意拒絕布爾塞維克人這個建議。恐怕布爾雪維克代表不回到勃來斯特里托夫斯克來，不免有相當的着急。『必然，』克賓林寫道：『如果俄人中斷談判，我們的處境就很狼狽。』可是這天晚上就知道布爾雪維克代表團由托洛斯基領着來了。『這是很有趣的，來看所有的德國人聽到這個新聞而欣喜。』（註一）一個布爾雪維克的單獨議和，顯然對他們是有大價值的。托洛斯基自己是這次俄國議和代表的首領。他立刻停止了那些俄德全權代表的非正式的散步和每日的宴會。以後的會議，俄國人自己吃飯。

最近有一個烏克蘭的代表團到了。他們與同盟國開的會議，於一月六日開始。烏克蘭人所關心的，便是要承認他們的獨立；奧國所關心的便是取得和平與奧地利烏克蘭的舊疆界。所以這種

（註一） Czernin op. cit., p. 231.

談判沒有特別的困難。布爾雪維克人比較麻煩。他們還是念念不忘斯托克霍姆，那裏『要阻止各國的布爾雪維克人的示威是完全不可能的。』克實林於一月八日和德國代表定計『用一種哀的美敦書的形式，要求在勃來斯特里托夫斯克繼續談判。』布爾雪維克人屈服了。何夫孟將軍『因我們這次給俄國的哀的美敦書的成功而趾高氣揚，想照這樣子再給俄人吃一鞭子。』但是克實林和辜爾孟都不贊成。（註一）

布爾雪維克人這時候雖然毫無兵力（俄國軍隊實際上已經粉碎了），勃來斯特的談判卻拖延了一個可驚的長時間。一月十二日何夫孟將軍不客氣提醒他們所處的實在情形。『德軍是深入俄境了。』克實林以為這是一個錯誤：他稱這是何夫孟的『不幸的演說。』（註二）可是這位將軍自己很以為得意；他已經『從事於此好幾天了。』他相貌古怪：高而且闊，樣子很聰明，架着夾

（註一） Czernin op. cit.,p. 235,

（註二） Ibid., p. 237; 比較 Hoffmann, op. cit., pp. 218-19, 以及 Nowak, The Collapse of Central Europe, (1924).

鼻的眼鏡，一張十分堅決的大嘴——他具有專門的能力，不爲常人的軟弱或感情所攪動：一種有頭腦的機械軍人。

到一月二十一日又有一個間斷。辛苦的克實林回到維也納，目擊耳聞那裏的不良局面。二十八日他又回到勃來斯特。翌日，托洛斯基亦來到像從來一樣的倔強狡猾。他知道奧德正在醞釀革命。事實上布爾雪維克人希望在幾星期內世界革命便會爆發；他們如今不過利用和平談判爲遷延之計，以便世界革命在幾個星期內可以成熟。（註一）最後德國政府，並非沒有理由的，失掉忍耐性了。牠發覺了布爾雪維克黨致德國兵士的勸告書，鼓動他們叛變，起來殺死德皇及他的將軍們，與蘇維埃聯合。德皇因此拍電到勃來斯特，囑代表團要求可蘭，立陶宛，立汪尼亞（Livonia）和愛沙尼亞（Esthonia），不管甚麼民族自決。在和議決裂之前，與烏克蘭人已經訂好了有利於烏克蘭的和約（二月八日），因爲烏人知道奧國爲要獲得穀糧起見，不得不議和：『與烏克蘭訂立的和約，是被飢荒所逼迫而成的。』在維也納一般人都很感戴，稱之爲『麪包和平』(Brotfrieden)。

（註一） Czernin op. cit., p. 245.

（註一）

一月十日托洛斯基對於同盟國交給他的『割讓主義的條約，』拒絕簽字。同時他又正式宣布與同盟國的戰事終了。總司令克列倫可下令復員。因此，戰爭已經終了，而和平尚未成功。德國人——的確任何人都如此——不能瞭解這種非戰非和的局面。『辜爾孟雖有自制能力也糊塗起來了。』（註二）可是，德人不久便從他們的驚訝中醒了過來。那屬目於非戰非和情形的布爾雪維克的心境，將為事實所屈伏。在二月十八日，德人便宣布了停戰終止。

隨着發生了任何民族所未忍受過的最大恥辱。德軍長驅直入無抵禦的俄境。文斯克（Dvinsk），明斯克(Minsk)利佛耳(Revel)，斯可夫（Pskov)等要地，都不戰而降。（註三）德軍直入芬蘭，一個自一九一七年十二月七日起的獨立國家。彼托落格拉德旦夕可下。武力協助了外交。布爾

（註一） Czernin op. cit., pp. 240, 249, 251, 257.

（註二） Tirkova-Williams, "From Liberty to Brest-Litovsk" (1919), p. 474.

（註三） M. P. Price, "Reminiscenses of the Russian Revolution" 該書對蘇俄極表同情。

雪維克黨只有屈伏。他們預計，德國軍事當局不致於寒冬興兵，並且卽使興兵來攻，德國軍隊也會與蘇維埃同化。於是『最後的希望去了。』（註一）布爾雪維克黨乃同意簽約，其所根據爲『在幾個月內德國就有社會革命爆發的機會，這時對德帝國主義作一神聖的戰爭，未免是魯莽的輕舉。』（註二）一個無線電宣布屈服了。托洛斯基抗議說『這是一個武力獨裁的和平，』卻沒有効力，於是三月三日在勃來斯特里托夫斯克便簽訂了該約。

這條約雖然後來被凡爾塞和會所廢除，但是有相當歷史趣味的。第一條，不管托洛斯基二月十日有『不戰不和』的宣言，聲明了同盟國與俄國間的戰事已告終止。第三條規定俄羅斯不與聞附圖上所劃之線以西所有的土地。線外的土地是可蘭立陶宛，及波蘭。俄羅斯認可『讓德奧按照這些地方的人民的同意，去決定這些地方的命運。』俄軍還要從立陶宛，愛沙尼亞及芬蘭退出（第六條）當三月十九日這條約來到德國聯邦議會待批准的時候，首相黑特林伯爵（Count

（註一） Price, op. cit., p. 239. 又 Verstraete, Mes Cahiers Russes (1920), p. 260

（註二） Lenin 在一九一八年二月二十三日的宣言載 Price, op. citi., p. 245.

Hertling）伯爵解釋第三條道：可蘭與立陶宛早已和德意志聯合，至於立汪尼亞和愛沙尼亞也希望能和德意志有『密切的友好關係』。烏克蘭已經有條約（一九一八年二月八日）承認爲獨立國。波蘭的命運還沒有解決。三月七日德國在條約上承認芬蘭的獨立。

按照第六條，俄國擔任與烏克蘭議和，並且承認勃來斯特里托夫斯克的烏克蘭條約。在一九一八年與同盟國簽訂的一個補充條約裏，俄羅斯擔承付德意志六十萬萬馬克（三萬萬英鎊）『作爲賠償因俄國的措置而發生的德國損失。』

辜爾孟的意思，認爲這些從俄羅斯分出來的土地應成爲『國家單位』（State-entities）。即使他們並不『自決』參加德意志帝國，他們差不多必然要接受德國文化及行政方法的印像。他們這樣於是形成德國東境的一帶附庸國。假使協商國不會作戰到底，辜爾孟的計劃或已實現。

俄國崩潰後，羅馬尼亞絕對不能得到援助。然而羅馬尼亞的問題對於同盟國也不是簡單的問題。自從她一九一六年在瓦拉齊亞挫敗以後，羅馬尼亞軍隊在亞威列斯古將軍（General Averescu）之下已經改組過了；『羅馬尼亞軍佔有極好的地位，軍中士氣極好，並且在（一九一七年八月）麥拉色斯帝（Maracesti）最近一次大攻擊中，麥根生的軍隊受創很重。』（註一）還有，奧政府殊不願對羅馬尼亞逼迫太甚，以致逼成革命，推翻羅馬尼亞王室：『這時歐洲市場上君主的價值已降落若干了，我怕如果我們再推翻若干君主，便要形成一種恐慌。』（註二）一九一八年三月五日，在靠近布加列斯特的勃夫梯（Buftea）城堡簽了一個預備和約，最後的和平，所謂布加列斯特條約，則由同盟國和羅馬尼亞在五月七日簽定了。這個和約在克實林和辜爾孟方面認為是優容了羅馬尼亞人；但在羅馬尼亞人方面，則認為實際上打碎了他們的一切希望。奧國割去了從托倫西爾文尼亞通瓦拉齊亞的要道，保加利亞得到了多布魯甲（Dobruja）地方，北至多瑙河（Danube）的最近出口處。（註三）這個損失，雖由同盟國非正式『准許』羅馬尼亞割取培沙剌比亞（Bessarabia），也不足以抵償。德國因距離關係，無從割取羅馬尼亞任何土地，只有將德軍所征一切羅馬尼亞人的貨物和服役欠帳，一筆勾銷，引為滿足。

（註一）Czernin, op. cit., p. 261.

（註二）Ibid., p. 261.

（註三） 條約上只允保加利亞得回一九一三年羅馬到亞從她手中取去的那部分的多布曾甲。其餘部分則由羅馬尼亞割與『同盟各國』（卽德奧土耳其，及保加利亞。）保加利亞將來也可得到這部分，不過須給她的同盟國以相當的利益。

第十章　美國的參戰

一九一七年春，俄羅斯正在開始崩潰的時候，美國正在加入大戰。這實在是歷史上最富戲劇性的事件之一。這個發過誓不願捲入歐洲糾紛向來卓然獨立的國家，如今走進了歐洲的舞台，遣送她的男兒來到法國的戰場。

『官場的』意見，亦即威爾遜政府的意見，無疑是親向協商國的。貝其大使在一九一四年十月六日自倫敦給了威爾遜一封信，建議美國應在外交上和經濟上援助英國，使戰事早日在公平條件之下結束。（註一）貝其是以親英著稱的，在大戰期間熱烈的，相信協商國的宗旨的正當。霍司大佐，是一個冷靜的觀察者，同時是威爾遜的心腹，腦筋裏面也明白協商國是對的。格萊爵士在大戰爆發後與霍司曾有許多次的聚會；他寫道：『他自始起就令我毫不疑惑他是認德意志軍國主

（註一）Hendrick, op. cit., III, 173

義須負這次戰爭責任的。』(註一)威爾遜的見解與他朋友的也無所出入。霍司大佐在一九一四年八月三十日寫道：『我覺得他對德國的態度正像美國其餘的人一樣的不同情。他甚至比我更進一步斥責德國此次的肇事，他的惡感不僅及於德國的領袖，並且幾乎及於包括德國全部的人民。』(註二)當一九一五年十一月霍司大佐向威爾遜提起意大利和羅馬尼亞不久便會加入協商國的時候，威氏對此表示歡喜，並希望這兩國不致遷延過久。(註三)在私人中間意見自然不免有相當的紛歧。哈佛大學前校長伊立阿提(Charles W. Eliot)大概是美國學界中最德高望重的，他的見解，必為許多人所贊同。他在一九一四年八月六日寫了一封信給威爾遜，提議『英，美，法，

(註一) Grey, op.cit., II, 124. 美國知識階級對德國及大戰的態度，從威斯康新大學戰書 War Book of the University of Wisconsin 中可以找出一種有講究的敘述。該書包括該校教職員一九一七年至一九一八年的寫的有精彩有根據的論文。

(註二) The Intimate Papers of Colnel House, I, 293.

(註三) Ibid., I, 300.

日，意俄攻守同盟，來懲罰奧德正在那裏所犯的罪惡，方法便是對這兩國實施海陸封鎖，』（註一）使其不能與其餘世界各國交通。這個提議感動了威爾遜，威氏便拿了該信向他的內閣宣讀過，但覺得不能改變嚴守中立的政策。此中的眞相是，威爾遜雖然深信德國是錯的，但對於歐洲的事件以及起初對於大戰，顯然不感到興趣。一九一四年十月二十二日霍司大佐在他的日記裏寫道：

我不高興說（我以前也說過，）總統（威爾遜）對於內務和外交似乎沒有一種正確的比例的意識。我想這是華盛頓的空氣把他蒙住了，正像住在那裏的人都是如此，而且日常的工作，倒把當前震驚世界的大事大半掩住了。（註二）

有些地方，對同盟國的官場的關係，反比對協約國來得好。德奧都不能怎樣干涉英美間的貿易；但協約國的海軍卻能夠並且確曾阻止美國和同盟國間的一切貿易，（除了道經中立國家的以外。）就是道經中立國家的貿易，也被『繼續航程』原則的採用，及『攤派』海外貨物於那些

（註一） Ibid., I, 287－8.

（註二） Ibid., I, 296.

國家的辦法，所嚴格限制了。所以如果美國商人大體對於協約國沒有惡感，這並不是因為協約國特別關心他們的經濟利益的緣故。

自從魯西坦尼亞沉沒起，至一九一七年二月一日無限制潛水艇政策之宣佈止，其間發生了許多海上的事變，遂使美國中立成為不可能。一九一六年二月二十二日的霍司議定書證明如果德國眞不允接受合理的和平條件，美國官場便擬加入大戰。一九一六年十二月十八日威爾遜的和平通牒大概使他腦筋淸楚了，並且有了決心。如今他能夠感覺到，他已經為和平盡了力，協約國已經向他明白陳述他們戰爭的目的，而同盟國沒有；他最後已對雙方表示公正，他如今便能向前援助他一向認為正當的方面。

威爾遜很怕他自己的中正不偏的態度，因與別人接觸，而受影響。在一九一五年五月七日魯西坦尼亞沉沒之後，他謹愼地把自己隱藏起來，不僅避開他的內閣，並且避開公衆。他那著名的「不屑戰」的演說，便是同年五月十日發表的。國務部也是嚴格守中立的。住在倫敦的著名美國藝術家沙羣(Sargent)想把他的德國獎章退回德皇，請貝其大使托國務部轉辦此事。一九一五年六月二十二日貝其拍發一個海底電報到華盛頓國務卿藍辛答覆道：

非本部及其駐外官吏有關之事。

沙琴應償使館來電及這個回電大洋五元。(註一)

因爲英美間溝通意志的正常機關不完全滿意，所以兩國的關係更加困難。駐倫敦的貝其大使對於英國的同情是非常熱烈的，公開的，以致國務部對於他的報告不能不打折扣。『一俟我們和英國的交涉稍爲鬆懈，』霍司寫信給威爾遜說，『我想最好要貝其回國來住上三四十天戰事已盤據他的神經，他全沒想到本國人民對於戰爭的感情如何。』(註二)

在交通線的華盛頓的一端，情形有時候也不好。西賽爾斯普林·來司是一個深造的外交家，一個高尚的紳士，一個眞愛國者，一個學者式的詩人。他把華盛頓使館看做他的大工作；他高尚地爲國服務，他爲他的職務犧牲了他的生命。有時候，他的病體使他幾乎不耐工作；並且有一次他似

(註一) Hendrick, op. cit.

(註二) The Intimate Papers of Colonel House, II, 62. 日期爲一九一五年八月四日。

乎完全失了自制。霍司和斯普林·來司約在一位第三者的家中秘密會面。斯普林·來司出言衝犯美國。他竟然用過那可怕的『戰爭』一字，認為英美間有這個可能。他說：『不管我們的處境怎樣惡劣，若要我們照貴政府解釋的那種封鎖原則而行，我們寧可作戰。』霍司湊巧向他提起伯恩斯托夫。

這話一提觸怒了他，他說：『我歡喜你不要再在我面前提起伯恩斯托夫；我不願對任何纔從他或德人那裏談話而來的人講話。這個時候我不知道我有多少在英格蘭的親戚被昨夜德國的飛艇的襲擊殺死了呢。』在這時候（霍司大佐繼稱）我發脾氣了，我告訴他這種話我認為是一種侮辱，我不准他再這樣說。我否認他代表他的長官或政府，並且聲明他的見解不是他們的見解，並且我不知道那裏會有服務國家像他這般壞的官吏。他回答，假如我感覺如此，他不如辭職返國。我忠告他對於這點可以自己斟酌，至於我，我不想再和他有什麼討論。

在這次不很雅觀的事情之後，英大使知道他言詞的可笑和嚴重，請求霍司大佐饒恕他。他以私心有所憂戚爲釋辭。嚴正的霍司答道，『他應該把公私事情分辨得清楚。』斯普林•來司要求霍司把他當做一個朋友，分別後他又逕赴國務部請一位高級官吏到霍司那裏去疏通這場事情。這位高級官吏去了。霍司慷慨地說，『此事發生，他很惋惜，而且已經忘記了。』可是在上牀前他還記得把牠記在日記裏面。（註一）

溝通的機關除了兩國大使以外，另有格萊和霍司間的往來。他們在一九一五年六月六日約定了一種密碼，並且用密碼直接互相通信。霍司是惟一的非英國人，接到一種英國外交部的密碼文字的。（註二）

英國對於海上貿易的限制，在美國也引起了極度的惱怒。『假使我們要有戰爭，無論如何讓我們與德國戰』，一九一六年十一月十七日霍司大佐在他的日記裏寫道：可是他又加添說：『我承認協約國的激怒，幾乎要忍耐不住了。』（註三）事實上德國政府在不久以前通知了美國一種意

（註一） The Intimate Papers of Colonel House, II, 75-8

（註二） Ibid., II, 54, 128.

（註三） Ibid., II, 327.

向，這種意向勢必引起美國的參戰。一九一六年十月十八日伯恩斯托夫伯爵曾祕密把德國政府一個覺書送了給霍司看。內稱如果威爾遜總統沒有為交戰國出力謀和的積極意思，德政府或許要恢復在五月四日通牒中所保留的自由行動。這句話的意思就是說，德國政府將要恢復不給警告擊沉商船的自由。『所以』霍司大佐文件的編輯者批評道：『在協約國……似乎正把美國推回的到一種孤立政策的時候，德國卻以恢復無限制潛水艇戰事來威嚇我們取積極行動。』（註一）這個覺書是在威爾遜被選為第二任總統不久以前發出的。

實際上引起斷絕外交關係的行動，乃是一月三十一日通知的在英倫三島以及法，意和東地中海的或種地帶的無限制潛水艇戰事。引起這場重大事件的經過事實，從戰後德國憲法會議成立的審問委員會的調查中纔得知：（註二）事實如下：

（註一） Ibid., II, 336.

（註二） 報告印行名為 Official German Documents relating to the World War，由美國 Carnegie Endowment for International Peace 譯出，(1923)。

一九一七年一月三日駐華盛頓大使伯恩斯托夫拍電至德外交部謂霍司大佐代表威爾遜總統問起關於和平條件的確實消息。外交部長齊麥爾門遲遲作覆。直到一月七日，他纔答覆，叫伯恩斯托夫『用一種延宕的樣子，去傳達我們的和平條件的問題。』（註一）他須去說明德政府自信牠能作戰勝利。

齊麥爾門發電後的一天，德軍事領袖與興登堡聚會，『一致議決無條件實行無限制的U船戰爭』（一月八日）。（註二）九日，在普列斯（Pless）正式作最後決議，於二月一日開始無限制的U船戰爭。如果首相不合作，『便改換首相。』貝斯門賀爾維違背他的較好的判斷，又屈服於軍人派之下，像他在一九一四年關於侵入比利時事件一樣。參加普列斯決議的人都『看得淸楚這個決斷的結果，必發生對美的戰爭。』

『這一定如此。我們正計算對美作戰的可能性，並且一切都準備好了，』是興登堡的話。

（註一） Official German Documents, I, 137.

（註二） Ibid., I, 138.

他又說『我們預備了對付一切的非常事變』……首相對於通過的決議案不提出反對。(註一)

既已決定一種在他們自己也認爲免不了對美作戰的政策，德國政府然後纔送給威爾遜那件他已要求了幾個月的東西，即德國可與協約國講和的條件。威爾遜接到這個文件的時候，他還不知道無限制的U船戰爭已經決定，他的本國就要捲入漩渦了。但是德國條件傳達之後，他對於德國的精神，諒必絕望。因爲他們與一九一七年一月十日致威爾遜的協約國之通牒和巴爾富那封信所舉的條件，全不接近。德國政府謂如果接受她（一九一六年）十二月十二日的和平提議，她願與協約國在互相回復戰利品的基礎上進行談判，可是關於比利時以及俄屬波蘭的邊疆，應給德國特別的安全保障。(註二)霍司大佐對於這個文件的按語是：『若稱此信爲答覆我們的和平條件的問題，那是笑話。』在這個文件交給威爾遜兩天後，伯恩斯托夫伯爵便宣佈了無限制戰爭行將開始。德國政府爲良心所驅使，不得不出此，『以爲更高一義的爲人類福利服務並且不致

(註一) Ibid., I, 138.

(註二) Official German Documents, II, 1049. The Intimate Papers of Colonel House, II, 434.

貽誤她自己的人民。』」（註一）

國務卿對此容易作覆（二月三日）他請德國注意到美政府於一九一六年四月十八日蘇塞克斯(Sussex)船沉沒後致德政府的通牒，內中美國已經聲明過：

除非帝國政府如今立卽聲明並實行放棄牠攻擊載客運貨船隻的潛水艇戰爭的方法，美國政府除與德意志帝國全然斷絕外交關係外，更無旁擇。

藍辛隨卽指出德政府當經同意，不再無警告擊沉船隻。但德國如今通知了所有船隻過於某某地帶內將被擊沉。『鑒於這個宣言，』藍辛續稱，更無其他『可以保全美國尊嚴和榮譽』的辦法，只有照說要做的做去，卽斷絕外交關係。『故大總統吩咐我通知閣下謂美國與德意志帝國間一切的外交關係是斷絕了。』

伯恩斯托夫伯爵的護照也交給他去了。他把華盛頓的德國事務交托給瑞士使館代辦在向

（註一）一九一七年一月三十一日德大使致國務卿，載於 Diplomatic Correspondence between the United States and Germany 1914-17 p. 299. 係 I. B. Scott 所編輯。

協約國政府取得通行證及護照所必需的躭擱後，（註一）他於二月十五日自紐約啓行了他遺下了一個哲學家和一個俠義者的聲名。他用高興和忍耐爲本國奮鬬。霍司大佐在前些時寫過：

伯恩斯托夫是各交戰國中惟一有分寸的大使。任何事情發生，他對於美國政府從未稍加批評。他對橫逆之來很達觀，並且設法留一個好印象。其他諸人有時似乎隨便說話惱人。（註二）

德美間有兩個月沒有外交關係，可是也沒有交戰。所以德人得以從容佈置。美國之所以不立卽宣戰，乃是因爲威爾遜不肯採取這個步驟；要直等到德國不僅是威脅稱不發警告擊沉美船，而且是將此威脅付諸實施以後。遲至一九一七年一月四日他還向霍司大佐說道『不會有戰爭……我們是當今白種民族裏惟一未捲入戰渦的。若是我們加入，那是一種反叛文明的罪惡。』（註三）

（註一） Bernstorff, My Three Years in America p. 335 The Intimate Papers of Colonel House, II, 446.

（註二） The Intimate Papers of Colonel House, II, 396 (Dec. 4, 1916).

（註三） Ibid., II, 412.

『我不相信，』他在二月三日向國會說道『德國當局存心要實際上行使他們所警告我們說是他們覺得可以自由行動的。』他向霍司大佐說，德國像『一個應加以約束的瘋人。』霍司問他單請協約國去擔任約束的工作而我們不去分勞，是否公允。他顯然爲之不安，但依舊堅持他不牽入旋渦的決心，如果人力上可能的話。（註一）

威爾遜用不着久等。在他向國會演說的同一日（一九一七年二月三日）美輪霍沙湯尼克（Housatonic）被一隻潛水艇擊沉了。美國的輿論自然激昂起來了。

自從保非略迪亞茲總統（President Porfirio Diaz）在一九一〇年下台後，那個貝其大使稱爲『大印地安共和國』"The Great Indian Republic" 的墨西哥，一向情形極爲紛亂，對於美國人民以及其他各國人士犯了許多過失。一九一六年三月墨西哥革命黨人維那（Villa）劫略了新墨西哥的哥倫布斯（Columbus）。美國政府爲對付此事起見，獲得了墨西哥喀朗鬧（Carranza）總統的政府的同意，派了潘興將軍（General Pershing）率一支征伐軍越過墨西哥

（註一） Ibid., II, 440.

邊境。征伐軍沒有尋到維那，卻和喀朗閘的一部分軍隊衝突了。可是，與墨西哥的戰爭是避免了，美國軍隊也在一次無甚效果的冒險前進之後於一九一六年六月撤了回來。（註一）

在大戰初起時，英國政府曾得到德國一種密碼，是德國政府與駐華盛頓使館間以及華盛頓使館與墨西哥使館間用作通訊的密碼。伯恩斯托夫發給墨西哥城意克哈特（Eckhardt）公使的通訊，只要能被英國人取得，就能譯出此事時常發生。其中有一特別重要的通訊，是一九一七年一月十六日德國外交部長齊麥爾門叫伯恩斯托夫轉達給意克哈脫的也得到了。內稱：

我們擬於二月一日開始無限制的潛水艇戰爭。可是我們仍須努力使美國保守中立。假使此事不能成功，我們以下列的為根據，向墨西哥提議締結同盟：一起作戰，一起議和，慷慨的財政援助，及我方諒解由墨西哥去收服塔克薩斯（Texas）新墨西哥（New Mexico）和阿利重那（Arizona）的失地。詳細的辦法委之於你。等到對美戰爭一定要爆發時，你即將以上意旨極祕密地通知總統（喀朗閘），並且附帶建議請他應該自動請日本立即加入，同時為

（註一）見 Rippy The United States and Mexico (1926), pp. 340-1.

日本與我們之間調解。

英國偵察機關的方法是完備的。牠並不只靠這一份齊麥爾門電報：牠從四個方法得到了抄本。一個方法是在墨西哥購買賣主的姓名自然從未洩漏過。另一抄本，則由英國工人，從美國長島無線電台德人所發的通訊而得。第三本是搜集斯托克霍姆拍往布恩諾斯愛里斯，再由該處的瑞典使館轉達於華盛頓的伯恩斯托夫的海底電信殘稿而得。第四本是從柏林的美大使館不知不覺地爲德國政府轉達而經過英格蘭的一份海底電信（自然用電碼的）而得。齊麥爾門是否還用了別的途徑，來送達他的珍貴的電報，是不可知了。他所用的以上四種，似乎已竭盡能事了。可是這四份抄本在英國政府也足夠了。他們譯出來之後由貝其大使傳達給美政府。

遲至一九一七年三月二十二日，無人知道威爾遜總統打的什麼主意，雖然霍司在前一天寫信給貝其說，『至於我們現在已經在戰爭中了，雖然正式的宣戰也許要在四月二日國會聚集以後。』（註二）威氏顯然直到三月二十七日纔下最後的決心因爲那天他問了霍司大佐『他還是

（註一） The Intimate Papers of Colonel House, II, 462.

應該請求國會宣戰呢，還是他應該說一種戰爭狀態已經存在而請他們通過必需的經費以從事進行呢。』（註一）霍司勸採取第二途，但威氏採取了第一途。

美國就這樣走上前來了，並不是一個同盟國，而是一個參戰國(An Associated Power)。『這天是到了，』美總統總括說：『這天美國是特許爲了產生她的，並且給她快樂的，以及她所實藏的和平的那些原則，而流血，而盡力。』

這是歷史上的奇事之一，卽德國於一九一四年春拒絕了簽訂『白賴安條約』(Bryan Treaty)。假使她那時接受了這個公斷條約（像英國就接受了，）美國非等這爭端發生一年以後，不得開始戰爭。當一九一四年五月霍司大佐在樸資丹 (Potsdam) 問德國何以不簽這條約時，德皇答道：『德國永不簽這樣的條約。我們的力量在於一秒鐘功夫內就可準備作戰。我們一定不肯犧牲這種便利，而給我們的敵人以準備的時間。』（註二）。

（註一） Ibid., II. 464.

（註二） Ibfd. I, 256 附註

第十一章　困苦中的奧國

德國向被認為同盟國中的主力。可是外交家像軍官們一樣，不能輕視奧地利。在戰爭的早期，一九一五年的九月，駐華盛頓的奧國大使杜姆巴博士因參與破壞軍械廠的陰謀，被美國政府遣送回國了。新的奧國大使直到一九一七年二月纔到任，那時因奧國沒有明白表示與德國的潛艇政策斷絕關係，威爾遜總統不讓他呈遞國書。（註一）可是美國直到一九一七年十二月七日纔對奧宣戰。

然而奧皇和克實林伯爵深信奧國必須在一九一七年內議和。奧國以皇帝和外交部長都決心議和，而不能做到，眞是外交史上一件最可注意的事實。

卻爾斯大公爵（Archduke Charles）於一九一六年十一月二十一日繼法朗西斯約瑟夫

（註一） The Intimate Papers Colonel House II, 450.

爲皇帝。他是一個盡責的好人，自覺材不勝任而難過。法朗西斯約瑟夫的一個侍從武官記述卻爾斯尙係大公爵時，在戰期內從大本營到熊勃魯(Schönbrunn)察訪中，常拿司令部的悲觀主義開玩笑。

「你離前方愈遠，信心愈減。你一定要到前方去纔能知道我們是必定勝利的！」

大公爵似乎舉目四顧以求贊許。沒有。這時是一九一四年十一月終。淒然失望了，他走到門首，轉着把手說道：

「缺少的是勇氣！」

當他去後，波爾弗剌斯男爵(Baron von Bolfras)搖頭說道：

「講話是太容易了！勇氣有的是，但我們更需要一樣東西，這便是運氣。這問題是他會帶牠來麽？」(註一)

可憐的卻爾斯皇帝沒有運氣。自登皇位的時候起，他開始爲和平努力，並且在他的第一道上

(註一) Margutti, The Fmperor Francis Joseph and his Times(英譯本), p. 340.

論裏面便這樣說明了。（註一）他最初做的一件事情，便是罷免般林委克實林伯爵為外交部長。這時候德政府正在決意採取無限制的潛水艇戰爭。

奧政府得悉這個計劃後，表示反對，但是仍不能不同意。『這也是一個例子，足以證明一強國和一弱國共同作戰，弱者不能阻擋，除非它全然倒戈對牠的舊盟國作戰。』（註二）

奧國帝制正在崩潰之中，但時機似乎尚有利於和平的前途。俄羅斯在上年十月暗示了和議的意思，（註三）又於一九一七年二月二十五日，由一中立國隱隱的重新提出了她的意思。但在此事再進一步之前，俄國的革命發作了，俄皇也退位了。（註四）四月，克實林上了一個備忘錄給奧皇，內稱：

（註一）時為一九一六年十一月二十二日。文獻 Manteneyer Austria's Peace Offer (1921), p. 33.

（註二）Czernin, op. cit., p. 125.

（註三）見本書第九章。

（註四）Gzernin, op. cit., pp. 141–2.

很顯然，我們的軍力快不能支持了……陛下已屢次拒絕敵方擬令我們脫離我同盟諸國的圖謀，這個步驟我負其責，蓋以陛下不能做任何不名譽之舉也。但同時陛下曾要我通知德帝國政治家謂我力已竭，今夏過去之後，德意志再不必把我們算數矣。（註一）

可是奧國雖決心在一九一七年內議和，而實際上一直作戰到一九一八年秋革命發生與最後失敗的時候。德聯邦議會確曾在一九一七年七月十七日，以二一四票對一一六票通過了一個決議，主張『一種諒解的和平，』而無『強迫的割地。』這樣的和平是不可能的。一則協約國不會同意；再則不管聯邦議會怎樣，德政府也不會同意。魯頓多夫的見解是『假使德國沒有得到利益議和，德國便是戰敗了。』（註二）於一九一七年七月繼貝斯門賀爾維為首相的米查立斯（Herr Michaelis）是一位強韌飽經世變的官僚，他也抱了同樣的見解。他也認為德國不能放棄阿爾薩斯

（註一） Czernin, op, cft., pp. 146－50. 比較其一九一八年十二月十一日的演說，載于 Ottokar Czernin über die Politik während des Weltrieges, p. 10; Prince L. Windischgrätz, My Memoirs, 1921, p. 143.

（註二） Czernin, op. cit., p. 247.

羅倫，並且德國在比利時，可蘭里梭恩尼亞，及波蘭，須有些軍事的和經濟的權力，卽使沒有政治的權力；至於在法國的朗維白里埃(Longwy-Briey)流域，還須有經濟的勢力。(註一)

這時候卻爾斯皇帝正在追求他的和平的目標，甚至於不與德國相謀。困難的地方便是與協商國政府沒法接觸，因爲戰事已打斷了一切來往，公共的以及私人的。可是卻爾斯的妻，那位濟大皇后(Empress Zita)有兩個兄弟正在比軍中作戰；他們以爲可用一個做對協商國議和的中間人。

濟大皇后的這兩個兄弟是包本帕馬(Bourbon-Parma)的薛克士特親王(Prince Sixte)及柴維爾親王(Prince Xavier)。這包本皇室的幼支，自從十八世紀中葉起，便統治意大利的帕馬公爵領地，迄至一八五九年革命時被驅去位。此後，這一家多住在奧國。薛克士特親王是帕馬公爵的一個兄弟，在大戰爆發時，他是二十八歲。他多年前已入了法國籍——他認爲一個包本族人必須做法國人纔對——住在巴黎也有十年了。他在巴黎大學讀書，得了法學博士學位。一九一一

(註一) 致 Czernin 的信，載於 Michaelis, Fur Staat und Volk (1922), pp. 332-5.

年，他的妹妹嫁了後來做奧國皇帝的卻爾斯大公爵。

辟克士特親王是一個冒險的旅行者。當大戰爆發時，他正在他的奧國的家鄉希伐坐（Schwarzau）地方，預備到高加索去。他的弟弟柴維爾和他在一起；辟克士特和柴維爾是分不開的。他們立刻決定回法，但不是他們的姊夫卻爾斯大公爵的斡旋（那時剛纔立爲奧國皇儲）他們還不能離奧。他們於一九一四年八月二十九日到巴黎，在法國査勒魯（Charleroi）一役戰敗之後。自從那時候起，辟克士特親王似乎認爲法蘭西所受敵人的壓迫可由對奧單獨言和而解除，大戰也可由此而縮短。『但是只要法朗西斯約瑟夫活着一天，此事一天不可能，』他說。

這兩位親王要求參加法國軍隊（由於反對皇族的法律）被拒絕，試投英國軍部又被拒絕，他們乃往投比利時軍隊，起初被准爲擡牀兵，但稍後卽受委任爲礮軍的尉官。比軍前線的生活卻不曾阻止辟克士特盤算他的拆開奧地利的計劃；到一九一六年十一月二十一日法朗西斯約瑟夫皇帝死的時候，相當的根據是預備好了。

在那年的五月，法國總統頒了給他們十字（Croix de Guerre）的奬章，故辟克士特和柴維爾親王間接與法總統有了接觸。十月，他們請假往巴黎，與一位閣員叫做弗來辛列(M. de Freycinet）的談話，辟克士特親王便發表了他的見解。他以爲同盟各國完全靠德意志：『要緊的是對一個主腦攻擊。』所以把奧地利拆開是一件要事：如果奧地利退出聯盟，土耳其和保加利亞也將離開德意志了。這樣協商國便能集中力量於戰敗德國，和摘去賀亨索倫皇室的帝冕；協商國的目的是在打破普魯士的霸權，而不在於哈勃斯堡帝制(Habsburg Monarchy)的覆滅。所以辟克士特親王有雙重目的：(一)使協商國獨對德意志以促其速敗；(二)保存那不能持久戰的奧地利帝國。

那年輕的奧皇於登祚後，立卽發了一詔，諭稱：『朕願於最短期內掃除戰爭的恐怖與犧牲。』數日後，辟克士特親王的（也就是奧國皇后的）母親帕馬公爵夫人寫信（一九一六年十二月十六日）給親王急要見他。辟克士特和柴維爾親王把該信給比王看過之後，請了假，並且詳細知照了法國外交部，便於一九一七年一月二十九日來到紐歇特爾(Neuchâtel)，約會的地方。他們在那裏遇見了公爵夫人（在潘美爾路(Rue Pommier)一七號）她告訴他們說卻爾斯皇帝希望言和，並且盼望兩位親王親自到維也納去見他。諸事俱已安排就緒，並且保守絕對祕密。如果親王們（須記得他們是比軍中請假出來的交戰官吏）認前往維也納爲不可能，那麽卻爾斯皇帝可以派一親信來瑞士與他們見面。

親王們回到巴黎去和那裏的當局商量，當局慫恿他們繼續談判。回到紐歇特爾（二月十二日）他們遇到奧皇派來的親信（二月十三日。）這是愛爾杜地（Count Erdödy）伯爵。辟克士特親王雖年僅三十，卻自始至終表現着成熟的智慧和謹愼，勸奧皇用公諭宣布他願在某種條件下共同議和。這樣一來德意志就要撞着一件已成的事實（fait accompli）了。如果奧皇自己覺得力量不足以爲此，他還可以繼續祕密談判，向協商國說明他所擬具的條件，以備議和。

二月二十一日辟克士特親王再和愛爾杜地伯爵在紐歇特爾晤面。愛爾杜地帶來了親王的母親，克實林伯爵，及卻爾斯皇帝各人的信，都要他到維也納去；說是和奧帝半小時的直接談話，勝於兩小時的間接談話。

迄至此時，這談判在奧方，只有皇帝，克實林伯爵和帕馬公爵夫人知道在法方只有普恩加賚

(M. Poincaré)(總統，)糾爾肯邦(M. Jules Cambon)(外交部祕書長)和文書長威廉馬丁(William Martin)。普恩加賚在一九一七年三月五日和薛克士特親王會面時，說他現在必須將此事告訴他自己的內閣總理白理安(Briand)，及俄，英，意各國政府的元首。『路易喬治』法總統說道，『是一個謹慎的人。』關於意大利或許有些困難。至於俄羅斯，那只須通知俄皇。此時僅須以不確定的口氣，通告法國的盟國，說是已經接到一個和平的提議。

薛克士特親王與普恩加賚再作一次晤面，後他便能把協商國要求於卻爾斯皇帝的最低條件記下來了。帶了這個文書和比軍的續假許可，薛克士特和柴維爾再向瑞士出發，於三月十五日到了日內瓦。愛爾杜地伯爵正在守候他們，於是詳細討論卻爾斯皇帝的和平提議。但是愛爾杜地的使命不止於討論而已：『這次，』他說道，『你絕對要到維也納去。』這時有一種眞正的危險，即在瑞士的來往，以及紐歇特爾和日內瓦的會晤，會引起德國的注意，使整個談判歸於破壞。因此兩位親王便決心到敵國首都去。卻爾斯皇帝出言保證他們這次進出奧國決無留難。

三月二十日兩親王告訴愛爾杜地，他們准赴維也納。他們當夜就動了身，自然保守最大的祕密；邊界上的警察長直接得到皇帝的命令，不用盤問，讓愛爾杜地伯爵及其同伴們經過。半搭火車，半搭汽車，親王們在三月二十二日行抵維也納。他們住在愛爾杜地伯爵家裏。當晚，愛爾杜地出發往在維也納數里外的並且爲歷代奧皇所寵幸的拉森堡（Laxenburg）宮，將辟克士特親王預備好的信（其中略述協商國條件）交給奧皇。

翌日，三月二十三日，這一個重要的會晤便舉行了。兩親王整天都留在愛爾杜地伯爵家裏。晚間，他們搭了一輛遮蔽着的汽車，出發往拉森堡。四圍暗黑，白雪滿地。『汽車停在外廷，一個皇帝絕對信任的年老的衞軍長領他們穿過花園，到皇宮的前殿。』他們由一扇小門進去踏上帝后私室的扶梯。

辟克士特親王和奧帝有一長時間的談話。卻爾斯關於比利時，阿爾薩斯羅倫和塞爾維亞的見解，實際上全和協約國一致。對於意大利也許有一種困難；奧國輿論不容有大塊的土地割讓。至於德意志，奧地利必須先行勸她接受那擬議的和平：『我意在正直到底，』卻爾斯說道，『有如我今後在和你們（協商國）一塊也永遠如此。』

奧皇的外交部長克實林伯爵稍後也引進來了；高大，瘦削，冷冷的，穿着披風。克實林也準備議和，但他不願確定條件。可是奧皇允許辟克士特親王翌日可有確定的和平建議。

翌日，三月二十四日，兩親王再赴拉森堡訪奧皇，收到了繕就的提議書。此事是要守最絕對的祕密的；稍有漏洩，勢將強迫奧帝，爲取信德人起見，不得不派遣奧軍到法國前線去；這樣將使全個談判發生阻礙。會晤既終，兩親王當夜便帶着奧皇的珍貴的信，在大雪下，由愛爾杜地伯爵伴着離開敵都而入瑞士。他們於三月三十日行抵巴黎。

辟克士特親王帶來的信，對於英法總得算是公正的和平建議。卻爾斯皇帝寫道：

「法蘭西已表現抵抗的力量和高尙的勇敢。我們全都讚嘆，沒有保留她的軍隊的可欽的傳統的勇敢，以及法國人民全體的犧牲精神。」

這位皇帝接着說：

「我以一切的方法，並所有我與我同盟國的個人勢力，贊助法國關於阿爾薩斯羅倫的正當要求。」

比利時應完全恢復主權無缺；她的損失應有賠償。塞爾維亞也須光復，並且保證有『一個公平和天然的到亞得利亞海的出路。』

關於君士坦丁的將來，協約國已經許給了俄國。奧皇因爲該國在兩星期前發生了革命，保留他的提議。關於意大利，他甚麼都沒寫。他曾向薛克士特親王解釋，謂托倫地洛可以割讓，但他不願更進至於貢獻托里斯提。奧皇的信是鉛筆寫的，用的是法文。

這就是薛克士特親王如今能置於法國政府前的提案，並且似乎有被英法接受的好機會。很不幸，正當此時（實際是三月十九日）那個熟悉普恩加賚在那裏談判的法國總理白理安下了台，由那個老練的議會政治家李波特（Ribot）繼了任。

三月三十一日薛克士特親王在愛立西（Elysée）向普恩加賚奉上奧帝的信和他在拉森堡談話的結果。李波特總理沒來與會，但外交部祕書長肯邦在座。普恩加賚和肯邦認爲倘對意大利能有滿意的辦法，奧帝的提議，可作爲對奧單獨預備和約的基礎。四月十一日李波特在福克斯東（Folkestone）與英國內閣總理路易喬治相會，並把卻爾斯皇帝的信讀給他聽了。路易喬治允許對於此事保守祕密。後來保羅肯邦會向薛克士特親王說，路易喬治不是『被立憲主義所蠱惑得了的，』他甚至於願把奧帝的信對他自己的內閣也保守祕密。如今唯一尙待努力的事情便是去解決意大利問題。商量好了不把卻爾斯皇帝個人干涉的事告訴意大利（藉以保守奧帝的信用），而只對宋理諾男爵說已經有一個單獨和議的提出；大家都知道奧國老外交家孟斯多夫在瑞士，這便足以掩飾這裏所提的單獨和議。

這時恰好已定下於四月十九日在麻倫恩（St. Jean de Maurienne）舉行一個集會，李波特，路易喬治，及宋理諾行將聚會討論軍事形勢。四月十八日，路易喬治到了巴黎，薛克士特親王與他在克利龍旅館（Crillon Hotel）有一個談話。他們對於奧國提議的意見似乎全然相同。薛克士特親王知道奧帝因個人參預所冒的危險——甚至於被暗殺——，所以力主有保守此事祕密的必要。『路易喬治正倚爐壁而立，走到親王前鄭重說道，我允許，便伸出他的手來握手』他沒有失信。

麻倫恩的集會舉行了；路易喬治會議回來，途經巴黎，又與薛克士特親王談了話。他敍述和宋理諾聚會的結果：意大利外交部長絕對拒絕與奧國單獨言和，除非意大利的戰爭目的能夠完全如願以償。但是路易喬治以爲這裏有談判的餘地，並且極盼薛克士特親王繼續和奧國接洽。可是李波特卻認爲不要再去進行。在他看起來，此事已告結束，並於四月二十二日經糾爾肯邦之手，用法政府名義，致書於薛克士特親王聲明拒絕奧帝的建議。很希奇的，從這『薛克士特』事件的開始，迄至四月二十二日的拒絕，李波特自己從沒允許接見這親王一次過。

雖然普恩加賚總統仍希望一九一七年三月二十四日奧國的和平建議有所結果，那位李波特總理已立意認爲無謂。卻爾斯皇帝對於意大利的未有具體建議，和宋理諾的除承認意大利全盤要求外拒絕作任何考慮，在李波特眼中看來，同是奧國計劃的致命傷。這種見解或許是正確的，但李波特實在不該懷疑奧帝的信用，像他在一九一七年五月二十二日議會中所說的。卻爾斯的意思是完全懇切的，並且措置此事始終像一個有信譽的君子。路易喬治抱了此種見解，故雖法國有四月二十二日的拒絕之後，他仍鼓勵薛克士特親王勿中止談判。法國外交部亦然，由糾爾肯邦鼓勵親王繼續進行，並予以種種便利。

薛克士特親王因此又寫了一封信給卻爾斯皇帝，說明因奧方建議對意大利有所欠缺，故已失敗。四月二十五日他與愛爾杜地會於楚(Zug),向他說明了情形,並且把信交付了他。五月四日愛爾杜地回到瑞士,這次在紐歇特爾會晤薛克士特親王。他自卻爾斯皇帝處帶來一封相當滿意的覆信。卻爾斯肯定地說他願單獨言和,不管德意志願意與否。至於意大利方面他預備讓步,但不如所索之多。

於是親王決再赴維也納。他立刻與愛爾杜地(五月五日)離開紐歇特爾,六日過瑞士邊界,七日抵維也納。八日他在拉森堡見奧皇。

薛克士特親王與奧帝討論意大利的問題。奧國可以割讓托倫地洛,但須有賠償。曾經提到過舊屬奧國的普屬賽內西亞(Prussian Slesia),但卻爾斯稱不願取償於他的盟國。又提到過一個意屬的殖民地如厄利斯利亞(Erythrea)——一塊於意國無大價值的領土。薛克士特親王去過,所以知道他好像什麽地方都去過。

薛克士特親王這番二度赴維也納的結果,便是從卻爾斯皇帝處帶了一封親自署名的信出來(第二封),內述割讓托倫地洛的可能性;還有一封密札是克實林伯爵的,內容關於賠償,末稱奧國準備單獨議和（一九一七年五月九日。）奧帝請外交家們於六月中赴瑞士正式擔任解決和平的預備條件。凡此俱係薛克士特親王能在五月的下半月帶回給法政府的消息。

五月二十日薛克士特親王與普恩加賚在愛立西宮有一次會晤。這次李波特也在座，『年老，疲乏，帶一付常常取下戴上的黃色眼鏡——看出一切的困難，並且只看見困難。可是總統依然贊成繼續談判，雖則他以為很難勸意人讓出一塊殖民地與托倫地洛交換。

與普恩加賚會晤終了時，薛克士特親王說他盼能在相當時間內接到對於奧帝的信的答覆。他還想往謁路易喬治，目的在向英國取一答覆。

五月二十二日薛克士特親王抵倫敦。在那時，人人都很忙碌，凡事都得趕快做。二十三日早晨的十一點四十五分鐘，親王接到法使館通訊，叫他十一點五十分到那裏。在接受保羅肯邦一些消息，並整理了一下文件之後，薛克士特親王即逕赴唐林街十號門牌。『三百年來英政府給牠的首相住的那所房屋很小，』親王在他的報告中寫道。首相的祕書長台維斯（Davis）引他入路易喬治的書室，他在室中等候了兩分鐘。首相於是走進室內，請閱奧帝此次的來信：當他看到關於意大利的建議時，他微微搖頭；這貢獻太不夠。至於奧帝擬遣一正規的外交家到瑞士去，以適當形式談判和平的預備條件，他未予以多少注意。『外交家只會耗費時間，』他說道；『我們遣派不能代表他們國家發言的人員，無非喪失時間而已。』他要負責的閣員自己去，為什麼他自己和李波特不能去會晤克實林了呢？辟克士特親王鑒於李波特的態度，認為這是不可能的。

會晤結束了，親王便匆匆出去就餐。兩點三刻他回到唐林街十號，再由路易喬治自該處帶他去見英王。首相穿了披風，戴着高帽子出來。親王和首相便搭了一輛汽車出發往柏金漢宮（Buckingham Palace）。覲王的經過沒有什麼報告，路易喬治自始就把奧國的談判告訴了英王。法國人對英王喬治很有信仰：『一位不凡的人，誠實而且正直』（那是保羅肯邦的話。）

路易喬治的計劃是法英的首相及意王應在法國前線相當地方會面，商好一個對奧議和的共同基礎。親王再去看首相一次，聽他的見解。同時辟克士特赴外特島（Isle of Wight）的來德（Ryde）地方休息幾天。他於五月三十日返倫敦，恰好到唐林街十號吃中餐。在座的簡直就是戰時內閣：司登福漢爵士（Lord Stamfordhan），『小白鬍子，不大說話；』般那勞（Bonar Law）

穿着藍衣服『極平易可親；』厥重爵士(Lord Curzon)『十分貴族，』但『富於同情，善談話，而且喜歡追述歷史上的事情；』愛特華卡爾孫(Sir Edward Carson)『身體很大，一副有些悽傷的臉，沉思的態度』；李定爵士(Lord Reading)亦在座。中餐時的談話總是怡悅有趣：『令人覺得置身於文雅人士之中。』般那勞似乎是唯一熟悉法國諸閣員一生事業的人。吃罷，路易喬治另與薛克士特親王談了幾分鐘，並且說他是每天在盼望意王能來參加協約國的會議（宋理諾自然會和國王同來的。）他說，維克多伊曼紐王(King Victor Emmanuel)不至於難說話的，『意王與宋理諾意見不同。你看我們和意王將有所決議，』路易喬治搖手說了又說道：『宋理諾很兇，太兇了。』他請親王在倫敦再留一天，聽意大利的回音。答覆來了，自然是從宋理諾處轉來的。說來奇怪，這答覆是含糊的。路易喬治特差一急使到意大利去求一確實的答覆，同時請薛克士特親王再等幾天。但意政府不肯確定一個會期。宋理諾動也不動。路易喬治說『那位剛執的人不願來。』『他顯然覺察些東西』於是薛克士特親王不得不離開倫敦，如他離開巴黎一樣，沒有什麼信息可以傳給卻爾斯皇帝，以答覆他最近的那個信。但是路易喬治允許一俟英法首相和意王的會議商妥了，就讓親王知道。可是奧國的建議沒有關門的時候，這個會議始終沒有實現；並且從沒有答覆奧皇五月九日的信。親王於一九一七年六月五日離開倫敦返比國前方，回復他在礮軍裏的服務，直到大戰終了。薛克士特親王的談判是告結束了，如今他對於此事的唯一憂慮，便是卻爾斯皇帝的信用，應該尊重。

一九一七年九月九日，李波特政府倒了，由只有兩個月壽命的班樂衛內閣(M. Painlevé)繼任。這位新內閣總理完全不知道放在外交部那美麗沉靜的牆後的薛克士特文件。十一月十三日(一九一七年)班樂衛辭職了，著名的克里孟梭內閣(M. Clemenceau)開始。克里孟梭與前任內閣總理一樣，完全不知道薛克士特親王的談判。卻爾斯皇帝的信用謹慎地尊重了。

恰好在一九一七年十一月克里孟梭就職的時候，法奧間正在進行一種半官的和平談判。這與完全埋沒了的薛克士特親王的事件，截然無關。這個新談判係克實林伯爵所主動，他利用一位在野的奧國老外交家利佛特拉伯爵(Count Revertera)。利佛特拉有位朋友在巴黎，叫做亞爾猛伯爵（Count Armand），在法國參謀部第二廳做事。利佛特拉和亞爾猛於八月七日會於瑞士，再會於八月二十二日（一九一七年。）這是一種希奇的談判，由法國軍部進行，公文都是福煦（Foch）和他的軍事同僚指令所擬。英，法，意的外交部都與聞此事，雖然沒有實際參加。無論如何這利佛特拉——亞爾猛事件，卒因奧政府依舊不肯無保留地割讓托里斯提，歸於泡影。可是在克里孟梭出任總理的時候，這項談判尚未十分完了；當他在十一月十六日得悉此事，他用簡明的筆法寫道：「聽着，勿作聲——因爲奧國提出的任何建議終値得聽的。」

最後一次（並且十分無效果的）利佛特拉與亞爾猛的談話，在瑞士弗立堡（Friburg）地方舉行，時間是一九一八年二月二十五日。不到一月後，德國的大攻擊開始了（三月二十一日。）這次軍事進攻起初很有成績，可以用一種政治的攻擊爲助。克里孟梭現在是法國戰時政府的柱石。如果能把他推倒，法國人民也許爲之氣沮。這，無論如何是克實林伯爵的意思。他在四月二日對維也納市議員們的演詞內稱在這次大攻擊（此時正在進行中）開始前，克里孟梭曾以法國得阿爾薩斯羅倫爲條件，詢問克實林伯爵奧國是否願進行議和。

當克里孟梭於四月四日在法國前敵聽到這位奧國政治家的演詞，他僅用他的簡單有力的風格，打電話回巴黎說：『克實林伯爵撒了謊』。

克實林伯爵自有權用種種正當的方法來破壞他敵人的信用；但是要拿利佛特拉與亞爾猛的談判說是法國的和平建議，則既非正當，也不確實。克里孟梭他不僅是法國最堅決的主戰領袖，而且也是一個天生有些急性子的，他惱怒了。當克實林伯爵擬公開宣佈利佛特拉與亞爾猛的談判來證實他的宣言的時候，克里孟梭當然更爲憤恚。恰在此時，他從法外交部接到他們爲他準備着的薛克士特親王談判紀錄。這裏，正當克實林伯爵詬詆克里孟梭要求言和，而又以堅持取得阿爾薩斯羅倫二州，阻止進行的時候，這位法國總理手中有了卻爾斯皇帝和克實林伯爵的信件，建議在割讓爾薩斯羅倫於法的基礎上言和。

克里孟梭他不知道曾經答應保守祕密，本可以宣佈卻爾斯皇帝的建議來答覆。可是他沒有這樣做，但是他給了克實林伯爵一個警告，謂法政府能宣佈一種遠過於奧政府所能說的有害的祕密。克里孟梭在一個公開牒文（一九一八年四月六日）裏提醒克實林伯爵說，『在利佛特拉事件的兩個月前』就有『另一個類似的嘗試，出諸地位遠高於他自己的一個人。』這個警告應該夠關住那不幸的奧國大臣的嘴了，即使他並不是（像他確是的）一個習於謹愼的外交家。但是他依然想把繼續作戰的罪名加諸法國。他在四月八日一封答覆克里孟梭上次牒文的公開信裏說：在利佛特拉事件前確有一次談判，但那次也是『同樣的歸於無結果——暗示也是因爲法國執意要索阿爾薩斯羅倫阻止了和平。無論如何，這是克里孟梭對於克實林伯爵那個信的了解，在他絕難忍受。他於四月九日用一封公開牒文答稱：

確是卻爾斯皇帝在一九一七年三月的一封信裏，用他的親筆，表示他同意「法國對於阿爾薩斯羅倫的正當要求。」奧皇第二封信，聲稱奧皇「和他的大臣」意見一致。這時普恩加賚總統已經告訴克里孟梭，奧皇的建議，允許了保守祕密的，但是他認爲克實林伯爵的舉動使法政府不受該允許的拘束。他向兩個要求保守祕密的薛克士特親王的朋友表示他的見解。他說：

德國人想去掉我。克實林供他們的驅使，公布這個謊。我被攻擊了。我找到一件武器；我表示我有武器。我有運用牠的權利。我給奧皇警告，如果他不叫他的大臣閉嘴，我就運用牠。

關於這整個事件，有一個可注意的事實，就是維也納政府並沒有保存奧皇的那兩個信或克實林伯爵的密札的抄本；而且，或許更可注意，卻爾斯皇帝和他的大臣已記不起他們實在寫了些什麽。所以，當克里孟梭在四月九日的牒文裏聲稱奧皇和他的大臣一致同意割讓阿爾薩斯羅倫的時候，克實林伯爵鄭重答道：『那種話的荒謬是顯然的。克里孟梭所說卻爾斯皇帝在一封信裏的建議，是從頭至尾的撒謊』（四月十一日的牒文）。這個宣言必然地使克里孟梭公佈奧皇在一九一七年三月二十四日給薛克士特親王的信。

這封信的明白的言詞，——『我願用一切方法和我個人與盟國的一切勢力來贊助法國關於阿爾薩斯羅倫的正當要求』——公佈以後，本可以結束這場爭論了。然而不，克實林伯爵不接受印行本的證據。在四月十三日，他以一種執拗到近乎愚蠢的程度答覆道：『法國內閣總理公布皇上的那個信是假造的。』

但是卻爾斯皇帝是一個完全的君子，他不肯讓他的內弟受克實林誣指爲造僞。卻爾斯已忘掉他所寫的什麽，但他不許這一點事實克服他的公平意識：他在四月十三日命克實林伯爵公布一個牒文聲稱『包本薛克士特親王，其操行爲皇上深悉，無假造的一切可能性。他和任何其他人物迄未被指爲假造過。』同日克實林伯爵辭了職。（註一）、

奧帝的和平努力大概從頭就註定了要失敗的。德國的軍人派不肯講和。奧國不能單獨行動。如克實林伯爵後來所說，奧地利像一結實的石塊，橫在德意志和她的盟國土耳其與保加利亞之間；並且橫在德意志和羅馬尼亞的油與穀的供給之間。假使奧地利與協約國議了和，她勢必加入去封鎖德國。德國參謀部已預見及此，並且業已派兵隊開往波希米亞(Bohemia)及帖羅耳『預備給我們像羅馬尼亞的同一命運。』（註二）奧地利不能擋德軍的蹂躪。德國挾她作惡。

（註一） Manteneyer 的 L'Offre de Paix Séparée de l'Autriche (Paris, Plon-Nourrit) 很詳細敍述了這整個事件，並有文件證明。 Manteneyer 是襄助薛克士特親王談判的一個朋友。該書英文譯本名 Austria's Peace Offer, 1916–17 由 Messrs. Constable & Co. 出版。該書包括有卻爾斯皇帝一九一七年三月二十四日及五月九日的親筆信，以及克實林伯爵五月九日的親筆信。最後那封信，克里孟梭在一九一八年四月的披露的時候，沒有提及，因爲存在外交部的副本找不到。

(註11) Ottokar Czernin über die Politik während des Weltkrieges（一九一七年十二月十一日的演說。）p 5.

第十二章　巨哥斯拉夫人

在大戰開幕時，俄羅斯是最大的斯拉夫國，塞爾維亞次之。可是有許多斯拉夫人既不屬俄，也不屬塞。這些人大都在奧國治下，在加里西亞，波希米亞，摩拉維亞，克羅地亞，斯拉旺尼亞及博斯尼亞，赫爾仔哥維那。北方的一部份，波蘭人和捷克人和斯洛伐克人，有他們自己的民族理想和志願。南方的一部分，克羅人（Croats），斯洛文人（Slovenes）及博赫二州與大爾馬地亞（Dalmatia）的塞爾維亞人（Serbs）（以及塞爾維亞的塞人）形成一個地理的和『文化的』羣體，有的便以南斯拉夫或巨哥斯拉夫人見稱。在奧國治下的巨哥斯拉夫人起初還許滿意在一個聯邦的哈勃斯堡國家內得到統一和自治。但是大戰一天一天演進，哈勃斯堡帝國的解體似乎是巨哥斯拉夫人達到統一的唯一路徑，他們便開始向這個目標努力。奧地利須使分裂，巨哥斯拉夫人須與塞爾維亞內的同胞聯合。這個大巨哥斯拉夫國，這樣成立後，應採取聯邦的抑是單一的憲法，則未決定。在塞爾維亞外的巨哥斯拉夫人，大概願有一個聯邦的憲法。

塞爾維亞以外的巨哥斯拉夫人居住的地方界限很分明：博斯尼亞，赫爾仔哥維那，克羅地亞，斯拉旺尼亞及大爾馬地亞。所有這些地方，俱受奧匈政府統治；克羅地亞和斯拉旺尼亞實際上則由馬札兒（Magyar）政府管理。主要的困難——除了戰敗奧地利的軍事問題外——有一九一五年四月二十六日的倫敦條約（亞得利亞條約 The Adriatic Treaty）。根據這個條約，協商國允許意大利取得普蘭可角(Cape Planko)以南的大部分的大爾瑪地海岸及島嶼。自從這個條約被人知道以後（實際上墨跡一乾就被人知道了），（註一）巨哥斯拉夫人及他們的友人便繼續不斷的努力求其修正。

一自大戰開始奧國治下的巨哥斯拉夫人解放出來加入一個『大塞爾維亞』的希望，自然昇起來了。將近一九一四年終，一個克羅地人的委員會在羅馬成立了。牠的主要份子是托蘭姆比煦（Trumbitch）與可維煦（Hinkovitch）及伏金洛維煦（Vojinovitch）諸博士。那最

（註一）Steed, Through Thirty Years, II, 64-5.

重要的份子托蘭姆比煦博士是從前的斯派拉托(Spalato)的市長，並且是奧國議會裏代表柴刺(Zara)的議員，又是一九〇五年十月阜姆決議案(Fiume Resolution)的起草者，該決議是克羅地亞，大爾瑪地亞及伊斯托里亞(Istria)的代表們要求在匈牙利政府下面聯合起來。自後托蘭姆比煦的見解已有進展，他現在正努力於聯合所有的巨哥斯拉夫人於一國的工作。在亞得利亞條約(他不久就知道)簽訂之後，該委員會遷至倫敦，到一九一五年五月便在該處成立所謂巨哥斯拉夫委員會，以托蘭姆比煦爲會長。該委員會宣稱『巨哥斯拉夫人民在歷史上所謂塞爾維亞人，克羅地人，和斯洛文人，都是同一民族的份子，具有形成一個獨立國家的一切必要條件』。(註一)

除了托蘭姆比煦之外，巨哥斯拉夫委員會的靈魂是法郎洛蘇必羅(Frano Supilo)。他是於一八七〇年在刺古沙(Ragusa)生的，未受過有規則的教育。他投身於當地的新聞界，出了名，在一九〇〇年於是被請至阜姆做新辦的克羅地報紙名 Novi List 的社長。他是一九〇九年協助揭破『佛里琴案』(Friedjung Case)的假造文件的之主要人物之一。蘇必羅自然是奧政

(註一) The Southern Slav Programme (London, 1915), 巨哥斯拉夫委員會所發表的。p. 13.

府注意的一個人物。在大戰前夜，他正逢休假在帖羅耳散步。他越過意大利邊疆去等候事變。大戰一作，他決定他自己的時機也到了。他往羅馬，再赴倫敦，巴黎，彼得堡。此後他的生活正像他熱烈讚賞的瑪志尼和意大利復興運動(Risorgimento)的人物。蘇必羅是一個碩大的大爾瑪地的伐木農夫，他的外相很少表示出他裏面的火。但是他的英國朋友，如他的巨哥斯拉夫朋友一樣，都看出他是一個天才。他有一件成功的事情，便是在亞得利亞條約尚未簽訂時，便知道了牠的條款。(註一)他沒有及身看到他的希望的實現。他在一九一七年便死了。(註二)

巨哥斯拉夫運動的機關之一，自然是那個於一九一五年秋季喪失了所有的塞爾維亞土地而遷至柯夫的塞爾維亞政府。塞王彼得年紀太老，不能有任何權力。攝政王亞力山大是一個正直的人；但是塞政府的主力，一種實為任何所不能搖動的力，卻是尼可拉拍式煦(Nikola Pashitch)。這位巴爾幹政治家中的老前輩極其固執，帶一種有些窄狹的塞爾維亞觀念。他不相信一切聯邦

（註一）Steed. op. cit., II, 64-5.

（註二）R. W. Seton-Watson 有其生平紀載，見 Europe in the Melting-Pot (1919), p. 377.

計劃。他努力的是一個單一的大塞爾維亞國。也許拍式煦是對的。無論如何他打定了主意，並且抱着他的決心。新的巨哥斯拉夫王國，如果成立，應有一中央集權的政府在伯爾格納特(Belgrade)。他並不是絕對不讓步，但是他從沒在讓步的路上多走。他盼望別人能和他走在一起；而在大體上他們是照做了。

巨哥斯拉夫委員會在英國得到最有力的幫助，雖然在法國得到的幫助，特別是佛朗克林蒲爾隆(Franklin-Bouillon)和他的朋友們的，不容忽略。一九一六年十月，倫敦有一部分有勢力的新聞記者和政治家們發行了一種週刊，取名新歐洲，主要的是討論捷克斯洛伐克人和南斯拉夫人的事。稍後，十月二十四日，在大廈(Mansion House)舉行了一次集會，成立了英國塞爾維亞協會。(註一)克羅麥爾爵士(Lord Cromer)當選爲該會的主席。有些會員(會員必須爲英國人)不僅是有勢力的人物而已；他們還極活動，與協商各國政府的要人有接觸，並且爲了巨哥斯拉夫事件，時常往國外奔走。

(註一) Steed, op. cit., II, 126

拍式煦的邀請巨哥斯拉夫委員會主席托蘭姆比煦赴柯夫，大半由於英國塞爾維亞會的努力。這次晤面的結果，遂有一九一七年七月二十日著名的柯夫宣言，由拍式煦與托蘭姆比煦以『塞爾維亞人克羅地人和斯洛文人的代表』資格承認他們的人民要組成一個獨立民族國家的願望。這個國家名爲『塞爾維亞人克羅地人和斯洛文人的王國』（The Kingdom of the Serbs, Croats and Slovenes）。正統派（Orthodox），羅馬天主教派（Roman Catholics）及回回教派（Mussulman）都享有自由。這王國是要包括所有巨哥斯拉夫人民住的領土。（註一）

柯夫宣言是巨哥斯拉夫人對一九一五年四月亞得利亞條約的答覆。因爲牠要滿足羅馬天主教的克羅地人的顧忌，所以保證他們信教的自由，並把他們的名字嵌入王國的名稱內。在倫敦的巨哥斯拉夫委員會其次是在柯夫宣言和亞得利亞條約中間找一個折中的辦法。當意大利首相阿蘭都（Signor Orlando）於一九一八年一月涖倫敦時，他和托蘭姆比煦會面了一次。阿蘭都的政策究竟怎樣老不清楚，但他總是可以商量的。這次會面的結果，是托蘭姆比煦被邀赴羅馬。

（註一） Steed, op. cit., II, 166

一個意大利議會的委員會，和佛朗克林蒲爾隆的委員會在巴黎議定，召集一個哈勃斯堡統治下各種民族的公會。這公會須於一九一八年三月初在羅馬舉行。因爲參加這個會議，托蘭姆比煦博士纔應阿蘭都的召請。英國塞爾維亞委員會亦有強有力的代表與會。佛朗克林蒲爾隆和那斯（Dr. Benes）也列席這會喚做『奧地利、匈牙利被壓迫民族會議』（The Congress of Oppressed Nationalities of Austria-Hungary）。會議在國會議事廳中舉行，自四月八日起至十日止。

這些集會不免有些風波，但他們終於同意了相當的方式，在四月十日發表名爲羅馬公約（Pact of Rome）。重要的句子是：

在意大利民族和塞爾維亞人克羅地人和斯洛文人的民族，（亦稱巨哥斯拉夫民族，）彼此間的關係上，雙方代表承認巨哥斯拉夫民族的統一和獨立是意大利的重大利益，正如意大利民族統一的完成是巨哥斯拉夫民族的重大利益一樣。

出席會議的波蘭人另外發表了宣言，贊成意大利巨哥斯拉夫的宣言。這樣得到的團結是一椿非常的成就，而且不用說，對於動搖中的奧帝國有一種深切的影響。除了構成這會議的人有功績之外，同時還須歸功於米蘭(Millan)的一個主要晚報 Corriere della Sera；牠發表了不少鼓吹意大利亘哥斯拉夫接近的有力文章。所達到的諒解是不完全的。許多的困難必須要經過，在和會上以及和會以後，但是羅馬公約是最終得到的解決的基礎。

亘哥斯拉夫委員會不但在協商國範圍內做了重要的工作，而且在奧帝國裏面也做了重要的工作。牠能與克羅地亞的重要人物通訊（多是經過瑞士方面）牠的努力無疑地有功於最後在一九一八年秋季臨到奧帝國的分裂。

第十三章　捷克斯洛伐克政府

捷克斯洛伐克國的創設，確是大戰最堪告慰的結果之一。如果哈勃斯堡帝國須破裂（似乎不可避免）分得零零碎碎的危險是嚴重的中歐洲也許會『巴爾幹化』成爲互相抵觸的原子。幸而一個大而有力的國家由捷克人（卽向屬奧地利的波希米人），斯洛伐克人（向屬匈牙利），和若干少數的盧森人（Ruthenians）與德人組織起來了，他們在地理上和經濟上自然包括在這個新國裏面。捷克斯洛伐克成了一個樞紐的國家，強有力到足以使自己受人重視，堅實到足以做穩定中歐的柱石，否則該方面必流動不安。同時也須歸功於匈牙利，她雖然因爲一九一九年的條約，減小了土地的面積，卻仍然是一個團結的有秩序的國家，出人意料的傾向於和平的解決。

迄一五二六年止，捷克或稱波希米民族向來是一個獨立王國，那年和當時也是獨立王國的匈牙利，一起在摩哈克斯（Mohacs）地方吃了梭立門大帝（Solyman the Magnificent）一場大敗。從那時起波希米亞便由統治奧地利的哈勃斯堡的同一君主所統治。可是在南塞內西亞和摩拉維亞以及在波希米亞的捷克人，始終不安於奧國統治之下，而期望着民族的統一和獨立，或者至少是統一和自治。在大戰期內，他們由一種偉大的自助努力，達到了他們的目的。這種努力充分表示了智慧的力量和堅定的性格；而馬沙克博士便是其中的主腦。

馬沙克（Thomas Garrigue Masaryk）生於一八五〇年那個名叫何杜林（Hodonin）的摩剌維亞城中。他的父親是一塊皇產的獸苑看管人。年輕的馬沙克在維也納一個鑰匠處做學徒，但稍後據說受了家鄉教區牧師的幫助，得進維也納和萊普齊格（Leipzig）諸大學。他是一個出類拔萃的學生，後來升爲維也納的哲學講師。他第一部引人注意的出版物是『自殺爲當代歐洲情形的一種病理象徵之研究』（A Study on Suicide as a Pathological Symptom of the Condition of Contemporary Europe）。他的結論，謂原因是由於『宗教的情感之衰敗。』（註一）

自一八八二年起馬沙克在普剌圭（Prague）的捷克大學任哲學教授。他逐漸得到絕大的

（註一）倫敦 Times 報有其生平介紹，見 Dec. 2, 1918.

勢力，並且成爲一個全國知名的人物。他是以他的溫和的見解和明哲的秉性著稱的。馬沙克沒有煽動的火把，但是他有一種堅定的信仰在上帝和凡人眼光中的民族『魂』的價值。他的慘淡經營的著作俄羅斯的靈魂出版於一九一三年，表示他對於民族性的深刻的哲學見解。在普剌圭，馬沙克的勢力不但很快地波及於捷克人，而且還及於奧國的南斯拉夫人。擁護克羅地人和塞爾維亞人的結合者，大都是馬沙克的門生。『那位身處普剌圭的寂寞的斯洛伐克人，他是托爾斯泰和魏特曼（Whitman）的一種混合物，有些人看他是一個邪說異端的人，有些人看他是一個高士，但一切的人們看他是一個熱心人。』（註一）

大戰一起，馬沙克知道捷克斯洛伐克人的時機已至。他於一九一四年十二月離開普剌圭，往意大利，認定捷克民族運動與斯拉夫民族運動的利益一致，於是矢志求此政策的實現。

馬沙克自意大利至巴黎，在該處與朋斯和斯塔方尼克大佐(Colonel Stefanik)一同組織捷克斯洛伐克國家議會。此後便是一番繼續不斷的努力，求協商國的承認，並幫助協商國取得勝利。

（註一） Hermann Bahr, Dalmatinische Reise (1909), p. 70., Quoted in Times, Dec. 2, 1918

於是被壓迫的捷克斯洛伐克民族，竟能對外談判，並能作戰。牠不徒向協商國要求援助；牠能給與協商國實際的幫助。在奧軍中的捷克兵士投入了敵方；其餘的便在平常作戰時降爲俘虜。在一九一五年終，約有七萬五千或十萬的捷克斯洛伐克人在協約國前線內。他們投效做軍事的工作，編成民族軍團，穿上法國或意國或俄國的軍裝，置身於火線上。他們自動冒着過於通常戰爭的危險。因爲他們都是奧國臣民，被同盟國捉到，便處死刑。

在馬沙克未亡命，仍在普剌圭做大學教授的時候，他已開始進行他的計劃。這是那次打破『德意志無敵之傳說』（Legend of German Invincibility）的麥恩大戰以後的事：有一位矮矮胖胖，鬍鬚不剃的人，等候一位著名的倫敦新聞記者，請他找些方法阻止俄人開鎗射擊實際上想要投入俄方的捷克兵士。這位矮胖子叫做伏斯加（Vosca），是美國公民，生時是一個捷克人，他從普剌圭來，正要回到美國去，帶來馬沙克的這個訊。這位新聞記者，斯帝特（Steed），竟能與馬沙克約定，要捷克兵士唱他們的國歌Hei Slovane（這在奧國治下很平常的事）並與駐倫敦的俄國大使朋根多夫約定，訓令俄國兵士把歌唱斯洛文國歌作爲一種降順的記號。大戰既終，馬

沙克致書斯帝特說到捷克的成功寫道『這開始於一九一四年九月我差伏斯加到你那裏的時候。伏斯加是起端。』（註一）

從一九一五年初至一九一七年四月俄國革命爆發的時候，馬沙克的大本營，大都在倫敦。該處有捷克國家議會的組織，但是運動的大本營依然是在巴黎的捷克國家議會。有時候這個巴黎的大本營成了供給協商國關於奧國有用的政治和軍事情報的中心。那裏的主腦（也是後來的兩年做馬沙克左右手的人）是朋斯博士，普剌圭的一位社會學講師。朋斯，一位矮小，近視的年輕人，他保管着捷克的國民基金，該基金大部分是在美國的八十萬捷克人所捐助的。他於一九一五年十二月赴倫敦與馬沙克磋商時，被描寫為『一個奧國大學的標準的年輕教授，不太說法語或英語，但德語很流利。』他成為一個歐洲最前進的外交家或許是最能以全歐為懷的外交家，同時他是一個國際聯盟的政治家。但在大戰中他是馬沙克的助手，專心致志於捷克民族的獨立。同時馬沙克的努力也不限於政治的和軍事的事務上：他是新歐洲週刊的主編者之一，該刊自一九一

（註一） Wickham Steed, Thronsh Thirty Years, (1924), II, 41-5.

六年十月起出版於倫敦，對於中部歐洲和東南部歐洲的事件，大有宣揚的功績。（註一）這個有影、響的刊物到一九二〇年十月停刊了。

巴黎的捷克國家議會實在是一個臨時政府。馬沙克是牠的首領，朋斯是牠的外交部長。克里孟梭政府下的外交部長畢勳（Pichon）曾代表法政府承認該捷克國家議會為『將來捷克斯洛伐克政府的原始基礎。』朋斯爵士來到倫敦與外交部長包爾福及次長西薛爾(Robert Cecil)見了面。他們不能像法國那樣給他的承認。他們以為承認捷克國家議會為將來政府的『原始基礎』，將剝奪捷克人民自擇政府的權利。可是這點非難，採用了『代理人』字樣以代替『原始基礎』字樣而解除了。朋斯博士對於採用這魔術字眼『代理人』（trustees）所得的意外結果，有些驚異，帶着這好消息趕赴巴黎去了。（註二）

馬沙克於一九一八年往紐約。他席不暇暖地奔走，直到一九一八年十二月榮歸普剌圭去做

（註一） Steed, op. cit., II, 97－100, 124, 129.

（註二） Steed op. cit, II. 231－3.

捷克斯洛伐克共和國的開國總統。這條路在美國已爲他準備了。一九一八年二月捷克人在支加哥舉行了一次會議，組織了一個美國波希米亞民族同盟（Bohemian National Alliance）。這個美國的捷克斯拉夫運動的大本營設立在華盛頓。馬沙克來到後，在美國的捷克斯洛伐克人呈了一個宣言給威爾遜（一九一八年七月四日）。內述捷克人要成立捷克國的確定的宗旨。（註一）

所以當馬沙克在一九一八年五月到紐約的時候，那裏一切事情已由他的愛國同志佈置好了。俄國的布爾雪維克政府這時剛纔完成牠脫離協商國（如今叫做協商與參戰各國 Allied and Associated Powers.）的行動。捷克斯洛伐克軍團（五萬人）因此不能再在俄國旗幟下與同盟國作戰了。可是馬沙克已經與布爾雪維克政府商妥，讓捷克軍隊取道西伯利亞赴海參崴，再從那裏用船載至法國服役。約在一九一八年七月二十七日，馬沙克以捷克斯洛伐克軍總司令的資格，自美發出一海底電訊，命令該軍留在西伯利亞，以備凡爾塞的協約國會議決定要派軍隊

（註一）Curreut History, Vol XIX, p. 311.

到那裏去重新佈置『俄德陣線。』（註一）

六月中馬沙克曾與威爾遜總統晤面了一次，八月初英政府承認捷克斯洛伐克國的好消息傳來了。馬沙克立刻拍電給法國外交部長畢勳謂：『獨立的捷克斯洛伐克國是柏林至巴格達大德意志計劃的最後阻力。』（註二）九月三日國務卿藍辛宣稱，美國承認捷克斯洛伐克爲一交戰國，並承認捷克斯洛伐克國家議會是一個『事實上的交戰國政府，具有指揮捷克斯洛伐克軍事之適當威權。』到了這時候，意大利和日本也承認了捷克斯洛伐克政府。牠如今雖然沒有領土，卻是一個國家了，『與比利時和塞爾維亞政府之暫行定都在外國土地，實是同樣的情形。』（註三）

這個秋天，馬沙克在美國都消磨在宣傳的工作上，以及捷克斯洛伐克臨時政府的逐漸加多的外交工作上。該政府依然在巴黎，但牠有一個重要代表機關在華盛頓。十月十八日，臨時政府自

（註一） New York Times, July 28, 1918.

（註二） 馬沙克已在一九一六年十二月十四日的新歐洲發表這個見解，該文題目爲"Pan Germanism and the Zone of Small Nations"

（註三） New York Times, Sept. 4. 1918

巴黎發出了一個獨立宣言。他們否認哈勃斯堡王朝統治捷克斯洛伐克人的一切權利，並宣告捷克斯洛伐克人爲『一自由和獨立的民族和國家。』代表各部分捷克斯洛伐克人的代表在日內瓦，舉行了一個會議，選舉馬沙克爲該共和國的總統。十一月十二日那天（卽對德停戰後一日）美國國務部轉給他一訊，通知他當選了；同訊中催促他立刻到普剌圭去。

一九一八年十一月二十一日馬沙克搭船赴歐。他先到倫敦，十一月三十日蒞臨時，官場正式招待。十二月七日他到了巴黎，十二月十七日他在北意參觀意大利軍隊，二十日他的專車開進普剌圭的『威爾遜車站。』和他一起的有伏斯加，這時在美國軍中爲隊長，代表美國政府。人民歡狂地來看他們的教授和政治家穿了灰色的寬長外套和氈帽，那舊日看慣的打扮，歸來了。他終於回到了他自己的老家。

第十四章 停戰

一九一八年初，協約及參戰各國正期待在十二個月內，使大戰得到一滿意的結束。威爾遜總統於一月八日向美國國會與全世界宣佈他的十四點，爲將來和平的根據。威爾遜在宣佈此項原則前，並未商諸協約國，因此他們也就不受他的宣言的拘束。然而協約國是準備照這些路線議和的。可是德人卻不預備接受一個要德國退出和恢復比利時，以及交還阿爾薩斯羅倫於法國的宣言，來做和平的根據。

春天，德國軍事領袖集中所有可利用的力量，來作攻破西線協約國軍隊的最後努力。這番努力殊不辱德軍偉大的軍事傳統；有幾個苦痛的星期，法人和英人似乎失利。正當軍事形勢依然暗淡可怖，在阿門(Amiens)的大戰仍在交轟的時候，普恩加賚總統，克里孟梭總理，英國戰時內閣閣員米納爾爵士(Lord Milner)，貝當元帥(Marshal Pétain)，海格陸軍元帥(Field-Marshal

Haig)，以及福煦(Foch)，蒲魯麥爾(Plumer)，賓格(Byng)及其他諸將，在阿門北二十七英里的多倫(Doullens)地方聚會時爲三月二十六日。克里孟梭早就認爲號令應該統一。他所做到的，只是任命了一個駐在凡爾塞的最高戰事會議(在一九一七年十一月)，可是該會只能討論，而不能發號施令。

在多倫的會議上，克里孟梭和米納爾討論過各種的建議。最後克里孟梭在桌旁坐了下來，拿着鉛筆和紙張。他用法文且寫且說道：

福煦將軍由英法政府派令調節阿門前的英法作戰機宜。

福煦插嘴道：『最好改在西方戰線。』——『你對，』克里孟梭說着就在他的草稿上改正了接着加上說：

對於此事他(福煦)須和兩位總司令成立諒解，請他們兩位供給他以一切必要的情報。

這樣告成的制度不完全是『命令統一』，但是運用得很好；西線由於福煦的調節而得救。這調節是『商酌多於命令。』從這個司令部跑到那個司令部，忠告着，建議着，堅持着，福煦逐漸地得到了三月二十六日的危機所賦與他的理論上的威權，這要感謝克里孟梭。』

四月三日（阿門已經得救）福煦的權限更加擴張了：他有『西線作戰的策略的指導權。』貝當和海格兩位總司令保有在戰術上指導他們的軍隊之權，而且，關於福煦的策略上的處置他們尙有上訴於本國政府之權。（註一）這種上訴權似乎從未用過。

到六月中旬轉機到了。德國長久的努力，以堅持，衝鋒，及生命的犧牲來維持者，到如今是竭蹶了。遇到協約國後退的軍隊的不斷的拼命，和新來的美國軍隊的朝氣，德國的屠殺銷磨了自己。六月十八日福煦的反攻開始了，那是第二次的麥恩大戰。到八月間，德國的高級指揮承認他們不能獲勝了。八月十三和十四兩天在斯派（Spa）開了一次政治和軍事領袖的聯席會議。

參與這次重要會議的領袖，有德皇威廉二世，皇太子，首相黑特林伯爵（Count Hertling）陸軍元帥與登堡，魯登多夫將軍，外交部大臣，以及較次的官吏三人。軍事領袖依舊操縱着前外交大臣辜爾孟曾擬袪除他們的把持政策，於一九一八年六月二十五日勇敢地當衆宣稱『絕對的

（註一）以上關於『統一指揮』的事實和引證，取自 Tardieu, The Truth about the Treaty, Chap. II.

結局，難希望從軍人的獨斷得到。』這實在是承認德國已經戰敗的一種慎重的說法。大本營幹部非常憤怒牠『從不隱瞞對於外交部缺乏信任的。』（註一）辜爾孟免職了，由興釆海軍司令(Admiral von Hintze)繼任，這樣更保證了軍人派的得勢。興釆不是一個好外交家，可是不用管！——德國與文明世界大部分的外交關係，如今已用不着外交牒文而是用鎗彈保持着。（註二）

在八月十三和十四兩日的斯派會議上軍人派依然得勢。興登堡和魯登多夫報告軍事形勢『並不絕望，』但已『變壞。』可是仍『沒有一個人主張對敵人提議直接議和。』『國內的戰線』必須使其強固，並且李煦諾斯基(Lichnowsky)必須治以漏洩他倫敦使命的祕密之罪（註三）

（註一） Ludeudorff, Geuerel Staff and its Problems II, 576.

（註二） New York Times, July 12, 1918.

（註三） 李克諾斯基於一九一三年夏與格萊在倫敦磋商和平，訂有條約，但未得德皇批准，李氏於一九一八年出版『我底敦倫使命』(My London Mission)大爲德軍人派所不喜。可閱 Mowat, History of European Diplomacy 1815－1914p. 290.

德皇說道『我們必須準備乘適當的時機，與敵人諒解。』外交大臣興采說，這勢必對於從前的戰爭目標予以若干限制。陸軍元帥興登堡謂，不到『西線（德國的）再度獲勝，』不應去『佈置外交線。』他力辯『停留在法境上之可能，如是結果可以使敵人順從我們的意志。』興采看出，這等於要他『依據戰勝所立下的戰爭目標』來議和平。（註一）

檢閱斯派會議的議定書，可以看出兩點：一，德國當局依然拒絕考慮不能給他們大部分戰爭目標的和平條件。第二點爲德國的政策仍是由大本營幹部操縱。魯登多夫自己的書也證明了軍事當局對民政當局的優勢。例如，這裏是首相與興登堡和魯登多夫在一九一八年七月一日集會時談話的一部分。

首相　假使英國因畏懼完全陷於美國的優勢下面，而竟準備談判，我們聽從她麼？

軍部　自然，軍部從來沒有拒絕不如此做。

（註一）斯派會議的這段紀錄取自簽名的會議稿和興采的備忘錄，二者俱載在 Preliminary History of Armistic (Carugie Endowment, 1924) pp. 17-21. 其他的引證採自魯登多夫 The General Staff and its Problems II, 585.

但是根本上就不該問軍部以這樣的一個問題。英，法，意各國政府進行談判，並沒有請求他們的參謀部的許可。

所以時機過去了。德政府不復試在協約及參戰各國所能承受的任何條件上謀和了；直到最後他們簡直得不到絲毫條件。這是聽憑軍人控制行政大吏的結果。研究外交史顯露的一樁希奇的事實，是穿軍裝的人失掉戰爭，而穿黑服的人卻獲勝仗。

奧國的卻爾斯皇帝，他的外交部長布林，及參謀部長亞爾次將軍（General Freiherr von Arz）也參加了八月十四日的斯派會議。布林曾明白警告德皇威廉，謂奧國不能作戰過冬。亞爾次將軍像平時一樣地鎮靜和易，與魯登多夫討論軍事形勢，及再行遣派奧國隊伍前往西線的方法，雖然他也說他們不能支持過這個冬天。然後，亞爾次離開了，依然不失他淡漠的空氣，欣然的形容。魯登多夫再沒有見過他，但繼續對他抱着最高的尊敬，像一個人和一個兵士。（註一）

（註一）Ludendorff's Own Story, II, 336; 比較 Nowak, The Collapse of Central Europe (1924 英譯本) p. 222.

布林的計劃是請協約國，派遣代表在一中立國內作一祕密而不受拘束的討論。德國政府用盡方法阻止他請泰拉特（他正逗留在維也納）贊助他們的見解，並且使亞爾次運用他與奧皇的勢力。這個奧國牒文，躭擱至九月十四日纔發出，而同日德皇威廉還親自拍電想拿奧德盟約來阻止牠。（註一）奧國的建議卻被拒絕了。

如今來到九月二十六日至十月三日間的黑暗日子，這時候德意志的命運是註定了。九月二十六日魯登多夫在軍部裏從維也納方面得悉保加利亞正要單獨媾和。派遣『最能幹的德國將軍』率同軍隊往梭菲亞的命令立即發出了。駐梭菲亞的帝國全權使臣，約定保加利亞的沙伏夫將軍(Gen Savoff)共同『推翻政府』。但是在他能實行這樁友誼的責任之前，保加利亞已與愛斯披來將軍（General Franchet d'Esperey）在沙朗尼加前線簽了休戰條約（九月二十九日。）

同時德國外交部已斷定和平談判必先使政府民主化着手；因爲威爾遜總統——德人的主

（註一）Preliminary History of the Armistice, p. 30 （德外交部的報告）

要希望——分明不肯與現存憲法下的任何機關開談判的。（註一）帝國政府，已有四十七年不肯把閣員負責制度賦予民選的立法院，以致毀壞了德國的政治生命，如今採用了這個制度作爲媾和的計策。

在十月一日，新政府成立之前，曾於八月十四日阻止立卽議和的軍部，現在突然要求立卽發出和平的建議。今日軍隊猶能固守，明日之事不能料矣。同日另一電報稍後也從軍部裏一個外交部的代表發出，謂『魯登多夫告訴我，說我方提議必須立卽自般恩（Berne）發往華盛頓。軍隊不能等候四十八小時。』另一電文報告：『他說他覺得像一賭徒，隨便何時何地也許有一軍團要敗他的事。我得到的印象是，』這外交部代表繼稱，『他們在此全都失掉了神經。』（註二）此時的魯登多夫常被指爲陷在一種恐慌之中。這點他在所著的書裏加以否認，他寫道：『我

（註一）德外交部一九一八年九月二十八日預備的備忘錄（見 Preliminary History of Armistice, P. 34.）

（註二）Lessner 一九一八年十月一日致德外交部的，(Prelim. Hist. of the Armistice. P. 40). 文旁的加點出於原文。十月六日 Von Payer 在會議上與首相談：『Ludendorff 的神經是不可靠的了』Ibid.,p. 49)

慢慢地達到這個運命攸關的結論』（乞和。）（註一）軍部的見解是，現今大戰確已失敗，所以再行繼續，只是徒然犧牲生命。（註二）魯登多夫這樣就爲自己辯白了。德人卽使決心繼續作戰，也不會得到更好的休戰條件的。魯登多夫以前之反對言和，也同樣的不容輕易原諒。但是眞正的罪惡不在他，而在德國的制度，讓軍部代文官來決定和戰的時間與條件。

在德國開始議會政府制度的德國新首相是巴登大公爵（Grand Duke of Baden）的兄弟。巴登本是德國各邦中最寬大自由的一邦。新首相也是主張自由主義的人。麥克司親王（Prince Max）十月一日下午抵柏林。和平通牒，本希望二日就發出。但是大公爵沒有宣佈他准許麥克司親王接受帝國首相之職。非但是大公爵的准許是必要的，而且在憲法上只有德皇纔能請他出來。要在一晚上把這一切都弄好似乎是不可能的。德皇是在一輛從斯派回到柏林的專車裏，可是電

（註一） Ludendorff's own Story, II, 376.

（註二） Statement of Major von dem Bussche to the Rlichstag, Oct. 2. 1918(Prelim. Hist. of the Armistie, p. 45)

話做了神奇的工作。德皇的火車停在可隆（Cologne）和巴登省府通訊。到當日夜半，大公爵的准許也得到了。（註一）麥克司親王對發出和平通牒略有躊躇，直到後來再聽興登堡說每天過去只使軍事形勢更見惡劣。十月三日，和平通牒由瑞士使館發往威爾遜總統。該牒文請求威爾遜總統根據『他在一九一八年一月八日致國會書和他後來歷次的宣言，特別是他一九一八年九月二十七日的演說裏面所定的方針』設法恢復和平。德政府並聲請立即締結休戰條約。奧匈也有一個同樣意義的通牒，由瑞典使館轉給了威爾遜。

如今一切全視休戰條件如何。德人希望能議妥一種休戰條約，雖然須退出比利時和法國東北部地方，但是萬一和平談判不成時還可以在法德邊界上作戰。（註二）一種降服的休戰，在軍事外交史上幾乎未之前聞，那是沒有料到的。

威爾遜總統於十月八日答覆德國通牒，謂『他覺得不能隨便向美國政府所聯合以敵同盟

（註一）Ludendorff, The General Staff and its Problems, II, 622.

（註二）Max to Ludendorff, Oct. 8, 1918(Preliminary Hist. of the Armistice P. 51)

國的各政府，提議停止戰事，當該同盟國軍隊猶盤踞於他們國土上的時候。』他還說他是『有理由問這位帝國首相是否僅僅代表一向主持大戰的帝國當局說話。』

經過多次激烈的會議，德國當局於十月十二日答覆威爾遜說，德政府有必要的民衆基礎，而且準備承受美總統關於撤兵的提議。他們提議召集一混合委員會，實行撤退的辦法。威爾遜總統於十四日截然答稱：

（一）必須明白認淸，撤退的步驟與休戰的條件，必須憑美政府和協約國各政府的軍事顧問的意見。

（二）本總統覺得責任所在，理應說明，凡不能絕對保障美國與協約國軍隊在戰場上現在所佔的軍事優勢之維持，任何辦法，美政府槪不接受。

威爾遜繼稱德人長此繼續『他們不法不仁的行爲』不能有什麽休戰。該通牒的結論謂德人必須變更向來統治他們的權力。簡直是要求德人，如果要謀和平，必須使賀亨索倫朝去位，並且須取消貴權階級的優勢。

這種質直的說話，以及關於協約國軍事優勢的暗示，自德政府看來，自然是苦不堪言。副相派葉爾(von Payer)在十月十六日爲討論該通牒而舉行的會議上，表示了他的見解，謂這通牒完成了德國人民道德上的崩潰『第二個威爾遜通牒來到的時候，他們的精神破壞了。』(註一)人民也知道美國援軍絡繹蒞法的數目：『美國的話始終是正確的。』(註二)

十月十七日在柏林召集了一次會議，討論第二次威爾遜通牒，德皇沒有出席。首相麥克司親王主席。魯登多夫也在座。這個通牒實際上近乎要求投降。希爾海軍司令(Admiral von Scheer)代表海軍，魯登多夫代表陸軍，現在主張繼續作戰。與采辭職後的外交部長索而夫(Solf)提醒魯登多夫意見的突變：那是『一個絕對的謎。』月初魯登多夫力促政治當局『向我們的敵人請求休戰』海軍部也同樣的昏亂；一年前他曾明白答應阻止美軍的輸送『這允許沒有履行。』可是海軍部猶信賴U船(不管弗蘭德爾 Flanders 海岸和奧國在地中海的根據地喪失)便要在目

(註一) Prelim. Hist. of the Armistice, p. 88.

(註二) Colonel Heye, 在十月十七日同一會議上說的, Ibid: p. 94.

前，）還主張拒絕威爾遜通牒。（註一）海異大佐（Colonel Heye）謂這通牒只有接受或拒絕牠的條文是不容磋商的『牠是一樁只有答覆是否的事情。』與登堡從西線來電表示，應該拒絕該項通牒，繼續作戰：『卽使我們戰敗了，我們也不致比現在接受一切來得更壞。』（註二）

德國對威爾遜第二通牒的答覆，終於在十月二十日擬就發出了。內容軟弱而不着實。牠同意把休戰條件交給『軍事顧問去判斷』（沒有說明德國軍事當局是否包括在這一句裏面）；但是牠接受了退出佔領區域的條件；牠還擔任保證不襲沉行客船隻。這個通牒並向美總統保證，謂德國如今已有了立憲政府：『將來任何政府不得國會信任是不能任職或繼續任職的。』（註三）

威爾遜總統於十月二十二日在白宮召集了一次內閣會議考慮這個德國答覆。郵務部長布爾生（A. S. Burleson）以爲休戰條件如果交給潘興，福煦，和海格去議定，恐怕這些軍人太溫

（註一） Prelim. Hist. of the Armistice pp. 96－9

（註二） Ibid., pp. 101. 105.

（註三） Ibid., pp. 105－6.

和了。他主張要求完全屈服。財政部長馬克都（W. G. McAdoo）謂這樣一種政策，或許會延長戰爭：「加之，我們須知財政上協約國，甚至於我們，怕不能照這次戰爭的現在規模再接濟兩年——實在是要我們接濟。」威爾遜總統說「只有路易喬治與英國工黨表示過同意於他所提出的條件」並且英人「對於開放海洋問題正在搗麻煩。」閣議於是告終。（註一）

翌日，星期三，十月二十三日，總統致德人的答覆，在報紙上披露了。在覆文內，威爾遜聲稱，如果與美國聯合的各協約國政府允許停戰條件，則由他們的軍事顧問以及美國的顧問起草。這些條件在提交德國以前，應經與她敵對的各政府批准。關於德國立憲政府的問題，美總統丟開一切婉曲的說法寫道：「普魯士王控制帝國政策之權，並沒有減削。」

兩個在慕尼克和般恩的德國重要外交家致書德外交部，聲述意見，謂威爾遜通牒最後一節，實在等於要求廢立德皇。柏林的政府正籌思這一步的可能性。新國務員中有一位夏特孟(Schei-

（註一）　此次閣議情形由美國農務部長 David F. Houston 於一九二六年四月五日在 Chicago Herald and Examiner 報披露了。

demann)(是一個社會民主黨人)曾在十月十六日的會議上明白說過：『難道眞有人相信，在今日之下人民中間還有保留德皇的意向，如此堅強，足以叫他們為他效舉手投足之勞。』十月二十八日公布了一道上諭，吞吐地說道：『德皇之職，依然對於德國人民的是一種服務。』

同時奧皇於二十七日來電，通知德政府說他正預備單獨乞和。同日德外交部簡單答覆威爾遜的第三通牒牠說德政府如今『等候休戰的提議。』

十月二十八日莫德剌將軍(General Von Mudra)自前方被召回來，向各國務員作證，他主張繼續作戰，但是續稱：『假使奧國無條件納降，而且加入敵人方面，我們那就失敗了。』(註一)

十月三十一日的一個電報，宣稱土耳其已簽訂莫德羅斯(Mudros)休戰條約。十一月三日奧國簽了一個休戰條約，內許協約國軍隊使用奧國的公路，鐵道及水路。

威爾遜在休戰前的最後一個通牒，發於十一月五日。內稱協約國政府同意美國根據美總統一九一八年一月八日對國會演說詞中所定條件以及他後來歷次演說所宣布的解決原則，與德

(註一) Prelim. His. of the Armistice, p. 127

媾和。可是對於那十四點，協約國政府有兩點保留：

第二款述及尋常所謂海洋自由容有種種不同的解釋。所以他們在赴和平會議時，對此必須保留完全的自由。

再者，在一九一八年一月八日他對國會的演說中，定下的和平條件裏，總統宣稱侵佔的土地，不但須退出解放，並且須恢復。協約國政府覺得，這條文的含義所在，不容有什麼疑義。照此條文他們認爲德國應賠償協約國人民及其財產，因德國陸海空的攻擊所受的一切損害。

總統繼稱福煦將軍已受命接見德政府的正式代表，並通知他們以休戰的條件。

德政府現已決定接受協約國的條件。十一月三日基爾（Kiel）的海軍叛變了。這運動擴大到後來成爲一個革命。十一月七日十二點鐘德國休戰委員會自斯派乘汽車赴法軍前線。（註一）十一月九日德皇退位，與皇太子逃入荷蘭。

十一月七日離斯派赴法的休戰代表團，包括國務員埃爾慈伯吉爾（Erzberger），奧本多夫

（註一） Ibid., p. 145.

伯爵(Count Oberndorff)，陸軍少將溫特凡爾特(Winterfeld)，海軍艦長萬斯羅(Vanselow)；還有一個上校，一個翻譯和兩個祕書。代表團曾接到法方無線電通告，謂須到拉卡丕爾(La Capelle)路的某一十字路頭等候(Chimay-Fourmies)。『這十字路是用探照燈的光線標出的。』(註一)在兩旁數里之遙，法方停止一切射擊。在下午九時十五分，德代表的三輛汽車到了十字路上。福煦元帥遣派的官吏，迎他們入簾幕垂下的汽車內，開往康本(Compiègne)樹林中的佛朗克樸堡(Château Frncport)。當夜就歇在堡內。翌日早晨他們搭汽車往萊桑特(Rethondes)村，福煦在那裏的專車中，接見他們。除福煦外，協約與參戰國方面在場的，還有英國海軍部第一海軍大臣(First Sea Lord)魏米斯海軍司令(Admiral Wemyss)和美國海軍司令西姆斯(Admiral Sims)。英法陸軍總司令海格與貝當是在他們各別的軍中。

『你們希望的是什麼，先生們?』(註二)福煦在德方代表進見的時候問着，始終是溫文而且

(註一) Current History, XVII, 360

(註二) Buchan, A History of the Great War, IV, 414.

有禮貌。他們把使命說明了。檢閱委任狀後，福煦清清楚楚地宣讀休戰的條件。德國代表們對於完全降服的要求，似乎很驚異。限七十二小時答覆，至星期一上午十一點鐘爲止滿期。埃爾慈伯吉爾請求同時立卽暫行停戰。福煦元帥拒絕。

德國代表團決定派一急使往斯派報告並且聽候訓令。可是這位急使因德人正在轟炸拉卡丕爾路不能前去。於是爲他預備了一個法國飛機，但不久從德軍部卽來了一訊，謂該路上炮火將停止。當日（十一月八日）下午三點二十分急使海爾多夫(Helldorff)上校卽乘汽車出發赴斯派。他很不容易的到了那裏，恰好來得及與柏林作電話通訊，及取得簽字的權力。休戰便於十一月十一日卽星期一上午五點鐘在康本樹林的寒冷和灰色的黎明裏簽訂了。牠規定海上立卽停止戰鬥（卽一俟船隻能夠通知到的時候起，）陸上在六小時後停止戰鬥。命令是由戰壕的電線傳達的。

休戰條款非同尋常。他們所規定的，不僅停止戰鬥而已：他們規定了某種降服，使一方在休戰期滿後，不能再戰。根據第三十四條牠的有效期間爲三十六天，還有展延之權（牠實在展延到凡爾塞條約的簽訂爲止。）比利時，法蘭西，亞爾薩斯羅倫及盧森堡須立即撤退（第二條。）萊因河左岸也要撤退，還有梅顏斯(Mayence)，可勃倫慈(Coblenz) 及可隆等地方的橋梁，再加上自這些橋頭起在右岸十九英里（三十基羅米突）半徑以內的地方，那左岸，那些橋頭，及那右岸十九英里半徑的土地，由協約國軍隊佔據。在右岸向內展開六・二五英里，還要劃爲中立地帶（第五條。）德人須交出五千尊礮，二萬五千尊機關砲，三千自動礮，和一千七百個飛機（第四條。）德人所俘的戰虜，應無互惠地交還。德國俘虜的交還，須等到和平會議解決（第十條。）自一九一四年八月一日起，屬於俄國羅馬尼亞或土耳其的一切領土，德國軍隊皆須撤退。至於勃來斯里托夫斯克和布加列特條約，須予撤廢（第十二與第十五條。）海軍的條款，須交出所有的潛水艇，五個戰鬥巡洋艦，十個戰艦，八個輕巡洋艦，及五十個驅逐艦（第二十二與第二十三條，）以及協約與參戰各國成立的『封鎖』形勢之維持，不過他們須設法在休戰期內供給德國食糧（第二十六條。）

（註

雖然進行上有很大的技術上的困難，可是這些條件德人實踐了。德軍一翼（約七萬人）在退却中，經過荷蘭里姆堡(Limburg)省南端——這是一種中立的破壞，而爲荷人所准許者，他們把軍士的武器和戰爭資料扣留了。（註二）假使荷蘭政府不准這些軍隊道經里姆堡，那麽這些兵士旣未在指定期內撤退佔領區域，就要成爲俘虜。協商國政府提出了嚴重的抗議。

曾有人建議，協約國本可以拒絕休戰而繼續戰爭，以至德軍破碎和柏林佔據爲止。又有人建議，或者在休戰時要求完全的降服，就是說敵方陸海軍的『完全解除武裝與遣散』（註三）福煦

（註一）Spa Agreement for provisioning Germany, February 8, 1919, Trier Agreement of 16 February; Brussels Agreement of 14 March 見 Kraus und Rödiger, Unkunden zum Friedensvertrage (1920), 2,94ff.

（註二）Pages d'Histoire Chronologie de la Guerre(1919)pp.305, 307, Japikse, Die Stellung Hollands im Weltkrieg(1921) p. 316.

（註三）這是美國代表布里斯將軍(General Bliss)在協約國最高會議的提議(見 Tardieu, The Truth of the Treaty p. 65)

反對末一個提議，他指出協約國在這時候無從監察德軍是否完全遣散；惟一切實的事，是要求一指定數量的戰械，看牠是否交出，並且佔據若干區域。至於要求繼續作戰一層，福煦的見解是：第一，協約國正爲強迫德國接受其意志而戰，休戰條件做到了這層『我們的目標旣已達到了，沒有人有再流一滴血的權利』。『人不過爲了結果而戰』第二，他報告最高會議說：

你們的軍事顧問定下的條件，就是我們在再戰獲勝後所應該和能夠誅求的條件。所以若是德人現在接受他們，那就用不着再戰下去。（註一）

在簽訂休戰條件的時候，德國全權代表抗議，謂『這種協定的實施，將置德國人民於無政府和飢饉之中。』這個預言被證爲不確了。波爾雪維克主義以斯派他主義（Spartacism）之名，在德國爆發了，但是被德政府能運用的並且又堅決又謹愼地用着的許多器械充足的軍隊所制止了。供給德國人口的食料證明是一件艱難的工作，而且無疑地在封鎖期中非常慘痛。可是也不能斷定，這種慘痛是否可因解除封鎖而得到解除，這或許是大戰與停戰後的紛亂所引起的經濟

（註一） Ibid., pp. 66. 67.

狀況的失調所造成的。

第十五章　巴黎會議

德人既然屈服在這種休戰條件之下，便不能不接受協約國的和平條件。這些和平條件的內容，大概見於協約國在一九一六年十二月三十日對德國第一次和平提議的答覆及一九一七年一月十日對威爾遜和平通牒的答覆裏面。再則，如十一月五日威爾遜的通牒所說，協約國除了保留海洋自由和賠償人民損失兩項條件以外，已經同意以十四點爲構和的基礎。

在戰鬬的最後幾個月裏，主要的協約與參戰各國已作和平會議的準備。巨額的情報——歷史的，地理的，人種的，與統計的——已經搜集了，印了出來；不過協約國沒有聚在一起，來商妥他們的確定的和平條件。(註一)一則協約國政府的主腦正聚精會神於戰事，再則會集來討論和平條件勢將打破協約國的和諧，而削弱他們的戰事進行。

(註一) Temperley (editor), A History of the Peace Conference (1920), I, 237.

自從一八一四年至一五年的維也納會議以來，實在沒有開過大規模的和平會議。因此巴黎和會未免稽遲於採取一種合理的進行方針。可是有一件事大家似乎自始便同意了：就是和會須於巴黎舉行，德國代表不得參加談判。塔列蘭（Talleyrand）在維也納會議上釀成各同盟國間不和的那種回憶，也許助成這種見解。一九一八年的協約國，決心擬定條件後再向德人提出，實質上等於最後的形式了。凡爾塞的和平，不是一種經過磋商的和平。究在何時決定拒絕敵國參與談判，沒有人知道：泰狄歐（Tardieu）說協約國中就沒有人建議過許他們參與。（註一）

協約國與參戰國的代表於一九一九年初聚集於巴黎。一月十二日工作便開始了。一月十八日會議在法外交部由普恩嘉賚總統正式開幕。根據威爾遜的動議，克里孟梭被選為會長。一位法國外交部官吏杜他斯他(Dutasta)被派充為祕書長。該會公開發表的第一次會議錄，登載了這些事實，及普恩嘉賚的演說；另有一個附錄，載有和會的規則。最重要的規則是協約與參戰各國劃分為兩部份：一，參戰國之有一般利益者——美，英，法，意，與日本；二，參戰國之有特別利益者——比，英

（註一）Tardieu, op. cit, p. 98.

屬自治各邦與印度，中國，古巴，希臘，危地瑪拉，海地(Hayti)，赫甲茲(the Hedjaz)，宏都拉斯，里比利亞(Liberia)，尼加拉瓜，巴拿馬，波蘭，葡萄牙，羅馬尼亞，塞爾維亞，暹羅，捷克斯洛伐克。具有一般利益的五強，可以參加一切會議與委員會。具有特殊利益的十八國，於討論涉及他們的問題時，纔能與會。這種劃分，雖說未免招怨，不過不如此會議便不能進行。打勝這次戰爭的，是五強或毋寧說是四強(英，法，意，美。)他們的意志必須尊重，而從開頭就這樣直說倒比較妥當。並且，假使允許所有參戰的協約各國，以他們不可勝數而且時常衝突的利益參加一切會議，該會勢必無法進行。(註一)

該會工作分下列幾部份進行：一，十人會議(Council of Ten)，由美法英意四強國政府的首腦和外交部長以及日本兩個有大使官級的代表組成。他們自一月十二日起至三月二十四日止，每天開會兩次；三月二十四日後該會議便縮小爲四人會議(四強的總理)。(註二)討論到任何參戰小國(或是與德斷絕外交關係的國家)的特殊利益時，該國的全權代表便出席參加。次

(註一) 比較前擧的 Hist. Peace Conf., I, 249.

(註二) 還有一附屬的五人會議 Council of Five，包括四強的外長與日本代表一人。Hist. Peace Conf., I, 267.

於十人（或四人）會議的是一個起草委員會和五十個以上的別種委員會，其中主要的是關於國際聯盟，關於賠償，關於領土問題等委員會。每一國家除派有全權代表外，更派有許多技術的助理，上至國務員和外交家，下至打字員和排字人，不等。英國代表團及書記等全體不下六百人。

所有各代表團的居住不是一件容易供給的事情。高級的政治家往往由一巴黎友人或有公共精神的富室供給寓所。威爾遜由法政府供住於美國街（Place de Etats Unis）的比斯可芬飯店（Hôtel Bischoffen）。四人會議很多次數在該處開會。路易喬治有一位英國貴族的『公寓』，在尼托路（Rue Nitot）二十三號，靠近得勝門（Arc de Triomphe）。英國代表團多數住在大華飯店（Hôtel Majestic），那是英政府特為和會租下來的。全體僕役由英國帶去，代表團的事情，極力設法保守祕密。代表團辦公處設於奧斯托利亞飯店（Hôtel Astória）與另一飯店，這兩處也完全是由英政府租下來的。廢紙簍的東西每夜都小心收集付之一焚。其他大國的佈置也相類似。美國代表團住在康可街（Place de la Concorde）的克利隆飯店，（Hôtel de Crillon）。於是在大華與奧斯托利亞的英人住在伊里西街（Avenue des Champs Élysées）的上頭，美人住在下頭。國際聯盟委員會大都在克利隆開會。美國代表團有許多人在克利隆住不下。他們便住於河的兩岸各公寓及房子裏面。

巴黎那時一點也不好玩。沒有人能像李恩親王(Prince de Ligne)形容維也納會議那樣來形容巴黎和會；說是『會議跳舞而不進行。』巴黎的商店差不多是空的。著名的糖果店，除掉供給麵包外，很少其他的東西。飯館裏只有幾種食品，價格卻是高極了。在英國和別的使館裏舉行了幾次正式宴會。在各代表團住的飯店裏，非官場的娛樂委員會組織了幾次跳舞會。但決不能說是這會議跳舞了。反之，牠工作得極辛苦。假使牠有受累的地方，那便是牠的助手們準備的材料太多。雖然發生的錯誤頗多，但無論如何，憑公道說來，這是一樁想在每個問題上取得完全的情報及辨別證據的誠實企圖。

巴黎和會是一個有力的國際機關，很有趣而且很普及。來往酬酢，非常頻繁在各代表團員之中及相互之間，有不少的肅靜的招待。除了在和會中任有職務的人以外，幾乎稍有名聲的人，在一月十二日至六月二十八日，都到過巴黎。歐羅巴洲以各協約與參戰國來代表而論，在這幾月內變成一個了。自然各國都有牠自己的偏見與嫉妬；但是他們的代表與他們的官佐全都是和會的份子，他們全都參加過大戰的偉大的合作努力，如今在凱旋的愉悅空氣中，他們全都廁身於和平的締造。這和會令人油然而生彷彿同屬一個教會的共同感覺。牠是一個國際的中心或社會；牠包括所有的協約國家。歐洲合衆國在烏雲再把牠遮掩以前，出現了一會兒。

或許這方面國際團結的現象，再沒有比在大華飯店裏所見到的更動人。這是巴黎一個最大最新最漂亮的飯店，食物也許不夠頂豐盛，但淨窗明鏡，電光，安樂椅，及氣爐，並不缺乏。在這地方，人們能夠團聚，躲避外面巴黎的潮濕不歡的空氣。英國代表團大概是最大的了：牠的朋友與熟人極多。大華的高大的客廳，成了一種國際的駐驛 (caravanserai)。每當旁晚餐罷，英國代表團的團員——除了最重要的政治家以外的人們，——便兩兩三三地在小桌旁的細柳椅中坐着，談談天，看看報，或者就那樣懶洋洋地看着來往不斷的人。各國和各色的人，都從那個阻擋寒風的轉旋門裏進來，走過池子，各走各的道，各赴各的約，一個一個不見了。一位英國的閣員，穿一件厚重的士維特絨 (Tweed) 大衣，一位法國的官吏，穿了整齊的制服——燦爛的肩章和華美的闊紅褲子綴着一道寬黑邊；一位阿刺伯親王穿着廣大滑淌的白袍子；英國官吏穿着樸質的褐色制服，襟上綴着顏色文雅的紐子，袖上滾着邊；一個法國外交部的官吏穿着樸質的黑服，看上很整潔，像做事的人；美國的海陸軍官高高的和直挺挺的，人穿着紐子扣到頸上的老式緊身服，看上去總是活潑幹練的；俄羅斯人，波蘭人，烏克蘭人，捷克人，和塞爾維亞人，黑氈帽，黑大衣，和缺少運動而致的淡黃面色的有鬚的市民；日本人，整潔，冷淡，堅決，好問人家的；中國人，紅色的；印度親王有着聰明的面孔和可喜的表情，穿了褐色制服，帶一種擺動的軍人的舉止；葡萄牙官吏穿着淺藍色，意大利人穿着灰色，挾着他們的公事皮包的法國政治家，他們的迅速的步伐，和他們更迅速的總明的瞥視——大華飯店的戲劇，在不斷的表演。在玻璃的圓屋頂下面，小桌旁，許多新來的人和他們的朋友坐了下來，啜着咖啡，討論他們同僚的過失，他們本國的公正的要求，或是解除世界困難的路徑。人人都知道一些關於和會的事情，運輸問題，多瑙河，煤礦的讓與，托蘭雪而文宜亞（Transylvania）的人種學；但是很少人知道那機關的中心，那神祕的房間，在那裏幾個重要政治家正裁定數千份報告與紀錄的結果，一句一句地在擬定那條約。雖說有許多人在那裏工作，但條約的實際構成，仍包羅在神祕之中。比斯可芬飯店的高牆，或是陸軍部裏克里孟梭的同樣不可攀登的梯層，使那條約不僅與世界間斷，就是與會議本身也相隔絕。

和會的工作分成兩個很清楚的時期：第一，自一月十二日至三月二十四日。在這時期中，十八會議（協約與參戰各國的首腦和外交部長）從事於條約的構成；第二，自三月二十四日至六月二十八日，在這時期中，四人會議（除日本以外的列強首腦）將工作攬在手裏。在第一時期中，成就了許多有價值的工作，但條約沒有起草。在第二期中，四巨頭感時光的蹉跎，做成了歷史上最大最複雜的條約，並且得到了簽署：一件確實偉大的成就。

一位美國代表看出在和會進行中，有五大危機。（註一）這五個危機是關於委託統治的殖民政策；擬議的國際聯盟；賠償和萊茵左岸問題；阜姆問題；及山東問題。

在和會開幕前就決定了（至少是假定了）征服的殖民地不再歸還德國。所以一月裏在巴黎考慮到處置這些殖民地的時候，瓜分的計劃便提出來了。就全體看來，列席會議的各國的見解，

（註一）Ray Stannard Baker, What Wilson did at Paris (1919), pp. 20–1.

是傾向於合併的。可是威爾遜總統堅決主張委託統治制度。這種觀念是起於英國殖民歷史的各種環境。母國管理她的殖民地，直到他們能夠自治爲止：大英自治領地(British Dominions)就是幾個依此路徑得到自治政府的國家的例子。同樣地，美國之佔領菲律賓，始終認爲是暫時的事情：美人正在引導菲律賓人向自治的目標進行，最終便是獨立。在和平會議召集以前，一位南非洲代表兼英國戰時內閣閣員斯瑪茨將軍(General Smuts)曾著一小册子，進一步擬定一種國際聯盟的計劃：在這本小册子裏面，他曾經討論到國聯擔承某幾處地方的委託或是『委託統治』的可能性。霍斯大佐早在一九一四年六月就有了同類的委託統治的理想。(註一)威爾遜總統便抓住了這種理想，作爲增加國際聯盟勢力，同時阻止歐洲國家的合併政策的方法。經過幾次熱烈辯論以後，委託統治制度便被採取了。

在二月中旬與三月初旬，會務頗受路易喬治和威爾遜缺席的影響。路氏因爲英國國內發生困難問題被召回倫敦，威氏則赴華盛頓簽署若干國會的法令。在一月二十五日和會的第一次全

(註一) The Intimate Papers of Colonel House, I, 264, 275

體會議時，便通過了國際聯盟的盟約，應列爲和平條約的一部。國聯是威爾遜所最注意的，他堅持主張國際聯盟盟約應列爲和平條約的一部份，而非另外的一種文件。可是當他三月十四日由華盛頓回來時，他得悉已有一種計畫要趕快完成預備和約，以解決德國疆界，與解除軍備一類的主要問題，而把國際聯盟留諸最後的條約裏面。威爾遜恐怕這樣會使國聯削弱。因爲預備和約實際便是主要條約：牠是構成和平的；並且他覺得，如果要聯盟堂皇地成爲歐洲公法的一個基本部份，就應該列在主要條約裏。在另一方面，要求迅速締訂一預備和約的民情，確也可以看得出來。一個預備條約可以成立和平，來代替一個不安的休戰；牠可以解除德國的封鎖；牠可以把需要時間的事件留下在一種冷靜的空氣裏面來從從容容地商妥。這是罷戰和締結大規模的和議的『經典辦法。』所以第二個危機發生了，經過一番竭力奮鬪之後，威爾遜又勝利了。預備條約不用了；將聯盟盟約列入所有各國全權都要簽名的最後條約 (Final Act) 上面。關於和會要人們對國際聯盟計畫的態度曾有許多苛刻的議論。威爾遜，斯瑪茨，西塞耳，布爾喬亞 (Bourgeois) 及包爾福是牠有力的擁護人。其餘的人並無反對的意思，但是願把此事委之於牠的熱烈的擁護者。據說法總理每天早晨醒來時，常對自己說道：『佐治克里孟梭喲，你好好信仰國際聯盟吧。』一個更有確實來歷的故事說有一位意大利代表當人家叩以意大利對聯盟態度時，他答覆道：『好，我們相信牠，不過我們要阜姆問題先解決。』（註一）

四月是和會歷史上最惡劣的一個月，也是世界歷史上最惡劣的一個月。匈牙利發生共產革命了，三月四日巴伐利亞也發生共產革命了。協約國不得不撤退阿特沙（Odessa），委之於布爾雪維克人反對布爾雪維克人的革命是在挫敗之中。社會的和經濟的紛擾鬨動了英國。愛爾蘭正在叛變。和會外面的世界彷彿正在支離破碎之中。會議自身也被衝突的利益所分裂了。法國正在這種困難情形底下提出了安全的要求。成立國聯基礎的原則已經通過了，解除德國在將來或是一個相當時期內的軍備的辦法已經討論過，並且沒有多大爭論就解決了。但是德國的裁減軍備，並不能使法國覺得安全。她要求德國的西部疆界應定在萊茵河。她並不是要把這塊土地歸併給

（註一） Baker, What Wilson did at Paris, p. 74. Hist. of Peace Conference, I, 261－2. 威爾遜不在時，霍斯但曾允許國聯會章可在和約簽署後再說，不作為和約的一部。據說這就是威爾遜與霍斯疏遠的開始。

她自己。法國在歐洲的領土目的，限於亞爾薩斯羅倫和沙爾區域，前者是在一八七一年被德國奪去的，後者是在一八一五年在她佔有了二十年後被德國取去的。她如今的計劃是要把萊茵左岸——即位於亞爾薩斯和荷蘭邊疆之間的地方——建爲一個自主的中立國。大戰時，（一九一七年二月十四日）（註一）她爲了此事，曾與俄國訂了一個密約。法國福煦元帥一九一八年一月十日的備忘錄，及泰狄歐（克里孟梭的左右手）三月二十六日上的備忘錄，都極力爲法國這計劃辯護。（註二）

英人認法國這種計劃是很不切實際的。七百萬團結堅固的德人，與他們在彼岸的同胞毗連着——如果想要使他們與德國脫離，而不致使歐洲局面發生『糾葛和軟弱』那是辦不到的。（註三）當三月十四日威爾遜總統從華盛頓回來時，他也不太贊成。這是一個煩惱的時期差不多

（註一）Russian Note，於一九一七年十二月十二日載 Manchester Guardian.

（註二）全文見 Tardieu, the Truth About the Treaty, pp. 145–67.

（註三）此爲 Mr. Philip Kerr 與 Tardieu 的談話，Mar.12, 1918 (Tardieu, op. cit., p. 173)

歐洲或者甚至於全世界的政府和君主都來訴寃。西班牙皇帝的意見和行動是當尊重的，他於三月二十五日致書威爾遜，論及布爾雪維克主義，其中附了奧地利前皇却爾斯的一封信。這位不幸的皇帝還住在他那以前的帝國。他的信是於一九一九年三月十七日自近維也納的意卡左(Eckartsau)堡發的；他籲請協約國出來阻止多瑙河區域成為『巴爾幹化』或是比巴爾幹還不如。四月四日那天，革命和共產暴動的消息也來了。『同一日，漂亮的比利時王亞爾培(Albert)乘飛機自布魯塞耳飛來了，堅持比利時人對於賠償的優先權利——這樣加了一個新糾紛。』(註一)路易喬治與克里孟梭彼此間也發生了一場筆墨戰爭，開始於三月二十六日他那著名於今的覺書，書中路易喬治宣稱，施諸德國的領土條件，必須使德國在構和之後不懷恨在心。(註二)克里孟梭不難指出德國喪失了她的殖民地，她的艦隊，以及她所重視的其他許多東西，無論怎樣，她是必

(註一) 西王與奧前皇之信俱見 Baker, Woodrow Wilson and Wored Settlement (1922), III, 246-8, 比王事見同書 Vol. I, p. 46.

(註二) 此覺書於 Genoa Conference 後在英國印行了(一九二二年三月二十五日)

然要憤慨萬分的。健康大受損傷的威爾遜總統，感到憂慮煩悶，而且差不多絕望了。四月七日，他發了一個海底電訊令喬治華盛頓號戰艦從勃羅克林（Brooklyn）開到勃來斯特（Brest）候命。這個消息發了給在巴黎的美國新聞局（American Press Bureau）。如列席柏林會議的皮康非爾德爵士（Lord Beaconsfield）的專車，喬治華盛頓號是隨時準備離去的。

自從喬治華盛頓事件後，空氣漸漸好了。雙方開始互相遷就些。在四月十日與十一日，國際聯盟委員會的末兩次會議舉行了。聯盟盟約照威爾遜主張的路線完成了，準列在和平條約裏面。他終算遂了心願。關於沙爾（Saar）與萊因左岸的問題，成立了一種妥協——法人取得沙爾礦區，萊因則由協約國軍隊佔據十五年。並且為抵抗仍歸德有的萊因左岸起見，英法兩國向法政府獻議了一個安全保障條約（Guarantee Treaty of Security）（一九一九年三月十四日）。（註一）

（註一）一九一九年三月十七日的法國通牒。文見 Tardieu, op. cit., p. 180. 又 Haskins and Lord, Some Problems of the Peace Conference (1920), p. 132.

和會裏的，或者毋寧說是四人會議裏的關於賠償的見解的衝突，集中在戰爭費用和人民損失上面。十一月十一日休戰條約第十九條訂定『賠償已造成的損失，』但是牠也包含一句（那長句是用這短句開頭的）『附帶保留協約國與美國將來有任何要求仍不受此拘束。』這一點的採取，是協約與參戰各國在一九一八年十一月二日根據法財政部長克洛茨（Klotz）的提議，事後纔想到的。但是經過和會經濟組許多辯論之後，終於議定克洛茨條款僅見於休戰條件，而不載於協約國休戰前的通牒裏面，不能擴張該通牒的條件。在一九一八年十一月五日休戰前的通牒中，協約國要求『德國應賠償協約國人民及其財產因德國陸海空的襲擊所受的一切損害。』這是協約國在他們致威爾遜通牒中所作的惟一保留，而曾經德人同意的。那麼協約國已分明拘束了自己不向德國需索他們的整個戰爭費用了。他們只能徵取平民所受損失的賠償。如今的問題是什麼東西能包括在此項損失裏面。『得到所謂四巨頭一致同意的最後議論還是斯瑪茨將軍提出的一個備忘錄。』（註一）

（註一） Baruch, The Making of the Reparation and Economic Sections of the Treaty (1920), p. 25.
比較 House and Seymour (editors) What Really Happened at Paris (1921), pp. 268–72.

在這個備忘錄裏面，斯瑪茨將軍論平民的損失，謂包括戰後回復平民生活的一切人們的所有損失。『這點包括一切戰爭養老金與分離津貼（separation-allowances），這是德國於賠償協約國人民所有的財產損失外還得負責補償的。』

要德國賠償的清單就是這樣開出來了。比利時沒有參預休戰的談判，這個普通原則對她有一個例外的優待。她直至簽訂休戰條約的一切戰爭損失，都歸德國負擔。

關於阜姆問題的危機，並不像前舉三個危機的危及一般和平解決的前途。意大利，固屬一大強國，雖然以退出爲威脅，可是並不能以破裂和會來打動其餘三國。四月二十三日的威爾遜阜姆通牒向世界公布之後，意大意全權代表確是退出過。但是和會照樣進行，意人雖然沒有達到他們整個的要求，也很聰明的慨然回來簽訂條約。

問題並不全然起自一九一五年四月二十六日的倫敦條約（或亞得利亞條約。）該約擔保意大利好許多權利，但並沒有許給她阜姆。該約第五條裏一個註釋，把這個口岸及其亞得利亞海的全部匈牙利海岸，許了給南斯拉夫國。可是這意大利問題，並不如外表看來那樣簡單。意大利人對於向德國提出的和平條件不很注意他們的爭執是與奧地利。在對奧提出的休戰條件裏面，意大利並沒有拘束自己要在威爾遜十四點的基礎上媾和。(註一) 所以意大利人有可以堅持履行一九一五年四月二十六日倫敦條約的地位。協約國不能自失信用他們不能拒絕履行倫敦條款。但是意大利人需索阜姆是超過了倫敦條款。再者，英法在一九一七年四月莫利恩會議 (Conference of St. Jean de Maurienne) 上締過一個祕密協定，允許意大利取得斯麥娜 (Smyrna)。這樣湊在一起，意大利問題據說在巴黎和會所佔的時間多過於其他任何事件。

相持了好幾個星期；意國首相阿蘭多——文雅，有辯才，循循善誘——和宋理諾——諷刺的，冷靜的，堅決的，誠實的——再三陳述他們對阜姆的要求和理由，而且更有甚者。威爾遜建設了一條假定的疆界，所謂『威爾遜線』(Wilson Line)，對於倫敦條款有所截減，但英法是完全預備履行倫敦條款的。四月二十三日他給了美國新聞局一個他親寫的備忘錄，以便發表，內中他不僅置意大利要求阜姆之議於不論，而且甚至於極力主張修改倫敦條約。翌日阿蘭多和宋理諾便離

(註一) Baker, Woodrow Wilson and the World Settlement, II, 133.

開巴黎了。意大利首相隨身帶去了包爾福在同日所寫的一個備忘錄（但是沒有公布像威爾遜一樣，）內中該英國外交部長說明假使意大利還要堅持倫敦條款，英政府準備遵守，不過阜姆不能給他們。（註一）

意大利的退出和會，照當時政治與新聞界的俗語說來，乃是一種『腔勢Gesture』。公衆視之，不免認爲這是一種似乎過激使性的舉動。此事實際上卻沒有發生很大的惡感，而且從沒當做最後的退會。阿蘭多不過要回意大利去設法取得國人的繼續信託。他留克里斯必（Crespi）在巴黎，他是意大利的經濟代表，其能力識見使他在和會成爲一個重要的人物。

意相與外交部長在羅馬向一個議會委員會解釋後，五月六日就回到巴黎了。因此他們能於五月七日參加與德國代表團的集會，隨後與五月十四日蒞巴黎的奧國代表團集會。可是這阜姆的難題，看來不能解決。牠沒有在和會解決。意大利人簽了對德與對奧的條約；但是直到一九二〇年，再三避免新的戰爭之後，意大利與塞爾維亞人克羅地人與斯洛文人王國（卽南斯拉夫）纔

（註一）全文見Baker, Woodrow Wilson and the World Settlement, III, 281-6.

一種成立協定，雙方都有相當的讓步。(註一)

意大利危機正鬧得最兇的時候，日本的或是山東的危機也在日形緊張。日本人在和會，正當地堅持他們大國的地位。他們是五人會議的一份子，雖然照例僅在商討遠東事件時，纔應召參加。山東事件是不能拆散和會的；日本人的出席，不像美國或英國那樣不可缺少；但是他們是在場的，他們是固執的。而其餘的列強，熱心要對中日兩方同表公正，便覺得這山東問題非常麻煩。

日人雖只喪亡約四百人，但是一九一四年十一月七日之佔領青島，及在地中海裏之抗戰德國潛水艇曾經立下過好的功績。他們的地位更有一個未曾公開的協定做保障。這個協定是由英日兩國在一九一七年二月十六日締結的（後來法意也同意了，）答應把山東和赤道以北的島嶼給與日本人。這是在和會後的時期中變得那樣尖銳的遠東問題的序幕。另一方面，日本在一九一五年五月二十五日和一九一八年九月二十四日與二十八日與中國所結的協定或是牒文裏，曾答應歸還她所佔領的山東土地於中國政府。(註二)

(註一) 見本書末章。

(註二) Baker, op. cit., I, 243-4. Hist. Peace Conf., VI, 374.

山東半島約有五萬七千方英里的面積，德人於一八九七年向中國政府在該處租得約一百十七方英里的地方，有許多利權。德人在該處並且發展了膠州商埠，建築了青島礮台。該省的主權仍屬中國；德國僅有膠州及其附帶地域的租借權。中國代表根據中國政府曾於一九一七年八月十四日對德宣戰的理由，在和會上請求將膠州交還中國。

經過長久討論之後，五人會議在四月三十日成立了一個協定。日本得到德國在山東的權利，並且訂明在和平條約裏面。但是日本於四月三十日也提出了一個聲明，說她將把山東半島（凡是在她佔領之下的）交回中國，只保留曾經許給德國的經濟特權。此項承諾日本後來在一九二一年至二二年的華盛頓會議後實行了。

巴黎和平會議上的意見，頗受各處政治的與社會的騷亂報告所煩擾。布爾雪維克主義似乎跳出了俄羅斯邊疆，正威脅中部甚至西部的歐洲。一九一九年三月，波大卑斯特(Budapest)（匈牙利都城）被共產黨徒攫取了，領袖是一個從俄國回來的俘虜伯拉孔(Bela Kun)。這個蘇維埃的『苦迭打』（譯者按即政變之意）引起了四月羅馬尼亞軍隊的侵入。最高會議不願與匈牙利蘇維埃談判，派了斯瑪茨將軍往波大卑斯特。可是斯瑪茨不能與主持人民委員會外交部的伯拉孔達到協議。一九一九年八月羅馬尼亞軍隊佔領了波大卑斯特。蘇維埃政府倒台。伯拉孔逃往維也納，最後逃往莫斯哥。羅馬尼亞軍隊在匈牙利征捐極苛，報復大戰期內奧匈軍在羅馬尼亞征取的捐輸。直等到（一九一九）十一月巴黎的最高會議發出了一道哀的美敦書，羅馬尼亞軍隊纔開始退出匈牙利。

第十六章　和約的簽字

德國代表團於一九一九年四月二十九日蒞凡爾塞。他們供住於雷寶扶飯店（Hôtel des Réservoirs），防衞頗爲周密。他們可以在凡爾塞公園裏操練身體，並且有與本國政府通電報電話的自由。

和約是於五月七日下午三時三十分鐘提出來的。協約與參戰各國的代表們坐在翠恩琅皇宮飯店（Hôtel Trianon Palais）的聚餐室裏的一張桌旁。德國代表們請進來了。所有協約各國的代表都站起來。德外長勃羅克多夫朗初伯爵（Count Brockdorff Rantzau），向克里孟梭鞠躬。各人坐下。燦爛的陽光從窗戶照臨這幽靜的房子。飯店對面的公園照耀眼簾。靜默爲克里孟梭打破。他起立作一簡短的演說，開頭是：德國全權代表諸君（Messieurs les Plénipotentiaries de l'Empire Allemand），繼稱凡事將照文明國家特有的禮貌而行。

德國首席全權代表勃羅克多夫朗初伯爵是一個貴族，並且是一個舊派的外交家。他之所以被任命，無疑是因爲德意志社會民主共和國認爲他是一個知道正確的進行方式，而且會留心國際禮儀慣例的人，那種禮儀雖遇最棘手的談判也能使之稍爲軟化的。然而這正是帝國官場的產物所不做的事。把他的角邊眼鏡按按好，他坐在椅上屹然不動；甚至在發話時也沒站起，他用一種沉鬱勉強的聲調讀出一篇顯然有十分準備的演說。克里孟梭說的是法文。勃羅克多夫朗初伯爵說的是德文：

先生們（Meine Herren!）

我們被現在的職務苦痛地累着；因爲這種職務，我們纔來和你們聚會；迅速地給世界一個持久的和平。我們並不自瞞我們戰敗的範圍，我們無力的程度。我們知道德國軍隊的力量是破碎了。我們知道在此地遇到的憤恨的重量，我們已經聽到激烈的要求，戰勝者要責我們像戰敗者去償付，並且要視我們爲犯罪者來處罰。

這位伯爵於是踱入一段頗長有力的大戰原因的解說，並且承認德國對於歐洲好戰空氣的引起負有若干責任，但極力駁斥德方是有罪的一造之控詞。他指出名種事情，據他看來，是助成「歐洲的疾病」的，他說俄羅斯的動員『取消了政治家們療病的機會，而把決斷交給了軍事權力的手裏。」

在戰爭禍首的問題以後，他轉論到休戰和休戰後的封鎖；他用辯論的言詞，否認德國是毫無防衞的——她有十一月五日協約國議定書保證她在十四點上構和的公平的原則。他說明德國對國際和平的工作極願合作；對比利時和法蘭西北部的破壞，極願補償；以及對協約國的財政債務，極願擔負。這演說的後半部是德國意向的一種有力和尊嚴的表示。可是牠並不會除去因演說者在開頭時欠缺禮貌和不合時宜的戰爭禍首的指摘而引起的不良印象。（註一）在這篇演說終了，克里孟梭緊緊的抑住了他的易怒的性子，用乾脆的一句話散了會。

德國代表隨身帶去他們尚未看過的條約抄本。他們可以用書面提出觀察的結果，交與協約

（註一）兩演詞見 Kraus und Rödiger, Urkunden Zum Friedensvertrage, I, 202–8. 在 May 8 一九一九年五月八日的泰晤士報有朗初的演說的全部譯文。

與參戰國的代表，但是他們要等到簽字之日，纔能與他們的對手方晤面。斯瑪茨將軍在五月二十二日致路易喬治的一封信裏，（註一）對於條約中某幾點有批評，並且建議召集會議加以討論，但是這個提議被拒絕了。

五月七日至六月二十三日間，通牒的交換頗頻。德國代表團諒必工作得極辛苦。他們的通牒有些很長，而且說理精密，對於該約的條款，有詳細的批評。有些地方他們獲得幾點，但並沒有眞正實質上的修正。沒有人在巴黎曉得他們會簽字與否。五月二十日，曾宣布該約條件爲不能接受的夏特孟（Herr Scheidemann）的政府倒了。（註二）勃羅克多夫朗初也隨他去職了。古斯他夫包伊爾（Gustav Bauer）做了總理，漢孟繆勒（Hermann Müller）繼勃羅克多夫朗初之職爲外交部長。漢尼爾（Herr von Haniel）做了凡爾塞的德國代表團首領。德國代表團

（註一）全文見 Baker, op. cit., III, 458—65.

（註二）一九一九年五月十二日夏特孟在柏林對德國國會演說，謂試問那一個正直的人，不說德國人能夠接受這樣的條件。（五月十三日英國泰晤士報第十四頁）

准許離開凡爾塞兩夜去韋馬（Weimar）和他們的政府商量協約國議決假使德人至六月二十三日還不答應簽字福煦便統率協約國軍隊進一步深入德境。克里孟梭在六月二十二日的一個通牒裏說明：『協約與參戰國認爲討論的時間已過了，』並且指出僅餘二十四小時德人能作同意該約的表示。漢尼爾的請求延長爲四十八小時，也被拒絕了。同一日漢尼爾通知克里孟梭謂德政府接受這個條約，『但對於這些和平條件的聞所未聞的不公平，並沒有放棄他們的地位。』（註一）

選爲凡爾塞條約簽字地（六月二十八日）的房間叫做玻璃室（Galerie des Glaces），在那裏，（一八七〇年法國戰敗後，）德意志帝國於一八七一年一月宣告成立。這是一間長形的華美房子，富麗地裝飾着明鏡與鍍金的雕刻，還有油畫的天花板畫着路易十四大帝和他底元帥們，穿了羅馬的古裝。從一排大窗子裏看到公園的花床，噴泉池沼和花徑，直看到他們好像熔入天邊的小山之中。

（註一）Notes in Kraus and Rödiger, 1, 697–700.

聚在那裏的政治家也配得上這偉大的風景：他們到處都可以出名的：普恩嘉賚，嚴重，安靜，有把握；那位年老的法國總理，目光如炬，態度有些凶猛；威爾遜，莊嚴，負責任的，略帶倦怠，好像他負着天下的重累；那位英國首相，獅子似的頭，迅速的動作，質直可愛的風度；包爾福，高，仁慈，和善，有禮貌，可是也不完全如此；般那勞，小，誠實，好好的，純粹是一個天生的紳士；斯瑪茨，稜角整然的，鬚微紅，有決斷，智慧的臉，和善，有風趣的眼睛（可是現在看來很嚴厲，因為他正要提出一個抗議他將簽字的條約的信）（註一）巴式煦，那位巴爾幹的良相，看起來好像一個聖經裏的大主教，雖然他的敵人把他喚做老狐狸；巨大黑鬚的勃拉地亞奴（Bratianu），瘦削，善言，富裕；威尼柴洛斯，帶眼鏡，禿頭，圓屋頂般的前額；朋斯，小鬍子，頭髮梳作英國式，一種確信無疑的好研究的表情，一個大學教師的風度；那好商量的阿蘭多；那不滿足的宋理諾；那嬌小玲瓏，不可思議的日本人——以上這些人都很容易在那充塞玻璃室的集會裏找出來的。沒有中國人。他們因為條約裏的山東條款不出

（註一）全文見 Hist. Peace Conf., III, 74. 斯瑪茨將軍雖反對和約中的若干條款，卒因牠保括普魯士軍國主義的毀滅和國際聯盟盟約之故而簽了字。

席。（註一）高級軍官也列席旁觀，福煦，海格，霞飛，潘興，地亞士（Diaz）和其他——他們的軍裝截然對照着黑衣服的政治家們。當全體就坐了，三點鐘德人請了進來——漢孟繆勒外交部長和約罕湼培爾（Johannes Bell）殖民部長。他們看來莊重，有一些不自然，但並不喪氣。當他們進來時，沒有人起身。克里孟梭證明置在桌上的條約，和送給德國代表的二百抄本無異。他於是請德人簽名。司儀官引他們到桌旁。他們簽後，協約與參戰國的政治家們，也按照他們國名的法文字碼次序，逐一簽字：所以威爾遜首先代表美國（Amérigue du Nord）簽名，英國次之，其他各國也照同一次序，不過大國是列在小國前面的。

下午三時四十分儀畢。『代表們從屋裏走出來。在花園裏噴泉正跳躍着飛瀑，這在大戰以來是第一次，而羣衆們也吹呼着緊緊擁了上來——盡他們的衛兵所能攔阻的——圍着那四個人，他們從休戰以後便統轄全球，如今又把德意志帝國埋葬在恰正就是牠榮誕的地方。』（註二）

（註一）Lansing, The Peace Conference P. 265.

（註二）History of the Peace Conference, II, 19.

不過這個簽了字的條約所登記者，豈僅軍事的勝利而已。牠包含一種較前公正的領土的劃分辦法，還有在國際聯盟的盟約裏，牠具有保持未來國際社會的康寧秩序的辦法。

第十七章　凡爾塞條約

凡爾塞條約包含四百四十條，分爲十五部分。用的是英法兩國文字。弁言中放棄了「要有永久的和平」那種老公式，只述條約的目的在求一堅固持久的和平。戰爭於該約發生效力後（換言之，即批准後）（註一）停止，與德國的官場關係也於該時恢復。

條約第一部是國際聯盟的盟約。

* * * *

締約各國

爲增進國際的合作，並保持其和平與安寧起見，特允：

承受不從事於戰爭的義務；

（註一）第四四〇條。

維持各國間光明公允榮譽的邦交；

確守國際公法的規定，以爲各國政府間行爲的軌範，並在有組織的民族間彼此待遇公平，並恪遵條約上的一切義務；

議定國際聯盟盟約。（註一）

*　*　*　*

接着便是關於聯盟的加入，退出及組織（第一至第七條。）設立一行政院，一大會，及一祕書處。主要的協約與參戰國在行政院有永久席次。大會得隨時斟酌選定國聯其他四會員加入行政院。得大會的同意，行政院能分派永久席次於國聯其他會員（第四條。）除盟約或和約另有明白規定者外，行政院或大會的決議必須全體一致。國聯地址定在日內瓦，但經行政院決議，得遷往別處。國聯會員的代表與國聯官吏享有外交特權與免除權。國聯的建築和財產均不得侵犯。祕書處的經費由國聯會員按照國際郵政會(Universal Postal Union)的國際事務局(International

（註一）見該約第一部的弁言。

Bureau）經費比例攤派。

行政院審度各國地勢與環境，應制定裁減軍備的計劃，以供各政府的考慮與行動：這些計劃每屆十年應重行考慮及訂正。

決定一切的主要條款是第十條至第十七條，關於有引起戰事可能的爭端。

國聯會員擔承尊重並保持聯盟各會員的領土完整及現有之政治獨立以防禦外國的侵犯，如遇此種侵犯，或此種侵犯的任何威脅或危險之虞時，行政院應籌履行此項義務的辦法。

凡任何戰爭或戰爭的威脅，不論與任何國聯會員有無直接影響，玆特宣言此事係有關國聯全體，國聯應採用妙而且有效的辦法以保持各國間的和平。凡有關於國際關係的任何情勢，足以擾亂國際和平者，國聯任何會員有權提請大會或行政院注意。如遇戰爭或戰爭的威脅發生，祕書長應依國聯任何會員的請求，立卽召集行政院。（第十一條。）

國聯會員約定，倘國聯會員間發生爭議勢將決裂者，應將此事提交公斷，或交行政院審查，並約定無論如何，非俟公斷員判決或行政院報告後三個月屆滿以前，不得遽行開戰（第十二條。)

第十三條關於宜於公斷的案件。第十四條規定國聯行政院應擬定設立經常國際法庭的計畫。第十五條規定凡勢將決裂的爭議，而不適於公斷者，應提交國聯行政院。提交的手續，只要爭議的任何一造，將爭議的存在通知祕書長。

* * * *

聯盟會員，如有不顧本約第十二條，第十三條，或第十五條所定的規約，而從事戰爭者，則據此事實，應卽視爲對於所有聯盟其他會員有戰爭的行爲；其他各會員擔任立卽與之斷絕各種商業上或財政上的關係。……如遇此情形，行政院負有向各關係政府建議，俾聯盟會員遣派陸海空軍力，組成軍隊，以維護聯盟盟約之責(第十六條。)

根據同一條文，國聯會員，應准許任何國聯會員爲協同維護國聯盟約的軍隊假道通過。

如果爭議起於一爲國聯會員國與一爲非會員國，後者得被邀接受會員的義務，以解決這種爭議。如果該國拒絕邀請，而對國聯的一個會員國作戰，則對於採取此行動的國家，卽可適用第十六條的規定。俱非國聯會員的國家，得因爭議之故，被邀請爲國聯會員。假如雙方都拒絕，行政院應取足以弭止戰鬬及達到解決爭議的辦法。

第十八條意在成立外交「公開」的一種合理的程度。

嗣後國聯會員所訂條約或國際契約，應立送秘書處登記，並由祕書處從早發表。此項條約或國際契約未經登記以前，不生效力。

第十九條賦與國聯大會權力，向會員國勸令重行考慮已不適用的條約；於是現存條約隨時由相互同意而作必要修訂的機關，也創設了。

國聯盟約撤消牠的會員們所有一切與牠不相容的舊有的各種協約。任何會員將來不得再訂此項協約。

第二十二條是成立委託統治制度的條款。

凡殖民地及領土，於此次戰爭之後，不復屬於從前統治該地之各國，而其居民，尙不克自立於現世特別困難情狀之中者，則應適用下列的原則，即以此等人民的福利及發展，成爲文明的神聖任務。此項任務的履行，載在本盟約。

* * * *

委託統治地的性質，可按照人民發展的程度，他們的地理形勢，及其他環境而區別之。在某種社會裏，例如舊時土耳其帝國的部份，受委託統治國不過忠告顧問而已。有的卻差不多等於立法的同化。但是無論怎樣，受委託統治國必須維持『國聯其他會員國在貿易上與商務上的同等機會，』而且必須作一常年報告於國聯的經常委員會。

第二十三條是關於人道和經濟的條款。依此凡國際聯盟會員必須在他們本國與一切國家內力謀取得與維持勞動的良好情形，力謀交通和運輸的自由，及力謀在有關國際的事件上採取步驟以控制疾病。他們必須信託國聯，對於軍火貿易有控制必要的地方，此項貿易由國聯去為一般的監督，並且信託國聯去監督關於婦孺販賣和雅片貿易的條約的執行。國際勞工局也成立於日內瓦，作為國聯組織的一部份。牠的組織和職務形成和約的第八部。

國聯盟約的修正要俟行政院會員全體一致和大會的多數核准，纔發生效力。

第二部，包括第二十七條至第三十條，規定德國的疆界與比利時接壤處微有修正；與羅森堡，一九一四年八月三日的邊界，與法國一八七三年七月十八日的邊界，與瑞士固有的邊界；與奧地利，一九一四年八月三日自瑞士至隨後劃定的捷克斯洛伐克的邊界；與捷克斯洛伐克，戰前德國與波希米亞間的邊界，到恰在紐斯他特（Neustadt）東的一點，在該處捷克與稍後劃入新與國亦卽舊邦的波蘭的上塞內西亞部份接觸。德國邊界在紐斯他特轉向北面穿過相爭的上塞內西亞，接着不整齊地向北進，差不多把整個舊屬普魯士的普生（Posen）省給了波蘭，還有舊屬普魯士的帕滿倫尼亞（Pomerania）省的大部份也給了牠，這樣一來，波蘭就有了今日著名的到北海的『走廊』。東普魯士除掉在西北方面牠不得不放棄尼門河（River Niemen）與古里希哈夫（Kurisch Haff）的斯基爾維斯海峽（Skierwith Channel）北面的土地，實質上仍保有牠的舊疆界，爲德國所有。東普魯士根據條約與德國其餘的地方，被一條波蘭的地帶所隔分了。德國與丹麥的邊界與戰前無異，北希來斯維格（North Schleswig）則聽居民投票的結果。

和約的第三部叫做歐洲的政治條款。第三十一條至三十九條關於比利時。按照第三十一條，德國承認『造立戰前比利時地位的一八三九年四月十九日的諸條約，不復適合形勢的要求』所以她『允許撤廢上述諸條約』並且擔任承認任何協約國與比利時政府及荷蘭政府也許要訂的任何新條約。（註一）

按照第三十二條，德國承認比利時對『中立的摩爾斯萊特』"Neutral Moresnet"的主權，這塊微小的土地是一八一五年的維也納會議所未曾分派（至少也是含糊不明）而自後向由普魯士比利時共同管轄的。德國又讓給比利時普屬摩爾斯萊特那部份，一直到里己亞拉什不爾 Liege-Aix-la-Chapelle 路之西；並且還有歐本（Eupen）與馬爾梅地（Malmédy），聽憑居民投票決定。該項投票於下六個月內舉行，結果主張歸比利時者居多數，由國際聯盟核准割讓於比利時的土地，一起加起來，大約增加了七萬五千人口。這番修改，掃除了一八一五年諸條約的含糊地方，還小有裨於比利時的經濟的與軍事的勢力。慣常住在這些轉讓的區域裏的德國人，能在轉讓後兩年中間，隨意保留他們底德國國籍。兩年滿了之後，他們便須遷回德國居住，隨身把

（註一）至一九二七年三月止，比荷間的磋商迄無成就。

他們的動產帶走。他們的不動產准許留在比利時。假使他們願留在比利時，他們便自動取得比利時的國籍，喪失他們的德國國籍（第三十六至三十七條。）比利時對於讓與地，必須擔任德帝國戰前公債以及普魯士戰前公債的一個相當的比例（第三十九條。）德政府（第三十八條）允許歸還比政府德國當局在大戰期內取去的檔案和文件，『尤其是取自布魯塞耳外交部的。』因此這些文件如今是回到布魯塞耳的外交部 Ministére des Affaires étrangéres 了，雖然劃着德國官吏的鉛筆痕。比利時外交部圖書館也受了德國搜索的影響；那些書沒有完全歸回。（註一）

第四十條與四十一條關於盧森堡大公爵領地。德國放棄自從一八四二年以來訂的某幾種有利於她的條約的規定。依照這些條約，盧森堡加入了德意志關稅同盟 Zollverein。普魯士獲得了盧森堡鐵道的管轄權。按照第四十條，德國特別承認盧森堡自一九一九年一月一日起，終止為德國關稅同盟之一部，放棄鐵道搾取的一切權利，並且贊成該大公爵領地中立制度的停止。

（註一）比利時外交部的圖書館員於一九二四年給我看他們的 Bourgeois 的 Mannel historique de Politique étrangère。內有一卷缺少，德國迄未歸回。

第四十二條至四十四條成立那破天荒的，雖然單方面的，萊因的廢除軍備，這地方一千多年以來向是法德人的戰場。德國在萊因左岸或右岸東向五十基羅米突的距離內（卽三十一英里），不得維持或建築任何礮台。（第四十二條。）在該區域內，她不得維持（無論暫時或永久）任何軍力，並且禁止作一切軍事演習（第四十三款。）假使德國犯這些條款之一，她將被視爲對簽字和約的各國犯了一敵對的行動。

第四十五條至五十條包括規定薩爾的條件。薩爾路易斯（Saarlouis）與薩爾勃呂克（Saarbrück）兩區域曾經一八一四年五月三十日的第一次巴黎條約 First Treaty of Paris 分派於法，又在滑鐵盧戰後，經一八一五年十一月二十日的第二次巴黎條約從法國取去了給與普魯士與巴伐利亞。凡爾塞條約制定的是：

作爲法國北部煤礦被毀的賠償並且作爲德國對戰事損失所負全部賠償的部份償付，德國割給法國以薩爾區域內各煤礦，其整個與絕對的所有，及其開採的獨佔權，不擔負並且免除一切債務以及任何種的費用。（第四十五條。）

薩爾區域的政府（其所轄邊疆，比一八一四年許給法國的擴大得多）委託於國聯。

『在本條約發生效力十五年後，上述區域內之住民，應召集來表示願在何種主權之下。』（第四十九條。）

管理薩爾的國際聯盟委員會由法國國民一人，非法國國民的薩爾居民一人，及法德以外其他三國國民三人組成之。委員任期一年，但得再任，並得由國際聯盟行政院罷免之。國聯行政院指定薩爾委員會的主席（附約第二章十六至十八款。）薩爾的住民，保留其現有國籍——普魯士或巴伐里亞：『倘有人願取得一異國國籍，不得有何阻難，但此項新國籍之取得，同時包含其他任何國籍之喪失』（第二十七款）。在薩爾區域以內，無強迫或自動的兵役（第三十三款）。該區域屬於法國關稅制度（第三十一款。）五年內，薩爾區域裏的產物，免稅輸入德國。同樣德貨在五年內輸入薩爾專供當地消費者，亦免稅。第四十九條制定，十五年期滿，薩爾住民依市鄉或縣區投票表決，於下列三者之中擇一：（a）維持和約所成立的現行制度，（b）統一於法，（c）統一於德。國聯顧及該地居民的願望，將決定薩爾應屬之主權。如果國聯決定維持現行制度，那麼德國便須捨棄其主權於國聯。如果國聯主張聯合於法，德國必須同樣地捨棄主權於法國。如果國聯主張統一於德，德政府必須照價用金向法政府購回薩爾煤礦（第三十五三十六款）舉行居民投票的手續由國際聯盟決定。

和約（第四十八款）所規定薩爾境內的人口約爲六十五萬人。

第五十一條至七十九條述及亞爾薩斯羅倫，合併成爲和約的第五節。這節有一弁言：

『締約各國，認定負有道德上的義務，要改正德國一八七一年所作違反法國權利與亞羅二州民望的錯誤，當時德國不顧該二州代表在波都大會 Assembly of Bordeaux 提出的嚴重抗議，將該二州自故國分離。

同意於下列各條：』

第五十一條把一八七一年二月二十六日的凡爾塞條約和一八七一年五月十日的佛蘭克福條約 Treaty of Frankfort 割給德國的土地自一九一八年十一月十一日起歸還給法國主權。

按照第五十三條，凡根據任何理由宣告爲法人者，德國擔任不得要求其爲德國人民，但所有其餘的人，則應接入德國境內——這就是說，法國保留拒給某種亞羅人以法國國籍，而驅他們返德之權利。在一八七〇年七月十五日後遷入亞爾薩斯的德人，無要求法國國籍的權利。他們只能依據歸化而取得法國國籍（附約，第一至第三款。）

德國將該項土地交還法國，免除一切公共債務（第五十五條。）這個特權是『因為德國在一八七一年拒絕擔任法國債務的任何部份』而許給法國的（第九部，財務條款，第二百五十五條。）

依據第五十六條，法國取得德意志帝國或是德意志各邦在亞羅二州內的一切財產（鐵道包括在內。）同樣地，她取得該處『屬於前德皇或其他德意志君主的』一切財產。德政府負責償付至一九一八年十一月十一日為止在亞羅二州裏賺得的一切年金。德國必須每年照該年份平均匯率用法郎供給必要的款項（第六十二條。）

第六十七條規定法政府佔有德帝國政府在亞羅二州內管理的鐵道，而不給費。第六十八條規定凡亞羅二州一切天然或製造品輸入德國，豁免關稅五年。德人所稱『西方的漏洞』即淵源於此。此項輸入額不得超過一九一一至一三年的平均額。

第八十條關於奧地利。德國同意承認並尊重奧國的獨立，至於奧國的邊界則由對奧條約決定之。這種獨立除非得國際聯盟行政院的准許，不得讓與（譯者按，即不得與德國合併之意。）

第八十一條至八十六條關於捷克斯洛伐克國。德國承認該國的獨立，及協約與參戰國所劃定該國的邊界。第八十三條給予捷克斯洛伐克一小部份捷克人居住的上塞內西亞，即迄於托羅泊（Troppau）北部的何爾慶（Hultschin）區域。捷克國同意與協約與參戰國訂一條約，保護非捷克斯洛伐克的少數人民，並訂一條約『保障其他各國的運輸自由和商業上的公平待遇』爲何爾慶區域的割讓，牠並且須擔任一部份的普魯士公債。如是承認的捷克斯洛伐克國包括舊屬奧國的波希米亞，摩剌維亞，斯洛伐克亞，奧屬塞內西亞，和向屬匈牙利的盧森人（Ruthenes）的毗連卡派新（Carpathian）的地方。在多瑙河上牠有潑里斯堡（Presburg）埠，和六十英里的邊界。捷克國在勃剌替斯拉伐（Bratislava）對面的多瑙河南岸，甚至也有幾方英里的地方。

第八十七條至九十三條關於波蘭。第八十七條參照和約前面所劃定的德國邊界，劃定了波蘭邊界。第八十八條規定由國際委員會佔領的上塞內西亞那部分地方。該地方將來在該委員會照顧之下，舉行一次居民投票以決定應屬德國或波蘭。波蘭負擔一部份德國與普魯士的公債，除了爲德國在波蘭殖民所用者外（第九十二條）。屬於故波蘭王國的公產，由新國免費取得；其他公產，照賠償委員會所估價值償付。波蘭擔任和協約與參戰國訂一條約保護非波蘭的少數人民，並訂一條約擔保其他各國的運輸自由和商業上的公平待遇（第九十三條）（註一）

第九十四條至九十八條關於東普魯士。在阿倫斯坦（Allenstein）的隣近，以及馬林維爾特（Marienwerder）與馬林堡（Marienburg）周圍的幾部份，應在一個國際委員會監督之下，舉行居民投票。後來這些區域投票的結果，願維持與普魯士的聯合。所以除掉馬林維爾特西北的五個村子外，都由大使會議 Conference of Ambassadors 派了給普魯士。按照第九十八條，德國與波蘭同意訂一條約，俾德國在隔斷東普魯士與德國他部的波蘭轄境上，有充分的鐵道，電報與

（註一）波蘭條約於一九一九年六月二十八日簽於凡爾賽 Parliamentary. Papers, Cmd. 223 of 1919。第一章爲少數民族協定，第二章爲運輸與商務協定。

電話的便利，同樣的波蘭在隔斷波蘭與但澤（Danzig）的維斯士拉（Vistula）右岸的德國地方，也應予以交通的便利。

第九十九條包含德國對於橫過尼門（Trans-Niemen）區域的放棄，其間最重要的城是梅爾（Memel）。這區域歸協約與參戰國處置，到一九二三年在某項條件下派了給立梭恩尼亞。

第一百條至一百零八條關於但澤。按照第一百條與一百零二條，德國放棄但澤市周圍約七百零九方英里的地方，俾該市得以構成一小小的疆土——全體立為自由市，置於國際聯盟保護之下。自由市的憲法由人民代表會同國聯委派的一位高級長官草訂之（第一百零三條）。協約與參戰國擔任於但澤與波蘭間議定一條約，其目的有一部分如下：（1）實行包括但澤自由市於波蘭關稅範圍之內，並且設一自由地於該埠；（2）於波蘭進出口貿易有必要時，保證波蘭自由使用該自由市境內一切水道船塢；（3）保證波蘭統轄與管理維斯士拉和該自由市內全個鐵路系統（除了街道鐵路以外）以及波蘭與但澤間的郵務電報與電話的交通；（4）規定波蘭擔任處理該自由市的外交關係（第一百零四條。）當本條約發生效力時，但澤的德國人民將喪失他們的國籍（通常的選擇權仍予保留）而成爲該自由市的公民（第一百零五條與一百零六條。）境內的德國公產歸協約國秉公斟酌轉交於該自由市或波蘭。該自由市擔負一部份德國公債（第一零七條與一零八條。）

第一零九條至一一四條關於希萊斯維格（Schleswig）。普魯士取得此省所根據的一八六六年的原有條約，規定了在北希萊斯維格舉行一次居民投票。此項條款隨後雖然取消了，（註一）但是在凡爾塞的協約國又把牠恢復了。他們的第一個念頭是希萊斯維格應分爲三個地帶，其南部地帶應包括弗倫斯堡（Flensburg）。可是丹麥人不願爭這南部地帶。因此和約第一零九條把新的臨時邊界起於弗倫斯堡東北東的十三基羅米突（約八英里），並且將該點以北之地分爲兩個地帶照例規定了在一國際委員會下面舉行居民投票，和公民選擇權與擔任一部份德國公債。一九二〇年舉行居民投票的結果，是北部地帶派了給丹麥，而南部地帶派了給普魯士。

第一百十五條規定海里哥蘭（Heligoland）與登恩（Dune）諸島的礮台軍事設備及軍

（註一） Mowat, A History of European Diplomacy, 1815-1914, p. 195.

港用德國人工並由德國負擔費用去毀滅。

和約的第四部（第一一八條至一五八條）關於德國國外的德國權利German Rights and Interests Outside Germany。按照第一一八條，德國放棄在她的歐洲疆界外的任何屬於她或她的同盟國的領土上的一切權利名義與特權。

第一二八條開始關於中國的各款。德國放棄從一九〇一年九月七日簽訂於北京的最後議定書（Final Protocol）（即關於義和團亂賠款的條約。）（註一）取得的一切權利中國無償取得天津漢口或其他地方德政府的碼頭，礮台與他項財產，（外交與領事的住宅或辦公室除外。）德國同意撤廢中國政府所給予天津漢口租界的租契；中國恢復這些租界地方的全部主權，宣布把這些地方開放於國際貿易與居住的意向。

第一五六條至一五八條是辯論最烈的山東條款。日本取得該處一切德國權利。

第五部包含關於陸海空軍備的很有趣的條款。該部冠以弁言，鄭重聲明軍縮不是當做單對

（註一）閱 Descamps et Renault, Recueil international des Traités du XX Siècle, Année, 1901, p. 80 ff.

德國的片面的事。

爲要使各國軍備的一種普遍限制成爲可能起見德國擔任嚴守下列各陸海空軍條款。

第一五九條至一六三條規定在一九二〇年三月三十一日後，『組成德意志的各邦的陸軍不得逾十萬人，括包官吏與軍器庫的設置。陸軍應專致力於境內秩序的維持和邊疆的管轄。』官吏實數不得超過四千。德意志參謀部以及一切相似的組織，應予解散，並且不得再假任何形式另行構成。德意志各邦的僱員或官吏，如海關官員，森林守衛與海岸守衛等，其人數不得多過於一九一三年擔任同職的僱員或官吏數目。憲兵數目的增加只能以一九一三年以來人口的增加爲比例。這些僱員與官吏不得集合作軍事訓練。第一六四條說：『軍械火藥與任何戰爭材料的製造，只得於曾經將地址通知主要協約與參戰國並得其准許的工廠內進行，而且他們還保有限制工廠數目之權。』所有其他這種的設備必須關門（第一六八條。）德國不得輸入亦不得輸出軍械或任何種戰爭材料（第一七〇條。）『窒息的，含毒的或其他的瓦斯，與一切相類的液體的使用，都在禁止之列，其製造與輸入在德國境內是嚴禁的』（第一七一條。）

第一七三條廢除普遍，強迫的軍事服役。自動應募爲下士和小兵的時期，必須爲十二年。在他們應募期未滿前解職的人數，每年無論如何不得超過總共實數的百分之五（第一七四條。）軍官至少須不斷的服役二十五年。不留在軍中的軍官須無絲毫軍事的義務。每年解職軍官的數目，不得超過總共實數百分之五（第一七五條）。除了那種爲補充業經認可的軍官數目『絕對不可缺少的』以外，所有軍官學校必須廢除（第一七六條）。『教育機關，大學校，退職軍人會社，射擊或遊歷團體，統言之，任何種的組合，毋論其份子的年齡大小，不得從事軍旅之事』（第一七七條。）

第一八〇條規定毀滅從萊因展開到東向五十基羅米突（即三十一英里）之遙的地帶內的一切防禦工程。該處不得另新建築。『在東南邊疆上的防禦工程系統，應維持現狀。』

第一九一至一九七條決定德國的海軍勢力。她只許有六隻德意志（Deutschland）或洛脫林更（Lothringen）式的戰艦，六隻輕巡洋艦，十二隻驅逐艦，十二隻魚雷艇；除了擬補充正在服役中的軍艦以外，她不得建築或取得任何新艦（第一八一，第一九〇條）。艦隊全體人員不得超過一萬五千名官員與士卒。

德國海軍人員須以志願訂約的辦法招募，官吏與弁目須連續服役二十五年，小官與士卒須連續服役十二年。德國商船的長官或人員不得在海軍裏受任何訓練（第一九四條。）

德國軍力不得有任何陸軍或海軍的空軍（第一九八條。）

第二〇三至二一〇條關於協約國監察委員會 Interallied Commission of Control，監督軍縮條款的實行。

第二一四至二二四條關於戰爭俘虜。按照十一月十一日休戰條約的條件（第十條，）所有協約與參戰國的戰時俘虜，必須立即遣回（包括所有因犯事判罪的人。）和約第二一四條規定所有（德國的）戰時俘虜與被拘禁的平民，包括因不守紀律判罪的人，應在和約發生效力後從早遣回。自開頭時起的全部遣回費用須由德政府負擔（第二一七條。）締約各國相互地捨棄一切在本國國內戰時俘虜的維持費用的償付（第二二四條。）

第七部，『刑罰，』第二二七條至二三〇條，實際上產下來便成了具文。

『協約與參戰國以一種違犯國際道德與條約神聖的最大罪狀，公開控告前德皇霍亨查倫威廉第二。』

於是組織了一個特別法庭來審問該被告，法官共有五人，由主要的協約與參戰國各派一人充任，『藉此給他在辯護權上所必需的保證』。須去信給荷蘭政府，請其交出前德皇（第二二七條）。很可惋惜，荷蘭政府竟拒絕將被告引渡，以各大國最有權威的法律家來澈查事實與文件，辯護他們的所見，這種（罷亨查倫威廉的）審問，不管判決如何，自然是國際法與道德的最驚人的暴露。良好的國際關係的運動失掉了一個大機會。

德政府承認協約與參戰國有權把被控爲犯破壞戰時法律與慣例的舉動的人，提到軍事法庭；牠擔任把此項被控訴人照協約與參戰國所開的名單交出來（第二二八條）。德國對於這一款提出了抗議，但不過如對於和約其他條款的抗議一樣。因某種不可解釋的理由，協約國僅在這件事上順從了德國的抗議，並且准許在萊普齊克（Leipsic）作敷衍塞責的審問，以代替和約所定的審問。

第八部，第二三一至二四七條，是比其他一切條款置在一起還要使世界騷動的賠償條款。可是，這賠償條款的不能實行是尙待證實的。

第二三一條是所謂『戰罪』"War-guilt"條。

『協約與參戰國政府確定，並經德國承認，德意志與其盟國的責任，在於造成協約與參戰國政府和國民因德意志與其盟國的侵略，加於他們因戰爭所受的一切損害。』

這一條最使德人痛心。他們從沒有終止運動這一條的撤消，並不因爲牠使他們賠償，而是因爲牠使他們承認是大戰的罪魁。無疑，協約國過去相信——如今還相信——德國是大戰的罪魁。他們的見解在巴黎和會上屢次說明過，並且在協約國答覆德國一九一九年六月十六日草約的批評的那封緘札（Mantelnote）裏，最有力的表示過。（註一）可是和約第二三一條的明白字句，並沒有說德國有罪，只說德國擔任償付一九一四年八月由德人的攻擊或侵略所開始的戰爭所加於協約國的損失。

在第二三一條裏，協約與參戰國認知事實上德國財力不足以完全償回他們造成的全部損

（註一） 原文見 Kraus und Rödiger, I, 530 ff

失。他們一九一一年十一月五日關於十四點與和平條件的通牒，並沒有聲明他們無論如何不能要求戰費全部的償回。（註一）他們卻遵照了包括在該通牒裏的條件，僅規定「德國擔任賠償在交戰期中加於協約與參戰國人民的一切損失」（第二三二條。）

但是上面已經說過協約國在巴黎會議上已議決戰爭年金 Military Pensions 是他們所能需索的平民損失的一部份。（註二）於平民損失之外，德國擔任償回比利時向協約與參戰國政府迄一九一八年十一月十一日為止所借的一切款項。

沒有向德國要求特定的數目，但按照第二三三條，設立了一個賠償委員會來決定賠償損失的額數。該會由美，英，法，意，日，比，和塞爾維克羅地斯洛文國各派一代表組成（實際上美國從沒有參加過該會。）

賠償委員會關於德國必須償付的款額之決議，須於一九二一年五月一日或以前通知德政

（註一）見第十四章。

（註二）見第十五章。

府。

德國必須供給賠償委員會以一切必要的情報，必須供給該委員會及其職員的薪水與費用，必須給與該委員會及其正式授權的代表有如友國正式委任的外交代表在德國內享受的權利與特免權（第二四〇條。）

在賠償額的完全決定前，德國在一九一九年一九二〇年，以及一九二一年的最先四個月中間，須償付等於二〇，〇〇〇，〇〇〇，〇〇〇金馬克的價值（第二三五條。）

第八部有附約第三號，關於以船運的形式作爲賠償。

『德國承認協約與參戰國有權以噸數抵噸數（總噸數 gross tonnage）以等級抵等級，來抵償一切因大戰而喪失或損害的商輪與漁船。』惟是德國現存船隻的噸數，不足以抵償，協約與參戰國得接收所有一千六百總噸以上的德國商船財產。

第八部的附約第五號是很重要的一節，乃關於以煤爲賠償的交付。德國擔任每一年交付法國七百萬噸煤，爲期凡十年。在同時期，德國又須交付因戰爭被毁的洛德（Nord）與派特卡萊

(Pas de Calais)等法礦社戰前每年產量與該時期內各年產量的差數：此項再加數額在頭先五年，每年均不得超過二千萬噸，在後來的五年，每年均不得超過八百萬噸。德國擔任交付比利時每年八百萬噸煤爲期十年；又交付意大利每年自四百五十萬噸至八百五十萬噸間之額數，爲期亦十年；此項常年交付意大利之煤，至少三分之二須由陸上運輸。在賠償委員會斟酌之下，盧森堡亦有要求德國交煤之權。所有這些煤俱由收到之協約國照德國出礦價外加送至法比盧森堡或意大利邊界的運費償付，（此項償付自然由德國賠款內扣除。）法國又得在三年中間，收受並償付三萬噸亞摩尼亞硫酸物，三萬五千噸朋查耳 Benzol，及五萬噸柏油。

在第二節（第二四五至二四七條）裏，德國擔任歸回法國於一八七〇至七一年戰爭與此次大戰自法取去的古物 Trophies，檔案，歷史紀念品，或藝術作品，特別舉出的是那著名的西客文件（Papiers de Cerçay），於一八七〇年十月十日自拿破崙第三的國務大臣羅赫（Rouher）的邸第中取去，且曾經俾斯麥命令公布了一部份。漢志國王得收回阿斯孟大帝（Caliph Othman）的可蘭經，那是由土耳其人從梅迪娜（Medina）取去而認爲已經贈與德前皇威廉的；英政府得收回德領東非保護國遷去的馬克華華蘇丹（Mkwawa Sultan）的頭顱；魯文大學（University of Louvain）得接收筆札，印刷書籍，地圖及其他貴重物件，其數目價值相當於被德國焚燒該圖書館而燬去者。最後，『為使比利時完成兩大藝術作品起見』德國擔任交付在一八二〇年被德國的博物院由收買或賻贈而得的兩件作品——文愛克（Van Eyck）弟兄油繪的神羊 Mystic Lamb 三折頁畫 triptych 的諸頁，（舊在間堤(Ghent)城的聖巴放禮拜堂 Church of St. Bavon 裏，）以及地立克波慈(Dierick Bouts)油繪的末次晚餐 Last Supper 三折頁畫的諸頁，（舊在魯文的聖彼得禮拜堂裏，）兩張取自柏林博物館而兩張取自慕尼克的古畫展覽室。假使德國戰勝的話，她同樣會要求這些偉大藝術作品屬於比利時的那部份。

接着有許多條款關於貿易，交通與德國大河流的國際化。

第四二八至四三三條是和約的第十四部，關於保障的。主要的保障為第四二八條，該條規定佔領萊因河以西的德國土地以及諸橋頭，為期十五年，自和約發生效力後算起。倘若和約條件忠實履行，該項佔領可以限制，五年後可隆（Cologne）區域可以撤退，（註一）十年後可勃倫茲

(Coblenz)區域可以撤退，十五年後梅顏斯區域，開爾(Kehl)(斯托拉斯堡Strasbourg對面)橋頭和其餘佔領下的德境均可撤退（按現已完全撤兵。）假如十五年期滿，對於德方未被挑撥的攻擊的保障在協約與參戰國政府認爲不充分時，則佔領軍隊的撤退，可以展延至視爲要得到必要保障所必需的程度（第四二九條。）假如在十五年以內或以後，賠償委員會發覺德國拒絕遵守和約中關於賠償義務之全部或一部，第四二九條裏指定的區域之全部或一部，可立即再予佔領。假如十五年的時期終了之前，德國遵行和約一切的規定，佔領的軍隊將立即退出（第四三○——四三一條。）（註二）

末了的第四三四至四四○各條是繁雜的。按第四三四條，德國擔任承認協約與參戰國將『與在德國一邊作戰的國家』簽訂的和平條約與附加協定的充分效力。第四三五條知照爲撤

（註一）可隆區域於一九二五年底撤退了。

（註二）依萊因一九一九年六月二十八日的協定，設一協約國間萊因高等委員會，該委員會有權於必要時發布法令，以取得協約與參戰國軍隊的維持，安全與必需(Cmd. 222 of 1919)。

消上薩伏夷(Upper Savoy)的中立法政府與瑞士政府所結的協定；一八一五年條約裏關於中立的規定，『是從此取消了』。(註一) 締約各國又同意認一八一五年條約關於上薩伏夷和蓋克斯(Gex)自由地帶的規定，已不再適合現在的情形，『由法國與瑞士會同訂約以解決這些區域的地位。』(註二)

和約的法文與英文本都同樣確實可靠。和約指定的時期，從批准文件存案的第一次官府報告算起。(註三)

(註一) 關於上薩伏夷閱 Mowat, History of European Diplomacy, 1815-1914 p. 145 note 1.

(註二) 蓋克斯與上薩伏夷的豁免關稅區域，於一九二〇年由法政府取消了。一九二一年與瑞士得到關於此問題的協定，顧未被瑞士人民批准。

(註三) 批准文件存案是於一九二〇年一月十日在巴黎舉行，官府報告上的日期亦同，全文見 Kraus und Rödiger, 見前, II, 920.

第十八章　補充條約

與德意志的媾和並沒有立刻驅除戰爭的幽靈。尤其是法國，依然創痛於最近的侵略，覺得沒有信心於德國的解除武裝，而且不相信她的東部邊疆會永不被威脅的。因此，爲法國將來的安全計，爲預防對她的攻擊以演成世界大戰計——，『如經驗已充足地而且不幸地證明了的』（註一）——美國和英國各與法國訂了一個保證條約。按照此項條約，如果德國無端攻擊法國時，美國和英國允許援助法國。該項條約應繼續有效，直到國際聯盟行政院以多數決定國聯本身能供給充分的保護爲止。該項條約須都批准了以後，纔發生效力。既然美國條約沒有批准，兩項條約都作廢了。所以美國，原來想在無限的將來，牽入歐洲事件裏去，現在又抽身回到她自己的半球。威爾遜總統自己也不很熱心於該項保證條約。與他一起簽字的藍辛，以爲這個條約表示了對於國際聯盟盟

（註一）　這些字見法美條約的弁言。

約第十條缺乏信任，因爲第十條是保證國聯全體會員的領土完整與獨立的。（註一）可是法國人繼續主張在盟約第十條之外，還要一個保證專約；他們這種願望，終究在洛加諾公約(Pact of Locarno)裏實現了，雖然沒有美國的合作。

凡爾塞條約擔任的大戰淸算，是一極大的部分，但是還不完全。與奧地利，匈牙利，保加利亞，和土耳其還得訂約。再加美國，她沒有批准凡爾塞條約，必須與各敵國另訂她自己的條約。

這些補充條約中，第一個在凡爾塞條約後簽訂的是與奧地利的條約，簽於一九一九年九月十日，在法國聖日爾曼盎雷依(St. Germain-en-Laye)宮。

奧地利條約的第一部是國際聯盟盟約。第二部(第二七——三五條)解決國界。勃萊南(The Brenner)山脈成爲與意大利的國界；這樣一來，奧國便喪失了南帖羅耳包括波爭(Botzen)與托倫特。以外她又喪失了托里斯特與意斯托里亞，以及卡勒羅灣(Gulf of Quarnero)內的犬沙(Cherso)和魯新(Lussin)羣島給意大利；喪失了博斯尼亞，赫仔哥維那及大爾馬地亞海

（註一）見藍辛，The Peace Negotiations, Chap. XV, "The Proposed Treaty with France."

岸和羣島給巨哥斯拉夫；喪失了波希米亞，摩拉維亞，大部的奧屬塞內西亞，和一部份的下奧地利省（Lower Austrian Province）給捷克斯洛伐克；喪失了加立西亞給波蘭；喪失了波可維拉(Bukovina)給羅馬尼亞；匈牙利完全宣告脫離。這些土地及其民族從奧國解放出來；須費大筆款項。『繼承各國（Succession States）』允出一筆捐款以償付此項費用，但總數不得超過一五〇〇，〇〇〇，〇〇〇金法郎。（註一）

類乎凡爾塞條約裏的那些公平的條文，規定了公產和割地內公債負擔的轉讓。可是意大利對於在大戰期內佔領之奧國駐羅馬使館（威尼斯宮 Palazzo Venezia），不負任何款額，（第四十條。）威尼斯宮在奧國一七九七年割據威尼斯以前是威尼斯共和國的財產。

奧國的獨立非得國聯行政院的准許是不得讓渡的。未得行政院的准許，奧國擔任『不作任何足以直接或間接或無論如何危及她的獨立的行動』（第八十八條。）

（註一） 協約與參戰國與波蘭，巨哥斯拉夫，羅馬尼亞，及捷克斯洛伐克關於償付從前奧帝國解放出來的費用之協定，一九一九年九月十日(Cmd. 458 of 1919).

關於解除軍備運輸條件，關稅制度，俘虜，奧國犯破壞戰爭的法律與慣例的人，私債，保險契約，以及類此種種，聖日爾曼條約大概是依照凡爾塞條約的範圍。

協約與參戰國所定關於賠償的條件，也是十分酷肖凡爾塞的條件。此項條件開頭便說（第一七七條）奧國承受加於協約與參戰國的喪失與損害的責任，『作爲由奧匈及其同盟國的攻擊而加於他們的戰爭之一種結果。』第一七九條規定由賠償委員會去決定奧國應付的賠償。

到亞得利亞海的自由出口許給奧國了。因此她能在前奧匈帝國割讓的區域和商埠上運輸貨物，並且享有關於運費便利及所有其他事件的本國的待遇（第二八四，三一一條）。協約與參戰國政府享有通過奧境的國際運輸的自由（第二八四條）並且，捷克斯洛伐克有權可以把自己的火車在奧國若干鐵道上行駛，以達於亞得利亞海。（第三二二條）（註一）

批准了的聖日爾曼條約有三本——法文的，英文的，意大利文的。倘有差池，規定以法文本爲準，惟第一部（國聯盟約）則英法文本有同等的效力（第三八一條）。

（註一）並閱 The Treaty of the Trianon, 第三〇六條。

與匈牙利的和平條約，是於一九二〇年六月四日在凡爾塞公園傍邊托里恩龍（Grand Trianon）的長廊（Long Gallery）裏簽字的。馬耶爾人（Magyars）放棄了其以前統治的許多種族的主權；匈牙利四面八方都喪失了疆土；她縮小到僅及從前的一半。

為了維持這種解決，所以有小協約（Little Entente）的磋商，此事多半由朋斯所主持。組成小協約的第一個文件，是捷克斯洛伐克與塞爾塞維、克羅地、斯洛文國於一九二〇年八月十四日簽訂的。在一九二一年三月，前皇卻爾斯謀在匈牙利實現哈勃斯般復辟以後，羅馬尼亞亦於四月和六月簽約加入小協約。卻爾斯於十月二十一日在匈牙利作了第二次有劇情的復辟嘗試。這使小協約大事活動，與匈牙利發生了戰爭的危機，直到匈牙利政府聲明答應排斥哈勃斯堡皇室全體登基，纔告了事。波蘭亦與小協約有友好關係，雖然她並沒有簽訂同盟條約。照捷克斯洛伐克、塞爾維、克羅地、斯洛文、羅馬尼亞等協定所稱，小協約的特殊目的是在維持托里恩龍條約。（註一）

保加利亞的和平條件載在一九一九年十一月二十七日的路意條約（Treaty of Neuilly）。

（註一） 關於小協約的來源與發展詳見 Toynbee, Survey of International Affairs, 1920—23, pp. 287—303.

她保留了她在黑海的海岸線，但喪失了她所有的愛琴海岸（於希獵），又喪失了若干些微小的，然而在軍事上很重要的區域於她西邊上的巨哥斯拉夫。接受割地的國家，須負一部份保加利亞公債的責任。保加利亞承認對於她所加於協約與參戰國的喪失與損害，有賠償的義務；她允償付二，二五〇，〇〇〇，〇〇〇金法郎的定額，自一九二一年一月一日起分三十七年償淸（第一二一條）。根據第四十八條，『協約與參戰國擔任保證保加利亞到愛琴海的經濟出路。』

至於一九二〇年八月十日，在薩佛（Sevres）簽字的與土耳其的和平條約，蘇丹既未予以批准。也就不過是有考據家的趣味而已。可是一位歐洲歷史家不妨回過頭來，對於這個命運多乖的文件表示惋惜，更不妨回想那惡運跟着的歐洲和土耳其人的關係的長故事這個條約並不像當初所想要的那樣強硬。『大戰的一個主要目的，將歸喪失，』洛其（H. C. Lodge）寫信給羅斯福說道，『如果我們最後不把土耳其人逐出歐洲，佔領君士坦丁，開爲國際城市使海峽永久得到自由。』（註一）她留了歐洲君士坦丁，馬摩拉海（Sea of Marmora）岸，和加里波利半島（Gall-

（註一）Letters of Theodore Roosevelt and Henry Cabot Lodge, (1925) II, 539

ipoli Peninsula）給土耳其人。在亞細亞，土耳其喪失敍里亞，巴勒士坦，美索不達米亞，和亞美尼亞，後者成爲一個獨立國。斯滿拉（Smyrna）區歸希獵管理，五年後如果當地的議會或平民投票議決歸屬希獵，就得歸於她；厥爾迭斯登（Kurdistan）應自主，並且如果平民投票公決獨立，可以獨立。

協約與參戰國除美國外都批准了這一切的和平條約。這些條約，除凡爾塞條約外，都包含一些關於保護少數民族的條款（大致相同）保障此等少數民族說他們自己的語言，信仰他們自己的宗教，並且與他們國內的多數民族在營業上及任職上，有平等的地位。少數民族保護條約也爲波蘭，捷克斯洛伐克，羅馬尼亞與希獵所接受了。（註一）

巴黎和平會議還乘機解決了一個不關大戰的重要外交問題。斯必茨伯更島(Spitzbergen)

（註一） Polish Treaty, June 28, 1919 (Cmd. 223 of 1919); Czechoslovak Treaty, Sept. 10, 1919(Cmd. 479 of 1919);Rumania Treaty, Dec.9,1919 (Cmd. 588 of 1919); Greek Treaty, Aug. 10, 1920 (Cmd 960 of 1920)

自從一五九六年被一荷蘭航海家發見以來，慢慢的在商業上與國際事件上，逐漸重要起來。起初是佃獵，稍後是採煤使這海島成爲俄人，娜威人和瑞典人中間角逐的標的。在大戰爆發不久之前，該三國的代表在阿斯洛(Oslo)舉行了一個會議，沒有結果。巴黎和會比較有結果，終於一九二〇年二月九日在巴黎由英，美，丹麥，法，意，日本，挪威，荷蘭與瑞典簽了一個條約。締約各國承認挪威在條約規定之下，對於斯必茨伯更羣島的主權，熊島(Bear Island)亦包括在內。主要的規定是締約國的國民從事於漁獵或實業，應享受完全平等的待遇。雖然蘇俄在一九二〇年沒有簽字於該約，她却在一九二四年二月裏加入了。(註一)

(註一) Paul Knaplund 有一文載於 Current History Vol XXIV, No. 3 (June 1926) 名 Spitzbergen, A New Province of Norway。這個一九二〇年二月九日的條約，由挪威外交部用法文，英文及挪威文印出來了，St. prp. nr. 36 (of 1924)。

第十九章　威爾遜總統的失敗

一九一九——二〇年的和平條約是新歐洲的根本文件。有着國聯盟約在他們的前面，他們要構成一個歐洲統系，並且是實際上更要偉大些，要構成一個全世界的政治統系，在這個世界的統系裏，國際法應該有最高無上的統治權。很不幸，這制度一開頭就有三個阻礙：美國拒絕了凡爾塞條約；她又拒絕了保障法國條約；而且她從沒有批准薩佛條約。

在美國國內對於凡爾塞條約全體到沒有什麼，但是對於第一部，國際聯盟盟約發生了激戰。要說誰是國聯的創始者是不可能的：威爾遜，波喬亞（Bourgeois），斯瑪茨，西薛爾都有份。但是理想並不是新的，但丁的君主，亨利第四（Henri Quatre）的大計畫，都是一個國聯的合理計劃。這理想像羅馬帝國一樣的古老。這次大戰自然而然把這古理想強有力地顯露出來。一九一四年十一月有一位英國議員愛牛林威廉（Aneurin Williams）印行了一篇出色的文章叫做『一個和平聯盟與國際間互相保護的建議。』『在我看來，惟一有希望的路徑，』他寫道，『爲那酷愛和平的各國，或是其中的若干國着想須成立一個具體的聯盟，用和平方法來解決一切他們中間許要發生的爭端；假使他們中間任何一國被人攻擊——不論攻擊的是聯盟外的國家，或是聯盟之中的叛徒——全體應採一致行動，互相保護。』（註一）

在美國國內首先有方法來爲國際聯盟立下一個計畫，並發起一個促成運動的人們，要推實施和平聯盟League to Enforce Peace。這是一個結社，成立於一九一五年六月十七日，發起者爲幾個社會上的名人，美國前總統塔夫特(W. H. Taft)便是其中的首領。牠有一個有建設意義的計劃，用一種司法的裁判，來解決許要引起戰爭的問題。牠是一個無黨派的結社，雖然因爲事實上牠的領袖塔夫特是一個共和黨人，牠能從共和黨方面獲得的援助，至少不亞於威爾遜總統隸屬的民主黨。就在那天實施和平聯盟的幾個社員與威爾遜在白宮談話後，威爾遜便發表了一九一六年五月二十六日的演說，內中他第一次公布了他的國際聯盟的計劃。這篇演說，人家認爲是

（註一） Contemporary Review, Nov. 1914 (Vol. 106, p 629)

美國政策的革命。（註一）威爾遜說道，『不管我們願意與否，我們是世界生活裏的參與者。』在美國加入大戰後，實施和平聯盟勸牠的社員們盡『兩個最高無上的責任：第一，打敗德國與德意志軍國主義，以謀世界的安全；第二，成立一國際聯盟，以保持世界的安全。』（註二）每一州有牠的分社，雖然在東部聲勢最盛，但是其餘各處也不少人擁護。牠是無黨無派的，牠像美洲一樣的廣闊。

因此，國聯盟約並不使美國各界覺得意外。當一九一九年七月威爾遜自歐洲歸來，他有理由覺得，雖然國際聯盟戰爭尚沒有獲勝，但是有希望得到一個順利的結果。總之，他不能忘記百餘年來美國的外交政策，是根據『國際』原則的——公海自由，尊重一切現存國家的領土完整與獨立，國際間爭執由公斷解決。當這些與同樣的原則歸在一個普通的盟約裏，令各國簽字，很難想到會被擁護他們最力的人所拒絕的。但事實正是如此。不湊巧，並且或許有些錯誤，竟使國際聯盟沒

（註一）The Intimate Papers of Colonel House, II. 295

（註二）見實施和平聯盟在費列德爾菲亞 Philadelphia 城舉行全國大會（一九一八年五月十六日及十七日）的演講錄卷首所載的政策 Platform (Win the War for Parmanent Peace, New York 1918)

有這個本來應是牠的最熱心而且最有力的會員國家（美國）而創始了。後來西歐各國能奮鬭上前，且與南美各共和國合力使國聯底於成功，足見舊世界的之生力沒有竭盡，而對於一個高尚理想的堅決信仰，獲得了牠的結果。

有批准條約的責任的美國參議院，對於盟約裏有幾項規定，有嚴重的疑慮。共和黨在參議院裏佔多數。威爾遜和兩個在巴黎的美國和議代表是民主黨人，但第三個代表是共和黨人，第四個是一軍人。（註一）在巴黎會議期間，當盟約正在起草時，美國和平代表團的一份子亨利懷特（Henry White）於三月九日發了一個海底電訊到華盛頓的參議員洛其。該電詢問在盟約的草稿裏須作何種變更可以得到參議院的核准。參議員洛其商諸參議員魯特（Root），後者不主張答覆此項詢問，因為這樣一來便預先拘束了參議院對於國際聯盟的核准。洛其疑心威爾遜總統是這個電訊的主動者，事實上威爾遜三月九日那天正在大西洋上，返巴黎的途中。亨利懷特自動私

（註一）　藍辛與霍司二人為民主黨人，亨利懷特為共和黨人，但彼為職業外交家，大概無政黨政治的色彩。第四代表為Tasker Bliss將軍，係大戰時期美國列席協約國最高會議的代表。

下拍這個電給參議員洛其，而且從沒有告訴威爾遜此事。這個電訊的目的，純在於設法使草約能適合參議院的見解，並未絲毫侵犯參議院核准與否和約各部的權利和義務。（註一）

沒有知道此事，威爾遜自以爲把門羅主義插入盟約後，他已經消除了參議院的主要疑慮。第二十一條爲：

本盟約並不得妨礙維持和平的國際契約的效力，如各項公斷條約或像門羅主義的地方諒解。

威爾遜回到華盛頓後，於一九一九年八月十九日在白宮接見參議院外交委員會。會談情形是完全公佈了。威爾遜受了參議員們一番極深刻的審問，他們恐怕第十條將使美國沒有選擇的可能，而捲入戰爭。第十條爲：

國聯會員國擔任尊重並保持所有國聯各會員國的領土完整與現有之政治獨立，以防禦外來的侵犯。如遇此種侵犯的任何威脅或危險之虞時，行政院應勸告履行此項義務的方法。

（註一）見 1925, Nov. 9. 懷特在 New York Times 的宣言。

威爾遜指稱第十條並未特定戰爭爲對付一個叛國的通常制裁；而且國際聯盟無論怎樣只能勸告會員們關於他們應取的步驟。第十條，他解釋道，並不包含美國方面任何法律的義務去實施國聯的裁判，雖然牠包含了一個極強的道德義務：『在道德的義務裏面，始終保留一個人有自行判斷在這種環境下做那件事是否是本分之權。』可是好些參議員未被說服。他們空虛地感覺到第十條似乎把（根據洛其的有些拖泥帶水的感情話）『打發我們的孩子們去作戰的權利』（註一）轉移給國聯了。威爾遜力辯國際聯盟是防止戰爭的機關，不是製造戰爭的機關，但是也徒然。洛其和許多共和黨人很懷疑。『一樁極危險的事，』洛其曾寫信給羅斯福道，『是這個謀和平的聯盟。』（註二）共和黨在參議院和衆議院都佔多數。

威爾遜決心直赴民間中西部和西部；至於美國東部，他知道，除參議員洛其和他的徒衆外，都

（註一）Speech at the Jackson Dinner, Jan 8. 1920.

（註二）Letters of Theodore Roosevelt and Henry Cabot Lodge, II, 547 (Lodge to Roosevelt Nov. 26, 1918)

是做他後盾的。他的朋友和醫生們都勸他不要去。他像平常那樣有禮貌地聽着，但仍維持他的決心。『我知道我快支持不住了，』他說，但是他接着道：『目擊世界現在所遇見的那個大悲劇，沒有一個正當人能打算自己個人的幸福。』（註一）那個籠罩世界的大悲劇，便是國聯盟約或許要遭拒絕。大戰前豪司大佐曾寫信威爾遜說道：『他有一種英雄之氣。我怕這是他的命運，將依附於某種與他同沉的東西。』（註二）

西方宣傳——稱之爲思想主義而奮鬬的運動將更適當——開始於渥海渥州（Ohio）的哥倫布斯（Columbus）的演說，這是中西部一個重要的鐵道交叉點和城市，時間是一九一九年九月四日。這正是經過巴黎和會的過度和長期的勞頓之後沒有好久。總統的祕書們曾擬於行程中在可洛拉多（Colorado）的大峽谷（Grand Cañon）躭擱一星期。但是威爾遜拒絕道：『人民將永不原諒我，如果我在這樣所擬議的旅行中休息了。』因此自九月四日起至九月二十八日

（註一） Tumulty, Woodrow Wilson as I knew him, p. 435.

（註二） The Intimate Papers of Colonel House, I, 134.

止，排定每日每晚他都要演說；一共他想作一百次以上的演說。這番努力毀了他，但是他的工作就只差一簣沒有完成。他勉強支持着，直到九月二十六日中風倒了。

在威爾遜離開華盛頓的那天早晨，美國律師公會的一個特別委員會同時在波斯頓開會，報告謂贊成無條件的批准，雖然不是完全一致的。但支加哥每日講壇報(Chicago Daily Tribune)，那個中西部有勢力的新聞紙，在封面上有一張大諷刺畫，那位代表美國的沙姆叔(Uncle Sam)面上帶一付詫異並且痛苦的形容，正在掛一個『外國戰爭勳章』在他的胸襟上。諷刺畫上面寫道：這是他的獎賞，如果他採取國聯盟約第十條。(註一)該報用大號字標題介紹威爾遜在西方宣傳的第一篇演詞，說：威爾遜云國聯未必可以止戰。(註二)這樣一來，威爾遜總統的坦白反被人用了來攻擊他自己。

當威爾遜的專車於九月四日『從渥海渥流域的霧和細雨裏』駛進車站的時候，雖不怎樣

(註一) Chicago Daily Tribune, Sept. 5, 1019.

(註二) Ibid.

擁擠，可是有大批的人在哥倫布斯歡迎他。他午刻在該處向一萬三千人作他的第一次演說，同日晚在印地安拉帕立斯（Indianapolis）作第二次演說。在哥倫布斯他動人地說：『全世界在等着美國。』在印地安拉帕立斯，他向批評他的人挑戰，要他們在國聯外另行提出一種計劃，說道：『如果許我用一種家常的俗語，我要對那些批評這條約的人說：這時候應該提出辦法來，或是免開尊口。』

翌日，九月五日，威爾遜在聖路易斯（St. Louis）演說，受着熱烈的歡迎：次日他在特斯夢尼斯（Des Moines）演說。這樣進行着，趣味始終不減，廣大的西部都驚動了，要來看他，要來聽他，全世界的視線都聚在他的一身。所有這些時候，威氏沒有表示苦痛，沒有表示失望，沒有表示恐懼。他給他的敵人有力的打擊，但總是公道的。他拒絕辯論：從最初起，他就宣布了他要解釋闡明和約，不願辯論。他是文雅而沉靜，在演說之餘，像他娛樂時的樣子，怡悅高興。

總統的遊歷進行着，同時在華盛頓的反對方面也繼續增加對於凡爾塞條約的壓力。他們的訾議很多——山東的解決尤其是非難的目標。但反對方面很快就集中在一點上，隨着眞相畢露：

參議院的共和黨人反對第十條；他們不願冒險。他們通過一個決議，『不保證第十條所規定的各國領土的完整。』紐約時報對這個決議評道：

這個無異告訴一切尚武的國家，謂他們能照德國一九一四年所做的做去，在美國方面是如此。自然，後來我們可以干涉，像我們在一九一七年所做的一樣。所以，這全個提議是把世界回復到一九一四年的形勢裏去。（註一）

威爾遜總統從明尼梭他（Minnesota）演說到大可他斯（Dakotas）和蒙他娜（Montana）。然後發生令人驚愕的布立特（Bullitt）事件。威廉布立特是一個新聞記者，曾受僱於駐巴黎的美國和議代表團。在九月十二日他在參議院委員會前證稱，威爾遜總統的國務卿藍辛本人也反對該條約——那個他簽了名的條約。布立特稱藍辛在一九一九年五月十九日對他說過：『我認爲國際聯盟在現時是完全無用的。』（註二）九月十三日，總統的私人祕書看見他坐在專車裏讀

（註一）New York Times, Sept. 8, 1919.

（註二）Chicogo Daily Tribune, Sept. 13, 1919. also Treaty of Peace with Germany, Hearings before the Committee of Foreign Relations (Washington, 1919), p. 1276.

布立特證明的報告。他很憤怒，覺得他受了暗刺；他覺得，他自己的國務卿賣了他。雖然藍辛在致威爾遜總統的一個電報裏和在隨後出版的一本書裏解釋他自己的說話。（註一）但這損傷是去不掉的。藍辛承認自從一九一九年一月以後，他不同情於威總統對和平及其締造方法的見解。他合理地說，威總統和他都以為辭職，將引起激動，是害多利少的。可是怎樣他能繼續佔居國務卿與和議代表的要職，或是怎樣威爾遜能夠默認，至今還是一個神祕。威爾遜內閣的一位閣員在他的日記裏寫道：『根據我所聽到的種種，我心中發生了這問題，為什麼不早一些請他走呢。』（註二）

九月十三日威爾遜總統的專車抵太平洋岸邊的西雅圖（Seattle）。成見不能減低歡迎的誠懇與熱烈，三萬八人民聚攏來聽他演講。

（註一）R. Lansing: The Peace Conference(1921).藍辛於一九二〇年二月十一日被請辭職，翌日他就辭了（見該書 p. 3).

（註二）D. F. Houston:Diary of Woodrow Wilson's War Cabinet, in Chicago Herald and Examiner, April 8, 1926.

車站旁的羣衆裏面不作聲的人，只有那幾百個纏着『釋放政治囚犯』徽章的。這些是在西北部世界工人同盟 (Industrial Workers of the World) 和其他騷動時期中被拘禁的人。(註一)

假使這些人就是美國西部反對國際聯盟的主要敵人，這事實對於參議員洛其和他的朋友們是不很光榮的。在落機山 (Rockies) 的太平洋的一方面威爾遜總統向和約的敵人們表示妥協。這似乎有些理由，說是威氏對於盟約的保留條件拒絕考慮未免太絕對了。但九月十二日在華盛頓州的斯樸康 (Spokane) 演說，他稱他準備接受『解釋（和約）的保留條件』只要這些條件不放在和約的批准書裏。批准書裏的保留條件，將遷延時日，並且或許要把和約再交到巴黎會議討論。和約外的保留條件將載在紀錄上，作為美國對於該條約含義的解釋，這就無妨。塔夫特與實施和平聯盟贊助威氏很力。但是無法轉移參議員洛其和波拉 (Borah) 對於第十條的反對。

(註一) Chicago Daily Tribune, Sep. 14, 1919.

可是威氏正在得勢，甚至在舊金山方面。紐約時報認為該處的演說是這番遊說的轉變點。（註一）威氏雖然沒有使加里福尼亞州贊成國聯，但是他留了一個大印象。可是這並不能確定美國會批准這個條約『這是一種希奇的命運的嘲弄』，克里孟梭在巴黎說道，『但是沒有美國人國聯也能存在。』（註二）

在九月二十六日的清早，威爾遜中了風。這勞動過度的身體破碎了，和平的運動上多了個烈士。在將近一萬英里的旅途中，除了三夜外，他都在火車裏過夜，一地方演說過後，便又奔往另一地方。（註三）

如今華嚴的棟樑摧了，
冲天的烽火消滅在烟霧之中。

（註一）New York Times, Sept. 19, 1919.

（註二）San Francisco Chronicle, Sept. 26, 1919.

（註三）同上，Sept. 28, 1919.

鼓角的清聲寂然無聞。

小山上靜靜的守護人。（註一）

參議院繼續牠的漫無盡期的條約的考慮。這條約的草訂費了十六個星期，但是參議院需要約三十星期來討論牠。在白宮裏的威爾遜總統既然有病，又只能作一半工，再沒有強有力的人鼓動輿論來擁護國際聯盟了。參議院直等到一九一九年九月五日纔開始正式宣讀外交委員會的報告。十一月六日，洛其提出這條約和保留條件的修訂表，計有十四條。第一條如下：

參議院所採取的保留與諒解，應作爲批准決議的一部和條件。

所有保留條件性質都極嚴重。單舉第三條便够了：

美國不負第十條所規定保持任何其他國家的領土完整或是干涉各國（不論是否是國聯會員國）間的爭執之義務，或負在該條約任何條款下面爲任何宗旨運用美國陸軍或海軍之義務，除非根據憲法有宣戰或下令運用美國陸軍或海軍獨權之國會，在特殊事件裏面以法

（註一） 這四行詩是 Sir Walter Scott 在 Marmion 一詩中弔英首相 Pitt 的。

律或正式決議有此種決定。（註一）

參議院中關於批准問題的辯論，繼續到一九二〇年間。一月三十一日格萊有一封信在倫敦時報披露了，他從一九一九年九月二十七日至一九二〇年一月三日曾奉特別使命到美國為使臣。在該時期內他未能見到或是接近威爾遜總統。（註二）威總統這種奇怪態度的理由，似乎是因為格萊急欲美國接受該項條約，雖有洛其的保留條件亦所不計。（註三）威爾遜就美國而論，決定與其接受保留條件，毋寧任其作廢。格萊代表首相聲稱英政府不以為此項保留條件，妨礙美國為國際聯盟的會員。為了請求英國對於美國態度的耐性與同情，格萊故寫了這封信給時報。不幸他想一秉至公，卻做了一段增加反對盟約者的氣勢的文字。格萊寫道：

如果國際聯盟盟約不改，將來代表（美國）總統出席國聯行政院的美國代表所承認的

（註一）Congressional Record, Vol. 58, pp. 8022—3.

（註二）Annin, Woodrow Wilson (New York, 1926), p. 320.

（註三）格萊自稱他之不能得見威氏，僅因威氏抱病之故（Twenty-five Years, II, 206）

政策，立法機關，不予以批准，那不是不可能的。

這封信在美國引起了一個不良的印象。(註一)華盛頓報(Washington Post)對此有報告，所用的標題是原信沒有的。根據洛其的要求，轉載了在國會紀錄(Congressional Record)(參議院的議事錄)上面。(註二)洛其此舉的目的，不在於破壞該條約，而是像格萊那樣，要證明即使附有保留條件，美國也能加入國聯為一有用的會員。洛其又獲得在國會紀錄裏印出潘恩維(Jacques Bainville)為同一宗旨接見基督教科學報(Christian Science Monitor)訪員的報告。潘恩維代表法國人民說：『美國參議院要對第十條有保留條件以及其他的保留條件，在我們看來這是最自然的。』(註三)

洛其決議案一至十四都通過了，表決是分別舉行的，其多數自十六至六十四票不等。每個決

(註一) Annin op. cit., loc. cit.

(註二) Congressional Record. Vol. 59, p. 2335

(註三) Congressional Record p. 2337.

議案得到的平均多數爲二十八票。（註一）批准和約的決議，及其形成批准的一部份的保留條件，於一九二〇年三月十九日在參議院表決。計有四十九票贊成，三十五票反對。因此這決議歸於失敗，沒有得到必要的三分之二的多數。（註二）

這個結果是由於威爾遜總統而然。他在參議院裏仍可命令充分的民主黨議員，足以阻止該條約，附着該項保留條件，爲三分之二的多數接受。『沒有他的運動，』參議員洛其說，『這條約今日已接受了。』（註三）二十四個屬於威爾遜自己的黨（民主黨）的參議員，投票反對這個附有保留的條約。所以這個『在過去和現在都是人類最高尙的夢』，（註四）暫告失敗了。這幾句話是在最後一天的批准辯論裏，出於一個『保留主義者』奧溫（Owen），一位渥克拉河麻州（Oklahoma）

（註一） Congressional Record. Vol. 59, p. 5422

（註二） 同，Vol. 60, p. 4599.

（註三） H. C. Lodge, Senator Lodge and the League of Nations (1915), p. 214.

（註四） 比較 C. S. Groves, Henry Cabot Lodge (1925), p. 97 ff.

的共和黨參議員之口。這位參議員已經看出威氏的勢力將使附有共和黨認爲必要的保留條件的批准決議，歸於失敗。因此美國沒有加入國聯。但是，參議員奧溫又說：「美國在適當時期內是要加入的，不管有沒有第十條，或者用不用對於第十條加以保留條件。」

既已拒絕了國際聯盟的盟約，美國於是拒絕了盟約居其中一部份的凡爾塞和平條約。因此美國於一九二一年八月一日單獨與德國，於八月二十四日單獨與奧國，於八月二十九日單獨與匈牙利分別訂立了和平條約。至於對保加利亞和土耳其，美國從沒有宣戰過。

第二十章　波羅的海各國

在和平條約簽訂後，歐洲有（除了若干臨時過渡政府以外）六個新的國家。此外，有幾個舊國家改換到幾乎不能認識。德國喪失了四百萬以上人民居住的領土（除了殖民地以外）；奧匈帝國喪失了三千八百萬至三千九百萬的人民。

大戰和一九一九年的條約反轉了數百年來的一種程序——即是小國併爲大國的程序。凡是根據民族的範圍的擴張像意大利，或大體根據民族的範圍的擴張像德意志，結果便成功廣大，有效率和鞏固的政治單位。但凡犧牲了民族而成的擴張，結果國內便有分化的被壓迫勢力，只要政府一軟弱，這種分化勢力便要伸張起來。大戰的勞困，破壞了俄奧兩國政府對於被壓迫種族的桎梏。在大戰期內，協約國的宣傳很活躍地助成了奧國的分解。和平條約則完成了這種分解。因此，西部和中部歐洲的面目改變了，同時俄羅斯在波爾雪維克政府下面，因爲否認牠的債務和對歐洲社會制度宣戰，把自己擯斥於法外了。因此新歐洲與舊歐洲有兩點不同。牠包括六個新國家；牠以蘇俄西部邊疆爲止境。蘇維埃聯邦共和國還不完全限於歐洲。

俄國一九一七年的革命，引起了該國的分解。辜爾孟在勃萊斯特里托夫斯克會議上曾談及德國承認毗鄰德國東部或東北境的新『國家單位。』此種國家單位業已存在。第一個是芬蘭，在波爾雪維克黨人攫得俄國政權以後，立即於一九一七年十二月宣布獨立了。芬蘭自一八〇九年由瑞典割與俄國後，向爲一個自治的大公國，受俄皇個人的管轄。俄皇大體上尊重芬人的權利；芬人自己有參議院，就是在大戰期內也沒有被徵入俄軍。

一九一八年一月，芬人宣布在大戰裏保守中立。他們自己國裏的內戰已够他們忙了。芬蘭共產黨亦卽波爾雪維克黨，攻打了四個月，謀取得政府與社會的統治權。

俄國波爾雪維克黨人曾宣告承認人民有自決權，卽使因此將與其所屬國分離，亦所不惜。俄人依此見解，在一九一八年三月三日，與德國訂的勃來斯特里托夫斯克條約，同意了放棄從利加(Riga)畫至烏克蘭邊界的一條線以西的所有領土。這個協定僅從俄國主權下分去坎蘭，里梭恩尼亞，與波蘭所以如此者，顯然因爲德國政府想把這些『國家單位』歸入德帝國內，或至少與德國有相當聯合的形式。（註一）提出了許多的計劃，要使德國的親王做這些新國的君主。

在波爾雪維克黨人還沒有承諾勃來斯特里托夫斯克條約時，霍夫孟將軍已派遣軍隊佔領甚至利加以北的區域。條約訂立之後，德軍由海道載往芬蘭，在四月裏幫同平定了芬蘭的波爾塞維克黨人。德政府於是與芬蘭訂了一個商業條約，芬政府允以德皇內弟赫斯郤里親王（Prince Frederick Charles of Hesse）爲國王。但是德國正在她的軍事佔領最廣外交協約最佔優勢的時候，便在那裏崩潰了。按照十一月十一日的休戰條約，德國允諾將勃來斯特里托夫斯克條約作廢。她在波羅的海的德意志帝國的春夢，也跟着化爲烏有了。休戰條約第十二條規定德軍須撤退屬於戰前俄羅斯的一切領土。郤理親王也『表示了德薄能鮮，』不接受芬蘭的王位。（註二）

（註一）該線見 Article of the Treaty of Brest-Litovsk and Annex I 並附地圖，March 3, 1918，載於 Texts of the Russian Peace (Washington, 1918).

（註二）"The Baltic and Caucasin States"（見 the Nations of to-day），由 John Buchan 所編（1923），p. 46.

從波爾雪維克和德意志帝國兩種勢力的下面解放了出來，芬蘭立刻廁身於歐洲的布爾喬（即資產階級的）共和國家裏面。她有兩個棘手的領土問題要解決，一個是與瑞典關於亞蘭羣島(Aaland Islands)，一個是關於她和俄國的陸地邊界。亞蘭羣島如芬蘭一樣，自一八〇九年以來，便屬於俄國。瑞典人雖不願要回芬蘭，但他們是要亞蘭的，因爲那裏大多數居民是瑞典種族，說的是瑞典語言。該項爭端根據英國的提議（按照盟約第十一條）於一九二〇年六月提交了國際聯盟行政院。行政院派了一個委員會去考查這個問題。這個委員會呈了一個報告給行政院，該院於一九二〇年九月在巴黎開會。該報告稱亞蘭羣島問題按諸國際法不屬於芬蘭國內司法權限；並稱『不管俄國在大戰期內曾在該羣島上有建築礮臺等事，一八五六年的和平條約與協定，關於亞蘭羣島解除軍備的條文，現在仍然是有效的。』（註一）國聯行政院將該問題再加考查之後，議決『承認亞蘭羣島的主權，屬於芬蘭。』

（註一） League of Nations, Official Journal, Oct. 1920 p. 395. 亞蘭羣島協定爲一八五六年三月三十日結束克利米亞戰事的巴黎條約之一部份。

一九二一年十月二十日，英，芬，德，丹，愛沙尼亞，法，意，拉脫維亞，波蘭，與瑞典在日內瓦簽了一個條約。芬蘭擔任不在亞蘭羣島上築礮臺。在該羣島低潮標準三海哩之內，不得有任何戰備或作戰根據地之設。除戰時外，一切戰艦，如不違禁，有經過該羣島領海的自由。戰時則該羣島及其水面應視爲中立地帶。爲保證該地帶的中立，芬蘭在戰時得暫行埋置水雷於該處。（註一）

亞蘭島民的政治權利，由芬蘭與瑞典在國際聯盟行政院的代表，訂了一個協定；由行政院一九二一年六月二十七日的會議予以許認，作爲擔保。該羣島有自主權，在市鄉學校內教授的文字，應爲瑞典文。（註二）

亞蘭羣島問題不僅關於中立，而且是關於自決的難題。在芬蘭三三六六〇〇〇人口中約佔二萬的亞蘭島人，似有合併於瑞典之意。一個特別任命的國際法律家委員會在他們一九二〇年

（註一） 關於亞蘭羣島的廢除戰備與中立化的一九二一年十月二十日的協定，見國際聯盟的 Treaty Series, Vol. IX, p. 213.

（註二） League of Nations, Official Journal, Sept. 1921. P, 701.

十月送交國聯行政院的報告裏，頗詆責人民自決權的無限制的要求：

因爲他們願望或高興退出，便准許在言語或宗教上的少數民族，或是全人口中的任何一部分的人，有從他們所屬社團退出的權利，勢將破壞國家內部的秩序與安定，造成國際生活的無政府狀態。

除亞蘭羣島問題外，芬蘭對白海(White Sea)上一個口埠還有領土的要求。芬蘭與蘇俄正在交戰狀態之中。最後蘇維埃政府接受了芬蘭的要求，訂了一九二〇年十月十四日多彼特和平條約(Peace Treaty of Dorpat)，以爲解決。(註一) 該條約用瑞典，芬蘭，俄羅斯三國文字；結束了戰爭，締約兩國並約定『維持將來的和平狀態與親睦鄰誼。』第四條把貝與加 (Petschenga) 區域和凡大(Vaida)灣上一個不凍埠給予芬蘭（在挪威與俄國中間之北岸。）芬蘭擔任在北冰洋屬於她的海岸上不作任何海軍根據地，亦不置備四百噸以上的任何戰艦。兩國在芬蘭灣的領海各自海岸起擴充爲四海哩。兩國各同意擁護芬蘭灣與波羅的海中立的原則。兩國俱不要求

(註一) League of Nations, Treaty Series, Vol. III, p. 6.

他們彼此交戰的賠款。芬蘭對於俄國因一九一四年至一九一八年大戰所擧的一切債務不負責任，彼此對另一國的公債與信約都不負責任（第二四，二五條。）

愛沙尼亞，牠的首都在來佛耳（Revel）大學在多彼特，是蘇俄第二個邊境國家（次於芬蘭）。一九一八年該地是在德國軍隊佔領之下，德皇威廉曾宣稱將使該地與德意志帝國有一種永久的聯絡。一九一八年十一月十一日的休戰條約，對於許許多多的新舊國家眞是一個關鍵的日期。已經成立的愛沙尼亞臨時政府與德國佔領軍隊，訂了一個撤軍的辦法。於是來了一個紛擾的年頭，在這十二個月裏面愛沙尼亞人零碎的與殘留的德軍戰，與俄國波爾雪維克黨人戰，與像伯爾滿大佐（Colonel Bermondt）等投機者的流寇軍隊戰。英國接濟愛沙尼亞人軍械武器，還有一隊英國軍艦保護他們的海岸。愛沙尼亞發見了一位能幹的司令賴唐南（General Laidoner）將軍。並且在愛沙尼亞有許多反波爾雪維克的俄國人，余登尼其將軍（General Yudenitch）便是從這裏發動他對彼得堡的勇敢，有希望，但是未成功的襲擊（一九一九年十月。）愛沙尼亞人和反波爾雪維克的俄人合不上來，因爲可爾加克海軍上將（Admiral Koltchak），鄧尼金將軍

(General Denikin) 和其他的俄國志士不願承認這些邊境國家的脫離而獨立。余登尼其把他進攻彼得堡的失敗歸咎於愛沙尼亞人接濟的缺乏。

俄羅斯波爾雪維克黨人既已宣布一切人民的自決權，他們準備承認愛沙尼亞的獨立。一九一九至一九二〇年克剌新(Krassin) 和越飛(Yoffe)代表俄國，樸斯加 (Poska) 代表愛沙尼亞在多彼特舉行會議。和平條約便於一九二〇年二月二日簽了字。愛沙尼亞不負俄國一切債務的責任。一個很堅固的邊界，根據挪伐河 (Narva) 北潑斯湖 (Lake Peipus) 及其他天然的地勢劃定了，沿這邊界並設了一個廢除軍備的區域。愛沙尼亞政府允許將來佛耳做一個俄貨進出的自由商埠。

雖有多彼特條約，愛沙尼亞和俄羅斯的關係仍不良好。如果想到所有波羅的海邊境國家 (Border States) 各自孤立時的軟弱，自然便以爲有一個聯合的政策出來。可是這種趨勢僅僅表現在一九二三年十一月一日愛沙尼亞與拉特維亞的一條同盟條約。這兩個國家約定，若任何一國無端被人攻擊時，另一國須出面幫助。他們又訂了一個經濟協定，同意組織兩國關稅同盟。

（註一）。

向南走，其次的邊境國家是拉特維亞。牠的首都和大學都在美好的漢撒（Hanseatic）古城利加。一九一九年那位聲名狼籍的伯爾滿大佐便是在這地方施行他的作戰計劃。伯爾滿（卽 Avaloff Bermondt）是一俄國軍官，自稱爲俄國西部各省一切軍隊的司令官。他自行加入哥爾茲將軍（General von der Goltz）在波羅的區域所統率的德國軍隊。這些德俄聯軍是反波爾雪維克的，他們當時似乎志在波羅的海邊樹立德國統治，以補償該國在大戰裏所喪失的土地。到一九一九年底，伯爾滿和哥爾茲的冒險事業是失敗了；伯爾滿自己托庇於德意志。

俄羅斯拉特維亞和平條約簽於一九二〇年八月十一日。（註二）俄國無保留地承認拉特維亞國的獨立與主權。該條約劃定的疆界，沒有天然的勢力。拉特維亞必須依靠其他波羅的海國家如愛沙尼亞等的合作，並須依靠國際聯盟。

（註一）Toynbee, Survey of International Affairs, 1920—23 (1925), p. 244. L'Europe Nouvelle, Jan. 12, 1924.

（註二）League of Nations, Treaty Series, Vol. II, p. 212.

里梭恩尼亞本是一個大封建采邑，直到一三八五年耶吉洛親王（Prince Jagiello）娶了波蘭的耶特維加皇后（Queen Jadwiga）。從那時候起，里梭恩尼亞便合併於波蘭了。一七七二，一七九三和一七九五歷年的瓜分，把里梭恩尼亞給了俄國，而波蘭則由俄羅斯，普魯士和奧地利三分。在十九世紀裏，波蘭人始終保留他們的民族意識。所有的或是大多數的受過教育有政治頭腦的里梭恩尼亞人顯然都以波蘭人自視，直到一八八三年左右，纔有里梭恩尼亞的民族運動開始。（註一）

在大戰期內，里梭恩尼亞被德軍佔領了，並且被德軍的徵發和苛捐弄得很窮乏。勃來斯特里托夫斯克的俄德條約，承認了里梭恩尼亞土地完全脫離俄國獨立，正當里梭恩尼亞要併入德意志帝國的過程中時，一九一八年十一月十一日的休戰，突然倒轉了幸運的飛輪。

在德軍佔領期間和波爾雪維克革命以後，里梭恩尼亞便樹立了一個國民政府，以美麗的歷

（註一） R. H. "Lord, Lithuania and Poland," 載 Foreign Affairs (American Quarterly) June, 1923 p 41. 該文爲波蘭與里梭恩尼亞整個問題的最好的一篇文章。

史的維爾那（Vilna）城爲首都。一九一八年底德軍退出後，波爾雪維克俄羅斯於一九一九年一月把里梭恩尼亞政府驅出了維爾那，但是在同年四月他們自己（俄人）又被波蘭軍隊驅逐了出去。同時波蘭政府在那位心胸寬大的愛國志士巴特利斯基（Paderewski）擔任總裁之下，曾提議里梭恩尼亞和波蘭聯合——這一個聯合可以免得許多的流血與慘痛（一九一八年二月十二日的通牒。）可是里梭恩尼亞人拒絕了。波蘭和里梭恩尼亞雙方的軍隊於是在維爾那附近打起來了。同時俄國和波蘭的戰爭沒有停止。

一九二〇年七月紅軍衝過了波蘭的防線，踏過了維爾那，直叩華沙（Warsaw）的門戶。里梭恩尼亞政府於是又佔領了維爾那。他們沒有在那裏很久。一九二〇年八月十四日發生了破天荒的維斯士拉之戰，波蘭，波爾雪維克戰爭的『馬恩』。紅軍狼狽地被逐出了波蘭。波蘭和里梭恩尼亞軍隊又在維爾那接觸了。國際聯盟派了一個委員會趕來調停。十月七日蘇華爾基（Suwalki）的休戰條約簽了字，根據該約波蘭人保守維爾那以南二十五英里的一道線。但是休戰條約墨瀋未乾，波蘭將軍徐立古斯基（Zeligowski）率了一旅之師，越過休戰線，佔領了維爾那。徐立古斯基的行動在技術上是一種反抗本國政府的暴動。按照國際法或國法，他沒有什麼權威。但是旣佔了維爾那，他不走。他和他的軍隊是否繼續向波蘭陸軍部領餉。那是很有趣味去知道的事情。

一九二〇年底的整整一個冬季，維爾那的局面在國際法上，始終是反常的。國際聯盟派了一個委員會來接洽平民投票，並且預備要派國際聯軍來佔領這爭論的區域。瑞士政府因爲這種擬議的國際軍隊勢必要在日內瓦會集通過牠的領土，故予以拒絕。國聯放棄了這個計劃。國聯不去舉行平民投票，而請里梭恩尼亞與波蘭彼此交涉，以解決他們的爭端。一九二一年夏在不魯塞耳開了談判，進行約有五個月，由國際聯盟委員海門士（Hymans）爲主席。海門士的計劃是把維爾那在保證牠的自治的條件下，劃歸里梭恩尼亞，同時又使里梭恩尼亞和波蘭實現一個聯邦的結合。雙方都不接受這個提議。國聯行政院於是『勞頓地擺脫這一件事情，請兩造盡力自行解決』。（註一）

一九二二年一月波蘭政府在維爾那區舉行普通選舉，召集國民會議。該會召集之後，表決維

（註一） R. H. Lord, op. cit., p. 54

爾那應爲波蘭共和國的一部分。再過了一年，維爾那纔被認爲在國際法上屬諸波蘭；最後在一九二三年三月十五日大使會議接受了這已成的事實。維爾那區人口約有九十萬，其中有十萬人據稱是里梭恩尼亞人，其餘大率爲波蘭人（但也有猶太人和白俄，）至是纔算爲波蘭的土地了。

因此里梭恩尼亞國只能定都於庫扶諾（Kovno）。然而在別方面，牠卻得到了領土的利益。在北面，里梭恩尼亞包括舊屬俄國坎蘭省的一部分，在南面牠有梅梅耳（Memel）城及其區域，這是一九一九年凡爾塞條約割自德國，經國聯的一個最高委員治下約有四年，迄一九二三年二月十六日由各國大使會議幾經遷延的決議，劃歸了里梭恩尼亞。因此牠得到尼門河做南部的邊界。如果里梭恩尼亞沒有失掉維爾那，那麼大使會議也許把梅梅耳規定爲一個屬於國際聯盟的自由城市，像但澤那樣。

維爾那區在波羅的海領土系統裏的意義是這樣的：在波蘭治理之下，牠給了波蘭共和國一條到拉特維亞邊界的『走廊，』使波蘭與一切『邊境國家』毗連，而波蘭是存心要和他們訂立一個防守同盟的。倘在里梭恩尼亞手裏，維爾那將使東普魯士直通俄境；因爲德人經過里梭恩尼亞比經過波蘭要容易得多。維爾那割去以後，里梭恩尼亞與俄羅斯便完全不接觸了。

波蘭共和國是一九一九年的條約重創的，但是疆界好幾年沒有確定。波蘭和波爾塞維克俄羅斯之間，迄一九二〇年秋天爲止，有一種戰爭狀態存在。這個長期的火併，以一九二〇年八月紅軍流星似的直搗華沙，和他們在維斯士拉之戰同樣戲劇式的失敗，爲臻於極點。自此以後波爾雪維克人承認他們的軍力至少暫時是破碎了。俄波兩國的代表團會於拉特維亞的利加，到了一九二〇年十月十二日，便簽訂了一個預備和平條約。外附一草約，規定停戰，並以兩方軍隊間十五基羅米突（十英里）之地爲中立區。最後的和約，是於一九二一年三月十八日在利加締結的。（註一）最後和約第一條，簡直了當聲明『戰爭狀態已不復存在』於締約國之間。在第二條裏締約雙方『遵民族自決的原則，承認烏克蘭與白羅宋尼亞(White Ruthenia)之獨立。這是一種間接的說法，波蘭放棄烏克蘭與白羅宋尼亞而承認事實上這些地方現在蘇維埃俄羅斯聯邦裏面。這又等於說波爾雪維克人承認烏克蘭以西的區域，即東加立西亞的區域（包括達奴普耳Tarnopol）

（註一）預備和約見國際聯盟的 Treaty Series, Vol. 2V, p. 32. 最後條約亦載該 Series 內 Vol. VI, p. 122

隸於波蘭國內俄國允償波蘭三千萬金盧布「理由爲波蘭共和國轄地在前俄羅斯帝國的經濟生活，曾積極參加過。」還加入了一項條文，謂雙方「俱不得作一切鼓動宣傳或任何種干涉，也不獎勵任何類此的運動，」這種條文在各國與赤俄所訂的條約裏面，已成爲很普通的了。

從各方面看來，復活的波蘭從一九一九至二三年的掙扎和紛爭裏，結果可說是很好。她從里梭恩尼亞得到維爾那，得到東加立西亞（舊屬奧）；在北面，一九一九年各條約給了她在東西普魯士之間直到海口的『走廊。』這有名的地帶，最狹處，在牠臨海的地方，約有二十二英里寬，在內地，闊處達六十五英里左右。這走廊不包括但澤；牠自己在國際聯盟下面有一種特殊的制度。走廊裏的生活是幽靜的。那裏沒有大城市；人民以農爲業，雖從一七七二至一九一九年併入普魯士，並無親德的傾向。在軍事形勢上，這走廊無疑是軟弱的。在經濟上，他把東普魯士與其餘的普魯士割開，對於德國不便。可是這種不便，業經德國與波蘭（牠同時代表但澤）及一九二一年四月二十一日在巴黎簽訂的協約而減除。按照這個協約，波蘭給了德意志在東普魯士與德國他部之間人民，貨物，船隻，車輛，郵件，電報與電話的通過自由。同樣的自由給了經過但澤的領士和領海的德貨。

德國兵士可以運過走廊，至於平常火車禁運的軍隊所有物，包括武器軍火等，每星期得對開軍貨車一次通過走廊。波蘭軍隊的輸送，可以引用同一條件經過維斯士拉右岸的普魯士領土。特許通車的旅客無需護照。（註一）

波蘭於一九二一年三月三日與羅馬尼亞訂了一個防守同盟。（註二）與法國，波蘭於一九二一年二月十九日在巴黎簽了一個條約，規定兩國政府關於外交政策上的一切問題，應互相商酌。（註三）看起來，法國與波蘭似乎結了一個軍事協定，可是沒有公佈出來。

在一切波羅的海國家中，波蘭的國家意識最濃厚。她的人民甚至於對俄人在佔領時期在華沙所建的華嚴閎大的教堂，也看不入眼。因此在一九二四年波蘭政府實行拆除這正教教堂（Orthodox Cathedral），回復牠校場的舊觀。

（註一）國際聯盟，Treaty Series, Vol. XII, p.63ff. 該協定是根據一九一九年六月二十八日的凡爾賽條約的第九十六與九十八兩條而訂的。

（註二）國際聯盟，Treaty Series, Vol. VII, p. 78.

（註三）同上，Vol. XVIII. p. 12.

第二十一章　會議外交

一九一九至二四年是一個會議外交的時期，使人回想到拿破崙戰後的會議時期。國際關係，通常是各政府間交換通牒而進行。這些通牒由大使們遞交，大使並可遵照訓令用談話補充。照這種國際接觸的辦法，大使泰半是溝通的機關。

如果在談判裏面時間不是最重要的因素，交換牒文的溝通辦法是最適宜的：牠是審愼的，或許遲慢，但是穩當。然而有許多時候，牒文的交換徒然無窮。當和議條件須討論時，常有許多問題待解決，而且要迅速解決，那麽各國的元首或他們的代表就有會合磋商的必要，以個人的同意，及共同斟酌而定的相互遷就的辦法，來解決事件。

雖然會議外交在一八一四至二二年頗通行，雖然遇到其他國際大事件如巴黎公會，柏林公會，海牙會議等亦被採用，但是直到這次大戰牠纔成爲國際接觸的一種慣常的辦法。在戰前『慣例差不多都是由中間人經手交涉——老練圓通的中間人，不是由負最後責任的人們出來交涉。」

大戰造成了各國有關係閣員們時常直接磋商的辦法，繼續迄今不但列強間如此，即小國間亦同樣採用尤其在大戰期內創此習慣的國家更爲通用。故我們的敍述（按指議會外交當自大戰始。（註一）

在大戰期內協商國政府的負責領袖時常會議共同行動，交換意見，並確定政策。這種聚會常在各便利的地方舉行，但以凡爾塞爲最普通；這些會議後來稱爲最高會議。十一月十一日休戰之後，這個團體成了一種整理全歐的內閣；在巴黎會議期間，以『四人會議，』或『協約與參戰主要國家』的名義，牠不僅改造了一大部份的歐洲，而且改造了一大部分的世界。巴黎和平會議的末次會議，是在凡爾塞條約交換批准以後，於一九二〇年一月二十一日舉行的。此後，最高會議之名雖間或引用，但逐漸消滅了。最高會議本身在一九一九年各項條約締結之後，實在可以說消失

（註一） Hankey, "Diplomacy by Conference", in the Round Table, Vol. II, p. 288.

了，因爲牠的份子漸以代表其本國政府自視，而非一個『歐洲內閣』的閣員。不過以前協約國這輩首腦雖然不復以一團體自視，那集合會議的有用的習慣卻留下來。『歐洲協調』(Concert of Europe)的組織依然存在，不論牠的會員的遺缺和牠的見解的紛歧。

監督一九一九年各項條約的實施的每日或每週工作交了給駐巴黎的各列強大使，他們會同法國外交部的一個代表，組成了大使會議。

各國負責的閣揆或重要閣員於一九二〇年二月十二日在倫敦舉行了一次會議。克里孟梭不復是法國的總理了。他在和會舉行末次會議的那天去職，在倫敦會議上新總理米列蘭(Millerand)代表法國出席。意首相尼蒂(Nitti)，比首相特拉克魯(Delacroix)，巨哥斯拉夫外交部長托蘭比煦(M. Trumbitch)均到會。美國不復出席。

這個在唐林街十號舉行的倫敦會議(一九二〇年二月)所討論的主要問題，是皐姆，戰爭禍首及君士坦丁的前途。關於戰爭禍首，協約國起草了第二個通牒給荷蘭(第一個是於一月十五日發的，)內中建議，以荷人既經拒絕交出德前皇威廉，請他們把他送到歐洲以外的地方去

（顯然指爪哇。）對於德政府，協約國讓步，准將戰罪被控人的審問在萊普齊克最高法院舉行，不在協約國的法庭舉行。在這種讓步之下，約有十四個不重要的人物，受了輕的處分。至於君士坦丁，決議許蘇丹與土耳其人留在該處。這個泰晤時報（Times）指稱為『很可注意的決議』（註一）後來在薩佛和洛桑條約裏登記了。關於阜姆，協約國無能為力。他們聰明地議決讓意大利和巨哥斯拉夫去解決。他們相信這兩個協約國必能秉公處理。（註二）該會議開到了月底。唯一的結果，即君士坦丁仍歸土耳其所有，這絕非由於法國的壓力，而是由於英國印度部（畏懼印度回教徒）加於路易喬治的軟弱的意志的影響而致。

其次的協約國會議是在意大利桑來木（San Remo）舉行，時間是一九二〇年四月的最後兩星期內。法英兩國政府已不如先前的融洽。法人懷疑德國軍人派的圖謀。三月十四至十七日（一九二〇）的『卡普政變』"Kapp Putsch"（亦即企謀的苦迭打）證實了法人的所見。雖

（註一）Times, Feb. 16, 1920.

（註二）見本書末一章述國聯時。

然卡普博士只做了一百小時的總裁，可是共和政府在該時期內被迫離開了柏林保皇黨人與軍人們總算是『顯了身手』。卡普政變之後，繼以魯爾(Ruhr)區域饑餓的工人們的斯派他(Spartacist)(德國共產黨)暴動在征服這次暴動時，德國常備軍 Reichswehr 進入萊因右岸的廢除軍備區域，違背了凡爾塞條約第四十二條。法政府因此派兵佔領了佛蘭克福與大姆斯達(Darmstadt)(一九二〇年四月六日)。路易喬治對於法國此種單獨的行動提出了抗議，通牒措詞很有點嚴厲。桑來木會議是在這種環境之下，於四月十九日(一九二〇年)開幕。

該會議的會場是在可愛的特伐長別墅(Villa De Vachan)。尼蒂，他是一位胸襟寬大，或許稍帶感情的政治家，以主持會議的意政府的首相地位任主席。尼蒂和路易喬治互相維護甚力，同是主張凡爾塞條約的寬緩解釋的。英國外交部長厥重爵士(Lord Curzon)亦到會，他使英國政策較爲切於『現實』，維持與法政府的合作。米列蘭總理代表法國到會；日本駐巴黎大使松井(Matsui)代表日本出席。德國常備軍挾全部軍器而入魯爾的中立地帶，使半歸擱置的德國解除軍備問題，頓形緊張；這是桑來木討論的主題之一。

除解除軍備外，委託統治與土耳其問題佔據了該會議。如今土耳其既留在君士坦丁，海峽問題自形嚴重。在桑來木，協約國同意了海峽國際化的原則。於是一種好工作是完成了。可是國際聯盟拒不接受亞美尼亞（Armenia）的委託統治。這種決議也許是避免不掉的，因為國聯存立未久，殊不能保護亞美尼亞，以敵土耳其的侵略。亞美尼亞的朋友們，希望桑來木會議拯救亞美尼亞。這個不幸民族的孑遺，卻交了給他們在黑海區域（托利比莊 Trebizond，埃爾仔爾魯 Erzeroum）的主人翁土耳其人，及裏海上亞塞爾拜姜（Azerbaijan）的韃靼共和國的波爾雪維克人。（註一）

解除軍備的問題在桑來木引起了一些齟齬。根據凡爾塞條約，德國軍隊到四月六日須減至十萬人，但是協約國曾許展期至七月十日。魯爾事件——德國常備軍的侵入中立區域——驚動了法國人。這是對凡爾塞條約的一種違犯。路易喬治相信經濟的壓力足以使德人恪守條約。米列朗不相信。英法兩方負責人物都相信有五十萬德人可以立卽作戰。（註二）西克特將軍（General

（註一）關於 Azerbaijan，閱 O. Baldwin 的 Six Prisons and Two Revolutions, (1925).

（註二）Times, April 22, 1920.

Von Seeckt）儘量欺哄協約國監察委員會的通告業已暴露了一種表面標着 Waffenmeister Kommt（武裝主人來了）字樣的信號準備散佈了。（註一）同時德政府有一公文到桑來木，要求常備軍由十萬人改至二十萬人，直等到德國准許入國際聯盟爲止。這要求經米列朗的堅持，被拒絕了。路易喬治建議謂協約國從沒有與一個眞正著名的德人接觸過，應請德總理來參加會議。這個『嚇人的提議』（註二）幾乎拆散了桑來木的集會。可是協約國諸閣揆維持了良好的社交關係，在一起吃飯並且在會外作非正式的談話，空氣改善了。法國得到敍里亞的委託統治權了，英國得到巴勒斯丁和美索不達米亞的委託統治權了。根據一九一七年十一月二日包爾福以英國外交部長的資格所發的宣言，巴勒斯丁應爲『猶太人的民族家鄉。』該會議於四月二十六日散會，仍沒有把亞得利亞問題解決。可是全體協約國具名發出了一個滿意的通牒給德國，聲稱德國必須實行凡爾塞條約所有的規定。

（註一） Times, April 22, 1920.

（註二） 同上。April 24, 1920.

這個通牒包含一個很不尋常的邀請，要『德國政府的領袖』來到一個議定的地方和協約國政府領袖商議條約實行上的困難，也許可『因各政府領袖意思的交換，比通牒的交換，爲較易解決。』協約國閣員這樣便確定了他們所奉行的會議外交的政策。

特殊國家操縱天然財源或原料的問題，在經濟界裏引起了意見。爲避免關於油儲藏的爭執起見，英法於四月二十四日至二十五日在桑來木會議上訂了一種協約，規定公平分配他們的殖民地或是他們國人管轄的租讓地的生油產額。他們議定，由英法官方在羅馬尼亞磋商所得的任何租讓地內英法的利益應平均分享。在美索不達米亞，英國所得生油，應以百分之二十五給予法政府或其委任人，按照市價付值；否則英政府便須把所有開發美索不達米亞油田的公司股分的百分之二十五給予法政府或其委任人——此項股分之價值應與其他股東所付者相同。法國擔任給予建築油管經過法國委託統治地（即敍里亞）以達地中海的便利。在法國殖民地與英國皇家殖民地（British Crown Coloniеs）內，兩國人民俱應給以取得油租讓地的各項便利。

四月二十六日，桑來木的會議告終。德國政府不久便撤回了魯爾區內中立地帶的軍隊；因之，法人於五月十四日開始退出佛蘭克福，大姆斯達，與哈羅（Hanau）（註一）這時候揭露了協約國在萊因的軍隊，只有一四五，〇〇〇人預防更加需要。

凡爾塞後第三個會議於五月十五至十六日（一九二〇年）在靠近希西（Hythe）的林本（Lympne）村舉行。與會者僅有英法的閣揆和『專家』（這是近來對於技術顧問——海軍的，陸軍的，和經濟的——的名稱。）米列朗和路易喬治受招待於培爾加（Belcaire），這是菲列普沙遜 Sir Phillp Sassonn 在林本的鄉居；會議就在那裏舉行。林本會議是非正式的，僅為下一月舉行的斯派會議 Conference of Spa 的先聲。

在林本確定的英法協商 Franco-British Entente 是有極大意義的。一九二〇這年對於歐洲負責的政治家是一個極度不安與困難的時期。波蘭人，他們的東方邊境沒有議定，這時候佔據了東加立西亞，與赤俄捲入了一場大戰——在這一戰裏，赤軍看起來仿佛會衝進中歐的。斯派克黨人正風起雲湧於德國各處，甚至堅實的布爾喬的瑞士也有騷動和總罷工的威脅；瑞士當局不

（註一）Hanau 於一九二〇年四月四日為法軍所佔。

得不採取嚴厲的手段。（註一）國際聯盟既覺得無力擔當亞美尼亞的委託統治，土耳其問題更難應付。亞美尼亞的委託統治，其次請美國擔任。威爾遜贊成接受但是五月二十八日參議院的外交委員會報告反對，跟着參議院和衆議院都同意這個報告。

在與德人在斯派的大集會舉行之前，尚須兩個非正式的會議。這兩個會議的第一個於六月二十日在林本舉行。米列蘭再度越過海峽，宿於款待殷勤的培爾加別墅。有些事件要待討論。德國各報紙會提議舉一筆國際借款：這筆款在協約各國勸募之後，給予德國，德國便以此償付協約國到期的賠款。這個提議在這時候不大受歡迎；實在這樣的借款很不見得能於一九二〇年舉借，特別因為德國不願接受協約國對牠財政的管轄的緣故。（註三）不過，這是一九二五年陶斯計劃 Dawes Scheme 所採取的方策之一。在這個林本第二次會議上，除英法的閣員外，希臘總理威尼

（註一）New York Times, May 2, 1920.

（註二）同上，五月二十八，六月二日，六月四日，一九二〇年。

（註三）Le Temps, June 20, 1920.

柴洛斯亦到會。土耳其國家主義者勢力的復活，引起了近東地位的很多不安。英國在君士坦丁及其附近仍有二萬二千人在米恩將軍（General Milne）指揮之下；因此維持了一個溫和的土耳其內閣在朝，（註一）但是在大戰後西歐普遍厭惡戰爭之中，無論英國或是任何協約國的衞戍軍都不能在君士坦丁永久留着。威尼柴洛斯請求法英允許他派希臘軍隊插入國家主義者基瑪耳將軍的軍隊和馬摩拉海岸的中間。英法政府恐怕又牽入戰爭，勉強地允許了。希臘人進行得很順利。（註二）

第二次林本會議後，路易喬治，米列朗，和威尼柴洛斯立卽渡海峽至布龍尼（Boulogne）。意大利新大使斯福閘伯爵（Count Sforza）也從巴黎到了那裏（尼蒂政府已倒，由喬渥立蒂（Signor Giolitti）內閣繼之）比利時和日本的代表亦出席討論的主題（六月二十一日）是解除德國軍備和毀滅德國過賸的戰爭材料的必要辦法。在協約國的閣員們自信能赴斯派和德人直接談

（註一）Le Temps, June 21, 1920.

（註二）A. J. Toynbee, Survey of International Affairs, 1920—1923, p. 12.

判之前，還須開一個經濟專家會議，這會議於七月二日至三日在不魯塞耳的研究院(Palais des Academies)舉行了。

在斯派會議前數日，德政府有公文致協約國，請注意德國災禍的流行。財政部長魏脫博士(Dr. Wirth)曾在國會宣稱，該年度政府財政不足二七〇億馬克。（註一）德國之有大痛苦，以及財政之愈趨愈下，是無可疑的。但是這種破產大半爲德政府自身軟弱所造成，牠既不拒絕增加開支的要求，又懦弱地濫發紙幣以應付增高的開支。法國人自然說，如果德政府自陷於破產，牠決不能避免債務，惟有接收牠的產業。（註二）話雖如此，這個將臨的斯派會集頗爲德人所企望，因爲這是德國與協約國不復以寇讎相見的第一次。（註三）

斯派會議於七月五日（一九二〇年）開幕。德國代表是總理范倫巴赫(Fehrenbach)，外

（註一） Le Temps, July 3, 1920.

（註二） 同上。

（註三） Kölnische Zeitung, Wochenausgabe, June 23, 1920.

交部長西蒙斯（Simons），財政部長魏脫。他們居於別墅旅館。協約國的代表們，如米列朗，路易喬治，斯福開等則住於別的華美的邸宅中，這種邸宅在那風景甚佳的亞登消夏地（Ardennes watering-place）非常的多。會議在德皇威廉一九一八年住過的佛倫陸宮（Château de la Fraineuse）舉行。技術專家們觀於在不魯塞耳搜集情報的種種便利和斯派的散漫無端，不禁嘆息。（註一）

比利時首相特拉克魯（Delacroix）爲會議主席。第一次會議於七月五日舉行。德總理范倫巴赫似乎是一個平談無奇的人。他任事未久，對於複雜的制裁問題的討論，自認尚未熟悉必要的詳細情節。他是個高大魁偉，年近花甲的人，有一種鎮靜無關，及疲倦的表情。他說他曾試打電話到柏林囑多派專家前來，但沒有成功。現在，他正試用電報去召他們來。協約國對這種冷淡漠視微有慍意。會議展期至翌日的下午。

此後在會議上德方由西蒙斯主持。德人希望斯派會議能減輕他們的負擔。這可不成。特別是

（註一） Le Temps, July 6, 1920

關於煤和軍備的凡爾塞條件，較前更為確立堅固。（註一）

德國那樣毫無預備的來赴斯派會議，眞是一件奇事。當七月六日下午四點三十分，開第二次會議時，國防部長蓋斯勒（Herr Gessler）到了。他承認德國沒有按照凡爾塞條件解除軍備。他的話是這樣的冗長和空泛，以致毫無進展，直等到路易喬治插進來，『敲敲桌子說，協約國之會集，乃是來討論確定的日期和數目，不確定是不成的。』（註二）蓋斯勒承認德國常備軍裏現有二十萬人，而不是凡爾塞條約所規定的十萬人。范倫巴赫答應實行和約——這是再確實沒有的了。『路易喬治說他對於這個答覆很失望。』德國參謀總長西克特將軍在七月七日舉行的第三次會議上，說話比較確實一些：他要求十五個月以裁減常備軍。路易喬治答稱除常備軍外，德國尚有他種軍人：按照西克特將軍自己所承認，尚有一百萬軍士和二百萬來復槍沒有下落。七月八日協約國准許德國延期六個月，以完全履行解除軍備的條件，如果迄一九二一年一月一日解除軍備

（註一） Kölnische Zeitung, Wochenausgabe, July 21, 1920.

（註二） Times, July 7, 1920.

沒有完全協約國得佔領魯爾或德國其他地方。七月九日德國代表們對包含這些條件的議定中簽了字。

關於煤的交付，法總理米列朗聲稱在凡爾塞條約裏，德國擔任每年供給法，意比三國總共三九，〇〇〇，〇〇〇噸煤賠償委員會鑒於德國的特殊困難，曾將這個總額減至每年爲二一，〇〇〇，〇〇〇噸；可是德國只交了該額的一半。

七月十日的那次會議是紛擾和令人觸怒的。德國煤主和實業領袖斯汀斯（Hugo Stinnes），以專家資格對會場發言，發表了一篇不幸的，惱人的演說。他說到協約國『感受』『勝利的疾病』的痛苦，他藐視他們用『黑人軍隊，那有價值的政府的工具』去佔領魯爾。路易喬治憤怒了。米列朗起來答覆，因爲法國是與煤的賠償最有關係的國家。米列朗以受過教育的法國人的溫文禮貌，自稱他只向德國代表團說話（斯汀斯並非代表團中人）要請原諒。接着他要求德國提出一個每月交煤的計劃；末了他說協約國『認德國是歐洲家庭少不掉的而且有用的一員，決定幫助她恢復元氣，只要她是同樣的決心履行她的條約義務。（註一）

七月十四和十五。停會兩天，俾協約國代表與福煦將軍討論德國的軍事制裁。七月十六日會議再開，德代表團簽了關於賠償與煤的斯派協定。賠償協定的第一條載稱：

根據凡爾塞條約第二三七條，從德國收到的賠償一項，應照下列的比例分配：大英帝國百分之二二；法國五二；意大利一〇；日本·七五；比利時八；葡萄牙·七五。尙有賠償額百分之六·五，保留給希臘，羅馬尼亞，塞爾維、克羅地、斯洛文國及其他應得賠償而未簽字於協定的國家。(註二)

按照斯派煤的協定，德國擔任在下六個月內，每月交煤二百萬噸。此項煤照德國出礦價(Pithead Price)加上運費起算，在德國賠款賬上扣除。爲鼓勵並幫助德國礦工增加煤產額起見，收受煤的各國在協定訂後六個月內，對交到的煤每噸給以五個金馬克的獎勵金，此款全部用於爲德國礦工購買食物。協約國並允借一筆債與德國，其額數爲在六個月期間內交付的德國全部賠

(註一) Times, July 12, 1920.

(註二) 全文載於 British and Foreign State Papers, Vol. 114. p. 550.

償煤之成本價格與世界輸出價格的相差數。這筆借款，德國應按利息六分償還，至遲不得過一九二一年五月。(註一)

斯派煤協定的整個目的，端在激勵德人產煤至最高限度，以履行賠償的交付。在協定所定的六個月內，確是非常順利：德國交付的數目，與議定的總數極近。待協定期滿，德人不得不像在協定簽訂前一樣，繼續交煤而無現金獎勵。交煤數不久就落後了，直等到一九二二年十二月賠償委員會正式宣布德國沒有履行協定。

一九二〇年間還有一個會議，那是八月八日在希西舉行的。實在這是兩個人的會議，米列朗和路易喬治，外交部長厥重爵士亦到，還有福煦元帥，威爾遜 Sir Henry Wilson 以及其他技術專家等。兩國同意幫助波蘭，看起來該國已為波爾雪維克人所壓倒。所謂幫助，便是由法政府派遣魏剛將軍 (Weygand) 和他的屬員隨帶軍械前往。這種幫助，以及波蘭人的自助，結果於是有八月十四日維斯士拉一役大敗波爾雪維克人的勝利。同時路易喬治急於與波爾雪維克人妥洽，

(註一) Toynbee 同前, p. 122. L'Europe nouvelle, July 25, 1920.

故法政府恰於此時承認龍格爾將軍（General Wrangel）的克利米亞政府，使他不免有點生氣。協商中間的小小裂口又闊起來了。可是米列朗不復爲總理了，因爲法總統特肯納爾（Deschanel）患病，他於九月間被選爲總統。新總理李古（Leygues）十一月來到倫敦，維持了良好的關係。

在一九二一這年裏，協約國間計有六個會議。第一個舉行於巴黎，自一月二十四日起至三十日止。白里安（M. Briand）始終與英國的政治家很和洽，現在做了總理。德國的賠款和解除軍備是討論的主題。關於這些問題的通牒擬就了寄給未有代表與會的德國政府。

二月二十一日，這年最重要的會議在倫敦開幕了。泰半是關於賠款問題。凡爾塞條約第二三五條規定了德國應用現金或貨物在一九二一年五月一日以前償付二〇，〇〇〇，〇〇〇，〇〇〇金馬克。據賠償委員會核算，德國在這次倫敦會議時（一九二一年二月至三月）對於此數只用貨物交付了八，〇〇〇，〇〇〇，〇〇〇金馬克左右。（註一）

再則凡爾塞條約規定（第二三三條）賠償委員會應於一九二一年五月一日或以前核算

（註一）Toynbee，同前，p. 138

並通知德國政府德國所負賠償的總額，並擬具付償的計劃。在另一方面，德人如果願意，協約國可以請他們『在簽訂（凡爾塞）條約後四個月內提出建議，以解決她在每項損失下應負的債額。』（註一）曾經提出過幾種建議，但沒有議妥。倫敦會議的召集，便是爲討論這種事情。

會議於二月二十一日在聖詹姆士宮（St. James Palace）召集。西蒙斯他在斯派使人人都覺得他是德國代表中的最能幹的，如今是德方的領袖。他帶了那位勇猛的斯汀斯做技術顧問；斯汀斯是一個世界上最有錢的實業家，一個黝黑的猶太人似的，笨拙地穿着士維特（Tweed）呢的衣服。白里安漂亮挑戰的，獅子似的表情代表法國。別的主要協約國家都有代表。那裏有希臘的總理——不復是著名的威尼柴洛斯，而是加洛格羅樸洛斯（Kalogeropoulos），他是如今常在調換的好些希臘首相裏的一個；還有一大隊的士耳其人，有些魁梧強有力的像他們的領袖貝克爾沙米（Bekir Sami），有些瘦小伶俐——或許不是士耳其種，而是士耳其官廳裏常用的許多異民

（註一）一九一九年六月十六日的信，載於 Kraus und Rödiger, Urkunden zum Friedensvertrage, I, 570—1.

族的人。路易喬治，強，活潑，敏感，有些爆裂性，做主席。

會議的起頭幾天，都用在調和土耳其人與希臘人，這兩國正在小亞細亞交戰。這種調解的努力是失敗了。不過白里安解決土法關於敍里亞邊界的爭執，卻成了功。（註一）賠償問題目於三月一日提出來了。德國代表們是二月二十八日到的。

協約國一月二十八日（一九二一年）在巴黎發致德國的一個通牒裏，曾要求二二六，〇〇〇，〇〇〇，〇〇〇金馬克的總數，分四十二年償付，再加上四十一年的德國輸出貿易價值的百分之十二。（註二）德國代表團由西蒙斯領袖，與協約國於三月一日，在蘭加斯特屋（Lancaster House）會見，因為聖詹姆斯宮（St. James Palace）已作為英皇朝會之地。西蒙斯看上去不像平常的德國官僚或政客。不像普通德國人那樣圓的頭剃光的後腦，和硬挺挺的身體，他有的是一個漂亮的橢圓面孔，一抹整潔的鬍子，一個高額，而且頭髮像個英國人，邊上分開平滑地梳了下來。但是他的

（註一）見 L' Europe nouvelle, March 26, 1921.

（註二）Current History, Vol. 14, p. 27. L'Europe nouvelle, Feb 5, 1921.

動人的形容在斯派留了那樣一個好印象，卻不能克服三月一日他的宣言所遇到的厭惡。

西蒙斯博士開始說德國不能接受協約國一月二十八日在巴黎所提的提議，所以德政府不能不提出牠自己的提議。這些提議是簡言之，即賠償賬單應在不久的將來由德國償付。西蒙斯根據這個觀點，接着把協約國要求分做四十二年償付的賠償額打個二折，這樣使該額數減少至二，五〇〇，〇〇〇，〇〇〇金鎊（五〇，〇〇〇，〇〇〇，〇〇〇金馬克）可是在上面的數目內，還要減去德國已付的貨物償額。西蒙斯定該額為二〇，〇〇〇，〇〇〇，〇〇〇金馬克或一，〇〇〇，〇〇〇，〇〇〇金鎊。因此德國的賬單再減少至一，五〇〇，〇〇〇，〇〇〇金鎊（三〇，〇〇〇，〇〇〇，〇〇〇金馬克）。照西蒙斯的說法，德國所能償付的已盡於此。她將舉一筆國際借款為數四〇〇，〇〇〇，〇〇〇，〇〇〇金鎊（這個有舉借可能的最高數）每年償付五五，〇〇〇，〇〇〇金鎊，為期五年。五年滿期之後，賠償欠額的償付辦法，如未經先前議定，就得重行考慮。（註一）

要明瞭這個提議給予協約國閣員們感情上的影響，有三件事要置在心頭的。第一點，協約國

（註一） Times. March 2, 1925.

在一月二十八日巴黎備忘錄裏要求了二三〇,〇〇〇,〇〇〇,〇〇〇金鎊（一一二六,〇〇〇,〇〇〇,〇〇〇金馬克,）德人僅出一,五〇〇,〇〇〇,〇〇〇金鎊。第二點,德方提議沒有顧到協約國在該備忘錄裏另外要求的德國輸出額百分之十二的征取。第三點,德國提議是要看五星期內舉行的上塞內西亞平民投票的結果而定。

三月三日,路易喬治用嚴厲的口吻代表協約國答覆他說,一月二十八日協約國的提議實在把凡爾塞條約整個的要求放鬆了。『那對方的提議（德國人的）對於該約未免開玩笑。』路易喬治所以抱此見解,不僅是由於檢查這些提議本身,並且由於研究西蒙斯博士先前的演說,特別是在斯多加特（Stuttgart）的演說,『那次他否認了德國對大戰的責任。』（德人老是回到這個題目上,不知破壞了多多少少次的外交上的接近努力啊!）

路易喬治繼續指出協約國對德國所負大戰的責任,必然看做一件已經判決的事情(Chose-jugée)。協約國是不想壓迫德國的;他們認爲『一個自由的,滿足的和興盛的德國於文明爲必要』。他們並沒有要求大戰的費用,像德國在一八七一年對法國的要求一樣:『我們審愼地沒有在凡爾塞條約裏面向德國要求償付協約國在大戰時因自衛而支出的費用，一個紙馬克』協約國要求的不過是『對於我們各國財產所受的物質損失和人民所受生命與肢體的傷害之賠償』。路易喬治於是舉出法國所遭蹂躪的數字；他指出德國沒有受損傷；她的工廠安全無恙；協約國有巨大的債務德國內債因爲貨幣跌價相形見小。而且她的賦稅比協約國輕得多多，德國政府正費大宗金錢於津貼鐵道和食糧的供給。他結論謂德人是故意不履行義務，除非他們於星期一接受巴黎決議，協約國將實行制裁。

這些制裁包括萊因河右岸杜斯堡（Duisburg），路落特（Ruhrort），和地實爾多夫（Düsseldorf）的佔領；包括佔領區域邊界上德國關稅收入的扣押，包括所有協約國人民購進德貨應償款額的一部分的扣留；包括在萊因河上及協約國軍隊所佔領的橋頭（têtes de ponts）設置關卡線——在這線上的稅率，將由萊茵地（Rhineland）協約國最高委員會決定向輸出輸入貨物上征收，歸協約國所有。（註一）

（註一）演說詞見 Times, March 4, 1921.

在協約國的條件與德國的提議中間，想找一可以接受的調解的嘗試，是失敗了。在星期一，三月七日，路易喬治告訴德國代表團，謂裁制將施諸實行。西蒙斯，他的時髦的「外交部」的服裝和容貌，不能掩飾根深蒂固的普魯士的冥頑，他仍不能自禁在最後一次演詞中說道：「戰罪誰負的問題，用條約，用承認，或是用制裁都不能決定；惟有歷史能夠決定誰負大戰的責任。」

軍事的制裁於三月八日（一九二一年）實行了。經濟的制裁也迅速地引用了。英國賠償回復條例 The British Reparation Recovery Bill 在國會通過了，於三月二十四日成了法律，使英政府可以扣留自德國輸入各貨價格的百分之五十——令德政府去賠償牠人民此項損失。協約國的關卡設立在佔領區域和德國其餘地方的中間這些方法所得到的款額，並不小。至一九二一年十二月止，英國賠償回復條例收進了二，二四一，〇九八鎊。（註一）

爲什麼協約國在倫敦會議上忽有那樣的斷然行動呢？據說是他們相信在德國實業家方面有一種絕對決定和毫不讓步的消極抵抗，反對他們協約國存心打破這種抵抗。（註二）

（註一） Times, March 2, 1921, p. 18.

（註二） H. W. Harris, "The Conference that failed", in Contemporary Review, Vol. 119 p. 441.

斯汀斯與（英國）首相當面會於斯派，他們覿面的性質是這樣的：那位德國富豪給予首相的敏感的心上的印象，與其說是一種個性無寧說是一種典型——那種工業貴族(Junker)的典型，像軍閥貴族一樣的驕橫殘暴，在這時候是更加來得危險。

杜斯堡，地實爾多夫，和路落特的佔據，自然在德國引起極大的騷動，同時又有一個英法會議於四月二十三日與二十四日，在林本的培爾加邸舉行，與會的有白里安和路易喬治。那重要的五月一日是近在眼前，屆時德國應償付六〇〇，〇〇〇，〇〇〇鎊，（註一）並由賠償委員會決定她全部的債務。林本會上決定如果德國政府拒絕協約國的條件，即行進佔魯爾。

四月三十日（一九二一年）協約各國在倫敦開會——白里安代表法國，耶斯泊（外交總長）(Jaspar)代表比利時，斯福閒駐法大使代表意大利；小林男爵(Baron Hayashi)代表日本路易

（註一）凡爾賽條約限德國付第一筆賠款計 1,000,000,000,000，金鎊非官場的一種估計，謂到五月一日止，他共約付出 400,000,000，金鎊，大部分為貨物。但稍後官方（協約國）估計，謂迄一九二一年四月三十止他所付共 284,500,000 金鎊。(Times, Aug. 9, 1921; 並閱 Hansard)

喬治爲主席會議在唐林街十號舉行。既然德政府已由西蒙斯在上月著名的倫敦會議裏拒絕了『巴黎條件』這些條件的提議作爲無效，如今由賠償委員會所定的總額代之。這個數目要小得多，共計六，六○○，○○○，○○○鎊，亦即一三二，○○○，○○○，○○○金馬克。協約國在會議上議定，在實行佔據魯爾之前，他們准許德人有六天的考慮。協約國的條件又涉及戰爭禍首的審問和軍備的解除。（註一）法國公衆對於這六天的情面，深爲失望。他們原盼望一俟賠償委員會在五月一日宣佈德國不履行義務，就加以制裁。

在這個哀的米敦書發出前，范倫巴赫總理和西蒙斯博士的政府已經倒了。牠的賠償政策的失敗，以及上塞內西亞大部分將喪失於不久便要舉行的平民投票的形勢，使他不能站住。沒有人願意擔任德國總理的任勞任怨的職務。愛培爾特總統 (President Ebert) 僥倖請到了魏特斯博士擔任組閣。魏斯是一個羅馬天主教徒，中央黨黨員，前財政部長。他已經六十二歲，有好的決斷力，總是趨向緩和，重公義，愛國家。五月十日他組成了一個內閣。當晚他向國會提出對協約國哀的

（註二）　全文載 Times May 6, 1921

米敦書簽字與否的議案，結果是命他簽字。結果在困於長期煤礦罷工，各業凋敝的英國是歡慶非常，如釋重負；英國人民都以爲對德再行進兵徒然遷延了歐洲的經濟復元。法國認爲協約國方面應以全力促軟弱而有好意的魏斯政府履行對德所提出的要求之責任。（註一）

魏斯政府開始牠的工作。牠努力按照規定額數，交煤於法比意三國，成效很好。在解除軍備方面，牠也努力照規定的步驟做了，不過成效沒有那樣好。五月二十三日，一個被控爲違犯戰時法律和習慣的兵士，初次開審於萊普齊克的高等法庭。七個穿紫袍的法官，審一個圓頭的德國軍曹，這人對於訴訟的進行是又氣憤又莫名其妙。他虐待了一個拘禁營裏的英國俘虜。他如今被判了十個月的監禁。

按照（一九二一年）五月六日德國同意了的哀的米敦書，德國應發行三種公債票（稱爲A，B，C公債）票面總值爲六六〇，〇〇〇，〇〇〇鎊，這便是賠償委員會所定德國的全部債務數額。在那些公債未收回以前，德國自一九二一年一月十五日起，每年應償一〇〇，〇〇〇，〇〇〇

（註一） Le Temps, May 12, 1921.

鎊（分季交付，）外加她的輸出總值的百分之二十五。業已過去的第一第二兩季的款額，應於五月三十一日交付。

第一批五〇，〇〇〇，〇〇〇鎊的款額，確於五月底交淸了。另一批五〇，〇〇〇，〇〇〇鎊的款額，在八月底交到賠償委員會。這兩次的繳款，顯然竭蹶了德政府的財政。五月三十一日馬克價値約二四五抵一金鎊。六月底爲二八〇；七月底二九五；八月底三二五。將來的形勢更不能擔保。政府支出超過收入之大爲記載所未有。自從四月一日起，收入總共有一五〇億馬克，支出達三八〇億。協約國固然不肯坦白承認德國已竭盡了收入的來源，卻不能否認德國財政是在危急之中（註一）要在交易所（Bourse）購買外國匯兌，是一天比一天困難。（註二）德國解往賠償委員會的款子不見得能够源源持久。

六月十九日英外長厥重，法國白里安，和巴黎的意大利大使，爲了希士戰爭有一會議，停止雙

（註一） Le Temps, Aug. 24, 1921.

（註二） Kölnische Zeitung, Wochenausgabe, Aug. 24, 1921.

方作戰的努力，歸於毫無結果。（註一）

八月八日，有一個相傳為大戰結束後最重大的巴黎會議。該會所處理的是德國的解除軍備戰爭禍首的問題，希土間的戰爭，奧地利的形勢，以及上塞內西亞。所有協約各國的代表都到了，在法國外交部會議，美國駐英大使哈維（Harvey）也代表美國列席觀察。會議的結果是『此路不通。』按照凡爾賽條約第八八條，一九二一年三月二十日上塞內西亞舉行平民投票了。十一分之四的人民投波蘭票，十一分之七的人民投德國票。（註二）英國八月裏在巴黎的提案，主張分上塞內西亞四分之三給德國；反之，法國的提案差不多要把四分之三給波蘭（註三）。雙方面都宣稱工業區域不應分開——英方從德人的觀點出發，法方從波蘭人的觀點出發。不論英法代表間有極好的私人關係，不論克利隆飯店（英首相所居）的招待，和路易喬治白里安的長談，也不論全

（註一） Le Temps, June 20, 1921.

（註二） 票數計波蘭 469,000，德國 707,000。郡縣的投票計波蘭 678，德國 844 (Times, Aug. 9, 1921)。

（註三） 圖見 Times, Aug. 10, 1921.

體代表到浪波列(Rambouillet)拜訪了總統米列蘭，終沒有得到調解。八月十三日會議告終，上塞內西亞的問題送給國際聯盟去解決。有人想這次會議（實在就是戰時的協約國最高會議）的失敗，也許就是國際聯盟的機會。（註一）交給國際聯盟，免了協商間的破裂。（註二）

國際聯盟行政院於一九二一年十月公布了牠的決議。牠劃了一條分界線穿過上塞內西亞，這條界線是英法意見的調和，但是比較上是傾向英方的。（註三）雖然這判決割開了格來維茲(Gleiwitz)，巴屯(Beuthen)和加士維茲(Kattowitz)（授與波蘭）那個『工業三角』，卻規定了這條分界線（亦即國界）在十五年內對該平民投票區的天然物產不得徵稅。（註四）

其次的一個會議，乃是一九二一年最末一個會議，自十二月十八日起至二十二日止在倫敦

（註一）圖見，Times Aug. 13, 1921.

（註二）Le Temps, Aug. 13, 1921.

（註三）判決書及地圖俱見 Times, Oct. 12, 1921.

（註四）上塞內西亞問題之詳細而有利於德方的分析見 Osbourne, The Upper Silesian Question (1921)

舉行。該會開時華盛頓會議猶未散場。白里安這時仍是法國總理，華盛頓會議初開時曾經出席，十二月一日他回到了巴黎，如今又到倫敦來和路易喬治討論賠償問題。協約國漸漸看清了德政府或許不會償付一九二二年一月十五日應繳的五〇〇，〇〇〇，〇〇〇金馬克。賠償委員會到過柏林，並且於考察德國的情形後，曾用通牒，力勸德政府「儘量設法取得必需的國外匯兌數額；或向擁有此項國外匯兌在手爲人所共知的本國人民，或向外國借貸人取得之。」

收到這個通牒不久，德總理魏斯即通知賠償委員會稱德政府無力償付按照一九二一年五月倫敦表上所定一月十五日（二千五百萬鎊）和二月十五日（一千二百五十萬鎊）到期的賠款。

即使用盡方法，不顧牠自己預算的需要，德政府除貨物的交付及賠償回復賬上的收賬以外，籌不出一五〇或二〇〇兆金馬克以上的按期攤款。（註一）換句話說，德政府是破產了。世界聞名最大帝國之一，竟不能應付牠國內的開支，並且得不到

（註一） Times, Dec. 16, 1921.

一千萬鎊以上的借款了。白里安和路易喬治於十二月十八日至二十二日在倫敦討論這種形勢，也只有決議在下月再於康尼斯（Cannes）舉行一個大會議。在一九二二年底馬克跌至七九〇換一金鎊。

赴康尼斯會議的各國代表於一月四日絡續到齊了。協約國全體到會。美國有一個『觀察人』。英，法，比，意都由他們的總理以及其他閣員大臣們代表。英國的代表團尤其是顯赫：除路易喬治外，還有外交部長厥重；另有其他三個閣員在康尼斯或其附近。會議在海員俱樂部Cercle Nautique舉行，這個俱樂部的堂皇的門楣和壯麗的房間，配得上這個時機。賠償的問題，法國的安全普遍的不侵犯公約，俄羅斯的恢復和牠的回到歐洲國家系統裏面以及全歐經濟會議，是康尼斯會議的主要序目。會議的目的在『消除歐羅巴制度的瘋癱。』（註一）除各政治家間的私人話談外，正式的會議於一月六日開始，於一月十三日告終。

賠償問題討論的結果是召德人前來與會。德外交部長拉生洛博士（Dr. Rathenau）於一

（註一）一九二二年一月六日的決議，全文見 Times, Jan, 7, 1922.

月十一日蒞臨，但當晚白里安到巴黎去對付一個閣潮去了。他到後就辭了職（一月十二日）。新總理是前總統普恩加賚，他於一月十三日履任。出席會議的代表同日前赴康尼斯。拉生洛和他的同僚會出席會議，並且使會上相信關於一月十五日與二月十五日到期的現金償款，必須許德國展期。（註一）會上又決議組織一個國際的新迭加（Syndicate）（企業聯合），與各國的新迭加聯絡，來擔任歐洲的經濟建設和保證各國的合作。牠又決議邀請蘇俄代表出席下次在庚洛亞（Genoa）舉行的會議。（註二）

康尼斯會議在經濟方面有些結果。德人的償款展了期，俄人到了庚洛亞。可是那擬議的國際新迭加並沒有成立。不侵犯和法國安全的問題，必須等到後來解決。安全問題的解決離成功不遠。

流產的一九一九年保障條約，事實上法人並不喜歡。「牠是片面的，屈辱的，」這話是白里安

（註一）Le Temps, Jan. 12. 1922.

（註二）此爲在康尼斯最高會議採取之決議。

後來向厥重說的。(註一)牠只要英國(和美國)去協助法國;但是牠沒有提到法國要協助英國的任何義務。然而路易喬治一九二二年在康尼斯準備訂的條約仍是這一種。他願意和法國訂一條約,規定『如果德國無端侵略法土,英國人民必出兵助法。』(註二)他想與論不容許他作更寬泛的協定。

這個建議被白里安拒絕了,他在他的答覆裏說『在法政府心目中,任何防守條約,必爲屬於雙方面的性質。』他指出謂,觀於戰爭的新方法與新機械,英國的地位也未必不可動搖,反之,或許有一天她會歡迎法國幫助的保證。

同時法國輿論界與法國國會大爲驚詫,深恐白里安喪失了關於賠償與安全兩項法國的利益,把他召回巴黎,隨着褫去了他的職權。等到一九二四年與英國擬訂的條約的官場文件印行之後,白里安的政治手腕及他的堅持法國利益纔得大白。

(註一) Dec 5, 1921. 見 Parlimentary Papers, France, No. 1, 1924, p. 108.

(註二) 同上, p. 116.

康尼斯會議的失敗，對於歐洲所有的友人們，自然是一大失望。一個法國刊物譏諷地說道，看得見的結果，只有一個，便是法國因慇懃招待費去了六百萬法郎（一二〇〇〇〇鎊）（註一）

協約國在康尼斯決定召集的庚洛亞會議於四月十日在山基阿基阿宮（Palazzo di San Giorgio）開第一次會議。到會有二十九國的代表，蘇俄在內，但無土耳其。

會議的主席自然是做主人的意大利首相法克他（Signor Facta）。路易喬治帶了大批僚屬代表英國出席，但是沒有法國總理在庚洛亞。普恩加賚顯然已經決定他對其他政府意見能夠接受的程度；他再不肯放鬆一步。他的外交政策的原則既經這樣固定了，他最好還是在巴黎指揮。他派司法部長巴士（Barthou）帶了很嚴密的訓令來到庚洛亞。（註二）法國公衆對於這個會議也少信任，而且不免爲羅馬教皇庇亞斯十一世（Pius XI）四月七日寫給庚洛亞大主教一封信的態

（註一） Times, Jan. 14, 1922.

（註二） Documents Diplomatiques: Conférence économique internationale de Gênes（French Yellow Book, 1922）

度所騷動。教皇『對於第一次在這個光榮的城市，使勝敗兩方聚集重開和平討論的第一次國際會議的時機，』表示愉快。他表示他希望『各國代表將願意用一種不僅是靜肅而且是要在公益的祭壇上作犧牲的精神，來考慮全人類受苦的惡劣環境。』對於以上的話，沒有人能反對；但是隨後的話似乎是在批評法國：『所不容忘懷者，即安寧之最好保障，不是槍砲如林，而是相互信任和友誼』。

這個信，產生了若干的惡感，會議開後更見增加。法克他致開幕辭。路易喬治接着解釋康尼斯決議召集庚洛亞會議的由來。他開頭（忘記了維也納會議）說這是『在這大陸上空前最大的歐洲國家的集會。』他繼稱邀請的各國在庚洛亞定下的條件，『同樣的實施於一切國家：』

這些條件是向來爲一切文明社會所承受爲國際善意的基礎的。他們本身便是光榮的。他們爲國與國間的任何交際所必要的。他們並不損害國家的完全主權。我們自己全然承受他們。他們是我們答應與別國交接的惟一條件。我願用兩三句話述其梗概。

第一是當一國對另一個或其人民因受到價値而負有契約上的義務時，無論這一個國家的政府改變那契約於該價值未償回前，不得否認抵賴。

第二是任何國家不得對另一國的制度施以攻擊。

第三是一國不應對另一國的領土作侵略的行動。

第四是一國的人民在另一國的法庭裏，應受大公無私的裁判。

在巴士的演說之後，德總理魏斯博士發表了一篇『三國文字不能瞭解』的演說。（註一）其次就是其克林（Tchitcherin），俄國的首席代表。他穿了正統的『早晨』服或稱黑尾服，這種服裝已經代替了雙行鈕對襟大衣 redingote 的大禮服，算是外交家和政治家們的衣服了。他看來像一個活潑的『布爾喬』，但是他的表情缺少歐洲政治家們晤面時的顯而易見的溫和自然。他的面目間若有憂鬱驚心不安似的，不過毫沒有自覺卑下的意思。有時候裝作神聖，始終帶一點傲慢，他進行引着會議東向波爾雪維克的星辰。他用高的鼻音，宣讀一篇預備好了的宣言，先是用法語，再用英文讀出他的演詞大半是無懈可擊的，例如他說到戰爭的耗廢他不過在回響千百年

（註一）全文見 Times, April 11, 1922. 魏斯用德文演說，他的演說譯成了法英兩國文字。

來不辯自明之眞理。但當他宣布他對波爾雪維克主義的信仰，而且差不多同時說起世界經濟改造的前途時，他是時時有失脚的危險的。他的保證太普通了。蘇維埃政府『新近的決議，』他說，給予與布爾喬國家的貿易充分的法律保證；在互惠權利平等，完全承認蘇維埃現行政制的基礎上，『俄羅斯自動準備開放她底邊界，以創造國際溝通的道路，且貢獻千百萬畝世界上最肥沃的良田，以供開墾。』（註一）他提議委派技術委員會去定出世界經濟建設的計畫。軍備應加限制，『雖然本共產黨員的立場，他們認為俄國以外的現行社會制度延長一日，戰爭與經濟危機的原因即一日無袪除的可能性。』（註二）

這一點使法國的巴士站了起來。庚洛亞會議根據的是康尼斯的方針；軍縮是不在其內。如果俄羅斯提議在會內討論軍縮，法蘭西的答覆是一個『確定的，絕對的，最後的，決然的否字。』（註三）

（註一） Times, Aug. 12, 1922.

（註二） 同上。

（註三） New York Times, April 11, 1922.

波爾雪維克人討了便宜。如果他們能得列強承認他們的政府，那是（對於他們）再好也沒有。假如不然，他們無論如何獲得大放厥辭的機會。

庚洛亞是波爾雪維克人的大機會。代表們在那些繁華的街道和最奢靡的酒館裏成了熟客。拉可夫斯基（Rakovski）給新聞記者的日常會面，到的人最多，許多波爾雪維克政策的『生動的談話，』就這樣披載到布爾喬的報紙上面去了。四月十四日路易喬治把波爾雪維克代表團邀到寓所裏吃飯，在那亞爾培別墅（Villa d'Albertis）裏，他們討論到俄國的債務。就在這時候波爾雪維克人提出了他們驚人的『承認』債務（約二六〇〇〇〇〇〇〇〇鎊）的計劃，反向協約國要求五〇〇〇〇〇〇〇〇〇〇鎊，以賠償亞長格爾戰役（Archangel Expedition），以及但尼金（Denikin），可爾札克（Koltchak）和龍格爾（Wrangel）諸戰中協約國加於他們的損害。（註一）

（註一）Times, April 17, 1922. 數字係按李維諾夫與 New York Times 報訪員談話所述，計俄國負債爲 65,000,000,000 金法郎，但其反要求卻有 125,000,000,000 金法郎，(New York Times, April 18, 1922).

亞爾培別墅聚餐以後不久，會議的驚人消息就傳來了。據稱德國和俄國的代表團，利用他們出席庚洛亞的機會簽訂了一個承認和通商的條約。這條約由拉生洛與其克林於四月六日，星期日在庚洛亞東南十八英里半的拉派洛（Rapallo）簽字，並在翌日德代表團的官報裏公布了。這條約被認為簡直是向歐洲挑戰。

四月十八日，召集這會議的五強代表，與小協約國家（捷克斯洛代克，巨哥斯拉夫，羅馬尼亞）（註一）的代表以及波蘭，開了一個會，草了一個通牒給德人。這通牒聲稱『德國一邊參與根據康尼斯規定要和俄國磋商歐洲和平的委員會和分委員會，一邊該委員會裏的德國代表卻在他們同事的背後，和俄國秘密簽了一個條約，所關涉的問題正是他們已擔任要和他國代表們忠誠會同考慮的問題。』這個通牒結束稱德國既自行與俄訂立協定，不得再參與關於俄國和其他國家訂立協定的各種討論，有了這個諒解，會議繼續進行。

（註一）小協約的條約簽於一九二一年四月二十三日與六月七日，條約規定如有一國無端被匈牙利攻擊，其餘諸國應援助，（全文見 History of the Peace Conference, IV, 519）。

這會議分明是不順利。蘇維埃政府要外國金錢來恢復牠的毀敗的實業，而得不到。除德國外，其他國家不能和俄國意見較前接近。在四月二十四日星期一，從遠處用無可掩飾的厭惡來觀察會議動靜的普恩加賚，在巴勒杜克(Bar-le-Duc)宣布了他的政策。這簡直就是凡爾塞條約。『我們今日所要求的一切，是這個條約的執行。』他提及德國方面的危險和拉派洛條約。德人對大戰全不悔禍，他們依然在相機推翻凡爾塞條約。五月三十一日的日期是近了，那時德人必須承受或拒絕賠償委員會定下的條件；假使德人不履行，

協約國爲保護他們的利益起見，有採取辦法的權利以及義務，這種辦法如協約國間能會同採用施行，無疑是最好不過，但是按照凡爾塞條約的條款，任何有關係的國家得於必要時採行，德國按照該約不得認爲是戰爭的行爲。

如是普恩加賚已經逆料到魯爾的佔領，並且宣布了法國有單獨行動之權。路易喬治覺得這種宣言甚非維持協約國內『合作』之道。(註一)庚洛亞會議的命運完了。協商的命運好像也完了。

(註一) 此爲英首相私人秘書 Sir E. Grigg 之宣言，發表於 Times, April 26. 1925.

四月下旬，財政的代表和顧問們，正在草訂與蘇俄恢復常態關係的條約草約於五月二日就緒了，當即交了給其克林，（註一）但在蘇維埃政府簽字與否尚不可知的時候，比利時政府已經宣稱牠不能接受這個草約。巴士被召回至巴黎，五月三日出席法國內閣會議。他也授命不簽字。因此與蘇維埃政府的庚洛亞協約流產了。牠泰半是英國和意大利的勞績，並且代表路易喬治要使俄國回到歐洲政團裏的最大努力。這個草約的失敗似乎是不幸的，因為牠規定了俄國應償付債務牠壓制了狡猾和惡毒的俄國反要求，而且只要蘇維埃政府忠實履行該約，牠可以使俄國走上繁榮和與歐洲合作之路。但是即使比法簽了此約，牠仍等於廢紙：因為蘇維埃拒絕了牠。（註二）

一九二二年五月十九日，在各代表一般的疲乏之中間，庚洛亞會議宣告終了。牠有一個決議，定於六月二十六日在海牙召集一個經濟專家會議，藉以再行考查歐洲可能的經濟的恢復在這個

（註一）全文見 Temps, May 4, 1922.

（註二）俄代表團答覆全文見 Le Temps, May 13, 1922; 又 Papers relating to the International Conference at Genoa (Parlimentary Papers, Cmd. 1667 of 1922) p. 38.

時期內會議各國，允不互相攻擊。從未來的海牙會議閉幕後算起，以四個月為期的不侵犯公約，便是庚洛亞會議惟一堅實的結果。牠或許免除了波蘭和俄國間的一場戰爭。（註一）這公約裏包括的規定，已經包含在國際聯盟的盟約裏；不過俄德是不在國聯裏的，也加入了這個約有六個月時效的公約。其時歐美報紙上始終不斷的報告，謂俄德的拉派洛條約附有一個秘密的軍事協定，但沒有找到證據。

（註一） Leading Article in Washington Post. May 13, 1922. 不侵犯公約全文見 Parlimentary Papers, Cmd. 1667 of 1922, P. 50. 海牙會議曾經舉行，但因俄國國內外人私有財產問題無結果。

第二十二章 華盛頓會議

卻爾斯，意文斯休士(Charles Evans Hughes)這位在一九二一至二五年哈定(Harding)總統的內閣裏的美國國務卿，是華盛頓會議的創議人。這是他的創議，抓住了一個時機可以召集會議來限制軍備，並且使牠有確實的結果。

七月八日，由美國總統的授意，國務院非正式詢問英，法，意，和日本，問他們是否贊同在華盛頓舉行一個會議，討論軍備的限制，至於會期則由大家同意決定。這個詢問附稱軍備限制的問題，分明對太平洋和遠東問題有密切的關係。這個提議被接受了，正式的請帖於八月十一日發給四強，還有比利時，中國，荷蘭，和葡萄牙都被邀參預該會議關於太平洋和遠東問題的討論。該會定於一九二一年十一月十一日，卽歐戰休戰節日，在華盛頓舉行。(註一) 代表們於協定的日期聚集了，但是為了使他們能赴亞林頓墓地 (Arlington Cemetry) 參與無名英雄的葬儀起見，該會延至十一月十二日纔開幕。會議在獨立紀念館 Continental Hall 中舉行。

會議進行由哈定總統開幕。

由英國總代表包爾福的提議議決美國國務卿許士爲會議主席。設立了兩個委員會，（一）五強（美，英，法，日，意）代表組成的委員會討論軍備問題，（二）九國（外加中，比，荷，葡）代表組成的委員會，討論太平洋與遠東問題。

兩委員會的工作沿平行線而進，各不相礙，有所決議各自隨時報告於全體會議以備採納。

每一委員會得設必要的附屬委員會以應付技術問題和擬稿事宜，故提出會議的一切問題咸能依最敏捷之途作澈底的考慮。（註二）

（註一） Conference on Limitations of Armaments, Senate Document No. 125 of 1922, p. 3; Conference on Limitations of Armaments, Sessional Papers of the Dominion of Canada, No. 47 of 1922. 這些文件分別包含英國及坎拿大代表團的報告。

（註二） Senate Doc. 125 of 1922, p. 9.

這兩個委員會開會禁止旁聽，但於每次會畢向各報紙發出一個官報；『大概說明委員會裏經過的種種，並且指出曾經注意到的任何重要事件。』（註一）該會議的全體會議共有七次，而且是公開的。在一九二二年二月六日的末次全體會議上，該會議所認可的條約都簽了字。除構訂這些條約外，還乘列強和其他關係各國出席的機會，解決了若干當前的懸案，雖然這種懸案並不在會議本身範圍之內。此類懸案中，有日本在山東的權利，及美日間關於雅普（Yap）島的爭執。會議的正式語言是法語和英語；在各條約與各決議裏兩種文字本俱有效力。（註二）

限制軍備的問題在會中早就弄明白了。『一開頭就認定了要在這次會議裏規定陸軍的限制是困難的，倘使不是不可能的話。』（註三）在英美兩國方面，這種困難是沒有的。美國陸軍自大戰後早已裁至十六萬人；至於英國（印度陸軍在外）已減至十五萬四千人，此數普通認為是最

（註一） Senate Doc. 125 of 1922, p. 9.

（註二） Report of the Canadian Delegation (Sessional Papers 47 of 1922, p. 11).

（註三） Report of the American Delegation (Senate Doc. 125 of 1922, p. 13).

小限度了。（註一）意大利代表稱意國已把陸軍裁至二十萬五千人，並且還擬再加裁減；不過他說必須『考慮到戰後新創或改形的國家的軍備』這是昭然若揭的指塞爾維亞和匈牙利的軍隊。日本代表說：『一國陸軍的大小應決定於牠的特殊的地理形勢和其他環境，而這種基本因素是錯綜複雜到差不多無從作一最後的比較。』白里安總理爲法國說話。他說，法軍業已減去三分之一，而不久將減至一半。如果列強願意分擔法國的危險，尚能再加裁減。法國並不希望其他強國方面作這一種犧牲，但是他再說：『如果法國還是孤立，諸君不要否認她因保障安全起見而需要的東西。』美國代表團的報告說：『進一步的考慮更分明見得這時要有限制陸軍的協定是不成的。』（註二）

論及限制軍備的問題，美代表團舉出兩個原則：一個是『困難的核心在海軍方案的競爭。』競爭不僅是引起戰艦數目的繼續增加，而且是引起繼續增加戰艦體積的。『因此只要繼續的能

（註一） Ibid.

（註二） Senate Doc. 125 of 1921, p. 15.

力存在一天，這競賽將繼續一天。』惟一停止競爭的辦法是停止現在建築中的戰艦。這點將牽涉到很大的犧牲。美代表團所提第二原則是『任何海軍強國不應令單獨作這種犧牲。』

除非包括法意在內，任何限制軍備的協議是沒有效力的。同時大家認為不能希望這兩國因為一個限制海軍的相當協議所要求，而為充分的犧牲。『可是這種犧牲能夠合理地望之於美，英，日三國，而這三國正是在實際上作造艦競爭的。』美國的計劃基於四個普通原則的施用：『（一）一切主力艦（註一）建造方案，無論為實際的或設計的，應該放棄；（二）應從若干舊艦的廢棄，着手進一步的裁減；（三）在大體上應注意到關係各國現有的海軍力；（四）主力艦的噸數應用作海軍力的測量，而補助戰船則按照比例予以規定。』論及切實的細節，美國自行提議毀滅她一九一六年全個計劃的結果，就是說，在建築中的十六隻主力艦，九隻戰艦和六隻巡洋艦。她更擬『廢棄所有較舊的戰艦以迄於（但不包括）台拉維爾（Delaware）與北大可他（North Dakota）兩艦。』這樣要棄於垃圾堆上的艦數，總計有主力艦三十隻，總噸數（凡建造中的艦當

（註一）凡非航空母艦的軍艦，其排水量在萬噸以上，或裝置八寸以上砲口的砲，均為主力艦。(Senate Doc. 125 of 1922, p. 26).

做已完成計算）有八四五，七四〇噸。

不用說得這個建議的提出是預定英日兩國將行擔承的犧牲應與美國的犧牲『堪相比擬』的。因此這個提議復提出英國應停止四隻新何茲（Hoods）的建築（這四隻新的主力艦尚未建造，但已費去金錢在這上面）他並須『廢棄她的前無畏艦 Pre-dreadnaughts 二等戰艦，以及頭等戰艦，以迄於（但不包括）喬治五世（King George V）的那級。』照此應毀的總噸數，計五八三三七五噸。同樣的，日本須拆毀艦數達四四八，九二八噸。在協定訂後三個月內，三國的海軍應以某等指定的軍艦組成，其數英爲二二，美十八，日本十。總噸數是英六〇四，四五〇；美五〇〇，〇〇〇；日本二九九，七〇〇。自該協定訂後十年期內，不得建造補充的噸數，而且不得超過下列最高限度：英美爲各五十萬噸；日本爲三十萬噸。（註一）按照此項條件，主力艦達二十歲時得建築新主力艦補充，但任何新主力艦不得有三萬五千噸以上的排水量。

（註一）　最後允許日本不折毀新近完成的暮楚 Mutsu 艦，因此補充的噸數改爲英美 525,000 噸，日本 315,000 噸 (Senate Doc. 125 of 1921, pp. 22-3).

美國提議採取的比例是三國實際現有的海軍力量。沒有這個原則，沒有成立協定的可能；國家的需要，志願和期望，政策與方案之一般的考慮，每一國儘能提出以證實海軍勢力之某種假定的關係，然其結果無非費時無益的討論罷了。解決之道只有根據各國實際現有的勢力。因爲除非一國能在競賽裏獲勝（而會議的宗旨卽在制止競賽），沒有一國能改善牠的相對地位的，此理彰彰明甚。（註一）

英美日三國間主力艦的比例採定爲五——五——三。

日本聲說她不能接受這個比例，『假使美國政府要在太平洋裏修築礮台或加建海軍根據地。』所以決議在海軍條約簽字的時候，簽字各國在其海島領土與屬地上，關於礮台和海軍根據地的原狀，除了某種例外，應予以維持。美國能自由造新礮台或海軍根據地的那些例外，是毗連美國海岸的各島，阿剌斯加（註二）(Alaska)，巴拿馬運河區域，以及夏威夷羣島。英國擔承維持香港與

（註一） Senate Doc. 125 of 1922, p. 21.

（註二） 但亞流晃羣島 Aleutian Islands 不在內，該羣島的現狀仍須維持。

東經一一〇度子午線以東的海島屬地的現狀，（註一）但奧大利亞共和國及其所轄土地及新西蘭和毗連加拿大海岸的各島不在內。

英美日所接受的軍縮計劃，包括拆毀主力艦達固有軍力的百分之四十。可是大家認為法意的主力艦若要作相當的減縮，勢將超過所能希望這兩國接受的數目，他們現有的海軍是不很大的。所以議定他們得保持原有主力艦的噸數，法國為二二一，一七〇；意大利為一八二，八〇〇。在規定的十年之後，他們能够補充的主力艦總噸數，各為一七五，〇〇〇噸。

美國關於補助艦的提議，不得不完全放棄。原計劃本定補助艦——即（一萬噸或以下的）巡洋艦，小艦隊領袖艦 Flotilla leaders，驅逐艦，和潛水艇——應照主力噸數的比例加以限制。可是日本和法國都反對這個計劃。法國代表特別說明謂法國需要九萬噸的潛水艇和三十三萬噸的巡洋艦和其他補助艦來保護她的領土和交通，然而照擬議的裁減辦法，將使她只有三萬噸的潛水艇及十五萬噸的其他補助艦。法國殖民地部長沙勞（Sarraut）切實聲稱法國代表團曾

（註一）這不包括星加坡，該地在105度之西。

受命『對於以上的數字不准讓步。』這種宣告引起了大失望，因爲牠阻擋了關於限制補助艦的任何協定。

潛水艇問題的討論在會中引起了若干的齟齬。英國海軍部樂願把全世界海軍裏的潛水艇完全取消，這樣的一個提議的確是提出來了。

美國代表團反對這個提議，發了一篇言之成理而且寫得很和平的備忘錄。會場一般的意見似乎以爲廢除潛水艇戰爭最有利於海上稱霸的英國。，法意日反對英國的提議。會議本身的平靜的表面爲之波動了。英國代表團提及法國海軍喀斯塔克斯艦長(Captain Castex)（地中海第二艦隊司令的參謀長）一九二〇年一月在海洋維誌 Revue Maritime 裏刊出的一篇文字，其中主張無限制的潛水艇戰爭。（註一）據說白里安對英法見解的異趣會有句話：『或許英人要用他們的主力艦去捕沙丁魚。好，我們要潛水艇來研究海底面層以爲我們的植物學會之助。』（註二）

（註一） New York Times, Dec. 31, 1921, p. 2.

（註二） 同上，Nov. 24, 1921, p. 1.

因此潛水艇戰爭的方法仍然保持了，但有一大例外：就是牠不得用於商船的破壞。涉及潛水艇的規則包括在簽於一九二二年二月六日的一個條約裏。（註一）可是，鑒於公稱按這些規則從事潛水艇戰爭的『實際的不可能性』，那麼較爲簡單的完全廢止潛水艇戰爭的英國提議未被採用，或許是可惋惜的。不過一九二一至二二年的國際形勢是不利於這個提議的；但將近一九二五年底這個提議又復活了（雖然仍未被採納），那時候洛加諾條約的締結已使列強對彼此的軍事計劃懷疑較少。

華盛頓的海軍協定雖然只包括一萬噸以上的戰艦，依然算得是趨向普遍裁軍的一個切實步驟，並且打開了一條很有希望的路徑。華盛頓會議又成立了一種地方的協定如十九世紀裏有過的並且結果良好的關於歐洲某部分的協定。不過這裏所協定的地方是會議諸國在太平洋裏的島嶼。

太平洋上的政治情形正在引起美日英和英屬自治領地的焦慮。美人相信英日同盟之締結

（註一）該約內又宣告禁止一切毒氣的應用，如多數文明國家所締結的各條約已宣布者。

與按時重訂，『乃是對俄德遠東政策而作的一種保衛的手段。』他們覺得這樣的保衛自從歐戰（一九一四——一八）以來是不再需要的了。因此美國人民不斷地說道：『原來的危險的根源既已消除了，這同盟維持着是對付何人，爲什麼目的？』（註一）反之，英政府看這同盟依然很有價值。一九二一年七月十一日，當時的首相路易喬治在下議院說道：『我們又願與日本維持我們的密切的友誼和合作。那種寶貴的友誼之最大價值，在於諧和這兩個最大的亞洲強國的勢力與活動，因而對於大英帝國的福利和東方的和平構成一個必要的保障。』（註二）

加拿大政府對英日同盟並不見得感到任何強烈的興趣，南非由於牠地理的位置，亦是如此。南非總理斯瑪次將軍在帝國會議上說：『那裏〔在太平洋〕是歐，亞，美的交點，而且在那裏，我相信人類歷史的下一大章將要制定。』（註三）他分明是贊成修正英日條約的。反之，澳大利亞的休

（註一） 美國 Senate Document 125 of 1922, p. 44.

（註二） Parlimentary Paper 1474 of 1921, p. 4.

（註三） 同上，p. 25.

士非常贊成這同盟附着某種保留：『廣言之，我們贊成牠的重訂。不過……絕對需要規定者，將來與日本作任何條約要使澳大利亞滿意，必須特別避除與美國戰爭的可能性。』新西蘭政府也主張重訂甚力總理麥塞（Massey）相信『下次海軍戰爭將在太平洋發生。』

英日同盟是一種繼續的條約，在任一方聲明廢棄後十二個月期滿即告廢止。自從牠在一九一一年重訂後，國際聯盟盟約發生了效力。英日政府曾發通告，謂在盟約與英日條約抵觸的地方，盟約的條文應佔優先。（註一）這宣言，無疑是非常誠實的，卻不能治愈美國人民對該同盟的憎厭。太平洋中有一種『國際緊張的狀態』存在：（註二）人民開始黯然談到那裏的第二次大戰的逼近。

日本顯然是願依附這同盟的，英國不想開罪於日本或美國。華盛頓會議英國總代表巴爾福說英國是『在兩種誤解的可能性之間——一種誤解是如果他們保持這條約，一種誤解是如果他們廢棄這條約』（註三）因此，這是各方都與有光榮的，在華盛頓在會議開幕一月後，大家同意

（註一） July 7. 1921 (Parlimentary Paper 1474 of 1921, p. 4).

（註二） Senate Dcc. 125 of 1921, p. 44.

（註三） 一九二一年十月十日在會議上的演說（全文見 Canadian Sessional Paper 47 of 1922, p. 59)

了用一個四國條約（英，美，日，法）來替代英日兩國同盟以維持太平洋的原狀（一九二一年十二月十三日）。四國條約的重要條款是第一條：

締約各國互相同意尊重他們在太平洋裏的海島屬地和海島統治地的權利。

他們更進而議定倘太平洋問題發生任何糾葛，（註一）倘非外交所能解決，締約各國須互邀赴一共同會議，將該問題付諸該會議考慮和調處。假使任一締約國爲任何另一國的侵略行動所威脅，他們允竭誠互相商量『俾達到一種諒解共同地或分別地，採取最有效的手段以應付特別情形的緊急。』

美國的傳統政策使牠不致加入任何『糾纏的同盟。』四國條約不是一個同盟，而是一個極確實的地方諒解。第一步，牠有十年的年限；過後則繼續有效，但任一締約國得於十二月前通知廢止。這條約適用於四國所有的海島屬地，而且起草時本意要包括日本諸島以及澳大利亞和新西

（註一）凡按照國際公法完全屬於一國國內司法範圍內之糾葛，例如移民或關稅問題，均不在該約範圍內（Senate Doc. 125 of 1922, p. 45).

蘭。可是美國和日本的輿情反對包括日本本部諸島在內，因此四國隨後簽了一個協定限制該條約的範圍關於日本的屬地定爲庫頁島的南部，（註一）台灣，硫球島，和在日本委託統治下的各島。（註二）澳大利亞和新西蘭卻仍留在牠的範圍內。主約（一九二一年十二月十三日）規定於交換批准後，英日同盟條約立卽終止。

四國太平洋條約並沒列入會議的議事程序裏，而且嚴格說來也從沒在會裏討論過。（註三）山東懸案亦是如此。牠是由英國包爾福和美國休士於會議期內在外面談話調停解決的。

一八九八年，按照中德訂的一個條約，德國獲得膠州灣青島和五十基羅米突（三十一英里）半徑區域之九十九年租借權，以及若干鐵道讓與權利。一九一四年九月，日本，助以一小隊英兵，奪取了德人佔據的區域。日本政府在進攻青島前發給德國當局的哀的美敦書裏，自稱她的行動宗

（註一）　庫頁島北部屬俄。

（註二）　Senate Doc. 125 of 1922, p. 47. 赤道以北的舊屬德國諸島均在日本委託統治之下。

（註三）　Canadian Sess. Paper 47 of 1922, p. 12.

旨在把租借地最後歸回中國。可是在一九一五年一月十八日，日本佔了青島之後，便向中國政府提出了若干條款，即後來所謂二十一條要求。其中有一條（第一種要求）即是中國政府須同意日後日本政府與德國關於山東權利的任何解決。（註一）一九一五年五月二十五日中國便答應這個要求了。（註二）有一個時候，山東問題發出來的熱氣幾乎把巴黎和會鬧翻了。按照凡爾塞條約（一五六——八條）德國放棄她在山東的權利與日本，同時日本宣布她準備把該地主權完全交還中國，不過經濟的特權卻要保留，中國政府認為這個宣言不滿意，拒絕承受凡爾塞條約。迄至華盛頓會議，中日間對於山東問題殊無協議的可能：這問題懸著『要算是遠東一般局面裏最騷動的原素了。』（註三）

山東的命運既是根據凡爾塞條約，那麼這事不是華盛頓會議所能干涉的。然而會議場上國

（註一）Ibid., p. 35. Temperley, History of the Peace Conference.

（註二）中國承受第一至十四條及二十條。全文見 History of the Peace Conference, VI 631－4.

（註三）Canadian Sess. Paper 47 of 1922, p. 35.

際的局勢和妥協的空氣頗宜於兩關係國的談判。這空氣又是非常有利於中國。中國代表們高尚的道德態度，國際的眼光，美滿的說明，加上他們國家無助無告的境遇，引起了華會之善意和俠義，以及美國熱烈的輿情。一種友誼的環境，『凡有外交經驗的人都知道是很重要的』（註一）

關於山東的談話繼續了好幾個星期，『雖然冗長和仔細到了相當的程度，』（註二）但表示了很大的好感。結果中日於一九二二年二月四日簽了一條約。日本允於六個月內將從前德國所租膠州產業以及該地一切公產，除在日本佔領期內所加之改良外，概不取費，交回中國。膠濟鐵路由中國以約計五千三百萬金馬克的款額贖回，該款本是賠償委員會向日本所徵收，算是一九一四年日本從德國取去鐵路財產的價值。應僱一日人爲車務總管，受中國路局局長的指揮。日本放棄樹立獨佔的日本租界之要求；同時中國開放全境，對外通商。

騷動國際的二十一條就這樣取消一條了。雖然路易喬治在巴黎和會自己承認從沒聽到該

（註一） Report of Chinese Delegates. 見 Toynbee, Survey of International Affairs 1923-4, p. 459.

（註二） Canadian Sess. Report 47 of 1922, p. 36.

等要求過。(註一)山東消磨了政治家們不少的心力『我們費了許多時間討論遠東一條小鐵路上的一個車務總管，』包爾福在二月四日華會第六次全體會議上如此說道。這次圓滿的解決，多半要歸功於日本政府，牠差不多處處都要讓步。然而英國政府立刻跟上來做了一個慷慨的讓步。牠由包爾福代表宣稱願將威海衛歸還中國，惟英國太平洋艦隊得用牠做消夏休息之所。

在太平洋與遠東問題委員會第十二次會上關於中國租借地有重要的討論。中國顧維鈞聲稱租借地(註二)的存在，原是由於德國的壓迫，她的強佔山東的一部，逼中國政府於一八九八年

(註一) R. S. Baker, Woodrow Wilson at Paris, II, 254.

(註二) 外人在中國佔據的土地有三種(1)居留地 Concessions. 牛莊，天津，漢口，九江，鎮江，廣州等地都有。在居留地裏面地皮是整個租與外國政府，然後分租與外國商人。(2)租界在這種劃定的區域裏面，外人可以直接向中國業主租用，如上海公共租界。(3)租借地，即一八九八年德俄英法所租借的地方，在該區域內租借的政府有權駐紮軍隊及建築軍備。在租界與居留地裏面外人享有地方自治政府及治外法權依特殊條約，有些強國並且在若干地方有駐兵權，如北平的使館區域(見結束義和團之亂的一九〇一年九月七日的議定書)。一八九八年的租借，及義和團事件議定書見 MacMurray, Treaties and Agreements 1894—1919 (Carnegie Endowment, 1921).

三月六日許以膠州灣九十九年的租借權。俄國隨即於一八九八年三月二十七日要求租借遼東半島，旅順大連在內；同時還要求築一鐵路，從旅順和大連北連西伯利亞鐵路，東接海參崴，經過滿洲，由俄國兵士保衞。這就是後來日俄戰爭的造因，結果於一九〇五年由中國同意轉讓旅順，大連與滿洲特殊權利於日本。自租借膠州灣於德，旅順大連於俄之後，隨着法國於一八九八年四月二十二日從中國取得廣州灣的九十九年租借權。英國於同年六月九日獲得九龍區域（註一）與附近領土與靠近香港的水面之租借權，爲期亦九十九年，又於七月一日取得威海衞的租借權，『爲期與俄國佔據旅順同一長久。』英法都是拿保持遠東均勢做他們要求租借的根據。（註二）

（註一）該區域用地圖標明，附於 1908, June 9 的協約上，見 MacMurray, Treaties and Agreements with and concerning China, 1894—1919 I, 130.因此香港在大陸上有二十英里的半圓徑地不至受砲火的威脅。

（註二）Minutes of Committee on Pacific and Far Eastern Questions見美國 Senate Document 126 of 1922, pp. 538—9.

顧氏辯稱自准許此項租借（其目的純在保持遠東的均勢）後，已經有二十年之久，情形完全變了。德俄無復握有中國領土了。門戶開放與中國完整的確立原則，應該使均勢的維持成為不需要。『既然沒有這種必要，中國代表團相信這時候關係各國應放棄其租借地的管轄。』（註一）

列強代表對於中國的請求，答覆各異。費維雅尼(Viviani)代表法國聲稱『法國政府準備參加中國租與各國的領土的共同的交回。』日本代表埴原 (Hanihara) 謂日本經包爾福與休士的周旋已經在準備把膠州歸還中國。此外惟一的日本租借地便是由旅順和大連組成的行省。該省的取得，係經過日俄戰爭的犧牲，及得中國的同意，日本『現無放棄的意思。』牠形成滿洲的一部，而滿洲鄰近日本，日本在那裏有重大的利益。日本政府聲稱那裏『土地的鄰近，』已由各國在新銀團協定裏承認為構成一種『重大利益』的。（註二）日本的保留旅順大連，在她的眼光裏認

（註一） Senate Doc. 126 of 1922, p. 539.

（註二） 見 Correspondence respecting the New Financial Consortium in China 載於 Parliamentary Papers 1214 of 1921, pp. 40, 51. 英美承認日本有保障牠的經濟生活與國家安全的（與他國相同的）普通權利；但英美並未因此贊同日本獨佔中國任何部分的要求。

爲與十一月二十一日華會採取的決議案不相衝突。

包爾福代表英國說話，他稱英國政府準備把威海衞交回中國，『算爲總解決的一部。』後來日本答應將膠州交回中國他宣布英國立卽歸還威海衞之意。他相信該地定能繼續供駐於中國熱帶地方的英艦避暑或休養的『無損有益的宗旨』之用。

可是關於另一租借地九龍，包爾福沒有允許什麽『理由是，沒有這塊租借地，香港便完全不能防禦，任何地方只要有新式大礮都能隨意加以宰制。』這，包爾福又說，不僅是英國的利益；牠是一種國際的利益。『他據悉香港很容易躋於全球商埠之首。』接着他便取讀美國政府的中國商務誌裏涉及香港卓越的商業形勢的一段文字。包爾福繼稱凡使在安全中的國家的信心動搖的任何事件，是一種普遍的不幸。『他希望他無須贅辭解釋九龍區域是別爲一類而必不可與那種以全然不同的動機取得的租借地同日而語。』（註一）

會中另外又處理了兩件關於中國和其他各國的重大事件。一爲治外法權，二爲關稅。

（註一） Senate Doc. 126 of 1922, p 542.

自一八四二年訂立南京條約以來歐洲各重要國家和美國在中國擁了許多年的治外法權。他們的國民，在中國貿易，向來只受本國領事法庭的裁判。例如英國，她在中國的各大城市裏有領事法庭，在上海有最高領事法院。這種制度存在的理由，是因爲中國向無滿意的司法。然而中國政府漸把治外法權看做牠的主權與行政自由的束縛。但在裁撤治外法權前必須有的一種條件是，中國人應自行樹立一種相當的司法制度。日本曾經樹立這樣一種制度，因而得於一八九八年與列強協議解除這種治外法權的束縛。英國於一九〇二年九月五日，美日於一九〇三年十月八日，先後訂約允幫助中國改良司法制度，並且宣稱只要中國法律情形，及其施行設備和其他條件可以保證，他們可以放棄治外法權。（註一）在華會上中國代表團喚起注意於這種宣言。華會於一九二二年二月十日決議任命一個委員會考察並報告中國的司法制度。該委員會由中，美，英，日與其他依據條約有治外法權而願遵守該決議案的國家的代表組成之。因此治外法權似乎已不能復存於中國，雖然她內部的戰爭和行政的紊亂使該委員會無從建議任何立即達到這個目的的步

（註一） Canadian Sess. Paper 41 of 1922, p. 37.

牒。大戰末了，俄，奧德三國拋棄了他們的治外法權。

關於關稅，如司法一樣，中國政府因條約受了若干的限制。這種限制開始於中英一八四二年八月二十九日的南京條約。在此之前，中國在理論上至少是不與外國通商的。按照南京條約，廣州，廈門，福州，寧波，和上海開放通商，而且應公布一種公平劃一的進出口稅率通常稅率定為從價百分之五。(註一)美國和其他國家相率以『最惠國』條款得到同樣的待遇。一八五三年因為太平天國之亂，中國的海關行政不能維持。為應付這種變故，遂有一個外國稽查部的任命。這便是中國海關稅務司 (Chinese Maritime Customs Service) 的起源，在一九一四年計有員司七四四一人，其中一三五七是外人。只要英國貿易在中國居首位，海關的總稅務司應為英國人。(註二) 迄一

(註一) 見 Treaty of NanKing (Aug. 29, 1842), 第十條, Treaty of Tientsin (June 26, 1858), 第二十六條; Hertslet, Treaties, etc, between Great Britain and China, and between China and Foreign Powers (1896), I, 8—26.

(註二) 中國外交部通牒, Feb. 13, 1898 (MacMurray op. cit., I, 105).

九〇二年止，關於海關稅率，從未訂約作重要的改變，到該年纔准對外國貨物加徵一種附稅。

中國海關稅務司徵收關稅，成績非常良好。華會上中國政府宣布牠並不想改變這種行政制度。同時華會諸國容許進一步的修正中國的協定關稅。因此而有一九二五年秋的北京會議，該會許給中國規定海關稅率的完全自由。這種自由要從一九二九年一月一日起實行。中國政府在北京會議上自行宣言裁撤釐金。

「華盛頓的精神」對於中國是光明樂觀的，而且在英國政府宣言將牠的一部分庚子賠款爲中國人謀利益一點上，反映出來了。美國已將牠的庚款部分用於中國派遣留學生。然而列強與中國的關係仍是複雜棘手，不過在華盛頓會議上已做了不少的簡單化的工作，並且產生了良好的感情。和美國的休士同爲代表中成功翹楚的包爾福在第六次全體會議上說得很不錯：「我堅決相信，將來雖然會發生困難，人民決不至於再回到這次會期前的路上去了。」

第二十三章　魯爾

魯爾的佔據或許是戰後歷史上一切駭人的事變中間最驚目並且最特別的行爲。一九二三年，大批法國軍隊，鋼盔鐵甲，帶了大礮，坦克，和現代戰爭的全副行頭侵入了魯爾。可是這一種侵犯，按之現行國際法不能視爲一種戰爭行動，而且事實上，沒有遇到抵抗。

凡爾塞條約裏有兩個條款關於魯爾的事變：

如果德國不履行本條約本部（第八部賠償）規定的任何義務，（賠償）委員會應將這種不履行情形立即通知各關係國，並得建議在牠認爲必要的應付方法。如果德國故意不履行，則協約與參戰各國有權採取的辦法，可以包括經濟上與金融上的封禁和報復，以及諸如此類其他的辦法，爲各政府在這種環境裏面所認爲必要者，這些辦法，德國允許不認爲是戰爭的行爲。（註一）

（註一）Sections 17 and 18 of Annex II of Part VIII of the Treaty of Versailles.

第一款是十分的清楚。賠償委員會能全體一致或以大多數通過宣布德國爲故意不履行。第二款是含糊的。『經濟上與財政上的封禁與報復，以及諸如此類其他的辦法』的意思，是不是所謂『其他的辦法』必須限於財政的，抑是指任何種的辦法？英國政府辯稱所謂辦法只能爲經濟的，如前面所說『經濟的與財政的封禁與報復。』法國政府則謂條約所容許的是任何種的辦法。第二，所謂『各政府』"respective governments" 的意思，是否是各個政府單獨行動，抑是全體一起行動？法國政府辯稱條約的措詞准許各個政府自爲行動。這點法國方面分明似有理由，而在一九二〇年英國政府亦抱這種見解。（註一） 照凡爾塞條約的文字解釋，法國佔領魯爾是在她的權利內行動：並且假定這條約的草訂，有如任何其他法律文件，是存心要依照牠的文字解釋的。

一九二二年十二月二十六日賠償委員會集議於巴黎，宣布德國故意不履行該年度對於法

（註一） 見財務大臣張伯倫 A. Chamberlain 於一九二〇年十月二十八日在衆議院的敘述，此段文字分明許各政府自行決定在此段文字下必要採取的任何行動 (Hansard, 5th Series, Vol. CXXXIII, p. 1922).

國的木材交付。一月二日協約各國總理在巴黎開會——普恩加賚代表法，般那勞代表英，探尼斯(Theunis)代表比（以上諸人皆爲各該國總理）托來他(Marguis della Torreta)代表意。英國提出了一個還款計劃包含四年的延緩償期；法國也提出了一個計劃包含兩年的延緩償期，但以取消法國對英國的戰債爲條件。巴黎會議於是無結果而散。

賠償委員會八月三十一日容許的六個月的延緩滿期了，德國應於一九二三年一月十五日償付五〇〇，〇〇〇，〇〇〇金馬克。一月九日，賠償委員會（英代表不贊成）便宣布了德國沒有履行煤的交付，一月十一日法比軍隊於是進據愛生(Essen)與魯爾全境。

魯爾事件，其性質是一種長期的苦楚，逼得英法協商達於破裂之點。協商之沒有完全破裂，仍是歷史上幾乎難於解釋的一件事實。不錯的，牠以前也時常緊張過。譬如在華盛頓會議上，法政府的態度曾『暫時拂惱』過英人的感情；然而『與法完滿持久的和洽』仍是英國『固定的政策』。(註一)可是關於魯爾問題，英政府以及英國人民大部分（雖非全體）的意見是絕對反法的：還有普恩

（註一） New York Times, Jan.12, 1922, p. 16.

加賚的談話與文字，其冷冷的又常帶逼人的格調，絕不能緩和英國的感情。也許普恩加賚沒有錯。魯爾的佔領和對德國消極抵抗的不斷打擊，產生了『償債的意志』，否則陶斯計劃將成廢紙。

法國侵入魯爾的開始，是在一九二三年一月十一日從地實爾多夫（Düsseldorf）（該地自一九二一年三月八日以來即佔據了作爲一種『制裁』）出發兩師軍隊到愛生（Essen）。鐵甲車一路當先。『從這些不露人面的兇很很的車子裏露出機關槍槍口，對於悻悻的羣衆一個無聲的威嚇。』（註一）蔚藍色的騎兵，插着刀，背着槍，放馬緩緩在後；隔一會走着散步的法國步兵的急速的脚聲來了。幾日之內，魯爾全境和里培（Lippe）地方被佔了，西至多特孟德（Dortmund）爲止。法國有比軍的合作，和意軍的少數工程師爲助，但意大利不久便撤回了她的分隊。法國簡直是孤立着。她在歐洲既少幫助，而對於大西洋彼岸又不能有什麼指望，雖然居於領導地位的美國意見並不是不同情於法國的見解。（註二）然而事有可慮者，魯爾的佔領不但會重新引起歐洲的戰

（註一）Times, Jan. 12, 1923.

（註二）比較 New York Times, Jan 20, 1923, p. 12, 題爲 A German Miscalculation

爭心理，並且會使牠繼續存在。（註一）

這時候孔諾（Cuno）總理的政府正在德國秉政。這位總理和內閣如今不得不做一種攸關萬千無告生靈的命運的重大選擇。德人接受法國的懲罰，並且如像法國政府所要求，提出繳付賠償的計議乎；抑將斷絕國交，甚至停止煤的繳付，拒絕任何合作幷消極抵抗法國一切的努力乎？孔諾政府決議採取後一個辦法，因此使德國陷於飢餓，貧窮，和國恥的無底深淵。據說孔諾政府是被輿論的力量逼迫到作這種決議的，因爲全國都痛恨法國的侵佔。但是爲拯救國家起見，如有必要，輿論可以不顧，這正是政府的職責。在危難的時機，政府應該明敏，不應盲目照羣衆的心理行事。一個政府的不可饒恕的事便是失掉了牠的性子。

這是可以想像的，孔諾政府之下令對法消極抵抗，固爲憤怒所激，但也受政策的推動。牠或許指望從英美得到鼓勵或精神的援助，（註二）牠或許計及英法協商的破裂，牠甚至於抱有消磨法

（註一）Wisconsin State Journal, Jan. 13, 1923, p. 31（主文名 War Clouds）

（註二）德國預計美國的贊助的（此爲 New York Times, Jan. 20, 1923 引德報 Vorwärts 的話 p. 12）

人的決心之空想。如果牠有這一類的希望，那他是完全失望了。

或因爲政策的關係，或因爲軟弱的關係，孔諾政府竟屈服於滋蔓全德的怒潮之前，下令被佔區內全體住民不得償付落入外人手裏的任何關稅，煤稅，或是輸出稅。（註一）法比的賠償繳付是停止了。各礦的總經理和職員拒絕法人的要求。許多人被捕了，並且被法國軍事法庭判決苛重的罰金。（註二）德政府竭盡能事，只沒有公開的抵抗，以反抗法國的努力。牠拒絕了開駛通車。牠停止了巴黎至布郤利斯特和巴黎至普剌圭的快車。法國對付這末一項的消極抵抗是進佔南德意志的巴登（Baden）及佔領亞本維爾（Appenweier）的鐵道交接站。二月十一日法比政府通知德政府，謂因德政府發給其官吏的各項命令之故，他們已決定禁止佔領區內一切製造品的輸出。區域內所有的煤業已悉聽法當局的支配，如今魯爾的經濟包圍是完全了。許多人失了業，食物缺乏，情感惡化，總之，生活在魯爾是一樁沉悶悠長的痛苦。德國的工人餓着肚子；同時泰半由於消極

（註一） Times, Jan. 20, 1923.

（註二） Thyssen 被罰 500,000 法郎。他拒絕償付被禁。

抵抗而致的馬克的暴落，把同樣凄苦的境遇加到德國各處的中等階級。

一九二三年一月十一日法軍進魯爾時的德國馬克價值已够低了——四七，〇〇〇抵英金一鎊。此後牠的跌落是狂慘的，雖非一直繼續的向下。一月十八日牠過了一〇〇，〇〇〇以上抵一鎊。二十日，馬克稍爲好一點。這時的稍好是暫時的。二十六日匯率是一二〇，〇〇〇馬克抵一鎊。二月一日牠是二〇〇，〇〇〇，但在幾天之內馬克又改好了，或許因爲德人維持消極抵抗的決心感動了外人之故，並且無疑也是因爲德人正在賣出他們的外匯差額以取得原料幷維持馬克。二月底牠略逾一〇〇，〇〇〇抵一鎊。三月裏牠始終維持得很好。四月底，牠是一四〇，〇〇〇；五月底，二八〇，〇〇〇。此後是一瀉而下。八月底一金鎊換五十五•五•五兆馬克。

在魯爾，那沉悶的鬭爭還是繼續着。一月三十日法當局宣布該地軍事戒嚴。起初本是打算佔領是『看不見』的，如今成爲一種極公開和劇烈的軍治。德政府的官吏，拒絕與法合作，不是自動離境卽被逐出境。所有的高級軍官都走了。法人不得不從本國鐵路上調來大批的鐵路人員。路政起初是壞極了，但漸漸改善了。法國在魯爾的鐵路管理成爲一個自給的單位。甚麼都不能搖撼普恩加賚的決心。正如法國的路員取管魯爾的鐵道，法國的工程師同樣的取管了煤礦。食物准許運入該地以供口糧。但如有金錢的進入，一經查出，卽予沒收。德政府不顧自己的毀滅，去津貼被逐的官吏，『罷工』的礦工，並用其他多種方法來支持消極抵抗。這不快活的試驗到了最後，德政府每星期要化費令人咋舌的三五〇〇〇托利安 trillion（每托利安卽一數附加十八個〇）馬克之數於消極抵抗。

無論如何協商倒忍耐了這種緊張。謠傳有一個新的大陸結合在談判中，將英國排除在外。(註一)這個結合的計劃有時被指爲意大利墨索里尼的主動。(註二)然而負責的法國意見在領袖的報紙刊物上，表示不贊成這計劃。協商所以繼續存在是因雙方都沒有通知對方解約如此而已。兩國結合的不絕如縷可見之於般拉勞首相在下議院的『魯爾』辯論裏提及協商的言辭。他彷彿在主持牠的葬禮：

(註一) J. R. Macdonald 在下議院，March 6, 1923 (Hansard, 5th Series, Vol. CLXI, p. 318)

(註二) Times, Jan. 8, 1923, p. 8.

這至少是一個大打擊，如果我所希望為我們政策的根本即與法國協力再建歐洲，是要完全放棄的話。我認定這是一個大打擊，而且我實在相信今日發言的諸君心中多具此感。只要可以避免，他們不想和法國交鬨。（註一）

最後——至少外表是如此——厥重爵士用他一九二三年八月十一日的通牒割斷了這絲縷。好幾個月來人們就在那裏說英政府必須有所動作——但是沒有人提出具體辦法。當外交大臣，他是一個意志堅決並暢曉國際事務的貴族，發出和公布了那個有名的通牒，衆望算是實現了。這通牒導源於德政府發動的一個通訊。事情的經過如下。

一九二三年五月二日德政府提出重行繳付賠償（除交煤於意大利外，賠償業已完全停止）的建議。德國現擬用現金及貨物繳納賠償總數計一五〇，〇〇〇，〇〇〇鎊，但此數第一步須得之於國際借款。另一條件是魯爾撤兵。

這建議被拒絕了。牠被視為不值得鄭重考慮的。該德牒的結語，重述「必定」字樣很欠圓通。

（註三） March 6, 1923, Hansard, 5th Series, Vol. CLXI, pp. 369—70.

再則，法政府既經到魯爾去奪取『生產的擔保品』又在那裏遇到了繼續的消極抵抗，牠爲了自身的尊嚴計，不能隨便離開魯爾，非要等德人降服了不可，就是說要他們允許停止消極抵抗。這時候歐洲的政治系統彷彿在那裏脫底。馬克是跌至二千萬抵一鎊，革命似乎在萊因或者德國其他地方爆發着，歐洲的人民都喪魂落魄的覺得大禍將至。

七月七日（一九二三年）德政府又發一通牒提出新意見來解決賠償繳付的問題，並沒有提起魯爾或德國被佔的地方。消極抵抗仍在進行，所以法政府拒絕這通牒，如像牠拒絕前一個一樣，厥重爵士得悉這種決定就寫了一封頗『硬』的通牒給法政府問道：『法政府所作停止消極抵抗的要求究竟眞意何在？』（註一）

法比兩政府的答覆很客氣，他們在（八月三日）通牒裏解釋——並不如何費力的工作——他們所謂『停止消極抵抗』一語的命意。簡言之，他們意謂德政府應解除牠的魯爾的緊急命令，

（註一） Marquess Curzon to Count de Saint-Aulaire, June 13, 1923, 載於 Parlimentary Papers, Cmd. 1943 of 1923,

俾回復一月十一日佔領前的合法的原狀。法牒優雅地提出『厥重爵士函中顯著的友誼精神』這眞是在厥重爵士頭上潑火加油但是普恩加賚他有權利像英國的外交大臣一樣粗莽，他總不能老讓人家打了左面耳光再給右面的。

七月二十日（一九二三年）厥重爵士又讀了（無寧說是寫了）一篇論文給普恩加賚聽。他開頭提起德政府以前的建議，繼及英政府向法比兩國提出的問題。『對於這些問題的答覆仍未完全除去時局不安定的罩幕。』接到了這些文字——那不是外交的言語而是一個聰明的大學生的口氣——普恩加賚仍表示耐性。法國外交部 (Quai d' Orsay) 的文體不至於被英外交部的新語法所誘壞。

普恩加賚七月七日致厥重爵士的通牒聲稱『法政府已盡其能力以答覆英政府提出的各問題。』他允許如有問詢，當再答覆，『但我們必須直即重提英政府自我們佔領開始以來即已洞鑒的原則——就是法比撤兵魯爾須依德國政府繳付賠款的程度而定。』而且無論如何，德國必先停止消極抵抗和遵守凡爾塞條約。

英法的文字糾紛並不在幫助賠償問題的解決，再則七月二十日的英牒的精義所在，不是任何寬容德國的建議，而是一個建議謂協約國應（一）勸德國放棄消極抵抗，（二）召集『不偏的專家』來確定德國繳付的能力。法政府對第二點完全置之不理；比政府反對『不偏的專家』一名詞，以爲含有誹議賠償委員會之意；至於意政府對牠的解釋則『認爲上項計劃將包括協約國間債務問題的解決。』（註一）

英政府與英國公衆誠心相信魯爾的佔領和德國經濟與政治系統的瓦解，不僅破壞德國抑且破壞歐洲大家覺得『非有所動作不可。』

該通牒開頭聲稱『英國政府接到法比政府七月三十日對於牠上月二十日的通牒的答覆，起了最誠懇的失望。』牠指出『從法比閣員們親自或代表所發表的官場的或半官場的宣言看來，可見法政府意欲堅持除付英美債額外，最少須給他們二萬六千兆金馬克，但是按照現有協約，法國欠英美的債額超過她應得之數爲十九兆金馬克。』

（註一） Marquis della Torrella 致 Marquess Curzon, Aug. 2, 1923（同上）

於繼續討論所擬議的『專家考察』以後，該牒提到困難而又易起辯論的魯爾佔領是否合法問題。爲解決此點的任何疑義起見，英國政府願意將法律上的效力問題交海牙國際法庭解決。英國政府之所以一直隱忍至今，『不正式爭辯法比佔領根據條約（譯者按指凡爾塞條約）是否合法者，』乃欲『避免使牠的協約國發生不需要的礙難耳。』

該牒其次涉及的問題，便是佔領的時期。法比曾經（該牒如此說下去）『用帶空泛的話提醒說，消極抵抗停止的時候，他們將『共同商議他們將如何減輕魯爾的軍事佔領所加於該地的負擔。』但是他們拒不允諾撤退該區，不過可以『按照德政府償付的程度』而相當予以撤退。

關於此點既一再聲明，同時又堅不減讓賠償項下德國十三萬二千兆的總欠，這樣分明存心繼續佔領魯爾若干年，最少是三十六年（這是『繳付程序表』上所定償淸債務應攤派的最短期限，）而且鑒於一般承認該程序表完全實施的不可能性，佔領期卽使不是永久的，也可無限的延長。

牒中最後的幾句話說到協約國間的債務，當從事確定能從德國取得的實際賠償額的時候，

『不列顛政府準備儘環境准許的程度，同時顧及盟約各國償付的能力，來慷慨地討論他們欠她的債務。』英政府『仍然準備對於盟約各國所欠她的巨款，除了連同德國所付賠償，足以抵償英國所欠美政府之戰債外，不多索取。』（註一）

英國國內對該通牒的負責批評說牠是『強硬的，但並不過於強硬。』然而英國公衆最所關心的並非該通牒的強硬與否，而是牠可能產生的效果。『英政府在牠最後的通牒裏預示了牠爲自身計而採取別種行動的可能性。』（註二）這是人人所預期的——英政府的『別種行動，』無論如何會在魯爾的『絕境』裏找條路出來的。這是協商歷史上最有劇情的時期。法政府將聽受英國的忠告，抑將拒不接受而任憑協商破裂？牠拒絕了，但協商沒有破裂。英政府對魯爾佔領既提出了最嚴重的抗議，又發覺這種抗議未被注意，卻罷手了。真的牠不能做什麼。英國的抗議徒鼓勵了德人的消極抵抗。（註三）使協商破裂徒然使德國更興奮。雙方都沒採取任何正式的步驟去劃

（註一）這個是一九二二年八月一日包爾福通牒裏定下的原則。

（註二）Times, Aug. 13, 1923.

（註三）Kölnische Zeitung, Wochenausgabe, Aug. 13, 1923, p. 7; Aug. 22, 1923, pp. 2—3; Aug. 29, 1923, p. 3.

斷束縛英法的細絲縷，所以這絲縷仍然留着。

在巴黎，厥重爵士八月十一日的通牒被認爲譴責法國是一個『暴漢』"bully"，（註一）但是並沒有引起驚慌。這也許因爲（雖然表面上看不出）法國正得到勝利。孔諾的內閣在八月十二日辭了職，斯脫拉斯孟（Stresemann）的新政府就了任。孔諾的辭職無異承認他的消極抵抗政策失敗了。新政府雖然不能立卽承認這一點，（註二）牠顯然是負有使命要取唯一可能的路徑，卽停止消極抵抗，來解除德國魯爾的困難。

這時候奥斯汀張伯倫（Austen Chamberlain）（他不是英政府的一員）說過，『協商是懸在絲上。』於是——不能不承認他很招怒——普恩加賚答覆了。顯然的，他的怒氣發了，但是約束得很嚴；那就是說，他在八月二十日發給英政府的通牒，本身是十分客氣的，在實質上和形式上都是如此。牠控訴德政府處理財政的揮霍，而且是（普恩加賚說）存心浪費的。牠又一再耐心地解

（註一）Tache de bully la France: Temps, Aug. 14, 1923

（註二）Temps, Aug. 16, 1923: M. Stresemann ne nous donné a ce côté ancune déception.

釋法國對於魯爾佔領和協約國間債務的見解，隨着便是一個附件，逐點答覆八月十一日的英牒。旣已在他的通牒裏曲盡外交的禮貌，在附啓的自由園地裏普恩加賚「放任他自己，」用的雖依然是十分沉靜的文體，但是悲痛而且尖刻。他沉靜地責備英國的採取公開換文的辦法：法政府願意單用外交的途徑來論辯英法間的異議。他憤然駁斥法政府意欲割據魯爾的暗示。他宣布法國願意償還債務，但非等德國的賠償繳付後牠纔有力履行。厥重爵士在他的建議裏曾謹愼地保留英國的權利。普恩加賚亦然。「我們很了解英政府保留着牠的權利。無疑間，牠將了解我們對於德國保留着我們的權利。」最後還是普恩加賚的話佔優勝。協商依舊繼續。

第二十四章　德國的破裂與挽回

魯爾正沉淪在長期痛苦中的時候，當着法國兵士的眼前，發生了一個暴烈的革命運動，目的在成立一個萊因共和國。這個革命大概是起源於反國家觀念的德國共產黨人的運動。法國既然期望在法德之間創立一個緩衝國家，法國的佔領當局對於這種運動，自然抱一種好意的中立態度。這理想早已見於八四三年凡爾登的瓜分 Partition of Verdun。該項瓜分在東西法朗克(Franks)的全部邊境上創立了洛沙林基亞 (Lotharingia) 王國。一九一七年二月法俄兩國的『中立國』協議的基礎，也就是這種理想；(註一) 一九一九年巴黎會議上法國要人曾為此力爭，雖然沒有什麼成功。三月裏，一位有勢力的法國人在魯爾公布他的意見，說『法德惟一的眞正保

(註一) Parlimentary Papers, 1924, Cmd. 2169, p. 7. (俄國外交部長致駐彼得堡法國大使, Feb. 1/14, 1917). 按此在法國外的萊因河左岸的地方將成為一個自主中立的國家。

障便是在兩國間建立一個獨立國家，受國際聯盟的保護。」（註一）

在德國方面這種脫離運動（Separatist Movement）可說是發動於一九一八年十一月一日休戰後可隆（Cologne）地方一次萊因要人們的會議。這時，革命正在德國進行，波爾雪維克主義的成敗猶未可知。（註二）但波爾雪維克或是斯派他主義的迫切危險過去了，萊因的保守的脫離運動也跟着消散。可是當魯爾被侵入以後，德國金融狀況崩潰到面目盡變了的時候，頗有保守的人民，豪富的商賈銀行家以及其他人等，他們渴慕法郎的高價和穩定，雖沒有歸順法國之意，至少想到終有一天要和德國馬克幣制脫離關係。但是製造一九二三年萊因脫離運動的人並非他們這班人。

萊因脫離主義的首領是德國一個富商的兒子，叫做亞丹陶爾登（Dr. Adam Dorten）。陶爾登職掌律師，在大戰裏得過鐵十字獎牌。在靠近維斯巴頓（Wiesbaden）的產酒區域，他的勢

（註一） Times, March 17, 1923, p. 10.

（註二） Ibid., July 18, 1923, p. 12.

力很大，也就是在那裏，他的萊因共和國活動進行最力。他在一九二〇年所發表的第一次的脫離（德國的）宣言，發生的唯一有劇情的結果便是被普魯士當道公訴擾亂治安，被判了一萬馬克的罰金。（註一）魯爾的佔領和德國一九二三年普遍的苦難，給了陶爾登又一個機會來實現他的計劃。英美的佔領軍隊絕對沒有參加這種運動。法政府也守中立；但是有若干在維斯巴頓，斯比爾司(Spires)以及魯爾的法國官吏，給了脫離黨人非官場的鼓勵。陶爾登的目的在使萊因脫離普魯士而非脫離德國。他要使萊因成為德國的一個實行憲政的邦，不受柏林的官府統治。但是法人在魯爾所設的關卡，和協約國間的『萊因最高委員會』按照協約國賠償政策在他處所設的關卡壁壘，早已在經濟上割斷萊因和德國其餘各地的關係。假使萊因變成了德國內的一個分立的邦，牠難免傾入於法比的經濟範圍裏去。

據報告說法國兵士——當然不是官場的行動——教唆脫離黨人去攻擊市政警察。這類的事不僅此一端，但這或許是最壞的一樁。一九二三年九月三十日在地實爾多夫有這樣的事發生：

（註一） Current History, Vol. XIX, p. 764ff.

我剛纔重進旅館門，心想什麼事都完了，就在這時發生了也許是地實爾多夫的『紅星期日』裏最可怕的事變。一打的『萊因武裝黨』"Rheinwehr" 率領了二十個法國騎兵向着貼近旅館的一個綠色警察衞去，包圍他繳他的武器。這事做罷脫離黨人就用鉛管子打他至於死去。苦命的警察用手掩了面孔跌下去。幾十記拳頭雨一般落在他的身上送了他的命。（註一）

萊因運動的另一首領是斯米次（Smeets）。他曾參加過一個在一九一八年十一月握了幾天的可隆政權的蘇維埃。如今他是萊因共和國（Rheinische Republic）報紙的主筆，他主張萊因完全分立，作爲法德間的緩衝國。

第三個領袖而在該運動的後期或許是最重要的領袖是麥第斯（Matthes）。據說他是巴伐利亞人，一個社會主義報的編輯，曾因誹謗當地市長判了六個月的監禁，他逃入佔領區域求庇，據說做了法國的密探。（註二）

（註一）泰晤士報訪員一九二三年十月一日的報告。

（註二）Times, Nov. 2, 1923, p. 12.

所以在萊因裏一切釀成大亂的條件內部的和國際的，都具備了政治煽動，災難，外國陰謀，金融紊亂。一九二三年是暴動的年份，脫離黨人對統一黨人，共產黨人對其他全社會。這是常列時局一亂，流氓地痞都出頭了。作奸犯科的人都加入了脫離黨人的集團。

脫離運動不僅澎湃於普魯士萊因而已。一種更大的脫離運動發生於巴伐利亞的派拉丁納特（Palatinate）。這省在萊因左岸，北與普魯士和赫新（Hessian）土地接壤，南連亞爾薩斯。牠的重要城市是二不呂根（Zweibrücken），斯比爾司和魯特維格夏芬（Ludwigshafen）。第一次的爭鬬就發生在這地方（派拉丁納特，）法國當局差不多公然贊助脫離黨人也就在這地方，到後來終於用外交手腕解決了這個悶葫蘆。

一九二三年十月，這個『共和帝國』的德國看來似乎眞在分解了。（巴伐利亞的）第七師常備軍被巴伐利亞政府從柏林政府手裏調回去了；帝國國防部長蓋斯南（Herr Gessler）的權威被否認了；而且說巴伐利亞師只效忠於巴伐利亞政府。共產革命起事於漢堡，該地發生公開的爭戰；全部萊因，從亞拉什不爾（Aix-la-Chapelle）到梅因斯（Mayence），處處的脫離運動在激烈進行。十月二十三日泰晤時報(Times)（該報是不贊成脫離運動的）刊了一張德國破裂的地圖。十月二十四日派拉丁納特地方議會在斯比爾司開會宣布成立一個派拉丁納特共和國。大家相信在派拉丁納特的法軍司令梅茲將軍（General de Metz）是直接在那裏贊助脫離黨人。（註一）該省又集貲募兵組織了脫離黨的軍隊，政府之在自主黨人手裏者約有三個月。按照凡爾塞條約，德軍是不能進派拉丁納特的。最後，經過了很多的流血，『一位英國官吏受命判決該運動的命運，雖然這運動是在法國佔據地內，這事變於是告終。』（註二）

一九二四年一月初英政府訓令慕尼克英領事克乃夫(Clive)往派拉丁納特考查政治與經濟情況，並作一報告。（註三）這種使命自是領事的本分，英政府的委派克乃夫也沒什麽不尋常。

（註一） Times, Oct. 25, 1923. p. 12.

（註二） Dr. Dortew, The Rlimeland Movement, 載 Foreign Affairs, Vol. III, p. 410.

（註三） 英政府初意從可隆英軍司令部派一代表前去，但是法政府表示反對 (Hansard, 5th Series Vol. CLXIX, p. 153).

可是這時佔據派拉丁納特的法國對於克乃夫的使命不能無疑。英法兩國的外交部對此事處理得很好。英政府把擬派克乃夫考查一節通知了法國法政府表示擬派一官吏隨他前去察訪。英政府覺得法國的要求沒有什麼不合情理。所以克乃夫就在一個法人監視下進行考查。派拉丁納特的人民顯然認他是一個公道的使者。他的察訪很能圓通和氣將事，到處受人的歡迎。他來過後，萊因的協約國間最高委員會也接踵前來。一自派拉丁納特的事件直接受了國際的注意，緊張的局面開始慢慢地緩和下來。雖有一時很猛烈但從沒有很強大勢力的脫離運動衰落了。到了三月，據報告謂形勢已經回復常態。好鬬的脫離黨人在派拉丁納特失了厮戰的機會，便到法國國外軍隊裏找了工作另行活動。（註一）

對於派拉丁納特事件有清理之效的克乃夫報告從未公布。但是英外交次長麥克勒爾（Ronald Mcneill）曾於一九二四年一月二十一日宣讀該報告的電文節要。這節要的重要部分如下：

（註一） New York Times Feb. 28, 1924, p. 21.

費了五天功夫，聽過派拉丁納特各階級各地方的民意，我得到的結論是：極大多數人反對自主政府。這個政府若無法國援助決不會存立，並且法國援助一斷，將立刻被逐。據該政府名義上的首領白萊(Bley)承認，脫離黨人百分之七十五來自派拉丁納特之外。此輩不問可知包括大批的舊罪犯，是完全不諳政治的。在農工階級中厭戰之心極強，願出任何代價以求和平。(註一)

古斯他夫斯脫拉斯孟年四十五，在大戰前與大戰時期的政治裏他以國家自由黨被知，自老練的巴塞爾孟(Ernst Bassermann)於一九一七年死後他便繼爲黨魁。國家自由黨人在共和政體下改名爲德國人民黨，志在措德國政治於溫和合憲的路線上。如今斯脫拉斯孟的工作很困難，因爲德國差不多在潰敗之中了。這國家只有一個機會。德國必須放棄消極抵抗的政策，就是，必須屈服於法國在魯爾的行動之前。需要幾個星期來佈置民意；還需一二星期和法國磋商此事。普

(註一) Hansard, 5th Series, Vol.CLXIX, pp. 485—6.

恩加賚是不願談條件的。斯脫拉斯孟和法國駐柏林大使馬格利(Margerie)間的談話沒有結果，在九日底前，好像絕對在停頓之中。普恩加賚的勝利近了一步，或許猶未自知他不肯做普通外交上的錯誤，於成功的最後五分鐘的時候讓步。不讓步是他的口號。忽然在九月二十六日德政府開始停止消極抵抗。在最後一星期資助魯爾內外的消極抵抗者費去了三五〇〇屈林 trillion 馬克。然而消極抵抗的放棄好像就是把德國政體打成碎片的最後的一震。斯脫拉斯孟用一番驚人的努力控制了最後的高潮，駕馭他的險舟到達平安的港埠。停止消極抵抗宣布後一日，德政府便宣布全國戒嚴。雖然巴伐利亞師有所怨望，軍隊仍然全體效忠於政府；鋼帶縛攏了全國。同時舊的馬克任其廢棄，以金融上一樁英勇的行動，用德國人民的全部資產為擔保的一種新幣發行了，那便是穩定的朗特馬克 rentenmark。總統愛爾伯脫，總理斯脫拉斯孟，財政部長路得(Luther)這三個強有力的人物，『對於國家並不恢心』把德國從魯爾的痛苦裏救了出來。

十一月三十日賠償委員會開會採取那謙遜的但是重要的步驟，即設立兩個專家委員會，『一個職在考查使預算均衡的辦法和使幣制穩定的策劃，一個職在考慮如何估計自德流出的資本價値和如何使牠回來的辦法。」

第二十五章 陶斯報告

舉行專家委員會的主意似乎發動於一九二二年美國國務卿休士那年十二月二十九日他在紐海芬（New Haven）的美國歷史學會演講時，他提議召集一個『各國金融界最有權威的人』的獨立委員會來商議歐洲的戰爭賠償問題。（註一）專家委員會的設立正就是厥重爵士在他八月十一日的著名而不幸的通牒裏所擬議，而被普恩加賚斷然的，並且用了微帶輕視的文字拒絕了的。假使普恩加賚仍存心阻擋一個考查德國償付能力的委員會的成立，他本可以辦到，因爲由於賠償委員會裏法國主席的投票，他可以控制該會。明白得很，如今他已用不折不撓的意志贏取了魯爾的勝利，普恩加賚是準備通融的。因此厥重爵士在他永別外交部前還能看見他的政策開始成功，種下的果實留待麥克唐納（Ramsay Macdonald）的採擷。

（註一）New York Times, Dec. 30, 1922, pp. 1, 2.

十一月終斯脫拉斯孟的政府在德國倒了，新總理麥克斯（Marx）在位，可是用着那位缺少不得的斯脫拉斯孟做外交部長，十二月十五日普恩加賚在巴黎接見了德代表代理大使賀煦(Hösch)，這是魯爾開始佔領以來第一次。

賠償委員會設立的第一個專家委員會，要考查使預算均衡和幣制穩定的，在該會巴黎會所亞斯托利亞旅館(Hôtel Astoria)於一九二四年一月十四日開第一次會。委員有美國的陶斯將軍(General C. G. Dawes)，和楊格(O. D. Young)，英國的金特士來(R. M. Kindersley)和斯當普(J. Stamp)，法國的派孟地(Parmentier)和阿利克斯(Allix)，意大利的皮乃里(A. Pirelli)博士和弗洛拉(F. Flora)教授，比利時的霍達特(Houtart)和弗朗葵(E. Franqui)。開幕時陶斯將軍說到阻礙世界政治常識的通路的困難。這種對於常識的抗拒，使坦白的公民震驚：

他初未認清必先掃除的阻礙，這種阻礙起於國家的驕傲自大和各盟約國官吏的自大自私，因爲他們的權力是要受任何強制的協約國間的協調所影響的；（這種阻礙）又起於各國的國家主義的煽動家，那輩齷齪逐臭的兀鷹的不斷的誣詞揑造，和令人不耐的驚歎詞句，他們是想在普遍的不幸中間出風頭的。

陶斯將軍隨着指出所有的軍事當局怎樣的相信統一指揮之必要，可是直要經過四年的不順利的戰爭纔能誘引協約國政府成立統一的指揮。促成協約國在戰時完全的合作的是什麼呢？『沒有什麼，只是一個極大的危急而已！』一個平常的賠償計劃，把常識注入在協定裏面，這便是陶斯將軍略舉的第一個委員會的目的。法國的公衆因他沒有說到法國要求的公正，覺得失望。法國既是被認爲『握有時局的鑰匙』的，法國的善意顯然是像專家委員會的技術和常識同樣地重要。所以兩委員會的最後成功不但要推崇專家們，也應推崇法國的公道。

第二個委員會，職掌估計自德流出的資本價值和如何使牠回來的工作，於一月二十一日在巴黎亞斯托利亞旅館開第一次會。委員是美國的羅賓生（H. M. Robinson），英國的麥金那（R. Mckenna），法國的勞隆阿塔林（Laurent-Atthalin），意國的亞爾培（M. Albert）和比國的姜生（A. E. Janssen）。主席麥金那答應委員會當前的問題要用商業精神來考查，並且要用無畏精神來宣布其結果。美國人的出席於委員會，不但提及了，而且歡迎了。美人僅以私人的資格來會，但大家知道美國國務部准許了他們接受委員的職務。可是他們是完全自由完全獨立的：他們的費用由自己掏腰包。（註一）

隨後的兩三個月賠償的外交，暫時風停雨息。法人依然在魯爾，但是這種佔領是儘可能的變爲無形的。向來要一百萬鎊一個月的佔領開支（註二）這時減少了，煤的繳付與煤稅的收入是增加了。協商復歸和好。然而在美國有種談論——似乎是無稽的——說是英法或許要開戰。（註三）但一九二三年九月十九日英首相包爾温（Baldwin）從亞來朋（Aix-les-Bains）短期休假回來，會抽身到巴黎訪普恩加賚。這兩位政治家找出了一個簡單的公式來重訂協商。

當日下午的官報載道：

（註一）New York Times, Jan. 9, 1924.

（註二）Times, Nov. 27, 1923.

（註三）New York Times, Aug. 14, 1923.

不要希望，普恩加賚和包爾温的會晤能有任何確實的解決。但他們覺得很高興的成立了一個共同的諒解，並且發見了在任何問題上概無宗旨的不同或原則的相反，能妨礙兩國的合作，而這種合作與全世界的安定與和平是大有關係的。

可是要鞏固協商非一紙官報就能濟事的。眞使協商的鞏固成爲可能的，乃是魯爾消極抵抗的停止所給與普恩加賚的勝利。當麥克唐納做了首相時，他就抓住這個空氣漸佳的機會，向普恩加賚伸手言好。一九二四年一月二十六日，這是他做首相後第四天，麥克唐納便發了一封和善直爽的信。普恩加賚一月二十八日的回信是同等的和善直爽。其中一段有深深的意義：

假如我們必須顧及各自國內的輿論，假如我們都必須保障自國的利益，我相信各在自己的範圍內，以你所云有力的行動和善意來解決起於我們間的種種問題，必能維持英法間的合作政策，這種政策對於我們兩國和世界的安寧都有切要關係。

二月二十一日麥克唐納擬使協商更形親睦，特向普恩加賚解釋英國公衆所反對的法國政策裏的那幾點或是假定的那幾點。

麥克唐納表示『安全』問題是糾紛的根本，但安全『不僅是一個法國的問題，乃是一個歐洲的問題。』他建議不妨用局部的解除軍備或是在若干國家間創設中立的地帶以解決這個問題。爲要討論賠償問題（該問題與協約國間的債務，在麥克唐納意中都可以解決的，）專家委員會的報告是必須等候的。

普恩加賚的答覆特別否認法國志在大陸的霸權，或是除阿爾薩斯以外她有取萊因爲國界之意。這答覆是妥協的而且是健全的感情之全然滿意的表示。但這種首相與總理間的信札交換，會否使協商有所改善，還是疑問。

第一個專家委員會，卽陶斯委員會，和第二個專家委員會，卽麥金那委員會，他們的報告於四月九日（一九二四年）交到賠償委員會並於同日公布了。第一個委員會的報告附帶了一封信，其中陶斯將軍聲稱報告裏包含的計劃是根據『公平，公允，和相互利益的原則，不僅是德國的債主和德國自身並且全世界對此都有重大持久的利害關係的。』該委員會構造這個計劃時採用的簡單規律是這樣的：

既然，因大戰的結果，德國的債主們正竭盡能力在付納賦稅，那麼德國亦必年年竭力納稅。

第一個委員會的特定目的是在顯示德國如何纔能均衡預算和穩定幣制的方法。牠發覺第一個先決條件是回復『全德財政的和經濟的統一。』這點的意思，卽是所有被佔領的和未佔領的德意志關稅障壁必須撤除，法國的鐵道管理必須廢棄，而任何稅捐除歸入德國國庫者外均不得徵收。在完全的財政和經濟統一的假定上（委員會寫道）『樹立我們的整個報告的基礎。』

『如果德國的現狀正確地反映她的潛伏的能力，』那麼委員會的工作將沒有成就的希望。但事實上德國有着滋長和勤勞的人口，技術的藝能，高度發展的農業的堅實基礎，水礦林木的物質儲藏，將來繁榮所必需的要素全都有了。還有大戰以後，德國『器械設備正在改進。』電話，電報，運河，和鐵道各項交通工具全都改良了。沒有吝惜費用。『末了，實業家得能更增加那種完全新式的裝置，到如今應用於無數工業裏，生產的數額較之大戰前大得多多。』德國現時眞正缺少的唯一的東西是信用：陶斯委員會有一個計劃來應付這種困難。『毫不過分樂觀，可以預料德國的生產使她能滿足自己的需要並能籌出本計劃擬定的數額以履行賠償義務。』

該委員會首先着手幣制穩定的問題。自從用了『倫吞馬克 Rentenmark』，得到了幾個月的穩定，『但其基礎如無其他種辦法只能是暫時的。』委員會如今提議把所有多種行使於德國的紙幣逐漸收回，另成立一個有獨家發行（註一）鈔票權的新銀行（或者把國家銀行（Reichsbank）改組。）新鈔票須有百分之三十三又三分之一的法定準備金。這樣幣制就會穩定下來（並假定預算也均衡了）——對全社會是一大福利。雖然有些人民會從『與貨幣騰價俱來的財產的驚人轉手』裏獲得利益，卻『對於勞動階級，不穩定完全是罪惡；牠甚麼賠償都沒有。』

幣制過後，該報告轉到預算問題；為使牠均衡起見，『該預算須解除條約上的迫切繳付，這點雖置預算於鞏固的地位，但並不包含為協約國所不可缺少的貨物繳付的停止。』

該委員會於考慮德國能賠償若干的時候，認為有兩個原則必須認為基礎的。一個是德政府的內部開支必須減至最低限度。

第二個原則是一方面德國的債主固應分享該國繁榮的任何增加，但不應有一種無限責任。

（註一）若干邦銀行的有限制發行鈔票額不在其內。

最後關於償付的辦法，該委會建議加於德國納稅人的負擔應相稱於協約國納稅人所負擔的；國家歲入超過最低必要的內部開支的賸餘，應以金馬克記入協約國的帳上；而且這些馬克應隨時『按照（當時）匯兌地位的實在能力』折成外國貨幣。因此在賠償委員會的計劃裏兩個問題是分開的：第一，籌出最高可能的款額以付賠償的問題；第二，將該款的價值用現金貨物或服役轉送入協約國裏。

根據以上這一切原則，賠償委員會提議謂德國應從三項來源償付：（一）從她的平常的預算；（二）從鐵路公債票和運輸稅收；（三）從實業的債券。

關於第一點，委員會相信假如條約的繳付能予以暫時的解除，那麼一九二四年——二五年的德國預算就能『以一種有力的國內的努力』得到均衡，用不到借什麼債。一九二五至二六年的預算也許稍爲有些賸餘，但委員會仍建議不應令牠勉強擔承任何條約的償付。所以這種償付（從預算的擔負一方面而言）只能從第三年（一九二六——二七年）開始。要在預算裏提出的償付應如下列：

一九二六——二七年 一一〇,〇〇〇,〇〇〇金馬克

一九二七——二八年 五〇〇,〇〇〇,〇〇〇金馬克

一九二八——二九年與此後各年 一,二五〇,〇〇〇,〇〇〇金馬克

所以一,二五〇,〇〇〇,〇〇〇金馬克是應付賠償的時期內要從平常預算項下取償的標準數。

第二,該委員會提到鐵路問題,按自休戰以來,各鐵路的經營向在繼續增加的損失中。德國的鐵道管理對兩椿嚴重的控告,無可聲辯,只能服罪。第一椿,雖說八小時工作制的引用以及和平條約上的義務足爲暫時紊亂的口實,但用人仍嫌過於濫多,這點可以現在能辦到的裁員爲證明。第二椿,該管理任意作浪費的資本費用,這點官方的藉詞,謂從事建設大半爲的是對付失業問題。

該委員會相信鐵路於開銷外,能提出一大筆贏利以作賠償的繳付。委員會所諮詢的鐵道專家們勉強地得到了一個結論,說是要獲得贏利非將鐵道的經營權從政府手裏取出來不可。『過

去政府經營鐵道的整個精神端在爲德國實業謀利益，至於增加政府收入僅其次要者，故他們的意見以爲必須完全斷絕舊時的習慣。』

委員會提議鐵道應照公司組織來經營，與政府脫離關係。各鐵路的資產總值估爲二六〇億金馬克。此數內以一一〇億抵發第一抵押公債，利息爲百分之五，並以百分之一爲減債基金。這些債票發給協約國，把利息算做賠償的一部分繳付。在平常年度利息與基金總計可達六六〇，〇〇〇，〇〇〇〇金馬克，但在一九二四——二五，二五——二六，二六——二七諸年份，特許減少繳納。（註一）

（註一）陶斯委員會建議的數額如下：

1924—25	330,000,000	金馬克
1925—26	465,000,000	金馬克
1926—27	550,000,000	金馬克
1927—28與此後各年	660,000,000	金馬克

除一一〇億公債票外，該鐵路公司須有二十億優先股分與一三〇億普通股分的資本（合成二六〇億總資本）二十億的優先股中，應以十五億售諸私人，以供鐵路上未來的開支其餘五億的優先股與所有的普通股都歸德政府掌握。

該鐵路公司應由一董事會主持，董事十八人，其中九人由德政府與優先股的私人股東派選；此外九人則由公債票的受委託人指定，其中五人可爲德籍。

既討論預算和鐵道籌款作賠償繳付的問題以後，委員會繼卽提議從德國實業內作常年的繳付：

委員會深覺從德國實業內籌款以應賠償的公允和妥善，其數不下五十億金馬克，以抵發第一抵押公債，擔負百分之五利息並百分之一常年減債基金。此項公債票額較之大戰前德國實業的總債務爲小。那種舊債務多半已用跌價的貨幣有名無實的償付了，有的簡直是消滅了。

鑒於事實上德國國內流動資本枯竭已極，委員會建議此項實業公債票的利息第一年應完全免除，在第二年內應爲百分之二·五，第三年內爲百分之五；此後均按百分之五利息與百分之一減償基金償付。

假如上項規定完全實施，那麽德國在標準年（即第四年以後）裏總計應償付二，五○○○○○，○○○金馬克，亦即一二五，○○○，○○○金鎊。第一年裏只須從外債與鐵道公債票利息項下償付一，○○○，○○○，○○○金馬克（五○，○○○，○○○金鎊。）該款按照斯派協定（Spa Agreement）規定的比例，攤派於協約各國。

一切賠償賬下的繳付應付入發行紙幣的銀行（爲統轄德國幣制而設，）存入『賠償繳付代理人』名下。這個代理人是賠償委員會下面的一個有協調作用的官吏。他應由五個熟諳國外匯兌與金融事務的人襄助，這五人代表五個協約與參戰國。他們協同組成一個委員會，購買外匯以輸送現金於協約國，並且規定賠償繳付內用貨物交納部分的程序。

陶斯委員會又建議，爲擔保賠償的如期繳付起見，海關煙草酒精啤酒糖各稅應歸一公正的管理機關經手。該管理機關應先將條約上的繳付扣除了轉入協約國賬下，每年以餘數交於德國。

在該委員會計劃實施的第一年內，委員會以爲德國必須借一筆外債，計八○○，○○○，○○○

〇金馬克。這樣取得的款額應用於設立發行紙幣的新銀行，用於穩定幣制，並用於資助貨物的交納及德國境內佔領軍隊的消費，以及諸如此類對協約國的債務而不必運現金出國境者。

該委員會的計劃規定一個發行紙幣銀行的長官，一個鐵路的長官，一個管理國家收入的長官，和一個賠償繳付總經理。該總經理不僅應接收賠償賬下的繳款，並調度將該款輸往協約各國，並且是各長官與各副官中間的一個協調官吏，和賠償委員會與各長官間的一個中間人。賠償委員會仍保持牠在凡爾塞條約下最高權威的一切原有權力。此外還要有一個鐵路與實業兩項公債的受委托人。該總經理與受委托人俱由賠償委員會指派。照這個陶斯計劃成立的組織的各項經費，及佔領軍隊的消費，都包括在德國規定應償的年金裏面。

按照陶斯計劃，在一標準年裏，德國總共繳付之數可減免協約各國納稅人二五億金馬克（一二五，〇〇〇，〇〇〇鎊），並外加德國的繁榮指數而定的增加額。在他方面，對於德國納稅人只須擔負該繳付數的一半，其餘之數由鐵道與實業兩公債的利息供給。這種利息本身不能視為一種新的負擔，因為此數僅及德國戰前的鐵道與實業債務額的百分之三，按此項債務自大戰以來已因馬克跌價而消滅了。該委員會並不佯稱牠使德國輕而易舉，但聲稱牠使『一個本來是，也應該是，難重的負擔』（註一）變得切實而且可以忍受，而且還能很快的淸償。可是德國必須繳付的賠償數額僅抵她本來要付的內國戰債的一半，假使馬克的跌落沒有把戰債實際消滅的話。（註二）

末了，陶斯將軍在他的與報告一起送往賠償委員會的那封信裏，他稱頌他的同事們的見解，卓然獨立的思想，和高尙親愛的精神：

要是他們的工作，我如今奉上的，可以幫助你們履行你們的偉大的任務，這便是他們的祈禱，如果這點做到了，那就是他們的圓滿的報酬。（註三）

麥金那主席的第二個委員會與陶斯委員會同時報告。牠的目的是估計馬克跌價時流出的

（註一） Report of First Committee of Experts, Part I, § XIV.

（註二） 同上 Part II, § II. 協約國同時亦在償付自身之戰債計六十億（金馬克）。

（註三） 該項報告發表多次了。美國官方的抄本，連同麥金那主席的第二個委員會的報告，於一九二四年由華盛頓政府印刷所印行了。

德國資本額和使牠回來的方法。

自從休戰以來，泰半由於把紙馬克賣給外國人，德國的資本流往國外，外國的貨幣到了德人手裏。關於這點，該委員會報告道：

這是值得注意的，照這種方法取得的外國資財總計自七密略特(Milliard)（十億）至八密略特金馬克之間，此數由於馬克最後跌價的結果全部爲百萬以上曾經購進馬克信用的外國人所喪失。

這些外來資財自被德人取得之後，會用掉一部分；該委員會以爲一九二三年十二月底德國所有國外的總金額是六十七億半金馬克。此外還有外國貨幣在德國內的計約一千二百兆金馬克。

至於第二問題，即如何使輸出的資金回來，該委員會認爲方法只有一個：那就是『袪除流出運動的原因。濫發紙幣必須永久制止。』馬克一旦穩定了，信用與貿易的需要將使輸出的資本回來。

在德人掌握中的六十億或七十億外國幣制，如能汲取，可以形成一筆有用的款，從中德政府便能重新起手繳付賠償。卻是照陶斯計劃協約國後來所採取而爲德國所接受的辦法，（註一）並沒有向這筆款打主意。無疑地根據對外貿易的平常行動，外國幣制帶回到德國來了，並且有助於德國經濟的正當運用，這種正當運用爲賠償的繳付所繫。

（註一）陶斯計劃建議，除固定的數額外，德國須按照混合的指數表繳付一種變動的額數。以一九二六年至一九二九年爲根據，拿這幾年的平均數爲基礎來計算，如果鐵路運輸，對外貿易，煙的消費等等增加，那麼陶斯每年償金便隨之爲比例的增加，不過德國須保留增加的大部分，使她仍然有向前發展的原動力。

第二十六章　倫敦會議

普恩加賚老是說法國要照德國實際的繳付之數纔能比例地撤退魯爾。事實上，自從一九二三年一月十一日魯爾佔領後，德國無論現金或貨物都沒有償付法比絲毫。（註一）可是一九二四年六月一日因在普選裏擁護他的人大告失敗，普恩加賚便辭了總理之職。究竟這次失敗是由於法國選民對普恩加賚的外交政策的反動，（註二）或是由於法人對直接徵稅的顯然難犯的嫌惡，殊未可知；因爲普恩加賚終於停止用借款的方法來補足預算的政策，並且於撙節行政經費至四四〇，〇〇〇，〇〇〇法郎之多以外，又提議對賦稅作動人心目的增加。

總理之後，繼以總統。米列朗一向太明顯的贊助普恩加賚的政策，以致如今因爲輿論反對普

（註一）德政府對意大利的煤的繳付仍繼續至一九二三年八月十一日爲止。

（註二）Mr. George Glasgow 相信確因外交政策之故，見 Macdonald as Diplomatist (1924出版) p. 77.

恩加賚頗烈，只要米列朗在位一日，沒有人肯出擔任總理。有一個強幹的人物馬沙爾（François-Marsal），他確出來接事組織了一個幾小時的政府，但不能得到國會的信任票。米列朗的任期還有三年，他不能做沒有總理的總統，於是他便辭職了（一九二四年六月十一日）。六月十三日加斯東杜美格（Gaston Doumergue）被選爲法蘭西共和國第十二任總統。杜美格是一個『靠得住的』人物。他擔任過許多職務，包括總理一職在內；他自從一九一〇年以來便是參議員；他曾不聲不響的與晚近十五年來一切重要的政務發生過關係，並且沒有做錯過什麼。他的堅固的才能像愛爾伯總統（President Albert）對於德國那樣的有用於多事之秋的法國。

赫禮歐（Edouart Herriot）於六月十四日以國會大多數的信任就總理職，他是衆議院急進政團的領袖。赫禮歐是一個有文學及研究趣味的人，自一九一三年至一九一九年向爲參議員，到了那年因爲要做衆議員便辭了參議員之職。他在里昂市長任內，贏得了有效能的名譽。『赫禮歐本人是心廣體胖，不甚注意修飾，一個吸煙筒和喜歡好食品與美酒的人。他讀書很多，藏書也不少。』（註一）

赫禮歐接事時聲稱接受陶斯計劃爲他的政策之一。這一點既然也是英政府的意見，欲謀英法合作殊非難事。赫禮歐赴英的行程，預備好了。他於星期六下午抵維克多利亞火車站。他從倫敦逕乘汽車赴英首相的鄉村官邸乞坎司（Chequers），麥克唐納（像法新聞記者所記）穿着運動衣——短袴和哥爾夫短褂在那裏接待他。赫禮歐也帶了同樣的輕便衣服來，翌日就穿了和英首相在官邸的場地上散步，吸煙，在草茵上閒坐。他們前一晚上從十點鐘談到了早晨兩點鐘。赫禮歐在星期日下午回到倫敦，訪了英國無名英雄之墓，便於翌晨渡海峽回至巴黎。

倫敦發出的官報聲稱乞坎司的非正式討論啓示了英法政府間的普通的協議。並且決定了視其他協約各國政府的便利與否而定，至遲不過七月中旬在倫敦舉行一個會議；又決定了英首相與法總理應一同出席於日內瓦的國際聯盟大會的開幕。

倫敦會議於一九二四年七月十六日開幕。雖然環境不甚有成功的指望，可是有三件事是大有利於牠的。第一，牠有個完密的計劃——陶斯計劃——來討論。第二，牠不僅有美國代表們的出

（註一） New York Times, June 15, 1924, p. 3.

席，並且還有他們的樂願懇摯的合作。第三，牠只有一件事要商議；其他兩個——安全與協約國間債務——爲向來的會議裏所常有而且妨礙會議進行的問題，延至將來的會議討論。

會議在英國外交部舉行。麥克唐納膺選爲主席。想起他在大戰時期內的堅主和平的態度，他的歡迎『在大戰時與我們共同在一邊作戰的各國代表諸君』的開幕致辭，洵屬他接受已成事實的一種優雅的表示；既做了英國的首相，他就承認他本國在戰爭裏與和平裏的一切責任。他對於戰後國際交涉的按語是同等地警闢：

戰後的問題是錯雜而且很多，照天然之理我們不能常常把他們一一看個清楚。但我們每經一次意見的差異，我們每有新的證明：如果我們的勝利眞要使歐洲大國小邦都享太平，就非團結一致不可。

自大戰以來西方國際政策上最險惡的地方是牠不僅『沒有產生預期的賠償；』而且還打開了『一種迫切危機的暗慘的瞻望』。陶斯計劃的善意接受和協約各國的此次聚會造成了一個機會，這機會必須把握去『創造比較歡愉的瞻望。』一件事是必要的：陶斯委員會的報告，倘如採取必須整個接受：『我們切莫去更改他的細節，否則我們將退回到舊日意見差異的境地。』其他的題目（麥氏意指安全與協約國間債務）必須嚴摒諸討論之外：『把一問題牽連另一問題的要不得的習慣，對以往任何問題都解決不下的失敗，負有大的責任。』

一言以蔽之，真正的問題是：『我們的利益與我們的政治智慧的概念能否調和一致？』『我相信他們能夠的，』麥克唐納斷然說。他的信仰，他的退讓的辦法，他的耐勞忍苦的魄力證實了他的信念。

倫敦會議的成功人物是麥克唐納與開洛格(Kellogg)。這位美國首席代表，同時又是派到聖詹姆斯(St. James)的大使，他曾以共和黨參議員的地位，投票贊成美國加入國際聯盟的。

前此諸次會議上美國曾遣派『觀察人』出席；但這是第一次會議，在其中商酌的計劃是美國政府曾經誠摯認可而且亟欲覩其實現的。開洛格和他的同事洛更大佐(Colonel Logan)並不是正式到會的代表，但他們這次以觀察人的資格出席所包含的意義不僅止於旁觀的。該會議是『得到正式的保證：美政府很關心陶斯計劃的實行。』(註一)據一個『陶斯專家』(相信是楊格）接見柏林時報（Berliner Zeitung）記者的談話，稱陶斯計劃成功所繫的那筆貸給德國的借款，大部將於美國募集。（註二）

該會的工作像其他許多會議一樣，委員會的工作多，全體會議的工作少。列強在各委員會都有代表參與，委員會計有三個（關於制裁，德國財政與經濟的統一，和賠償繳付的移轉。）各小國——希臘，葡萄牙，羅馬尼亞，和巨哥斯拉夫——一共在每個委員會裏只有兩個代表，不比每個強國都有三四個代表。

舌戰是在第一個委員會裏發生的，該會職在考查德國故不履行的制裁問題。為德國籌措一筆協約國間借款的可能與否，須視這個問題的解決；而整個陶斯計劃的成功又繫於這一筆借款。如果賠償委員會裏面有了法主席的表決投票，始終惟法方的意見是從，能夠宣告德國故不履行；再者，如果法國按照凡爾塞條約第八部附約二的第十八款能夠採取單獨行動並且實施制裁，那

（註一） New York Times, July 1924, p. 12.

（註二） 同上，p. 1.

麼沒有一個投資家願借一文錢與德國，因爲他們沒有保證再佔領魯爾時，不會驅德國入於絕境。赫禮歐已許下法國議會，謂在倫敦會議上，法國的凡爾塞條約權利不會減少的。因此有名的凡爾塞條約第八部附約二第十八款不能有所改變。法國保持她在侵入魯爾時所實施的單獨干涉的權利。那麼實行陶斯計劃（包括那筆國際借款）的眞關鍵分明是在賠償委員會。如果這個仍有職責宣布德國任何種不履行的機關繼續在法國控制之下，那麼各國的投資者決不肯冒險借款給德國的。當然，要是美國能按照凡爾塞條約原議派一代表到賠償委員會，該會的形勢就完全不同了。如今在這種僵局裏看來毫無出路，直到制裁委員會在第一次開會時，開洛格的同事洛更大佐被問到，若是一個故不履行的問題要待決定時，美政府肯否派一代表出席於賠償委員會。

這使該委員會裏的法國總代表白勒地 M. de la Peretti de la Rocca 吃了一驚，他（洛根）立刻答道他的政府對此事不致反對這種宣言是戰後諸會議裏最有劇情的事端之一。（註一）

（註一） Glasgow, Macdonald as Diplomatist, p. 157.

除掉得到一個美國代表的大勝利之外，該制裁委員會又能議定任何德國的富源凡保證擬募之借款者，對於『凡因實施制裁而發生的任何富源』應有絕對的優先權。牠又規定假如有不履行時，關係各國政府應會同商議應採的制裁的性質。因此按照附約二第十八款的法國單獨干涉的形勢無論如何是太太的減少了。（註一）

據說自從倫敦會議接受了制裁的各條款後，『德國覺得很驚慌，威廉街（德政府所在地。）為之震動』（註二）只有國家黨是欣喜的。他們以為這樣一來，會議草約將為德國人民所拒絕，他們就能推翻麥克斯的政府。（註三）可是倫敦的外交空氣繼續有進步。七月十九日美國國務卿休士蒞臨出席英美律師協會。他堅稱此來純屬私人性質，全無官場作用，但他竟至聲稱『美國輿論非常贊同原定的陶斯計劃。』

（註一）Le Temps, July 19, 1924.

（註二）New York Times, July 20, 1924, p. 1.

（註三）New York Times.

七月二十八日會議差不多到了悲境，因爲要負責發行那筆國際借款的全部或大部分的英美銀行家，他們認爲如果故不履行的決議與隨後的制裁繼續籠罩着德國，德國不能爲該借款提供適當的擔保。比首相兼該會議代表的採尼斯的一切坦白的建議，和開洛格與洛更的一切聰明的言語，都不足以解除這困難。再者，赫禮歐在巴黎的地位是很不穩固的，但是他勇敢地不放鬆他在倫敦的工作。終於在八月二日得到了一個協議，可以滿足銀行家們的疑慮。新的方式是如果賠償委員會僅以多數表決宣告德國故不履行，少數能向一個公斷委員會上訴。這個公斷委員會由賠償委員會全體一致通過委派，任期爲五年，如果得不到全體一致，那麽就由海牙國際永久法庭庭長委派。一切都準備了以待被邀蒞會的德政府代表們前來。法國巴黎的時報(Temps)在一篇明達的社論裏否定柏林傳來的驚人的謠言，並稱德國的政治與經濟情形是充分地良好，不致於引起德國代表們的膽怯或是不安。(註一) 這種話也可以拿來說倫敦的情形。

德總理麥克斯，外交部長斯脫拉斯孟，和財政部長路德於八月五日晨抵倫敦。他們是里子

(註一) Le Temps, Aug. 4, 1924.

(Ritz)旅館裏的英政府的客人。正午會議在英外部聚集，德國代表們出席，麥克唐納向德人作了一篇客氣的但是堅決的演說。『本會議的唯一業務，』他說，『是討論施行專家報告而起的事件，我以主席地位必須約束本會注意於這一點。』麥克斯的答覆頗蒙稱善，因爲他沒有提及戰爭禍首的問題。他是一個有數的德國政治家，雖在最微妙的談判裏能不談到這個問題的。

法比兩國政府允諾把一切『魯爾』的囚犯，除非犯殺人和同盟罷工毀壞財物罪的，都宣告大赦。關於軍隊撤退問題，以及法比鐵道人員的僱用，認爲這些問題不在陶斯報告之內，所以不在倫敦會議的範圍以內。他們必須由德國與法比直接交涉處置。德人同意了。據說美國務卿休士，他的私人旅行從倫敦推廣到了柏林，他竟越出了他慣有的緘默，告訴德國領袖們說倫敦會議是他們最後的機會。(註一)

八月九日，星期六，法國有一個內閣危機。赫禮歐已赴巴黎與他的同僚會晤，徵求他們的同意，尤其是陸軍部長諾爾列特將軍(General Nollet)，關於十二個月內魯爾撤兵的同意。『諾爾

(註一) New York Times, Aug. 7, 1924, p. 1.

列特將軍的約制，助以福煦元帥慣常的溫和中庸，挽回了一個內閣的危機和該危機必然造成的倫敦會議的破裂。』（註一）『倫敦會議繼續，』法國時報得意地宣稱。（註二）

德國代表們依然希望達到魯爾立即撤兵，據說德國人民的輿論現狀不准他們代表在這點上作任何讓步。德國國家主義派在國會裏用和平辦法或用苦迭打，不但常有推翻麥克斯的政府的機會，並且實在很有可能。據說愛爾伯總統個人出來干涉，警告德國各政黨說是赫禮歐政府在巴黎立定或推倒全在一個十二月撤兵期的問題上面。赫禮歐的推倒無異是法國國家主義派的勝利，與普恩加賚的回來。（註三）這種前途，他們一旦認清了，分明足以使德國各黨同意赫禮歐的十二個月期間。赫禮歐在他的方面放棄法方保持法國人員於萊因鐵路上的要求（比利時也允撤退他的鐵路人員）在這些條件上，麥克斯纔能於八月十六日簽字在倫敦草約和牠的附約上面。

（註一） Glasgow Macdonald as Diplomatist, p. 173.

（註二） Le Temps. Aug. 11, 1924.

（註三） New York Times, Aug. 16, 1924, p. 3.

馬克唐納在末次全體會議上說，『我們供獻的是大戰以來第一次眞正商就的協定。』這位英首相主持倫敦會議的那種技術，忍耐，堅定，圓通，宜受很高的讚譽。倫敦會議是他的一生的高峯，他應享不朽的高名；爲了這椿良好的工作，他犧牲了許多別的利益，並且讓他的政府的政策走入危險的路中。但是倫敦的磋商矗立於一切錯誤之上，並且把他與偉大的和事老，那些自從中世紀結束以來建起歐洲局面的公會政治家，並列同稱。

會議的協約包括一個草約和四個附約。草約列舉派有代表出席倫敦會議的各國——比利時，大英帝國，法蘭西，希臘，意大利，日本，葡萄牙，羅馬尼亞，巨哥斯拉夫，和德國，——會同受有特別規定的權限的美國的代表們』。賠償委員會的代表們亦到會。沒有實際的條約，但這草約登記了一個有約束力的協議，等於一個條約，牠要實施專家們的計劃。

這草約結束了大戰以來最成功的會議。美國大使開洛格在一篇最後的演說裏宣布他的信心說『賠償的解決，國家財政的調整，和德國的恢復，是歐洲明日興旺的根本』。（註一）他看重該

（註一）Proceedings of the London Reparations Conference, July and August, 1924 (Cmd. 2270 of 1924), pp. 97—8. 此項英國議會文書 (Parlimentary Paper) 包含有最後草約，各附約及其他公文。

會議的另一個特質：『把解決國際爭執付諸公斷的原則之承認和推廣。』

第二十七章　俄羅斯

任何國家不能無行政官吏，任何國家不能無外交關係。俄國一九一七年的波爾雪維克革命凌亂了沙皇的文官制度，毀壞了俄國與其他各國的交際。這兩件事是必須恢復的。行政系統並沒有完全毀壞。公務人員除非是兇狠地被驅逐，總是留在他們的衙門裏處理他們的平靜的工作的。所以，如法國幾次革命發生的情形一樣，在一九一八年與一九一九年的革命月份裏，始終有一批熟練的僚佐聽受抓到政權的那輩人的命令，執行各機關的事務。處理公務常規的方法沒有改變過，那些新部長或『人民委員』自然去適應那原有的辦公技術。不僅是下級的僚佐們留在他們的公事桌旁邊；在每一機關裏有些地位很高的官吏，也與新統治相切合。因此，如外交部或軍政部的組織雖在蘇維埃的下面，但與舊日在沙皇的下面並不像預想那樣的不同：全體人員只有部分的更換；可是效能的標準大大減低了，原因是引用了因政治關係得到位置的不相宜的人物。

如果外交部是立卽改組了，國際關係卻並不這樣容易回復。蘇維埃政府曾宣言階級鬭爭的存在；牠曾聲明牠對世界革命的同情牠並且否認了俄羅斯一切的國際條約，政治的或金融的。明顯的，牠一天抱着這些見解，牠一天不能進到通常的國際關係。可是一個國家要沒有外交關係而生存，比之一個人要沒有社會關係而生存，差不多同樣的不容易。在實際上，假如不在原則上，蘇維埃政府漸漸地自安於承認其他歐洲各國的現存尋常的制度的必要，並且自安於遵照國際禮儀的公認習慣來處理牠的國際事務。

可是在俄國能夠進到常態的國際關係以前，牠顯然有停止內戰的必要，特別因爲知道外國政府是在援助內戰裏的反革命勢力。

在巴黎和平會議上曾擬使俄國所有的各派聯做一起。反波爾雪維克的派別早已有他們的代表在巴黎。路易喬治提議邀請蘇維埃政府的代表前來可是又慮他們到巴黎不合適。於是就選了馬爾摩拉海裏一個小島名普林基樸（Prinkipo）爲集會地。請帖於一九一九年一月二十二日發出了，並且用無線電傳播到莫斯科。當時在巴黎的人，大家應記得這個提議引起的騷動。但是牠沒有結果、蘇維埃政府準備莅會，但以列強允許『不干涉俄國的內政』為條件；（註一）然而反波爾雪維克各派不願意，並且事實上法國政府也不願意。

可是不久之後，另一顆星，顯然有光明的希望之星，升起了又降落。這便是威廉布立提的使命。布立提是主持美國和平代表團的情報的一個新聞記者。一九一九年二月二十二日他由藍辛派往俄國，耽擱了一星期。（註二）布立提取得了蘇維埃政府對協約國條件的接受回來，這是外交部人民委員其克林和他的助理李維諾夫（Litvinov）代表政府允許的。主要的條件是承認舊俄帝國對外國的金融債務。此外還有關於大赦政治犯，及關於通過舊俄羅斯帝國各部的權利之條件。其中關於外債的擔任顯然是最重要的，因為否認了這些契約，所以蘇維埃政府纔和歐洲割斷了，纔和一切契約的關係割斷了。

（註一）History of the Peace Conference VI, 313.

（註二）The Bulitt Mission, Testimony before the Committee on Foreign Relations, United States Senate (New York, 1919).

蘇維埃政府對牠的這樣讓步附帶有一個條件，就是，必須在四月十日前接受他們。布立提回到巴黎時，他起初頗受路易喬治和霍司大佐的鼓勵，但不久就冷淡了，最後蘇維埃的條件終成了陳蹟。布立提把這個結果歸之於科爾札克（Admiral Koltchak）主持的渥姆斯克（Omsk）政府的軍隊突然挺進了一百英里；農民起來反抗蘇維埃，波爾雪維克人的末日似乎將臨了。

蘇維埃不難與東方的隣居，士耳其，波斯，阿富汗，中國規復外交的關係。蘇維埃割了卡爾司（Kars），阿達汗（Ardahan）給士耳其，保持了巴士姆（Batoum）；並且允許取消投降條約。中國人很高與於蘇維埃之允許廢除治外法權。蘇維埃在東方極力宣傳共產主義。

與西方文明各國，蘇維埃很少進展，除了在一九二二年商訂了拉派洛條約的德國以外。美政府不願理會一個不守契約的政府，因爲契約是一切文明生活的基礎。法國想到承認一個共產主義政府後可能的社會影響，深覺不安。可是英國她大感戰後貿易蕭條的痛苦，至少急想和俄國通商。

因此在一九二一年三月十六日，英國政府和蘇維埃政府便訂了一個通商條約。在弁言裏蘇維埃擔任不作『任何企圖或爲軍事的或爲外交的或任何其他形式的行動或宣傳，以鼓勵亞洲的任何民族作反對英國利益或大英帝國的任何形式的敵對行動，特別在印度和阿富汗獨立國。』按照該約第一條，雙方都允『除去以往加於英俄間通商的回復之一切障礙。』（註一）

這條約有的是失望的結果。牠可以宣告除去貿易的障礙，但牠未能除去一切障礙中間最大的障礙，就是，俄國所有的對外貿易不論進出口都須由蘇維埃對外貿易委員經手。英政府又懷怨東方民族間的反英的共產宣傳沒有停止。

不列顚和蘇維埃政府發覺他們間的來往益見困難，因爲蘇維埃沒有遵守外交上的普通禮貌。一九二三年三月三十日英政府用非常溫和的文字申請蘇維埃政府輕免俄國羅馬天主教總牧師波克維基（Monseigneur Butkevitch）的死刑。類此的干預在文明國間發生過不少次，而且是不認爲越出國際禮儀的範圍的。

（註一） 該約由英國 Sir Robert Horne 與俄國 L. Krassin 所簽，全文見 Parlimentary Papers, Cmd. 1207 of 1921.

蘇維埃政府的答覆是一個通牒，具名的是『維斯坦因』“G. Weinstein”（一九二三年，三月三十一日）內稱英國的申請是『一個不友誼的舉動並且是被俄國人民曾經勝利地排斥的干涉政策的重演。』維斯坦因又覺得『須提起』接到愛爾蘭共和國一個有關的消息，云及『英政府的僞善的干涉，對於愛爾蘭政治犯的被暗殺須負責任，在那裏因爲英國的主使，男婦和少女受野蠻及非人的待遇者有一萬四千人，同時因爲英國的控制電訊，使文明世界無從知道這些獸行暴舉的駭人聽聞的詳細事實。』

維斯坦因的末了一節是這樣：

如果考慮到類同的事實發生於不列顚治下的印度與埃及，那麼對於這種假名於人道與神聖的申請似難令人信服。

英國駐莫斯科的代表霍格生（R. M. Hodgson）翌日（一九二三，四月一日）的答覆是：

『我良以爲歉，閣下署名的三月三十一日的通牒，按其現有形式，我不能接受。』維斯坦因又覆一通牒：

職掌外交的人民委員以爲憾者卽閣下認前請轉致貴政府的通牒爲不能轉致，故惟有另尋他法以其內容告知英政府耳。

蘇維埃政府隨卽將該通訊公布了。

這種侮辱行爲的堅持引起厥重爵士草了一個覺書（一九二三年五月二日），授命霍格生讀給其克林或李維諾夫或加拉罕（M. Karakhan）（主要的人民委員）聽。這覺書，用了厥重爵士擅長的寬大服人的文格，細述近二年來蘇維埃政府破壞商約的種種行動，諸如反英的宣傳和對於英國的人民的暴行。至於維斯坦因的通牒，據厥重爵士說，不過是『在許多深思熟慮的侮辱裏』最近的一端，英國政府不能不要求（一）否認反英宣傳的行爲與代理人；（二）賠償受非法待遇的英國人民與船隻，（三）『明白收回維斯坦因具名的兩個通牒。』英國政府『不希望也不願意加入一種長時期的和有惡化可能的爭論』，故特知照必須在十天之內接受這些要求，否則商約卽告終止。（註一）

（註一）維斯坦因諸通牒與厥重覺書俱載於 Parlimentary Papers 1869 of 1923,(Russia. No. 2).

實際上這哀的美敦書的時間是延長了，因爲關於網魚船的三英里限度問題，以及關於犯反英宣傳罪的官吏問題，有些錯雜糾紛之點發生。可是在六月九日（一九二三年）的一個通牒裏蘇維埃政府終於順從了英國的要求。維斯坦因與他的著名通牒不再現於外交的幕上了。在後來的交涉裏，蘇維埃政府的函件都寫得很不錯，措詞明白謙遜，並且合於外交的文字。（註一）

蘇俄這時候在名義上與英，法，意是在一種交戰的狀態裏：換句話說，這三國與俄羅斯沒有訂過確定的和平條約，而且他們也沒有承認蘇維埃是合法的俄羅斯政府。或許確定的和平條約是無須的，因爲戰鬬已經停止了，並且事實上也沒有對俄宣戰過。如果西方列強承認蘇維埃政府，便可結束這種反常的國際關係情形。蘇維埃曾自行設法使牠的地位入於常規。一九二一那年俄羅斯發生飢荒（大半爲共產黨充公和反對私有財產的政策所造成，）蘇維埃便定下了新經濟政策；就是，牠『恢復了私有貿易，私有小營業，及大營業的讓與和租借。』（註二）大約同時蘇維埃又

（註一） Parlimentary Papers 1890 of 1923 (Russia No. 4)

（註二） 其克林一九二一年十月二十九日致脈莊通牒，載 Parlimentary Papers, Cmd. 1546 of 1921 (Russia No. 3)

宣稱『俄羅斯政府聲明準備承認一九一四年以前沙皇政府所欠其他國家與其國民的國債，但應有特殊的條件與便利俾能實行此事。』這宣言是於一九二一年十月二十九日發的。（註一）

一九二四年二月一日，秉政的英工黨政府首相兼外交部長麥克唐納用電報拍一通牒往莫斯科承認U.S.S.R.（蘇維埃社會主義聯邦共和國）爲『舊俄羅斯帝國所轄並認從其權威的土地的合法統治者。』在該牒內，英政府邀蘇維埃社會主義聯邦共和國派一代表至倫敦起草一個完全條約的預備基礎。這個請帖被接受了，會議於一九二四年四月十四日在倫敦舉行。

主持倫敦磋商的是英國外交次長潘森比（Arthur Ponsonby）和蘇維埃社會主義聯邦共和國中央執行委員會主席委員拉可夫斯基（M. Christian Rakovski）。經過很長久和困惱的談判，以及國會裏工黨議員們的不少干預之後，兩份草約（一份總約和一份商約）終於在一九二四年八月八日簽了字，可是仍得聽候批准。

（註一）其克林一九二一年十月二十九日致脈重通牒，載 Parlimentary Papers, Cmd. 1546 of 1921 (Russia No. 3)

這些條約從未見諸實行，但是在外交史上是很可注意的。以麥克唐納那樣最審愼守正的人，並且處處是他本國外交關係的光榮的保護者，他又是忙於德國賠償的偉大倫敦會議，他竟會把俄國談判交給他部裏那輩空言理論昧於事實的人主持，那是出於故意，可想而知。結果是一個奇奇怪怪的條約，麥克唐納的名字雖然列在潘森比之前，算是第一全權，但他並沒有主持其事。即使麥克唐納沒有參加，這條約的形式和條款依然是不可解釋的。外交部的官吏諒必經潘森比邀同參預草訂。如果有他們參預，這草約如何能經過他們手裏而仍照最後印出的形式發出，眞是莫名其妙。

且說那總約有一個最不平常的弁言：『大不列顚與北愛爾蘭爲一方，蘇維埃社會主義聯邦共和國爲一方。』英王的尊號略去了，據推測的說法，算是對於蘇維埃情感上一種讓步。首相麥克唐納後來聲稱弁言中王號的略去，是因爲這是與一個無單一元首的政府訂約的通常形式，麥克唐納諒必誤聽人言了。美國的締結條約權並不在一個單一元首，而在總統和參議院。然而英美條約的弁言是這樣開頭的：『大不列顚與愛爾蘭聯合王國的君王陛下和美利堅合衆國。』

第二個奇異之點是蘇維埃政府一邊承認俄羅斯帝國借款與市政借款的英國債主的權益同時英政府也准許蘇維埃有反要求，其根據是大戰期內波爾雪維克革命後英國之干涉俄羅斯。這無異是英政府承認了『間接的要求』"Indirect Claims"，這種間接的要求可以差不多無限制的。大家都知道波爾雪維克人開出戰費的估計，數目大過於他們曾經否認的應付的帝國借款。

無論怎樣，那項交回英國公債持票人的金錢，惟有出諸另一筆英國借於俄國的債款，按該草約第十二條英政府允勸國會擔保該款。

那個通商草約也有牠的潛伏的危險。第一條內稱『鑒於蘇維埃社會主義聯邦共和國對外貿易之權獨屬於其政府，』俄國貿易代表團的人員應視爲蘇俄聯邦大使館的人員，應享受完滿的外交特權與免除權。這樣說來瑞士聯邦鐵道的官吏在倫敦也有同樣的理由，取得外交免除權了。

第十九條承認蘇維埃政府保留牠全部海岸貿易於俄國船隻的權利。既然，沒有規定地理的限制，這條約分明使蘇維埃政府能阻止英船貿易於亞更吉爾（Arkangel）和巴士姆之間，這兩個都是俄國海岸的商埠，雖然整個北海，地中海，和黑海隔在他們中間。（註一）

自那些草約在一九二四年八月印行之後，輿論繼續不斷的反對。自由與保守兩黨都反對，這兩黨要是一致合作，可在議會裏佔多數。一九二四年十月九日，議會解散了。十月二十九日舉行普通選舉。

自保守黨以大多數回到議會後，新外交部長張伯倫在一九二四年十一月二十一日的一個通牒裏聲明英政府不能將俄約推薦於國會。

除大不列顛外，意大利也在一九二四年裏承認了蘇維埃政府，繼之以法蘭西，斯坎丁那維亞諸國，奥國，捷克斯洛伐克，匈牙利，與希臘。（註二）

（註一）總約與商約的條文俱載於 Parlimentary Papers, Cmd. 2215 and 2216 of 1924.

（註二）閱 Toynbee, Survey of International Affairs, 1924, pp. 260—1.

第二十八章　土耳其的復興

土耳其人一簽了麻特羅斯休戰條約（一九一八年十月三十日），便聽憑協約國來處置他們自己。韃靼尼爾和博斯福拉斯礮台交了給協約國軍隊；全個土耳其軍隊，除了爲衞戍邊疆和維持國內秩序必需者外，概須解散。休戰條約簽字之後，協約各國的戰艦駛經韃靼尼爾海峽，拋錨於君士坦丁外面。（註一）

協約國官場中一般認定土耳其政府勢必離開君士坦丁。路易喬治的著名宣言（一九一八年一月五日）——『我們作戰也不是爲要對土耳其褫去牠的首都或是小亞細亞與慈乃斯(Thrace)富沃馳名之地』——是有條件的一種獻議，要土耳其於該時該地停止對協約國作戰。

（註一）該城本身直到一九二〇年三月十六日纔由協約國軍隊佔據。閱 Grinnell Mears, Modern Turkey (1924) p. 631; Select Document No. 19.

既然堅持作戰到一九一八年十月，土耳其人已經放棄了對那個約言的任何要求。困難之點在於找一個所有協約各國都能信託的佔領者。無疑的，英國可以證明是一個忠實的佔領者，但是要望別的協約國對這個解決稍加考慮，卻談也談不到。俄羅斯的波爾雪維克政府已宣言放棄沙皇條約裏的一切權利，不會接受君士坦丁，就是協約國也毫無把此地獻給牠的意思。那個把君士坦丁許給俄國的一九一五年三月的協定仍然是有效的。協約國仍然相信波爾雪維克政府也許會顛覆，有一個復起的俄羅斯的『布爾喬』政府能出來要求履行一九一五年的信約。如果這點落空，也許那人人相信的美國可以勸令接受君士坦丁的委託統治。『我們不能解決土耳其，除非我們知道了美國擬採的行動，』一九一九年九月十七日路易喬治在歇非爾特（Sheffield）如此說道。時光這樣奔去。

君士坦丁這問題，普恩加賫寫道，走的一條路徑簡直是來了••••，去了••••，又去了復返。畢勳(M. Pichon)在外交部長任內準備了一個『非常的備忘錄』，申說，據他所見，協約國應留蘇丹在君士坦丁的理由。克利孟梭挾着這個備忘錄做武器，跑到倫敦和路易喬治商議，堅持這個提議。可是路易喬治決然主張驅逐。亟欲遷就英方的意見，克利孟梭乃退而贊成『他的熱烈精幹的對手，』因此當他回巴黎時，留下了法外交部一個重要官吏在倫敦，這位官吏是截然反對維持土耳其於歐洲的。到了巴黎，克利孟梭經過進一步的研究，又回到畢勳的結論上去，並且『以新生的元氣』主張維持蘇丹於君士坦丁。湊巧路易喬治也給他本國內的幾個顧問改變了信仰，如今在下議院裏『以最有光彩的議論』贊助克利孟梭在倫敦主張過的，而且他曾經勸過克利孟梭無論如何暫行放棄的，那個見解。（註一）

既經決定蘇丹應該留在君士坦丁，又知道如今美國不肯接受委託統治，協約國於是能夠在比較簡單的路線上與土耳其議訂最後的和約。但是土耳其人，他們有的是眼睛和耳朵，已知道協約國對土耳其問題並不十分一致，所以他們開始用他們的老辦法，閃爍規避，希望獲得有價值的讓步。』也許是爲了遏制這種趨向起見，而有二月（一九二〇年）底英軍在君士坦丁登陸之舉，再有三月十六日米恩將軍（General Milne）統率協約國軍隊正式佔領陸軍部和海軍部以

（註一）R. Poincaré, 見 Revue des Deux Mondes, March 15, 1920, p. 478.

及市政府。

協約國允許蘇丹留在君士坦丁的決議，在一九二〇年二月底之前已經公佈。多遷延和多變化的政策給了蘇丹政府在談判裏相當的利益，可是牠終休想有良好便宜的條件。和平條約最後於一九二〇年八月十日在薩佛（Sèvres）簽了字。（註一）

像牠在一九二〇年那樣的力竭崩倒，無主意，土耳其的復興眞是歷史上一件奇聞，不愧爲土耳其人民的元氣和他們的政治家的能力之一椿明證。這位政治家是瑪斯他法基瑪耳。當蘇丹的大臣們正駑弱地在巴黎談判，協約國的軍艦正耀武於君士坦丁的時候，基瑪耳是在黑海濱的安實盧（Erzeroum）。

這位非常人物是一個沙隆尼加（Salonika）的土耳其人。他於一九〇〇年畢業於君士坦丁的軍事學校，較他的勁敵恩佛帕夏（Enver Pasha）遲二年。既在巴爾幹戰爭裏露了頭角，他就被任命去統率守衞加里波立（Gallipoli）的一師兵，立下了大大的名聲。大戰將終時，他是土耳

（註一）薩佛條約的條款見本書第十八章。

其與同盟國接洽的委員，設大本營於君士坦丁。他曾主張土耳其與協約國趁早磋商和平。自然，休戰以後，他的名譽日隆，而恩佛則因粗莽崛強招致土耳其在麻特羅斯之降服，以致名譽日削。恩佛冒險前往高加索，後來死於土耳其斯坦某次眞相不明的革命裏。基瑪耳被大丞相勿立特帕夏 (Ferid Pasha) 因公派往安拉托里亞 (Anatolia)。不聽統率協約國軍隊於君士坦丁的米恩將軍之勸，基瑪耳和一批精選的僚屬，凡四十二個土耳其軍官被派往小亞細亞。（註一）所以當恩佛東行赴死之日，正基瑪耳起程取天下之時。他如今握有第三軍巡閱使的職務，至少也是擁有這個名義（因爲沒有什麼事可作。）這時正是土耳其命運最惡劣的時候。希臘政府與亞美尼亞國的政府好像已訂了瓜分黑海上土耳其領土的協定。（註二）希臘軍隊爲要取得牠所要求的斯滿拉州 (Smyrna) 起見，五月裏在斯滿拉登了陸，差不多如入無人之境的正在佔領這地方。這種在亞洲大陸上的戰事的重演激起了公憤，燃燒了回教徒的心。基瑪耳利用這種情緒，邀了安拉托里

（註一） Mustafa Kemal, H. G. B. 所撰見 ContemPorary Review, Nov. 1922, p. 590tf.

（註二） Revue des Deux Mondes, Feb., 1922, p. 551.

亞的縉紳和教中名人聚集開會。他們於一九一九年九月至十月間在西拉司地方集會，拍了一個長電給君士坦丁的蘇丹政府。在這個電報（實在是哀的美敦書）裏，該會否認割讓任何土耳其的領土：牠後來著稱為國民公約。（註一）

要是這電報得不到一個滿意的答覆，該會勢必迫於自行採取御侮的方法。沒有接到答覆，至少沒有接到滿意的答覆。基瑪耳於是命令東小亞細亞各省一律選舉代表，開一個國民會議。土耳其的官兵監視各處的選舉。基督教徒不參加投票。君士坦丁協約國軍隊的登陸和米恩將軍宣布佔領該城的消息傳來，益發燃起安拉托里亞土耳其人的愛國心。國民大會就在這樣的環境裏選出來的。牠於一九二〇年四月二十三日，在安哥拉（Angora）地方開幕。這地方後成為土耳其的國都。

國民大會必須着手的第一件事是組織政府。因此就任命了一個內閣，以基瑪耳為之長。安哥

（註一）國公民約的日期通常均作一九二〇年一月二十八日，這天蘇丹在君士坦丁召集的下議院也採取了牠這個議院的議員，後來大部分到安哥拉加入那裏的國家黨去了。

拉和君士坦丁的裂痕擴大了，前者是自由和獨立的在濯濯的邱山之中，後者是被看守在協約國森森的鎗刺之下。安哥拉，不用說得早已自視爲對斯滿拉州裏的希臘人在開戰。反對希臘軍的戰爭組織起來了。基瑪耳起初利用原有的不整齊的隊伍，並且組織了別的隊伍；逐漸的，在這些隊伍後面他又造成了一個常備軍，軍官很好，很有訓練。軍火器械都購自歐洲。安哥拉政府好像從不缺少款項；很明顯的，安哥拉的金錢可以在歐洲大陸上購買器械的國家不僅俄羅斯一國。

一九二一年初，安哥拉政府派了培基爾、沙米 (Bekir Sami Bey) 赴倫敦會議，但不能締訂與國民公約規定的範圍相符合的任何協約，也不能稍使安哥拉滿意（一九二一年五月。）希軍的長驅，雖然被擋住於飲哀魯 (Inn-Ennu)，但是在一九二一年的上半年裏始終可說是大獲全勝，直到沙卡利亞河 (R. Sakaria) 爲止。在這裏，離安哥拉約二百英哩，希臘軍隊被打住了。基瑪耳軍做了一次很好的防禦；希臘方面因遠出根據地外，漸感軍械的缺乏。

一九二一年三月十六日蘇維埃政府和安哥拉政府間在莫斯科簽了一個同盟條約。

這時候，生活在安哥拉度過去，不完全是恬靜的，卻也沒有嚴重的阻擾。這是一個瘠小的城鎮，其著名處端在古羅馬帝國的一種光榮的遺蹟，就是一塊碑，叫做 Monumentum Ancyranum，上面有奧格斯他大帝（Emperor Augustus）刻着他的治績。國民大會開會時，常是慷慨激昂，人聲漕雜的。每當這位少年將軍（基瑪耳年僅四十）登場的時候，鼓噪之聲加倍。小小的身裁，整潔，玲瓏，捲角的鬍鬚和向後梳的整齊的頭髮，瑪斯他法基瑪耳看起來正是恩佛一流的標準士耳其軍官。但是每當他開始演說的時候，人們中的領袖頓時出現了。起頭是靜靜的，用一種低音的調子，他立刻抓到了會場的視聽。轉瞬間他的聲音提高了，他的言語加快，他的感情迸爲火花，於是整個大會着了火『歡呼這位民族英雄』。（註一）

士耳其的老官吏接受安哥拉統治。衙門組織了，悉如君士坦丁的大機關：外交部，軍政部，財政部，公債部，煙草局，一個渥托孟銀行。小亞細亞的國賦收存了，此項收據則送往名義上仍是最高無上的君士坦丁政府。外國人爲安哥拉服務並且給與技術的幫助，特別是在軍事組織方面——俄羅斯，保加利亞，和德意志的軍官。內地天天有募兵來到；士兵塡塞街巷。那裏有一種熱誠，希望，愛國

（註一）Pernot, Revue des Deux Mondes, Feb. 1. 1922, p. 567.

的空氣，使法國的觀察者回想到在國民會議時候的巴黎歷史。

安拉托里亞的國民運動如今是一樁必須承認的事。法政府是西洋列強中首先對這事立下決心的。法國參議院外交關係委員會主席法朗克林、蒲朗（Franklin-Bouillon）負了使命往安哥拉，於是有一九二一年十月二十日的協約的成立。（註一）英法兩國政府俱已在同年八月十三日宣布對當時的希土戰爭守中立；可是英國對希臘是好意的中立。法國的中立如今是有利於土耳其的。可是照刊布的法朗克林、蒲朗協約，其中並沒有包含法國援助的任何約言。牠全部都是關於敍里亞與西里西亞間的法土邊界，和由此而起的問題。（註二）

一九二二這年給了安哥拉非常的幸運，同時給了希臘昏倒的災難：這年實在是被稱爲希臘全部現代史上最不幸的一年。（註三）列強曾屢次設法調停希土戰爭，但這種努力因希臘撤退斯

（註一）法國按照一九二一年三月二十六日的協定，已與定哥拉政府劃定敍里亞的邊疆。

（註二）全文載 L' Europe Nouvelle, Nov. 5, 1921.

（註三）Annual Register, 1922, p. 210.

滿拉的問題而失敗了。

七月二十九日，希臘政府採取那種可能引起協約國反對安哥拉的最後的步驟。牠宣布有佔領君士坦丁的意思。

二萬五千希臘兵果然在馬摩拉海北岸的羅多斯托（Rodosto）上了岸。可是盤踞君士坦丁的協約各國在公道上不能拒絕安哥拉當局單放進希臘進來。經協約國警告謂嚴重的結果將隨佔領君士坦丁而起後，希臘政府便停止了。

一九二二年八月二十六日這天，一拳打了下來。基瑪耳的國家主義軍隊對阿非姆卡拉希沙（Afium Karahissar）附近的希軍陣線開始總攻擊。戰場逐漸展開得很廣。在兩星期內，節節失利的希臘軍陷入紛擾之中。先是總退卻，迅速地變成潰敗。一個驚呆了的歐洲突然發覺希臘方面是不可挽回地失敗了，而勝利的土軍正在掃蕩希人入海，還有一部分土軍正長驅直奔君士坦丁對岸的非戰區域（Demilitarised Zones）。

阿非姆卡拉希沙的一戰，對於欲囊括一切說希臘話地方的大希臘的願望是一個制命傷。土耳其軍隊於九月九日進斯滿拉，成千累萬的希臘農夫以及敗遁的希軍在他們前面逃跑。這城市的大部份是燒了。協約各國以及希臘政府派出的船隻裝載了逃難的人民。他們被載至沙隆里加和其他埠頭，廣大的收容所臨時在那裏築了起來。康斯坦丁王的政府站不住阿非姆卡拉希沙慘敗所致的恥辱。一個軍事暴動（或稱 Pronunciamento）迫得他於九月二十七日退位了（第二次。）兩個月後他的五位大臣和陸軍總司令由一個革命委員會下令審訊並且執行鎗決。

這時候另一戰雲陡然彌漫於歐洲之上。勝利的土軍於九月九日進了斯滿拉幾天之後，自恃得了勝，相信他們是天下無敵的（東方人在勝利後往往如此，）他們迫近了加里波利半島對面在察拉克（Chanak）附近的中立區域，這是協約國軍隊按照薩佛條約佔據着的。英政府的見解是：海峽的自由不惜任何犧牲是要保持的。九月十六日英國泰晤時報能够載稱英，法，意對這點均已同意。但海峽的自由，據英政府解釋，含有必須遵重非戰區域中立之意；這就是說，必須不准土軍進入這些區域。如果土耳其人擬犯這些區域，法意兩國政府並不準備有所行動的。

九月十五日，據說土耳其軍隊是極近察拉克區域了。如果他們經過這區域遇到抵抗，便會發生戰爭。歐戰餘生疲疲不堪的歐洲人民，他們消極地希望至少一百年內不再有戰爭——難道他們的政治家能夠叫他們在近東再捲入新的戰事麼？

在另一方面，土耳其軍勢的重振，希臘兵一蹶不振的潰敗，已減低了歐洲的威望。全個亞細亞激動如沸。如果土耳其人向歐洲挑戰，毫無阻擋的進了非戰區域，一種叛亂的新潮流或將由此開始；近東的歐洲勢力或將於焉告終。一個更直接的結果或許是君士坦丁的基督教徒的屠殺。據說在土軍進斯滿拉後的凌亂焚燒中死了十二萬人。（註一）

路易喬治對於他眼前的可怕的路徑倒不畏縮。如果協約國對近東的政策自從薩佛條約以來一向是軟弱怕事和舉棋不定的，現在至少有一國要表示決心。九月十六日從唐林街十號裏發出一個半官的宣言，稱英國『準備盡他的一份力量去維持海峽的自由和中立區域的存在』並稱爲了這種宗旨，英國指揮下的軍隊將要增防。該宣言又說：『英政府……已下令地中海艦隊用一切方法反抗衝犯該區域者或是土耳其人渡登歐岸的任何嘗試。』

（註一） Times, Sept. 16, 1922. 這估計是美國救濟委員會 John Manola 所發表的。

無疑的，英政府寧願作戰，不願土耳其人進入中立區域。牠邀請巴爾幹諸國協同加入防禦，又發出了同樣的邀請到不列顛各自治領地。

法意兩國政府都不贊成增兵於受威脅的區域。事實上，他們的不干涉政策反益見完全了。九月二十一日，他們從意斯米德（Ismid）和韃靼尼爾兩區域撤回他們的現有的部隊。察拉克的英軍被孤單地撇下着。

厥重爵士的急公好義的行動，阻止了英法兩國政策的完全決裂，他不顧自身的健康，於九月十九日匆匆的前往巴黎。這番使命成績很好，與法政府重結了契合，雙方都認爲必須立刻舉行和平會議。厥重爵士的行動挽救了英法關係於一髮千鈞之秋。

同時英政府決然堅持牠維持中立區域與海峽的不可侵犯性，必要時採取單獨行動，也所不計。海軍部確信以海軍獨力能够阻止基瑪耳軍的渡過韃靼海峽。但是如果基瑪耳軍，滿懷戰勝了基督教徒的信心，竟進入察拉克區域時將怎麼辦呢？那裏僅有英軍一隊。於是迅速增派防軍，電網也築了起來。當法意軍隊撤去時，把守察拉克的英軍很是鞏固。四隊守衛軍也準備從英格蘭下船開往近東。可是形勢依然萬分的緊張。九月二十日晚，不列顛近東總司令哈林頓將軍（General Harington）從君士坦丁發出一個宣告，謂『任何破壞中立區域的嘗試，將以所有的海陸軍力抵禦。』安哥拉在君士坦丁的代表哈米德（Hamid Bey）接到哈林頓的通告後，覆稱『國民政府不願開戰，但決心追逐其潰敗的敵人入慈乃斯。』哈林頓允將哈米德的意見轉達英政府，但『以兵士資格』警告他，謂越進中立區域，當以武力抵抗。（註一）

法政府自法朗克林、蒲朗協約以來，向與國家主義派有很好的關係。如今，雖然牠拒絕參加防禦中立區域，但是牠與英政府協同商議和平。可是在九月二十三日有些土耳其騎兵進了察拉克區域，這時險惡的形勢發生了，和戰的關健全在磨拳擦掌的長官和士兵的紀律與自制。一個硝兵的鎗機一扳，可以陷近東於重新的戰爭。

同時厥重爵士，他於九月二十四日公畢離開巴黎，已與法總理普恩加賚和意大使斯福闍伯爵（Count Sforza）議定發一公共通牒，請希臘和土耳其開和平會議。該通牒『贊同』土耳其對

（註一） Times, Sept. 22, 1922, p. 10.

慈乃斯的要求至馬利闆(Maritza)和亞得利洛堡(Adrianople)爲止。可是土耳其政府必須在和局未定前不派軍入『該區域，其臨時的中立性業經協約國政府宣告。』協約國政府重行保證他們在先前三月間所稱一俟和約實施，他們的軍隊卽行退出君士坦丁之約。(註一)

九月二十三日，進入察拉克區域的土耳其軍隊在二十四日退出了，但二十五日又回來了。他們每次都遇到第三輕騎隊的巡邏兵，然而沒有發生戰爭。英方的勢力逐天增厚，如今約有一萬名有經驗的軍隊守着。基瑪耳約有七萬人靠近這區域；他們爲數固衆，殊不能猛襲英軍的壁壘。(註二)哈林頓將軍應付這局面的方法眞值得贊譽。一位訪員報告道：『他又審愼又冷靜，決不去挑釁，也決不讓人家挑釁。他的坐鎭近東是避免衝突的最大保障。』(註三)

另一位有名的軍人兼政治家是在土耳其大本營裏主持作戰。瑪斯他法基瑪耳，像撒多瓦戰

(註一) 約文見 Times, Sept. 25, p. 10.

(註二) General F. Maurice 曾於此時到過察拉克有文發表於 Contemporary Review, Nov. 1922 p.560

(註三) Times, Sept. 29, 1922, p. 10.

爭後的畢斯麥，不得不與同仇敵愾的得勝將領奮鬬。他不得不重政策而輕矜譽，並且不得不在勝敗無常的戰爭裏爲將來着想。他個人的私願必不亞於他的將領那樣亢奮地迫着要去接受英人的挑戰，而長驅直入察拉克。反之他決定與那位英國將軍見面談判，因此所獲的勝利更大於阿非姆卡拉希沙：他克制了他自己，他的將領，和安哥拉的狂熱的國家主義者，而且他不再費一人一彈贏了一場光榮和有利的和平。

基瑪耳同意所開的休戰談判在瑪當尼亞（Mudania）舉行，該地處馬摩拉海南岸，約在察拉克與意斯米德的中途。該會議於十月三日開幕，與會者爲哈林頓，夏貝（Charpy）和莫培利（Mombelli）諸將；意斯麥特將軍(General Ismet Pasha.)代表基瑪耳；還有馬閙拉基斯將軍(General Mazarakis)代表希臘。會議起初不很順利，因爲意斯麥特殊不肯讓步。再者，法英兩國內閣對近東問題所見又不盡同，還需要英國外交部長厥重爵士再跑一次，和普恩加賚於十月七日親自談商後，纔能再得到協議。終於在十月十一日，在那安靜的瑪當尼亞小鎮上，那裏人民的生活始終未爲會議所擾，一個休戰條約簽了字。新的中立區域應加劃定並應予以尊重；希臘軍隊須撤退慈乃斯，土耳其人在最後的和局未定以前不得越進該地方。休戰條約的弁言裏載稱協約國政府已決定把東慈乃斯和亞得利洛堡交給土耳其。

在休戰條約簽了數週之後，在最終和平會議未開之前，安哥拉國民大會決議廢除蘇丹王制與帝國政府（一九二二年十一月二日）。蘇丹麥默特六世（Sultan Mehmed VI）乘了一隻英國戰艦逃往馬爾達（Malta）。土耳其成爲一個共和國了。這時回教教皇已由國民大會推舉的阿卜多麥吉特（Abdul Mejid）（故蘇丹亞西士（Abdul Aziz）之子）繼位。一九二四年二月二十七日大會又把這回教教皇之位（Caliphate）取消了。按一九一九年巴黎和會時英國印度部就因爲顧慮這回教皇位，所以反對把土政府逐出君士坦丁的計劃，由此看來，未免沒有意識。試觀土耳其人自身能夠不驚動東方而廢除這位置，那麼對於回教皇位和穆罕默德感情也許不值得如此顧慮。

巴爾幹域內的寶座正在顚覆之中。歷史的蘇丹制既在君士坦丁消滅了，同時雅典城中一座後起的王位也在破碎之中。康士坦丁王自阿非姆卡拉希沙慘敗後便站不住了。他已於一九二二年九月二十七日退希臘王位。（註一）他的兒子喬治二世（George II）繼位，經過洛桑會議的時期，但於一九二三年十二月又離國了。希臘也變成了一個共和國。

（註一）康士坦丁於翌年一月死於Palermo.

第二十九章　洛桑條約

瑞士聯邦總統的一篇演說揭開了洛桑會議之幕。該會議是於一九二二年十一月二十日在洛桑的滿地賓朗卡新洛（Casino de Montbenon）舉行。在這篇圓通的演詞內，這位總統贊譽雙方的軍士稱『他們毫無躊躇的各在本國的祭壇上犧牲他們自己。』他提到『昨天的兩個對手所信仰的，並且由此榮養他們的文明的兩大宗教，』又稱他們現在相遇於和平的共同目標上。厥重表示他希望這個會議是『近四年來爲締結和平而舉行的各次會議中的最末一次』；他又稱這是在瑞士舉行的第一次和平會議，『牠（瑞士）對全歐洲示了一個愛和平有秩序的社會之榜樣。』土耳其總代表意斯麥特拍夏（Ismet Pasha）演說謂『土耳其作了超人的犧牲，』已『贏得牠在文明人類裏的地位，具備爲生氣蓬勃的國家所固有的那些生存和獨立的一切權利。』

與會的國家除希臘與土耳其外，有英，法，日本，美，羅馬尼亞，和巨哥斯拉夫。

會議開幕後，會議都在歐齊離宮飯店(Hôtel du Château d' Ouchy)舉行。官場用的語言是法，英，意三國語。討論到海峽制度的時候，俄國的代表亦參加。會議的主席由英，法，意輪流擔任，這三國是『邀請國』意斯麥特要求土耳其應輪做主席；但厥重指稱謂邀請國的充當主席，『並不包含任何失禮於土耳其代表團的意向。事實上會議的責任落在召集該會的各國；這就是他們要主持會務的緣故。』土耳其代表團在會裏始終極關心於土耳其的尊嚴以及她與別國的平等，許多的時間是銷磨於消除那許多小爭點上面。

該會採取委員會與分委員會辦事的方法。全體會議很少。美國代表團出席一切的討論『與其他代表團完全平等，』但牠認為這與實際參加談判有分別，牠沒有簽押什麼文件，也沒有加入任何協約。(註一)

(註一) Lausanne Conference on Near Eastern Affairs, 1922—23, 載於 Parlimentary Papers, Cmd 1814 of 1923, p. 11; Child, A Diplomatist looks at Europe (1925), Chap. IV.

洛桑會議陷入兩個顯明的部分。第一期自一九二二年十一月二十日起迄一九二三年二月四日止；第二期自四月二十四日起至七月二十日止。該會第一期沒有達到一種確定的協議，這時期的英雄是厥重。那緊張的勞動中庸適度與謙讓精神圓通禮貌和閱歷，以及他勸人契合時的感動的呼籲，表現這位偉大的公僕的特性，到了他的極點。在第二期裏，君士坦丁的英大使倫巴德(Horace Rumbold)是主要的主席代表；這時候達到了一個確定的結論。該會自始至終首席全權士耳其爲意斯麥特，希臘爲威尼柴洛斯，俄羅斯爲其克林。

一九二三年一月三十一日，草約呈在與會各國前面了。它擬議把士意國界規定於馬利開(Maritza)，但是終點火車站（非卡拉加煦(Karagach)該地仍歸希臘）則定在西面。木蘇爾(Mosul)由國際聯盟去解決。關於施行於外國人的特殊制度的治外法權應予廢除。海峽（註一）開放於一切的商船和限定數目的戰艦。關於這些條款厥重公平說道：

我們要是把以前塞佛條約和本約比較其條件來看，我想沒有人再會埋怨說是缺少寬大

（註一）譯者注——本書中凡單舉海峽之名者，類指士耳其的韃靼尼爾與博斯福拉兩海峽，按英文爲 The Straits

或讓步了。事實上，或者有人要怪我們走得太遠呢！並且這種改變不僅是由於土耳其人在與希臘戰爭的後期裏奏了勝利的事實，卻是由於對他們自己的國家統一的願望有了增加的與誠懇的認識之故。（註一）

草約條款雖然寬大，意斯麥特要求八天的考慮。這些條款既然都已經在會裏充分討論過，並且草約在發出前的三天既然已經交到意斯麥特的手裏，因此厥重對於這個請求很不高興的訝異道：

我不能無限期地延長我的離別，也不能留在此地八天，但是我願意盡力留到二月三日甚至二月四日的晚上。到那時候這條約交到土耳其代表團也有一個星期了。我是像意斯麥特拍夏一樣，是一個工作勤勞的人，時常工作到夜深的。我只高與把整個時間銷磨在工作上，並且與意斯麥特在一起，只要他願意。如果這時期告終，他還不能說明土耳其代表團的見解，這就希奇了。（註二）

（註一） Cmd. 1814 of 1923, p. 430.

（註二） Parl. Papers, Cmd. 1814 of 1923, p. 446.

厥重對意斯麥特很有希望。「我二月四日動身的時候，」他說，「我希望和他親熱地握手，並且慶賀他一個共同的勝利。」

土耳其政府遲疑不肯簽那草約，究竟是出於牠自己的本意，或是因爲俄國態度的關係，這是不可得知的。其克林和他的代表團絕對反對該約關於海峽的那部份。

「再沒有什麼比一個會議更使性的了。今天世界得救；明天便可沉淪。」（註一）洛桑會議第一個時期的悲慘的最後一幕發生於二月四日星期日的下午，在厥重的波利瓦其(Beau Rivage)旅館房間裏。會議於下午五時四十分開始。事情到了這個地步，意斯麥特對於修正的草約全部都能同意，除掉某幾項司法和經濟的條款。在這點上會議便破裂了。厥重，蓬派（Bompard）加隆尼(Marquis Garroni)一個一個的用最感動的話求意斯麥特不要在所獲已不少後再破壞這條約。加於這位土耳其將軍的攻擊諒必是不好受的。俄國代表團已離去了。除掉他自己的兩位助手之外，意斯麥特沒有一個朋友在室裏。他們根據人道，政策，正義，友誼，懇求他簽字。他始終不爲所動。

（註一）見 Child op. cit., p. 113.

時間一分一分的過去。經過一篇強有力的演說，內中他描寫重新開戰的恐怖——也許是歐洲的大戰——厥重在七時四十分說他的火車定於九點鐘開行。意斯麥特可否去考慮一番，在半點鐘裏回來簽這條約?『意斯麥特和利開路爾（Riza Nur）於此起身告別。』他們並沒有回來。九點鐘厥重搭特別快車離開了洛桑。

幸而，這會議不過是間斷而已。雖然厥重明白聲稱這草約與二月四日提出的修正已代表讓步的限度，法政府卻表示一種不同的態度。在一月三十一日寄給土耳其代表團，並發往羅馬與倫敦的一個通牒裏，法政府表示牠不認為草約是協約國的最後的訣辭。(註一)

明白得很，法政府雖然願意給土耳其更多的讓步，但牠並不願在這方向走得很遠，意斯麥特是一個很機警的外交家，或許他已認清了這點。他回到安哥拉去，但是留了一個祕書在洛桑。協約國祕書廳的中心份子也沒有走。安哥拉的國民會議拒絕了這草約，但同時准予繼續磋商。牠發出一個一一五頁的通牒，用着溫和的文字建議，除其他事件外，謂經濟的條款必須從草約中分出而

(註一) New York Times, Jan. 31, 1923.

另行討論。美國的意見以爲一一五頁的溫和文字可以引起和平。（註一）幾天來聚攏的戰雲爲之吹散了。

厭重立刻採取了安哥拉通牒裏的意思，邀協約國會於倫敦。在英國外交部舉行了一個簡短的會議，自三月二十一日起至二十八日止，到的有蓬派和加隆尼。協約國商得了同意，於是發了一個通牒給土耳其政府。在該通牒裏協約國拒絕把經濟條款和其餘的條約分開。基於這種諒解，洛桑會議於四月二十四日復行開會。這次由駐君士坦丁的英國最高委員兼大使倫巴德爲英國總代表並主席會議。君士坦丁的法國最高委員貝爾將軍（General Pellé）是法國的總代表；蒙他那（Montagna）代表意大利；意斯麥特代表土耳其；威尼柴洛斯代表希臘。駐瑞士的公使格魯（Grew）是美國的代表。

洛桑會議的第二個時期比第一個時期還長。牠的厭煩的會議似乎是無窮期。可是牠的大體的結果是不成問題了。土耳其人與協約國既以一種融洽的精神回到洛桑，不會再不簽字。然而許

（註一） New York Times, March 12, 1923, p. 14.

多枝枝節節，大多爲經濟的與司法問題的，不得不重新來過。蘇維埃的代表團，由伏鹿夫斯基（Vorovsky）（駐羅馬的蘇維埃代表）爲領袖，前來表示牠對海峽協議的意見。五月十一日，一個最不幸的變故發生了。伏鹿夫斯基，當他在所居的西雪飯店（Hotel Cecil）裏坐着進餐的時候，被一個曾在俄軍中服務的瑞士公民擊斃了。蘇維埃政府抗議謂瑞士政府對伏鹿夫斯基未加適當的保護。這種控訴似乎是十分無據的。蘇維埃政府在隨後兩年裏始終與瑞士政府關係很不好。

土耳其與協約國間的經濟的，金融的，與法律的糾紛是能夠調整的，已經交與國際聯盟的木蘇爾問題是能擱延的。眞正的障礙好像是卡拉加煦，卡拉加煦那是往德特加煦（Dedeagach）及君士坦丁鐵路的亞得利洛堡的火車站。卡拉加煦雖是亞得利洛堡的車站，可是位在馬利閒的西邊。希臘政府自然是亟欲保持這個地方的，並且準備爲這個問題流血的。希臘的『迭克推多』彭加洛斯總理（Premier Pangalos）有一支軍隊在馬利閒的休戰線上，而且是準備渡河向君士坦丁。(註一)威尼柴洛斯設法阻止這種事變，終於同意把卡拉加煦給土耳其人。因此『又一次在早晨

(註一) Times, Oct. 10, 1925.

是「不可避免」的戰爭，到晚上便風消雲散了」。(註一) 大家相信每個人如今都準備簽字了。可是還得需要兩個多月的功夫遲至六月二十二日據巴黎消息靈通方面的意見，猶以爲金融的條款證明仍是一種無法處置的障礙：看起來『毫無結果』——除非協約國再讓步。(註二) 最後，讓够了。於是七月二十四日意斯麥特準備簽字。洛桑條約是他的條約。

各項文件的簽字是在洛桑大學一個叫做盧明宮 Palais de Rumine 裏。瑞士聯邦的總統舉行開會禮，他稱讚該會的工作，雖然冗長，終算告終了。君士坦丁熱誠地歡迎這個消息。

一九二三年七月二十四日簽字的洛桑條約實質上與二月四日意斯麥特所拒絕的無異。士耳其得了卡拉加煦和馬利閘河右（西）岸的一個火車站。在會議的第一個時期內，曾經許士耳其一個火車站，但不是卡拉加煦。締約國的賠償損失的要求互相對銷了，士耳其不用作任何繳付。這一項也是二月四日厥重最後五分鐘的貢獻之一。反之，在小的經濟問題上面，對士耳其的讓步

(註一) New York Times, May 29, 1923.

(註二) Le Temps, June 22, 1923.

總計也許有相當數額的金錢。總而言之，土耳其因爲意斯麥特在會議的第一個時期態度堅決，所得很爲明顯。

第一條採用現有的土耳其保加利亞國界從黑海上的里伐牙河（Rezvaya）起向西迄至馬利閘與希臘國界相遇處，在亞得利亞洛堡的西北。從這點起一條新的希土國界是劃定了，沿馬利閘的河道而行，除了卡拉加煦的附近劃出一角把這個城區與火車站圈與土耳其外。與敍里亞的國界，採用一九二一年十月二十日法國與安哥拉的協議。與依拉克（Iraq）（美索不達米亞Mesopotamia）的國界，由土耳其與英國（依拉克的受委託統治國）在九個月內用友誼的磋商決定之。如果得不到協議，這爭執應交於國際聯盟行政院。

在海上，除馬摩拉海裏的各島外，土耳其得有應不羅斯（Imbros），鄧尼杜斯（Tenedos），拉必特羣島（Rabbit Islands）。這些島控制着韃靼尼爾海峽的進口。其餘一切島嶼都由希臘保有，其中除羅德斯（Rhodes），喀斯特洛利佐（Castellorizo），和多德康尼斯（Dodekanese）三處土耳其放棄她的一切權利與意大利（第十五條。）

土耳其自一九一四年十一月五日起放棄她對埃及和蘇丹（Sudan）的一切權利和名號；她同時解除一切以埃及貢稅爲擔保的渥托孟（Ottoman）借款負擔，這些借款此後形成埃及公債的一部分（第一七一一八條。）土耳其承認一九一四年十一月五日英國宣告的塞普拉斯（Cyprus）的割讓。

締約國儘本身範圍所及各自承認治外法權條約的完全廢除，這就是說，以往居住土耳其的外人所享受的特殊和專利的制度完全廢除（第二八條。）

第三八至四四各條涉及對少數民族的權利的保護，並且宣告爲土耳其的基本法而非其他法令規章所得超越者（第三七條。）這些條款由國際聯盟保證（第四四條。）諸如此類的少數民族，（不信回教的土耳其人民）應享有宗教信仰的自由，以及與回教徒相同的公民權和政權。渥托孟公債應由土耳其和一九一二至一三年巴爾幹戰爭後取得渥托孟帝國領土的各國分派（第四六條。）

附於主約而有同一效力者是幾個重要的協定。

關於海峽制度的協定，承認『韃靼列爾斯海峽，馬摩拉海，和博斯佛拉斯的海上空中運輸航行的自由之原則。』另有一個附件，開列了這種自由的行使的規則。和平時候應有完全的自由給予任何國旗與任何種貨物的船隻日夜無阻的通行，不得有形式手續之繁，稅捐徵收之費，惟諸如領港等服務當隨意給資者除外。戰時若是土耳其守中立，航行仍按上項規定辦理。戰時若是土耳其爲交戰國，那麼不挾帶違禁品的中立國人應有航行的自由。土耳其並有搜查這種船隻之權。

戰艦在和平時期應享有日夜的通行自由，惟規定任何一國派遣入黑海的最高限度軍力不得大過黑海沿岸諸國的最強的艦隊：無論如何，每一國派遣艦隊不得超過三艘，每艘不得超過一萬噸。

戰時若土耳其守中立，一切戰艦享有完全的通過自由，日夜不論，惟受和平時期同樣的限制。然而此項限制不得施於任何交戰國致其交戰權利有損。這句話意謂假定一國與俄羅斯交戰的說法，能够派遣他的全部海軍入黑海，無論其海軍如何強大。可是在海峽裏不得有敵對行爲。

戰時若是土耳其爲交戰國，中立國戰艦應享完全自由通過。土耳其可以阻擋她的敵人的戰艦。

宣告韃靼列爾斯兩岸（加里波里與察拉克 Chanak）爲程約計沿海岸七十五英里，向內地約三英里至十五英里，爲非軍事區域。同樣地，博斯佛拉斯兩岸的全長度與九英里半的深度，都須廢止戰備（按卽君士坦丁半島和意斯米特半島。）在君士坦丁城及親王羣島(Kizil Adalar)裏土耳其政府有權維持一二，〇〇〇人的守衞，君士坦丁得築一兵工廠和海軍根據地。除親王羣島外，馬摩拉海中所有各島均宣告解除戰備。在愛琴海中，土屬應不羅斯和鄧尼杜斯和拉必特各島，以及希屬來門諾斯（Lemnos），薩木慈乃斯（Samothrace），密帖倫（Mytelene）覺斯（Chios）薩木斯（Samos）尼加利亞（Nikaria），諸島均廢止戰備。在最後列舉的四島，希臘政府得保持攤派於該地的軍役額，並得在該地訓練。土耳其政府有權運送軍隊經過非軍事區域及土屬各島。再有，在戰爭時爲『行使他們的交戰權利起見，』土耳其或希臘得修改海峽協定裏包含的解除軍備的規定，惟僅以戰爭期內爲限（第九條。）

爲監察海峽協定的實施起見，應有一個委員會由土耳其代表爲主席，英，法，意，日本，保加利亞，希臘，羅馬尼亞，和俄羅斯（註一）各國代表爲委員，視各該國簽名於本協定與否而定。美國於承諾該協定時亦得派一代表。派有代表在委員會的各政府給付他們代表的薪俸。該委員會在國際聯盟贊助下行使其職能，並應送一常年報告於國聯。

土耳其與保加利亞間及土耳其與希臘間的陸地疆界的廢止軍備，由一個叫做慈乃斯協定（Thracian Convention）的條約保證之，這協定是補充洛桑條約的。兩方的邊界從黑海上的里伐牙河起，越境至愛琴海上的里伐牙河盡頭止，凡三十基羅米突（十八英里半）內均宣告爲廢除軍備區域。不得維持任何軍力於該區域內，除了最高限度土耳其能駐五千名戍兵，及希臘與保加利亞各能駐二千五百名戍兵以外，在該非軍事區內不得有礮隊：軍備僅許有鎗鎗，刀劍，來復鎗，以及每百人四尊路威斯（Lewis）礮。

在一個關於住居，貿易，和司法的協定裏，治外法權條約的廢除是說明了。第十七條稱：

土耳其政府聲明土耳其法庭對居於土境的外籍人民，其生命財產均按照國際法及其自

（註一）俄國於一九二三年八月一四日簽字於海峽協定。

國通常採取的原則辦法加以保護。

關於個人身分的事件，諸如結婚，離婚，承繼等，則由此等人民的本國法院辦理。土耳其政府復聲明立即聘用歐洲法律顧問，任期不得少於五年，該等顧問無干涉之權但督察司法的行政與接受不平的怨訴。

一個商業協定宣告現行有效的進出口稅率為土耳其在大戰期內自由採取的一九一六年九月一日的稅率。該稅率僅可按金鎊與七四五土耳其披亞司脫爾(Piastres)紙幣的匯率漲落而差異（這是一九一五年九月一日的定率。）

有一個協定關於希土人口的交換。這種辦法是對於土耳其政府的民族政策的一種讓步，而為所有簽字各國所扼腕的。厥重在洛桑會議期間曾稱之為『一種全然惡毒不良的辦法，將使世界受害一百年。』（註一）希臘與保加利亞已經有過一種自動交換人口的辦法，但是希士的辦法

（註一） Parlimentary Papers, Cmd.1814 of 1923, p 212. 該交換協定簽字於 July 30, 1923, 係在主約與上述各協定簽字六天之後。

是強迫的。凡一九一八年十月三十日前已經安居於君士坦丁的希臘住民除外不算。同樣地所有安居於西慈乃斯屬希臘管轄的回教徒也不在交換之內。在土耳其的希臘人或是在希臘的回教徒，他們的一切財產權和金錢資產俱不因交換而受損害。

按照一份與主約同時簽字的草約，英，法，意三國政府擔任一俟國民大會批准該約，即把他們的軍隊從土耳其領土撤回。

最後，雖然一九二〇年八月十日主要的薩佛條約從沒有批准，因此也沒有發生過效力，但是協約國如今覺得必須把薩佛所訂的兩個補充文件使之有效。這些文件是協約國與希臘間關於保護少數民族的協定（尋常的少數民族條約，由國際聯盟保證，）和關於慈乃斯的條約。該條約給予保加利亞自由通過希臘領土而達德特加煦埠，並在該埠領有一個自由區域。

在洛桑的條約和其他文件裏的有趣的一點，是絲毫沒有提起希臘教長的統治區。土耳其政府曾擬在條約裏塡入遷移君士坦丁的教長統治區的規定，但終於遷就了希臘人（由約協國的援助）的願望維持了希臘正教的元首的原狀。教長統治區的地位因此仍由牠舊時的特權和權利規定。

洛桑條約的結果使土耳其完全從國際臣服裏解放了出來，使她的國債減少了很多，使她在歐洲鞏固地保有一大塊土地，及其重要的城市，又保障了她的最危險的疆界以避免戰爭的無常——對於土耳其人正是一番可喜可賀的事件，從此可以廁身於今世進步和平的國家裏面。

大戰又使土耳其的其他舊屬地必須成立一種新制度。土耳其加入大戰反對英國後，英政府便於一九一四年十一月五日割據了塞普拉斯。一九一四年十二月十八日英政府宣布埃及為保護國。一九二二年二月二十八日，牠宣布了該保護國的終止，並承認埃及為一獨立國。該宣言包括重要的保留：『下列各事件絕對保留聽英國政府決定，迄至雙方可用自由討論與親善協調以締訂英埃協定的時候：（甲）不列顛帝國在埃及的交通的保障；（乙）外國對於埃及直接或間接的侵略或干涉之防衛；（丙）外國在埃及的利益之保護與少數民族的保護；（丁）蘇丹。』（註一）

在一個發往英國駐外的外交代表以便轉達所在國政府的通告裏，英政府通知謂：『英國對

（註一）Cmd. 1592 of 1922, pp. 29—30.

埃及保護的終止，並不牽涉其他國家在埃及地位的原狀之任何改變。』這通告末稱：

埃及的福利與完整是切要於不列顛帝國的和平與安全，所以不列顛帝國認爲是重要的利益，須始終維持他國政府所久已承認的牠與埃及間的特殊關係。這些特殊關係已在承認埃及爲獨立主權國的宣言裏敍過不表。英國政府認定他們與英帝國的權益有密切的關係，而不容許他們爲任何其他國家所疑問或討論的。依照這個原則，英政府將視他國干涉埃及國事的任何嘗試爲一種不友誼的行爲，並且將認對於埃及領土的任何侵略爲一種應以全力驅逐的行爲。（註一）

這個通告由當時的外交大臣厥重署名。觀於該項宣言措詞的堅決，可知是他的手筆，也可見英國埃及政策的永久定義。

（註一）發出日期爲 March 15, 1922 (Cmd. 1617 of 1922).

第三十章　洛加諾

『那個專家計劃設計的實在是一種國際善意的實驗。』這話載在賠償繳付總經理的實施陶斯計劃的第一次半年度的報告裏。(註一)倫敦會議定下的一切協定和條件都正式付之實行了；但是他們的成功全賴各方面，特別是出錢的德國政府的忠實施行。專家計劃於一九二四年九月一日起發生效力。一九二五年五月一日，這位總經理竟能證實『爲該項計劃根本的友誼合作精神』的存在。按照一九二四年——二五年的預算表，德政府的歲入表現有相當的剩餘。德國的紙馬克債務，因紙幣的跌值，如今爲值僅有一千金馬克（五十英鎊）。(註二)那筆國際借款已經發出並且募足了，國家銀行已經重新組織了，新的鐵道公司已經成立了，加於德國全部實業上的百分

(註一) Federal Reserve Bulletin, Aug. 1925, p. 559.

(註二) 同上, p. 558

之一的債券已經創辦了。由總經理轉手付給協約與參戰國的已有六二〇，〇六八九四一九金馬克了。此數於減去若干優先繳納之後，都按照斯派協議的百分數攤派，惟有一修正點，卽准付與美國政府百分之二·二五〇。美國的攤額也是常年要繳付的，算是償付美國政府以前佔領軍的費用。

專家（陶斯）計劃並沒有涉及德國賠償的總數，該項總數還是照倫敦表(London Schedule)所規定的數目，共爲一，三二〇億金馬克，最少分三十六年償還；但陶斯計劃是一種逐漸淸償該款的實行辦法。從失意與破產裏面，德國昇到有信心和希望的地位。這不完全是由於陶斯計劃。魯爾的教訓沒有忘記：牠打破了德國抵抗大戰處分的意志。（註一）再加上麥克斯（Marx），路德（Luther），斯脫拉斯孟（Stressmann）諸人的高尙的政治手腕，使德政府倡謀國際的進步，貢獻一個不侵犯公約和萊茵的局部中立。

德政府提出那種獻議確是一件高尙政治手腕的作品，因爲陶斯計劃雖然進行得很順利，但

（註一）法政府聲稱魯爾佔領獲純利近4,000,000,000紙法郎；這種報告是可以批評的，不過『以其爲外交的武器而言，魯爾的佔據可稱成功的』（見 N. Roosevelt 在 Foreign Affairs 所作文，Oct. 1925, p. 121）

在他方面德國政治的空氣殊不利於和解。如果德國已履行凡爾塞條約第四二九條的義務，那麼一九二五年一月十日便是協約國佔領第一區可隆（Cologne）應該撤退的日期。協約國認爲德國沒有完全履行該約的裁軍條件，爰於一九二五年一月五日拒絕於該特定日期退出可隆。說明裁軍條款仍未完全做到的監察委員會的報告，要在五個月後纔能出來。（註一）魯爾的『經濟佔領』已在九月間停止，但是軍事的佔領，以一種逐漸減少的形式，繼續到翌年（一九二五年）七月三十一日。

洛加諾條約是解決歐洲安全的大問題的第一步成功（過去五年都失敗了。）

引起歐洲戰爭的最有力的原因是那不安全的感覺。因爲這種感覺，各國纔要大兵在握；因爲這種感覺，他們的政府纔心神不安，而謀攻人以自衞。英美兩國都有海洋爲阻，海軍爲衞，或許覺得安全。大陸諸國有着長遠的陸地邊界，與隣人的刀光鎗影相去僅有一間，便不能有那種安全的感

（註一） June 4. 1925. "Note Presented to the German Government," 載 Parliamentary Papers, Cmd. 2429 of 1925.

覺。

巴黎和會始終想要尋出一種保障安全的方法。凡爾塞條約勒令德國軍縮以及萊茵以東五十基羅米突距離內不得建築礮台之條款，顯然減少了戰爭的機會，但離該問題的完滿解決還遠。一九一九年六月二十九日路易喬治，威爾遜，克利孟梭簽名的保障法國條約，既未得美國參議院的批准，從沒有發生過效力。此後法國的不安全感覺，似乎在繼續增加。英國人民承認這種情形，雖然保障條約已經毀滅，他們對於法國仍負有一個義務。法比兩政府最是神經過敏，但德人必定覺得最不安全；魯爾的侵佔表明了以軍隊而言，他們簡直是孤立無援。

國際聯盟盟約的草訂是爲了要保障守法的國家的安全，但這時候輿論的形勢不允許在盟約裏明定任何具體的制裁；此外，俄，德，土耳其，以及美國，都非國際聯盟的會員。康城（Cannes）會議上提出的法國安全案沒有結果；庚洛亞的不侵犯公約只有六個月的法定生命。一九二三年九月的第四次國際聯盟大會，起草了一個互助條約，並且交了給各會員國政府。牠的目的是要明定盟約第十條和第十六條下應採取的辦法。第十條爲會員互相保證領土的完整，第十六條爲行政院應建議執行國聯義務的方法。

這個草約接到十八國政府在原則上的認可，（註一）但是英政府於一九二四年七月五日用書面拒絕了。

這封信毀壞了互助條約，不過草創該約所做的研究和牠所引起的注意自然沒有浪費。牠在下一次的國聯大會（一九二四年九月）有了結果，那時由法英總理赫禮歐和麥克康納的動議，重新下一種有系統的努力來促進和平與軍縮。此舉的結果便是如今有名的日內瓦草約（Protocol of Geneva）。希臘的樸立替司（Politis），他是討論公斷的第一委員會的報告委員 rapporteur，他在大會上一篇可欽佩的演說裏解釋了草約的內容。這草約是遠過了國聯盟約的範圍。牠擬議消滅戰爭，而代之以強迫的公斷。『國際間此後不容有純粹的私戰。』擬議的公斷完全是新的一種。按照日內瓦草約，公斷員不能藉詞國際法對某種特殊案件沒有規則或原理因而不下判決：『他們必須在公道的立場進行，因為在我們的系統裏面，公斷終須引出一個確實解決紛爭

（註一）『國聯第五次大會』，『公斷，安全與軍縮』，『草約與決議』（Cmd. 2273 of 1924), p. 6.

的辦法。』一切侵略的戰爭是禁止的。草約第十一條說：

按照盟約第十六條第三段，簽字各國共同的與個別的擔承援助被攻擊或被威脅的國家。草約又建議設立非軍事區域，並且規定了分別誰爲侵略國誰爲自衞國的辦法。草約第十七條規定於一九二五年六月舉行軍縮會議。草約要俟第十七條所規定的軍縮計劃被該會議採取後纔能發生效力。捷克斯洛伐克的朋斯博士（Dr. Benes），他是討論制裁與軍縮的第三委員會的報告委員，他鄭重聲言世界的和平在此一舉……；接着熱誠地把這草約推薦於大會和各國政府。可是，這日內瓦草約雖於一九二四年十月二日爲國際聯盟大會採取了，（英，法，意三國的代表都在內，）終因英政府的行動，歸於失敗。

英政府聲稱牠寧願有地方的公約。

那位主張消極抵抗的不幸的總理孔諾博士曾於一九二二年十二月提出一個地方公約的建議，保證萊茵原狀三十年。這一點，是他對於政治的唯一貢獻，必須算是他的一種實在的成功。牠的收效在德國駐巴黎大使代表路德政府於一九二五年二月九日致法政府的一個覺書裏面，當張伯倫公布英政府對日內瓦草約的拒絕時，他無疑有這個通訊在心，所以他暗示有締結地方公約的可能。

德政府的提議完全是嘗試的。牠建議謂與萊茵有關的各國——尤其是英，法，意，德——也許可以加入『一種長時期（隨後加以確定）的神聖義務，由美國政府為信託人，約定不對一個締約國作戰。』

該覺書裏還有個進一步的提議，主張有『一公約明白保證萊茵現在的領土狀態。』如能保證德國履行凡爾塞條約第四十二條與第四十三條裏她已經承擔的廢除萊茵岸戰備的義務，那麼這種公約益見有力。

最後該覺書聲稱：

這是值得考慮的，究竟是否合宜把這個安全公約訂定得可以開一個沿日內瓦草約路線包括所有各國的世界協定之先聲。

這覺書所撒佈的種子有好些沒有着落。特別在這個時候要請美國為一個歐洲的不侵犯條約做信託人是辦不到的。第三個提議，謂可以開一個沿日內瓦草約路線的世界協定之先聲，沒有加以重視，好比一種崇高的願望在這種時機無論如何是不切實的。但第二個亦卽居中的一個提議，主張保證萊茵現存的土地狀態卻生了根，雖則約有五個月的時間牠是很嬌嫩的植物。

這個提議於一九二五年六月公布的時候，法人頗爲關心，因爲牠等於德國方面的一種重新的而且這次是自動的放棄阿爾薩斯和羅連。因爲同樣的理由，德國的國家主義派看到這麼一個大的放棄爲之大動義憤。英國方面對於這個破天荒的獻議的注意比較少；而且牠所得到的注意有不少是反對的，因爲在有些擁護國際聯盟的人看來，一個特別的萊茵公約好像是一種舊式外交的嘗試，欲謀在國聯外另有所作爲。這個提議也許會因疏忽漠視而歸於消滅。『不知怎麼牠倒是生存着。』只有倫敦泰晤時報不斷給以冷靜的贊助。一九二五年三月三十日，牠刊布了一位通訊員的信，說到德國獻議的那個安全公約：『在歐洲不安的將來，這個獻議確是有希望的最大根據，而且是大戰結束以來最好的一件事。第一，牠大可以趨於消除歐洲和平的最嚴重的危機——恢復失地主義（Irredentism），而且尤其是法德邊界地的恢復主義，爲了這個邊地自從查爾孟

(Charlemagne)大帝時以來每十年或二十年必發生戰爭……第二，這公約可使德國回入歐洲協調裏面。』（註一）

此後這一個安全公約的提議彷彿睡了幾個月。實則英法兩國外交部的機器是繼續不斷的在那裏工作，雖然德政府或許如像外界的公衆一樣的未曾察及。很明白的，差不多有三個月德政府對於牠的提議所聽見的只有一九二五年二月二十日法政府發出的一個簡略的通牒，內稱牠『以興趣並以一種不忽視任何有裨歐洲與世界和平的決心』讀過了二月九日的覺書。

以安全公約的提議而言，四月是過去了，只有法政府在那裏起草一個理性的答覆給德國的覺書。草稿到五月十二日（一九二五年）完成了，卽送與英外交部批評。張伯倫於五月十九日拿許多很直爽的問題答覆法政府。同月二十二日法外交部針鋒相對的回答了這些問題。這個回答，一方面表示了兩個協約國的合作融洽無間，一方面也表示了相當的意見不合：尤其是法政府期望英國加以保證萊茵以外的地方。可是在一個說理周密的答覆裏，英政府拒絕了。

（註一） Times, March 30, 1925, p. 15.

法政府一九二五年六月四日的回答，以同樣的忍耐力，迎合英方的見解，這是牠在這次事件裏始終所抱的態度。牠承認英帝國統治地四散各處，誠使英政府不能不限制牠在歐洲大陸上的責任。可是法國所處的地位不同，對於歐洲其他部分關於土地改變的企圖，與萊茵一樣，『不能坐視無覩：』

這便是爲什麼，在他們（法人自稱）答覆德國提議的草稿裏，他們認爲必須保留幫助他們所認爲必須予以擔保的國家的自由，蓋非此則擬議的萊茵公約反將於他們有阻礙，不利於他們……據我們的所見，這是擬議的公約之一個重要條件。

英政府立卽贊同上述一節中所包含的意思。擬議的萊茵中立化，不能容許德國因爲西部特有公約的保護，沒有戰爭之虞，而與東鄰破約失和。

可是這些磋商，雖在進行，卻是很慢。尙在開會中的巴黎大使會議，關於裁軍問題在六月四日發了一個通牒給德國。在這個通牒裏，該會爲協約國政府不於一月十日撤兵的行動辯護：『這是要德政府忠實履行牠的義務纔能得到第一佔領區撤退的利益，如（凡爾塞條約）第四二九條所規定者。』並且指出了許多德國違犯凡爾塞條約裁軍條款之處。這時候拍發這麽一個通牒，會被貶議爲不圓通的外交，但無寧說這個通牒是一種調和德政府與協約國的槓桿。因爲德政府能夠合理地希望一個萊茵公約的締訂，可爲和平行動的充分證明，以取得至少是第一佔領區的撤退。

磋商繼續進行，但是——儘公衆所能判斷者——裏面活血少得很。英國的公衆聚精會神在煤礦業的危機裏面；公約問題似乎已經忘記了。一九二五年七月二十三日，倫敦泰晤時報上一位訪員寫道：

安全公約——現行國際問題中最重大而且同時是最有希望的——如果沒有聰明的輿論的贊助，便沒有機會。危險是牠也許被我們國內緊急的問題推出於視線之外。

英國人民應瞭然在心的一點是：無論這安全公約已否簽字，將來如果有人攻擊歐洲的西方疆界，英國將鐵面無情的被牽入戰爭漩渦。我們加入該公約後的唯一差別，便是牠將使這種戰爭發生的可能性大爲減少，……這安全公約的理想是發動於一種熱誠切實的嘗試，要從國際對峙和用兵，必爭的危險的領域裏取出那塊歐洲的大『盤根地』"Burgundian"區，這地方路易十五久已說過『是我們一切戰爭的來源。』(註一)

實際上外交家在那裏所做的遠過於公衆所知道的。法國外交部長白里安來到倫敦，於八月十二與十三兩日和張伯倫談判。到下一個法國通牒於八月二十四日交給德國外交部的時候，駐柏林的法大使麥吉利(Magerie)口頭傳達了一個法政府的建議，謂不妨有一法律家的委員會來從事於起草方式，以爲相反的意見之『橋梁』。德國的答覆差不多馬上就來了。在八月二十七日的晚上，巴黎的德大使漢希(Hösch)給了白里安一個通牒，內稱德國接受協約國的邀請，准赴倫敦參加法律家的會議，並且指明了牠所派的人——古斯博士(Dr. Gaus)，德外交部法律司司長。『德方這種敏捷行動，在巴黎產生了一種良好的印象。』(註二)

法律家委員會於一九二五年九月的第一個星期裏在倫敦開會。與會者英國是西錫爾赫斯

(註一) Times, July 23, 1925.

(註二) New York Times, Aug. 27, 1925.

特（Sir Cecil Hurst），法國佛羅曼哲（Fromageot），比國羅林（Rollin），意國披洛地（Pilotti）德國古斯博士。這是意政府第一次積極地參加安全條約的磋商。三個萊茵公約的稿本——英，法，德——是準備了。當這些法律家工作完竣的時候，國際聯盟的第六次大會在日內瓦開會了。臨時主席是法總理班樂衛（Painlevé），他在大會開幕時聲稱世界崇高的希望不能一躍而就，只可按步實現。日內瓦草約沒有得到接受而失敗了，但是班樂衛預言『一種逐漸的運動，以達世界和平的鞏固』眞的，在那個光明的九月，在日內瓦的湖畔，有兩個可能的運動傳出來了。一個是美國加入國際常設法庭的問題。第二個是安全條約的磋商。這些事情並沒有正式提出國聯大會，但是在每個人的心頭。英法兩外長張伯倫與白里安是出席的，還有那位活動和遠見的捷克斯洛伐克的朋斯博士和波蘭的斯克靜司基（Skrzynski）。大家承認『那合於邏輯的步驟應該是把中歐公斷條約與萊茵條約同時草訂。』（註一）

九月間路德總理政府始終在棘手之中，因爲擬議的萊茵公約顯然蘊有德國永遠放棄阿爾

（註一） New York Times, Sept. 17 1925, p. 22.

薩和羅連之意，大爲國家主義派所反對。可是九月二十二日，巴黎就知道協約國和德國的政府已同意於十月五日舉行會議。選定的會議地方是洛加諾，在瑞士的美汲湖（Lake Maggio e）盡頭。德國的國家主義派依然阻礙這些談判。他們要求路德政府應請協約國收回一九一九年在巴黎和會上所加的戰爭禍首的判詞，算爲安全條約的一部分。（註一）

撤消戰爭禍首的要求，是德國任何政治家所不能漠視的。德國的公衆對此是堅持的。每次磋商都有這個要求的滲入，以致雙方接近的努力都歸徒然。英，法，比三國永遠不見得肯收回他們官場說過的話；凡爾塞條約與巴黎和會的紀錄必不容動搖。惟一有政治手腕的舉動是把陳蹟付之以往，另行開闢和平與親睦關係的系統。如果路德和斯脫拉斯孟可以自作主張，他們是會這樣做的；但爲了俯順公意起見，他們只得在洛加諾會議前的通牒裏提出撤消戰爭罪的要求。可是，當協

（註一）　戰爭禍首的定讞，根據凡爾塞條約的第二三一條者少，而根據凡爾塞會議時協約國致德國代表團的若干通牒者多。最好看 Kraus und Rödiger, Urkunden Zum Fiedensvertrage von Versailles. I, 557 ff.

約國冷靜堅決的加以拒絕時，他們就很機警的不敢堅持了。既已滿足了公意，又蓋過了面子，斯脫拉斯孟很圓通的再不置辯，專事安全條約的磋商，多謝戰爭罪一端終算平穩過去了。

路德與斯脫拉斯孟是十月三日星期六到了洛加諾，偕行者有外交次長修佩爾特（Schubert)與古斯博士，白里安同日亦到，張伯倫四日纔來。比國的樊迪文（Vandevelde）和意國的謝洛亞(Scialoia)也到了。五日，星期一，會議準備開工。遲到會者是莫索里尼和捷克與波蘭的代表團。洛加諾的旅館容不下這許多的外交家和新聞記者。德國代表團住在城外四英里一個旅館裏面。

會議在洛加諾的正義宮（Palais de Justice）。開幕時，張伯倫說道：『我們在這裏是要除去那次大衝突的敵意，爲未來的和平奠下基礎。』斯脫拉斯孟說道，『我們在這裏都是平等的，德意志所要表示者，卽爲她之需要和平不亞於其他國家。』如今提出萊茵公約計劃的是德國代表團，因爲這是德國首創的提議。斯脫拉斯孟前一天曾私自告訴張伯倫說他不提那麻煩的戰罪問題。張伯倫也曾經告訴他說，『如果各國不能掩埋過去，他們無從爲將來設計。』（註一）

（註一）New York Times, Oct. 6,1925, P. 2.

這會議始終不很正式。在正義宮二樓上，那間法堂裏，明窗巨檻，美湖在望，代表們隨意侃侃而談。沒有主席或會長。美國人說老歐洲的外交正在效法新世界的『短衣』外交。會議的第二日，斯脫拉斯孟病了，協約國代表們到他牀邊訪問。若是怕洛加諾的市聲喧噪，白里安與路德便驅車十里之外，在披雪的高山脚下，臨湖的小園裏面，小坐移晷，暢談歐洲的調整。十月十日的一個下午，英，法，德的代表們鼓棹湖上，霞光在水，風靜波平，會議便渡過了最後的困難。

可是，會議的眞轉機是在十月十日，這時莫索里尼尙沒有來，他的代表謝洛亞在這天聲稱意大利將與英法協同保證這萊茵公約。意政府直到這時候止沒有確實的諾言。西方列強的團結如今是宣布了；這效果顯然可見。會議自始至終，這位意代表謝洛亞『多方設計，解決糾紛，表現了非常的妙才。』（註一）

十月十四日，路德與斯脫拉斯孟接到他們柏林閣僚對草約條款的准許，這些條款是用急電發出去的。十五日，莫索里尼到了。同日，在美汲湖上的那間法堂裏，對於萊茵公約，法德與德比兩個

（註一）"Notes From Locarno," by H. F. Spender, in Fortnightly Review, Dec. 1925, p. 756.

公斷條約的條款得到了一致的同意。五個組成洛加諾協定的條約於十月十六日旁晚簽了字。會議於是告終了，祕書們把吸墨紙蓋上新簽字的條約，並且整理各項文件，這時候政治家們愉快地來到窗前，平眺美汲湖上拖長的影子。不知誰推開了一扇窗戶，向外面的羣衆宣布了這場大事，羣衆便歡呼起來慶祝這些和平公約的簽訂，大戰創痕的治愈。

很少會議比洛加諾更祕密，也很少比牠更成功。然而對於外交協定能合理要求的惟一公開之點，也不過是應把他們交付各國議會公開批准而已。協定的磋商不能公開從事。張伯倫在洛加諾對好管事的新聞記者解釋這點：

在外交的交涉裏，政治家所取地位實際上是準備退讓一部分的，但既經報紙把起初的地位作爲官場的地位而公布了，那末從國內的與政治的觀點上而言，再要退讓是非常困難。(註一)在洛加諾會議期內，所有的政治家不得不顧到那不明眞相而且不完全合情理的輿論，這種輿論在法德兩國是尤其敏感和激烈的。會議的祕密造就了牠的成功。一切條約仍須經過各國立

（註一） New York Times, Oct. 13, 1925, p. 22.

法院的批准，纔能於十二月一日在倫敦作最後的簽字。這個經過倒很順利，在十二月一日那天，洛加諾會議認可的條文便成了倫敦的條約。

那個最後草約和六個附約合併成了洛加諾與倫敦的外交文件。條約和附約中最重要的是第一個：（a）德意志，比利時，法蘭西，大不列顛與意大利互相保證條約。弁言內稱締約各國亟欲滿足一九一四——一八年戰爭中遭難人民要求安全之心，鑒於比利時中立條約的廢除，（註一）深覺有保證常爲歐洲衝突出事地點的那個區域的和平之必要；並且樂願在國際聯盟盟約與各簽字國間現行條約的體制內給以補充的保證，爰議定如下。隨着便是這條約的十個條款。按第一條

締約國，以下列各條款所規定之行爲，共同的與個別的擔保：（一）從德意志與比利時間及德意志與法蘭西間國界產生的領土現狀之維持；（二）依照一九一九年六月二十八日凡爾塞條約或由該約所註定的上述各國界之不可侵犯性；（三）該約關於廢除軍備區域的條

（註一） 凡爾塞條約第三十一條（一九一九年六月二十八日）。

文第四十二與第四十三條之遵守。(註一)

按之第二條

德意志與比利時，以及德意志與法蘭西，互相擔任無論如何決不互相攻擊或侵犯或與兵互戰。

這一條特許的例外是那種合法的自衛，或一方對凡爾塞條約第四十二與第四十三兩條有『罪惡昭彰的違背，』而此種違背是未被挑撥的侵略行動。還有一種例外，是按照國際聯盟盟約第十六條或按照第十五條而定的國聯決議之行動。(註二)

第三條規定德意志與比利時間以及德意志與法蘭西間的一切爭執，凡不能用尋常外交方

(註一) 凡爾塞條約第四十二條禁止德國在萊茵左岸或右岸以東五十基羅米突之內有任何武備，第四十三條禁止在該地維持或召集軍隊，或任何種的軍事操演。

(註二) 國聯盟約第十五條如下：『聯盟會員國彼此約定，如聯盟會員間發生足以決裂之爭議，而未照第十三條辦法提交公斷者，應將所爭事件提交行政院……』

法解決者，應提交司法裁判或一個調解委員會。

第四條規定任何一締約國，凡訴稱對第二條已犯有違背情事者，必須立即提出該問題於國際聯盟行政院，當國聯行政院認定已犯有違背情事時，該院應通知本約簽字各國『他們（簽字國）個別同意在此種情形下，決立卽各自赴援該背約行爲所加害的國家。』可是，如果對第二條已犯有『罪惡昭彰之違背』每一締約國擔承卽時赴援該被攻擊的國家，不必等候行政院的通告；不過行政院的建議，一經發出，他們便須同意。

第五條規定關於爭端之和平解決，置於締約各國擔保之下；換言之卽各國必須赴援（第四條規定者）任何願用和平方法解決爭端之簽字國家，以敵對任何拒絕這樣做之簽字國家。

第六與第七兩條保障締約國在凡爾塞條約與關於陶斯計劃的一九二四年八月之協定下面的權利，以及國際聯盟的權利義務。第八條制定謂該條約應在國際聯盟註册，並且應繼續有效迄至國聯行政院據任何締約國之請求，而以三分之二多數決議由國聯給予各締約國充分保護時爲止：該約在此項決議後一年期滿時，停止發生效力。

第十條稱該條約應經批准，而批准書應存入國聯檔案內。該約應在批准書歸宗後及德意志加入國聯後立卽發生效力。

第二個協定是德意志與比利時的公斷協定，牠規定用尋常外交方法，用公斷程序，或由國際常設法庭和平解決該兩國間的爭執。牠設立一個永久的調解委員會，這委員會應設法在提交國際常設法庭或一九〇七年海牙協定所規定的公斷法庭之前把一切爭執解決。

第三個協定是一個德意志與法蘭西間的公斷條約。其內容與上述協定相同。

第四個是德國與波蘭間的一個公斷條約。這個與法德及比德的公斷協定相同，惟有一更爲詳細更有意義的弁言。因爲在洛加諾無人不知德國已從此放棄牠與法蘭西和比利時的國界任何修正的要求，而關於波蘭牠並沒有爲同樣的放棄。德政府所允許者，不過說是決不用戰爭方式企圖修正牠與波蘭的國界；但牠彰明昭著的希望能用協議做到這點。德比公斷條約因此聲稱締約國『決心維持德國與波蘭間的和平，特保證兩國間可能發生的爭端之和平解決。』他們宣稱『國際裁制必須尊重由條約所成立或從國際法所產生的權利；』他們同意『一國的權利非得其允許不能修改。』隨着便是公斷條約的各項條款，規定用尋常外交方法，用一個永久的調解委員會，或者再不成便由一九〇七年海牙協定規定的一個公斷法庭或由國際常設法庭來解決爭執。

第五個條約——德國與捷克斯洛伐克的公斷條約——內容與德波的條約相同，包括弁言在內。

一般的洛加諾協定裏的最後一個，是由出席洛加諾全體國家發給德國的一個共同通牒，保證謂如果她擔任國聯會員國的義務，她的解除武裝的情況不會暴露她於意外的危險。

除上述的草約與六個附約以外，還有兩個條約，嚴格講來並不是洛加諾協定的一部，但是確係在洛加諾議訂的，而且是補充那些協定的。這兩個條約的所以訂立，乃由於英意兩政府按照互助條約僅擔保了德國與法比的國界，以及法德與比德的公斷協定。關於東部（德波和德捷）國界，英意兩政府可沒有任何擔保。然而法政府在這些磋商裏面始終認為法國的安全不僅繫於牠在萊茵的地位，而是繫於她在東歐的聯盟。（註一）因此在洛加諾，白里安訂了兩個條約，一個與波

（註一）法國波蘭條約，Feb, 19, 1921; 法國捷克條約，Jan. 25, 1924: 見 George Glasgow, "From Dawes to Locarno," (1926), pp. 105-7.

蘭，一個與捷克斯洛伐克。締約國，『按照國際聯盟盟約第十六條行事，』承諾『互相給與立卽的幫助，』如果任何一國『遭受一種不遵守他們與德國間本日所定的契約。』實際上法國擔保的是德國應遵守東部的公斷條約，波蘭與捷克斯洛伐克擔保的是德國應遵守西部的條約。

第三十一章　歐洲政團

洛加諾的協約大有助於歐洲國家系統的恢復，這系統業經一九一四年——一八年的事件破裂得那樣的可悲。給予新制度以重要性的，不僅是國際爭執用和平解決的保證與機關；在這一切之上，公共事務裏起了一種新的潮流，那便是通常稱做『洛加諾的精神』在該會議上盛行的好感後來還維持不衰。當德國各代表遄返柏林的時候，法大使前往去接，隨後大家看見他和斯脫拉斯孟從車站裏出現，把着臂，露着笑。在十一月九日的基爾特廳（Guild Hall）宴會上，張伯倫歡過合歡盃後，立即以自然動人的儀態，把盃子遞給德國大使，於是引起了一大鬨動。洛加諾的精神即是調和的精神。若是這種精神成爲全歐的態度，那麼到和平之路便安穩了。洛加諾議事桌上德國享受的平等與款待，大大減殺了凡爾塞『獨裁』的和平所遺留下來的感情。（註一）

（註一）Deutsche Rundschau, Nov., 1925, p. 195: "Die Konferenz von Locarno."

洛加諾會議表顯了歐洲威勢的復活，這威勢在一九一四年——一八年的大戰與戰後的幾年裏已減少了許多。歐洲威勢的衰退，同時引起了遠東與近東方面法律和秩序的廢弛。土耳其成功了一次回教對歐洲霸權的反抗。中國人堅持廢除多數歐洲國家享有的治外法權的要求。敍里亞與摩洛哥的一部份在一九二五年秋是在烽火飛揚之中。

洛加諾會議的成功，使歐洲以外的世界頓時另眼相看。歐洲關稅同盟被認爲很可能，而且『一個歐洲合衆國也已經被人談起來了。』（註一）歐洲合衆國一語在美國報紙上是時常提到的，美國報紙並且『承認歐洲正開始恢復其領袖地位。』（註二）托奈齊加（Treitschke）的名言又證明了：『歐洲將永爲世界的中心，』因爲牠在以往根深蒂固，文化與政治的傳說又已完善確立。

歐洲的系統這時更因國際聯盟威權漸張而大見強固。柯夫事變（Corfu incident）的解決

（註一）New York Times, Oct. 19, 1925.

（註二）Boston Evening Transcript, Oct. 19, 1925.

證明了國聯爲善的勢力，雖然沒有表現得有聲有色。

是在一九二三年八月二十七日，重訂阿爾巴尼亞與希臘國界的國際委員會裏意國的委員們從瓊尼那 (Janina) 到桑地可隆他 (Santi Quaranta) 道經希臘領土時突被襲擊。德里尼 (Tellini) 將軍，科地 (Corti) 少佐，與邦拉新尼 (Bonaccini) 大尉俱被殺死。

莫索里尼治下的意政府發了一個哀的美敦書給希臘政府，提出若干要求，内中包括由意國官吏一人前往暗殺地點調查，以及償付五千萬意幣里拉爲賠款。接到一個答覆，他認爲不滿意，莫索里尼便下令佔據柯夫，由意艦礮轟該城，於八月三十一日實行佔領。約有十五個市民死於礮轟之下。(註一) 可是莫索里尼在一紙官報裏宣稱柯夫之佔領爲暫時的並且非戰爭的行動。然而歐洲的輿論自然很烈的騷動了。有些人深深擔憂，恐怕意政府或許像以前的保持多特康尼斯一樣，保持柯夫。歐洲的燎原之災似乎已有了成分。

希臘政府勉自抑制，把這事照國聯盟約第十五條提交國聯行政院。湊巧國聯大會和行政院

(註一) League of Nations, Official Journal, Nov. 1923, p. 1277.

九月裏正在日內瓦開會。

羅伯特西薛爾 (Robert Cecil) 說，國聯行政院不能承認強國與小國的區別：『他們全都平等的要遵守他們簽字於國聯盟約後而發生的義務。』（註一）意政府由沙朗特拉 (Salandra) 代表出而否認國聯有處理該案之權。巴黎的大使會議纔是負責實施和約的機關。劃清希臘與阿爾巴尼亞國界的國際委員會，乃是大使會議根據實施和約的責任而設立的。希臘政府在事實上對暗殺的責任問題，曾同意接受大使會議的決議，但意政府未加許可。

國聯行政院於九月六日致一信於大使會議，鼓勵該會對該爭執覓一解決，可是保留行政院對於自身處理此案權力的見解。因此該會議能於九月八日聲明如果希臘政府接受某種條件，柯夫可以撤退。主要的條件是希臘政府應在雅典與法利龍 (Phaleron) 作儀式的道歉，並派一國際調查團往瓊尼那調查罪狀。

這個通牒把瓊尼那的暗殺及其責任的事件，從意大利手裏取出來，由大使會議承辦，算是三

（註一） League of Nations' Official Journal, Nov. 1923, p. 1279.

保加利亞的控訴從國聯的祕書長處交到白里安，他是國聯行政院的主席，同時又是法國外交部長。白里安立刻發出一強硬的通牒給雅典與蘇非亞兩國政府，要求各個政府的軍隊立即撤回至各自邊界以內，並且在行政院調查該問題期內不得作新的軍事行動。

四天之間，一個普遍的巴爾幹戰爭籠罩着歐洲。巨哥斯拉夫（牠與保加利亞關係極爲險惡）能否保守中立很是問題。據云保加利亞在列強裏面有牠自己的朋友，希臘亦然。大家深怕在巴爾幹多事之地，表現西方列強的對峙。當十月二十四日希臘政府宣佈允許，在保加利亞退出所佔希境的條約上，撤退牠在保境的軍隊，這時候歐洲纔爲之釋然。希臘政府承諾『接受行政院的權力』。（註一）十月二十六日華盛頓的希臘使館公布雅典來的一個電報，稱希臘的同意國聯通訊，乃是由於羅馬尼亞的一個請求，該政府『勸希臘政府證明牠的和平意向。』

國聯行政院於十月二十六日在巴黎的外交部開會，由白里安主席，張伯倫與其他八個歐洲政治家出席。聽了保加利亞與希臘駐巴黎公使們的陳述以後，行政院通過下面的決議案：

（註一）希臘通牒全文載 New York Times, Oct. 26, 1925.

如相爭的一造，對於爭議自行聲明並爲行政院所查悉，按諸國際公法，純屬該造本國法權範圍以內的事件，則行政院應據情報告而不必爲解決該爭議的建議。

『一點又一點』與『一線復一線』可爲國聯的格言。第二次一個歐洲國家對另一歐洲國家的戰爭行動，國聯決然的出來干涉了。這事發生於一九二五年十月的希保爭執。

十月十九日靠近德美加普（Demirkapu）地方的希臘和保加利亞國界上發生了鎗擊。邊境的常備軍隊也加入了，『雙方的軍用房被據了而在短時期間保加利亞人與希臘人便互相佔據疆土了。』（註一）希臘的參謀部聞耗大爲激動，深恐馬其頓（Macedonia）與慈乃斯的希臘當局間的交通被割斷。（註二）該部立即派出沙隆立加的第三軍團，佔領一大塊保加利亞的領土，並且砲擊了彼特里希（Petrich）城。發了一個哀的美敦書給保加利亞政府，要求賠款二百萬金法郎。十月二十三日保加利亞政府向國際聯盟抗議希臘政府的行動。

（註一） Crawford Price 有文發表於 Christian Science Monitor, Dec. 19, 1925.

（註二） 國聯調查委員會報告見 Christian Science Monitor, Dec. 8, 1925.

失賠償爲過分。在另一方面，大使會議明白表示了意大利在賠償的要求滿足後，必須立即撤退柯夫以及牠所佔據的任何埃阿寧羣島（Ionian Islands）。再者，莫索里尼原來的要求，謂偵查法庭須由一個意國官吏主持，亦被該會議所推翻。柯夫於九月二十七日便撤退了。

在柯夫事變的進行中，莫索里尼曾否認國聯處置任何從和約發生的問題的權力。這次發生暗殺的實際事變雖委於大使會議解決，同時國聯行政院卻乘機證實牠的權力。

行政院委員同意，凡國聯會員間任何勢將發生衝突的爭執都是在國聯行動範圍之內，並且如果此種爭執不能以外交公斷或司法處理解決時，行政院責任所在，須按照盟約第十五條應付之：

行政院決議這些問題應指令一個法律家特別委員會表示意見加以答覆。（註一）關於行政院『抓住了一個爭執』時的行動的自由問題及其所得答覆，在大體上是有利於國聯的。（註二）法律家承認的唯一限制是在盟約第十五條第八段之下，這一段載着：

（註一） League of Nations, Official Journal, Nov. 1923, p. 1351

（註二） 問題與答覆載 Official Journal, April, 1924. p 524.

協約國（英，法，意）的一個問題。因此，不論最後的條件何若，希臘能夠無損尊嚴的讓步，因為她所服從的不是意大利的武力，而是大使會議的司法的意見。國聯行政院用她對意大利的壓力和她的公開宣傳，頗有助於這種政治手腕的解決，那是無疑的。

九月十日規定的儀式平平穩穩的在雅典和法理龍舉行了。『國際調查委員會到九月二十五日既未能查出暗殺意大利官吏的凶手，大使會議便在九月二十六日發往希臘政府的一個通牒裏，決定認為這次事變已告結束；命令希臘償付意政府五千萬里拉，作為未能保證凶手之捕獲與懲辦的罰金。』（註一）希臘早已把這筆錢存在瑞士國家銀行裏以表信用；如今便付了給意大利政府。

所以國際法的統治得了拯救。國際聯盟誘引了大使會議受理這個問題。大使會議把她的威權加了在希臘和意大利兩政府的上面，而起初自稱有獨立行動之權的意大利政府，又接受了會議的判決。的確，她服從這判決是因為得到了原來要求的五千萬里拉的款額。許多人批評這種損

（註一） Annual Register, 1923, p. 225.

行政院必俟軍事行動業已停止與軍隊撤至國界以內時，方告滿足。因此牠請兩國代表在二十四小時以內報告保加利亞與希臘政府已無條件地命令軍隊撤回至各自國界以內，並在六十小時以內——即星期六開會時——報告所有一切軍隊已經撤回至國界以內，一切的戰鬬已經停止，並且所有的軍隊已加警告謂再敢開鎗者將受嚴厲的處罰。

『必須明白認淸者，』白里安對希臘與保加利亞的代表說『即這種時限乃是從現在算起』。（註一）行政院的要求被承受了，國聯派了一個小的委員會往德美加普去調查這件事變並決定責任。

調查委員會的主席是英國駐西班牙大使霍來士倫波特。該委員會包括一個法國軍官，一個意國軍官，一個瑞典公民，和一個荷蘭公民。牠的報告使國聯行政院深信希臘的侵略保加利亞領土沒有理由，雖然確立了一個事實，即希臘一哨兵與一官吏拿了面白旗在十月十九日（事變的第一天）被殺。委員會計算保加利亞所受的損失約四萬五千英鎊。國聯行政院派了一個委員會

（註一） New York Times, Oct. 27, 1925.

以張伯倫爲主席，審查了該項報告，並決定了希臘是有過失的，應賠償保加利亞三千萬里伐 leva，約四萬三千至四萬五千鎊。

德美加普事變剛洛加諾和平的明日，陡然散放了戰爭的禍患，牠的和平了結是國聯最奇偉的成功。有人批評國聯行政院對待兩個巴爾幹小國則猛，對待柯夫案中的意大利則寬。別的人，比較寬大些，認爲列強，尤其是英，法，意，之稱頌國聯行動，已『爲他們將來的行爲給了擔保。』（註一）將來如果列強間發生危機，國聯處置德美加普事件的判例勢將斷然引用，再如果美國的權力與原則是贊助國聯的話，那就更有力了。（註二）

在早先五年裏，歐州另有一個傷痕，曾由兩造直接磋商治愈好了。亞得利亞問題在和會裏曾使威爾遜與其他政治家爲之束手無策。意大利得了托利斯脫

（註一） Philadelphia Public Ledger, Oct. 31, 1925.

（註二） The Milwaukee Journal, Oct. 29. 1925. 美國 Middle West （中西部）對美國的參加不甚贊同，但德美加普事變的結果使 Milwaukee Journal 該期社論中發生這樣的期望。

（Trieste）和伊斯屈利亞（Istria）半島，巨哥斯拉夫得了大部分的大爾馬地海岸，但阜姆是一塊爭嘗的鼎臠。牠本由協約國軍隊佔領，但在一九一九年九月十二日有名的詩人，小說家兼當過大戰裏的兵士的加布里鄧南遮（Gabriele d' Annunzio）領了一小隊的義勇軍佔據了這個城。協約國軍隊爲避免引起意巨戰爭起見便撤退了。

意政府很願意與巨哥斯拉夫公道辦理，但是牠頗受強烈的輿論所左右；牠不敢對鄧南遮和他的義勇軍以兵戎相見。終於在一九二〇年十一月十二日喬渥立帝與巨哥斯拉夫締訂了拉派洛條約（Treaty of Rapallo）。根據這個條約，巨哥斯拉夫取得所有的大爾馬地海岸，除了柴拉（Zara）劃歸意大利外；阜姆則爲一獨立國家。拉派洛條約公布了。同時意外交部長斯福閘（Sforza）送了一封密札（日期爲一九二〇年十一月十二日）給巨哥斯拉夫外交部長托蘭比煦，聲稱樸託博羅斯（Porto Borros）應屬巨哥斯拉夫，該地是阜姆東南角上一塊人造的盆地。這封信未經公布，因爲在那時公布只有激動意大利的輿論。拉派洛條約有一項規定稱阜姆獨立國應有一條走廊邊岸，西北至意大利邊界。

拉派洛條約被意大利國會批准了，喬渥立帝自覺力能逼近阜姆，向鄧南遮表示，謂假如任何一切俱不能使彼瞞然變計，惟有用武力作斷然處置。故在一九二〇年十二月三十一日那天鄧南遮宣告爲武力所屈服。他於是離開這個有一個時候繁盛過的城市，如今卻是街上長了草。

阜姆獨立國於是這樣成立了，但牠的生命很短。志在歸併意大利的國家黨在這小國裏鬧成了嚴重的騷擾（國中只有四萬八口）。最後意政府於一九二一年六月十三日派了一個欽使前往治理阜姆。斯福闢在意大利國會裏承認樸託博羅斯屬於巨哥斯拉夫。（註一）這個報告益加增進了國家主義者的煽動；因爲樸託博羅斯雖是巨國蘇沙克（Sushak）城的必要的出口，卻也被認爲對於阜姆的經濟繁榮有同等的需要。

解決這問題的是莫索里尼，他在一九二二年十月二十六日法西斯蒂革命後做了意大利的首相。他有力地聲稱準備保守拉派洛協定。他與巨哥斯拉夫政府開談判。然而阜姆簡直是在那裏當做一塊意大利屬地治理。拉派洛協約分明必須修正。意巨雙方都願磋商。最後，在一月二十七日

（註一）見 Toynbee, Survey of Internatinal Affairs, 1924, p. 413.

（一九二四年），雙方政府簽訂了新的文件。阜姆自由邦是取消了。樸託博羅斯與附近的里新那河(Recina)的三角洲認為屬於巨哥斯拉夫，外加了一塊伸出的土地。該獨立國其餘各地，包括那條邊岸（減小了）則歸併入意大利。因為單是樸託博羅斯一地不足為巨哥斯拉夫內地的埠頭，因此把阜姆主港裏的一塊盆地借了給巨哥斯拉夫五十年。這個協定更因一九二四年七月五日所訂的一個竭誠合作公約(Pact of Cordial Collaboration)而益見鞏固。(註一)所以時常有一觸卽發生戰爭的巨哥斯拉夫與意大利，終於用忍耐和外交解決了這個長期爭鬭的原因。

國聯直接有關的一次爭端是英國和土耳其關於土耳其與依拉克的邊界。英國是依拉克的受委託統治國，負有保障該國利益之責。

一九二三年七月二十四日的洛桑條約第三條內稱：

> 土耳其與依拉克的國界，應由土耳其與英國在九個月內用友誼的處置規定之。如果在前述限期內兩國政府不能達到任何協議時，此項爭執應提交國聯行政院。

（註一）國際聯盟，Treaty Series, vol. 26, 1924, No. 637. 締約雙方協議如雙方的共同利益受危害時，將共同一致行動。

爭執的地方是在舊土耳其的依拉克省的北部，通常稱爲木蘇爾區。英國更擬把若干爲亞西利亞基督徒所住的區域歸入依拉克，俾他們可從土耳其人迫害之下救出。爭執所在的全部土地很是重要，在軍事上，依拉克無此地便難防守，在經濟上，這地方蘊有油產。

英土間一九二四年裏的磋商都沒有得到什麼協議。因此英政府於洛桑條約所定的時限過後，便把這個爭執提交國際聯盟。同時土耳其似未遵守土地的原狀。土軍開入了條約簽字時沒有駐兵的地方。英政府因此請國聯行政院明定英土政府曾允遵守的土耳其與依拉克的邊疆地位。行政院在布魯塞爾開會，畫了一條臨時的邊界；土耳其同意遵守這條『布魯塞爾線』迄至最後的解決爲止。（註一）

國聯派了一個委員會。該委員會前往依拉克，最後在一九二五年八月裏向國際聯盟報告了。委員們建議謂邊界應照布魯塞爾線而定，（註二）把木蘇爾和亞馬地亞（Amadia）劃歸依拉克。

（註一）League of Nations, Official Journal, Nov. 1924, pp. 1648-54, 1659-60.

（註二）Times, Aug. 8, 1925. 並閱 League of Nations, Thirty-fifth Session of the Council(Cmd, 2526 of 1925)

英政府對於這個建議雖然大致滿意，但仍要求一條國界略在這線之北俾『被土耳其人逐出來的亞西利亞人的老家包括在依拉克裏。』(註一)

土耳其雖非國際聯盟的會員，卻有一代表羅希德博士 (Dr. Tewfik Rushdy) 參加關於木蘇耳的討論。英國與土耳其都曾擔任(一九二四年九月)遵守國聯的決議。(註二) 因為羅希德博士反對調查委員會的報告，國聯便延緩決議並另派了一個委員會去審查兩造對爭執的見解。

土耳其政府不管牠先前已擔任恪守國聯行政院的決議，(註三) 如今聲稱國聯不能作有拘束力的決議，僅能作一建議，聽憑兩造的同意與否而定。

(註一) Speech of Mr. Amery, Secretary of State for the Colonies, at the Thirty-fifth Session of the Council of the League, September, 1925. (Cmd. 2528 of 1925, p. 6).

(註二) 閱 Unden 的報告 (Cmd 2565 of 1925, p. 3).

(註三) 閱 Publications of the Permanent Court of International Justice, Series B, Colllection of Advisory Opinions, No. 12, p.17.

國聯行政院因此決定於一九二五年九月十九日按照洛桑條約第三條把行政院的權力問題交國際常設法庭答覆。(註一)所諮詢的問題是：

(一)根據洛桑條約第三條第二段，行政院應作的決議，其性質爲何——公斷的判決，建議，抑爲一種簡單的調停？

(二)決議必須全體一致，抑由多數票決定？有關係方面的代表可參加投票否？

國際常設法庭於一九二五年十一月二十一日發出牠的意見書。牠稱『行政院所作決議對兩造有拘束力，並且成爲士耳其與依拉克間國界的一種確實的決定。』牠又主張決議『必爲全體一致，兩造的代表參加投票，但他們的投票於決定是否全體一致時不算在內。』(註二)英政府對於這種意見不表反對，士耳其宣稱牠不能同意照牠的見解說來行政院僅能用全體一致的決

(註一)　該法庭於一九二一年按照國際聯盟盟約第十四條成立了。

(註二)　Publications of the Permanent Court of International Justice, Series B, Advisory Opinions, No. 12, p. 33.

議，包括兩造的投票，纔可以採取法庭的意見。可是國聯行政院不管這一點，牠全體一致的接受了法庭的意見，兩造的投票不算在內。

賴唐南將軍（General L. Laidoner）一九二五年十一月二十三日從木蘇爾發出的報告，公布之後，引起了淒慘的印象。賴唐南將軍是一位著名的意沙尼亞軍人，他被國聯行政院派往考察布魯塞爾線兩方的情形。他報告謂布魯塞爾線南再沒有什麼土耳其的軍站，但土人正把基督教住民從臨時的土耳其地境裏驅逐出來到臨時的依拉克地境。這種措置連帶發生了土耳其兵士的『殘暴不仁的舉動，甚至於屠戮慘殺，』還徵收罰金，佔取婦女。（註一）

國聯行政院於一九二五年十二月十六日下判決，決定布魯塞爾線爲確實的疆界。（註二）該院邀請英政府與依拉克訂一條約，保證委託統治制度繼續二十五年。整個事件於是由英國與土耳其直接磋商解決。

（註一） 報告全文見 Cmd. 2557 of 1925.

（註二） League of Nations, Official Journal, Nov.,1924, p. 1671, 上有一張布魯塞爾線的地圖。

固有名詞中英文對照表

第一章

馬勒杜潘 (Mallet du Pan)

兩國同盟 (Dual Alliance)

三國同盟 (Triple Alliance)

聖喬立諾侯爵 (Marquis di San Giuliano)

桑特爾將軍 (General Liman von Sanders)

吉馬爾 (Djemal)

米居里 (Miguelite)

格萊 (Sir Edward Grey)

保羅肯邦 (Paul Cambon)

馬漢海軍司令 (Admiral Mahan)

五國條約 (Five Power Treaty)

倫敦公約 (Pact of London)

朋根多夫 (Benckendorff)

白皮書 (White Paper)

第二章

馬歇爾比伯爾斯坦 (Marschall von Bieberstein)

巴格達 (Bagdad)

哈布斯堡皇室 (Habsburg Monarchy)

博斯尼亞 (Bosnia)

赫爾仔哥維那 (Herzegovina)

愛德華七世 (Edward VII)

雷斯得爾爵士 (Lord Redsdale)

賽德哈吡親王 (Prince Said Halim)

耶維特 (Djavid)

統一與進步委員會 (Committee of Union and Progress)

安威爾 (Enver)

泰拉提 (Talaat)

坦克瓊斯古 (Take Jonescu)

馬西唐尼亞 (Macedonia)

滿拉斯地爾 (Monastir)

托利玻里 (Tripoli)

斯帝特 (Steed)

麥默特歇夫•克提柏夏(Mahmud Shevket Pasha)

蘇丹渥斯孟 (Sultan Osman)

雷斯買地 (Reschadieh)

閣本 (Goeben)

勃來斯勞 (Breslau)

韃靼海峽 (Dardanelles)

博斯佛拉斯海峽 (Bosphorus)
王根哈姆 (Wangenheim)
保孟 (Beaumont)
林普斯海軍司令 (Admiral Limpus)
馬勒提 (Sir Louis Mallet)
梭菲亞 (Sofia)
馬因 (Marne)
吉青納爵士 (Lord Kitchener)
費杜西亞 (Feodosia)
基爾斯 (M. de Giers)
塞普拉斯 (Cyprus)
默克他拍夏 (Mahmud Muktar Pasha)

第三章

未贖回的意大利地方 (Italia Irredenta)
托倫地洛 (Trentino)
亞得利亞海 (Adriatic)
肯玻福米阿條約 (Treaty of Campo Formio)
尼斯 (Nice)
突尼斯 (Tunis)
伯啓托特伯爵 (Count Berchtold)
愛倫塞爾伯爵 (Count Aerenthal)
馬古第將軍(General von Margutti)
威廉街 (Wilhelmstrasse)
康拉德陸軍元帥 (Field-Marshal Conrad)
西德尼宋理諾 (Sidney Sonnino)
亞伐那公爵 (Duce d' Avarna)
布洛親王 (Prince Bülow)
馬爾達別墅 (Villa Malta)
維希特爾 (Kiderlen-Waechter)
麥吉阿男爵 (Baron Macchio)
托利斯提 (Trieste)
布林男爵 (Baron Burian)
多德康尼西 (Dodekanese)
偉特爾將軍 (General Count von Wedel)
南帖羅耳 (Southern Tyrol)
格拉迪斯加 (Gradisca)
意松查 (Isonzo)
郭里齊亞 (Gorizia)
羅特 (Rennell Rodd)
印泮略里 (Imperiali)
維特威廉 (William of Wied)
烏蘭 (Uhlans)
烏定堡 (Wurtemberg)
杜雷查 (Durazzo)
沙生諾 (Saseno)
沙蘭德拉 (Antonio Salandra)
墨索里尼 (Benito Mussolini)
意大利人民報(Il Popolo d'Italia)
喬握立帝 (M. Giolitti)
錫沙爾品帖羅耳 (Cisalpine Tyrol)
勃倫納 (Brenner)
意斯托利里 (Istria)

羅新 (Lussin)

派拉助利 (Pálazuoli)

大爾馬地亞 (Dalmatia)

普蘭加角 (Cape Planka)

厄立得利亞 (Erythrea)

沙馬利蘭 (Somaliland)

里比耶 (Libya)

克羅地亞 (Crotia)

門的內閣羅 (Montenegro)

阜姆 (Fiume)

凡格里亞 (Veglia)

潘維吉亞 (Pervichia)

格利各略 (Gregorio)

郭立阿 (Golio)

亞爾培 (Arbe)

德林河 (R. Drin)

斯派拉托 (Spalato)

拉古沙 (Ragusa)

喀泰拉 (Cattara)

木索兒人 (Mussulman)

神聖教堂 (Holy See)

佛郎西司蘇辟羅 (Francis Supilo)

第四章

沙重諾夫 (M. Saazonoff)

樸資茅斯條約 (Treaty of Portsmouth)

斯托立品 (Stolypin)

伊斯伏爾斯基 (Isvolsky)

哥爾倫米金 (Goremykin)

自由黨人 (Cadets)

加里西亞 (Galicia)

派利洛格 (Paléologue)

大操場 (Champ de Mars)

古斯公爵 (Duc de Guise)

鮑將軍 (General Pau)

布加利斯提 (Bucharest)

萊茵河 (the Rhine)

科布林茲 (Coblenz)

西摩談話 (Hamilton-Seymour Conversations)

意諾斯米迪亞線 (Enos-Midia line)

沙卡利亞河 (R. Sakaria)

意斯米特灣 (Gulf of Ismid)

馬摩拉海 (Sea of Mamora)

應布洛斯 (Imbros)

加里波里 (Gallipoli)

麥根生元帥 (Field-Marshal von Mackensen)

騰拉傑克 (Dunajec)

第五章

格羅秀士 (Grotius)

巴黎宣言 (Declaration of Paris)

薩丁尼亞 (Sardinia)

貝其 (Page)

霍司大佐 (Colonel House)

藍辛 (Lansing)

西雪爾斯普林來司 (Cecil Spring-

Rice)
勃來登(E. N. Breitung of Michigan)
大西亞 (Dacia)
托倫提 (Trent)
開爾克華爾 (Kirkwall)

第六章

湯麥司甲弗遜 (Thomas Jefferson)
里集 (Liége)
亞西利安人 (Assyrians)
阿里渥維斯達斯 (Ariovistus)
糾塞蘭 (Jusserand)
伯恩斯托夫 (Bernstorff)
齊麥爾門 (Herr von Zimmermann)
普林斯頓 (Princeton)
伯斯門賀爾維 (Bathmann-Hollweg)
羅斯福 (Theodore Roosevelt)
肯那德輪船公司(Cunard Steamship Company)
魯西坦尼亞 (Lusitania)
杜姆巴 (Dumba)
登堡博士 (Dr. Dernburg)
克利夫蘭 (Cleveland)
包爾福 (Balfour)
霍司議定書 (House Memorandum)
霍司大佐密件(the Intimate Papers of Colonel House)
凡爾登 (Verdun)
桑姆 (Somme)
愛斯揆士 (Asquith)
白里安 (M. Briand)

第七章

亞得利亞羅堡 (Adrianople)
弗地蘭 (Ferdinand)
蓋司夫 (Guéchoff)
謝托克 (Theotokes)
威尼柴洛斯 (Venizelos)
慕尼克 (Munich)
愛琴羣島 (Ægean Islands)
巴式煦 (Pashitch)
柴米斯 (Zaimis)
斯古魯地司 (Skouloudis)
格魯克斯堡王朝 (Glucksbourg Dynasty)
柯夫 (Corfu)
彼得王 (King Peter)
羅泊耳要塞 (Fort Rupel)
麥爾伯煦哈夫伯爵 (Count Mirbach-Harff)
甘立慈 (Görlitz)
克雷地 (Crete)
康多略地斯海軍司令(Admiral Condouriotis)
沙拉米斯海峽 (Straits of Salamis)
蘭布羅斯 (Spiridon Lambros)
法利弄 (Phaleron)
柴品 (Zappeion)
瓊拉提 (Jonnart)

亞力山大 (Alexander)
披里亞斯 (Piræus)
洛金嶺 (Mount of Lovchen)

第八章

參因 (Marne)
克虜克 (A. von Kluck)
伐地坎 (Vatican)(教皇政府所在地)
上薩伏夷 (Upper Savoy)
盤恩 (Berne)
利佛特拉與亞爾孟 (Reverterа-Armand)
斯茅次與門斯多爾夫 (Smuts-Mensdorff)
何恆洛親王 (Prince Gottfried von Hohenlohe-Schillingfürst)
恩提威爾普 (Antwerp)
伯爾格納德 (Belgrade)
辜爾孟男爵 (Raron von Külmann)

第九章

波爾共和國 (Boer Republic)
查利王 (King Charles)
何亨佐倫 (Hohenzollern)
托倫雪爾文尼亞 (Transylvania)
福爾根海將軍 (General von Falkenhayn)
卡派新 (Carpathians)
瓦拉齊亞 (Wallachia)
摩爾達維亞 (Moldavia)
約塞 (Jassy)
西列斯 (Sereth)
威特 (Witte)
拉斯普丁 (Raspatin)
克倫斯基 (Alexander Kerensky)
維威 (Vevey)
尼古拉列寧 (Nicolai Lenin)
普拉吞 (Fritz Platen)
格列姆 (Robert Grimm)
克實林伯爵 (Count Czernin)

卻爾斯皇帝 (Emperor Charles)
喀萊 (Calais)
梅特涅 (Metternich)
勃萊斯特里托夫斯克(Brest-Litovsk)
何夫孟將軍 (General Hoffmann)
杜克賀林將軍 (General Dukhonin)
克列倫可 (Ensign Krylenko)
李阿玻特親王 (Prince Leopold)
越飛 (Yoffe)
卡門納夫 (Kameneff)
比成可 (Madam Bizenko)
可蘭 (Courland)
立陶宛 (Lithuania)
斯托克霍姆 (Stockholm)
愛沙尼亞 (Esthonia)
立汪尼亞 (Livonia)
文斯克 (Dvinsk)
明斯克 (Minsk)
利佛耳 (Revel)

斯可夫 (Pskov)
黑特林伯爵 (Count Hertling)
亞威列斯古將軍(General Averescu)
勃夫梯 (Buftea)
多布魯甲 (Dobruja)
多瑙河 (Danube)
培沙剌比亞 (Bessarabia)

第十章

伊立阿提 (Charles W. Eliot)
沙琴 (Sargent)
普列斯 (Pless)
蘇塞克斯 (Sussex)
霍沙湯尼克(Housatonic)
保非略迪亞慈總統 (President Porfirio Diaz)
維那 (Villa)
哥倫布斯 (Columbus)
潘興將軍 (General Pershing)
喀朗闌 (Carranza)
意克哈特 (Eckhardt)
塔克薩斯 (Texas)
新墨西哥 (New Mexico)
阿利重那 (Arizona)
白賴安條約 (Bryan Treaty)
樸資丹 (Potsdam)

第十一章

郤爾斯大公爵 (Archduke Charles)
熊勃魯 (Schönbrunn)
波爾弗剌斯男爵(Baron von Bolfras)
朗維白里埃 (Longwy-Briey)
濟大皇后 (Empress Zita)
包本帕馬 (Bourbon-Parma)
薛克士特 (Sixte)
柴維爾 (Xavier)
斯伐坐 (Schwarzau)
弗來新列 (M. de Freycinet)
哈勃斯堡 (Habsburg)
紐歇特爾 (Neuchâtel)
潘美爾路 (Rue Pommier)
愛爾杜地伯爵 (Count Erdödy)
普恩加賚 (M. Poincaré)
紏爾肯邦 (M. Jules Cambon)
威廉馬丁 (William Martin)
白里安 (Briand)
拉森堡 (Laxenburg)
李波特 (Ribot)
福克斯東 (Folkestone)
麻倫恩 (St. Jean de Maurienne)
普魯賽內西亞 (Prussian Slesia)
厄利斯利亞 (Erythrea)
台維斯 (Davis)
柏金漢宮 (Buckingham Palace)
外特島 (Isle of Wight)
司登福漢爵士(Lord Stamfordham)
般那勞 (Bonar Law)
厥重爵士 (Lord Curzon)
愛特華卡爾孫(Sir Edward Carson)

李定爵士 (Lord Reading)
維克多伊曼紐 (Victor Emmanuel)
班樂衛 (M. Painlevé)
克里孟梭 (M. Clemenceau)
利佛特拉伯爵 (Count Revertera)
亞爾猛伯爵 (Count Armand)
福煦 (Foch)
弗立堡 (Friburg)
波希米亞 (Bohemia)

第十二章

斯洛文 (Slovenes)
大爾馬地亞 (Dalmatia)
塞爾維亞人 (Serbs)
亞得利亞條約(The Adriatic Treaty)
普蘭可角 (Cape Planko)
托蘭姆比煦 (Trumbitch)
興可維煦 (Hinkovitch)
伏金洛維煦 (Vojinovitch)
斯派拉托 (Spalato)
柴刺 (Zara)
阜姆決議條 (Fiume Resolution)
伊斯托里亞 (Istria)
法郎洛蘇必羅 (Frano Supilo)
剌古沙 (Ragusa)
佛里琴案 (Friedjung Case)
尼可拉柏式煦 (Nikola Pashitch)
伯爾格納特 (Belgrade)
佛朗克林蒲爾隆(Franklin Bouillon)
回回教派 (Mussulman)
阿蘭都 (Signor Orlando)
朋斯 (Dr. Benes)
米蘭 (Milan)

第十三章

盧森人 (Ruthenians)
摩哈克斯 (Mohacs)
梭立門大帝 (Solyman The Magnificent)
馬沙克(Thomas Garrigue Masaryk)
普剌圭 (Prague)
斯塔方尼克 (Colonel Stefanik)
斯洛文國歌 (Hei Slovane)
畢勳 (Pichon)
西薛爾 (Robert Cecil)
波希米亞民族同盟 (Bohemian National Alliance)

第十四章

米納爾爵士 (Lord Milner)
貝當元帥 (Marshal Pétain)
海格陸軍元帥(Jield Marshal Haig)
福煦 (Foch)
蒲魯麥爾 (Plumer)
賓格 (Byng)
多倫 (Doullens)
黑特林伯爵 (Count Hertling)
海軍司令與釆(Admiral von Hintze)
李煦諾斯基 (Lichnowsky)
亞爾次將軍 (General Freiherr von

Arz)
沙伏夫將軍 (General Savoff)
愛斯披來將軍 (General Franchet d' Esperey)
般恩 (Berne)
巴登大公爵(Grand Duke of Baden)
麥克司親王 (Prince Max)
可隆 (Cologne)
希爾海軍司令(Admiral von Scheer)
海異大佐 (Colonel Heye)
布爾生 (A. S. Burleson)
馬克都 (W. G. Mc Adoo)
夏特孟 (Scheidemann)
莫德剌將軍 (General von Mudra)
莫德羅斯 (Mudros)
基爾 (Kiel)
埃爾慈伯吉爾 (Erzberger)
奧本多夫伯爵 (Count Oberndorff)
溫特凡爾特 (Winterfeld)
康本 (Compiègne)
佛朗克樸堡 (Château Francport)
萊桑特 (Rethondes)
魏米斯海軍司令 (AdmiralWemyss)
西姆斯海軍司令 (Admiral Sims)
海爾多夫 (Helldorff)
梅顏斯 (Mayence)
可勃倫慈 (Coblenz)
自動礮 (Minenwerfer)
里姆堡 (Limburg)
斯派他主義 (Spartacism)

第十五章

塔列蘭 (Talleyrand)
泰狄歐 (Tardieu)
杜他斯他 (Dutasta)
海地 (Hayti)
赫甲茲 (The Hedjaz)
比斯可芬飯店 (Hôtel Bischoffen)
大華飯店 (Hôtel Majestic)
奧斯托利亞飯店 (Hôtel Astoria)
康可街 (Place de la Concorde)
克利隆飯店 (Hôtel de Crillon)
李恩親王 (Prince de Ligne)
托蘭雪而文宜亞 (Transylvania)
斯瑪茨將軍 (General Smuts)
布爾裔亞 (Bourgeois)
阿特沙 (Odessa)
愛卡左堡 (Eckartsau)
亞爾培 (Albert)
勃羅克林 (Brooklyn)
皮康菲爾德爵士(Lord Beaconsfield)
克洛茨 (Klotz)
莫利恩會議(Conference of St. Jean de Maurienne)
斯麥娜 (Smyrna)
克里斯必 (Crespi)
伯拉孔 (Bela Kun)

第十六章

雷賓扶飯店（Hôtel des Réservoirs）
翠恩琅皇宮飯店（Hôtel Trianon Palais）
勃羅克多夫朗初伯爵（Count Brockdorff Rantzau）
夏特孟（Herr Scheidemann）
古斯他夫包伊爾（Gustav Bauer）
漢孟繆勒（Hermann Müler）
漢尼爾（Herr von Haniel）
韋馬（Weimar）
勃拉地亞奴（Bratianu）
約罕涅培爾（Johannes Bell）

第十七章

紐斯他特（Neustadt）
普生（Posen）
帕滿倫尼亞（Pomerania）
尼門河（River Niemen）
古里希哈夫（Kurisch Haff）
斯基爾維斯海峽（Skierwith Channel）
北希來斯維格（North Schleswig）
中立的摩爾斯萊特（Neutral Moresnet）
里己亞拉什不爾（Liege-Aix-la-chapelle）
德意志關稅同盟（Zollverein）
薩爾路易斯（Saarlouis）
薩爾勃呂克（Saarbrülck）
波都大會（Assembly of Bordeaux）
佛蘭克福條約（Treaty of Frankfort）
托羅泊（Troppau）
何爾慶（Hultschin）
盧森人（Ruthenes）
卡派新（Carpathian）
潑里斯堡（Presburg）
勃剌脊斯拉伐（Bratislava）
阿倫斯坦（Allenstein）
馬林維爾特（Marienwerder）
馬林堡（Marienburg）
但澤（Danzig）
維斯土拉（Vistula）
尼門（Trans-Niemen）
梅梅爾（Memel）
弗倫斯堡（Flensburg）
海里哥蘭（Heligoland）
登恩（Dune）
德意志式（Deutschland）
洛脫林更式（Lothringen）
萊普齊克（Leipsic）
朋查耳（Benzol）
西客文件（Papiers de Cerçay）
羅赫（Rouher）
阿斯孟大帝（Caliph Othman）
梅迪娜（Medina）
馬克華華蘇丹（Mkwawa Sultan）
魯文大學（University of Louvain）
文愛克（Van Eyck）
間堤（Ghent）

聖巴放禮拜堂(Church of St. Bavon)
地立克波慈 (Dierick Bouts)
可勃倫茲 (Coblenz)
開爾 (Kehl)
斯托拉斯堡 (Strasbourg)

第十八章

洛加諾公約 (Pact of Locarno)
聖日爾曼盎雷依 (St. Germain-en-Laye)
卡勒羅灣 (Gulf of Quarnero)
下奧地利省 (Lower Austrian Province)
波可維拉 (Bukovina)
威尼斯宮 (Palazzo Venezia)
托里恩龍 (Grand Trianon)
馬耶爾人 (Magyars)
小協約 (Little Entente)
路意條約 (Treaty of Neuilly)
洛其 (H. C. Lodge)
馬摩拉海 (Sea of Marmora)
加里波利半島(Gallipoli Peninsula)
斯滿拉 (Smyrna)
脈爾迭斯登 (Kurdistan)
熊島 (Bear Island)

第十九章

亨利第四 (Henri Quatre)
愛牛林威廉 (Aneurin Williams)
亨利懷特 (Henry White)
魯特 (Root)
渥海渥州 (Ohio)
哥倫布斯 (Columbus)
可洛拉多 (Colorado)
支加哥每日講壇報 (Chicago Daily Tribune)
沙姆叔 (Uncle Sam)
印地安拉帕立斯 (Indianapolis)
聖路易斯 (St. Louis)
特斯夢尼斯 (Des Moines)
明尼梭他 (Minnesota)
大可他斯 (Dakotas)
蒙他娜 (Montana)
布立特 (Bullitt)
西雅圖 (Seattle)
落機山 (Rockies)
斯樸康 (Spokane)
華盛頓報 (Washington Post)
潘恩維 (Jacques Bainville)
渥克拉河麻州 (Oklahoma)
奧溫 (Owen)

第二十章

利加 (Riga)
赫斯卻理親王 (Prince Frederick Charles of Hesse)
亞蘭羣島(Aaland Islands)
多彼特和平條約 (Peace Treaty of Dorpat)
貝奥加 (Petschenga)

凡大 (Vaida)
來佛耳 (Revel)
伯耳滿大佐 (Colonel Bermondt)
賴唐南將軍 (General Laidoner)
余登尼其將軍 (General Yudenitch)
鄧尼金 (General Denikin)
海軍上將可爾加克 (Admiral Kolt-chak)
克剌新 (Krassin)
越飛 (Yoffe)
挪伐河 (Narva)
北潑斯湖 (Lake Peipus)
哥爾茲將軍(General von der Goltz)
耶特維加皇后 (Queen Jadwiga)
維爾那 (Vilna)
巴特利斯基 (Paderewski)
華沙 (Warsaw)
蘇華爾基 (Suwalki)
徐立古斯基 (Zeligowski)
海門士 (Hymans)
庫扶諾 (Kovno)
白羅宋尼亞 (White Ruthenia)
達奴普耳 (Tarnopol)

第二十一章

米列朗 (Millerand)
尼蒂 (Nitti)
特拉克魯 (Delacroix)
桑來木 (San Remo)
卡普改變 (Kapp Putsch)
魯爾 (Ruhr)
斯派他 (Spartacist)
大姆斯達 (Darmstadt)
特伐長別墅 (Villa De Vachan)
厥重爵士 (Lord Curzon)
大使松井 (Matsui)
亞美尼亞 (Armenia)
托利比莊 (Trebizond)
埃爾仔爾魯 (Erzèroum)
亞塞爾拜姜 (Azerbaijan)
西克特將軍 (General von Seeckt)
哈羅 (Hanau)
希西 (Hythe)
林本 (Lympne)
培爾加 (Belcaire)
菲列普沙遜 (Sir Philip Sassonn)
斯派會議 (Conference of Spa)
陶斯計劃 (Dawes Scheme)
米恩將軍 (General Milne)
布龍尼 (Boulogne)
斯福闊伯爵 (Count Sforza)
喬遲立蒂 (Signor Giolitti)
魏脫博士 (Dr. Wirth)
范倫巴赫 (Fehrenbach)
西蒙斯 (Simons)
亞登消夏地 (Ardennes watering place)
佛倫陸宮(Château de la Fraineuse)

特拉克魯 (Delacroix)
蓋斯勒 (Herr Gessler)
斯汀斯 (Hugo Stinnes)
威爾遜 (Sir Henry Wilson)
龍格爾將軍 (General Wrangel)
特肯納爾 (Deschanel)
李古 (Leygues)
白里安 (M. Briand)
聖詹姆士宮 (St. James Palace)
土維特 (Tweed)
加洛格羅樸洛斯 (Kalogeropoulos)
貝克爾沙米 (Bekir Sami)
蘭加斯特屋 (Lancaster House)
斯多加特 (Stuttgart)
杜斯堡 (Duisburg)
路落特 (Ruhrort)
地賽爾多夫 (Düsseldorf)
萊茵地 (Rhineland)
小林男爵 (Baron Hayashi)
愛培爾特總統 (President Ebert)
哈維 (Harvey)
浪波列 (Rambouillet)
格來維茲 (Gleiwitz)
巴屯 (Beuthen)
加土維茲 (Kattowitz)
康尼斯 (Cannes)
海員俱樂部 (Cercle Mautique)
拉生洛 (Dr. Rathenau)
庚洛亞 (Genoa)
山基阿基阿宮 (Palazzo di San Giorgio)
首相法克他 (Signor Facta)
巴士 (Barthou)
庇亞斯十一世 (Pius XI)
其克林 (Tchitcherin)
拉可夫斯基 (Rakovski)
亞爾培別墅 (Villa d'Albertis)
亞長格爾戰役 (Archangel Expedition)
但尼金 (Denikin)
可爾札克 (Koltchak)
拉派洛 (Rapallo)
巴勒杜克 (Bar-le-Duc)

第二十二章

休士 (Charles Evans Hughes)
哈定 (Harding)
亞林頓墓地 (Arlington Cemetry)
北大可他 (North Dakota)
台拉維爾 (Delaware)
何茲 (Hoods)
前無畏艦 (Pre-dreadnaughts)
喬治五世 (King George V)
阿剌斯加 (Alaska)
領袖艦 (Flotilla leaders)
沙勞 (Sarraut)
喀斯塔克斯艦長 (Captain Castex)
海洋雜誌 (Revue Maritime)

麥塞 (Massey)
埴原 (Hanihara)

第二十三章

探尼斯 (Theunis)
托來他 (Marguis della Torreta)
地賽爾多夫 (Düsseldorf)
里培 (Lippe)
多特孟德 (Dortmund)
孔諾 (Cuno)
巴登 (Baden)
亞本維爾 (Appenweier)
托利安 (Trillion)
法國外交部 (Quai d'Orsay)
暴漢 (Bully)
斯脫拉斯孟 (Stresemann)
張伯倫 (Austen Chamberlain)

第二十四章

凡爾登 (Verdun)
法朗克 (Franks)
洛沙林基亞 (Lotharingia)
可隆 (Cologne)
亞丹陶爾登 (Dr. Adam Dorten)
維斯巴頓 (Wiesbaden)
萊因武裝黨 (Rheinwehr)
萊因共和國 (Rheinische Republic)
麥第斯 (Matthes)
派拉丁納特 (Palatinate)
赫新 (Hessian)
魯特維格夏芬 (LudwigShafen)
二不呂根 (Zweibrucken)
蓋斯南 (Herr Gessler)
亞拉什丕爾 (Aix-la-Chapelle)
梅因斯 (Mayence)
泰晤時報 (Times)
梅兹 (General de Metz)
克乃夫 (Clive)
麥克勒爾 (Ronald Mcneill)
巴塞爾孟 (Ernst Bassermann)
馬格利 (Margerie)
朗特馬克 (Rentenmark)
路得 (Luther)

第二十五章

紐海芬 (New Haven)
麥克唐納 (Ramsay MacDonald)
麥克斯 (Marx)
賀煦 (Hösch)
亞斯托利亞旅館 (Hôtel Astoria)
陶斯將軍 (General C. G. Dawes)
揚格 (O. D. Young)
金特士來 (R. M. Kindersley)
斯當普 (J. Stamp)
派孟坭 (Parmentier)
阿利克斯 (Allix)
皮乃里 (A. Pirelli)
弗洛拉 (F. Flora)
霍達特 (Houtart)
弗朗葵 (E. Franqii)

羅賓生 (H. M. Robinson)
麥金那 (R. Mckenna)
勞隆阿塔林 (Laurent-Atthalin)
亞爾培 (M. Albert)
姜生 (A. E. Janssen)
包爾溫 (Baldwin)
亞來朋 (Aix-les-Bains)
斯派協定 (Spa Agreement)

第二十六章

馬沙爾 (François-Marsal)
杜美格 (Gaston Doumergue)
赫禮歐 (Edouart Herriot)
愛爾伯總統 (President Albert)
乞坎司 (Chequers)
開洛格 (Kellogg)
聖詹姆斯 (St. James)
洛更大佐 (Colonel Logan)
柏林時報 (Berliner Zeitung)
時報 (Temps)
里子 (Ritz)
諾爾列特 (General Nollet)

第二十七章

李維諾夫 (Litvinov)
渥姆斯克 (Omsk)
科爾札克 (Admiral Koltchak)
卡爾司 (Kars)
阿達汗 (Ardahan)
巴土姆 (Batoum)
總牧師波克維基 (Monseigneur But-kevitch)
維斯坦因 (G. Weinstein)
霍格生 (R. M. Hodgson)
加拉罕 (M. Karakhan)
潘森比 (Arthur Ponsonby)
拉可夫斯基 (M. Christian Rakov-ski)
亞更吉爾 (Arkangel)

第二十八章

慈乃斯 (Thrace)
歇非爾特 (Sheffield)
畢勳 (M. Pichon)
米恩將軍 (General Milne)
薩佛 (Sèvres)
安實盧 (Erzeroum)
沙隆尼加 (Salonika)
恩佛帕夏 (Enver Pasha)
加里波立 (Gallipoli)
斯滿拉州 (Smyrna)
安哥拉 (Angora)
沙卡利亞河 (R. Sakaria)
飲哀魯 (Inn-Ennu)
奧格斯他大帝 (Emperor Augustus)
法朗克林蒲朗 (Franklin-Bouillon)
羅多斯托 (Rodosto)
卡拉希沙 (Afium Karahissar)
察拉克 (Chanak)
意斯米德 (Ismid)

冷林頓將軍 (General Harington)
哈米德 (Hamid Bey)
馬利閘 (Maritza)
亞得利洛堡 (Adrianople)
瑪當尼亞 (Mudania)
夏貝 (Charpy)
莫培利 (Mombelli)
意斯麥特 (General Ismet Pasha)
馬閘拉基斯 (General Mazarakis)
蘇丹麥默特六世(Sultan Mehmed VI)
馬爾達 (Malta)
麥吉特 (Abdul Mejid)
亞西士 (Abdul Aziz)

第二十九章

滿地賓朗卡新洛(Casino de Montbenon)
意斯麥特拍夏 (Ismet Pasha)
歐齊離宮飯店 (Château d'Ouchy)
倫巴德 (Horace Rumbold)

卡拉加煦 (Karagach)
馬利閘 (Maritza)
木蘇爾 (Mosul)
蓬派 (Bompard)
加隆尼 (Marquis Garroni)
利閘路爾 (Riza Nur)
貝爾將軍 (General Pellé)
格魯 (Grew)
伏鹿夫斯基 (Vorovsky)
德特加煦 (Dedeagaach)
彭加洛斯總理 (Premier Pangalos)
盧明宮 (Palais de Rumine)
里伐牙 (Rezvaya)
依拉克 (Iraq)
美索不達米亞 (Mesopotamia)
應不羅斯 (Imbros)
鄧尼杜斯 (Tenedos)
拉必特羣島 (Rabbit Islands)
羅德斯 (Rhodes)

喀斯特洛利佐 (Castellorizo)
多德康尼斯 (Dodekanese)
渥托孟 (Ottoman)
塞普拉斯 (Cyprus)
察拉克 (Chanak)
親王羣島 (Kizil Adalar)
來門諾斯 (Lemnos)
薩木慈乃斯 (Samothrace)
密帖倫 (Mytelene)
覺斯 (Chios)
薩木斯 (Samos)
尼加利亞 (Nikaria)
慈乃斯協定 (Thracian Convention)
披亞司脫爾 (Piastres)

第三十章

麥克斯 (Marx)
路德 (Luther)
斯脫拉斯孟 (Stressmann)
可隆 (Cologne)

康城會議 (Cannes Conference)
樸立晳司 (Politis)
朋斯博士 (Dr. Benes)
恢復失地主義 (Irredentism)
査爾孟 (Charlemagne)
盤根地 (Burgundian)
麥吉利 (Magerie)
古斯博士 (Dr. Gaus)
西錫爾赫斯特 (Sir Cecil Hurst)
佛羅曼哲 (Fromageot)
羅林 (Rollin)
披洛地 (Pilotti)
班樂衞 (Painlevé)
斯克靜司基 (Skrzynski)
美汲湖 (Lake Maggiore)
樊迪文 (Vandevelde)
謝洛亞 (Scialoia)
修佩爾特 (Schubert)

基爾特廳 (Guild Hall)
托奈齊加 (Treitschke)
柯夫事變 (Corfu Incident)
瓊尼那 (Janina)
桑地可隆他 (Santi Quaranta)
德里尼 (Tellini)
科地 (Corti)
邦拉新尼 (Bonaccini)
羅伯特西薛爾 (Robert Cecil)
沙朗特拉 (Salandra)
法利龍 (Phaleron)
埃阿寧羣島 (Ionian Islands)
德美加普 (Demirkapu)
馬其頓 (Macedonia)
托利斯脫 (Trieste)
伊斯屈利亞 (Istria)
加布里鄧南遮(Gabriele d'Annunzlo)
拉派洛條約 (Treaty of Rapallo)
樸托博羅斯 (Porto Borros)

蘇沙克 (Sushak)
里新那 (Recina)
亞馬地亞 (Amadia)
羅希德 (Dr. Tewfik Rushdy)
賴唐南將軍 (General L. Laidoner)

敬啟

「民國專題史」叢書，乃民國時期出版的著名學者、專家在某一專題領域的學術成果。所收圖書絶大部分著作權已進入公有領域，但仍有極少圖書著作權還在保護期内，需按相關要求支付著作權人或繼承人報酬。因未能全部聯系到相關著作權人，請見到此説明者及時與河南人民出版社聯系。

聯系人 楊光
聯系電話 0371-65788063
2016年3月28日